文/白/对/照

资治通鑑

第二十一册

〔宋〕司马光　　编撰

〔清〕康熙 乾隆　御批

〔清〕申涵煜　　点评

　　萧祥剑　　　主编

　　中华文化讲堂　译

团结出版社

目 录

资治通鉴卷第二百四十五　唐纪六十一

起阏逢摄提格，尽强圉大荒落，凡四年。

【译文】起甲寅（公元834年），止丁巳（公元837年），共四年。

【题解】本卷记录了公元834年至837年间的史事，当时正值唐文宗太和八年至开成二年，为唐文宗当政中期，朝政更加衰败混乱，宫中宦官当权，外朝小人当道，忠良之臣多被驱逐出朝。宋申锡谋杀宦官失败后，唐文宗即处在被宦官王守澄安插的郑注、李训等奸佞的监视中。郑注、李训投文宗所好，既得皇帝之宠，又得宦官所助，凡不利己者均被斥逐，大批清正之官被贬斥，甚至包括李宗闵、李德裕、路隋三相。同时又用暗杀手段诛杀宦官陈弘志、王守澄，二人一时间声威大震。太和九年，二人欲内外合力诛尽宦官，却因二人异心而失败。宦官仇士良对朝臣大开杀戒，使整个朝廷功臣几乎空了一半，唐文宗也成了宦官的俘虏，他纵有灭宦官之心，却没有这个能力，朝廷大权尽落北司宦官之手。直到昭义节度使刘从谏上奏要声讨仇士良的罪行，宦官才有所收敛，南衙才有了稍许权力。文宗被宦官监视后，忧愁郁闷，不再有什么作为。

文宗元圣昭献孝皇帝中

太和八年（甲寅，公元八三四年）春，正月，上疾小瘳。丁巳，御太和殿见近臣，然神识耗减，不能复故。

二月，壬午朔，日有食之。

夏，六月，丙戌，莒王纾薨。

上以久旱，诏求致雨之方。司门员外郎李中敏上表，以为："仍岁大旱，非圣德不至，直以宋申锡之冤滥，郑注之奸邪。今致雨之方，莫若斩注而雪申锡。"表留中。中敏谢病归东都。

郯王经薨。

初，李仲言流象州，遇赦，还东都。会留守李逢吉思复入相，仲言自言与郑注善，逢吉使仲言厚赂之。注引仲言见王守澄，守澄荐于上，云仲言善《易》，上召见之。时仲言有母服，难入禁中，乃使衣民服，号王山人。仲言仪状秀伟，倜傥尚气，颇工文辞，有口辩，多权数。上见之，大悦，以为奇士，待遇日隆。

【译文】太和八年（甲寅，公元834年）春季，正月，文宗的病情稍有好转；丁巳日（初五），文宗亲临太和殿接见近臣，但精神意识消耗衰减，不能恢复得像从前一样。

二月，壬午朔日（初一），出现日食。

夏季，六月，丙戌日（初七），莒王李纾（唐顺宗第五子）去世。

因为天气久旱无雨，唐文宗李昂下诏寻找能降雨的方法。司门员外郎李中敏向文宗上表章，认为："连年大旱，并不是圣上的德政不能普及，而是因为前宰相宋申锡被贬谪的案件太冤屈，郑注的行为奸邪不轨。如今让雨水降下的方法，莫如处死郑注来替宋申锡申冤。"李中敏的奏表被搁置宫中，没有回复。于是李中敏借口身体有病，辞去官职，回到东都。

郯王李经（唐顺宗之子）去世。

起初，李仲言被流放到象州，正赶上大赦天下，李仲言又回到东都。适逢留守李逢吉再入朝担任宰相。李仲言自称与郑注关系很好，李逢吉便让李仲言拿重金向郑注行贿。后来，郑注引荐李仲言去拜见王守澄，王守澄就把他推荐给唐文宗，说李仲言擅长《易经》，唐文宗召见了他。当时李仲言因母丧服孝在身，不能进入宫中，于是文宗便让他穿上平民的服装，号称王山人。李仲言的仪态状貌清秀而魁伟，倜傥不羁而又有侠客之气，擅长文辞，又有善辩的口才，足智多谋。文宗召见他后，非常高兴，认为他是位奇士，对待他一日比一日优渥。

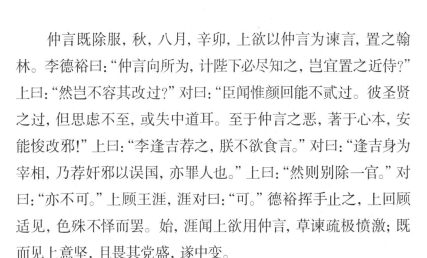

仲言既除服，秋，八月，辛卯，上欲以仲言为谏言，置之翰林。李德裕曰："仲言向所为，计陛下必尽知之，岂宜置之近侍？"上曰："然岂不容其改过？"对曰："臣闻惟颜回能不贰过。彼圣贤之过，但思虑不至，或失中道耳。至于仲言之恶，著于心本，安能悛改邪！"上曰："李逢吉荐之，朕不欲食言。"对曰："逢吉身为宰相，乃荐奸邪以误国，亦罪人也。"上曰："然则别除一官。"对曰："亦不可。"上顾王涯，涯对曰："可。"德裕挥手止之，上回顾适见，色殊不怿而罢。始，涯闻上欲用仲言，草谏疏极愤激；既而见上意坚，且畏其党盛，遂中变。

寻以仲言为四门助教，给事中郑肃、韩佽封还敕书。德裕将出中书，谓涯曰："且喜给事中封敕！"涯即召肃、佽谓曰："李公适留语，令二阁老不用封敕。"二人即行下，明日，以白德裕，德裕惊曰："德裕不欲封还，当面闻，何必使人传言！且有司封驳，岂复禀宰相意邪！"二人怅恨而去。

【译文】李仲言服丧期满脱去丧服，秋季，八月，辛卯日（十三日），唐文宗打算任用李仲言为谏官，把他安置在翰林院。李德裕说："李仲言过去的所作所为，我想陛下都了解，这种人怎么能安排到您的身边做侍从呢？"文宗说："难道不容许他改正错误吗?"李德裕回答说:"臣听说,只有颜回能不犯相同的错误。颜回犯的错误,只是圣贤之人一时对问题考虑不周全,偏离了中庸之道所犯的错误罢了。至于李仲言的恶念,已存在于他的心底,又怎么改得掉呢!"文宗说:"李仲言是李逢吉向朕推荐的,朕不想食言。"李德裕回答:"李逢吉身为宰相,却不负责任地向陛下推荐李仲言这种奸人,以达到他危害国家的目的,所以,他也算是罪人了。"文宗说:"那么,朕另外加封他一个官职。"李德裕回答说:"这样也不可以。"文宗就回过头来看王涯的意思。王涯立刻回答说:"这样可以。"李德裕连忙挥手制止他,结果文宗一回头就看见了,脸色变得阴沉起来,很不高兴,就宣布结束商议。起初,王涯听说文宗要任用李仲言,急忙起草了一篇劝阻的上疏,草奏谏疏时情绪极为激愤;后来看文宗任用李仲言的态度十分坚决,又畏惧李仲言的同党势力太大,于是在文宗召集宰相讨论时中途改变了主意。

不久,朝廷任命李仲言为四门助教,给事中郑肃、韩佽封还任命敕书,打算驳回朝廷对李仲言的任命。李德裕离开中书省时,对王涯说:"给事中把敕书退了回去,太好了!"王涯听后,随即召来郑肃和韩佽说:"李德裕刚才留话说,让二位不要封还敕书。"于是二人就署名把公文发出去了。第二天,郑肃和韩佽把情形告诉李德裕,李德裕非常惊讶地说:"我如果不想退回敕书,会当面跟你们说,何必叫人转达!况且给事中行使封驳权,难道还要秉承宰相的意图吗!"二人这时才明白被王涯欺骗,懊恼地离开了。

九月,辛亥,征昭义节度副使郑注至京师。王守澄、李仲言、郑注皆恶李德裕,以山南西道节度使李宗闵与德裕不相悦,引宗闵以敌之。壬戌，诏征宗闵于兴元。

冬，十月，辛巳，幽州军乱，逐节度使杨志诚及监军李怀仵，推兵马使史元忠主留务。

庚寅，以李宗闵为中书侍郎、同平章事。甲午，以中书侍郎、同平章事李德裕同平章事，充山南西道节度使。是日，以李仲言为翰林侍讲学士。给事中高铢、郑肃、韩佽，谏议大夫郭承嘏、中书舍人权璩等争之，不能得。承嘏，晞之孙；璩，德舆之子也。

乙巳，贡院奏进士复试诗赋，从之。

【译文】九月，辛亥日（初三），唐文宗征调昭义节度副使郑注返回京师。王守澄、李仲言、郑注都憎恶李德裕，因为山南西道节度使李宗闵和李德裕有矛盾，他们便向唐文宗引荐李宗闵来对付李德裕。壬戌日（十日），唐文宗李昂下诏从兴元征调李宗闵入京。

冬季，十月，辛巳日（初四），幽州发生叛乱，士兵们驱逐了节度使杨志诚和监军李怀仵，推举兵马使史元忠主持留后事务。

庚寅日（十三日），唐文宗李昂任命李宗闵为中书侍郎、同平章事。甲午日（十七日），唐文宗李昂任命中书侍郎、同平章事李德裕同平章事，充任山南西道节度使。此日，唐文宗李昂任命李仲言为翰林侍讲学士。给事中高铢、郑肃、韩佽，谏议大夫郭承嘏、中书舍人权璩等虽然为此事诤谏，认为不可以，但他们的意见不被唐文宗采纳。郭承嘏是郭晞的孙子，权璩是权德舆的儿子。

乙巳日（十九日），礼部贡院向朝廷奏请进士科考仍然加试诗赋，文宗批准了这一请求。

李德裕见上自陈，请留京师。丙午，以德裕为兵部尚书。

杨志诚过太原，李载义自殴击，欲杀之，幕僚谏救得免，杀其妻子及从行将卒。朝廷以载义有功，不问。载义母兄葬幽州，志诚发取其财。载义奏乞取志诚心以祭母，不许。

十一月，成德节度使王庭凑薨，军中奉其子都知兵马使元逵知留后。元逵改父所为，事朝廷礼甚谨。

史元忠献杨志诚所造衮衣及诸僭物。丁卯，流志诚于岭南，道杀之。

李宗闵言李德裕制命已行，不宜自便。乙亥，复以德裕为镇海节度使，不复兼平章事。时德裕、宗闵各有朋党，互相挤援。上患之，每叹曰："去河北贼易，去朝中朋党难！"

【译文】李德裕谒见文宗，表示不愿意出任山南西道节度使，请求文宗准许他留在京城任职。丙午日(二十日)，唐文宗李昂任命李德裕为兵部尚书。

杨志诚被将士从幽州驱逐后，途经太原，河东节度使李载义亲自动手殴打杨志诚，想把他杀掉，由于幕僚的极力劝阻，杨志诚才得免一死，李载义杀了杨志诚的妻子儿女和随从的士卒。朝廷鉴于李载义在平定横海李同捷叛乱中有功，对此事没有追究。李载义的母亲去世后(死字原作兄，依胡三省注改)埋葬在幽州，杨志诚发掘她的坟墓，掠取墓中的陪葬财物。于是，李载义向文宗奏请拿杨志诚的心来祭奠亡母，文宗没有答应。

十一月，成德节度使王庭凑去世，军中推举他的儿子都知兵马使王元逵做留后。王元逵一改父亲骄横跋扈的做法，侍奉朝廷的礼节十分恭敬。

史元忠进献杨志诚私造的衮衣以及各种僭越名位的器物。丁卯日(二十一日)，唐文宗李昂下诏将杨志诚流放到岭南，杨志诚走到半路，就被朝廷派人杀死了。

资治通鉴

宰相李宗闵向朝廷进言说，朝廷任命李德裕为山南西道的制书已经下达，不应因他自己不愿赴任就中途改变诏令。乙亥日（二十九日），唐文宗李昂下诏再次任命李德裕为镇海节度使，不再兼任同平章事的头衔。当时李德裕、李宗闵各有朋党，互相排挤或援引。唐文宗对这种情形极为忧虑，常常叹息说："消灭河北的强贼容易，但是除去朝廷的朋党实在太难了！"

【乾隆御批】正人指邪人为邪，邪人亦指正人为邪，二语似矣，然邪正固不容，不别，而朋党实非朝廷所宜。有如李德裕较之牛僧孺为略正矣，至其朋党恶习，何尝不为当时之害！

【译文】正直的人指责邪恶的人邪恶，邪恶的人也指责正直的人邪恶，两个邪恶看上去相似，然而邪恶和正直本不相容，这里却不加以分别，原因就是朋党之争实在对朝廷不利。有如李德裕较之牛僧孺还要略微正直一些，然而有了朋党恶习之后，何尝没对当时造成极坏的影响呢！

◆**臣光曰：**夫君子小人之不相容，犹水炭之不可同器而处也。故君子得位则斥小人，小人得势则排君子，此自然之理也。然君子进贤退不肖，其处心也公，其指事也实；小人誉其所好，毁其所恶，其处心也私，其指事也诬。公且实者谓之正直，私且诬者谓之朋党，在人主所以辨之耳。是以明主在上：度德而叙位，量能而授官；有功者赏，有罪者刑；奸不能惑，佞不能移。夫如是，则朋党何自而生哉！彼昏主则不然：明不能烛，强不能断；邪正并进，毁誉交至；取舍不在于己，威福潜移于人。于是，谗慝得志，而朋党之议兴矣。◆

【译文】◆臣司马光说：说到君子和小人的不能相容，就像冰块跟炭火不能同时放在一个容器里一样。所以君子处在高位时一定会排斥小人，小人掌握权势时一定排斥君子，这是很自然的道理。然而，君子能够提拔重用德才兼备的人，摒弃平庸没有才能的人，办事都出自公心并且实事求是；而小人却是善于谄媚逢迎，投他人之所好，去他人之所恶，为人处世都从自身考虑，喜欢歪曲捏造事实。办事出于公心，实事求是的人就被称为正直的君子；而为人处世都从自身考虑，歪曲捏造事实的人就会被称为朋党。到底是中正耿介的君子还是朋党小人，关键在于君主是否能认真辨别。所以，凡是贤明的君主执掌政权，都会根据国家的需要而设置不同的职位，根据官员的才能大小授予他们不同的职务；对于有功的人进行封赏，对于有罪的人进行惩罚；不被奸诈的人所迷惑，不受谄媚逢迎的人影响而改变决定。如果君主能够如此，那么朋党又从何而生呢！至于昏庸的君主就不是这样，他们既是非混淆，处理问题又常常举棋不定，致使奸邪小人和正人君子都被重用；于是毁谤和赞誉也就交相并至；结果，朝廷的大政方针自己不能做主，朝政决策权渐渐被他人掌控。于是谗佞邪慝的人得志，而朋党的争议也就兴起了。◆

◆夫木腐而蠹生，醯酸而蚋集，故朝廷有朋党，则人主当自咎，而不当以咎群臣也。文宗苟患群臣之朋党，何不察其所毁誉者为实，为诬；所进退者为贤，为不肖；其心为公，为私；其人为君子，为小人！苟实也，贤也，公也，君子也，匪徒用其言，又当进之；诬也，不肖也，私也，小人也，匪徒弃其言，又当刑之。如是，虽使之为朋党，孰敢哉！释是不为，乃怨群臣之难治，是犹不种不芸而怨田之芜也。朝中之党且不能去，况河北贼乎！◆

丙子，李仲言请改名训。

幽州奏莫州军乱，刺史张元泛不知所在。

【译文】◆树木腐朽了就会生蛀虫，醋放酸了就会聚集蚊蚋。所以朝廷上有朋党，君主应当首先自我警醒，查找过失，而不应责备群臣百官。唐文宗如果畏惧群臣结党营私，为什么不去核查他们所诽谤和赞誉的情况是事实，还是捏造？那些被进用或摒退的人，是贤能，还是不肖？他们的居心是公正，还是自私？他们是君子，还是小人？如果他们的言行实事求是，举荐推选品才兼优之人，公正地处理政务，那么，他们就必定是君子，朝廷不仅应该采纳他们的建议，而且应当提拔他们。如果他们故意捏造事实，推举平庸无能之辈，从私人利益出发处理政务，那么，他们就必定是小人，朝廷不仅应当排斥这些人的建议，而且还要惩罚他们。如此一来，即使朝廷驱使他们去互结朋党，又有谁敢这样做呢！唐文宗非但没有这样做，反而埋怨群臣百官难以驾驭，这就跟一个农夫不耕耘也不锄草，反而抱怨田地荒芜是一个道理啊。朝廷中的朋党尚且不能清除，何况河北三镇的强贼呢！◆

丙子日（三十日），李仲言向唐文宗请求准许改名为李训。

幽州向朝廷奏报，莫州发生军队叛乱，刺史张元汜不知去向。

十二月，乙卯，以昭义节度副使郑注为太仆卿。郭承嘏累上疏言其不可，上不听。于是，注诈上表固辞，上遣中使再以告身赐之，不受。

癸未，以史元忠为卢龙留后。

初，宋申锡与御史中丞宇文鼎受密诏诛郑注，使京兆尹王璠掩捕之。璠密以堂帖示王守澄，注由是得免，深德璠。璠又与李训善, 于是训、注共荐之, 自浙西观察使征为尚书左丞。

【译文】十二月, 己卯日(初三), 唐文宗李昂任命昭义节度副使郑注为太仆卿。郭承嘏屡次向文宗上疏谏言郑注不可任用, 文宗都不听从。于是郑注假意向文宗上表坚决辞去官职, 文宗派遣中使再次将任命状颁赐给郑注, 郑注不肯接受任命。

癸未日(初七), 唐文宗李昂任命史元忠为卢龙留后。

起初, 宋申锡和御史中丞宇文鼎接到密诏诛杀郑注, 于是派京兆尹王璠暗中逮捕郑注。王璠秘密把堂贴(政事堂所发的公文)给王守澄看, 郑注因而免于一死, 所以他对王璠深深感激。王璠又和李训交好, 于是李训、郑注共同向朝廷推荐他, 唐文宗把他从浙西观察使征调为尚书左丞。

太和九年(乙卯, 公元八三五年)春, 正月, 乙卯, 以王元逵为成德节度使。

巢公凑薨, 追赠齐王。

郑注上言秦地有灾, 宜兴役以禳之。辛卯, 发左、右神策千五百人浚曲江及昆明池。

三月, 冀王絿薨。

丙辰, 以史元忠为卢龙节度使。

初, 李德裕为浙西观察使, 漳王傅母杜仲阳坐宋申锡事放归金陵, 诏德裕存处之。会德裕已离浙西, 牒留后李蟾使如诏旨。至是, 左丞王璠、户部侍郎李汉奏德裕厚赂仲阳, 阴结漳王, 图为不轨。上怒甚, 召宰相及璠、汉、郑注等面质之。璠、汉等极口诬之, 路隋曰: "德裕不至有此。果如所言, 臣亦应得罪!"言者稍息。夏, 四月, 以德裕为宾客分司。

【译文】太和九年(乙卯, 公元 835 年)春季, 正月, 乙卯日

（初九），唐文宗李昂任命王元逵为成德节度使。

巢公李凑去世，朝廷追赠他为齐王。

郑注向朝廷上书说秦地将有灾难，应该大兴土木工事来禳除灾害。辛卯日（正月无此日），唐文宗征发左、右神策军一千五百人疏浚曲江池和昆明池。

三月，冀王李絿（唐顺宗之子）去世。

丙辰日（十一日），唐文宗李昂任命史元忠为卢龙节度使。

起初，李德裕担任浙西观察使，漳王李凑的女师杜仲阳因受宋申锡案件牵连，被放逐于金陵，唐文宗李昂下诏命令李德裕对她慰问并妥善安置。适逢李德裕已经调离浙西，于是，命留后李蟾按照文宗诏令意思去做。到这时，左丞王璠、户部侍郎李汉向唐文宗奏报说李德裕用贵重财物贿赂杜仲阳，并暗中勾结漳王，想图谋不轨。唐文宗听后愤怒至极，召集宰相及王璠、李汉、郑注等人当面询问此事。王璠、李汉等人言辞一致，都极力诬陷李德裕。宰相路隋说："李德裕不至于到如此程度。如果真像他们所说的那样，臣也应该获罪了！"王璠等人这时才稍微平息下来，不再说话。夏季，四月，唐文宗李昂任命李德裕为宾客、分司东都。

癸巳，以郑注守太仆卿，兼御史大夫，注始受之，仍举仓部员外郎李款自代曰："加臣之罪，虽于理而无辜；在款之诚，乃事君而尽节。"时人皆哂之。

丙申，以门下侍郎、同平章事路隋同平章事，充镇海节度使，趣之赴镇，不得面辞。坐救李德裕故也。

初，京兆尹河南贾餗，性褊躁轻率，与李德裕有隙，而善于李宗闵、郑注。上巳，赐百官宴于曲江，故事，尹于外门下马，揖御史。餗恃其贵势，乘马直入，殿中侍御史杨俭、苏特与之争，餗骂曰："黄面儿敢尔！"坐罚俸。餗耻之，求出，诏以为浙西观察使。尚未行，戊戌，以餗为中书侍郎、同平章事。

【译文】癸巳日（十八日），唐文宗任命郑注担任太仆卿，兼任御史大夫，郑注这时才肯接受这一官职，同时，郑注推荐仓部员外郎李款代替自己原来的职务。他说："李款之前虽然无故弹劾过我，但他这样做也是对陛下竭尽忠诚的表现啊。"（李款有弹劾郑注事，见上卷）当时人们都嘲笑他假装宽容大度。

丙申日（二十一日），唐文宗李昂任命门下侍郎、同平章事路隋担任镇海节度使，并督促他抓紧时间赴任，并不得向皇上面辞，这是因为之前王璠等人诋毁李德裕时，他曾出面替李德裕辩解。

起初，京兆尹河南人贾餗，性情褊狭，急躁而轻率，与李德裕有嫌隙，而和李宗闵、郑注等人交好。上巳节，唐文宗在曲江赐宴百官。依照惯例，京兆尹应当在门外下马，向御史台官员行礼，然后进门。贾餗依仗自己的地位和权势，乘马直接进入，殿中侍御史杨俭、苏特和他争吵起来，贾餗大骂道："黄脸小儿（骂人语）胆敢如此！"于是，贾餗因罪而被罚俸禄。贾餗自己觉得十分羞耻，请求文宗让自己出任藩镇职务。于是唐文宗李昂下诏，任命他为浙西道观察使，贾餗尚未成行。戊戌日（二十三日），唐文宗李昂又任命他为中书侍郎、同平章事。

庚子，制以何日上初得疾，王涯呼李德裕奔问起居，德裕竟不至。又在西蜀征逋悬钱三十万缗，百姓愁困。贬德裕袁州长史。

初，宋申锡获罪，宦官益横。上外虽包容，内不能堪。李训、郑注既得幸，揣知上意，训因进讲，数以微言动上。上见其才辩，意训可与谋大事，且以训、注皆因王守澄以进，冀宦官不之疑，遂密以诚告之。训、注遂以诛宦官为己任，二人相挟，朝夕计议，所言于上无不从，声势烜赫。注多在禁中，或时休沐，宾客填门，赂遗山积。外人但知训、注倚宦官擅作威福，不知其与上有密谋也。

上之立也，右领军将军兴宁仇士良有功。王守澄抑之，由是有隙。训、注为上谋，进擢士良以分守澄之权。五月，乙丑，以士良为左神策中尉，守澄不悦。

【译文】庚子日（二十五日），朝廷下制，鉴于文宗前不久患病时，王涯招呼李德裕一起去探望文宗病情，李德裕竟然没有前去，又在西蜀征收了逋悬钱（久欠的租税）三十万缗，使得那里的百姓贫困愁苦。于是，唐文宗李昂贬李德裕为袁州长史。

起初，宋申锡获罪后，宦官更加专横跋扈。唐文宗表面上虽然能够包容他们，可是内心里已忍无可忍。此时，李训、郑注已经得到文宗的宠爱，他们揣测到了文宗的心思，李训借进宫讲学之机，屡次用试探性的话语来打动文宗。这时，文宗已看出他的才辩，认为可以和李训谋划大事，而且因为李训、郑注都是王守澄引荐，估计和二人商议，宦官不会疑心，于是，文宗把自己的意图秘密地告诉给二人。李训、郑注等人就以诛灭宦官为己任。二人相互依赖，昼夜商议对策，凡是他们给文宗的建议，文宗没有不采纳的，声势煊赫一时。郑注大多数时间都在皇宫之中，有时休假在家，宾客盈门，送来的礼物堆积如山。外面人只知道李训和郑注依靠宦官的权势擅自作威作福，却不知道他们二人和文宗密谋诛除宦官的事情。

文宗即位登基一事，右领军将军兴宁人仇士良立有功劳，可是王守澄却处处打压他，于是两人有了嫌隙。李训、郑注为文宗所出的计谋是提拔仇士良以分散王守澄的势力。五月，乙丑日（二十一日），唐文宗李昂任命仇士良为左神策中尉，王守澄很不高兴。

戊辰，以左丞王璠为户部尚书、判度支。

京城讹言郑注为上合金丹，须小儿心肝，民间惊惧，上闻而恶之。郑注素恶京兆尹杨虞卿，与李训共构之，云此语出于虞卿家人。上怒，六月，下虞卿御史狱。注求为两省官，中书侍郎、同平章事李宗闵不许，注毁之于上。会宗闵救杨虞卿，上怒，叱出之。壬寅，贬明州刺史。

左神策中尉韦元素、枢密使杨承和、王践言久居中用事，与王守澄争权不叶，李训、郑注因之出承和于西川，元素于淮南，践言于河东，皆为监军。

秋，七月，甲辰朔，贬杨虞卿虔州司马。

【译文】戊辰日（二十四日），唐文宗李昂任命左丞王璠为户部尚书，兼理财政。

京城谣言说郑注替文宗配金丹，必须用小孩子的心肝，民间惊恐惶惧，文宗听后十分恼怒。郑注一向厌恶京兆尹杨虞卿，就和李训共谋陷害他，说这番谣言是出自杨虞卿的家人。文宗很生气，六月，把杨虞卿关进御史狱。此前，郑注曾请求担任中书、门下两省职务，中书侍郎、同平章事李宗闵没有答应他，郑注因此在文宗面前诋毁李宗闵。适逢李宗闵极力为杨虞卿辩解，引起文宗的气愤，把他驱逐出朝廷；壬寅日（二十八日），唐文宗李昂将李宗闵贬为明州刺史。

左神策中尉韦元素、枢密使杨承和、王践言在朝中被重用，与王守澄争夺权力而彼此不能协调，李训和郑注趁机劝谏文宗任命杨承和为剑南西川监军，韦元素为淮南监军，王践言为河东监军。

秋季，七月，甲辰朔日（初一），唐文宗李昂贬杨虞卿为虔州司马。

庚戌，作紫云楼于曲江。

辛亥，以御史大夫李固言为门下侍郎、同平章事。

李训、郑注为上画太平之策，以为当先除宦官，次复河、湟，次清河北，开陈方略，如指诸掌。上以为信然，宠任日隆。

初，李宗闵为吏部侍郎，因附马都尉沈𫗧结女学士宋若宪、知枢密杨承和得为相。及贬明州，郑注发其事，壬子，再贬处州长史。

著作郎、分司舒元舆与李训善，训用事，召为右司郎中，兼侍御史知杂，鞠杨虞卿狱。癸丑，擢为御史中丞。元舆，元褒之兄也。

【译文】庚戌日（初七），唐文宗李昂下令在曲江营建紫云楼。

辛亥日（初八），唐文宗李昂任命御史大夫李固言为门下侍郎、同平章事。

李训、郑注替文宗谋划达到天下太平的策略，认为应当首先除去宦官，其次收复河、湟，再次肃清河北，对方略的叙述了若指掌。文宗认为他们言之有理，于是对他们二人的宠幸和器重，一天比一天隆盛。

起初，李宗闵担任吏部侍郎，通过驸马都尉沈𫗧而结识了女学士宋若宪和知枢密杨承和而得以担任宰相。等到李宗闵被贬谪明州时，郑注向文宗揭发了这件事，壬子日（初九），唐文宗李昂再贬李宗闵为处州长史。

著作郎、分司舒元舆和李训交好，李训掌权用事时，推荐舒元舆为右司郎中，兼侍御史知杂，负责杨虞卿案件的审理。癸丑日（初十），唐文宗李昂再次提拔舒元舆担任御史中丞。舒元舆是元褒的哥哥。

贬吏部侍郎李汉为汾州刺史，刑部侍郎萧浣为遂州刺史，皆坐李宗闵之党。

是时李训、郑注连逐三相，威震天下，于是平生丝恩发怨无不报者。

李训奏僧尼猥多，耗蠹公私。丁巳，诏所在试僧尼诵经不中格者，皆勒归俗。禁置寺及私度人。

时人皆言郑注朝夕且为相，侍御史李甘扬言于朝曰："白麻出，我必坏之于庭！"癸亥，贬甘封州司马。然李训亦忌注，不欲使为相，事竟寝。

甲子，以国子博士李训为兵部郎中、知制诰，依前侍讲学士。

贬左金吾大将军沈蟻为邵州刺史。八月，丙子，又贬李宗闵潮州司户，赐宋若宪死。

【译文】唐文宗李昂贬吏部侍郎李汉为汾州刺史，刑部侍郎萧浣为遂州刺史，都是因为他们是李宗闵的同党而一起被贬。

当时，李训、郑注接连对李德裕、路隋、李宗闵三位宰相诋毁贬斥，威震天下，接着，所有以前对李训、郑注稍有恩德的人没有不被提拔的，和他们稍有怨恨的人没有不受到报复的。

李训向文宗上奏章，认为："现在僧尼太多，他们虚耗国家和百姓的财产。"丁巳日（十四日），唐文宗李昂下诏各地测验僧尼背诵佛经，有不合格的，都勒令他们还俗，同时禁止修建新的寺院和私自剃度百姓为僧尼。

当时人都说郑注马上就要担任宰相，侍御史李甘在朝中公开说："只要白麻（诏书）颁布，我一定在朝堂上就把它撕毁！"癸亥日（二十日），唐文宗李昂贬李甘为封州司马。不过，这时李训也嫉妒郑注，不愿让他担任宰相，所以，这件事就被搁置下来。

甲子日（二十一日），朝廷任命国子博士李训为兵部郎中、知制诰，并仍为翰林侍讲学士。

唐文宗李昂贬左金吾大将军沈㻌为邵州刺史。八月，丙子日（初三），唐文宗李昂又贬李宗闵为潮州司户，还命女学士宋若宪自尽。

【乾隆御批】训、注开陈方略，未尝非当时急务，故言之足耸听闻，特二人皆奸邪无实，所行不建所言，且复伐异党同，睚眦必报。始则罔上以行私，既乃偾事而误国。是知，以言取人，未有不为金壬所惑者。

【译文】李训、郑注开始陈述全盘的计划和策略，未尝不是当务之急，然而经他们二人说出就足以耸人听闻，这正是因为二人都是奸佞虚妄的小人，所行却不践行所言，况且又党同伐异，睚眦必报。开始是欺君罔上，假公济私，最后败事终究误国。由此可知，以言取人没有不被奸邪小人所迷惑的。

丁丑，以太仆卿郑注为工部尚书，充翰林侍讲学士。注好服鹿裘，以隐沦自处，上以师友待之。注之初得幸，上尝问翰林学士、户部侍郎李珏曰："卿有郑注乎？亦尝与之言乎？"对曰："臣岂特知其姓名，兼深知其为人。其人奸邪，陛下宠之，恐无益圣德。臣忝在近密，安敢与此人交通！"戊寅，贬珏江州刺史。

再贬沈𡸣柳州司户。

丙申，诏以杨承和庇护宋申易，韦元素、王践言与李宗闵、李德裕中外连结，受其赂遗。承和可驩州安置，元素可象州安置，践言可恩州安置，令所在锢送。杨虞卿、李汉、萧浣为朋党之首，贬虞卿虔州司户，汉汾州司马，浣遂州司马。寻遣使追赐承和、元素、践言死。时崔潭峻已卒，亦剖棺鞭尸。

己亥，以前庐州刺史罗立言为司农少卿。立言赃吏，以赂结郑注而得之。

【译文】丁丑日（初四），唐文宗李昂任命太仆卿郑注为工部尚书，充任翰林侍讲学士。郑注喜欢穿鹿皮衣服，以隐士自居，行踪诡秘，文宗一直把他当作老师、朋友一般看待。郑注刚得文宗宠幸时，文宗曾询问翰林学士、户部侍郎李珏说："卿知道有个叫郑注的人吗？跟他交谈过吗？"李珏回答说："臣不但知道他的姓名，更深深了解他的为人。郑注是一个奸邪小人，陛下如果宠幸他，恐怕很不合适啊。臣忝列为陛下的亲信臣僚，怎敢和这种人交往！"戊寅日（初五），唐文宗李昂贬李珏为江州刺史。再贬沈𡸣为柳州司户。

丙申日（二十三日），唐文宗李昂下诏，因为剑南西川监军杨承和当年曾对宋申锡所犯罪行进行袒护，淮南监军韦元素、河东监军王践言和前宰相李宗闵、李德裕在朝廷内外相互亲附勾结，接受杨承和、宋申锡等人的贿赂，因此，罢免三人的职务，分别将他们流放到偏远地区，把杨承和安置在驩州，韦元素安置在象州，王践言安置在恩州，诏令给他们套上枷锁，从现在的驻地派人押送到监管地区。杨虞卿、李汉、萧浣都是朋党首领，下诏将杨虞卿贬为虔州司户，将李汉贬为汾州司马，将萧浣贬为遂州司马。不久，唐文宗李昂又派使者追赐杨承和、韦元素、王践言等自尽。当时，前枢密使崔潭峻已经去世，唐文宗李昂下令剖开棺木鞭尸。

己亥日（二十六日），唐文宗李昂任命前任庐州刺史罗立言为司农少卿。罗立言是贪官，因贿赂结交郑注而取得官位。

郑注之入翰林也，中书舍人高元裕草制，言以医药奉君亲，注衔之。奏元裕尝出郊送李宗闵，壬寅，贬元裕阆州刺史。元裕，士廉之六世孙也。

时注与李训所恶朝士，皆指目为二李之党，贬逐无虚日，班列殆空，廷中恟恟，上亦知之。训、注恐为人所摇，九月，癸卯朔，劝上下诏："应与德裕、宗闵亲旧及门生故吏，今日以前贬黜之外，馀皆不问。"人情稍安。

盐铁使王涯奏改江淮、岭南茶法，增其税。

庚申，以凤翔节度使李听为忠武节度使，代杜悰。

宪宗之崩也，人皆言宦官陈弘志所为。时弘志为山南东道监军，李训为上谋召之，至青泥驿，癸亥，封杖杀之。

【译文】郑注为翰林侍讲学士时，是由中书舍人高元裕起草的任命诏书，诏书上说郑注曾经凭借医术高明而侍奉文宗。因此，郑注对高元裕十分憎恨，向文宗诋毁高元裕说，李宗闵被贬逐离京时，高元裕曾到郊外为他送行。壬寅日（二十九日），唐文宗李昂贬高元裕为阆州刺史。高元裕是高士廉的六世孙。

当时被李训、郑注所厌恶的朝廷官员，都被指斥为李德裕和李宗闵的党羽，几乎没有一天停止过贬逐，百官的位次都快空了，朝廷中人心恐慌，文宗也得知了这种情况。郑注和李训担心被其他官员控告，动摇他们在朝中的地位，九月，癸卯朔日（初一），他们二人劝谏文宗下诏："所有李德裕、李宗闵的亲戚朋友，以及他们的学生弟子和原来的部下，除以前贬黜的，其余人等一律不再追究。"于是，人们的情绪才稍微平稳下来。

盐铁使王涯向文宗上奏章，请求改革江淮、岭南地区的茶叶税收办法，增加茶税。

庚申日（十八日），唐文宗李昂任命凤翔节度使李听为忠武节度使，代替杜悰。

宪宗的崩世，大家都说与宦官陈弘志有关。当时陈弘志是山南东道监军，李训替文宗筹谋，建议文宗召陈弘志来京城。陈弘志走到青泥驿，癸亥日（二十一日），朝廷派人用大杖杀了他。

郑注求为凤翔节度使，门下侍郎、同平章事李固言不可。丁卯，以固言为山南西道节度使、注为凤翔节度使。李训虽因注得进，及势位俱盛，心颇忌注。谋欲中外协势以诛宦官，故出注于凤翔。其实俟既诛宦官，并图注也。

注欲取名家才望之士为参佐，请礼部员外郎韦温为副使，温不可。或曰："拒之必为患。"温曰："择祸莫若轻。拒之止于远贬，从之有不测之祸。"卒辞之。

戊辰，以右神策中尉、行右卫上将军、知内侍省事王守澄为左、右神策观军容使，兼十二卫统军。李训、郑注为上谋，以虚名尊守澄，实夺之权也。

【译文】郑注向文宗请求担任凤翔节度使，门下侍郎、同平章事李固言认为不可授予他官职。丁卯日（二十五日），唐文宗李昂任命李固言为山南西道节度使，任命郑注为凤翔节度使。李训虽然是通过郑注推荐而被提拔的，但当郑注的职务和权势都已达到顶点时，内心也十分妒忌郑注。他打算以中外协同的势力诛灭宦官，所以向文宗建议让郑注担任凤翔节度使，其实是想等诛灭宦官后，再把郑注也一并除去。

　　郑注打算征召朝廷中有威望的名门之后作为僚佐，以扩大自己的势力。于是，他拉拢礼部员外郎韦温担任节度副使，韦温没有答应。有人对韦温说："拒绝他的话，他将来肯定要诬陷你。"韦温说："假如做两件事都要遭受灾难的话，那么，就应当选择灾难小些的那件事。现在，我拒绝了郑注的拉拢，最糟糕的也就是被他诬陷贬逐到边远的地方；但如果我答应他的话，恐怕有难以预测的更大灾难。"最终，韦温还是推辞了。

　　戊辰日（二十六日），唐文宗李昂任命右神策中尉、行右卫上将军、知内侍省事王守澄为左、右神策观军容使，兼十二卫统军。李训、郑注为文宗出的计谋是：以虚名尊崇王守澄，而实际上已削夺了他的权力。

　　己巳，以御史中丞兼刑部侍郎舒元舆为刑部侍郎，兵部郎中知制诰、充翰林侍讲学士李训为礼部侍郎，并同平章事。仍命训三二日一入翰林讲《易》。元舆为中丞，凡训、注所恶者，则为之弹击，由是得为相。又上惩李宗闵、李德裕多朋党，以贾𫗧及元舆皆孤寒新进，故擢为相，庶其无党耳。

　　训起流人，期年致位宰相，天子倾意任之。训或在中书，或在翰林，天下事皆决于训。而涯辈承顺其风旨，惟恐不逮。自中尉、枢密、禁卫诸将，见训皆震慑，迎拜叩首。

　　壬申，以刑部郎中兼御史知杂李孝本权知御史中丞。孝本，宗室之子，依训、注得进。

　　【译文】己巳日（二十七日），唐文宗李昂任命御史中丞兼刑部侍郎舒元舆为刑部侍郎，任命兵部郎中知制诰、担任翰林侍讲学士的李训为礼部侍郎，并同平章事。同时，命李训仍旧三

资治通鉴卷第二百四十五　唐纪六十一

天两头到翰林院来一次,为文宗讲解《周易》。舒元舆担任御史中丞时,只要是李训、郑注所憎恶的朝官全部弹劾,因此做了宰相。加之文宗也因之前李宗闵、李德裕担任宰相时结交党羽,认为贾𫗧和舒元舆都是出身寒微,刚刚仕进,所以才提拔舒元舆为宰相,只是希望他们能不结朋党而已。

李训由被流放的罪人而重新被朝廷起用,刚刚一年就被任命做了宰相,而且文宗对他完全信任。李训有时到中书门下办公,有时到翰林院办公,朝政多由他裁断。宰相王涯等人顺承他的心意办事,唯恐违背了他的意愿。从神策军护军中尉、枢密使以至禁军诸将,见到李训都害怕,向他迎拜叩首。

壬申日(三十日),唐文宗李昂任命刑部郎中兼御史知杂李孝本暂代御史中丞。李孝本是宗室之子,依靠李训、郑注而得到进用。

李听自恃勋旧,不礼于郑注。注代听镇凤翔,先遣牙将丹骏至军中慰劳,诬奏听在镇贪虐。冬,十月,乙亥,以听为太子太保、分司,复以杜悰为忠武节度使。

郑注每自负经济之略,上问以富人之术,注无以对,乃请榷茶。于是,以王涯兼榷茶使,涯知不可而不敢违,人甚苦之。

郑注欲收僧尼之誉,固请罢沙汰,从之。

李训、郑注密言于上,请除王守澄。辛巳,遣中使李好古就第赐鸩,杀之,赠扬州大都督。训、注本因守澄进,卒谋而杀之,人皆快守澄之受佞而疾训、注之阴狡,于是元和之逆党略尽矣。

乙酉,郑注赴镇。

庚子,以东都留守、司徒兼侍中裴度兼中书令,馀如故。李训所奖拔,率皆狂险之士,然亦时取天下重望认顺人心,如裴度、令狐楚、郑覃皆累朝耆俊，久为当路所轧，置之散地，训皆引居崇秩。由是士大夫亦有望其真能致太平者，不惟天子惑之也。然识者见其横甚，知将败矣。

【译文】李听倚仗自己是立有战功的老臣，对郑注很不友好。郑注被朝廷任命为凤翔节度使，代替李听的职务，郑注先派牙将丹骏到凤翔慰问将士，然后，向朝廷诬奏李听在担任凤翔节度使时残暴并聚敛资财。冬季，十月，乙亥日（初三），朝廷任命李听为太子太保、分司东都，又任命杜悰为忠武节度使。

郑注常自负有经世济民的才智方略，文宗询问他让百姓富有的办法，郑注一时无法应对，就请求征收茶税。唐文宗李昂于是任命王涯兼任榷茶使，王涯自知茶叶专卖不适宜，但又不敢违背郑注的建议，百姓因此大受其苦。

郑注想得到僧尼对他的支持和赞誉，于是，竭力请求文宗停止对僧尼的淘汰（李训淘汰僧尼事，在七月），文宗同意了他的请求。

李训、郑注秘密向文宗进言，请求诛杀王守澄。辛巳日（初九），唐文宗李昂派遣中使李好古到王守澄的住处，赐给他一杯鸩酒，于是，王守澄被毒死，朝廷追赠他为扬州大都督。李训、郑注原本是依靠王守澄而被提拔重用的，但最后却合谋杀了王守澄，百官都为王守澄因奸佞被杀而欢呼称快，同时，他们更加憎恶李训、郑注的阴险狡诈嘴脸。至此，元和末年暗害唐宪宗的叛贼逆党几乎都被诛杀了。

乙酉日（十三日），郑注前往凤翔镇。

庚子日（二十八日），唐文宗李昂任命东都留守、司徒兼侍中裴度兼中书令，其他职务依旧。李训所奖掖提拔的官员，大多是狂妄险诈之人，但有时也举用一些天下重望的人以顺应人心，如裴度、令狐楚、郑覃都是几朝德高望重之人，但长久以来，他们都被当朝权贵压制，只是担任散官罢了，现在，这些人都被李训举荐而担任要职。因此，不只文宗受到李训的迷惑，甚至士大夫中也有很多人希望他真的能够辅佐天子成就天下太平盛世。但是，一些具有远见卓识的官员看李训在朝中如此骄横，预料他定会招致失败。

十一月，丙午，以大理卿郭行馀为邠宁节度使。癸丑，以河东节度使、同平章事李载义兼侍中。丁巳，以户部尚书、判度支王璠为河东节度使。戊午，以京兆尹李石为户部侍郎、判度支；以京兆少尹罗立言权知府事。石，神符之五世孙也。己未，以太府卿韩约为左金吾卫大将军。

始，郑注与李训谋，至镇，选壮士数百，皆持白梃，怀其斧，以为亲兵。是月，戊辰，王守澄葬于浐水，注奏请入护葬事，因以亲兵自随。仍奏令内臣中尉以下尽集浐水送葬，注因阖门，令亲兵斧之，使无遗类。约既定，训与其党谋："如此事成，则注专有其功，不若使行馀、璠以赴镇为名，多募壮士为部曲，并用金吾、台府吏卒，先期诛宦者，已而并注去之。"行馀、璠、立言、约及中丞李孝本，皆训素所厚也，故列置要地，独与是数人及舒元舆谋之，它人皆莫之知也。

【译文】十一月，丙午日（初五），唐文宗李昂任命大理卿郭行馀为邠宁节度使。癸丑日（十二日），唐文宗李昂任命河东节度使、同平章事李载义兼侍中。丁巳日（十六日），唐文宗李昂任命户部尚书、判度支（兼理财政）王璠为河东节度使。戊午日（十七日），唐文宗李昂任命京兆尹李石为户部侍郎、判度支；任命京兆少尹罗立言暂代府事。李石是李神符的五世孙。己未日

（十八日），唐文宗李昂任命太府卿韩约为左金吾卫大将军。

起初，郑注和李训合谋，郑注到风翔上任后，挑选几百名壮士，每人携带一根白色棍棒，怀里藏着一把利斧，以亲兵的身份跟随郑注。这一月，戊辰日（二十七日），王守澄在浐水下葬，郑注向朝廷上奏章，请求文宗批准他率领军队维持葬礼秩序，这样他便可以率领亲兵一同前往。同时他向文宗奏请，命神策军护军中尉以下所有宦官都到河旁为王守澄送葬。届时，郑注命令把墓门关闭，让亲兵用利斧将宦官杀死。约定后，李训又和自己的同党商议：“如照这样事情成功了，郑注就独占了功劳，不如让郭行馀和王璠以赴镇上任为借口，多招募一些健壮结实的人作为私兵，同时调动韩约率领的金吾兵和御史台、京兆府官吏以及士兵，在郑注之前，在京城杀死宦官，随后，把郑注也杀掉。”郭行馀、王璠、罗立言、韩约以及中丞李孝本，都是李训平时所厚待的，所以把他们都安置在要地，李训就只跟这几个人以及舒元舆商议，其他人都无从知晓。

壬戌，上御紫宸殿。百官班定，韩约不报平安，奏称：“左金吾听事后石榴夜有甘露，臣递门奏讫。”因蹈舞再拜，宰相亦帅百官称贺。训、元舆劝上亲往观之，以承天贶，上许之。百官退，班于含元殿。日加辰，上乘软舆出紫宸门，升含元殿。先命宰相及两省官诣左仗视之，良久而还。训奏：“臣与众人验之，殆非真甘露，未可遽宣布，恐天下称贺。”上曰：“岂有是邪！”顾左、右中尉仇士良、鱼志弘帅诸宦者往视之。宦者既去，训遽召郭行馀、王璠曰：“来受敕旨！”璠股栗不敢前，独行馀拜殿下。时二人部曲数百，皆执兵立丹凤门外，训已先使人召之，令人受敕。独东兵入，邠宁兵竟不至。

【译文】壬戌日(二十一日),文宗亲临紫宸殿。百官的位次排定后,左金吾卫大将军韩约却不按规矩报平安,而是向文宗奏报说:"昨晚,左金吾衙门后院的一棵石榴树上,有人发现有甘露落下,这是祥瑞的预兆,昨晚我已通过守卫宫门的宦官向陛下报告。"于是手舞足蹈(表示快乐)地再次拜倒地上,宰相也率领百官道贺。李训和舒元舆趁此机会劝谏文宗亲往观赏,以承受天赐的吉祥,文宗同意了他们的请求。百官退下,依次排列在含元殿。过了一个时辰,文宗乘着轻便软轿离开紫宸门,登上含元殿升朝。先命宰相和中书、门下两省的官员到左金吾后院察看甘露之事是否属实,过了很久才回来。李训向文宗奏报说:"臣已和众人查验,恐怕不是真的甘露,不可立即对外宣布,以免天下百姓道贺。"文宗说:"怎么会有这种事!"回头暗示左、右中尉仇士良、鱼志弘率领所有宦官前去察看。宦官走后,李训急忙召集郭行馀、王璠,说:"快来接受陛下的圣旨!"王璠紧张得两腿发抖,不敢走上前去,只有郭行馀一人拜倒在含元殿下接旨。这时,二人招募的几百私兵都手握武器,站立在丹凤门外等待命令。李训已经先派人让他们在含元殿前集合,接受文宗诏令诛除宦官。结果,只有郭行馀率领的河东兵来了,王璠率领的邠宁镇兵竟然没有到。

仇士良等至左仗视甘露,韩约变色流汗。士良怪之曰:"将军何为如是?"俄风吹幕起,见执兵者甚众,又闻兵仗声,士良等惊骇走出。门者欲闭之,士良叱之,关不得上。士良等奔诣上告变。训见之,遽呼金吾卫士曰:"来上殿卫乘舆者,人赏钱百缗!"宦官曰:"事急矣,请陛下还宫!"即举软舆,迎上扶升舆,决殿后罘罳,疾趋北出。训攀舆呼曰:"臣奏事未竟,陛下不可入宫!"

金吾兵已登殿。罗立言帅京兆逻卒三百馀自东来，李孝本帅御史台从人二百馀自西来，皆登殿纵击，宦官流血呼冤，死伤者十馀人，乘舆迤逦入宣政门，训攀舆呼益急，上叱之，宦者郗志荣奋拳殴其胸，偃于地。乘舆即入，门随阖，宦者皆呼万岁，百官骇愕散出。训知事不济，脱从吏绿衫衣之，走马而出，扬言于道曰："我何罪而窜谪！"人不之疑。王涯、贾餗、舒元舆还中书，相谓曰："上且开延英，召吾属议之。"两省官诣宰相请其故，皆曰："不知何事，诸公各自便！"士良等知上豫其谋，怨愤，出不逊语，上惭惧不复言。

【译文】仇士良等来到左仗看甘露，韩约却脸色大变，冷汗直流。仇士良感到奇怪，问他："将军为什么这个样子呢？"一会儿，风把帷幕吹起，看到手握兵器的人很多，又听到兵器互相碰撞的声音此起彼伏。仇士良等人大惊失色，急忙往外冲去。此时，守门的士兵正打算关门，被仇士良大声呵斥，紧张得门闩都没有闩上。仇士良等人急忙奔向含元殿，把发生兵变的情况向文宗报告。李训看见他们，立刻呼叫金吾卫士说："到殿上保卫皇上乘舆的人，赏钱百缗！"宦官对文宗说："情势危急，请陛下马上回宫！"他们随即抬来软轿，迎上前去搀扶文宗上轿，把殿后面的丝网都冲断了，向北急奔。李训攀住软舆大叫说："臣奏报要事还没完，陛下不可进入皇宫！"这时，金吾兵已经登上含元殿。同时，罗立言率领京兆府担负巡逻任务的三百士卒也从东边冲杀过来，李孝本率领御史台随从二百多人从西边冲杀过来，一齐登上含元殿，迎击宦官。宦官流血呼冤，死伤十余人。李训拉住文宗乘坐的软轿不放，呼喊越来越急促。文宗大声斥责李训，宦官郗志荣趁机挥拳痛击李训胸部，把李训打倒在地。文宗的软轿被抬进宣政门后，大门马上关闭，宦官对着文宗大呼万岁。这时，正在含元殿上朝的百官都大惊失色，四处溃散。李训见文宗已经进入后宫，知道事情不妙，于是，换上随从官吏的绿色官服，骑马逃走。一路上大声扬言："我有什么罪要被贬逐！"因而，人们对他没有产生怀疑。王涯、贾餗、舒元舆回到中书后，互相说："皇上马上会打开延英殿，召我们去计议。"两省官都到宰相那儿去探听是怎么回事。都说："不知道是什么事，诸位自行处理吧！"仇士良等知道文宗也参与了这次计划，都怨愤极了，口出不逊，文宗惭愧害怕得说不出话来。

士良等命左、右神策副使刘泰伦、魏仲卿等各帅禁兵五百人，露刃出阁门讨贼。王涯等将会食，吏白："有兵自内出，逢人辄杀！"涯等狼狈步走，两省及金吾吏卒千馀人填门争出。门寻阖，其不得出者六百馀人皆死。士良等分兵闭宫门，索诸司，讨贼党。诸司吏卒及民酤贩在中者皆死，死者又千馀人，横尸流血，狼籍涂地，诸司印及图籍、帷幕、器皿俱尽。又遣骑各千馀出城追亡者，又遣兵大索城中。舒元舆易服单骑出安化门，禁兵追擒之。王涯徒步至永昌里茶肆，禁兵擒入左军。涯时年七十馀，被以桎梏，掠治不胜苦，自诬服，称与李训谋行大逆，尊立郑注。王璠归长兴坊私第，闭门，以其兵自防。神策将至门，呼曰："王涯等谋反，欲起尚书为相，鱼护军令致意！"璠喜，出见之。将趋贺再三，璠知见绐，涕泣而行，至左军，见王涯曰："二十兄自反，胡为见引？"涯曰："五弟昔为京兆尹，不漏言于王守澄，岂有今日邪！"璠俯首不言。又收罗立言于太平里，及涯等亲属奴婢，皆入两军系之。户部员外郎李元皋，训之再从弟也，训实与之无恩，亦执而杀之。故岭南节度使胡证，家巨富，禁兵利其财，托以搜贾铼入其家，执其子澈，杀之。又入左常侍罗让、詹事浑鍼、翰林学士黎埴等家，掠其赀财，扫地无遗。鍼，城之子也，坊市恶少年因之报私仇，杀人，剽掠百货。互相攻劫，尘埃蔽天。

【译文】仇士良等命令左、右神策副使刘泰伦、魏仲卿等各率禁兵五百人，亮出兵刃从紫宸殿冲出讨伐贼党。王涯等人正准备在政事堂聚餐，有人报告说："有兵士从内廷出来，逢人就杀！"王涯等听到这一消息，狼狈逃跑，中书、门下两省和金吾卫的士卒、官吏共计一千多人争相逃向门外。不一会儿，大门被关闭，没来得及逃出大门的六百多人全被诛杀。仇士良等分散军队关闭各宫门，在各司中搜索、捕捉贼党。各司的吏卒和在其中做生意的平民也都被杀，死去的有上千人，横陈的尸体和流出的鲜血，狼藉遍地，各司中的印信和图籍、帐幕、器皿都被拿光。又派遣骑兵各千余人出城追捕逃亡的人，又派兵在城中大肆搜捕。舒元舆换上百姓服装后，一个人骑马从安化门逃出，结果被骑兵追上捉住。王涯步行逃到永昌里的一个茶馆里，结果还是让禁军抓住，把他押送到左神策军中。王涯这时已经七十多岁，脚镣手铐加身，遭受严刑拷打，实在忍受不了，就违心地承认和李训共同谋划作乱，打算拥立郑注做皇帝。王璠回到长兴里的家中后，闭门不出，用招募的私兵守护府邸。神策将来搜查逮捕他，到他家门时，大声呼喊说："王涯等人阴谋作乱，朝廷想要任命您为宰相，护军中尉鱼弘志让我们来向您表示祝贺！"王璠听后非常高兴，于是出门相见。神策将多次祝贺他迁任宰相，最终王璠发现受了欺骗，于是流着眼泪跟随神策将离开。到了左军，见到王涯说："你参与阴谋作乱之事，为什么要连累我呢？"王涯说："五弟过去担任京兆尹时，假如没有将宋申锡诛杀宦官的消息向王守澄透露的话，怎么能出现今天的事情呢！"王璠自知理亏，低着头一言不发。接着，又在太平里把罗立言抓住，以及王涯等人的亲属、奴婢，都关进了两军监狱中。户部员外郎李元皋是李训的再从弟(同曾祖的弟弟)，李训实际上对他并无恩德，也被抓来杀了。前岭南节度使胡证，家财万贯，禁兵贪图他家财产，假托以搜索贾𬧷为名，进入他家里，捉了他的儿子胡溵，然后把他杀死了。又到左常侍罗让、詹事浑鍼、翰林学士黎埴等人家中，抢夺财物，一扫而光。浑鍼是浑瑊的儿子。此时，京城的恶少也趁机报私仇，任意杀害，大肆掠夺商人和百姓的财物，互相攻击劫持，闹得尘埃蔽天。

癸亥，百官入朝，日出，始开建福门，惟听以从者一人自随，禁兵露刃夹道。至宣政门，尚未开。时无宰相御史知班，百官无复班列。上御紫宸殿，问："宰相何为不来?"仇士良曰："王涯等谋反系狱。"因以涯手状呈上，召左仆射令狐楚、右仆射郑覃等升殿示之。上悲愤不自胜，谓楚等曰："是涯手书乎?"对曰："是也!""诚如此，罪不容诛!"因命楚、覃留宿中书，参决机务。使楚草制宣告中外。楚叙王涯、贾𬧷反事浮泛，仇士良等不悦，由是不得为相。

时坊市剽掠者犹未止，命左、右神策将杨镇、靳遂良等各将五百人分屯通衢，击鼓以警之，斩十馀人，然后定。

【译文】癸亥日(二十二日)，百官入朝，直到日出，才打开建福门，宫中传出话说，群臣每人只许带一名随从进入皇宫。宫中禁军手握刀枪，在道路两旁站立、防卫。群臣到宣政门时，大门还没打开。当时也没有宰相御史来主持位次，百官的队列混乱不堪，不成班列。文宗亲临紫宸殿，问道："宰相怎么没来？"仇士良说："王涯等人谋反被关在大牢里。"接着，将王涯的供词递呈给文宗，文宗召左仆射令狐楚、右仆射郑覃上前，让他们观看王涯的供词。文宗悲愤得几乎克制不住，对令狐楚等说："这是王涯的亲笔供词吗？"二人对答说："是的！"文宗说："果真如此，那真是死有余辜！"唐文宗李昂命令令狐楚、郑覃留宿在中书，参与决策机密要务。让令狐楚起草制书向中外宣告。令狐楚在诏书中陈述王涯、贾餗谋反作乱的情况时，泛泛而谈而不切关键之处，仇士良等人对此不满，令狐楚因此未能被提升为宰相。

当时，京城街市上的大肆劫掠仍没停止。朝廷命左、右神策军将领杨镇、靳遂良等人各率五百人分别把守街道的主要路口，敲击街鼓对剽掠之人加以警告，同时，朝廷下令将十几个罪犯杀死，这样，局面才安定下来。

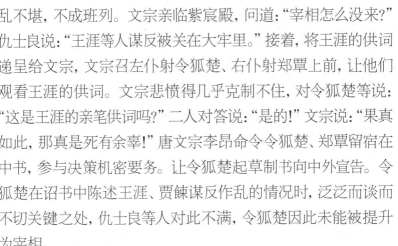

贾餗变服潜民间经宿，自知无所逃，素服乘驴诣兴安门，自言："我宰相贾餗也，为奸人所污，可送我诣两军！"门者执送西军。李孝本改衣绿，犹服金带，以帽鄣面，单骑奔凤翔，至咸阳西，追擒之。

甲子，以右仆射郑覃同平章事。

李训素与终南僧宗密善，往投之。宗密欲剃其发而匿之，其徒不可。训出山，将奔凤翔，为盩厔镇遏使宋楚所擒，械送京师。至昆明池，训恐至军中更受酷辱，谓送者曰："得我者则富贵矣！闻禁兵所在搜捕，汝必为所夺，不若取我首送之！"送者从之，斩其首以来。

【译文】贾餗换了衣服在民间潜藏了几夜，料想已经无处可逃,于是穿上素服骑驴到了兴安门,说:"我是宰相贾餗,被奸人诬陷,你们把我拘捕,然后送到左、右神策军去吧!"守门的士卒把他送到了西军(右神策军)。李孝本改穿了绿衣服,但身上仍旧系着只有五品以上官员才能穿戴的金带,用帽子遮盖上面容,一个人骑着马直奔凤翔,打算投靠郑注,到咸阳西,被追兵抓捕了。

甲子日(二十三日),唐文宗李昂任命右仆射郑覃为同平章事。

李训一向和终南僧宗密友好,打算前往投靠他。宗密想为李训剃发,把他装扮成僧人,然后藏在寺院中,可是徒弟们不答应。李训离开终南山,想奔赴凤翔,被盩厔镇遏使宋楚擒获,给他戴上刑械送到京师。到昆明池,李训害怕到神策军后遭受毒打凌辱,就对押送他的人说:"不管谁抓住我,都会得到朝廷赏赐而享有富贵的!听说禁兵在到处搜捕我,我想你的功劳一定会被别人抢走,不如你现在把我杀死,然后把我的首级送到京城!"押送的人认为他说的有理,就答应了,于是砍下了李训的头送往京师。

乙丑,以户部侍郎、判度支李石同平章事,仍判度支。前河东节度使李载义复旧任。

左神策出兵三百人,以李训首引王涯、王璠、罗立言、郭行馀;右神策出兵三百人,拥贾餗、舒元舆、李孝本献于庙社,徇于两市。命百官临视,腰斩于独柳之下,枭其首于兴安门外。亲属无问亲疏皆死,孩稚无遗,妻女不死者没为官婢。百姓观者怨王涯榷茶,或诟詈,或投瓦砾击之。

◆臣光曰:"论者皆谓涯、餗有文学名声,初不知训、注之谋，横罹覆族之祸，愤叹其冤。臣独以为不然。夫颠危不扶，焉用彼相！涯、餗安高位，饱重禄；训、注小人，穷奸究险，力取将相。涯、餗与之比肩，不以为耻；国家危殆，不以为忧。偷合苟容，日复一日，自谓得保身之良策，莫我如也。若使人人如此而无祸，则奸臣孰不愿之哉！一旦祸生不虞，足折刑剧，盖天诛之也，士良安能族之哉！◆

【译文】乙丑日（二十四日），唐文宗李昂任命户部侍郎、判度支李石同平章事，仍旧兼任判度支。命前任河东节度使李载义恢复旧职。

左神策派兵三百人，用李训的首级引导着王涯、王璠、罗立言、郭行馀，右神策派兵三百人，拥着贾餗、舒元舆、李孝本到太庙和太社献祭，接着，押着他们在东、西两市游街示众，命令百官前往观看。最后在京城独柳树下腰斩他们，将他们的人头挂在兴安门外示众。李训等人的亲属不管亲疏老幼，都被诛杀，连小孩也不留下，妻子、女儿有不死的，也被没为官婢。围观的百姓，都因怨恨王涯征收茶税而诟骂他，更有人用瓦砾投掷他。

◆臣司马光说：所有谈论甘露之变的人都认为王涯、贾餗有文学的名声，原先并不知道李训、郑注的谋划，以致横遭灭族之祸。臣却以为不然。如果国家颠危而不加扶持，朝廷又何必重用你做宰相！王涯、贾餗身居高位，饱食重禄；而李训、郑注都是奸诈小人，穷尽自己奸诈阴险之能，才窃取节度使和宰相的职位。王涯、贾餗竟然和他们并肩共谋，却不以之为耻；国家危难，却不以之为忧；苟且偷安，过一天算一天，获得保护自己的万全良策，没有人能和他相比。如果人人都像他们这样尸位素餐，而又不遭受祸患，那么谁不愿意做奸臣呢！所以一旦

发生意料不到的祸患，脚被人折断，人也被杀了，我认为，这也是上天对他们的惩罚，仇士良怎么能轻易就族灭他们全家呢？◆

资治通鉴

【申涵煜评】郑注、李训，皆小之尤，以诛宦官、清河朔自任，偾辕败辕，致酿甘露之变。其失着处在方欲谋人，遽自相害，训之罪尤重于注。

【译文】郑法、李训，都是小人中的小人，他们以诛杀宦官，清河朔自任，事情覆败，以致酿成甘露之变。他们的失策处在于正准备谋人，就各自相害，李训的罪更重于郑注。

王涯有再从弟沐，家于江南，老且贫。闻涯为相，跨驴诣之，欲求一簿、尉。留长安二岁馀，始得一见，涯待之殊落莫。久之，沐因嬖奴以道所欲，涯许以微官，自是旦夕造涯之门以俟命；及涯家被收，沐适在其第，与涯俱腰斩。

舒元舆有族子守谦，愿而敏，元舆爱之，从元舆者十年，一旦忽以非罪怒之，日加谴责，奴婢亦薄之。守谦不自安，求归江南，元舆亦不留，守谦悲叹而去。夕，至昭应，闻元舆收族，守谦独免。

【译文】王涯有个远房弟弟名叫王沐，家住江南，年老而且贫穷。听说王涯做了宰相，骑着驴去拜见他，想求得主簿或县尉一类的小官。结果，羁留在长安两年多，才见到王涯一面，王涯对他非常冷漠。很久之后，王沐通过王涯的亲信家奴再次转达自己的请求，王涯这才给了他一个很微贱的小官，从此他早晚都要到王涯的家中去听候差遣。当王涯全家被捕时，王沐正在王涯家中，于是和王涯一起被腰斩了。

舒元舆有个侄子名叫舒守谦，谨慎而聪明，舒元舆很疼爱他，舒守谦跟随舒元舆已经十年，一天，他并没犯错，却突然被责备，从此每天被责斥，舒元舆的奴婢们因此也瞧不起他。舒守谦心里觉得不安，请求回到江南去，舒元舆也没挽留，舒守谦悲叹着离去。傍晚，当舒守谦到达昭应县时，听到舒元舆遭灭族之灾的消息。因此，舒元舆整个家族只有舒守谦一人得以逃脱免祸。

是日，以令狐楚为盐铁转运使，左散骑常侍张仲方权知京兆尹。时数日之间，杀生除拜，皆决于两中尉，上不豫知。

初，王守澄恶宦者田全操、刘行深、周元稹、薛士幹、似先义逸、刘英诲等，李训、郑注因之遣分诣盐州、灵武、泾原、夏州、振武、凤翔巡边，命翰林学士顾师邕为诏书赐六道，使杀之。会训败，六道得诏，皆废不行。丙寅，以师邕为矫诏，下御史狱。

【译文】当天，唐文宗李昂任命令狐楚为盐铁转运使，左散骑常侍张仲方暂代京兆尹。在当时那几天里，凡杀、生、除、拜的权力都决定在两中尉手里，文宗也不能提前得知。

起初，王守澄憎恶宦官田全操、刘行深、周元稹、薛士干、似先义逸、刘英诲等人，于是李训、郑注就分别派他们前往盐州、灵武、泾原、夏州、振武、凤翔等地巡察边务，又命翰林学士顾师邕写诏书颁赐给六道（前六地），杀掉田全操等六人。正赶上李训之事失败，六道虽然得了诏书，都废置没有执行。丙寅日（二十五日），仇士良等人认为顾师邕伪造诏书，于是抓捕了他，并将他押送到御史台监狱。

先是，郑注将亲兵五百，已发凤翔，至扶风。扶风令韩辽知其谋，不供具，携印及吏卒奔武功。注知训已败，复还凤翔。仇士良等使人赍密敕授凤翔监军张仲清令取注，仲清惶惑，不知所为。押牙李叔说仲清曰："叔和为公以好召注，屏其从兵，于坐取之，事立定矣！"仲清从之，伏甲以待注。注恃其兵卫，遂诣仲清。叔和稍引其从兵，飨之于外，注独与数人入。既啜茶，叔和抽刀斩注，因闭外门，悉诛其亲兵。乃出密敕，宣示将士，遂灭注家，并杀副使钱可复、节度判官卢简能、观察判官萧杰、掌书记卢弘茂等及其枝党，死者千馀人。可复，徽之子；简能，纶之子；杰，俛之弟也。朝廷未知注死，丁卯，诏削夺注官爵，令邻道案兵观变。以左神策大将军陈君弈为凤翔节度使。戊辰夜，张仲清遣李叔和等以注首入献，枭于兴安门，人情稍安，京师诸军始各还营。

【译文】此前，郑注率领亲兵五百人，已从凤翔出发，到了扶风。扶风县令韩辽知道了他的谋划，对他不予接待，携带县印和下属胥吏、士卒逃奔武功。郑注得知李训失败的消息，又率军返回凤翔。仇士良等派人送了一封密敕给凤翔监军张仲清，命令他捉拿郑注，张仲清惶恐不安，不知该怎么办。押牙李叔和劝张仲清说："我借您的名义用好言好语把郑注召来，然后设计使他的亲兵退下，在座席之上把他杀死，叛乱马上就可以平定了！"张仲清同意了他的建议，于是，事先设下伏兵等待郑注前来。郑注依仗他的亲兵，没有怀疑，径直进入凤翔城来见张仲清。李叔和暗地里把郑注的随从士卒带到外面饮宴，郑注和几个随从进到里面。喝完了茶，李叔和抽刀杀死了郑注，随即命手下人关闭外门，杀了郑注带来的所有亲兵。接着，张仲清拿出文宗密敕给众人看，向他们宣布此事。然后，他们杀死郑注的家眷，以及节度副使钱可复、节度判官卢简能、观察判

资治通鉴

官萧杰、掌书记卢弘茂等人和他们的党羽，总计一千多人。钱可复是钱徽的儿子，卢简能是卢纶的儿子，萧杰是萧俛的弟弟。此时，朝廷还不知道郑注已被杀死，丁卯日（二十六日），唐文宗李昂下诏削夺郑注的官爵，命令邻近各道按兵不动，以观变化。任命左神策大将军陈君奕为凤翔节度使。戊辰日（二十七日）夜晚，张仲清派李叔和等人前往京城献上郑注的首级，朝廷命人将他的首级挂在兴安门上示众。于是，京城人心逐渐安定，禁军诸军开始各回军营。

诏将士讨贼有功及媅队者，官爵赐赍各有差。右神策军获韩约于崇义坊，己巳，斩之。仇士良等各进阶迁官有差。自是天下事皆决于北司，宰相行文书而已。宦官气益盛，迫胁天子，下视宰相，陵暴朝士如草芥。每延英议事，士良等动引训、注折宰相。郑覃、李石曰："训、注诚为乱首，但不知训、注始因何人得进？"宦者稍屈，缙绅赖之。

时中书惟有空垣破屋，百物皆阙。江西、湖南献衣粮百二十分，充宰相召募从人。辛未，李石上言："宰相若忠正无邪，神灵所祐，纵遇盗贼，亦不能伤。若内怀奸罔，虽兵卫甚设，鬼得而诛之。臣愿竭赤心以报国，止循故事，以金吾卒导从足矣。其两道所献衣粮，并乞停寝。"从之。

【译文】唐文宗李昂下诏，所有讨伐贼党有功的禁军将士以及追捕逃亡贼党有功者，根据功劳大小各授予官爵和赏赐财物。右神策军在崇义坊捉到韩约，己巳日（二十八日），将他斩首。唐文宗李昂又下令，仇士良等有功宦官，根据功劳大小各升迁阶品和职位。从此，天下大事都由北司宦官决定，宰相只是在文书上例行签名而已。宦官气势更盛，胁迫天子，轻视宰相，凌辱百官如同踩踏草芥一般。每次赶上群臣在延英殿商议朝政，仇士良等人就拿李训、郑注谋反的事情羞辱宰相。郑覃、李石说："李训、郑注确实是祸乱的根源，但究竟是由谁推荐提拔的他们呢？"这时宦官的嚣张气焰才逐渐有所收敛，朝中士大夫都因此依靠郑覃和李石二人。

当时，中书省只有空房破屋，办公用具都没有。江西、湖南两道进献了一百二十个人的衣粮，作为宰相招募随从人员之用。辛未日（三十日），李石向文宗上奏说："宰相如果能忠正无邪，即使是神灵也会对他加以保佑，纵使遇到盗贼，也不能伤害他。但如果宰相心术不正，即使警卫森严，鬼神也会杀死他的。臣希望能尽忠报国，因此，请求陛下按照惯例，由金吾士卒作为导从就足够了。那些两道（江西、湖南）所进献的衣粮，请求停罢退回。"文宗同意了他的请求。

【乾隆御批】自古宦官之祸，至甘露之变而极。注、训合谋各怀私见，既挟要功之，意复无御变之才，筑室道谋，宜其败耳。君不密失臣，臣不密失身，犹不足为若辈责也！

【译文】自古以来的宦官之祸，到甘露之变时算是达到了极点。郑注、李训虽然合谋却又各怀鬼胎，既想邀功请赏，又缺乏应变之能，文宗又"筑室于道"，失败是必然的了。君王因不能保守秘密而失去臣子，臣子因不能保守秘密失掉性命，这还不值得汝辈借鉴吗？

十二月，壬申朔，顾师邕流儋州，至商山，赐死。

榷茶使令狐楚奏罢榷茶，从之。

度支奏籍郑注家赀，得绢百馀万匹，他物称是。

庚辰，上问宰相："坊市安未？"李石对曰："渐安。然比日寒

冽特甚，盖刑杀太过所致。"郑覃曰："罪人周亲前已皆死，其馀
殆不足问。"时宦官深怨李训等，凡与之有瓜葛亲，或暂蒙奖引
者，诛贬不已，故二相言之。

李训、郑注既诛，召六道巡边使。田全操追忿训、注之谋，
在道扬言："我入城，凡儒服者，无贵贱当尽杀之！"癸未，全操等
乘驿疾驱入金光门，京城讹言有寇至，士民惊噪纵横走，尘埃四
起。两省诸司官闻之，皆奔散，有不及束带袜而乘马者。

【译文】十二月，壬申朔日（初一），顾师邕被流放到儋州，到
达商山时，唐文宗李昂下诏将他赐死。

榷茶使令狐楚向文宗上奏章请求停止征收茶税，文宗批准
了这一请求。

度支向文宗上奏章请求把郑注家产充公，总共得到绢
一百万匹，其他财物还有许多。

庚辰日（初九），文宗询问宰相说："京城街坊和集市是否已
安宁？"李石回答说："已逐渐安宁。只是近来天气寒冷，大概
是杀人太多的缘故。"郑覃说："罪人的直系亲属目前都已被杀，
其余的人就不必再追究了吧。"当时宦官深怨李训等人，凡是与
他有关系的亲人，或者一时被他们所推荐提拔过的人，仍不断
地被诛杀或贬逐，所以两位宰相才说这番话。

李训、郑注既已被杀，朝廷下令召盐州等六道巡边使入
京。田全操对李训、郑注打算谋害自己的事情一直追究，记挂
于心，在回京途中扬言说："我入城后，凡是看到穿儒服的，无
论地位高贵还是卑贱，都一律杀死！"癸未日（十二日），田全操
等乘驿车直入金光门，京城谣传说有强盗来京城了，士民都惊
慌得到处奔逃，尘埃四起。中书、门下两省各司官员听到这些
谣言，也都溃散奔逃，有人甚至来不及系上带袜就骑马跑掉了。

郑覃、李石在中书，顾吏卒稍稍逃去。覃谓石曰："耳目颇异，宜且出避之！"石曰："宰相位尊望重，人心所属，不可轻也！今事虚实未可知，坚坐镇之，庶几可定。若宰相亦走，则中外乱矣。且果有祸乱，避亦不免！"覃然之。石坐视文案，沛然自若。

敕使相继传呼："闭皇城诸司门！"左金吾大将军陈君赏帅其众立望仙门下，谓敕使曰："贼至，闭门未晚，请徐观其变，不宜示弱！"至晡后乃定。是日，坊市恶少年皆衣绯皁，持弓刀北望，见皇城门闭，即欲剽掠，非石与君赏镇之，京城几再乱矣。时两省官应入直者，皆与其家人辞诀。

甲申，敕罢修曲江亭馆。

丁亥，诏："逆人亲党，自非前已就戮及指名收捕者，馀一切不问。诸司官吏虽为所胁从，涉于诖误，皆赦之。他人毋得妄相告言及相恐惕。见亡匿者，勿复追捕，三日内各听自归本司。"

资治通鉴

【译文】这时，郑覃和李石正在政事堂办公，看到手下官兵渐渐逃跑。郑覃就对李石说："我看情形有异，应该出去暂时躲避一下！"李石说："宰相地位尊贵崇高，是人心所系，不可轻率逃走！如今虚实还不可知，如果镇守在此，安静办公，也许纷乱很快就可以安定了。反之，如果宰相也跟着其他人逃跑，那么，朝廷内外就真的会大乱了。况且如果真有祸乱发生的话，恐怕我们想逃也逃不了啊！"郑覃认为他说的很有道理。于是，李石正坐批示文案，正气凛然，神态自若。

这时，朝廷敕使不断传达命令说："快速关闭皇城中各衙司大门！"左金吾大将军陈君赏率领部众站在望仙门下，对敕使说："等贼来了，再关闭大门也不迟，请让我们慢慢观察情况变化，不应显出畏惧之色！"结果，直到黄昏后，情势才安定下来。当天，坊市中的不良少年都穿着大红和黑色衣服，手拿弓刀翘首北望，一见皇城大门关上，他们就要抢夺财物。要不是李石和陈君赏镇定冷静，泰然自若，京城几乎又要大乱了。当时中书、门下两省值班官员，都认为不可能再回来了，离开家时都和亲属诀别。

甲申日（十三日），唐文宗李昂下令停止修筑曲江亭馆。

丁亥日（十六日），唐文宗李昂诏示："李训等叛逆之人的所有亲属党羽，除了之前已经被杀和朝廷指名逮捕的人，其余人等一概不加追究。各衙司官吏，曾被胁迫跟随李训因而遭受牵连的人，也全都予以赦免。其他人不得借此再揭发控告，或者加以恐吓。已经逃亡或藏匿的官员，也不必再追捕。三日内让他们各自返回本司办公。"

时禁军暴横，京兆尹张仲方不敢诘，宰相以其不胜任，出为华州刺史，以司农卿薛元赏代之。元赏常诣李石第，闻石方坐听事与一人争辩甚喧，元赏使觇之，云有神策军将诉事。元赏趋入，责石曰："相公辅佐天子，纪纲四海。今近不能制一军将，使无礼如此，何以镇服四夷！"即趋出上马，命左右擒军将，俟于下马桥，元赏至，则已解衣跽之矣。其党诉于仇士良，士良遣宦者召之曰："中尉屈大尹。"元赏曰："属有公事，行当继至。"遂杖杀之。乃白服见士良，士良曰："痴书生何敢杖杀禁军大将！"元赏曰："中尉大臣也，宰相亦大臣也，宰相之人若无礼于中尉，如之何？中尉之人无礼于宰相，庸可恕乎！中尉与国同体，当为国惜法，元赏已囚服而来，惟中尉死生之！"士良知军将已死，无可如何，乃呼酒与元赏欢饮而罢。

初，武元衡之死，诏出内库弓矢、陌刀给金吾仗，使卫从宰相，至建福门而退。至是，悉罢之。

【译文】当时，禁军残暴蛮横，京兆尹张仲方不敢对他们过问，宰相认为他不称职，外任他为华州刺史，让司农卿薛元赏来替代他的职位。薛元赏常到李石府宅拜访，一次，他听到李石正在听事中和一人大声争辩，薛元赏教人去察看，那人报告说有一个神策军将正向李石申诉事情。薛元赏连忙走到厅中，责备李石说："您作为宰相辅佐陛下，治理天下，现在却不能制服面前的一个军将，竟让他对您这样无礼，还凭什么去使周边的夷戎族慑服呢！"随即快步骑马离去，命左右侍从前去擒拿军将，到下马桥等待命令。薛元赏到时，侍从已经除去了军将的制服，让他跪在地上。军将的同党把此事报告给仇士良，仇士良派宦官召薛元赏前来，说："中尉叫你屈驾前往。"薛元赏说："我这里正有公事，等我把这件事办完后，立刻就去。"接着，就命人杖杀了军将。然后薛元赏穿上待罪的白衣去见仇士良，仇士良说："你这个傻书生，怎敢杖杀禁军大将！"薛元赏说："中尉是国家的大臣，宰相也是国家的大臣，如果宰相的部下对您不以礼相待，那么，该怎么惩处呢？而中尉的人对宰相不以礼相待，难道就能宽容饶恕吗！ 您和朝廷的关系，如同手足，是一个不可分割的整体，应当看重朝廷律法啊。现在，我穿着罪犯的囚衣而来，生死任凭中尉决定！"仇士良知道军将已死，也无可奈何，于是命人端来酒菜，和薛元赏痛饮一场，就作罢了。

起初，刺客暗杀了宰相武元衡后，唐宪宗下诏，命从内库调出弓箭、长刀发给金吾兵，让他们护送宰相，直到建福门才退去；等到李训等人被杀后，这些做法全都免除了。

【乾隆御批】元赏擒杖军将，颇著风力，亦末流之铮铮者，士良虽强横，据理直折，彼固莫如之，何囚服往见，又何为哉！

【译文】薛元赏擒获并杖杀禁军将领颇具风骨，也算得上是唐朝后期的刚正、坚贞之人了，而仇士良虽然强硬蛮横，在正义面前也不得不弯下腰来，本来就不能把你薛元赏如何，你身穿囚服去见他，又是为什么呢?

开成元年(丙辰，公元八三六年)春，正月，辛丑朔，上御宣政殿，赦天下，改元。仇士良请以神策仗卫殿门，谏议大夫冯定言其不可，乃止。定，宿之弟也。

二月，癸未，上与宰相语，患四方表奏华而不典，李石对曰："古人因事为文，今人以文害事。"

昭义节度使刘从谏上表请王涯等罪名，且言："涯等儒生，荷国荣庞，咸欲保身全族，安肯构逆! 训等实欲讨除内臣，两中尉自为救死之谋，遂致相杀，诬以反逆，诚恐非辜。设右宰相实有异图，当委之有司，正其刑典，岂有内臣擅领甲兵，恣行剽劫，延及士庶，横被杀伤! 流血千门，僵尸万计，搜罗枝蔓，中外恟疑。臣欲身诣阙庭，面陈臧否，恐并陷孥戮，事亦无成。谨当修饰封疆，训练士卒，内为陛下心腹，外为陛下藩垣。如奸臣难制，誓以死清君侧!" 丙申，加从谏检校司徒。

【译文】开成元年(丙辰，公元 836 年)春季，正月，辛丑朔日(初一)，唐文宗李昂亲临宣政殿，大赦天下，改年号为开成。仇士良请求调神策军代替金吾兵护卫殿门，谏议大夫冯定向文宗进言，认为不可，这才作罢。冯定是冯宿的弟弟。

二月，癸未日(十三日)，文宗与宰相商议朝政时，对百官和藩镇给朝廷的上奏文字华而不实而表示忧虑，李石回答说："古人因为叙事而重视文采，今人但求文采而妨害叙事。"

昭义节度使刘从谏向文宗上奏章询问王涯等人的罪名，并且说:"王涯等人都是读书人出身,享受朝廷赐予的荣华恩遇,谁不希望保全性命,怎么能够造反呢!李训等人实际上是想除去内臣,左、右神策军护军中尉是为自身性命思量,因而杀掉了他们;但是王涯等人却被诬陷为反叛,实际上恐怕他们并没有罪。如果宰相确有异图,也应把他们交给御史台,根据国家法律来处治他们,怎么能够让宦官带着人马随意逮捕杀戮,致使士大夫和百姓都遭到死伤呢!鲜血流遍了宫门各处,僵直的尸体数以万计,接着,他们又以搜捕同党为借口,牵累其他的亲朋好友,朝廷内外,人人担心性命之忧。臣本想亲自到朝廷,面陈是非善恶,又恐也一起遭陷害被杀,祸延子孙,事情反而不成。因此,臣想,最好还是恪守自己的职位,训练士兵,在朝廷之内,充任陛下的亲近之臣,在朝廷之外,充当保卫朝廷的疆吏。如果奸臣确实骄横难以控制的话,臣向陛下保证,誓死率军诛除陛下身边的佞臣!"丙申日(二十六日),唐文宗李昂加封刘从谏检校司徒。

资治通鉴

天德军奏吐谷浑三千帐诣丰州降。

三月,壬寅,以袁州长史李德裕为滁州刺史。

左仆射令狐楚从容奏:"王涯等既伏辜,其家夷灭,遗骸弃捐。请官为收瘗,以顺阳和之气。"上惨然久之,命京兆收葬涯等十一人于城西,各赐衣一袭。仇士良潜使人发之,弃骨于渭水。

丁未,皇城留守郭皎奏:"诸司仪仗有锋刃者,请皆输军器使,遇立仗别给仪刀!"从之。

【译文】天德军向朝廷奏报吐谷浑三千军帐士卒,来到丰州投降。

三月,壬寅日(初三),唐文宗李昂任命袁州长史李德裕为滁州刺史。

左仆射令狐楚从容不迫地向文宗奏报："王涯等人已经服罪，家族遭夷灭，遗骸无人管，请求朝廷派人埋葬，以便顺和温暖的春季时令。"唐文宗李昂听后，悲伤很久，命令京兆府派人收集王涯等十一个人的尸体，将他们埋葬在京城西郊，同时，每人各赐葬服一套。仇士良暗中派人掘墓，把他们的骨骸丢进了渭水。

丁未日（初八），皇城留守郭皎向文宗上奏章说："各衙司的仪仗如果有锋刃的兵器，请求全部上交到军器库使那里。以后，遇有仪仗队列队时，另外发给他们用木头制成的仪刀！"唐文宗李昂批准了他的请求。

刘从谏复遣牙将焦楚长上表让官，称：臣之所陈，系国大体。可听则涯等宜蒙湔洗，不可听则赏典不宜妄加！安有死冤不申而生者荷禄！"因暴扬仇士良等罪恶。辛酉，上召见楚长，慰谕遣之。时士良等恣横，朝臣日忧破家。及从谏表至，士良等惮之。由是郑覃、李石粗能秉政，天子倚之亦差以自强。

夏，四月，己卯，以潮州司户李宗闵为衡州司马。凡李训所指为李德裕、宗闵党者，稍收复之。

【译文】刘从谏又派遣牙将焦楚长向朝廷上奏请求辞去检校司徒的官职，称："臣所陈述的关系国家的大体。如果朝廷采纳的话，那么，就应为王涯等人洗刷冤屈；如果不采纳的话，那么，也不应随便给臣升迁官职。现在，朝廷为什么不去为王涯等含冤而死的官员昭雪，却为臣等活着的人升官加赏呢！"于是，他大肆抨击仇士良等人的罪恶。辛酉日（二十二日），文宗召见焦楚长，对他予以慰劳之后遣他返回。当时仇士良等放恣专横，朝廷中的大臣，每日都担忧会家破人亡。等到刘从谏的上奏送达朝廷后，仇士良等人很是惧怕。从此郑覃、李石稍稍能秉持国政，而文宗也得以仰仗刘从谏而自强。

夏季，四月，己卯日（四月无此日），唐文宗李昂任命潮州司户李宗闵为衡州司马。凡是当初被李训斥责为李德裕、李宗闵党羽的官员，开始逐渐被提拔或官复原职。

淄王协薨。

甲午，以山南西道节度使李固言为门下侍郎、同平章事，以左仆射令狐楚代之。

戊戌，上与宰相从容论诗之工拙，郑覃曰："诗之工者，无若三百篇，皆国人作之以刺美时政，王者采之以观风俗耳，不闻王者为诗也。后代辞人之诗，华而不实，无补于事。陈后主、隋炀帝皆工于诗，不免亡国，陛下何取焉！"覃笃于经术，上甚重之。

己酉，上御紫宸殿，宰相因奏事拜谢，外间因讹言："天子欲令宰相掌禁兵，已拜恩矣。"由是中外复有猜阻，人情恼恼，士民不敢解衣寝者数日。乙丑，李石奏请召仇士良等面释其疑。上为召士良等出，上及石等共谕释之，使毋疑惧，然后事解。

【译文】淄王李协（宪宗子）去世。

甲午日（二十五日），唐文宗李昂任命山南西道节度使李固言为门下侍郎、同平章事，命令左仆射令狐楚代替李固言的职位。

戊戌日（二十九日），文宗与宰相闲谈时讨论到诗的工巧与拙劣，郑覃说："若说诗的工巧，从古至今的优秀诗篇，没有能和《诗经》相提并论的，《诗经》三百篇都是国人作了以讽刺或赞美当时政治的作品，帝王命人采集起来，以便了解民间的风俗和百姓对朝政的意见，帝王自己并不写诗的。《诗经》之后的诗篇，大多华美而非写实，对政事是没有多少助益的。陈后主、隋炀帝都工于诗，但不能免于亡国，对于他们，陛下又有什么值得效法的呢！"郑覃经学造诣深厚，文宗很器重他。

己酉日（四月无此日），文宗亲临紫宸殿，宰相因为有要事奏报而拜见文宗，之后下拜辞谢，于是外间有人乘机造谣说："天子想命令宰相掌管禁兵，宰相已受命拜恩。"于是中外又相互猜忌，民心不定，士大夫和百姓都不敢脱衣而睡，这种情况持续了好几天。乙丑日（四月无此日），李石上奏请求文宗召仇士良等当面解释猜忌。文宗为李石召来了仇士良等人，文宗和李石一起向仇士良解释事情的经过，让他不要轻信谣言，猜疑恐惧。这件事才得以平息。

闰月，乙酉，以太子太保、分司李听为河中节度使。上常叹曰："付之兵不疑，置之散地不怨，惟听为可以然。"

乙未，李固言荐崔球为起居舍人，郑覃再三以为不可，上曰："公事勿相违！"覃曰："若宰相尽同，则事必有欺陛下者矣！"

李孝本二女配没右军，上取之入宫。秋，七月，右拾遗魏谟上疏，以为："陛下不迩声色，屡出宫女以配鳏夫。窃闻数月以来，教坊选试以百数，庄宅收市犹未已；又召李孝本女入宫，不避宗姓，大兴物论，臣窃惜之。昔汉光武一顾列女屏风，宋弘犹正色抗言，光武即撤之。陛下岂可不思宋弘之言，欲居光武之下乎！"上即出孝本女。擢谟为补阙，曰："朕选市女子，以赐诸王耳。怜孝本女宗枝髫乱孤露，故收养宫中。谟于疑似之间皆能进言，可谓爱我，不忝厥祖矣！"命中书优为制辞以赏之。谟，征之五世孙也。

【译文】闰五月，乙酉日（十七日），唐文宗李昂任命太子太保、分司李听为河中节度使。文宗曾经赞叹说："交付给他兵权而不必猜疑，安置他在闲职而不会怨恨的人，只有李听可以如此。"

乙未日（闰五月无此日），李固言向文宗荐引崔球为起居舍人，郑覃多次劝谏文宗，认为此事不妥，文宗说："对于朝廷的公事，宰相之间不要矛盾太多啊！"郑覃说："如果宰相间的意见都相同，那么其中肯定会有欺骗陛下的人了！"

因为前御史中丞李孝本参与李训诛杀宦官的密谋，他的两个女儿也被株连籍没，分配给右神策军，而文宗命人把她们带进了宫中。秋季，七月，右拾遗魏谟向文宗上奏疏，认为："陛下之前不近音乐美色，常把宫女遣送出宫以许配给鳏夫。但最近几个月来，我私下听说教坊使已经测试并且挑选了一百多个擅长乐舞的宫女，庄宅使至今还在挑选；现在，陛下又召李孝本的女儿进宫，连同宗同姓都不避讳，从而引起群臣议论纷纷，臣私下替陛下痛惜。从前，汉光武帝只是在一次宴会上，多次回头观看画在屏风上的侍女像，大司空宋弘就严肃地对他提出批评，光武帝立即下令撤去屏风，陛下怎能不想想宋弘的谏言，难道甘居在光武之下吗！"于是，文宗立刻把李孝本的女儿送出了宫。文宗提升魏谟为补阙，说："我选取女子，是为了赏赐给诸王罢了。至于李孝本的两个女儿，朕是可怜她们年幼孤独，所以想收养在宫中而已。魏谟对这件事虽然不清楚，但他却能直言尽忠，可见他爱朕之至，真是无愧于他的祖先啊！"文宗命令中书制辞中引用了最优渥的文字来褒奖他。魏谟是魏征的五世孙。

鄜坊节度使萧洪诈称太后弟，事觉。八月，甲辰，流驩州，于道赐死。赵缜、吕璋等皆流岭南。

初，李训知洪之诈，洪惧，辟训兄仲京置幕府。先是，自神策军出为节度使者，军中皆资其行装，至镇，三倍偿之。有自左军出镇鄜坊未偿而死者，军中征之于洪，洪恃训之势，不与。又征于死者之子，洪教其子遮宰相自言，训判绝之。仇士良由是恨洪。

太后有异母弟在闽中，孱弱不能自达。有闽人萧本从之得其内外族讳，因士良进达于上，且发洪之诈，洪由是得罪。上以本为真太后弟，戊申，擢为右赞善大夫。

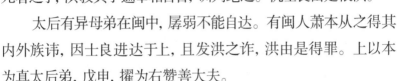

【译文】鄜坊节度使萧洪谎称是太后的弟弟，结果，事情败露。八月，甲辰日（初七），萧洪被流放到驩州，在中途被文宗赐死。赵缜、吕璋等都被流放到岭南。

起初，李训已察觉出萧洪的欺诈，萧洪很恐惧，于是把李训的哥哥李仲京安置在幕府中。此前，凡是出任藩镇节度使的神策军将，军中都为他们准备行装。军将上任后，再用三倍的财物来偿还。有一个左神策军将曾出任鄜坊节度使，没来得及偿还完军中为他准备行装的费用就去世了，于是，军中向萧洪征收这些钱，萧洪依仗李训的势力，不给钱。接着，军中又向死者的儿子去征收这笔钱，萧洪又叫这个军将的儿子在半路上拦住宰相进行申诉。李训最终判定这笔钱不再偿还。于是，左神策军护军中尉仇士良开始痛恨萧洪。

萧太后有个异母弟弟在闽中，性情懦弱，因而一直没有向官府申报自己和萧太后的姐弟关系。有一个名叫萧本的福建人，跟随萧太后的弟弟，因而得到了他的内外宗族的名讳，于是，他通过仇士良向文宗奏报，声称自己就是萧太后的亲弟弟，并且揭发了萧洪的阴谋，萧洪因此获罪。文宗以为萧本是太后真正的弟弟，戊申日（十一日），文宗拔擢他为右赞善大夫。

九月，丁丑，李石为上言宋申锡忠直，为谗人所诬，窜死遐荒，未蒙昭雪。上俯首久之，既而流涕泫然曰："兹事朕久知其误，奸人逼我，以社稷大计，兄弟几不能保。况申锡，仅全腰领耳。非独内臣，外廷亦有助之者。皆由朕之不明，向使遇汉昭帝，必无此冤矣！"郑覃、李固言亦共言其冤，上深痛恨，有惭色。庚辰，诏悉复申锡官爵，以其子慎微为成固尉。

李石用金部员外郎韩益判度支，案益坐赃三千馀缗，系狱。石曰："臣始以益颇晓钱谷，故用之，不知其贪乃如是！"上曰："宰相但知人则用，有过则惩，如此则人易得。卿所用人不掩其恶，可谓至公。从前宰相用人好曲蔽其过，不欲人弹劾，此大病也。"冬，十一月，丁巳，贬益梧州司户。

【译文】九月，丁丑日（十一日），李石向文宗进谏，认为前宰相宋申锡忠厚正直，因为被奸臣诬陷，遭受贬谪而死在荒远的地方，至今还没有洗刷冤屈。文宗低头沉思很久，流着泪伤心地说："朕很早就知道申锡是冤枉的。当时，奸臣逼迫朕，朕从国家利益大局出发，连自己的兄弟漳王几乎都不能保护，更何况是申锡啊，最终也只能保全他不被腰斩砍头而已。当时，不仅是朝廷内，朝外群臣也有帮助宋申锡的，这件事都是由于朕没有明察秋毫，如果遇上汉昭帝那样的皇帝，就一定没有这种冤屈了！"郑覃、李固言也一起申诉宋申锡的冤情，文宗很痛心，露出惭愧的神情。庚辰日（十四日），唐文宗李昂下诏恢复了宋申锡的所有官爵，任命他的儿子宋慎微为成固尉。

李石任用金部员外郎韩益兼管度支的文案工作，韩益趁机贪污三千多缗钱币，最终被捕入狱。李石说："臣起初认为韩益通晓钱谷的事，所以任用他，哪知他竟如此贪污！"文宗说："宰相只要认为一个人真正有才能，就应当任用他，如果发现他有

资治通鉴

过失，就一定加以惩罚。这样，真正有才能的人就容易获得。你对所用的人能不掩饰他的过错，可说已十分公正。从前的宰相用人，多用曲辞掩护他的过错，不想被人弹劾，这是最大的弊病啊！"冬季，十一月，丁巳日（十一月无此日），唐文宗李昂贬韩益为梧州司户。

上自甘露之变，意忽忽不乐，两军球鞠之会什减六七，虽宴享音伎杂遝盈庭，未尝解颜。闲居或徘徊眺望，或独语叹息。壬午，上于延英谓宰相曰："朕每与卿等论天下事，则不免愁。"对曰："为理者不可以速成。"上曰："朕每读书，耻为凡主。"李石曰："方今内外之臣，其间小人尚多疑阻，愿陛下更以宽御之，彼有公清奉法如刘弘逸、薛季稜者，陛下亦宜褒赏以劝为善。"甲申，上复谓宰相曰："我与卿等论天下事，有势未得行者，退但饮醇酒求醉耳！"对曰："此皆臣等之罪也。"

有司以左藏积弊日久，请行检勘，且言官典罪在赦前者，请宥之，上许之。既而果得缯帛妄称渍污者，敕赦之。给事中狄兼谟封还敕书曰："官典犯赃，理不可赦！"上谕之曰："有司请检之初，朕既许之矣。与其失信，宁失罪人。卿能奉职，朕甚嘉之！"

十二月，庚戌，以华州刺史卢钧为岭南节度使。李石言于上曰："卢钧除岭南，朝士皆相贺。以为岭南富饶之地，近岁皆厚赂北司而得之；今北司不挠朝权，陛下宜有以褒之。庶几内外奉法，此致理之本也。"上从之。钧至镇，以清惠著名。

己未，淑王纵薨。

【译文】文宗自甘露之变后，便整天闷闷不乐，左、右神策军踢球的集会也因此而十减六七。即使在出席宴会时，满庭遍布奏乐的伎工，文宗依然没有展露笑颜。文宗闲居时，或徘徊眺望，或独语叹息。壬午日（十七日），文宗在延英殿对宰相说："每次和你们谈论天下大事，我都不免忧愁。"宰相回答说："治理天下不能急于求成。"文宗说："每次读书时，看到古往今来的君臣事迹，我就以做一个碌碌无为的平凡君主而羞耻。"李石说："如今朝廷内外的臣子，有些小人对陛下还有很多猜疑不满，希望陛下以宽厚的态度对待他们，如果他们中间有人能像刘弘逸、薛季稜那样奉公守法，陛下就应加以表彰，以勉励官员奉公守法。"甲申日（十九日），文宗又对宰相说："我和你们谈论天下大事，有些在目前形势下没办法推行的，退朝后只能饮醇酒求醉！"宰相回答说："这都是臣子们的罪过。"

司职官吏认为左藏库在管理方面的弊端已经有很长时间了，请求朝廷批准对左藏库中的财物检查核对，并且说依照惯例，掌管库房的官员若在朝廷大赦以前所犯的罪过，请宽宥他们，文宗表示同意。经过检查核对，果然发现掌管库房的官员谎报库中的丝织品受潮大多腐烂，从而趁机贪污，而敕书却下令赦免了他们，给事中狄兼谟退还敕书说："依朝廷典法，犯贪污罪，依律法来看不可赦免！"文宗对他解释说："有关部门奏请检查的时候，朕已经同意对他们不再追究。与其让朕失去信用，不如赦免犯罪之人。你能奉守职责，朕十分嘉许！"

十二月，庚戌日（十五日），唐文宗李昂任命华州刺史卢钧为岭南节度使。李石对文宗说："卢钧任命为岭南节度使时，百官都去道贺。他们以为岭南是富饶的地方，近年来，如果谁想担任此职位，都必须向北司的掌权宦官重金行贿，才能完成心愿；如今北司已不再阻挠朝廷权力，陛下也应该对他们进行褒奖，从而使南衙、北司的官员都能遵守法度，这是达到政治安定的根本途径。"文宗同意了他的奏请。卢钧到岭南赴任后，以对百姓清廉仁惠著称。

己未日(二十四日)，淑王李纵(顺宗子)去世。

开成二年(丁巳，公元八三七年)春，二月，己未，上谓宰相："荐人勿问亲疏，联闻窦易直为相，未尝用亲故。若亲故果才，避嫌而弃之，是亦不为至公也。"

均王纬薨。

三月，有慧星出于张，长八丈馀。壬申，诏撤乐减膳，以一日之膳分充十日。

夏，四月，甲辰，上对中书舍人、翰林学士兼侍书柳公权等于便殿，上举衫袖示之曰："此衣已三浣矣!"众皆美上之俭德，公权独无言。上问其故，对曰："陛下贵为天子，富有四海，当进贤退不肖，纳谏净，明赏罚，乃可以致雍熙。服浣濯之衣，乃末节耳。"上曰："联知舍人不应复为谏议，以卿有净臣风采，须屈卿为之。"乙巳，以公权为谏议大夫，馀如故。

戊戌，以翰林学士、工部侍郎陈夷行同平章事。

【译文】开成二年(丁巳，公元837年)春季，二月，己未日(二十五日)，文宗对宰相说："举荐人才不必问亲疏远近。我听说窦易直担任宰相时，未曾用过亲戚旧故。如果自己的亲戚朋友真有才能，却为了避嫌，弃置而不用，这也不算是真正的公正啊。"

均王李纬(顺宗子)去世。

三月，有彗星出现在张宿(二十八宿之一)，长八丈多。壬申日(初九)，唐文宗李昂下诏，撤除乐舞，减少膳食，把自己一天的御膳分成十天来食用。

夏季，四月，甲辰日(十一日)，文宗和中书舍人、翰林学士兼侍书柳公权同在便殿，文宗举起衣袖给众人看，说："这件衣服已经洗过三次了!"群臣都赞美文宗的节俭美德，只有柳公权不说话。文宗就询问他是什么缘故，柳公权回答说："陛下贵为天子，拥有四海财富，应该进用贤才，撤除或罢免平庸的官员，听取群臣劝谏，赏罚分明，这样，才能实现天下太平的愿望。至于穿洗过的衣服，不过是德行上的细枝末节而已。"文宗说："朕知道中书舍人是不应当逾越职位规劝天子的，鉴于你有谏臣的风采，所以，朕要让你屈尊担任谏官。"乙巳日(十二日)，唐文宗李昂任命柳公权为谏议大夫，仍兼任其他职务。

戊戌日(初五)，唐文宗李昂任命翰林学士、工部侍郎陈夷行同平章事。

【乾隆御批】公权以敢言著闻，文宗亦嘉其风采，然彼时宦寺弄权，朝臣植党，未闻有所纠弹，则亦杜钦、谷永之流耳。区区不谀洗衣托词笔谏，亦所云"末节"而已。

【译文】柳公权以敢于直言著称，而文宗也嘉赏他的风采，然而那时宦官专权，朝臣结党，却未听说他对此有所进谏，看来也不过是杜钦、谷永之流罢了。区区不奉迎文宗穿漂洗过的衣服而乘机进谏的小事，也不过像他自己说的"末节"而已。

六月，河阳军乱，节度使李泳奔怀州。军士焚腐署，杀泳二子，大掠数日方止。泳，长安市人，寓籍禁军，以赂得方镇。所至恃所交结，贪残不法，其下不堪命，故作乱。丁未，贬泳澧州长史。戊申，以左金吾将军李执方为河阳节度使。

秋，七月，癸亥，振武奏党项三百馀帐剽掠逃去。

给事中韦温为太子侍读，晨诣东宫，日中乃得见。温谏曰：

"太子当鸡鸣而起，问安视膳，不宜专事宴安！"太子不能用其言，温乃辞侍读。辛未，罢守本官。

振武突厥百五十帐叛，剽掠营田。戊寅，节度使刘沔击破之。

【译文】六月，河阳军叛乱，节度使李泳逃奔怀州。军士焚烧府署，杀了李泳的两个儿子，大肆掠夺数日才停止。李泳是长安坊市中人，在禁军中取得兵籍，通过贿赂当朝权贵，被任命为河阳节度使，所到之处，依靠结交权贵，贪污残暴，骄横不法，部属无法忍受他的命令，因而叛乱。丁未日（十五日），朝廷贬李泳为澧州长史。戊申日（十六日），唐文宗李昂任命左金吾将军李执方为河阳节度使。

秋季，七月，癸亥日（初二），振武军向朝廷奏报党项有三百多营帐士兵在抢夺财物后逃亡。

给事中韦温担任太子侍读，清晨到东宫求见，一直等到中午才见到太子。于是韦温进谏说："太子应当鸡啼时就起床，向皇上问安，观察皇上的饮食是否正常，不应整天游乐饮宴！"太子没有采纳他的谏言，韦温请求辞去侍读职务。辛未日（初十），韦温被免去太子侍读的职务，仍旧担任给事中。

振武的一百五十帐突厥族士兵作乱抢夺边防的营田（为官方所耕作之田）。戊寅日（十七日），节度使刘沔把他们打败。

八月，庚戌，以昭仪王氏为德妃，昭容杨氏为贤妃。立敬宗之子休复为梁王，执中为襄王，言扬为杞王，成美为成王。癸丑，立皇子宗俭为蒋王。

河阳军士既逐李泳，日相扇，欲为乱。九月，李执方索得首乱者七十馀人，悉斩之，馀党分隶外镇，然后定。

冬，十月，国子监《石经》成。

福建奏晋江百姓萧弘称太后族人，诏御史台案之。

戊申，以门下侍郎、同平章事李固言同平章事，充西川节度使。

甲寅，御史台奏萧弘诈妄。诏递归乡里，不之罪，冀得其真。

【译文】八月，庚戌日（十九日），唐文宗李昂册封昭仪王氏为德妃，昭容杨氏为贤妃。册立敬宗的儿子李休复为梁王，李执中为襄王，李言杨为杞王，李成美为陈王。癸丑日（二十二日），唐文宗李昂册立皇子李宗俭为蒋王。

河阳军士驱逐李泳后，每天相互煽动，准备作乱。九月，李执方抓捕为首的七十多人，并把他们全部斩首，把他们的余觉分别派往外镇，河阳叛乱才得以平定。

冬季，十月，国子监的《石经》雕刻完成。

福建向朝廷上奏章称，晋江有个叫萧弘的人自称是太后族人，文宗诏命，派御史台核实情况。

戊申日（十八日），唐文宗李昂任命门下侍郎、同平章事李固言同平章事，充任西川节度使。

甲寅日（二十四日），御史台向文宗奏报萧弘欺诈。唐文宗李昂下诏将萧弘递解送回乡里，并由沿途驿站供给他食宿，没有对他定罪，希望以后能找到萧太后真正的亲人。

资治通鉴卷第二百四十六　唐纪六十二

起著雍敦牂，尽玄黓阉茂，凡五年。

【译文】起戊午（公元 838 年），止壬戌（公元 842 年），共五年。

【题解】本卷记录了公元 838 年至 842 年间的史事，当时正值唐文宗开成三年至唐武宗会昌二年。前三年记述唐文宗晚年执政的情景：唐文宗在甘露之变后，一直被宦官监视，如同被软禁。但文宗也想有一番作为，一心想除掉宦官，所以他晚年任用李石、薛延赏为相，并能纳谏改过，出现较为稳定的局面。文宗痛恨朋党，但却忠奸不分，贬抑郑覃、陈夷行，助长了奸人的气焰，最终在宦官压制下抑郁而终。后两年记述唐武宗即位后的政治新气象：武宗即位后，任用李德裕为相，对其信任不疑，且能虚心纳谏，朝廷出现生机。此时西域黠戛斯兴起，武宗采纳李德裕的安抚主张，分化回鹘，打击乌介可汗，取得成功。同时，又利用外朝力量，逐步削弱宦官的权力，朝政出现了新气象。

文宗元圣昭献孝皇帝下

开成三年（戊午，公元八三八年）春，正月，甲子，李石入朝，中涂有盗射之，微伤。左右奔散，石马惊，驰归第。又有盗邀击于坊门，断其马尾，仅而得免。上闻之大惊，命神策六军遣兵防卫，敕中外捕盗甚急，竟无所获。乙丑，百官入朝者九人而已。京城数日方安。

丁卯，追赠故齐王凑为怀懿太子。

戊申，以盐铁转运使、户部尚书杨嗣复，户部侍郎、判户部李珏并同平章事，判、使如故。嗣复，于陵之子也。

【译文】开成三年（戊午，公元838年）春季，正月，甲子日（初五），李石入京朝见，中途有强盗用弓箭暗杀他，李石受了轻伤。左右侍从吓得四散而逃，李石的马受了惊吓，跑回他的宅第。又有强盗在途中的坊门阻击李石，砍断马尾，李石幸免于难。文宗听说此事后大惊失色，下令神策军和禁军六军派兵防卫，同时诏命朝廷内外迅速捉拿刺客，最终一无所获。乙丑日（初六），百官入朝的只有九人。京城在几天后才安定下来。

丁卯日（初八），朝廷追赐已故齐王李凑为怀懿太子。

戊申日（正月无此日），唐文宗李昂任命盐铁转运使、户部尚书杨嗣复，户部侍郎、判户部李珏并同平章事，判（判户部）、使（盐铁转运使）之职不变。杨嗣复是杨于陵的儿子。

中书侍郎、同平章事李石，承甘露之乱，人情危惧，宦官恣横，忘身徇国，故纪纲粗立。仇士良深恶之，潜遣盗杀之，不果。石惧，累表称疾辞位。上深知其故而无如之何。丙子，以石同平章事，充荆南节度使。

陈夷行性介直，恶杨嗣复为人，每议政事，多相抵斥。壬辰，夷行以足疾辞位，不许。

上命起居舍人魏谟献其祖文贞公笏，郑覃曰："在人不在笏。"上曰："亦甘棠之比也。"

【译文】中书侍郎、同平章事李石，继甘露之乱后，在人情危惧，宦官放恣专横之时，为国家不顾惜自身，终日操劳，从而使朝廷的法制初步恢复，朝政运转趋于正常。左神策军护军中尉仇士良因此十分痛恨他，暗中派人刺杀，结果都没成功。李石心中也很害怕，屡次向朝廷上表声称身体有病请求辞去官职，文宗十分了解其中缘故，但也无可奈何。丙子日（十七日），唐文宗李昂任命李石同平章事，充任荆南节度使。

陈夷行个性耿直，憎恶杨嗣复的为人，两人商议朝政时常争论不休。壬辰日（正月无此日），陈夷行借脚病请求辞去官职，文宗没有同意。

唐文宗李昂命令起居舍人魏谟进献祖父文贞公魏征的朝笏。郑覃说：关键在于表彰魏征对朝廷忠正直言的精神，而不在于他的笏板。"文宗说："我怀念魏征，所以，看到他使用过的笏板就自然想起他这个人。这就如同西周时人们怀念召公，因而称颂他曾休息乘凉过的甘棠树一样。"

【译文】以前强盗刺杀武元衡，因为许孟容的一句话朝廷尚且下令将贼盗捕尽，而如今宰相屡遭强盗阻击，简直如同儿戏，而且刺杀武元衡时，谋划者是强大的藩镇，这次却是宦官先挑起事端，情势每况愈下，国事还有人敢问吗？

杨嗣复欲援进李宗闵，恐为郑覃所沮，乃先令宦官讽上。上临朝，谓宰相曰："宗闵积年在外，宜与一官。"郑覃曰："陛下若怜宗闵之远，止可移近北数百里，不宜再用。用之，臣请先避位。"陈夷行曰:"宗闵向以朋党乱政,陛下何爱此纤人!"杨嗣复曰:"事贵得中,不可但徇爱憎。"上曰:"可与一州。"覃曰:"与州太优,止可洪州司马耳。"因与嗣复互相抵讦以为党。上曰:"与一州无伤。"覃等退,上谓起居郎周敬复、舍人魏谟曰:"宰相喧争如此,可乎?"对曰:"诚为不可。然覃等尽忠愤激,不自觉耳。"丁酉,以衡州司马李宗闵为杭州刺史。李固言与杨嗣复、李珏善,故引居大政以排郑覃、陈夷行,每议政之际,是非锋起,上不能决也。

【译文】杨嗣复想向朝廷举荐李宗闵,又担心此事被郑覃阻挠,于是,先让宦官在宫中私下向文宗建议。文宗上朝时对宰相说:"李宗闵被贬到外地多年,应该授给他一个官职。"郑覃说:"陛下若可怜李宗闵在边远之地,可把他向京城方向移近数百里,不应再将他调入朝廷任用,如果陛下任用他,臣请求先辞职。"陈夷行说:"李宗闵从前朋比为党,扰乱朝政,陛下何必爱护这种小人!"杨嗣复说:"处理问题贵在用心公道,不可只凭自己的爱憎。"文宗说:"可授予他一州。"郑覃说:"陛下授给他一州太优厚了,只能授予他洪州司马而已。"因此郑覃与杨嗣复互相攻讦,指斥对方为朋党。文宗说:"授予他一州无妨。"郑覃等人退朝,文宗对起居郎周敬复、舍人魏谟说:"宰相之间如此争论喧哗,朕能允许吗?"二人回答说:"确实不可以。但是郑覃等是由于尽忠而心情激愤,自己没察觉而已。"丁酉日(正月无此日),唐文宗李昂任命衡州司马李宗闵为杭州刺史。李固言和杨嗣复、李珏交好,所以他们向朝廷引荐李宗闵居于重要地位来排斥郑覃、陈夷行。朝廷每次商议朝政时,双方争论不休,是非竞起,文宗也不能决断。

三月，牂柯寇涪州清溪镇，镇兵击却之。

初，太和之末，杜悰为凤翔节度使，有诏沙汰僧尼。时有五色云见于岐山，近法门寺，民间讹言佛骨降祥，以僧尼不安之故。监军欲奏之，悰曰："云物变色，何常之有！佛若果爱僧尼，当见于京师。"未几，获白兔，监军又欲奏之，曰："此西方之瑞也。"悰曰："野兽未驯，且宜畜之。"旬日而毙。监军不悦，以为掩蔽圣德，独画图献之。及郑注代悰镇凤翔，奏紫云见，又献白雉。是岁，八月，有甘露降于紫宸殿前樱桃之上，上亲采而尝之，百官称贺。其十一月，遂有金吾甘露之变。

【译文】三月，牂柯侵犯涪州清溪镇，被驻扎在当地的镇兵击退。

起初，太和末年，杜悰为凤翔节度使，朝廷曾下诏令淘汰各地的寺院僧尼。这时，岐山县的天空出现了五色彩云，距离法门寺特别近，民间散布谣传说，这是僧尼知道要被淘汰而惊恐不安，导致法门寺的佛骨显灵来保佑僧尼了。监军准备将此事向朝廷奏报，杜悰说："云彩变色，也没有恒常的道理！如果佛真的保佑僧尼的话，那么五色彩云也会出现在京城的上空。"不久，凤翔捕到一只白兔，监军又准备向朝廷奏报，说："这是代表西方的吉祥瑞物。"杜悰说："野兽还没驯服，应当暂且畜养。"十天后，这只白兔死了，监军不悦，认为这是杜悰不向朝廷报告祥瑞而掩蔽了圣上的美德，于是，监军独自把五色彩云和白兔画成图画，呈递给朝廷。到郑注代替杜悰镇守凤翔时，奏报天空出现紫色云彩，又向朝廷奉献白色的野鸡。这一年八月，有甘露降在紫宸殿前的樱桃之上，文宗亲自采撷品尝，百官道贺，认为这是祥瑞之兆。同年十一月，就发生了金吾甘露之变。

及悰为工部尚书、判度支，河中奏驺虞见，百官称贺。上谓悰曰："李训、郑注皆因瑞以售其乱，乃知瑞物非国之庆。卿前在凤翔，不奏白兔，真先觉也。"对曰："昔河出图，伏羲以画八卦；洛出书，大禹以叙九畴，皆有益于人，故足尚也。至于禽兽草木之瑞，何时无之！刘聪桀逆，黄龙三见；石季龙暴虐，得苍麟十六、白鹿七，以驾芝盖。以是观之，瑞岂在德！玄宗尝为潞州别驾，及即位，潞州奏十九瑞，玄宗曰：'朕在潞州，惟知勤职业，此等瑞物，皆不知也。'愿陛下专门以百姓富安为国庆，自馀不足取也。"上善之，他日，谓宰相曰："时和年丰，是为上瑞；嘉禾灵芝，诚何益于事！"宰相因言：《春秋》纪灾异以儆人君，而不书祥瑞，用此故也！"

资治通鉴

【译文】等到杜悰担任工部尚书、判度支时，河中奏称发现一种不吃其他兽类的驺虞，这是天下祥瑞的象征。于是，百官都向文宗祝贺。文宗对杜悰说："李训、郑注都是借祥瑞趁机作乱，朕才知瑞物并不是国家祥瑞的征兆。你从前在凤翔时，不向朝廷奏报发现白兔之事，真可谓先知先觉啊。"杜悰回答说："从前黄河中出图，伏羲用它画出八卦；洛水中出书，大禹用它制定治理天下的九种法则，都是对百姓有助益的，所以这些值得效法。至于禽兽草木这些所谓的祥瑞之物，什么时候没有！刘聪叛逆时，黄龙出现三次；石季龙暴政虐民时，获得十六只苍麟、七只白鹿，用来驾车。照这样看来，瑞物哪里在表现美德！玄宗曾担任过潞州别驾，他登基为帝之后，潞州奏报发现十九种祥瑞之物，玄宗说：'朕在潞州时，只知辛勤从事本职之事，兢兢业业，对于你们禀告的祥瑞之物，完全不了解。'希望陛下全心全意把百姓的富裕安定作为国家的祥瑞之事，其余所谓的祥瑞之物是不足取法的。"文宗对他十分赞许。过了几天，文宗对宰相说:"四时和顺, 年谷丰盛, 这就是上瑞, 嘉禾灵芝, 对国家又有什么用呢!"宰相也顺着说:"孔子在《春秋》中之所以专门记载自然灾害和某些怪异现象, 来警示帝王要勤政爱民, 而没有书写祥瑞之事, 就是因为这个吧!"

夏, 五月, 乙亥, 诏:"诸道有瑞, 皆无得以闻, 亦勿申牒所司。其腊飨太庙及飨太清宫, 元日受朝奏祥瑞, 皆停。"

初, 灵武节度使王晏平自盗赃七千馀缗, 上以其父智兴有功, 免死, 长流康州。晏平密请于魏、镇、幽三节度使, 使上表雪己。上不得已, 六月, 壬寅, 改永州司户。

八月, 己亥, 嘉王运薨。

太子永之母王德妃无宠, 为杨贤妃所谮而死。太子颇好游宴, 昵近小人, 贤妃日夜毁之。九月, 壬戌, 上开延英, 召宰相及两省、御史、郎官, 疏太子过恶, 议废之, 曰:"是宜为天子乎?"群臣皆言:"太子年少, 容有改过。国本至重, 岂可轻动!"御史中丞狄兼谟论之尤切, 至于涕切。给事中韦温曰:"陛下惟一子, 不教, 陷之至是, 岂独太子之过乎!"癸亥, 翰林学士六人、神策六军军使十六人复上表论之, 上意稍解。是夕, 太子始得归少阳院。如京使王少华等及宦官、宫人坐流死者数十人。

【译文】夏季, 五月, 乙亥日(十九日), 唐文宗李昂颁下诏告说:"各道如果发现祥瑞之物, 一律不得向朝廷奏报, 也不准下达公文给所司衙门。凡腊月祭献太庙和太清宫, 以及正月初一朝廷举行大典时按规定上奏祥瑞的旧制, 全部废止。"

起初, 灵武节度使王晏平自盗赃款七千多缗, 文宗鉴于他的父亲王智兴曾有功于国, 因而赦免了他的死罪, 把他长期流放到康州。王晏平暗中向魏博、镇州和幽州三位节度使请求，让他们上表文宗替自己雪冤。文宗迫于无奈，六月，壬寅日（十六日），将王晏平改任为永州司户。

八月，己亥日（十四日），嘉王李运（代宗子）去世。

太子李永的母亲王德妃不受文宗宠爱，后因杨贤妃向文宗进谗言诬陷而死。太子十分喜好游乐饮宴，而且亲近身边的小人，杨贤妃日夜在文宗面前毁谤他。九月，壬戌日（初七），文宗亲临延英殿，召集宰相以及中书、门下两省官员，御史台官员和尚书省各司郎官，条陈太子的过错缺失，考虑废除他。文宗说："像他这种人应该做太子吗？"群臣都说："太子年少，应当容许他改正错误。太子作为陛下的继承人，至为重要，岂可轻易更动啊！"御史中丞狄兼谟议论时尤其痛切，甚至流下眼泪。给事中韦温说："陛下只有一个儿子，平时不重视教诲，使他沉陷到如此地步，难道这只是太子的过错吗！"癸亥日（初八），翰林学士六人、神策六军军使十六人再度向文宗上表议论此事，文宗的内心稍微纾解。当晚，太子才得以回到少阳院。如京使王少华等以及宦官、宫女因此事受牵连被流放或处死的有几十人。

义武节度使张璠在镇十五年，为幽、镇所惮。及有疾，请入朝，朝廷未及制置，疾甚，戒其子元益举族归朝，毋得效河北故事。及薨，军中欲立元益，观察留后李士季不可，众杀之，又杀大将十馀人。壬申，以易州刺史李仲迁为义武节度使。义武马军都虞候何清朝自拔归朝，癸酉，以为仪州刺史。

朝廷以义昌节度使李彦佐在镇久，甲戌，以德州刺史刘约为节度副使，欲以代之。

开成以来，神策将吏迁官，多不闻奏，直牒中书令覆奏施行，迁改殆无虚日。癸未，始诏神策将吏改官皆先奏闻，状至中书，然后检勘施行。

【译文】义武节度使张璠在任上已经十五年,和他邻接的幽州、镇州两个割据藩镇十分忌惮他。张璠患病时,请求入朝,朝廷还没来得及下令安置,张璠已病势沉重,告诫自己的儿子张元益带全族返回朝廷,不得仿效河北诸镇过去父死子继的旧例。张璠死后,义武的将士打算拥立张元益为节度使,观察留后李士季认为这样做不合适,将士们就把他杀了,同时,他们又杀了十几位大将。壬申日(十七日),唐文宗李昂任命易州刺史李仲迁为义武节度使。义武马军都虞候何清朝独自从军中跑回朝廷,癸酉日(十八日),何清朝被任命为仪州刺史。

朝廷因义昌节度使李彦佐担任节度使时间太久,甲戌日(十九日),任命德州刺史刘约为义昌节度副使,准备让他代替李彦佐。

开成以来,神策军军将和下属官吏升迁,大多不必向天子奏报,而由神策军直接行文到中书省,中书省复核后便予以施行,以至神策军军将和下属官吏迁升官爵,几乎没有停过。癸未日(二十八日),唐文宗李昂才下诏神策将吏改变官职时都必须先行奏报,公文到中书,然后检复校勘后施行。

冬,十月,易定监军奏军中不纳李仲迁,请以张元益为留后。

太子永犹不悛,庚子,暴薨,谥曰庄恪。

乙巳,以左金吾大将军郭旼为邠宁节度使。

宰相议发兵讨易定。上曰:"易定地狭人贫,军资半仰度支。急之则靡所不为,缓之则自生变。但谨备四境以俟之。"乃除张元益代州刺史。顷之,军中果有异议,乃上表以不便李仲迁为辞,朝廷为之罢仲迁。十一月,壬戌,诏俟元益出定州,其义武将士始谋立元益者，皆赦不问。

以义昌节度使李彦佐为天平节度使，以刘约为义昌节度使。

【译文】冬季，十月，易定监军向朝廷奏报，军中将士不接纳新任节度使李仲迁，请求朝廷任命张元益为留后。

太子李永依旧不知悔改，庚子日（十六日），突然暴毙。朝廷赠他谥号为庄恪。

乙巳日（二十一日），唐文宗李昂任命左金吾大将军郭旼为邠宁节度使。

宰相建议派遣军队讨伐易定。文宗说："易定土地狭小人民贫穷，军资半数仰赖贡赋租税。逼急了什么都做得出来，一放松他们自己内部就会发生变故。只需谨慎四境守备以等待它的变化。"于是，唐文宗李昂任命张元益为代州刺史。不久，军中果然产生分歧，他们向朝廷上表李仲迁不适宜担任义武节度使。于是，朝廷免除了李仲迁的官职。十一月，壬戌日（初八日）唐文宗李昂下诏，等张元益从定州出发，到代州赴任后，当初义武所有谋划拥立张元益的将士，都被赦罪而不追究。

唐文宗李昂任命义昌节度使李彦佐为天平节度使，任命刘约为义昌节度使。

丁卯，张元益出定州。

庚午，上问翰林学士柳公权以外议，对曰："郭旼除邠宁，外间颇以为疑。"上曰："旼，尚父之侄，太后叔父，在官无过，自金吾作小镇，外间何尤焉？"对曰："非谓旼不应为节度使也。闻陛下近取旼二女入宫，有之乎？"上曰："然，入参太皇太后耳。"公权曰："外间不知，皆云旼纳女后宫，故得方镇。"上俯首良久曰："然则奈何？"对曰："独有自南内遣归其家，则外议自息矣"是日，太皇太后遣中使送二女还旼家。

上好诗，尝欲置诗学士。李珏曰："今之诗人浮薄，无益于理。"乃止。

资治通鉴卷第二百四十六 唐纪六十二

【译文】丁卯日(十三日)，张元益外调定州。

庚午日(十六日)，文宗询问翰林学士柳公权，近日朝廷官员有何议论。柳公权回答说："郭旼拜官邠宁节度使，朝廷不少人对此充满疑惑。"文宗说："郭旼是尚父(郭子仪)的侄子，太后(郭太后)的叔父，做官时没犯错，从左金吾大将军调任邠宁这个小地方的节度使，不知朝廷百官有什么疑惑呢？"柳公权回答说："不是说郭旼不应该担任邠宁节度使。听说陛下最近把郭旼的两个女儿选进宫中，有这件事吗？"文宗说："有。是朕让她二人入宫，参见太皇太后。"柳公权说："朝廷百官不知实情，都说郭旼是把女儿纳入后宫，才得到邠宁节度使的职位。"文宗低头考虑了很久说："那该怎么办呢？"柳公权回答说："把她们从兴庆宫遣送回家，那么朝廷百官的议论自然平息了！"当天，太皇太后派遣宦官把郭旼的两个女儿送回家。

文宗喜好诗歌，曾打算设置诗学士。李珏说："现今的诗人行为浮薄，设置诗学士，对朝廷没有益处。"于是罢止这一打算。

甲戌以蔡州刺史韩威为义武节度使。

河东节度使、司徒、中书令裴度以疾求归东都，十二月，辛丑，诏度入知政事，遣中使敦谕上道。

郑覃累表辞位，丙午，诏：三五日一入中书。

是岁，吐蕃彝泰赞普卒，弟达磨立。彝泰多病，委政大臣，由是仅能自守，久不为边患。达磨荒淫残虐，国人不附，灾异相继，吐蕃益衰。

【译文】甲戌日(二十日)，唐文宗李昂任命蔡州刺史韩威为义武节度使。

河东节度使、司徒、中书令裴度因身患疾病请求回东都，十二月，辛丑日(十七日)，唐文宗李昂下诏命裴度入朝参与朝政决策，并派宦官前往河东，宣告文宗的圣旨，催促裴度赶紧动身上路。

郑覃屡次向朝廷上表请求辞去官职，丙午日(二十二日)，唐文宗李昂下诏：郑覃可以三五天到政事堂办公一次。

这一年，吐蕃彝泰赞普去世，他的弟弟达磨继立。彝泰在位时身体多病，多把朝政托付大臣，所以吐蕃仅可自保疆土不被侵犯，很长时间没有侵扰唐朝边境。达磨即位后，荒淫残暴，国人不肯依顺他的统治，加之灾害和怪异现象接连发生，从此，吐蕃更加衰弱。

开成四年(己未，公元八三九年)春，闰正月，己亥，裴度至京师，以疾归第，不能入见。上劳问赐赉，使者旁午。三月，丙戌，薨，谥曰文忠。上怪度无遗表，问其家，得半稿，以储嗣未定为忧，言不及私。度身貌不逾中人，而威望远达四夷。四夷见唐使，辄问度老少用舍。以身系国家轻重如郭子仪者，二十馀年。

【译文】开成四年(己未，公元839年)春季，闰正月，己亥日(十六日)，裴度抵达京师，由于身患疾病而回到家中，未能拜见文宗。文宗对他犒劳慰问，赐赠礼品，宫里派遣的使者络绎不绝。三月，丙戌日(初四)，裴度去世，谥号文忠。文宗奇怪裴度死后竟没有留下表奏，追问他的家人，找到一份没有写完的手稿，手稿中只说自己为皇上没有册立太子而忧虑，没有一句提到自己的私事。裴度身材容貌不过中人，但威望却远达周边的夷蛮各族，夷蛮各族酋长见到唐朝使者，常问裴度年纪多大，是否还得到朝廷重用。他和郭子仪一样，在二十多年的时间里，一直德高望重，是以自己身家性命来维系国家安危的人物。

　　夏，四月，戊辰，上称判度支杜悰之才，杨嗣复、李珏因请除悰户部尚书，陈夷行曰："恩旨当由上出，自古失其国者未始不由权在臣下也。"珏曰："陛下尝语臣云，人主当择宰相，不当疑宰相。"五月，丁亥，上与宰相论政事，陈夷行复言不宜使威权在下，李珏曰："夷行意疑宰相中有弄陛下威权者耳。臣屡求退，苟得王傅，臣之幸也。"郑覃曰："陛下开成元年、二年政事殊美，三年、四年渐不如前。"杨嗣复曰："元年、二年郑覃、夷行用事，三年、四年臣与李珏同之，罪皆在臣！"因叩头曰："臣不敢更入中书！"遂趋出。上遣中使召还，劳之曰："郑覃失言，卿何遽尔！"覃起谢曰："臣愚拙，意亦不属嗣复；而遽如是，乃嗣复不容臣耳。"嗣复曰："覃言政事一年不如一年，非独臣应得罪，亦上累圣德。"退，三上表辞位，上遣中使召出之，癸巳，始入朝。丙申，门下侍郎、同平章事郑覃罢为右仆射，陈夷行罢为吏部侍郎。覃性清俭，夷行亦耿介，故嗣复等深疾之。

　　【译文】夏季，四月，戊辰日（十七日），文宗称誉判度支杜悰的才干，杨嗣复、李珏因而请求文宗任命杜悰为户部尚书，陈夷行说："惠泽百姓的旨意应该由皇上出令，自古以来，国家大凡灭亡，开始无不是大权旁落，而由臣下专权的。"李珏说："陛下曾对臣子说，帝王应当谨慎挑选宰相，却不应当猜疑宰相。"五月，丁亥日（初七），文宗和宰相谈论国家大事，陈夷行再度提到不应使威福之权落在臣下手中这个建议，李珏说："考虑陈夷行的进表意图，他是怀疑宰相中有人亵渎陛下的权威。我之前多次请求辞去职位，现在，假如我能担任皇子及诸王太傅一职就是幸事了。"郑覃说："陛下在开成元年、二年的施政最完美，三年、四年时已渐不如前。"杨嗣复说："元年、二年郑覃、陈夷行辅助政事，三年、四年臣和李珏共同辅政，这样看来，郑覃认为罪责在臣了！"于是叩头说："我不敢再到政事堂去办公了！"随即急趋而出。文宗派使者召他回来，并加以安慰，说："郑覃失言，你何必如此呢！"郑覃随即起身道歉说："我性情愚笨，刚才说的话不是专指嗣复，没想到他竟如此，这是嗣复不能容下臣子罢了。"杨嗣复说："郑覃认为陛下处理政事一年不如一年，这不仅在说臣子有罪，也对陛下的圣德有所连累。"退朝后，杨嗣复多次上表请辞宰相之位，文宗派遣中使把表又退还回去，召他上朝。癸巳(十三日)，杨嗣复才开始上朝。丙申日(十六日)，门下侍郎、同平章事郑覃被罢免宰相职务，担任右仆射，陈夷行被罢免宰相职务，担任吏部侍郎。郑覃个性清正俭约，陈夷行也性情耿直，所以杨嗣复等对他们深为痛恨。

资治通鉴

【乾隆御批】太和政事已成尾大不掉，夷行所陈深中时弊，覃珏等不知以国事为重，而各匿私心，言言倾轧，朝政不纲，正坐此辈庸臣所误。嗣复之因势中伤，尤为奸险，文宗毫不知，昏庸殊甚矣！

【译文】太和年间的政事因臣属势力很大，已经无法调度指挥，陈夷行的奏言切中时弊，郑覃、李珏等人不以国家大事为重，而是各怀私心，出言排挤异党，朝纲不振，正是被这些庸臣耽误了。杨嗣复乘机中伤，用心就更加险恶，而文宗毫不知情，真是昏庸极了！

上以盐铁推官、检校礼部员外郎姚勖能鞫疑狱，命权知职方员外郎，右丞韦温不听，上奏称："郎官朝廷清选，不宜以赏能吏。"上乃以勖检校礼部郎中，依前盐铁推官。六月，丁丑，上以其事问宰相杨嗣复，对曰："温志在澄清流品。右有吏能者皆不得清流，则天下之事孰为陛下理之！恐似衰晋之风。"然上素重温，终不夺其所守。

秋，七月，癸未，以张元益为左骁卫将军，以其母侯莫陈氏为赵国太夫人，赐绢二百匹。易定之乱，侯莫陈氏说谕将士，且戒元益以顺朝命，故赏之。

甲辰，以太常卿崔郸同中书门下平章事。郸，郾之弟也。

【译文】文宗认为盐铁推官、检校礼部员外郎姚勖善于审理疑难狱案，命他暂兼方员外郎一职，右丞韦温不同意，上奏章说："郎官历来是朝廷授予那些有名望的士大夫的官职，不应轻易用它奖励有能力的官员。"于是，唐文宗李昂改任姚勖为检校礼部郎中，仍担任盐铁推官。六月，丁丑日（二十七日），文宗拿此事询问宰相杨嗣复，杨嗣复回答说："韦温此举是想澄清官员的出身和等级。如果有能力的官员，只因出身和社会地位不高而不能担任那些有名望的职务，那么天下的事谁替陛下来治理呢！这恐怕是晋朝重视出身地位的衰败遗风啊。"然而文宗素来重视韦温，所以没有违背他的奏请。

秋季，七月，癸未日（初四），唐文宗李昂任命张元益为左骁卫将军，任命他的母亲侯莫陈氏为赵国太夫人，赐赠绢二百匹。易定之乱时，侯莫陈氏说服将士，并且告诫张元益顺服朝廷命令，所以得到朝廷赏赐。

甲辰日（二十五日），唐文宗李昂任命崔郸同中书门下平章事。崔郸是崔郾的弟弟。

八月，辛亥，郯王憬薨。

癸酉，昭义节度使刘从谏上言：“萧本诈称太后弟，上下皆称萧弘是真，以本来自左军，故弘为台司所抑。今弘诣臣，求臣上闻。乞追弘赴阙，与本对推，以正真伪。”诏三司鞫之。

冬，十月，乙卯，上就起居舍人魏谟取记注观之，谟不可，曰：“记注兼书善恶，所以儆戒入君。陛下但力为善，不必观史！”上曰：“朕向尝观之。”对曰：“此向日史官之罪也。若陛下自观史，则史官必有所讳避，何以取信于后！”上乃止。

杨妃请立皇弟安王溶为嗣，上谋于宰相，李珏非之。丙寅，立敬宗少子陈王成美为皇太子。

【译文】八月，辛亥日（初二），郯王李憬（宪宗子）去世。

癸酉日（二十四日），昭义节度使刘从谏向朝廷奏请说：“萧本诈称是萧太后的弟弟，朝廷上下都认为萧弘才是萧太后真正的弟弟。但因萧本是左神策军护军中尉仇士良向陛下引见，所以萧弘受到御史台官员的压制。如今，萧弘来拜见臣子，请求臣子把此事报告陛下闻知，臣乞请朝廷召见萧弘，让他和萧本二人当面对证，以辨真伪。”唐文宗李昂颁下诏令，命御史台、刑部和大理寺三司会审。

冬季，十月，乙卯日（初七），唐文宗李昂命起居舍人魏谟把记载朝政大事的《起居注》拿来观看。魏谟认为不妥，说：“记注中兼书善恶，用意在儆戒人君。皇上只需戮力为善，不必阅览史料！”文宗说：“朕从前阅览过。”魏谟回答说：“这是从前史官的错误。如果陛下能自己看到史料，那么史官就必定有所讳避，凭什么让后人相信历史呢！”文宗于是作罢。

杨妃请求文宗立自己的弟弟安王李溶为太子，文宗和宰相谋议，李珏认为此举不适宜。丙寅日（十八日），唐文宗李昂册立敬宗少子陈王李成美为皇太子。

丁卯，上幸会宁殿作乐，有童子缘橦，一夫来往走其下如狂。上怪之，左右曰："其父也。"上泫然流涕曰："朕贵为天子，不能全一子。"召教坊刘楚材等四人、宫人张十十等十人责之曰："构害太子，皆尔曹也！今更立太子，复欲尔邪？"执以付吏，己巳，皆杀之。上因是感伤，旧疾遂增。

十一月，三司案萧本、萧弘皆非真太后弟。本除名，流爱州，弘流儋州。而太后真弟在闽中，终不能自达。

【译文】丁卯日（十九日），文宗驾临会宁殿观赏音乐杂技，有个童子表演"缘橦"（爬长竿），底下有一人来往如狂奔，对这个童子进行保护。文宗觉得很奇怪，身边侍臣说："这人是童子的父亲。"文宗悲伤地流下眼泪说："我贵为天子，却不能保全一子！"于是，文宗召见教坊刘楚材等四人，宫女张十十等十人，斥责他们说："当初设计陷害皇太子李永的，就是你们这些人。现在朕已重新册立皇太子，难道你们还要构陷他吗？"立刻命人把他们捉起来送交狱吏，己巳日（二十一日），把这些人全都杀了。文宗因此感伤，旧病日益加重。

十一月，三司审讯结果，萧本、萧弘都不是太后真的弟弟。萧本被除去名籍，流放爱州，萧弘被流放儋州。而萧太后的真正弟弟在闽中，始终未能自己申报和萧太后相认。

乙亥，上疾少间，坐思政殿，召当直学士周墀，赐之酒，因问曰："朕可方前代何主？"对曰："陛下尧、舜之主也。"上曰："朕岂敢比尧、舜！所以问卿者，何如周赧、汉献耳。"墀惊曰："彼亡国之主，岂可比圣德！"上曰："赧、献受制于强诸侯，今朕受制于家奴，以此言之，朕殆不如！"因泣下沾襟，墀伏地流涕，自是不复视朝。

是岁，天下户四百九十九万六千七百五十二。

回鹘相安允合、特勒柴革谋作乱，彰信可汗杀之。相掘罗勿将兵在外，以马三百赂沙陀朱邪赤心，借其兵共攻可汗。可汗兵败，自杀，国人立特勒为可汗。会岁疫，大雪，羊、马多死，回鹘遂衰。赤心，执宜之子也。

【译文】乙亥日（二十七日），文宗的病稍好一些，坐在思政殿，召来值班学士周墀，赐给他一杯酒，问他说："朕可以和前代的哪些帝王相比呢？"周墀回答说："陛下是尧、舜般的君主。"文宗说："朕哪敢比尧、舜！朕问你的意思是，朕是否能赶上周赧王和汉献帝？"周墀大惊失色，说："周赧王和汉献帝都是最后亡国的帝王，怎么可以和陛下的大圣大德相提并论呢！"文宗说："周赧王、汉献帝被各地强大的诸侯牵制，如今朕被宦官家奴操控，照此说来，朕恐怕确实还不如他们呢！"文宗因而流下眼泪，沾湿了衣襟，周墀跪伏在地也泪流不止。从此，文宗不再临朝视事。

这一年，天下有四百九十九万六千七百五十二户。

回鹘的宰相安允合、特勒柴革暗中谋划作乱，彰信可汗把他们斩杀了。这时，宰相掘罗勿正在外统率军队，用三百匹马贿赂沙陀酋长朱邪赤心，联合沙陀兵攻打彰信可汗，可汗兵败自杀。于是，国人拥立特勒为可汗。赶上这年发生瘟疫，天降大雪，羊马大批死亡，回鹘因此逐渐衰落。朱邪赤心是沙陀酋长朱邪执宜的儿子。

开成五年（庚申，公元八四〇年）春，正月，己卯，诏立颍濮为皇太弟，应军国事权令句当。且言太子成美年尚冲幼，未渐师资，可复封陈王。时上疾甚，命知枢密刘弘逸、薛季陵引杨嗣复、李珏至禁中，欲奉太子监国。中尉仇士良、鱼弘志以太子之立，功不在己，乃言太子幼，且有疾，更议所立。李珏曰："太子位已定，岂得中变！"士良、弘志遂矫诏立瀍为太弟。是日，士良、弘志将兵诣十六宅，迎颍王至少阳院，百官谒见于思贤殿。瀍沉毅有断，喜愠不形于色。与安王溶皆素为上所厚，异于诸王。

辛巳，上崩于太和殿。以杨嗣复摄冢宰。

【译文】开成五年（庚申，公元 840 年）春季，正月，己卯日（初二），唐文宗李昂册立颍王李瀍为皇太弟，暂时协助管理军国大事。诏令又说，皇太子李成美年纪还小，没有经过老师的训导，仍封为陈王。当时，文宗病情加重，命令知枢密刘弘逸、薛季棱带着杨嗣复、李珏来到宫中，打算由二人辅佐太子代行天子职权，处理朝政。左、右神策军护军中尉仇士良、鱼弘志因当初册立皇太子时，他们没有一点功劳，于是向文宗进言，说皇太子还年幼，而且身体有病，建议废除，重新册立。李珏说："皇太子的名位已定，岂能中途改变！"于是仇士良、鱼弘志假称文宗诏令，立李瀍为皇太弟。当天，仇士良、鱼弘志带兵到十六宅，迎接颍王到少阳院，百官在思贤殿谒见颍王。李瀍沉毅而决断，喜怒不形于色。他和安王李溶一向被文宗厚待，与其他诸王不同。

辛巳日（初四），唐文宗李昂崩逝于太和殿，朝廷任命杨嗣复暂摄冢宰，主持治丧。

癸未，仇士良说太弟赐杨贤妃、安王溶、陈王成美死。敕大行以十四日殡，成服。谏议大夫裴夷直上言期日太远，不听。时仇士良等追怨文宗，凡乐工及内侍得幸于文宗者，诛贬相继。夷直复上言："陛下自藩维继统，是宜俨然在疚，以哀慕为心，速行丧礼，早议大政，以慰天下。而未及数日，屡诛戮先帝近臣，惊率土之视听，伤先帝之神灵，人情何瞻！国体至重，若使此辈无罪，固不可刑；若其有罪，彼已在天网之内，无所逃伏，旬日之外行之何晚！"不听。

　　辛卯，文宗始大敛。武宗即位。甲午，追尊上母韦妃为皇太后。

【译文】癸未日（初六），仇士良说服皇太弟，赐杨贤妃、安王李溶、陈王李成美自尽。李瀍又下诏令，于十四日举行文宗入棺大敛仪式，所有亲属及百官均按规定穿丧服。谏议大夫裴夷直进言启奏，文宗入棺大敛的日期定得太远了，李瀍没有听从他的建议。当时，仇士良等仍然怨恨文宗，凡得到文宗宠幸的乐工以及内侍，相继遭到诛杀或贬谪。裴夷直再度上书说："陛下以侯王的身份即位做天子，应当外表庄重，心怀伤感，竭尽心力悼念文宗皇帝，迅速举行丧礼，从而能够早日亲理政事，以便安抚天下人心。现在文宗皇帝去世还没几天，就屡次杀戮先帝近臣，使天下百姓都为之惊恐，伤害了先帝的神灵，将使人民在感情上何所瞻仰！国家的体制很重要，如果先帝的亲近臣僚没有犯罪，就不应对他们施加惩罚；如果确实有罪，他们已经处于律法大网之中，没办法脱逃，等十天后先帝入棺大敛结束，再对他们施加惩罚也为时不迟！"李瀍没有听从这一建议。

　　辛卯日（十四日），文宗的尸体才正式入棺大敛。武宗李瀍即位。甲午日（十七日），武宗李瀍追尊母亲韦妃为皇太后。

【乾隆御批】武宗序，非当立，且甫立即杀溶及成美，虽士良等欲以此为功，而武宗之残忍亦甚，卒之享国不长，其子亦不得立，可以观天道矣。

【译文】武宗按照在各皇子中的位序，是不应该被立为太子的，况且他刚被立就立即杀掉李溶及李成美，虽然仇士良等人想借此作为自己的功劳，但武宗的残忍也太甚了。所以武宗在位的时间并不长，而且他的儿子也没能继承皇位，由此可以观察天道的运行规律。

二月，乙卯，赦天下。

丙寅，谥韦太后曰宣懿。

夏，五月，己卯，门下侍郎、同平章事杨嗣复罢为吏部尚书，以刑部尚书崔珙同平章事兼盐铁转运使。

秋，八月，壬戌，葬元圣昭献孝皇帝于章陵，庙号文宗。

庚午，门下侍郎、同平章事李珏坐为山陵使龙辒陷，罢为太常卿。贬京兆尹敬昕为郴州司马。

义武军乱，逐节度使陈君赏。君赏募勇士数百，复入军城，诛乱者。

初，上之立非宰相意，故杨嗣复、李珏相继罢去，召淮南节度使李德裕入朝。九月，甲戌朔，至京师。丁丑，以德裕为门下侍郎、同平章事。

【译文】二月，乙卯日（初八），唐武宗李瀍下诏大赦天下。

丙寅日（十九日），唐武宗追赠母亲韦太后的谥号为宣懿。

夏季，五月，己卯日（初四），唐武宗李瀍免去门下侍郎、同平章事杨嗣复的职务，任命他为吏部尚书，任命刑部尚书崔珙同平章事兼盐铁转运使。

秋季，八月，壬戌日（十九日），朝廷在章陵埋葬元圣昭献孝皇帝李昂，庙号文宗。

庚午日（二十七日），门下侍郎、同平章事李珏因担任山陵使时，运载文宗皇帝灵柩的龙辇在半路失陷，而被免去宰相职务，担任太常卿。唐武宗李瀍贬京兆尹敬昕为郴州司马。

义武军叛乱，驱逐了节度使陈君赏。陈君赏招募了几百名勇士，率领他们再入军城，最终诛杀了叛乱者。

起初，武宗即位并不是宰相的意思，所以宰相杨嗣复、李珏相继被罢职，朝廷召淮南节度使李德裕入京朝见。九月，甲戌朔日（初一），李德裕抵达京师。丁丑日（初四），唐武宗李瀍任命李德裕为门下侍郎、同平章事。

庚辰，德裕入谢，言于上曰："致理之要，在于辩群臣之邪正。夫邪正二者，势不相容。正人指邪人为邪，邪人亦指正人为邪，人主辩之甚难。臣以为正人如松柏，特立不倚；邪人如藤萝，非附他物不能自起。故正人一心事君，而邪人竞为朋党。先帝深知朋党之患，然所用卒皆朋党之人，良由执心不定，故奸邪得乘间而入也。夫宰相不能人人忠良，或为欺罔，主心始疑，于是旁询小臣以察执政。如德宗末年，所听任者惟裴延龄辈，宰相署敕而已，此政事所以日乱也。陛下诚能慎择贤才以为宰相，有奸罔者立黜去之，常令政事皆出中书，推心委任，坚定不移，则天下何忧不理哉！"又曰："先帝于大臣好为形迹，小过皆含容不言，日累月积，以至祸败。兹事大误，愿陛下以为戒！臣等有罪，陛下当面诘之。事苟无实，得以辩明；若其有实，辞理自穷。小过则容其悛改，大罪则加之诛遣，如此，君臣之际无疑间矣。"上嘉纳之。

【译文】庚辰日（初七），李德裕入朝谢恩，对武宗说："处理政务的根本，在于辨别群臣是奸佞还是正直。大凡邪佞与正直两种人，一定不能相容，所以，君子指斥小人邪恶，而小人也指斥君子·邪恶，以致让皇上难以辨别。臣认为正直的人像松柏一样，独立而不依倚其他事物；奸佞的人像藤萝一样，不攀附其他事物是不能直立起来的。所以正直的人没有他念，会竭尽心力侍奉天子，而奸邪的人只会争先恐后地结成朋党。先帝深深懂得朋党的祸患，他所信用的官员却大多是朋党的成员，这实在是由于他自己没有主见，所以奸人能够乘虚而入。至于宰相，不可能人人都是忠良，皇上有时发现一个宰相欺骗了自己，心中就开始猜疑其他宰相是否也这样，于是通过身边的侍从和宦官了解宰相的情况。譬如德宗末年，所听信的只有裴延龄辈，宰相只是副署敕命而已，这就是政事所以会日乱的原因。陛下如果真的能小心谨慎地选拔德才兼备的人为宰相，把那些奸邪虚罔的官员马上罢免，同时，凡是朝廷的政令，都由政事堂审定颁布，诚心委任，坚定不移，那么何用忧虑天下不能治理呢！"又说："先帝文宗皇帝在大臣面前，很注意自己的言行举止，对于群臣小的过失，一般都能容忍。这样小的过失日积月累，以致最终酿成大祸。这实在是一大失误，希望陛下能以此为戒！臣等如果有罪，陛下应该当面指出加以责斥。事情如果不确实，应该允许我们申辩清楚；如果事情确实，我们自然会在申辩时理屈词穷。小过错就容许他改正，大罪状就加以惩罚，甚至诛杀，如此，君主与臣子之间就没有疑虑和嫌隙了。"武宗嘉许并且接纳了他的意见。

初，德裕在淮南，敕召监军杨钦义。人皆言必知枢密，德裕待之无加礼，钦义心衔之。一旦，独延钦义，置酒中堂，情礼极厚。陈珍玩数床，罢酒，皆以赠之，钦义大喜过望。行至汴州，敕复还淮南，钦义尽以所饷归之。德裕曰："此何直！"卒以与之。

其后钦义竟知枢密；德裕柄用，钦义颇有力焉。

初，伊吾之西，焉耆之北，有黠戛斯部落，即古之坚昆，唐初结骨也，后更号黠戛斯。乾元中为回鹘所破，自是隔阂不通中国。其君长曰阿热，建牙青山，去回鹘牙，橐驼行四十日。其人悍勇，吐蕃、回鹘常赂遗之，假以官号。回鹘既衰，阿热始自称可汗。回鹘遣相国将兵击之，连兵二十馀年，数为黠戛斯所败，詈回鹘曰："汝运尽矣，我必取汝金帐！"金帐者，回鹘可汗所居帐也。

【译文】起初，李德裕在淮南任节度使时，朝廷曾下诏书召监军杨钦义进京，人们都说杨钦义此次进京会被任命为枢密使，而李德裕对待他并没有特别礼遇，杨钦义怀恨在心。一天，李德裕单独宴请杨钦义，在中堂布置酒席为杨钦义送行，情义和礼节都极为优厚。李德裕又拿出很多珍玩陈列在几张床上，喝完酒后，把那些珍玩全部送给杨钦义，杨钦义大喜过望。当杨钦义走到汴州时，朝廷又敕命他回到淮南，杨钦义又把李德裕赠送的珍玩全部归还李德裕。李德裕说："这些东西值几个钱！"最终还是赠给了杨钦义。后来，杨钦义终于被任命为枢密使；李德裕被任命为宰相，杨钦义出了很大力气。

起初，在伊吾的西方，焉耆的北方，有个黠戛斯部落，也就是古时的坚昆，唐初的结骨，后来更号黠戛斯。乾元年间，被回鹘打败，从此，由于回鹘阻隔，和唐朝失去联系。黠戛斯的君长称为阿热，在青山建立牙帐，到达回鹘国的牙帐，骑骆驼也要走四十天。黠戛斯人剽悍勇猛，因此，吐蕃、回鹘常常赠送东西给黠戛斯，并授予它官位名号，以此拉拢它。当回鹘国衰落后，阿热开始自称可汗。回鹘派相国率领军队去攻打它，双方接连交战二十余年，回鹘屡次被黠戛斯打败，黠戛斯就大骂回鹘说："你们的运数已尽，我必将取得你们的金帐。"所谓金帐，就是回鹘可汗所住的帐篷。

及掘罗勿杀彰信可汗，立馺，回鹘别将句录莫贺引黠戛斯十万骑攻回鹘，大破之，杀𨐌馺及掘罗勿，焚其牙帐荡尽，回鹘诸部逃散。其相馺职、特勒庬等十五部西奔葛逻禄，一支奔吐蕃，一支奔安西，可汗兄弟嗢没斯等及其相赤心、仆固、特勒那颉啜各帅其众抵天德塞下，就杂虏贸易谷食，且求内附。冬，十月，丙辰，天德军使温德彝奏："回鹘溃兵侵逼西城，亘六十里，不见其后。边人以回鹘猥至，恐惧不安。"诏振武节度使刘沔屯云迦关以备之。

魏博节度使何进滔薨，军中推其子都知兵马使重顺知留后。

萧太后徙居兴庆宫积庆殿，号积庆太后。

【译文】等到回鹘宰相掘罗勿杀死彰信可汗，拥立特勒为新可汗后，一个名叫录莫贺的回鹘国偏将与黠戛斯勾结，率领十万骑兵攻打掘罗勿，把掘罗勿的军队打得惨败，杀死了**𨐌馺**及掘罗勿，把回鹘国的牙帐焚烧殆尽，回鹘各部都逃散了。他们的宰**相馺职**、特勒庬等十五个部落向西逃到葛逻禄，一支逃奔吐蕃，一支逃奔安西。可汗兄弟嗢没斯等以及宰相赤心、仆固、特勒那颉啜各率部众抵达唐朝天德军的边塞一带，通过与杂居此地的各族部落进行物品交换才得以生存下来。同时，他们请求归附唐朝。冬季，十月，丙辰（十四日），天德军使温德彝向朝廷奏报："回鹘国的逃兵进逼西受降城，队伍连绵六十里，看不到尽头。边防居民因为回鹘逃兵大举侵扰，内心恐惧不安。"唐武宗李瀍颁布诏令，命令振武节度使刘沔屯驻云迦关来防备回鹘。

魏博节度使何进滔去世，军中推举他的儿子都知兵马使何重顺为留后。

萧太后迁居兴庆宫积庆殿，尊号称积庆太后。

十一月，癸酉朔，上幸云阳校猎。

故事，新天子即位，两省官同署名。上之即位也，谏议大夫裴夷直漏名，由是出为杭州刺史。

开府仪同三司、左卫上将军兼内谒者监仇士良请以开府荫其子为千牛，给事中李中敏判云："开府阶诚宜荫子，谒者监何由有儿？"士良惭恚。李德裕亦以中敏为杨嗣复之党，恶之，出为婺州刺史。

十二月，庚申，以何重顺知魏博留后事。

立皇子峻为杞王。

【译文】十一月，癸酉朔日（初一），武宗驾幸云阳狩猎。

依照旧例，新天子即位，两省官共同署名。而武宗即位时，谏议大夫裴夷直的名字被遗漏，因此裴夷直被调出朝廷，担任杭州刺史。

开府仪同三司、左卫上将军兼内谒者监仇士良请求朝廷批准，根据自己的官爵等级，赐予儿子千牛备身的职位。给事中李中敏批文说："根据仇士良的官位品级，确实应该授予他的儿子官位，只是仇士良身为宦官，怎么能有儿子呢？"仇士良既惭愧又怨恨。李德裕也以李中敏为杨嗣复的同党而憎恶他，把他外调为婺州刺史。

十二月，庚申日（十八日），唐武宗李瀍任命何重顺管理魏博留后事。

唐武宗李瀍册立皇子李峻为杞王。

【乾隆御批】中官荫子至明季而弊极，其赏已滥觞于此。中敏一判不烦言而切中窾要。珰监衔恨。有志者方当力为主持，德裕徒以门户之见，辄加贬谪，不顾是非，不循法度，惟报复私嫌，是务可鄙甚矣。

【译文】宦官荫庇子孙这一弊政到了明代已到了极点，它的赏赐从唐代就开始了。李中敏的一纸批文没有任何絮烦无用的话却都切中要害，以致招来宦官的怨恨。有识之士本应大力支持李中敏，李德裕却因门户之见不顾是非对错、不遵循法度，只为了报私仇，就将李中敏进行贬谪，真是可恶到极点了！

武宗至道昭肃孝皇帝上

会昌元年(辛酉，公元八四一年)春，正月，辛巳，上祀圆丘，赦天下，改元。

刘沔奏回鹘已退，诏沔还镇。

二月，回鹘十三部近牙帐者立乌希特勒为乌介可汗，南保错子山。

三月，甲戌，以御史大夫陈夷行为门下侍郎、同平章事。

【译文】会昌元年(辛酉，公元841年)春季，正月，辛巳日(初九)，唐武宗李瀍祭祀圜丘(天)，下诏大赦天下，并改年号为会昌。

振武节度使刘沔奏报：回鹘国已撤兵。唐武宗李瀍诏命刘沔返还本镇。

二月，回鹘国邻近可汗牙帐的十三个部落拥立乌希特勒为乌介可汗，往南迁移，防卫错子山。

三月，甲戌日(初三)，唐武宗李瀍任命御史大夫陈夷行为门下侍郎、同平章事。

初，知枢密刘弘逸、薛季棱有宠于文宗，仇士良恶之。上之立，非二人及宰相意，故杨嗣复出为湖南观察使，李珏出为桂管观察使。士良屡谮弘逸等于上，劝上除之，乙未，赐弘逸、季棱死，遣中使就潭、桂州诛嗣复及珏。户部尚书杜悰奔马见李德裕曰："天子年少，新即位，兹事不宜手滑！"丙申，德裕与崔珙、崔郸、陈夷行三上奏，又邀枢密使至中书，使入奏。以为："德宗疑刘晏动摇东宫而杀之，中外咸以为冤，两河不臣者由兹恐惧，得以为辞。德宗后悔，录其子孙。文宗疑宋申锡交通藩邸，窜谪至死。既而追悔，为之出涕。嗣复、珏等若有罪恶，乞更加重贬。必不可容，亦当先行讯鞫，俟罪状著白，诛之未晚。今不谋于臣等，遽遣使诛之，人情莫不震骇。愿开延英赐对！"至晡时，开延英，召德裕等入。

【译文】起初，知枢密刘弘逸、薛季棱受到文宗的宠爱，仇士良等人憎恶他们。武宗即位，并不是他们二人及宰相的心意，所以杨嗣复被外调为湖南观察使，李珏被外调为桂管观察使。仇士良多次在武宗面前诋毁刘弘逸等人，劝谏武宗把他们诛除。乙未日（二十四日），唐武宗李瀍赐刘弘逸、薛季棱自尽，又派遣中使到潭州、桂州诛杀杨嗣复和李珏。户部尚书杜悰得知这一消息后，急忙骑马去拜见李德裕，对他说："陛下还年轻，又刚刚登基，这件事不应让他任意胡来啊。"丙申日（二十五日），李德裕和崔珙、崔郸、陈夷行三度向武宗上奏，又邀枢密使到中书，请他们入宫向武宗劝谏此事。李德裕等人的奏折说："以前，德宗怀疑刘晏会动摇东宫而杀了他，朝廷内外都认为刘晏是冤枉的，黄河南北割据跋扈的藩镇因而都感到恐惧，并以此为借口，更加骄横跋扈；德宗因此很后悔，录用了刘晏的子孙到朝廷做官。文宗猜疑宋申锡与藩邸勾结，结果，贬逐宋申锡，以至于宋申锡死于异地。事后追悔，为宋申锡冤死而泪流不止。如果杨嗣复、李珏等有罪的话，请求陛下加重贬谪；假如陛下还不能容忍此事，也应当对他们先审问，等他们的犯罪事实清楚后，再把他们处死也不晚。如今陛下不和臣等商议，就派遣使者杀了他们，百官得知此事后，没有不惊骇的。希望陛下开延英殿让我们当面奏对！"傍晚时，武宗才命令开延英殿，召见李德裕等人。

德裕等泣涕极言："陛下宜重慎此举，毋致后悔！"上曰："朕不悔！"三命之坐，德裕等曰："臣等愿陛下免二人于死，勿使既死而众以为冤。今未奉圣旨，臣等不敢坐。"久之，上乃曰："特为卿等释之。"德裕等跃下阶舞蹈。上召升坐，叹曰："朕嗣位之际，宰相何尝比数！李珏、季棱志在陈王，嗣复、弘逸志在安王。陈王犹是文宗遗意，安王则专附杨妃。嗣复仍与妃书云：'姑何不效则天临朝！'向使安王得志，朕那复有今日？"德裕等曰："兹事暧昧，虚实难知。"上曰："杨妃尝有疾，文宗听其弟玄思入侍月馀，以此得通意旨。朕细询内人，情状皎然，非虚也。"遂追还二使，更贬嗣复为潮州刺史，李珏为昭州刺史，裴夷直为驩州司户。

【译文】李德裕等人流着泪激动地说："陛下应慎重对待此事，不要后悔！"武宗说："朕不后悔。"随即几次命令李德裕等坐下，李德裕等说："臣等希望陛下免二人死罪，不要让二人死后大家都认为他们冤枉。如今陛下尚未批准，臣等不敢坐。"过了许久，武宗才说："朕考虑到你们的请求，特此释放他们。"李德裕等人跳下台阶，高兴得手舞足蹈。武宗命李德裕等人向前，让他们坐下，叹口气说："朕被册立为皇太弟时，当时的宰相哪里曾想到拥立我即位呢！李珏、薛季棱的意图是立陈王李成美，杨嗣复、刘弘逸的意图是立安王李溶。陈王还可说是文宗的临终之意，安王则专门攀附杨妃。杨嗣复常给杨妃写信说：'姑妈何不仿效武则天临朝听政！'假如安王被立继承帝位，朕怎么会有今日呢？"李德裕等说："这件事十分暧昧，虚实难知。"武宗说："杨妃有一次卧病，文宗让她的弟弟杨玄思入宫侍奉了一个多月，因此能够互通心意。杨嗣复就是通过杨玄思向杨妃送传书信的。朕已对宫中宦官详细询问，事实清清楚楚，定无虚构之处。"于是武宗派人把两个使者追回，下诏贬杨嗣复为潮州刺史，贬李珏为昭州刺史，贬裴夷直为欢州司户。

【乾隆御批】明罚饬法，惟当论其罪之当否。罪不当，虽小岂宜轻滥；罪诚当，虽大安得姑容。嗣复及珏，如果诡谋废立，实为法所不宥，特以言出士良谗构？其情尚近暧昧耳。杜悰年少新立，不宜手滑云云，所谓似是，而非果尔。则年既长立、既久遂可不思明慎乎《见闻录》载：宋范仲淹于光化知军，遇贼弃城事。欲为曲贷，其死所传九为悖理。向已深斥其说，而其"手滑"二字实即原本，于此事不同，而义则一因，并著之。

【译文】要想严明刑罚，整顿国家法度，只需看定罪是否恰当。如果定罪不当，虽然判得轻也不容轻易滥用；如果定罪恰当，尽管判得很重也是罪有应得，难道还能再姑息宽容罪犯吗？杨嗣复和李珏如果真的阴谋废太子，那的确为国法不容，为什么非要等仇士良谗言构陷以后才来追究呢？这件事情原本就含糊不清罢了。杜悰说，武宗年幼刚继位，行事不可不加节制，这个话听起来好像对，实际上却并非如此。如果武宗年龄渐长、在位时间久了以后就可以不审慎明察了吗《见闻录》

记载：宋代的范仲淹在光化做知军时，遇敌军来犯，弃城而逃。书中说到这件事情时，就想有意为范仲淹开脱，而对范仲淹死的传说就更违背事理了。这些事情之前已经探讨得够多了，而这里的"手滑"二字实际上就是从《见闻录》里学来的，只不过事情不一样罢了，而其义理却是一个，所以这里一并记录出来。

夏，六月，乙巳，诏："自今臣下论人罪恶，并应请付御史台案问，毋得乞留中，以杜谗邪。"

以魏博留后何重顺为节度使。

上命道士赵归真于三殿建九天道场，亲授法箓。右拾遗王哲上疏切谏，坐贬河南府士曹。

秋，八月，加仇士良观军容使。

【译文】夏季，六月，乙巳日（初六），唐武宗李瀍颁下诏告："从今以后，凡百官上奏其他官员罪行，应同时奏请将犯罪人交付御史台按察审讯，不得请求在宫中拘押审讯，以杜绝奸臣的诋毁。"

唐武宗李瀍任命魏博留后何重顺为节度使。

唐武宗李瀍命令道士赵归真等人在三殿建造九天道场，亲自接受（授依注改为受）法箓。右拾遗王哲向武宗上奏疏，极力直言劝谏，被贬为河南府士曹参军。

秋季，八月，唐武宗李瀍任命仇士良为观军容使。

天德军使田牟、监军韦仲平欲击回鹘以求功，奏称："回鹘叛将嗢没斯等侵逼塞下，吐谷浑、沙陀、党项皆世与为仇，请自出兵驱逐。"上命朝臣议之，议者皆以为嗢没斯等叛可汗而来，不可受，宜如牟等所请，击之便。上以问宰相，李德裕以为："穷鸟入怀，犹当活之。况回鹘屡建大功，今为邻国所破，部落离散，穷无所归，远依天子，无秋毫犯塞，奈何乘其困而击之！宜遣使者镇抚，运粮食以赐之，此汉宣帝所以服呼韩邪也。"陈夷行曰："此所谓借寇兵资盗粮也，不如击之。"德裕曰："彼吐谷浑等各有部落，见利则锐敏争进，不利则鸟惊鱼散，各走巢穴，安肯守死为国家用！今天德城兵才千馀，若战不利，城陷必矣。不若以恩义抚而安之，必不为患。纵使侵暴边境，亦须俟征诸道大兵讨之，岂可独使天德击之乎！"

【译文】天德军使田牟、监军韦仲平想攻击回鹘，以便求取功名，于是奏称："回鹘国叛将嗢没斯等人侵逼天德边塞，而吐谷浑、沙陀、党项都和他为世仇，请准许我们自己出兵驱逐嗢没斯。"于是，武宗命令朝臣计议，参与议论的官员都认为嗢没斯叛变可汗而来，不可接受，应当批准田牟等人的请求，攻击他们较为有利。武宗以此询问宰相，李德裕认为："被穷追的飞鸟，撞入怀中，还应当让它活命。何况回鹘屡次建树大功，如今被邻国所破，部落离散，穷迫而无处归依，远来依附陛下，并无一丝一毫侵犯边塞的意思，为什么要趁它困乏而攻击它呢！我认为，朝廷应派使者前往安抚，运送粮食赈济他们，这也是当年汉宣帝之所以能使匈奴呼韩邪单于臣服的策略。"陈夷行说："李德裕的建议，正如古人所说，是借给叛乱之人兵马，资助盗贼粮食，恐怕对国家不利，不如派遣军队驱逐他们。"李德裕说："吐谷浑等各个部落，见到利益就会凶猛敏捷地争取求进，形势不利则像鸟兽一样四散而去，各回自己的巢穴，怎么会拼死为国家效力呢！如今天德城兵士才千余，如战争不利，城池必定陷没。不如用恩义来安抚它，让他们在边塞安定下来，一定不会成为国家的祸害。假如回鹘果真要侵扰边塞，也应调用各道军队前去征讨，哪能让天德军独自前去呢！"

时诏以鸿胪卿张贾为巡边使，使察回鹘情伪，未还。上问德裕曰："嗢没斯等请降，可保信乎?"对曰："朝中之人，臣不敢保，况敢保数千里外戎狄之心乎！然谓之叛将，则恐不可。若可汗在国，嗢没斯等帅众而来，则于体固不可受。今闻其国败乱无主，将相逃散，或奔吐蕃，或奔葛逻禄，惟此一支远依大国。观其表辞，危迫恳切，岂可谓之叛将乎！况嗢没斯等自去年九月至天德，今年二月始立乌介，自无君臣之分。愿且诏河东、振武严兵保境以备之，俟其攻犯城镇，然后以动力驱除。或于吐谷浑等部中小有抄掠，听自仇报，亦未可助以官军。仍诏田牟、仲平毋得邀功生事，常令不失大信，怀柔得宜，彼虽戎狄，必知感恩。"辛酉，诏田牟约勒将士及杂虏，毋得先犯回鹘。九月，戊辰朔，诏河东、振武严兵以备之。牟，布之弟也。

【译文】当时，唐武宗李瀍下诏任命鸿胪卿张贾为巡边使，让他去察看回鹘敌情的真伪，一直没有返回。武宗询问李德裕说："嗢没斯等请求投降朝廷，可以确保他们的诚信吗?"李德裕回答说："朝廷中的人，臣尚且不敢保证，更何况去保证数千里外的戎狄的居心呢！但是如果说他是叛将的话，恐怕不妥。如果可汗还在国中，嗢没斯等率领大军前来投降，从两国关系的大局考虑，的确我朝不能接受。现在，听说回鹘国败乱没有主帅，大将和宰相都四散奔逃，有的归顺吐蕃，有的归附葛逻禄，只有嗢没斯这一部分军队不远千里来投奔我国。臣看了他们请求归附的上表，感觉他们现在的处境确实很窘迫，请求归附的心情也十分恳切，怎么可以称他为叛将呢！何况嗢没斯等自去年九月就到了天德，可是，回鹘国今年二月才立乌介可汗，自然他们没有君臣之间的关系。希望陛下暂时诏令河东、振武军队严密戒备保护边境，等它攻打来犯时，以武力驱除。如果回鹘对吐谷浑等其他部族的部落稍有侵扰，朝廷应该准许他们发动军队报仇，然后让他们相互杀戮，而我朝无须派遣官军助战。可仍诏令田牟、韦仲平不得邀功生事，必须对回鹘进行适当的笼络和安抚，表示朝廷对他们没有失掉诚信，他们虽然是戎狄，也必定知道感恩。"辛酉日(二十四日)，唐武宗李瀍诏令田牟约束将士以及杂虏(吐谷浑、沙陀、党项等)不得先去侵犯回鹘。九月，戊辰朔日(初一)，唐武宗李瀍诏令河东、振武军队严密戒备。田牟是田布的弟弟。

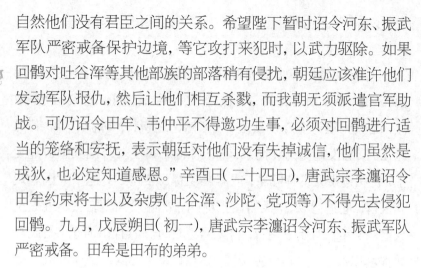

癸巳，卢龙军乱，杀节度使史元忠，推牙将陈行泰主留务。

李德裕请遣命慰抚回鹘，且运粮三万斛以赐之，上以为疑。闰月，己亥，开延英，召宰相议之。陈夷行于候对之所，屡言资盗粮不可。德裕曰："今征兵未集，天德孤危。倘不以此粮啖饥虏，且使安静，万一天德陷没，咎将谁归！"夷行至上前，遂不敢言。上乃许以谷二万斛赈之。

以前山南东道节度使、同平章事牛僧孺为太子太师。先是汉水溢，坏襄州民居。故李德裕以为僧孺罪而废之。

【译文】癸巳日(二十六日)，卢龙军叛乱，杀死节度使史元忠，将士推举陈行泰主持留后事务。

李德裕向武宗请求派使者慰抚回鹘，并且运送三万斛粮食赠给他们，武宗对此做法有些疑惑。闰月，己亥日(初三)，武宗打开延英殿，召集宰相商议此事。商议开始前，陈夷行在延英门外多次对李德裕说，不能援助回鹘粮食。李德裕说："现今，朝廷征调的各道军队还没抵达前线，天德城正孤立无援，如果朝廷不用这些粮食赈济处于饥饿边缘的回鹘，让他们暂且安定下来的话，那么，一旦天德城被回鹘攻陷，谁来承担这个罪责呢！"陈夷行到武宗面前时，就不敢再进言了。武宗于是答应以二万斛谷子来救济回鹘。

唐武宗李瀍任命前山南东道节度使、同平章事牛僧孺为太子太师。在此之前，汉江发生水灾，毁坏了襄州百姓的房屋，李德裕认为这是牛僧孺的过失，建议武宗罢免他的职务，改任散官。

卢龙军复乱，杀陈行泰，立牙将张绛。

初，陈行泰逐史元忠，遣监军傔以军中大将表来求节钺。李德裕曰："河朔事势，臣所熟谙。比来朝廷遣使赐诏常太速，故军情遂固。若置之数月不问，必自生变。今请留监军傔，勿遣使以观之。"既而军中果杀行泰，立张绛，复求节钺，朝廷亦不问。会雄武军使张仲武起兵击绛，且遣军吏吴仲舒奉表诣京师，称绛惨虐，请以本军讨之。

【译文】卢龙军再次叛乱，将士杀了陈行泰，拥立牙将张绛为节度使。

起初，陈行泰驱逐史元忠后，派遣幽州监军的侍从赶赴京师，以军中大将的名义向朝廷上表，请求朝廷任命他为留后。李德裕说："河朔的事态形势，为臣下所熟知。近来朝廷派遣使者赐诏书常常太快，任命被拥立的军将为留后，以致军心稳定下来。如果搁置它数月不闻不问，它们自己就会发生变故。因此，我请求朝廷把幽州派来的监军侍从暂且扣留京城，不派使者前往幽州任命陈行泰，我们静观其变。"果然，将士将陈行泰斩杀，拥立张绛为节度使，张绛再次派人来朝廷请求任命，朝廷依然置之不问。恰逢此时，雄武军使张仲武派遣军队攻打张绛，并且派遣军中官吏吴仲舒携带奏章前来京师，奏称张绛对将士残忍无道，请求朝廷批准派遣本部军队征讨他。

冬，十月，仲舒至京师。诏宰相问状，仲舒言："行泰、绛皆游客，故人心不附。仲武幽州旧将，性忠义，通书，习戎事，人心向之。向者张绛初杀行泰，召仲武，欲以留务让之，牙中一二百人不可。仲武行至昌平，绛复却之。今计仲武才发雄武，军中已逐绛矣。"李德裕问："雄武士卒几何？"对曰："军士八百，外有上团五百人。"德裕曰："兵少，何以立功？"对曰："在得人心。苟人心不从，兵三万何益？"德裕又问："万一不克，如何？"对曰："幽州粮食皆在妫州及北边七镇，万一未能入，则据居庸关，绝其粮道，幽州自困矣！"

德裕奏："行泰、绛皆使大将上表，胁朝廷，邀节钺，故不可与。今仲武先自表请发兵为朝廷讨乱，与之则似有名。"乃以仲武知卢龙留后。仲武寻克幽州。

上校猎咸阳。

【译文】冬季，十月，吴仲舒抵达京师。唐武宗李瀍下诏，命宰相向吴仲舒询问幽州情况，吴仲舒说："陈行泰、张绛都是外地来幽州的过客，所以士兵都不依附于他。张仲武则是幽州老将，性情忠义，通晓古书，熟习军事，众望所归。过去，张绛刚斩杀陈行泰，召见张仲武，打算把留后的职务让给他。后来，他的亲兵中有一二百人不同意这种做法；于是，张仲武走到昌平县时，张绛又命他返回。如今，张仲武才发动雄武军，而军中已经驱逐张绛了。"李德裕问："雄武的士兵有多少？"吴仲舒回答说："士兵有八百人，另外还有不脱离生产的由五百人组成的土团。"

李德裕问："士兵这么少，怎么能攻打幽州取胜呢？"吴仲舒回答说："关键在于打仗得不得人心。如果不得人心，就是拥有三万大军又能如何呢？"李德裕又问："一旦不能攻克幽州，该怎么办呢？"吴仲舒说："幽州的粮食都储存在妫州和北边的七个军镇，如果不能进入幽州，就占据居庸关，断绝他们的运粮通道，幽州自然就被困住了！"

于是，李德裕向武宗上奏章："陈行泰、张绛都是让军中大将向朝廷上表，威逼朝廷授予他们留后，所以朝廷不能同意他们的请求。如今，张仲武首先自行发兵为朝廷征讨乱贼，同时上奏朝廷，授予他留后，好像还可以说有点名分。"于是唐武宗李瀍任命张仲武为卢龙留后。张仲武不久攻克了幽州。

武宗到咸阳打猎。

十一月，李德裕上言："今回鹘破亡，太和公主未知所在。若不遣使访问，则戎狄必谓国家降主虏庭，本非爱惜，既负公主，又伤虏情。请遣通事舍人苗缜赍诏诣温没斯，令转达公主，兼可卜温没斯逆顺之情。"从之。

上颇好田猎及武戏，五坊小儿得出入禁中，赏赐甚厚。尝谒郭太后，从容问为天子之道，太后劝以纳谏。上退，悉取谏疏阅之，多谏游猎。自是上出畋稍希，五坊无复横赐。

癸亥，以中书侍郎、同平章事崔郸同平章事，充西川节度使。

【译文】十一月，李德裕向朝廷上书说："如今回鹘已败亡，太和公主不知下落何方。如果不派使者去访查询问，那么戎狄必会说国家将公主下嫁，本来就已不爱怜疼惜，这样既对不起公主，又伤害了与回鹘的友好关系。建议派遣通事舍人苗缜携带陛下的诏书去见嗢没斯，让他转送公主。这样，又可借此探察嗢没斯究竟想叛逆还是顺服的心意。"武宗同意了这一建议。

武宗很喜欢打猎和武术等运动(如球鞠、骑射、手搏等),所以,五坊使下属的当差杂役都凭此在宫中自由出入,武宗常对他们进行丰厚的赏赐。武宗曾到兴庆宫去拜谒祖母郭太后,闲谈中问到做天子的规则,太后劝武宗虚心听取百官劝谏。武宗退朝后,把谏疏全部拿来看了一遍,发现多数是谏阻他游猎的。从此,武宗出猎的次数就渐渐少了,对于五坊的当差杂役也不再随便给予赏赐。

癸亥日(二十七日),唐武宗李瀍任命中书侍郎、同平章事崔郸同平章事,充任西川节度使。

初,黠戛斯既破回鹘,得太和公主,自谓李陵之后,与唐同姓,遣达干十人奉公主归之于唐。回鹘乌介可汗引兵邀击达干,尽杀之,质公主,南度碛,屯天德军境上。公主遣使上表,言可汗已立,求册命。乌介又使其相颉干伽斯等上表,借振武一城以居公主、可汗。十二月,庚辰,制遣右金吾大将军王会等慰问回鹘,仍赈米二万斛。又赐乌介可汗敕书,谕以"宜帅部众渐复旧疆,漂寓塞垣,殊非良计。"又云:"欲借振武一城,前代未有此比。或欲别迁善地,求大国声援,亦须且于碛南驻止。朕当许公主入觐,亲问事宜。傥须应接,必无所吝。"

【译文】起初,黠戛斯把回鹘打败后,俘获了太和公主,他们自称是李陵的后裔,和唐朝宗室同姓,于是派遣达干十人护送公主返回唐朝。回鹘乌介可汗率领军队在半路偷袭达干兵马,把他们全部杀死,乌介可汗将太和公主当作人质,率军向南方迁徙,越过沙漠,把军队驻扎在天德军北境。太和公主派使者向朝廷呈递表章,说回鹘国新可汗已经继位,请求朝廷册封。

乌介又派他的宰相颉干伽斯等上表朝廷，要求借振武这个城镇给公主和可汗居住。十二月，庚辰日（十四日），唐武宗李瀍诏命派遣右金吾大将军王会等前往抚慰回鹘，并赈济二万斛米。接着，唐武宗李瀍又赐乌介可汗一封敕书，说："你应率领部众，逐渐收复失去的国土。像现在这样四处漂泊，暂时寄居边塞，不是长久之策啊。"又说："你提出暂借我朝的振武城，但此事前代还没有旧例。如果你们想迁到别处一个较好的地方来请求我朝援助，也必须暂时在漠南驻扎。现在，我准许太和公主来京城会面，以便向她亲自询问有关情况。如果你们的确需要我朝接应，我们肯定准许。"

会昌二年（壬戌，公元八四二年）春，正月，以张仲武为卢龙节度使。

朝廷以回鹘屯天德、振武北境，以兵部郎中李拭为巡边使，察将帅能否。拭，鄘之子也。

二月，淮南节度使李绅入朝。丁丑，以绅为中书侍郎、同平章事、判度支。

河东节度使苻澈修把头烽旧戍以备回鹘。李德裕奏请增兵镇守，及修东、中二受降城以壮天德形势，从之。

右散骑常侍柳公权素与李德裕善，崔珙奏为集贤学士、判院事。德裕以恩非己出，因事左迁公权为太子詹事。

回鹘复奏求粮，及寻勘吐谷浑、党项所掠，又借振武城。诏遣内使杨观赐可汗书，谕以城不可借，馀当应接处置。

【译文】会昌二年（壬戌，公元842年）春季，正月，唐武宗李瀍任命张仲武为卢龙节度使。

朝廷因回鹘屯驻在天德、振武的北方边境，唐武宗李瀍就任命兵部郎中李拭为巡边使，前去探查主将能力如何。李拭是李鄘的儿子。

二月，淮南节度使李绅入朝。丁丑日（十二日），唐武宗李瀍任命李绅为中书侍郎、同平章事、判度支。

河东节度使苻澈对杷头烽过去的营垒进行修建，以此来防备回鹘的侵犯。宰相李德裕向朝廷奏请向杷头烽增加兵力，同时对东受降城和中受降城进行修筑，以便策应天德的防务。武宗批准了他的建议。

右散骑常侍柳公权一向和李德裕交好，宰相崔珙向武宗上奏章举荐柳公权为集贤学士、判院事。李德裕认为提升柳公权职位一事不是自己促成的，就借故把柳公权贬为太子詹事。

回鹘再次向朝廷上奏请求赈济粮食，以及寻找被吐谷浑、党项族所掠夺的人口，同时，再次请求暂借振武城。唐武宗李瀍下诏派内使杨观赐可汗书信，说振武城不能借给他们，其余可以帮助处置。

三月，戊申，李拭巡边还，称振武节度使刘沔有威略，可任大事。时河东节度使苻澈疾病，庚申，以沔代之。以金吾上将军李忠顺为振武节度使。遣将作少监苗缜册命乌介可汗，使徐行，驻于河东，俟可汗位定，然后进。既而可汗屡侵扰边境，缜竟不行。

回鹘嗢没斯以赤心桀黠难知，先告田牟云，赤心谋犯塞。乃诱赤心并仆固杀之，那颉啜收赤心之众七千帐东走。河东奏："回鹘兵至横水，杀掠兵民，今退屯释迦泊东。"李德裕上言："释迦泊西距可汗帐三百里，未知此兵为那颉所部，为可汗遣来。宜且指此兵云不受可汗指挥，擅掠边鄙。密诏刘沔、武仲先经略此兵，如可以讨逐，事亦有名。摧此一支，可汗必自知惧。"

【译文】三月，李拭巡视边务后回到京城，报告称振武节度使刘沔很有威严才略，可以担当大任。当时河东节度使符澈病重，庚申日（二十五日），朝廷下诏让刘沔代替他的职务，任命金吾上将军李忠顺为振武节度使。唐武宗李瀍又派遣将作少监苗缜前往诏命乌介可汗，要求他稍缓动身，暂时在河东驻扎军队，等自己的势力稳固后，再前往册封。后来乌介可汗屡次侵扰边境，苗缜最终不再前行。

回鹘嗢没斯认为宰相赤心桀骜狡黠，内心难以揣测，于是，预先告诉天德军使田牟说："赤心暗中谋划侵犯城塞。"然后，设计诱杀赤心和仆固，那颉啜收集了赤心的士兵七千营帐，往东而去。河东向朝廷上奏章："回鹘的兵马已到横水，杀掠士兵百姓后，如今退兵屯聚在释迦泊东边。"李德裕对武宗说："释迦泊西方距离可汗牙帐有三百里，不知此地兵士是那颉啜所领属，还是由可汗派来。我们就说这部分回鹘兵不听可汗调遣，自作主张侵犯边境。不妨向刘沔和张仲武下达密诏，命他二人先谋划如何处置这部分回鹘兵，如果可以讨伐的话，发兵之事也有名义。只要摧毁他们的一支，可汗必会闻之畏惧的。"

夏，四月，庚辰，天德都防御使田牟奏："回鹘侵扰不已，不俟朝旨，已出兵三千拒之。"壬午，李德裕奏："田牟殊不知兵，戎狄长于野战，短于攻城。牟但应坚守以待诸道兵集，今全军出战，万一失利，城中空虚，何以自固！望亟遣中使止之。如已交锋，即诏云、朔、天德以来羌、浑各出兵奋击回鹘，凡所虏获，并令自取。回鹘羁旅二年，粮食乏绝，人心易动。宜诏田牟招诱降者，给粮转致太原，不可留于天德。嗢没斯诚伪虽未可知，然要早加官赏。纵使不诚，亦足为反间。且欲奖其忠义，为讨伐之名，令远近诸蕃知但责可汗犯顺，非欲尽灭回鹘。石雄善战无敌，请以为天德都团练副使，佐田牟用兵。"上皆从其言。

【译文】夏季，四月，庚辰日（十六日），天德都防御使田牟向朝廷上奏："回鹘侵犯边境，扰乱不休，没等朝廷颁旨，已派出三千军队前去征讨。"壬午日（十八日），李德裕向武宗上奏章："田牟确实不懂用兵之道。戎狄擅长野战，不擅长攻城。田牟只要坚守等待各道兵马齐集即可，如今他率全军出城应战，万一失利，城中空虚，拿什么来防卫呢！希望陛下速派中使前去加以制止。如果双方已经交锋，就请陛下迅速下达诏书，命云州、朔州和天德一带的党项和吐谷浑族发动军队，竭力征讨回鹘，所有缴获的物品，全部归他们所有。回鹘羁留而漂泊在外已经两年，粮食匮乏，军心容易动摇。陛下应诏示田牟引诱招降回鹘军，然后把粮食送给他们，让他们返回太原，不可以将他们留在天德。嗢没斯对朝廷的态度，虽然我们还不能得知，但要及早对他加官赏赐。即使他对我朝没有诚意，也可作为今后讨伐叛乱的理由。并且还要奖励他的忠义，以此来作为讨伐他的名义，使远近各蕃邦都知道，朝廷只是责斥乌介可汗侵犯边境，并非要灭绝回鹘。石雄善战无敌，请陛下任命他为天德都团练副使，辅佐田牟用兵。"武宗完全同意他的看法。

初，太和中，河西党项扰边，文宗召石雄于白州，隶振武军为裨将，屡立战功，以王智兴故，未甚进擢。至是，德裕举用之。

甲申，嗢没斯帅其国特勒、宰相等二千二百馀人来降。

上信任李德裕，观军容使仇士良恶之。会上将受尊号，御丹凤楼宣赦。或告士良，宰相与度支议草制减禁军衣粮及马刍粟，士良扬言于众曰："如此，至日，军士必于楼前喧哗！"德裕闻之，乙酉，乞开延英自诉。上怒，遽遣中使宣谕两军："赦书初无此事。且赦书皆出朕意，非由宰相，尔安得此言!"士良乃惶愧称谢。丁亥，群臣上尊号曰仁圣文武至神大孝皇帝。赦天下。

【译文】起初，在太和年间，河西党项侵扰边境，文宗在白州召来石雄，隶属振武军，担任裨将，屡次建功，但因王智兴嫉恨他，不太提拔重用他。到这时，因被李德裕荐举而得到任用。

甲申日(二十日)，嗢没斯率领他国中的特勒、宰相等二千二百余人前来投降。

武宗信任李德裕，观军容使仇士良却憎恶他。适逢武宗要接受尊号，驾临丹凤楼宣布诏书。有人告诉仇士良，宰相和度支商议起草制书减少禁军衣粮及军马草料。仇士良在大庭广众前扬言说："如果这样的话，那么到了百官上尊号那天，禁军军士肯定在丹凤楼前聚众喧哗!"李德裕听到这一消息，乙酉日(二十一日)，请求武宗开延英，让自己申诉。武宗了解情况后很是气愤，随即派遣中使向两军宣谕："赦书中原本并无此事。况且赦书的内容都出自朕的本意，而不是宰相的意思，你们怎么能说这种话呢!"仇士良于是惶恐愧疚地连称自己有罪。丁亥日(二十三日)，群臣为武宗上尊号称仁圣文武至神大孝皇帝。唐武宗李瀍下诏，大赦天下。

五月，戊申，遣鸿胪卿张贾安抚嗢没斯等，以嗢没斯为左金吾大将军、怀化郡王；其次酋长官赏有举。赐其部众米五千斛，绢三千匹。

那颉啜帅其众自振武、大同，东因室韦、黑沙，南趣雄武军，窥幽州。卢龙节度使张仲武遣其弟仲至将兵三万迎击，大破之，斩首捕虏不可胜计，悉收降其七千帐，分配诸道。那颉啜走，乌介可汗获而杀之。

资治通鉴

【译文】五月，戊申日(十四日)，唐武宗李瀍派鸿胪卿张贾去安抚嗢没斯等，任命嗢没斯为左金吾大将军、怀化郡王；他以下的酋长，也根据他们的地位分等级任命官爵进行封赏。同时，赐给嗢没斯部落五千斛米、三千匹绢。

那颉啜率领他的部众从振武、大同，向东沿着室韦、黑沙，向南一直抵达雄武军营垒，窥伺幽州。卢龙节度使张仲武派他的弟弟张仲至率领兵卒三万迎头痛击，大破那颉啜，被杀被捕的敌人不可计数，将七千帐部落全部降服，然后把他们分配到各道加以安置。那颉啜逃走，被乌介可汗擒获并斩首。

时乌介众虽衰减，尚号十万，驻牙于大同军北闾门山。杨观自回鹘还，可汗表求粮食、牛羊，且请执送嗢没斯等。诏报以"粮食听自以马价于振武籴三千石。牛，稼穑之资，中国禁人屠宰；羊，中国所鲜，出于北边杂虏，国家未尝科调。嗢没斯自本国初破，先投塞下，不随可汗已及二年，虑彼猜嫌，穷迫归命。前可汗正以猜虐无亲，致内离外叛，今可汗失地远客，尤宜深矫前非。若复骨肉相残，则可汗左右信臣谁敢自保！朕务在兼爱，已受其降。于可汗不失恩慈，于朝廷免亏信义，岂不两全事体，深叶良图！"

【译文】当时，乌介可汗的士众虽然已经衰减，还能号称十万，把牙帐驻扎在河东大同军以北的闾门山。杨观出使回鹘回到京城，向武宗转达乌介可汗的上表，请求朝廷赈济粮食和牛羊，并把嗢没斯等人抓捕并送还。唐武宗李瀍回复诏书说："朝廷准许你们用马匹在振武换取三千石粮食；牛是百姓耕地所不可缺少的，在中国禁止屠宰；羊是中国所少有的，出产于北方杂虏，国家未曾向他们征调，所以，无法给予你们这些。嗢没斯自从国家被攻破，先投奔塞下，没有追随可汗已经两年，因为考虑到乌介可汗的猜疑，在处境艰难日益窘迫的情况下，才来归顺我朝。从前的可汗也正是因为猜忌臣下，残忍暴虐，致使众叛亲离而国破人亡。如今，可汗失去土地，在远地为客，更应该痛改前非。如果依然骨肉相残，那么，可汗身边的亲信大臣个个惶恐，谁能保证自己不受猜疑而遇害呢！朕向来以大爱为念，接受了嗢没斯的归降。这样，对于可汗来说，不致失去兄弟间的恩爱仁慈；对于朝廷来说，也免于亏欠信义，岂不是两全其美，希望你深切领会朕的一番好意！"

嗢没斯入朝。六月，甲申，以嗢没斯所部为归义军，以嗢没斯为左金吾大将军，充军使。

门下侍郎、同平章事陈夷行罢为左仆射。秋，七月，以尚书右丞李让夷为中书侍郎、同平章事。

岚州人田满川据州城作乱，刘沔讨诛之。

嗢没斯请置家太原，与诸弟竭力扞边。诏刘沔存抚其家。

乌介可汗复遣其相上表，借兵助复国，又借天德城，诏不许。

【译文】嗢没斯入京朝拜。六月，甲申日（二十一日），唐武宗李瀍下诏，把嗢没斯所属军队编为归义军，任命嗢没斯为左金吾大将军，充任军使。

门下侍郎、同平章事陈夷行被免去宰相职务而担任左仆射。秋季，七月，朝廷任命尚书右丞李让夷为中书侍郎、同平章事。

岚州人田满川占据州城作乱，刘沔征讨并诛杀了田满川。

嗢没斯向朝廷请求在太原安置家族，以便和自己的兄弟们竭尽全力防守边境。唐武宗李瀍下诏命刘沔去慰问安抚他的家族。

乌介可汗再次遣派宰相向朝廷上表章，请求借军队帮助他收复失地，同时再次请求暂借天德城。唐武宗李瀍诏示没有允许他的请求。

初，可汗往来天德、振武之间，剽掠羌、浑，又屯杷头烽北。朝廷屡遣使谕之，使还漠南，可汗不奉诏。李德裕以为"那颉啜屯于山北，乌介恐其与奚、契丹连谋邀遮，故不敢远离塞下。望敕张仲武谕奚、契丹与回鹘共灭那颉啜，使得北还。"及那颉啜死，可汗犹不去。议者又以为回鹘待马价。诏尽以马价给之，又不去。八月，可汗帅众过杷头烽南，突入大同川，驱掠河东杂虏牛马数万，转斗至云州城门。刺史张献节闭城自守，吐谷浑、党项皆挈家入山避之。庚午，诏发陈、许、徐、汝、襄阳等兵屯太原及振武、天德，俟来春驱逐回鹘。

丁丑，赐嗢没斯与其弟阿历支、习勿啜、乌罗思皆姓李氏，名思忠、思贞、思义、思礼；国相爱邪勿姓爱，名弘顺；仍以弘顺为归义军副使。

【译文】起初，乌介可汗率领军队在天德和振武之间游荡，对党项和吐谷浑部落进行抢掠，后来，他又率领军队屯驻在杷头烽的北面。朝廷多次派遣使者督促他返回沙漠以南，乌介可汗拒不听从诏命。李德裕认为："那颉啜屯扎在山北，乌介畏惧他与奚、契丹联合谋划，在自己返回沙漠时半路拦击，所以不敢远离塞下。希望朝廷敕令幽州节度使张仲武向奚族、契丹族传达朝廷命令，让他们和乌介可汗一起消灭那颉啜，从而消除乌介可汗的后顾之忧，使他能够返回北方。"后来，那颉啜被杀，乌介可汗还是没有离开。朝廷有人认为回鹘是在等待朝廷支付卖马钱。唐武宗李瀍下诏将回鹘和国家交易的卖马钱全部给了他，他还是不离去。八月，乌介可汗率领士卒越过杷头烽南，突袭大同川，抢掠河东杂虏的数万牛马，辗转作战到云州城门。刺史张献节闭城自守，吐谷浑、党项都带着家眷进入山中避难。庚午日(初九)，唐武宗李瀍下诏，征发陈州、许州、徐州、汝州、襄阳等地的军队屯防太原和振武、天德，待来年春天再出兵驱逐回鹘。

丁丑日(十六日)，朝廷赐嗢没斯和他的弟弟阿历支、习勿啜、乌罗思都姓李氏，赐名为思忠、思贞、思义、思礼；国相爱邪勿姓爱，名弘顺；仍任命弘顺为归义军副使。

上遣回鹘石戒直还其国，赐可汗书，谕以"自彼国为纥吃斯所破，来投边境，抚纳无所不至。今可汗尚此近塞，未议还蕃，或侵掠云、朔等州，或钞击羌、浑诸部。遥揣深意，似恃姻好之情。每观踪由，实怀驰突之计。中外将相咸请诛夷，朕情深屈己，未忍幸灾。可汗宜速择良图，无贻后悔。"

上又命李德裕代刘沔答回鹘相颉干迦斯书，以为："回鹘远来依投，当效呼韩邪遣子入侍，身自入朝。及令太和公主入谒太皇太后，求哀乞怜，则我之救恤，无所愧怀。而乃睥睨边城，桀骜自若，邀求过望，如在本蕃，又深入边境，侵暴不已，求援继好，岂宜如是! 来书又云胡人易动难安，若令忿怒，不可复制。回鹘为纥吃斯所破，举国将相遗骸弃于草莽，累代可汗坟墓，隔在天涯，回鹘忿怒之心，不施于彼；而蔑弃仁义，逞志中华，天地神祇岂容如此! 昔郅支不事大汉，竟自夷灭，往事之戒，得不在怀!"

【译文】唐武宗李瀍命久留京城的回鹘人石戒直携带给乌介可汗的书信返回，书信告谕说："自从贵国被黠戛斯灭亡后，你率领残余部落前来边境投靠，朝廷对你们接纳安抚，没有不周的地方。如今可汗仍居住在边塞，不打算返回，甚至还侵犯掠夺云州、朔州等地，攻击抢掠党项、吐谷浑等各族部落。朕遥想你内心的深意，好像依恃姻亲和好的感情（谓质太和公主以邀中国）。但每次观察你的踪迹行事，又确实怀有侵犯我境的谋划。现在，朝廷内外一致奏请要朕对你进行诛讨，但朕仍顾念之前两国的友好关系，宁愿自己忍受委屈，也不忍心看你们遭祸殃。可汗应尽快选择良策，率领部落尽快返回沙漠以南，以免将来悔之晚矣！"

唐武宗李瀍又命李德裕代替刘沔回复回鹘宰相颉干迦斯的书信，信中说："回鹘从远方来依附投靠，应当效法当年匈奴呼韩邪单于投靠汉朝时，派遣儿子进入京城，并且亲自来京城朝拜汉宣帝的榜样。现在，如果可汗同意让太和公主入朝谒见太皇太后，届时请求朝廷怜悯回鹘国破人亡，那么，朝廷救济你们，将无愧于心了。如今竟然窥伺我朝边城，性情暴戾而不自觉，就像在自己的蕃国一般，还提出过多的要求，甚至派军深入我国境内，侵扰掠夺不止，如果是请求援助，继续修好，又怎能如此呢！来信中又说：'胡人容易鼓动，难以靖安，如果使他愤怒，就再也不可制止。'黠戛斯灭亡了回鹘，将相大臣的遗骨被弃之荒野，历代可汗的陵墓相隔天涯，回鹘人不向黠戛斯发泄愤怒，却来藐视我朝，背弃信义，在我朝逞威强横，天地神祇岂容得下你如此作为！过去，匈奴郅支单于不顺从汉朝，结果被消灭。往事的戒鉴，你怎能不永存心怀！"

资治通鉴

戊子，李德裕等上言："若如前诏，河东等三道严兵守备，俟来春驱逐，乘回鹘人困马赢之时，又官军免盛寒之苦，则幽州兵宜令止屯本道以俟诏命。若虑河冰既合，回鹘复有驰突，须早驱逐，则当及天时未寒，决策于数日之间。以河朔兵益河东兵，必令收功于两月之内。今闻外议纷纭，互有异同，傥不一询群情，终为浮辞所挠。望令公卿集议。"诏从之。时议者多以为宜俟来春。

九月，以刘沔兼招换回鹘使，如须驱逐，其诸道行营兵权令指挥。以张仲武为东面招抚回鹘使，其当道行营兵及奚、契丹、室韦等并自指挥。以李思忠为河西党项都将回鹘西南面招讨使，皆会军于太原。令沔屯雁门关。

【译文】戊子日（二十七日），宰相李德裕向武宗进言说："遵照陛下前日诏令，命河东等三道严兵防守，等明年春天派军驱逐回鹘。这样，既可趁着回鹘人困马乏的大好时机，又可免除官军冬天出兵不能忍受严寒的痛苦。按照陛下的这个部署，应该命令幽州军队暂且驻扎于本道，以便等待朝廷诏令。假如陛下担忧黄河冻结后，回鹘再次出军侵犯，打算及早驱逐他们，就应在气候不太冷的时候，尽快做出决策，把河朔藩镇的军队征调到河东，让这次作战争取在两个月内结束。如今，听说朝廷议论纷纭，各有不同看法，如果陛下不征求群臣建议，恐怕最终会被某些人不切实际的建议阻止，希望陛下还是召见百官商讨一下！"唐武宗李瀍下诏同意这一建议。当时商议的群臣多数认为应该等待明年春天征讨。

九月，唐武宗李瀍任命刘沔兼招抚回鹘使，在必须驱逐回鹘时，各道行营兵暂时由刘沔指挥。任命张仲武为东面招抚回鹘使，他的本道行营兵以及奚、契丹、室韦等一并由他指挥。任命李思忠为河西党项都将、回鹘西南面招讨使，各道兵马都赶赴太原集中。唐武宗李瀍又命刘沔率兵屯防雁门关。

初，奚、契丹羁属回鹘，各有监使，岁督其贡赋，且诇唐事。张仲武遣牙将石公绪统二部，尽杀回鹘监使等八百馀人。仲武破那颉啜，得室韦酋长妻子。室韦以金帛羊马赎之，仲武不受，曰："但杀回鹘监使则归之！"

癸卯，李德裕等奏："河东奏事官孙侪适至，云回鹘移营近南四十里。刘沔以为此必契丹不与之同，恐为其掩袭故也。据此事势，正堪驱除。臣等问孙侪，若与幽州合势，迫逐回鹘，更须益几兵。侪言不须多益兵，唯大同兵少，得易定千人助之足矣。"上皆从之。诏河东、幽州、振武、天德各出大兵，移营稍前，以迫回鹘。

【译文】起初，奚族、契丹族都隶属于回鹘，回鹘在这两个部落中分别设置监使，每年督责他们交纳贡赋，并且探察唐朝之事。这时，幽州节度使张仲武命牙将石公绪管辖奚族和契丹族部落，把回鹘的八百多监使全部诛杀。张仲武打败那颉啜，捕获了室韦酋长的妻子和儿子，室韦派人用金子、丝帛、牛马前来赎回，张仲武拒不接受，说："只要杀了监使，就放他们回去。"

癸卯日（十二日），李德裕等向朝廷上奏："河东奏事官孙侪来京，报告说回鹘往南迁移了四十里。刘沔认为这必定是契丹不与回鹘联盟，而回鹘恐惧被契丹偷袭的缘故。根据此种形势，现在正是派军驱除回鹘的大好时机。臣等询问孙侪，如果河东和幽州联合出兵，驱逐回鹘，还需要增加多少兵力。孙侪说不需要增加兵力，只是大同的兵马少，只要得到易定军一千人的援助就足够了。"唐武宗李瀍同意这些建议。诏令河东、幽州、振武、天德各派出大军，把兵营稍微前移，以此来逼迫回鹘。

上闻太子少傅白居易名，欲相之，以问李德裕。德裕素恶居易，乃言居易衰病，不任朝谒。其从父弟左司员外郎敏中，辞学不减居易，且有器识。甲辰，以敏中为翰林学士。

李思忠请与契苾、沙陀、吐谷浑六千骑合势击回鹘。乙巳，以银州刺史何清朝、蔚州刺史契苾通分将河东蕃兵诣振武，受李思忠指挥。通，何力之五世孙。

冬，十月，丁卯，立皇子岘为益王，岐为兖王。

黠戛斯遣将军踏布合祖等至天德军，言"先遣都吕施合等奉公主归之大唐，至今无声问，不知得达，或为奸人所隔。今出兵求索，上天入地，期于必得。"又言"将徙就合罗川，居回鹘故国，兼已得安西、北庭达靼等五部落。"

【译文】 武宗听闻太子少傅白居易的名声，想任用他为宰相，就询问李德裕。李德裕素来厌恶白居易，就对武宗说，白居易年老多病，不能胜任朝廷重任。白居易的堂弟左司员外郎白敏中，辞章学问都不比白居易差，而且有气度和见识。甲辰日（十三日），唐武宗李瀍任命白敏中为翰林学士。

李思忠请求率领军队和契苾、沙陀、吐谷浑族六千骑兵联合攻击回鹘。乙巳日（十四日），唐武宗李瀍下诏，命银州刺史何清朝、蔚州刺史契苾通分别率领河东的蕃兵到振武，接受李思忠的指挥。契苾通是契苾何力的五世孙。

冬季，十月，丁卯日（初七），唐武宗李瀍立皇子李岘为益王，李岐为兖王。

黠戛斯派遣将军踏布合祖等到天德军，说："我国派遣都吕施合等人护送太和公主返归大唐，但至今音信皆无，不知是已达长安，还是被小人阻隔。如今，我们出兵搜寻，纵使上天入地，也要找到。"又说："将迁徙到合罗川，居住在回鹘的故国，合并已得到的安西、北庭达靼等五个部落。"

十一月，辛卯朔，昭义节度使刘从谏上言，请出兵五千讨回鹘，诏不许。

上遣使赐太和公主冬衣，命李德裕为书赐公主，略曰："先朝割爱降婚，义宁家园，谓回鹘必能御侮，安静塞垣。今回鹘所为，甚不循理，每马首南向，姑得不畏高祖、太宗之威灵！欲侵扰边疆，岂不思太皇太后慈爱！为其国母，足得指挥。若回鹘不能禀命，则是弃绝姻好，今日已后，不得以姑为词！"

上幸泾阳校猎。乙卯，谏议大夫高少逸、郑朗于阁中谏曰："陛下比来游猎稍频，出城太远，侵星夜归，万机旷废。"上改容谢之。少逸等出，上谓宰相曰："本置谏官使之论事，朕欲时时闻之。宰相皆贺。己未，以少逸为给事中，朗为左谏议大夫。

【译文】十一月，辛卯朔日（初一），昭义节度使刘从谏向武宗奏称，请求出动本道五千兵力征讨回鹘。唐武宗李瀍下诏不准许。

唐武宗李瀍派遣使者给太和公主送去冬衣，命令李德裕写信给公主，大意说："穆宗皇帝割爱让你下嫁给回鹘可汗，意义在于安定家国，认为回鹘必定能够抵御侵侮，安定边塞城垣。如今，回鹘的所作所为，不遵循常理，经常铁骑南下，侵扰我大唐边境。这样做，难道姑姑就不惧怕高祖、太宗的在天威灵，不考虑太皇太后对你的慈爱吗？您是回鹘的国母，应当能够指使他们。如果回鹘不听你的指挥，就是断绝两国长期和亲的友好关系，从今以后，回鹘不能再以姑姑的名义和朝廷交往了！"

武宗前往泾阳打猎。乙卯日（二十五日），谏议大夫高少逸、郑朗在紫宸殿中进谏说："陛下近来游猎日渐频繁，离开皇城太远，披星戴月而归，天子的政务都被搁置了。"武宗立即变了脸色，向他们道歉，承认错误。高少逸等退出后，武宗对宰相说："本来设置谏官的目的，就是让他们直言朝政的得失，朕希望能常听到这些谏言。"宰相都来道贺。己未日（二十九日），唐武宗李瀍提拔高少逸为给事中，提拔郑朗为左谏议大夫。

刘沔、张仲武固称盛寒未可进兵，请待岁首，李忠顺独请与李思忠俱进。十二月，丙寅，李德裕奏请遣思忠进屯保大栅，从之。

丁卯，吐蕃遣其臣论普热来告达磨赞普之丧，命将作少监李璟为吊祭使。

刘沔奏移军云州。

李忠顺奏击回鹘，破之。

丙戌，立皇子峄为德王，嵯为昌王。

【译文】河东节度使刘沔、幽州节度使张仲武再三向武宗奏称，寒冬季节不可派遣军队出征，请求等待明年春天再发兵征讨回鹘，只有李忠顺向武宗请求与李思忠一起进兵讨伐回鹘。十二月，丙寅日（初七），李德裕向武宗上奏章，请求派遣李思忠进兵屯驻保大栅。武宗同意了这一请求。

丁卯日（初八），吐蕃派遣臣子论普热来长安报告达磨赞普的丧事。唐武宗李瀍下诏，命令将作少监李璨为吊祭使。

河东节度使刘沔向朝廷奏报，已率军转移到云州。

振武节度使李忠顺向朝廷奏报攻击回鹘，已经攻破。

丙戌日（二十七日），唐武宗李瀍册立皇子李峄为德王，李嵯为昌王。

初，吐蕃达磨赞普有佞幸之臣，以为相。达磨卒，无子，佞相立其妃綝氏兄尚延力之子乞离胡为赞普，才三岁，佞相与妃共制国事，吐蕃老臣数十人皆不得预政事。首相结都那见乞离胡不拜，曰："赞普宗族甚多，而立綝氏子，国人谁服其令？鬼神谁飨其祀？国必亡矣！比年灾异之多，乃为此也。老夫无权，不得正其乱以报先赞普之德，有死而已！"拔刀劙面，恸哭而出。佞相杀之，灭其族，国人愤怒。又不遣使诣唐求册立。

资治通鉴

【译文】起初，吐蕃有一个靠谄媚阿谀而得宠的大臣，达磨任命他做宰相。达磨去世后，没有子嗣，这个宰相就拥立达磨的妃子綝氏的哥哥尚延力的儿子乞离胡为赞普。赞普即位仅三年，这个宰相就和妃子綝氏联合起来把持朝政，吐蕃的十来个老臣都被排挤打压，不能参与政事。首相结都那参见乞离胡时并不跪拜，说："赞普的宗族很多，但却把綝氏家的人立为赞普，国内百姓谁愿意依从他？如果赞普死了，又有谁愿意祭祀他呢？国家肯定会灭亡的！近年天灾和怪异现象不断增多，就是这个缘故了。老夫没有权力，不能拨正乱事以报答先赞普的恩德，唯有一死而已！"说完，就拔出刀，割破脸，表示对达磨的忠诚和哀痛，然后痛哭着离去。随即把持朝政的宰相就杀了他，灭了他的家族，国人愤怒极了。此时，乞离胡又不派遣使者前去唐朝请求正式册立他为赞普。

洛门川讨击使论恐热，性悍忍，多诈谋，乃属其徒告之曰："贼舍国族立綝氏，专害忠良以胁众臣，且无大唐册命，何名赞普！吾当与汝属举义兵，入诛綝妃及用事者以正国家。天道助顺，功无不成。"遂说三部落，得万骑。是岁，与青海节度使同盟举兵，自称国相。

至渭州，遇国相尚思罗屯薄寒山，恐热击之，思罗弃辎重西奔松州。恐热遂屠渭州。思罗发苏毗、吐谷浑、羊同等兵，合八万，保洮水，焚桥拒之。恐热至，隔水语苏毗等曰："贼臣乱国，天遣我来诛之，汝曹奈何助逆！我今已为宰相，国内兵我皆得制之，汝不从，将灭汝部落！"苏毗等疑不战，恐热引骁骑涉水，苏毗等皆降，思罗西走，追获，杀之。恐热尽并其众，合十馀万，自渭州松州，所过残灭，尸相枕藉。

【译文】吐蕃国洛门川讨击使论恐热，性情勇悍残忍，多诈术计谋，召集他的士兵宣告说："叛贼不拥立达磨赞普的宗族后代为赞普，反而拥立綝氏兄弟的儿子，他们专门坑害朝廷的忠良大臣，然后逼迫群臣，而今新赞普也没有得到大唐皇帝的正式册命，怎么能称为赞普呢！我打算和各位全力发动正义之师，入朝诛杀綝妃以及用事的人以正国家。天道历来帮助正义的一方，所以，我们发动军队讨伐逆贼，一定会成功的。"于是论恐热又说服三个部落，得到一万骑兵。这一年，他和青海节度使同盟大举兵事，自称国相。

论恐热率领军队抵达渭州，适逢宰相尚思罗正在薄寒山屯驻兵马。于是，论恐热率兵进攻尚思罗，尚思罗将军需辎重等尽数丢弃，率军一路向西逃奔松州。接着，论恐热屠戮渭州。尚思罗发动苏毗、吐谷浑、羊同等兵力，集合了八万人，在洮河一带驻扎防守，焚烧桥梁以抵抗论恐热的攻击。论恐热率兵抵达洮河，隔着河水对苏毗等部落说："叛臣使国家纷乱不堪，上天派我领兵诛讨，你们怎么帮助叛贼为恶呢！现在，我已身为宰相，国内的军队都听我指挥调遣，你们如果不听指挥，就将你们的部落消灭！"于是，苏毗等部落顿时对尚思罗产生怀疑，不再帮助他作战。这时，论恐热趁机率领骁勇士兵渡过洮水，苏毗等部落都投降了。尚思罗急忙往西逃窜，被论恐热的追兵擒获并杀死。论恐热兼并了尚思罗的全部兵马，共计十多万人。从渭州到松州，军队所过之地百姓都遭残杀，尸体相互枕藉。

资治通鉴卷第二百四十七　唐纪六十三

起昭阳大渊献，尽阏逢困敦七月，凡一年有奇。

【译文】起癸亥（公元 843 年），止甲子（公元 844 年）七月，共一年七个月。

【题解】本卷记录了公元 843 年至 844 年七月间的史事，当时正值唐武宗会昌三至四年七月。这段时间，是唐王朝振兴特别有成效的时期。主要政绩有三个方面：一、武宗信任并放权给李德裕，在倚重外朝的同时削弱了宦官的权力；二、武宗任用李德裕御边，针对回鹘、黠戛斯、党项、吐蕃等不同情况，采取不同策略，大展唐朝威望；三、对藩镇采取强力裁制策略，用兵泽潞，取得全面胜利，杜绝了内地军镇自立节度的行为。武宗在李德裕辅佐下，使会昌年间得到了短暂振兴，给衰颓的唐王朝注入新的生机。李德裕在此期间对宦官采取既不依附，又能和谐相处的策略，使上层统治集团的斗争得以缓和，充分展露他的政治、军事才能。但由于他保持朋党积习及心胸不够宽广，为他后期的遭遇埋下了祸根。

武宗至道昭肃孝皇帝中

会昌三年（癸亥，公元八四三年）春，正月，回鹘乌介可汗帅众侵逼振武，刘沔遣麟州刺史石雄、都知兵马使王逢帅沙陀朱邪赤心三部及契苾、拓跋三千骑袭其牙帐，沔自以大军继之。雄至振武，登城望回鹘之众寡，见氎车数十乘，从者皆衣朱碧，类华人。使谍问之，曰："公主帐也。"雄使谍告之曰："公主至此，家也，当求归路！今将出兵击可汗，请公主潜与侍从相保，驻车勿动！"雄乃凿城为十馀穴，引兵夜出，直攻可汗牙帐。至其帐下，虏乃觉之。可汗大惊，不知所为，弃辎重走，雄追击之。庚子，大破回鹘于杀胡山，可汗被疮，与数百骑遁去，雄迎太和公主以归。斩首万级，降其部落二万馀人。丙午，刘沔捷奏至。

李思忠入朝，自以回鹘降将，惧边将猜忌，乞并弟思贞等及爱弘顺皆归阙庭。上从之。

【译文】会昌三年（癸亥，公元843年）春季，正月，回鹘乌介可汗率领兵马侵犯进逼振武，刘沔派遣麟州刺史石雄、都知兵马使王逢率领沙陀朱邪赤心三个部落以及契苾、拓跋的三千骑兵袭击可汗牙帐，刘沔亲率大军继续攻击。石雄率军抵达振武，登城查看回鹘兵马数量，发现回鹘的队伍中有十来辆氎车，在氎车后面跟随的人身穿红色、绿色衣服，像是汉人打扮。于是，石雄派侦察兵前去盘问他们，这些人说："这是太和公主的帐幕。"石雄又派侦察兵去告诉公主说："公主来这里，也算是到家了，应当找一个安全返回的办法。现在，朝廷就要出兵攻打可汗，请公主偷偷和侍从相依照应，氎车原地驻守，不要随意走动！"石雄当即下令部下从城内向城外挖凿十多个地道，半夜领兵从地道冲出，直接进攻可汗牙帐。到了帐下，敌人才发觉。可汗大惊，不知怎么办，抛弃辎重物品逃跑，石雄不停追击。庚子日（十一日），石雄在杀胡山大破回鹘，可汗被枪刺伤，和几百名骑兵惊慌逃窜，石雄迎接太和公主回归。这一仗，石雄斩杀一万多人，招降的部落有两万多人。丙午日（十七日），刘沔上奏朝廷的捷报传达京城。

资治通鉴

义军使李思忠来京城觐见天子，自认为是回鹘的降将，恐惧边将猜忌他，向朝廷请求和弟弟李思贞以及爱弘顺等一并回到朝廷。

庚戌，以石雄为丰州都防御使。

乌介可汗走保黑车子族，其溃兵多诣幽州降。

二月，庚申朔，日有食之。

诏停归义军，以其士卒分隶诸道为骑兵，优给粮赐。

辛未，黠戛斯遣使者注吾合索献名马二，诏太仆卿赵蕃饮劳之。甲戌，上引对，班在勃海使之上。

上欲令赵蕃就颉戛斯求安西、北庭，李德裕等上言："安西去京师七千馀里，北庭五千馀里，借使得之，当复置都护，以唐兵万人戍之。不知此兵于何处追发，馈运从何道得通，此乃用实费以易虚名，非计也。"上乃止。

【译文】庚戌日(二十一日)，唐武宗李瀍任命石雄为丰州都防御使。

乌介可汗投奔黑车子族以求自保，他的溃败士兵多数前往幽州投降。

二月，庚申朔日(初一)，出现日食。

唐武宗李瀍颁布诏令，废除归义军，归义军的回鹘士卒分别隶属各道为骑兵，从优供给衣粮。

辛未日(十二日)，黠戛斯派使者注吾合索进献名马两匹，唐武宗李瀍诏命太仆卿赵蕃设宴慰劳他。甲戌日(十五日)，武宗接见问话各族使者，命注吾合索在渤海国使者的前面列班。

武宗打算命令赵蕃前去黠戛斯那里获取安西、北庭两地，李德裕等向武宗进言说："安西远离京师七千余里，北庭也有

资治通鉴卷第二百四十七 唐纪六十三

115

五千余里，假使得到这两个地方，必当再设置都护，派出唐朝兵力万人戍守。不知道这么多人从哪里征调，军需物资又从哪路运输呢？这实在是损耗大量财力物力去换得收复失地的虚名罢了，我担心此事不合适啊。"武宗于是作罢。

中书侍郎、同平章事崔珙罢为右仆射。

黠戛斯求册命，李德裕奏，宜与之结欢，令自将兵求杀使者，罪人及讨黑车子。上恐加可汗之名即不修臣礼，踵回鹘故事求岁遗及卖马，犹豫未决。德裕奏："黠戛斯已自称可汗，今欲藉其力，恐不可吝此名。回鹘有平安、史之功，故岁赐绢二万匹，且与之和市。黠戛斯未尝有功于中国，岂敢遽求赂遗乎！若虑其不臣，当与之约，必如回鹘称臣，乃行册命；又当叙同姓以亲之，使执子孙之礼。"上从之。

庚寅，太和公主至京师，改封安定大长公主，诏宰相帅百官迎谒于章敬寺前。公主诣光顺门，去盛服，脱簪珥，谢回鹘负恩、和亲无状之罪。上遣中使慰谕，然后入宫。阳安等六公主不来慰问安定公主，各罚俸物及封绢。

【译文】中书侍郎、同平章事崔珙被朝廷免官，唐武宗李瀍任命他为右仆射。

黠戛斯向朝廷请求册命，李德裕向武宗上奏说，希望陛下册封黠戛斯为可汗，与他交好。这样，可以下令让他率军搜捕当年杀死护送太和公主返唐的使者的罪犯，同时命他出兵征讨黑车子族。武宗担心册封黠戛斯可汗后，他不会再对朝廷尊奉君臣之礼，承继回鹘之前的旧例，向朝廷索要丝绢以及卖马交易，所以犹豫不决。李德裕启奏说："黠戛斯已经自封可汗，现在，朝廷如果借助他的势力消灭回鹘残余人马，该不会吝惜一个可汗的封号吧。回鹘有平定安、史的功劳，所以每年赐赠绢二万匹，并且与他通商。然而黠戛斯未曾对中国有过功劳，怎敢立刻请求馈赠财物呢！如果顾虑他不守臣礼，就该和他约定，必须如回鹘般称臣，才能册命；还应该赐以同姓（李姓）使他亲近，使他遵照子孙的礼节。"武宗同意了他的建议。

庚寅日（二月无此日），太和公主抵达京师，改封为安定大长公主，唐武宗李瀍诏示，宰相率领百官在章敬寺前迎接拜谒。公主到光顺门时，脱去华丽的服装，卸下簪珥，对于回鹘辜负朝廷恩泽以及自己前去和亲没有使两国友好而谢罪。唐武宗李瀍派遣中使安慰宣谕，然后公主才入宫。阳安等六（一作七）位公主没有出宫来慰问安定大长公主，各罚俸禄以及绢帛。

赐魏博节度使何重顺名弘敬。

三月，以太仆卿赵蕃为安抚黠戛斯使。上命李德裕草《赐黠戛斯可汗书》，谕以"贞观二十一年黠戛斯先君身自入朝，授左屯卫将军、坚昆都督，迄于天宝，朝贡不绝。比为回鹘所隔，回鹘凌虐诸蕃，可汗能复仇雪怨，茂功壮节，近古无俦。今回鹘残兵不满千人，散投山谷，可汗既与为怨，须尽歼夷。倘留馀烬，必生后患。又闻可汗受氏之原，与我同族，国家承北平太守之后，可汗乃都尉苗裔。以此合族，尊卑可知。今欲册命可汗，特加美号，缘未知可汗意，且遣谕怀。待赵蕃回日，别命使展礼。"自回鹘至塞上及黠戛斯入贡，每有诏敕，上多命德裕草之。德裕请委翰林学士，上曰："学士不能尽人意，须卿自为之。"

【译文】唐武宗李瀍赐魏博节度使何重顺名为何弘敬。

三月，唐武宗李瀍任命太仆卿赵蕃为安抚黠戛斯使。命宰相李德裕起草《赐黠戛斯可汗书》，说："贞观二十一年，黠戛斯的祖辈来京师参拜太宗皇帝，太宗封他为左屯卫将军、坚昆都督。自此以后一直到天宝年间，一直向我朝贡奉，最近因为回鹘从中阻扰才中断贡奉。回鹘对周边各藩国欺辱虐待，可汗能够发动军队报仇雪恨，功高绩伟，近古无人可与其比肩。如今回鹘的残败兵力不满千人，散布在山谷，可汗既然和回鹘有深仇大恨，必须尽快把它歼灭，如果留下残余势力，定会产生后患。听说可汗姓氏之源，和我大唐属于一族。大唐是汉朝北平太守李广的后代，可汗是汉朝都尉李陵的后裔。以此推论，我们应该是同族一姓，上下尊卑也就很清楚了。如今朝廷打算册命可汗，特别加封美号，都因未知可汗的心意，姑且表明谕意，等赵蕃回来后，再另遣使者正式加以册封。"自从回鹘亡国后逃到边境，以及黠戛斯来长安贡奉，每次都有诏敕，而武宗多数命令李德裕起草。李德裕请求委托翰林学士起草，武宗说："翰林学士不能完全了解朕的心意，必须你亲自执笔。"

【乾隆御批】人君居中驭外，尊卑之分本自秩，然而柔远大经惟在德怀威，訾徒欲以文字争衡，抑亦末矣，况远寻苗裔，傅会支离，尤失敕命之体，且即所称北平太守亦有何足贵？德裕颇擅文辞，且自诩能使异域奉约执礼，而立言谬诞若此，岂非千古笑资！

【译文】帝王居于朝廷之中，却能驾驭四方，其中尊卑之分本是根据纲纪秩序自然形成的，而使边远之地的人归附等大事却要依靠德政及威信，而武宗只是想在文字上一争高下，这已经是末梢的小事了，何况竟要远寻那些少数民族并与他们攀亲附会，这就更加有失敕命之体了，而且，即便真如武宗所说是北平太守的后裔又有什么尊贵的呢？李德裕颇擅文辞，而且还自诩能使异域奉守和约并执行礼制，然而立言却如此荒诞怪谬，难道不是千古的笑谈吗？

刘沔奏："归义军回鹘三千馀人及酋长四十三人准诏分隶诸道，皆大呼，连营据滹沱河，不肯从命，已尽诛之。回鹘降幽州者前后三万馀人，皆散录诸道。"

李德裕追论维州悉怛谋事云："维州据高山绝顶，三面临江，在戎虏平川之冲，是汉地入兵之路。初，河、陇并没，唯此独存。吐蕃潜以妇人嫁此州门者，二十年后，两男长成，窃开垒门，引兵夜入，遂为所陷，号曰无忧城。从此得并力于西边，更无虞于南路。凭陵近甸，旰食累朝。贞元中，韦皋欲经略河、湟，须此城为始。万旅尽锐，急攻数年，虽擒论莽热而还，城坚卒不可克。

资治通鉴卷第二百四十七 唐纪六十三

【译文】刘沔向朝廷上奏章："归义军回鹘三千余人以及酋长四十三人依诏分别隶属各道，回鹘人得知情况后，都大声喧哗扰攘，聚集并占据滹沱河，不肯听从朝廷诏令，已经把他们全部诛杀。"投降到幽州的回鹘人，前后有三万余人，都已分散隶属各道。

李德裕追论维州悉怛谋事件说："维州位居高山绝顶，三面临江，位置在戎敌平定山川的要冲，是汉地进兵的必经之路。起初，河、陇都陷没了，只有此地能保全。后来，吐蕃暗地里将一个女子嫁给维州的守门人。二十年后，这守门人的两个儿子都长大成人，于是，就在一天夜里，他们两个偷偷打开城门，把吐蕃士兵带进城中，维州因此被吐蕃攻占，称为无忧城。从此他们在西边能够竭尽心力驻守，不再考虑到南方去，凭依山陵险要又接近畿辅要地，让我国历朝为此寝食难安。贞元年间，韦皋想经营河、湟之地，必须以此城作为起始点，动用了上万士兵，精锐完全发动，大举攻打数年，虽然捉住了论莽热，坚固的城池却始终攻不破。

臣初到西蜀，外扬国威，中缉边备。其维州熟臣信令，空壁来归。臣始受其降，南蛮震慑，山西八国，皆愿内属。其吐蕃合水、栖鸡等城，既失险厄，自须抽归，可减八处镇兵，坐收千馀里旧地。且维州未降前一年，吐蕃犹围鲁州，岂顾盟约！臣受降之初，指天为誓，面许奏闻，各加酬赏。当时不与臣者，望风疾臣，诏臣执送悉怛谋等令彼自戮，臣宁忍以三百馀人命弃信偷安！累表陈论，乞垂矜舍，答诏严切，竟令执还。体备三木，舆于竹畚，及将就路，冤叫呜呜，将吏对臣，无不陨涕。其部送者更为蕃帅讥诮，云既已降彼，何须送来！复以此降人戮于汉境之上，恣行残忍，用固携离，至乃掷其婴孩，承以枪槊。绝忠款之路，快凶虐之情，从古已来，未有此事。虽时更一纪，而运属千年，乞追奖忠魂，各加褒赠！" 诏赠悉怛谋右卫将军。

【译文】臣当初到西川任节度使时，想的是对外展现国家的威严，对内巩固边防。吐蕃维州守将在清楚臣的治理方法和声名后，放弃壁垒，率领部众前来投降。臣刚接受悉怛谋归降时，南诏国就非常震惊和害怕，之后邛崃山以西八国，都自愿前来归顺。吐蕃国的合水、栖鸡等城，失去维州险峻之地后，必然会主动撤兵。这样，我国可减掉八个地方的戍守军队，而且不费一兵一卒，即可收回一千多里的失地。况且，吐蕃在维州归降的前一年，依然在进攻鲁州，难道他们真有诚意遵守长庆盟约吗？臣在接受悉怛谋归降时，曾经对天盟誓，当面向他保证奏请朝廷，对他进行封赏。当时，朝廷中坚决和我敌对的牛僧孺等人，对我百般攻击。于是，文宗皇帝下诏，命将悉怛谋等人抓捕返还，听凭吐蕃诛杀他们。臣怎么能忍心违背信义，不顾惜他们的性命，苟且自安呢？因而，臣多次向朝廷上表，请求怜悯赦免他们，但朝廷的回复诏书言辞严厉无比，命令必须把他们送还。臣只好捆绑悉怛谋等人，甚至以竹筐装上他们送往吐蕃。即将上路时，悉怛谋等人又申诉冤枉，西川的将士官吏也都流泪哭泣。吐蕃人嘲笑押送的西川将士，说：'悉怛谋既然已经归顺，怎么又把他送回来呢！'不久，悉怛谋等人全部被杀害于汉境内，手段非常残忍，甚至还把婴儿扔向空中，然后用枪尖在下面接着，以便恐吓那些已经对吐蕃愤怒不满的各族部落。朝廷这种处置归顺者的措施，是断绝了今后再有人效忠归降朝廷的路，从而使吐蕃人心大快，自古以来，没有发生过这种事。虽然时间已经过了十二年，但这是千载难逢的机会，请求追奖忠贞的亡魂，每人都加以褒奖封赠！"唐武宗李瀍诏令追赠悉怛谋为右卫将军。

◆臣光曰："论者多疑维州之取舍，不能决牛、李之是非。臣以为昔荀吴围鼓，鼓人或请以城叛，吴弗许，曰："或以吾城叛，吾所甚恶也，人以城来，吾独何好焉！吾不可以欲城而迩奸。"使鼓人杀叛者而缮守备。是时唐新与吐蕃修好而纳其维州，以利言之，则维州大而信大；以害言之，则维州缓而关中急。然则为唐计者，宜何先乎？悉怛谋在唐则为向化，在吐蕃不免为叛臣，其受诛也又何矜焉！且德裕所言者利也，僧孺所言者义也，匹夫徇利而亡义犹耻之，况天子乎！譬如邻人有牛，逸而入于家，或劝其兄归之，或劝其弟攘之。劝归者曰："攘之不义也，且致讼。"劝攘者曰："彼尝攘吾羊矣，何义之拘！牛大畜也，鬻之可以富家。"以是观之，牛、李之是非，端可见矣。◆

【译文】◆臣司马光说：评议此事的人多数怀疑维州事件的取舍问题，不能判定牛、李谁对谁错。臣以为，从前春秋时，荀吴有一次攻打鼓城，城中有人请求举城投降来保全性命，荀吴不答应他们的请求，他说："如果我国有人以城投降，我肯定对他们充满怨恨；所以别国的人以城投降我，我怎么可能会怜悯他们呢! 我不能因为想要攻克鼓城就纵容其投降。"最终还是让鼓城人杀死投降之人,然后修整防备。当时,唐朝刚和吐蕃修好而接纳了维州。从利来说,维州利小而守信利大;以害来说,维州危害较缓,而关中的危害紧急。然而从唐朝来考虑的话,应该何先何后呢? 悉怛谋的归降对唐来说是归向王化;但在吐蕃人看来,他仍免不了为叛臣,他的被诛杀,又有什么值得可怜的呢! 况且李德裕所考虑的是国家的利益,而牛僧孺所考虑的却是国家的诚信。即使是老百姓对见利忘义的行为都深以为耻,更何况是一个国家的天子呢! 打个比方来说,如果邻居家的牛丢了,跑到自己家里来,有人对这家的哥哥说把牛归还给邻居,有人对他的弟弟说把牛留下来。劝还牛的人说:"把牛留下就是不仁义,而且会打官司。"劝强占牛的人说:"他曾经抢我的羊,你又何必拘束于义呢! 牛是大的牲畜,卖了可以使家中富有。"如果借用此种道理,对于牛僧孺和李德裕争论维州事件的是非曲直,可以做出明确的判断了。◆

夏,四月,辛未,李德裕乞退就闲局。上曰:"卿每辞位,使我旬日不得听。今大事皆未就,卿岂得求去!"

初,昭义节度使刘从谏累表言仇士良罪恶,士良亦言从谏窥伺朝廷。及上即位,从谏有马高九尺,献之,上不受。从谏以为士良所为,怒杀其马,由是与朝廷相猜恨。遂招纳亡命,缮完兵械,邻境皆潜为之备。

从谏榷马牧及商旅,岁入钱五万缗,又卖铁、煮盐亦数万缗。大商皆假以牙职,使通好诸道,因为贩易。商人倚从谏势,所至多陵轹将吏,诸道皆恶之。

【译文】夏季,四月,辛未日(十三日),李德裕请求退隐而担任清闲的省寺官职，武宗说："你每次请求辞职，都使朕坐立不安十多天啊。如今大事还没完成，你岂能请求辞去！"

起初，昭义节度使刘从谏屡次向朝廷上奏表说仇士良的罪恶，仇士良也说刘从谏有窥伺朝廷的野心。武宗即位后，刘从谏有匹高九尺的马，进献给武宗，武宗没有接受。刘从谏认为是仇士良从中挑拨，一怒之下就把那匹马杀了，从此以后，和朝廷之间相互猜忌怨恨。于是他招集了一批亡命之徒，修造完善各种兵器军械。与昭义邻接的藩镇都暗地里防备他。

刘从谏征收牧马人和商旅的税收，每年收入五万缗钱，又卖铁、煮盐也得了数万缗。刘从谏授予大商人节度使衙前的职务，然后，商人以此身份为掩护到各藩镇去出使，发展双方的友好关系，趁此机会贩卖商品。所以，商人都依赖刘从谏的权势，每到一个地方，就欺负那里的将兵，各个藩镇都憎恶他们。

从谏疾病，谓妻裴氏曰："吾以忠直事朝廷，而朝廷不明我志，诸道皆不我与。我死，它人主此军，则吾家无炊火矣！"乃与幕客张谷、陈扬庭谋效河北诸镇，以弟右骁卫将军从素之子稹为牙内都知兵马使，从子匡周为中军兵马使，孔目官王协为押牙亲事兵马使，以奴李士贵为使宅十将兵马使，刘守义、刘衬忠、董可武、崔玄度分将牙兵。谷，郓州人，扬庭，洪州人也。

从谏寻薨，稹秘不发丧。王协为稹谋曰："正当如宝历年样为之，不出百日，旌节自至。但严奉监军，厚遗敕使，四境勿出兵，城中暗为备而已。"使押牙姜崟奏求国医，上遣中使解朝政以医往问疾。稹又逼监军崔士康奏称从谏疾病，请命其子稹为留后。上遣供奉官薛士幹往谕指云："恐从谏疾未平，宜且就东部疗之；俟稍瘳，别有任使。仍遣稹入朝，必厚加官爵。"

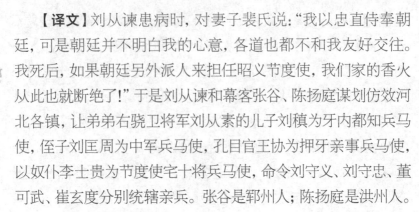

【译文】刘从谏患病时，对妻子裴氏说："我以忠直侍奉朝廷，可是朝廷并不明白我的心意，各道也都不和我友好交往。我死后，如果朝廷另外派人来担任昭义节度使，我们家的香火从此也就断绝了！"于是刘从谏和幕客张谷、陈扬庭谋划仿效河北各镇，让弟弟右骁卫将军刘从素的儿子刘稹为牙内都知兵马使，侄子刘匡周为中军兵马使，孔目官王协为押牙亲事兵马使，以奴仆李士贵为节度使宅十将兵马使，命令刘守义、刘守忠、董可武、崔玄度分别统辖亲兵。张谷是郓州人；陈扬庭是洪州人。

不久，刘从谏病逝，刘稹隐秘此事，不为刘从谏治丧。王协为刘稹谋划说："现在，只要你按照宝历元年刘悟去世后，刘从谏得以世袭而担任节度使那样去做，对监军尊重，对朝廷的使者给予优厚的贿赂，不出兵侵扰周边，只在城中偷偷进行防守就行了。这样，不超过一百天，朝廷任命你为节度使的旌节自然就会送来。"于是，刘稹命押牙向朝廷上奏，请求朝廷派宫廷中的名医前来为刘从谏诊治。于是，武宗派遣宦官解朝政携朝廷医官前往昭义，为刘从谏医治疾病。刘稹又威逼监军崔士康，让他奏请朝廷，谎称刘从谏身患重疾，请求朝廷任命其侄子刘稹担任留后。唐武宗李瀍派遣供奉官薛士干前往宣达圣旨说："恐怕刘从谏疾病还没痊愈，应该暂时送到东都疗养；等到刘从谏的病逐渐痊愈时，另有任用。并命刘稹到京城觐见天子，朝廷必定优厚地加封官爵。"

上以泽潞事谋于宰相，宰相多以为："回鹘徐烬未灭，边鄙犹须警备，复讨泽潞，国力不支，请以刘稹权知军事。"谏官及群臣上言者亦然。李德裕独曰："泽潞事体与河朔三镇不同。河朔习乱已久，人心难化。是故累朝以来，置之度外。泽潞近处心腹，一军素称忠义，尝破走朱滔，擒卢从史。顷时多用儒臣为帅，如李抱真成立此军，德宗犹不许承袭，使李缄护丧归东都。敬宗不恤国务，宰相又无远略，刘悟之死，因循以授从谏。从谏跋扈难制，累上表迫胁朝廷，今垂死之际，复以兵权擅付竖子。朝廷若又因而授之，则四方诸镇谁不思效其所为，天子威令不复行矣！"上曰："卿以何术制之，果可克否？"对曰："积所恃者河朔三镇。但得镇、魏不与之同。则积无能为也。若遣重臣往谕王元逵、何弘敬，以河朔自艰难以来，列圣许其传袭，已成故事，与泽潞不同。今朝廷将加兵泽潞，不欲更出禁军至山东。其山东三州隶昭义者，委两镇攻之。兼令遍谕将士，以贼平之日厚加官赏。苟两镇听命，不从旁沮桡官军，则积必成擒矣！"上喜曰："吾与德裕同之，保无后悔。"遂决意讨积，群臣言者不复入矣。

【译文】武宗就处置昭义一事召集宰相商议，大多数宰相认为："回鹘的残余势力没有诛除，边境仍要加强防守。现在，朝廷又要征讨昭义，恐怕国家的财政无法支撑。因此，请求任命刘积暂为昭义留后。"谏官以及群臣凡是上奏章进言的也都是这个意思。只有李德裕说："泽潞的事理体统和河朔的魏博、成德、幽州三个割据跋扈的藩镇不同。河朔地区割据跋扈已有很长时间，人心很难教化，所以历朝以来，都把它置于法度之外。而泽潞接近心腹之地，这一支军队又一向称得上忠义，曾经打败并赶走了朱滔，生擒了卢从史。近来多数任用儒将为元帅，例如李抱真，当初组建昭义的军队，立下汗马功劳，德宗仍不准许他的儿子李缄世袭父亲的职位，诏令他护送其父灵柩回归东都洛阳。后来，敬宗不处理政事，当时的宰相也没有深谋远虑，因此，在节度使刘悟去世后，敬宗任命刘从谏担任节度使。刘从谏为人飞扬跋扈，朝廷对他难以控制，而且他还屡次上表威逼朝廷，如今他垂死之时，又把兵权擅自交付给自己的侄子。朝廷如果又因循而授予他职位，那么四方各镇谁不想效法他的所为，天子的威严和命令就不再能施行了！"武宗说："你用何种方法来让他顺服呢？果真能成功吗？"李德裕回答说："刘稹所依赖的是河朔魏博、成德和幽州三个割据的藩镇。如果成德和魏博不与他勾结，那么刘稹就没有什么作为了。如果陛下能派一位德高望重的大臣前往成德和魏博，向两镇节度使宣达陛下的旨意，阐明从安史之乱以后，历代天子准许他们传位子孙，世袭节度使的情形已经成为旧制，这与朝廷对昭义的措施不同。如今，朝廷要对泽潞用兵，不想再出动禁军前往山东。凡山东三州（邢、洺，磁）隶属昭义军的，交付给两镇征讨。并遍告将士，在贼人平定之日厚加官爵和赏赐。如果两镇能听从诏令，不从旁阻挠官军征讨，那么刘稹必定可以手到擒来！"武宗欣喜地说："朕和德裕意见完全一致，保证不会后悔的。"于是决心征讨刘稹，群臣中再有谏言，武宗已经不再采纳了。

上命德裕草诏赐成德节度使王元逵、魏博节度使何弘敬，其略曰："泽潞一镇，与卿事体不同，勿为子孙之谋，欲存辅车之势。但能显立功效，自然福及后昆。"丁丑，上临朝，称其语要切，曰："当如此直告之是也！"又赐张仲武诏，以"回鹘馀烬未灭，塞上多虞，专委卿御侮。"元逵、弘敬得诏，悚息听命。

解朝政至上党，刘稹见朝政曰："相公危困，不任拜诏。"朝政欲突入，兵马使刘武德、董可武躏帘而立，朝政恐有他变。遽走出。稹赠赆直数千缗，复遣牙将梁叔文入谢。薛士幹入境，俱不问从谏之疾，直为已知其死之意。都押牙郭谊等乃大出军，至龙泉驿迎候敕使，请用河朔事体。又见监军言之，崔士康懦怯，不敢违。于是，将吏扶稹出见士众，发丧。士幹竟不得入牙门，稹亦不受敕命。谊，兖州人也。解朝政复命，上怒，杖之，配恭陵。囚姜釜、梁叔文。

【译文】唐武宗李瀍命令李德裕起草给成德节度使王元逵、魏博节度使何弘敬的诏令，大意说："昭义和你们两镇的情况不同，你们不必为子孙担忧，而和刘稹勾结叛乱。只要你们在攻打刘稹时立下战功，朝廷必然依从你们两镇的惯例，答应让你们的子孙世袭职位。"丁丑日(十九日)，武宗临朝，称赞李德裕语意简要恳切，说："应该如此直接地告诉他们。"接着，又命李德裕起草给幽州节度使张仲武的诏令，说："回鹘的残余势力还未消灭干净，北方边境难免遭受他们的侵犯。现在，朝廷专门委任你防备此事。"王元逵、何弘敬接到诏命后，都很恐慌，立刻听命。

朝廷派宦官解朝政出使昭义，解朝政抵达昭义的治所上党后，刘稹面见解朝政，说："相公病重，没办法出来接受诏令了。"解朝政想趁他不注意时，冲进去看看刘从谏的病情如何，突然看见兵马使刘武德、董可武脚下踩着帘幕站着，解朝政担心有其他变故，急忙快速走了出来。刘稹赠送给他价值数千缗的礼物，再派遣牙将梁叔文进去道谢。薛士干进入昭义境内时，全不探问刘从谏的病情，好像已经知道他死了似的。昭义都押牙郭谊得知后，于是大举出兵，前往龙泉驿迎接薛士干，请他向朝廷上奏，按照河朔藩镇的旧例，任命刘稹为昭义留后。又去见监军，向他表明同样的意图，崔士康懦弱胆怯，不敢违背。于是将吏扶刘稹出来与士卒相见，公开为刘从谏治丧。薛士干最终未能进入昭义节度使的衙门，刘稹也不接受朝廷的敕令。郭谊，是兖州人。解朝政回京复命，武宗闻听大怒，下令杖责解朝政，然后，发配他去守护恭陵，同时下令拘捕了昭义的使者姜釜、梁叔文。

辛巳，始为从谏辍朝，赠太傅，诏刘稹护丧归东都。又召见刘从素，令以书谕稹，稹不从。丁亥，以忠武节度使王茂元为河阳节度使，邠宁节度使王宰为忠武节度使。茂元，栖曜之子；宰，智兴之子也。

【译文】辛巳日(二十三日)，唐武宗李瀍才为刘从谏之死下令停止朝会，追赠他为太傅，诏命刘稹监护丧事，回到东都。武宗又召见刘从素，命令他以书函告谕刘稹，劝他执行朝廷诏令。刘稹还是拒绝，不听从诏令。丁亥日(二十九日)，唐武宗李瀍任命忠武节度使王茂元为河阳节度使，邠宁节度使王宰为忠武节度使。王茂元是王栖曜的儿子；王宰是王智兴的儿子。

黄州刺史杜牧上李德裕书，自言："尝问淮西将董重制以三州之众四岁不破之由，重质以为由朝廷征兵太杂，客军数少，既不能自成一军，事须贴付地主。势羸力弱，心志不一，多致败亡。故初战二年以来，战则必胜，是多杀客军。及二年已后，客军殚少，止与陈许、河阳全军相搏，纵使唐州兵不能因虚取城，蔡州事力亦不支矣。其时朝廷若使鄂州、寿州、唐州只保境，不用进战，但用陈许、郑滑两道全军，贴以宣、润弩手，令其守隘，即不出一岁，无蔡州矣。今者上党之叛，复与淮西不同。淮西为寇仅五十岁，其人味为寇之腴，见为寇之利，风俗益固，气焰已成，自以为天下之兵莫与我敌，根深源阔，取之固难。夫上党则不然。自安、史南下，不甚附隶；建中之后，每奋忠义。是以邠公抱真能窘田悦，走朱滔，常以孤穷寒苦之军，横折河朔强梁之众。以此证验，人心忠赤，习尚专一，可以尽见。刘悟卒，从谏求继，与扶同者，只郓州随来中军二千耳。值宝历多故，因以授之。今才二十馀岁，风俗未改，故老尚存，虽欲劫之，必不用命。今成德、魏博虽尽节效顺，亦不过围一城，攻一堡，系累稚老而已。若使河阳万人为垒，窒天井之口，高壁深堑，勿与之战。只以忠武、武宁两军，贴以青州五千精甲，宣、润二千弩手，径捣上党，不过数月，必覆其巢穴矣！"时德裕制置泽潞，亦颇采牧言。

【译文】黄州刺史杜牧向宰相李德裕上书，自称："曾经询问过淮西将军董重质，以三州士众而在四年之中竟不能破敌的原因，董重质认为，主要是因为朝廷征发各个藩镇的兵力太繁杂，从远地调来的藩镇军士人数较少，不能抵挡敌军，必须依靠当地的藩镇军队。这样，官军各支军队力量孤弱，军心不齐，就经常招致失败了。刚交战的前两年，淮西军逢战必胜，客军多半伤亡惨重。两年后，客军已经很少，只和陈许、河阳两支军队战斗，即使唐州的兵力（李想兵）不能乘虚攻占城池，蔡州的军事力量也支持不住了。当时朝廷如果让鄂州、寿州、唐州只保守边境，不用进兵作战，只用陈许、郑滑两道的正规军，同时，命宣州、润州的弓箭手防守淮西周围的要道，不出一年，淮西就可平定。如今的上党叛乱，又和淮西不同。当年，淮西割据，大将骄横跋扈差不多有五十年，那里的将士和官吏都亲身体验过割据带给他们的好处，看到割据带给他们的诸多利益，所以，桀骜不驯的风气更加强大，飞扬跋扈的嚣张气焰完全定型了，自认为天下的军队无人匹敌，另外，割据势力勾结串联，发动军队征讨确实困难重重。而上党却不是这样。自从安禄山、史思明南下，它就不太依附（指肃宗时蔡希德攻上党不克）；建中(德宗年号)以后，每每以忠义自强，所以郧公抱真(李抱真封郧公)能使田悦窘迫，赶走朱滔，常以孤穷寒苦的军队大败河朔强大勇猛的士众。由此充分说明，昭义的将士向来是对朝廷效忠的，那里的风俗习惯也未变化。直到后来，昭义节度使刘悟去世后，他的儿子刘从谏向朝廷请求继承父亲的职务，真正支持他的，也不过是之前刘悟从郓州带去的两千亲兵。当时是宝历年间，朝廷正值多事之秋，所以，只好任命他为节度使。到今日才二十余年，风俗尚未改变，过去的将士和官吏也还有不少人在世，虽然刘稹企图威逼他们一起叛乱，他们肯定不会轻易跟从。如今成德、魏博虽然能尽节操效法命令，也不过围一个城，攻一座堡，只是趁机劫掠那里的人口而已。如果朝廷命令河阳派出一万兵力在天井关修筑营垒，阻塞昭义向南的通道，高壁深沟，坚守不与敌人作战。然后，只要以忠武、武宁两军，加上青州五千精锐甲兵，宣、润的两千弓弩手，直捣上党，不超过几个月，定能倾覆刘稹的巢穴。"当时李德裕制定攻打泽潞的策略，采用了不少杜牧的意见。

上虽外尊宠仇士良，内实忌恶之。士良颇觉之，遂以老病求散秩，诏以左卫上将军兼内侍监、知省事。

李德裕言于上曰："议者皆云刘悟有功，稹未可诬诛，宜全恩礼。请下百官议，以尽人情。"上曰："悟亦何功，当时迫于救死耳，非素心徇国也。籍使有功，父子为将相二十余年，国家报之足矣，稹何得复自言！朕以为凡有功当显赏，有罪亦不可苟免也。"德裕曰："陛下之言，诚得理国之要。"

【译文】武宗虽然表面上尊宠仇士良，而内心却十分嫉恨厌恶他。仇士良也逐渐感觉到了，于是，他以年老多病为由，请求辞职担任散官。唐武宗李瀍下诏让他担任左卫上将军兼内侍监、知省事。

李德裕进谏武宗说:"所有商讨昭义一事的官员都说,刘悟曾经立过战功,因此不可草率征讨他的孙子刘稹,应当保全朝廷的恩典。臣请求陛下将此事交付百官商讨,以便让群臣充分发表自己的见解。"武宗说:"刘悟有什么功劳,当年他起兵诛杀李师道,只不过是惧怕李师道杀他,为了自救罢了,并非早有依顺朝廷的意图。就算是刘悟有战功,父子二人担任将相职务二十多年,国家对他的报答也足够了。如今,刘稹凭什么又要世袭自立呢!朕以为凡是有功就应当明加封赏,有罪也不能幸免。"李德裕说:"陛下说的话,确实是治理国家的关键。"

五月,李德裕言太子宾客、分司李宗闵与刘从谏交通,不宜置之东都。戊戌,以宗闵为湖州刺史。

河阳节度使王茂元以步骑三千守万善;河东节度使刘沔步骑二千守芒车关,步兵一千五百军榆社;成德节度使王元逵以步骑三千守临洺,掠尧山;河中节度使陈夷行以步骑一千守翼城,步兵五百益冀氏。辛丑,制削夺刘从谏及子稹官爵,以元逵为泽潞北面招讨使,何弘敬为南面招讨使,与夷行、刘沔、茂元合力攻讨。

【译文】五月,李德裕进谏说:"太子宾客、分司东都李宗闵曾和刘从谏交往勾结,不应让李宗闵继续在东都逗留,以免妨碍讨代昭义的军事行动。"戊戌日(初十),唐武宗李瀍任命李宗闵为湖州刺史。

河阳节度使王茂元率领步骑三千镇守万善;河东节度使刘沔率领步骑两千镇守芒车关,步兵一千五百人在榆社驻军;成德节度使王元逵率领步骑三千镇守临洺，进而掠夺昭义的尧山；河中节度使陈夷行率领步骑一千镇守翼城，率步兵五百增防冀氏。辛丑日(十三日)，唐武宗李瀍下诏削夺刘从谏以及他的侄子刘稹的官爵，任命王元逵为泽潞北面招讨使，何弘敬为南面招讨使，与陈夷行、刘沔、王茂元联合讨伐刘稹。

先是河北诸镇有自立者，朝廷必先有吊祭使，次册赠使、宣慰使继往商度军情。必不可与节，则别除一官；俟军中不听出，然后始用兵。故常及半岁，军中得缮完为备。至是，宰相亦欲且遣使开谕，上即命下诏讨之。王元逵受诏之日，出师屯赵州。

壬寅，以翰林学士承旨崔铉为中书侍郎、同平章事。铉，元略之子也。上夜召学士韦琮，以铉名授之，令草制，宰相、枢密皆不之知。时枢密使刘行深、杨钦义皆愿悫，不敢预事，老宦者尤之曰："此由刘、杨懦怯，堕败旧风故也。"琮，乾度之子也。

以武宁节度使李彦佐为晋绛行营诸军节度招讨使。刘沔自代州还太原。

筑望仙台于禁中。

【译文】此前，凡是河朔地区的藩镇节度使去世，他们的子孙世袭自立，朝廷一般先派出吊祭使，然后任命册赠使、宣慰使相继前往了解军心向背情况。如果确定此人不能担任节度使，就另外授予他官职；如果此人不接受朝廷诏命，不让使者离开，就要派遣军队前去征讨他。所以，从朝廷开始派遣吊祭使到最后派遣军队征讨，往往半年之久，这会使他们做好防守的准备。到现在，宰相还打算暂时派遣使者前去开导规劝刘稹，让他听从朝廷诏令，而武宗立刻命令下诏讨伐刘稹。王元逵接到诏命之日，出师屯驻赵州。

壬寅日(十四日),唐武宗李瀍任命翰林学士承旨崔铉为中书侍郎、同平章事。崔铉是崔元略的儿子。武宗在夜里召见学士韦琮,把崔铉的名字告诉他,令他起草任命制书,宰相和枢密使都不知此事。当时的枢密使刘行深、杨钦义都很谨慎朴实,不敢干预朝政,于是老宦官都责备他们说:"这都是刘行深、杨钦义的懦弱畏惧,隳败了旧有风习的缘故。"韦琮是韦乾度的儿子。

唐武宗李瀍任命武宁节度使李彦佐为晋绛行营诸军节度招讨使。河东节度使刘沔从代州返回太原。

唐武宗李瀍下令,在宫中修建望仙观。

【乾隆御批】册命速则军情固,征讨迟则军备修。武宗于卢龙之遣使则迟之,泽潞之用兵则速之,举措一中款会而功即成,可以见审几慎动之要。

【译文】征讨的册命如果下达得迅速就容易使敌军团结一致,军情稳固,而册命下达得迟缓则可使自己的军队有充分的时间准备军需装备。武宗很晚才向卢龙派遣使臣,而用兵泽潞征讨叛军则很迅速,这些举动都是精准地把握时机而成功的,由此可见,审视时机,谨慎行动是多么重要。

六月,王茂元遣兵马使马继等将步骑二千军于天井关南科斗店,刘稹遣衙内十将薛茂卿将亲军二千拒之。

黠戛斯可汗遣将军温仵合入贡。上赐之书,谕以速平回鹘、黑车子,乃遣使行册命。

癸酉,仇士良以左卫上将军、内侍监致仕。其党送归私第,士良教以固权宠之术曰:"天子不可令闲,常宜以奢靡娱其耳目,使日新月盛，无暇更及它事，然后吾辈可以得志。慎勿使之读书，亲近儒生，彼见前代兴亡，心知忧惧，则吾蜚疏斥矣。"其党拜谢而去。

【译文】六月，王茂元派遣兵马使马继等率领两千步骑在天井关南方的科斗店驻扎，刘稹派卫内十将薛茂卿率两千亲军抵抗。

黠戛斯可汗派将军温仵合向朝廷进贡，唐武宗李瀍赐他一封书信，晓谕他迅速出兵平定回鹘、黑车子。唐朝这才派遣使者正式册命他为可汗。

癸酉日(十六日)，仇士良以左卫上将军、内侍监的职位退休。他的同党送他返回私宅，仇士良教给他们保持权力和恩宠的方法，说："不可以让天子有闲暇时间处理政事，应当经常变换花样来让天子游戏玩乐，以便让他沉湎于骄奢淫靡的生活中，逐月加盛，天子就没有闲暇时间再涉及其他的事情，然后，我们就可以得志了。千万不要让他读书、亲近读书人，如果天子喜爱读书，明白了以前各个朝代兴亡更替的经验教训，他就会惧怕丧失大权，就会兢兢业业，那么，我们就会被斥责疏远。"他的同党向他拜谢后离去。

【乾隆御批】士良数语足尽自古刑余蛊惑伎俩。然前此文宗甘心受制，莫可如何，至武宗虽外示尊宠，而不得不自乞罢退，益信靖乱之本，惟在驭以英断而权不下移，更无余事也。

【译文】仇士良寥寥数语就道尽自古以来宦官蛊惑君主的伎俩。然而，之前的文宗甘心受制于宦官，却对他们无可奈何，而到了武宗时期，宦官们尽管外表仍显出尊宠的样子，但仇士良却不得不主动请求免职退休，由此越加相信平定乱事的根本只在于英明果决而大权不旁落，除此之外，再没有其他事情了。

【申涵煜评】观士良嘱其党数语，人主可为寒心。然既知读书、亲近儒生为此辈所忌，反其道即得治理之要矣。安在貂珰之口，不足以为龟鉴。

【译文】观察仇士良嘱咐他同党的几句话，君主可以为之寒心。但是既然知道读书，接近儒生为这些人所忌，反其道而行之就能得到治理之道了。为何宦官说的话，就不足以引为借鉴呢？

丙子，诏王元逵、李彦佐、刘沔、王茂元、何弘敬以七月中旬五道齐进，刘稹求降皆不得受。又诏刘沔自将兵取仰车关路以临贼境。

吐蕃鄯州节度使尚婢婢，世为吐蕃相，婢婢好读书，不乐仕进，国人敬之。年四十馀，彝泰赞普强起之，使镇鄯州。婢婢宽厚沉勇，有谋略，训练士卒多精勇。

【译文】丙子日（十九日），唐武宗李瀍诏命王元逵、李彦佐、刘沔、王茂元、何弘敬在七月中旬五道齐同并进讨伐刘稹，刘稹如果请求投降，也拒不接受。唐武宗李瀍又诏示刘沔亲自率兵，取道仰车关，逼近昭义边境。

吐蕃鄯州节度使尚婢婢，世代担任吐蕃相国。尚婢婢喜好读书，不喜欢做官，国人都很尊敬他。尚婢婢四十余岁时，彝泰赞普强行召他出来做官，任命他为鄯州节度使。尚婢婢宽厚深沉，勇敢而有谋略，训练的士卒大多精锐而勇悍。

论恐热虽名义兵，实谋篡国，忌婢婢，恐袭其后，欲先灭之。是月，大举兵击婢婢，旌旗杂畜千里不绝。至镇西，大风震电，天火烧杀裨将十馀人，杂畜以百数，恐热恶之，盘桓不进。

婢婢谓其下曰："恐热之来，视我如蝼蚁，以为不足屠也。今遇天灾，犹豫不进，吾不如迎伏以却之，使其志益骄而不为备，然后可图也。"乃遣使以金帛、牛酒犒师，且致书言："相公举义兵以匡国难，阃境之内，孰不向风！苟遣一介，赐之折简，敢不承命！何必远辱士众，亲临下藩！婢婢资性愚僻，惟嗜读书，先赞普授以藩维，诚为非据，夙夜惭惕，惟求退居。相公若赐以骸骨，听归田里，乃惬平生之素愿也。"恐热得书喜，遍示诸将曰："婢婢惟把书券，安知用兵！待吾得国，当位以宰相，坐之于家，亦无所用也。"乃复为书，勤厚答之，引兵归。婢婢闻之，抚髀笑曰："我国无主，则归大唐，岂能事此犬鼠乎！"

【译文】论恐热虽然名为义兵，实际是图谋篡国，因此，他嫉恨尚婢婢，担心尚婢婢偷袭自己的后方，打算先歼灭尚婢婢的军队。这个月，论恐热大举派遣军队攻打尚婢婢，路途上的旌旗、家畜长达一千里，绵延不断。等他们到达镇西时，大风骤起，雷电交加，天火烧死了裨将十余人，杂畜以百计数。论恐热认为这是不祥之兆，心中厌恶，犹豫不敢前进。这时，尚婢婢就对部下说："论恐热这次发兵，把我们当作蝼蚁，认为可以轻易消灭我们。现在，他在途中遇到天灾，徘徊不前，我们不如假装迎接并臣服他，以此让他退兵，让他更加骄横而不加防备，然后趁机消灭他。"于是，尚婢婢派遣使者用金帛、牛、酒犒劳论恐热的军队，并且写信给他说："相公发动义兵以匡救国家危难，全国境内，谁不追随！假使能派遣一人，赐下裁书，我岂能不承受命令！何必远劳士众，亲自来到下藩！我生性愚钝，只是爱好读书罢了。已经去世的彝泰赞普任命我镇守鄯州，我认为自己不称职，日夜惶恐不已，只求能辞去职务回转家园。现在，如果您准许我辞掉职务回家，也就了却了我平生的愿望。"

论恐热接到尚婢婢的信后非常高兴，把它拿给所有军将看，说："尚婢婢只会拿着书卷读书，怎么知道用兵呢！等我得到国家后，应当任命他为宰相，让他坐在家里，也就没有什么用处了。"于是，论恐热就写了封回信，以殷勤优厚的态度来回答他，并且引导兵士返回。尚婢婢听说后，拍着大腿笑道："我国如果没有君主，就归顺大唐，岂能服侍你这个犬鼠之辈呢？"

秋，七月，以山南东道节度使卢钧为昭义节度招抚使。朝廷以钧在襄阳宽厚有惠政，得众心，故使领昭义以招怀之。

上遣刑部侍郎兼御史中丞李回宣慰河北三镇，令幽州乘秋早平回鹘，镇、魏早平泽潞。回，太祖之八世孙也。

甲辰，李德裕言于上曰："臣见向日河朔用兵，诸道利于出境仰给度支。或阴与贼通，借一县一栅据之，自以为功，坐食转输，延引岁时。今请赐诸军诏指，令王元逵取邢州，何弘敬取洺州，王茂元取泽州，李彦佐、刘沔取潞州，毋得取县。"上从之。

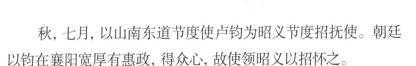

【译文】秋季，七月，唐武宗李瀍任命山南东道节度使卢钧为昭义节度招抚使。朝廷因卢钧在襄阳宽厚而有德政，深得人心，所以任命他担任昭义节度使，以安抚昭义的将士、官吏及百姓。

唐武宗李瀍命刑部侍郎兼御史中丞李回出使并安抚慰问河北幽州、成德、魏博三个藩镇，诏令幽州趁秋季早日清缴回鹘残部；又诏令成德和魏博两藩镇早日征发兵马平定昭义叛乱。李回是太祖李虎的八世孙。

甲辰日(十七日)，李德裕进谏武宗说："臣子看见往日河朔用兵，各个藩镇都企图派遣军队离开自己管辖的范围，这样就可以要求朝廷度支供给军需物资。有的藩镇甚至与敌军暗中勾结，暂借敌人一个县城或一个营地屯驻军队，然后向朝廷谎报取得战功，坐食朝廷的军需供给，故意拖延时间。现在，请陛下赐诸军诏示，命王元逵攻取邢州，何弘敬攻取洺州，王茂元攻取泽州，李彦佐、刘沔攻取潞州，但不得攻占县邑。"武宗同意了他的建议。

晋绛行营节度使李彦佐自发徐州，行甚缓，又请休兵于绛州，兼请益兵。李德裕言于上曰："彦佐逗遛顾望，殊无讨贼之意，所请皆不可许，宜赐诏切责，令进军翼城。"上从之。德裕因请以天德防御使石雄为彦佐之副，俟至军中，令代之。乙巳，以雄为晋绛行营节度副使，仍诏彦佐进屯翼城。

刘稹上表自陈："亡父从谏为李训雪冤，言仇士良罪恶，由此为权幸所疾，谓臣父潜怀异志，臣所以不敢举族归朝。乞陛下稍垂宽察，活臣一方！"何弘敬亦为之奏雪，皆不报。李回至河朔，何弘敬、王元逵、张仲武皆具櫜鞬郊迎，立于道左，不敢令人控马，让制使先行，自兵兴以来，未之有也。回明辩有胆气，三镇无不奉诏。

王元逵奏拔宣务栅，击尧山。刘稹遣兵救尧山，元逵击败之，诏切责李彦佐、刘沔、王茂元，使速进兵逼贼境，且称元逵之功以激厉之，加元逵同平章事。

【译文】晋绛行营节度使李彦佐从徐州发兵，行动非常缓慢，又向朝廷请求在绛州休养士兵，并请求增加兵力。李德裕向武宗进谏说："李彦佐现在逗留观望，确实没有讨贼的意思，他所提出的请求，陛下都不能答应，应当颁赐诏书严厉责斥，命令他进军翼城。"武宗同意了他的建议。因此，李德裕请武宗任命天德防御使石雄为李彦佐的副将，等他到达军中后，就命他替代李彦佐。乙巳日(十八日)，唐武宗李瀍任命石雄为晋绛行营节度副使，然后诏示李彦佐进军屯驻翼城。

刘稹向朝廷上奏表自我陈述说："伯父刘从谏因为替李训申诉冤情，揭露斥责仇士良的恶行，被朝中得宠的权臣怨恨，他们认为伯父私下怀有反叛之心。这就是臣不敢接受朝廷诏令，带全族人赶赴京城，归顺朝廷的原因。恳请陛下体察上述情况，给我全族人一条活路！"何弘敬也替刘稹上奏章申冤，朝廷都没有下文。李回抵达河朔地区，何弘敬、王元逵、张仲武都到城外迎接，在道路左边站立，恭敬地迎候李回前来。李回到达后，他们请李回在前面走，他们则在后面跟随，也不敢让人为自己牵马。自从安史之乱以来，藩镇节度使对朝廷的使者从来没有如此恭敬过。李回明辨事理而有胆量气度，所以三镇没有不奉行诏命的。

王元逵向朝廷奏报已攻下宣务栅，进击尧山。刘稹派兵马前去援救尧山，王元逵将他打败。唐武宗李瀍下诏，严厉斥责李彦佐、刘沔、王茂元行动缓慢，诏令三人迅速派遣军队逼近昭义边境，并且在诏书中赞美王元逵的功劳来激励他们，又加封王元逵同平章事。

八月，乙丑，昭义大将李丕来降。议者或谓贼故遣丕降，欲以疑误官军。李德裕言于上曰："自用兵半年，未有降者，今安问诚之与诈？且须厚赏以劝将来，但不可置之要地耳。"

上从容言："文宗好听外议，谏官言事多不著名，有如匿名书。"李德裕曰："臣顷在中书，文宗犹不尔。此乃李训、郑注教文宗以术御下，遂成此风。人主但当推诚任人，有欺罔者，威以明刑，孰敢哉！"上善之。

【译文】八月，乙丑日（初九），昭义大将李丕来投降朝廷。

议论这件事的官员有人认为，刘稹故意命李丕归降，以便迷惑官军。李德裕进谏武宗说："自从朝廷发动军队，至今已有半年时间，一直没有人来归降我朝。如今，李丕来向我朝归降，不管这件事真假与否，都必须给予他丰厚的奖赏，以鼓励再来投降的将士，只要不安置重要地位给他就行了。"

武宗从容地说："文宗喜欢听朝臣的议论，而谏官议事多数不加上自己的姓名，就好比是匿名书信。"李德裕对武宗说："臣不久前在中书担任宰相时，文宗还不是这样。这是李训、郑注有意教文宗用这种权术来驾驭百官，以致形成风气。君主只要诚心任用官员，如果有人欺骗君主，就严刑惩罚，谁又敢欺蒙您呢！"武宗十分赞赏他的见解。

王元逵前锋入邢州境已逾月，何弘敬犹未出师，元逵屡有密表，称弘敬怀两端。丁卯，李德裕上言："忠武累战有功，军声颇振。王宰年力方壮，谋略可称。请赐弘敬诏，以'河阳、河东皆阁山险，未能进军，贼屡出兵焚掠晋、绛。今遣王宰将忠武全军径魏博，直抵磁州，以分贼势。'弘敬必惧，此攻心伐谋之术也。"从之。诏宰悉选步骑精兵自相、魏趣磁州。

甲戌，薛茂卿破科斗寨，擒河阳大将马继等，焚掠小寨一十七，距怀州才十馀里。茂卿以无刘稹之命，故不敢入。时议者鼎沸，以为刘悟有功，不可绝其嗣。又，从谏养精兵十万，粮支十年，如何可取！上亦疑之，以问李德裕，对曰："小小进退，兵家之常。愿陛下勿听外议，则成功必矣！"上乃谓宰相曰："为我语朝士：有上疏沮议者，我必于贼境上斩之！"议者乃止。

【译文】王元逵的前锋部队已进入邢州境内一个多月，何弘敬却还没派出军队，于是，王元逵多次秘密向朝廷上表，奏称何弘敬对朝廷有二心。丁卯日(十一日),李德裕进谏武宗说:"忠武的军队过去多次立下战功,有很高的声誉。节度使王宰正是年富力强时,谋略超群,受到百姓称颂。请求陛下下诏给何弘敬,就说'河阳、河东都有山脉(太行山)阻隔险要,不能进军,所以盗贼屡次出兵焚烧劫掠晋、绛。如今派遣王宰率领忠武正规军取道魏博,直达磁州,以分化贼人势力'。何弘敬必会害怕,这是用计谋攻取敌人心理的策略。"武宗同意他的建议。于是,唐武宗李瀍诏命王宰挑选步、骑兵的精锐兵力从魏博的相、魏二州前往磁州。

甲戌日(十八日),薛茂卿攻破科斗寨,擒获河阳大将马继等人,焚掠了十七个小寨,距离怀州只有十余里。薛茂卿因为没有刘稹的命令,不敢进入怀州。朝廷得知此事,议论纷纷,百官都认为刘悟过去战功卓著,不应讨伐诛灭他的后代子孙。又有人说,刘从谏蓄养十万精锐士兵,储备的粮食可以吃上十年,怎么能轻而易举被攻克呢!于是,武宗也开始怀疑此举,因而询问李德裕,李德裕回答说:"小小失败,是兵家常事。希望陛下不要听信朝臣的议论,征讨昭义一定能够成功!"武宗就对宰相说:"替朕告诉朝廷上的众臣,如果再有人上疏阻止,朕定在叛贼边境上斩杀了他!"群臣的议论就此平息。

何弘敬闻王宰将至,恐忠武兵入魏境,军中有变,苍黄出师。丙子,弘敬奏,已自将全军渡漳水,趣磁州。

庚辰,李德裕上言:"河阳兵力寡弱,自科斗店之败,贼势愈炽。王茂元复有疾,人情危怯,欲退保怀州。臣窃见元和以来诸贼,常视官军寡弱之处,并力攻之,一军不支,然后更攻它处。今魏博未与贼战,西军阁险不进,故贼得并力南下。若河阳退缩,不惟亏沮军声，兼恐震惊洛师。望诏王宰更不之磁州，亟以忠武军应援河阳；不惟扞蔽东都，兼可临制魏博。若虑全军供饷难给，且令发先锋五千人赴河阳，亦足张声势。"甲申，又奏请敕王宰以全军继进，仍急以器械缯帛助河阳窘乏。上皆从之。

【译文】何弘敬听说王宰率兵即将到来，担心忠武兵进入魏博境内后，军中发生叛乱，于是仓促间发动军队。丙子日（二十日），何弘敬向朝廷上奏，已经亲自率领正规军渡过漳水，急趋磁州。

庚辰日（二十四日），李德裕上奏说："河阳兵力寡少薄弱，自从科斗店战败后，贼人的势力更加猖炽。王茂元又有病，人情危惧怯弱，准备退兵保守怀州。臣发现，从元和时期以来，朝廷派遣军队征讨叛贼，贼兵常常找到官军的薄弱之处，集中兵力攻打，取得胜利后，集中兵力再进攻别处。现在，魏博军队还没与贼兵交战，西面的官军被高山峻岭阻隔，暂且不宜进攻。因此，贼兵能集中全力向南进军，攻打河阳。如果河阳溃败，不仅官军士气大挫，恐怕还会使东都洛阳震惊。希望陛下能诏告王宰不必再往磁州，赶快率领忠武军去接应援助河阳，这样，不仅可以捍卫东都，而且可以率军控制魏博。如顾虑（原文作令，今依胡三省注改为虑）正规军粮饷难以供给，请求陛下暂且诏令派遣五千先锋前往河阳，以此制造声势。"甲申日（二十八日），李德裕又奏请武宗，敕命王宰率领正规军继续前进，仍然要急速用器械、缯帛帮助缓解河阳军的窘困匮乏局面。武宗同意了他的请求。

王茂元军万善，刘稹遣牙将张巨、刘公直等会薛茂卿共攻之，期以九月朔围万善。乙酉，公直等潜师先过万善南五里，焚雍店。巨引兵继之，过万善，觇知城中守备单弱，欲专有功，遂攻之。日昃，城且拔，乃使人告公直等。时义成军适至，茂元困急，欲帅众弃城走。都虞候孟章遮马谏曰："贼众自有前却，半在雍店，半在此，乃乱兵耳。今义成军才至，尚未食，闻仆射走，则自溃矣。愿且强留！"茂元乃止。会日暮，公直等不至，巨引兵退，始登山，微雨晦黑，自相惊曰："追兵近矣！"皆走，人马相践，坠崖谷死者甚众。

【译文】王茂元驻军在万善，刘稹派遣牙将张巨、刘公直等会合薛茂卿一起讨伐他，预期在九月朔日（初一）围困万善。乙酉日（二十九日），刘公直等人暗地率军从万善南面五里的地方通过，然后将雍店焚毁。张巨随后率领兵马接应他们，经过万善城外时，探察到城中防守薄弱，张巨就想独自获得军功，于是，率兵马攻打。太阳将要落山之时，万善城即将攻克，张巨这才命人转告刘公直等人。这时，义成的军队奉命援助河阳，恰好也赶到这里。王茂元被打得疲惫不堪，情势危急，准备率兵弃城逃走，都虞候孟章劝阻他说："贼兵本来应该共同进退呀。现在，贼兵一半在雍店，一半在这里攻城，可见不过是乱兵而已。义成兵如今刚到这里，饭还没来得及吃，如果知道您率兵溃逃，就会不战而溃败的。希望您暂且留下坚守此地！"王茂元这才留下来。恰好天黑了，刘公直等还没有到，张巨于是带兵退却，刚开始登山（太行山）天空就下起小雨，天色昏暗，士兵自相惊扰说："追兵接近了！"于是他们四处奔走，人马相互践踏，坠下崖谷摔死的人很多。

上以王茂元、王宰两节度使共处河阳非宜，庚寅，李德裕等奏："茂元习吏事而非将才，请以宰为河阳行营攻讨使。茂元病愈,止令镇河阳,病困亦免他虞。"九月,辛卿,以宰兼河阳行营攻讨使。

何弘敬奏拔肥乡、平恩,杀伤甚众。得刘稹榜贴,皆谓官军为贼,云遇之即须痛杀。癸巳,上谓宰相:"何弘敬已克两县,可释前疑。既有杀伤,虽欲持两端,不可得已。"乃加弘敬检校左仆射。

【译文】武宗认为王茂元、王宰两个节度使共处河阳,很不妥当,庚寅日(八月无此日,是九月初四),李德裕等向武宗上奏:"王茂元熟习吏事但事实上并非将才,请陛下任命王宰为河阳行营攻讨使。王茂元病好以后,只让他镇守河阳,即使再病重也没有关系。"九月,辛卯日(初五),唐武宗李瀍任命王宰兼任河阳行营攻讨使。

何弘敬向朝廷上奏攻取了肥乡、平恩,杀伤很多敌人。同时报告说,缴获刘稹公开张贴的告示,都把官军称为贼兵,说如果遇到官军,就要狠狠地杀戮。癸巳日(初七),武宗对宰相说:"何弘敬攻破两个城邑,已可以化解前次的猜疑(指王元逵密奏何弘敬持两端事),既然有杀伤,再想采取观望态度,不得罪任何一方,那已经是不可能了。"于是武宗加封何弘敬为检校左仆射。

丙午,河阳奏王茂元薨。李德裕奏:"王宰止可令以忠武节度使将万善营兵,不可使兼领河阳,恐其不爱河阳州县,恣为侵扰。又,河阳节度先领怀州刺史,常以判官摄事,割河南五县租赋隶河阳,不若遂以五县置孟州,其怀州别置刺史。俟昭义平日,仍割泽州隶河阳节度,则太行之险不在昭义,而河阳遂为重镇,东都无复忧矣!"上采其言。戊申,以河南尹敬昕为河阳节度、怀孟观察使，王宰将行营以扞敌，昕供馈饷而已。

庚戌，以石雄代李彦佐为晋绛行营节度使，令自冀氏取潞州，仍分兵屯翼城以备侵轶。

【译文】丙午日(初十)，河阳向朝廷奏报王茂元去世。李德裕向武宗上奏章："朝廷可以准许王宰以忠武节度使的身份管理万善的行营兵，但不能让他兼任河阳节度使，恐怕他不爱护河阳的州县百姓，对他们任意侵扰掠夺。河阳节度使之前也曾兼任怀州刺史，而通常由判官主持州里的政事，朝廷将河南府五个县的税收割让分属于河阳。陛下不如现在把这五个县设为孟州，怀州也可以再任命官员为刺史。等昭义平定之日，再割让泽州隶属于河阳节度，那么太行的险要就不在昭义的范围里了，而河阳成为重镇，东都也没有值得忧虑的了！"武宗采纳了他的谏言。戊申日(十二日)，唐武宗李瀍任命河南尹敬昕为河阳节度、怀孟观察使，王宰率领行营抵抗敌人，尹敬昕只供给运送军粮。

庚戌日(十四日)，朝廷任命石雄代替李彦佐为晋、绛行营节度使，命令石雄从冀氏攻占潞州，同时分兵屯守翼城，以防备昭义军队的侵扰。

是月，吐蕃论恐热屯大夏川，尚婢婢遣其将庞结心及莽罗薛吕将精兵五万击之。至河州南，莽罗薛吕伏兵四万于险阻，庞结心伏万人于柳林中，以千骑登山，飞矢系书骂之。恐热怒，将兵数万追之，庞结心阳败走，时为马乏不进之状。恐热追之益急，不觉行数十里，伏兵发，断其归路，夹击之。会大风飞沙，溪谷皆溢，恐热大败，伏尸五十里，溺死者不可胜数，恐热单骑遁归。

石雄代李彦佐之明日，即引兵逾乌岭，破五寨，杀获千计。

时王宰军万善，刘沔军石会，皆顾望未进。上得雄捷书，喜其。冬，十月，庚申，临朝，谓宰相曰："雄真良将！"李德裕因言："比年前潞州市有男子磬折唱曰：'石雄七千人至矣！'刘从谏以为妖言，斩之。破潞州者必雄也。"诏赐雄帛为优赏，雄悉置军门，自依士卒例先取一匹，馀悉分将士，故士卒乐为之致死。

【译文】这个月，吐蕃论恐热屯驻大夏川，尚婢婢派遣他的大将庞结心及莽罗薛吕率领精兵五万攻打他。到河州南方，莽罗薛吕在险阻之地埋伏士卒四万人，庞结心埋伏万人在柳树林中，然后，率领一千骑兵登上山顶，写了一封辱骂敌人的书信，把信绑在箭上，射向论恐热的军营。论恐热接到信后，非常愤怒，率几万士兵追赶攻击，庞结心假装溃败。逃跑的过程中，不时表现出马匹困乏跑不动的情态。于是，论恐热追击得更加急迫，这样，不知不觉已追出几十里路。这时，埋伏的军队直冲出来，切断论恐热的后路，庞结心和莽罗薛吕前后夹击。恰好此时天又刮起风沙，山谷中的溪水喷薄而出。结果，论恐热大败，士兵尸体横陈，绵延五十里，淹死的士兵更是不计其数。只有论恐热一人骑马逃回。

石雄接替李彦佐为节度使的第二天，就率领兵士越过乌岭，攻破五个寨子，杀死和俘虏上千人。当时，王宰驻扎在万善，刘沔驻军在石会，都在徘徊观望，并不进兵。武宗得到石雄的捷报，非常高兴。冬季，十月，庚申日（初五），武宗上朝，对宰相说："石雄真是一位良将！"李德裕趁机进言说："几年前，潞州集市上有一个男人蜷曲着身体喊道：'石雄率七千人来了！'刘从谏认为是荒诞不经的妖言，下令将他斩首了。看来，能够攻破潞州的人肯定是石雄了。"唐武宗李瀍诏命赐石雄绢帛等优厚的赏赐，石雄把它们全部放在军门，自己先按士卒应得的份额拿了一匹，其余都分给将士，所以士卒都愿意为他效死。

初，刘沔破回鹘，得太和公主，张仲武疾之，由是有隙；上使李回至幽州和解之，仲武意终不平。朝廷恐其以私憾败事，辛未，徙沔为义成节度使，以前荆南节度使李石为河东节度使。

党项寇盐州，以前武宁节度使李彦佐为朔方灵盐节度使。十一月，邠宁奏党项入寇。李德裕奏："党项愈炽，不可不为区处。闻党项分隶诸镇，剽掠于此则亡逃归彼。节度使各利其驼马，不为擒送，以此无由禁戢。臣屡奏不若使一镇统之，陛下以为一镇专领党项权太重。臣今请以皇子兼统诸道，择中朝廉干之臣为之副，居于夏州，理其辞讼，庶为得宜。"乃以兖王岐为灵、夏等六道元帅兼安抚党项大使，又以御史中丞李回为安抚党项副使，史馆修撰郑亚为元帅判官，令赍诏往安抚党项及六镇百姓。

【译文】起初，刘沔攻破回鹘乌介可汗，接回太和公主，幽州节度使张仲武妒忌刘沔的功劳，从此二人产生嫌隙。唐武宗李瀍派李回到幽州促使他们和解，而张仲武心中始终不平。朝廷唯恐他因私人恩怨而坏了大事，辛未日(十六日)，遣调刘沔为义成节度使，任命前荆南节度使李石为河东节度使。

党项进犯盐州，唐武宗李瀍任命前任武宁节度使李彦佐为朔方灵盐节度使。十一月，邠宁向朝廷奏报党项进犯。李德裕向武宗上奏章："党项越来越昌炽，不可不做处置。听说党项分别隶属于各镇，在此地剽窃抢掠后就逃亡到另一个地方。而节度使又贪图于他们驼马的利益，不肯擒拿遣送他们，因此无法禁止。臣屡次进奏，认为不如让一个藩镇管理党项族。陛下认为如果由一个藩镇专门管理的话，给予的权力太大，所以没有准奏。现在，臣请求任命陛下的一个皇子兼领各个有党项族部落的藩镇，从朝廷中挑选一位清廉正直的臣子作为他的副手，居留在夏州，统一处理党项族的诉讼之事，或许比较适宜。"于是，唐武宗李瀍任命兖王李岐为灵、夏等六道元帅兼安抚党项大使，又任命御史中丞李回为安抚党项副使，任命史馆修撰郑亚为元帅判官，命令他送诏书前往安抚党项以及六镇百姓。

安南经略使武浑役将士治城，将士作乱，烧城楼，劫府库。浑奔广州，监军段士则抚安乱众。

忠武军素号精勇，王宰治军严整，昭义人甚惮之。薛茂卿以科斗寨之功，意望超迁。或谓刘稹曰："留后所求者节耳。茂卿太深入，多杀官军，激怒朝廷，此节所以来益迟也。"由是无赏。茂卿温怼，密与王宰通谋。十一月，丁巳，宰引兵攻天井关，茂卿小战，遽引兵走，宰遂克天井关守之。关东西寨闻茂卿不守，皆退走，宰遂焚大小箕村。茂卿入泽州，密使谍召宰进攻泽州，当为内应。宰疑，不敢进，失期不至，茂卿拊膺顿足而已。稹知之，诱茂卿至潞州，杀之，并其族，以兵马使刘公直代茂卿，安全庆守乌岭，李佐尧守雕黄岭，郭僚守石会，康良佺守武乡。僚，谊之侄也。

【译文】安南经略使武浑役使将士修筑城池，将士不满此事而发起叛乱，焚烧城楼，抢夺府库。武浑逃往广州，监军段士则前去安抚作乱的士众。

忠武军素来号称精锐勇敢，节度使王宰管理军队特别严格，昭义人对王宰十分惧怕。昭义衙内十将薛茂卿在科斗寨战役立功后，希望得到提拔。有人对刘稹说："您所企求的是节度使的职位而已，薛茂卿进入河阳境内，杀掉很多官军，让朝廷愤怒不已，这正是朝廷迟迟不对您任命的原因啊。"因此，薛茂卿没有得到奖赏。薛茂卿愠怒怨怼，暗中和王宰勾结谋划，十二月，丁巳日（初三），王宰带兵攻打天井关，薛茂卿假意与他作战，过了一会儿，就率军撤离了，王宰于是攻克了天井关，驻扎军队在此防守。天井关东西两翼的昭义营寨听闻薛茂卿防守失败，也都撤兵了。于是，王宰出动军队将大小箕村都焚烧掠夺一番。薛茂卿退回泽州后，秘密派间谍暗示王宰攻打泽州，表示愿意作为他的内应。王宰对此事猜疑而不敢进兵，过了约定时间仍没到达，薛茂卿捶胸顿足，万分悔恨。刘稹知道了这件事，诱骗薛茂卿到潞州，把他杀了，并且诛灭薛茂卿全族，任命兵马使刘公直代替薛茂卿，命安全庆驻守在乌岭，命李佐尧驻守在雕黄岭，命郭僚驻守在石会，命康良俭驻守在武乡。郭僚是郭谊的侄子。

戊辰，王宰进攻泽州，与刘公直战，不利，公直乘胜复天井关。甲戌，宰进击公直，大破之，遂围陵川，克之。河东奏克石会关。

洺州刺史李恬，石之从兄也。石至太原，刘稹遣军将贾群诣石，以恬书与石云："稹愿举族归命相公，奉从谏丧归葬东都。"石因群，以其书闻。李德裕上言："今官军四合，捷书日至，贼势穷蹙，故伪输诚款，冀以缓师，稍得自完，复来侵轶。望诏石答恬书云：'前书未敢闻奏。若郎君诚能悔过，举族面缚，待罪境上，则石当亲往受降，护送归阙。若虚为诚款，先求解兵，次望洗雪，则石必不敢以百口保人。'仍望招诸道，乘其上下离心，速进兵攻讨，不过旬朔，必内自生变。"上从之。右拾遗崔碣上疏请受其降，上怒，贬碣邓城令。

【译文】戊辰日（十四日），王宰进攻泽州，与刘公直交战失利，刘公直乘胜收复了天井关。甲戌日(二十日)，王宰率领军队进击并大破刘公直的军队，接着，包围并攻破陵川。河东向朝廷奏报已经攻克了石会关。

洺州刺史李恬是李石的堂兄。李石到太原，刘稹派遣军将贾群去拜谒李石，把李恬的书函交给李石说："刘稹愿意全族归顺效命相公，同时，护送刘从谏的灵柩回东都洛阳埋葬。"李石把贾群拘禁起来，将李恬的书信上奏朝廷。李德裕对武宗说："如今官军四方合势，胜利的文书日日传来，贼军内外受困，所以假装投降我们，借此缓解官军的征讨，就能给他们一些休整兵马的时间，然后找机会再来侵扰我边境。所以，希望陛下颁下诏令，命李石写书信回复李恬说：'以前的信件没敢奏报朝廷。假如刘稹真心改过，那么，就应该反绑上自己和亲族，在边境上投降待罪。这样一来，我就会亲自前往接受他的归降，然后派人把他护送到京城。如果刘稹假意投降，打算借机延缓官军攻打，进而再让朝廷为他申冤，那我肯定不敢拿我宗族一百多人的性命为您替刘稹担保此事。'同时，臣依旧希望陛下能诏示各道，乘刘稹上下离心之际，迅速进兵攻讨，不超过旬月，敌人内部必会自己发生变故。"武宗同意这一建议。右拾遗崔碣向武宗上疏请求接受刘稹投降，武宗大怒，贬崔碣为邓城县令。

初，刘沔破回鹘，留兵三千戍横水栅。河东行营都知兵马使王逢奏乞益榆社兵，诏河东以兵二千赴之。时河东无兵，守仓库者及工匠皆出从军，李石召横水戍卒千五百人，使都将杨弁将之诣逢，壬午，戍卒至太原。先是，军士出征，人给绢二匹。刘沔之去，竭府库自随，石初至，军用乏，以己绢益之，人才得一匹。时已岁尽,军士求过正旦而行,监军吕义忠累牒趣之。杨弁因众心之怒,又知城中空虚,遂作乱。

【译文】起初,刘沔攻破回鹘,留下士兵三千人戍守在横水栅。河东行营都知兵马使王逢向朝廷上奏章请求增加榆社兵力,诏示河东派士兵两千人前往。当时河东没有兵力,守仓库的人以及工匠都是随军人员,李石召集横水戍守的士卒一千五百人,派都将杨弁率领会见王逢,壬午日(二十八日),戍守士卒抵达太原。之前,军士出征时,每人各给绢二匹。刘沔离去时,把府库中的东西都带走了。李石刚到时,军中用品非常匮乏,李石把自己的绢都加进去,每人才有一匹。当时已是岁末,军士请求过了农历正月初一后再出发,而监军吕义忠屡次用文牒催促。杨弁乘士卒怨怒,又得知太原城中空虚,就发动叛乱。

会昌四年(甲子,公元八四四年)春,正月,乙酉朔,杨弁帅其众剽掠城市,杀都头梁季叶,李石奔汾州。弁据军府,释贾群之囚,使其侄与之俱诣刘稹,约为兄弟。稹大喜。石会关守将杨珍闻太原乱,复以关降于稹。

【译文】会昌四年(甲子,公元844年)春季,正月,乙酉朔日(初一),杨弁率领士众偷窃抢掠城市,杀了都头(军中称都将叫都头)梁季叶,李石逃奔汾州。杨弁占据了军府,释放贾群等被拘禁的人,派遣他的侄子和贾群同往拜谒刘稹,并与刘稹结为兄弟。刘稹非常高兴。石会关的守将杨珍听说太原已发生叛乱,又带着关兵向刘稹投降。

戊子,吕义忠遣使言状,朝议喧然。或言两地皆应罢兵,王宰又上言:"游弈将得刘稹表,臣近遣人至泽潞,贼有意归附。若许招纳，乞降诏命！"李德裕上言："宰擅受积表，遣人入贼中，曾不闻奏，观宰意似欲擅招抚之功。昔韩信破田荣，李靖擒颉利，皆因其请降，潜兵掩袭。止可令王宰失信，岂得损朝廷威命！建立奇功，实在今日，必不可以太原小扰，失此事机。望即遣供奉官至行营，督其进兵，掩其无备，必须刘稹与诸将皆举族面缚，方可受纳。兼遣供奉官至晋绛行营，密谕石雄以王宰若纳刘稹，则雄无功可纪。雄于垂成之际，须自取奇功，勿失此便。"又为相府与宰书，言："昔王承宗虽逆命，犹遣弟承恭奉表诣张相祈哀，又遣其子知感、知信入朝，宪宗犹未之许。今刘稹不诣尚书面缚，又不遣血属祈哀，置章表于衢路之间，游弈将不即毁除，实恐非是。况稹与杨弁通奸，逆状如此，而将帅大臣容受其诈，是私惠归于臣下，不赦在于朝廷，事体之间，交恐不可。自今更有章表，宜即所在焚之。惟面缚而来，始可容受。"德裕又上言："太原人心从来忠顺，止是贫虚，赏犒不足。况千五百人何能为事！必不可姑息宽纵。且用兵未罢，深虑所在动心。顷张延赏为张胐所逐，逃奔汉州，还入成都。望诏李石、义忠还赴太原行营，召旁近之兵讨除乱者。"上皆从之。

【译文】戊子日(初四)，河东监军吕义忠派遣使者向朝廷奏报杨弁叛乱之事，百官议论哗然。有人认为朝廷对昭义和河东两地都应停止用兵。这时，王宰又向武宗劝谏说："不久前，臣部下的游弈将收到刘稹送来的奏表，近来，臣又命人前往昭义的泽州，探察贼军确实有归降的诚意。如果朝廷准许臣招降贼军的话，请求陛下下达诏书！"李德裕对武宗说："王宰擅自接受刘稹的疏表，又派人进入贼境中，也不事先报告奏知陛下，观察王宰的意图，好像想要独占招纳安抚的功劳。往昔韩信打败田荣（当作横），李靖擒住颉利，都是借着对方请降的机会，暗中发兵掩护偷袭。所以，现在只能让王宰对刘稹失信，却不能损害朝廷的威严！官军建立大功，一举平定贼军的机会，就在今日，绝不可由于杨弁在太原的小小骚扰，失掉此次成事的良机。希望陛下立刻派遣供奉官到行营，督导进兵，在毫无戒备时偷袭对方，必须把刘稹和诸将全族都捆绑后，才能接受投降。并兼派供奉官到晋绛行营，秘密告谕石雄，如果王宰接纳刘稹，那么，石雄就没有什么功劳了。石雄现在正处于轻而易举打败昭义的时候，肯定会主动出击，建立大功，不会轻易放弃眼前的良机。"又替相府给王宰书信，说："以前，王承宗虽然背叛朝廷命令，还派弟弟王承恭奉持表章拜见张相乞怜，又派遣他的儿子王知感、王知信入朝，而宪宗还是不答应他们的请求。如今刘稹不去拜见尚书当面接受捆绑，又不派遣至亲血族来乞怜，竟然把章表放置在衢路之间，而游弈军将不立刻把它毁除，实在是很不适宜。况且，刘稹和杨弁狼狈为奸，如此猖狂背叛朝廷，你身为朝廷的将帅，竟然接受他的欺骗。这样做，就是把个人的恩惠施予臣子，而朝廷却落得不予赦免的声名，从朝廷大局来看，恐怕不合适啊。从今以后，如果再有章表，应该在当地就焚毁掉。只有刘稹把自己反绑着前来投降朝廷，才能接受啊。"李德裕又进言说："太原的百姓向来对朝廷很忠心，只是因为一下陷入困顿，士兵得到的赏赐太少，才引发了造反。况且，区区一千五百士兵怎么能成事呢？因此，陛下千万不要纵容杨弁。而且，如今朝廷正派遣军队征讨昭义，如果姑息放纵杨弁，恐怕又有人会效法作乱。不久前，张延赏被张胐驱逐，逃奔到汉州，回到了成都。希望陛下能诏示李石、吕义忠回到太原行营，召集四旁邻近的士兵征讨摒除叛乱的人。"武宗都同意了他的谏言。

是时，李石已至晋州，诏复还太原。辛卯，诏王逢悉留太原兵守榆社，以易定千骑、宣武兖海步兵三千讨杨弁；又诏王元逵以步骑五千自土门入，应接逢军。忻州刺史李丕奏："杨弁遣人来为游说，臣已斩之，兼断其北出之路，发兵讨之。"

辛丑，上与宰相议太原事，李德裕曰："今太原兵皆在外，为乱者止千馀人，诸州镇必无应者。计不日诛夷，惟应速诏王逢进军，至城下必自有变。"上曰："仲武见镇、魏讨泽潞有功，必有慕羡之心，使之讨太原何如？"德裕对曰："镇州趣太原路最便近。仲武去年讨回鹘，与太原争功，恐其不戢士卒，平人受害。"乃止。

【译文】当时，李石已经抵达晋州，朝廷诏命他再回到太原。辛卯日(初七)，唐武宗李瀍诏示王逢把太原士兵全数留下来守护榆社，用易定的一千骑兵，宣武、兖海的三千步兵讨伐杨弁。又诏告王元逵率领步骑五千人从土门进入，以接应王逢的军队。忻州刺史李丕向朝廷上奏："杨弁派人来游说，臣已把来人杀了，并且阻断了他往北而出的道路，并派遣军队征讨他。"

辛丑日(十七日)，武宗和宰相商议太原叛乱一事，李德裕说："如今太原的兵力都在外，为乱的只有千余人，诸州镇必然没有响应的人。估计不到几天就能剿灭，只是应赶快诏告王逢进军，到城下时刘稹内部必定自己会有变化。"武宗说："幽州节度使张仲武看到成德、魏博征讨昭义立下大功，心里一定很羡慕，如果朝廷命令他前去征讨杨弁，你觉得怎样呢？"李德裕回答说："成德进兵攻打太原，距离最近，也是最为便利的。去年，张仲武征讨回鹘时，和前河东节度使刘沔争夺功劳，我担心他发动军队不加管束士卒的话，会让百姓受祸害。"于是调张仲武的事就作罢了。

上遣中使马元实至太原，晓谕乱兵，且觇其强弱。陈弁与之酣饮三日，且赂之。戊申，元实自太原还，上遣诣宰相议之，元实于众中大言：“相公须早与之节！”李德裕曰：“何故？”元实曰：“自牙门至柳子列十五里曳地光明甲，若之何取之！”德裕曰：“李相正以太原无兵，故发横水兵赴榆社。库中之甲尽在行营，弁何能遽致如此之众乎？”元实曰：“太原人劲悍，皆可为兵，弁召募所致耳。”德裕曰：“召募须有货财，李相止以欠军士绢一匹，无从可得，故致此乱，弁何从得之？”元实辞屈。德裕曰：“从其有十五里光明甲，必须杀此贼！”因奏称：“杨弁微贼，决不可恕。如国力不及，宁舍刘稹。”河东兵戍榆社者闻朝廷令客军取太原，恐妻孥为所屠灭，乃拥监军吕义忠自取太原。壬子，克之，生擒杨弁，尽诛乱卒。

【译文】唐武宗李瀍派遣中使马元实到太原，晓谕叛乱的士卒，并且窥探他们的强弱。杨弁和他酣饮了三日，并且贿赂他。戊申日（二十四日），马元实从太原返回京城，唐武宗李瀍派遣宰相和他商议情况，马元实在宰相面前夸大其词地说：“你们应当早日任命杨弁为节度使啊！”李德裕说：“这样做是什么缘故呢？”马元实说：“从牙门到柳子列的十五里地都是穿着金光明亮、长可曳地的铠甲的士兵，这么强盛的兵力，怎么能征讨平息呢？”李德裕说：“李相正因为太原没有兵力，所以发动横水兵开赴榆社。府库中的兵甲已全在行营中，杨弁为何能立刻招到如此多的士卒呢？”马元实说：“太原人强悍，每个人都可以为士卒，杨弁是招募才得来的吧。”李德裕说：“招募兵士必须保障财物，李石只因欠士兵一匹丝绢罢了，就导致军队叛乱。而杨弁又能从哪里得到财物呢?"马元实被他问得哑口无言。李德裕说:"就算杨弁拥有十五里的曳地光明甲,也必须诛杀这个叛贼!"于是,向朝廷上奏说:"杨弁卑贱贼人,绝对不能宽恕。如果朝廷顾虑昭义和太原两处正在打仗,国家财力不足以支撑的话,那么,宁可将刘稹赦免。"河东士兵戍守在榆社的,听说朝廷命令客军攻取太原,恐怕妻子儿女被屠杀,于是拥护监军吕义忠,主动出兵攻取太原。壬子日(二十八日),吕义忠攻克太原,生擒杨弁,把乱卒都杀了。

三月,甲寅朔,日有食之。

乙卯,吕义忠奏克太原。丙辰,李德裕言于上曰:"王宰久应取泽州,今已迁延两月。盖宰与石雄素不叶,今得泽州,距上党犹二百里;而石雄所屯距上党才百五十里。宰恐攻泽州缀昭义大军,而雄得乘虚入上党独有其功耳。又宰生子晏实,其父智兴爱而子之,晏实今为磁州刺史,为刘稹所质。宰之顾望不敢进,或为此也。"上命德裕草诏赐宰,督其进兵。且曰:"朕顾兹小寇,终不贷刑。亦知晏实是卿爱弟,将申大义,在抑私怀。"

丁巳,以李石为太子少傅、分司,以河中节度使崔元式为河东节度使,石雄为河中节度使。元式,元略之弟也。

【译文】三月,甲寅朔日(初一),出现日食。

乙卯日(初二),吕义忠奏报攻克了太原。丙辰日(初三),李德裕进言武宗说:"王宰早就应当出兵进攻昭义的泽州,但到现在此事已拖延有两个月了。原因是他和石雄素来有矛盾,如果王宰攻克了泽州,那么距离昭义的治所上党还有二百里,而石雄现在驻守之地距离上党只有一百五十里。王宰担心攻克泽州后昭义的军队会受到制约,那么石雄就会乘机进攻上党,独

156

享大功。此外，王宰有一个儿子名叫王晏实，王宰的父亲王智兴对王晏实很疼爱，把他当自己的儿子一般对待。王晏实现在担任昭义磁州刺史，被刘稹作为人质扣押。王宰之所以观望迟迟不敢发兵征讨，也可能是由于这个原因吧。"唐武宗李瀍于是诏命李德裕起草诏令给王宰，催促他赶紧发兵讨伐。并说："朕看这低贱的贼人，终究难逃刑罚。朕也知道晏实是你最疼爱的儿子，为了伸张大义，总要压抑私情。"

丁巳日（初四），唐武宗李瀍任命李石为太子少傅、分司，以河中节度使崔元式为河东节度使，石雄为河中节度使。崔元式是崔元略的弟弟。

乙未，石雄拔良马等三寨一堡。

辛酉，太原献杨弁及其党五十四人，皆斩于狗脊岭。

壬申，李德裕言于上曰："事固有激发而成功者：陛下命王宰趣磁州，而何弘敬出师；遣客军讨太原，而戍兵先取杨弁。今王宰久不进军，请徙刘沔镇河阳，仍令以义成精兵二千直抵万善，处宰肘腋之下。若宰识朝廷此意，必不敢淹留。若宰进军，沔以重兵在南，声势亦壮。"上曰："善！"戊寅，以义成节度使刘沔为河阳节度使。

【译文】己未日（初六），石雄攻下了良马等三寨一堡。

辛酉日（初八），太原向朝廷献上杨弁和他的同党五十四人，都在狗脊岭斩首。

壬申日（十九日），李德裕对武宗说："有些事往往必须激励才能成功：陛下命令王宰急趋磁州，而何弘敬出兵对敌；遣客军征讨太原，而戍守的士兵却先擒下了杨弁。如今王宰久久不肯进军，请迁调刘沔镇守河阳，仍命令他率领义成精锐士卒两千人，直抵万善，处在王宰的肘腋之下。如果王宰清楚朝廷的意图，肯定不敢再继续观望徘徊不发兵了；如果他马上派出军队征讨，刘沔统率的精锐之师在南面也可对他给予援助。"武宗说："太好了!"戊寅日(二十五日)，唐武宗李瀍任命刘沔为河阳节度使。

王逢击昭义将康良佺，败之。良佺弃石会关，退屯鼓腰岭。

黠戛斯遣将军谛德伊斯难珠等入贡，言欲徙居回鹘牙帐，请发兵之期，集会之地。上赐诏，谕以"今秋可汗击回鹘、黑车子之时，当令幽州、太原、振武、天德四镇出兵要路，邀其亡逸，便申册命，并依回鹘故事。"

朝廷以回鹘衰微，吐蕃内乱，议复河、湟四镇十八州。乃以给事中刘濛为巡边使，使之先备器械糗粮及诇吐蕃守兵众寡。又令天德、振武、河东训卒砺兵，以俟今秋黠戛斯击回鹘，邀其溃败之众南来者，皆委濛与节度团练使详议以闻。濛，晏之孙也。

【译文】王逢攻击昭义军大将康良俭，将他打败。康良俭弃守石会关，退兵屯驻在鼓腰岭。

黠戛斯可汗派遣将军谛德伊斯难珠等人来京城进献物产，说可汗准备迁居原回鹘国可汗居住的牙帐，同时向朝廷请示出兵平定回鹘乌介可汗的日期，以及和唐朝军队会合的地点。唐武宗李瀍给黠戛斯可汗颁下诏书，告谕说："今年秋天可汗攻击回鹘、黑车子时，朝廷会命幽州、太原、振武、天德四镇出兵驻守在交通要道上，对逃逸的回鹘进行拦截，随即依照过去册命回鹘的旧例，正式举行册命可汗的典礼。"

朝廷因回鹘衰微，吐蕃内乱，商议收复河、湟四镇十八州。于是唐武宗李瀍任命给事中刘濛为巡边使，让他先准备器械及干粮，并侦察吐蕃守兵的多寡。又命天德、振武、河东训练士卒，砥砺兵器，以待秋天黠戛斯攻击回鹘时，拦截向南方逃亡的回鹘溃败士众，所有事情都委任刘濛和节度团练使详细商议后，向武宗报告。刘濛是刘晏的孙子。

以道士赵归真为右街道门教授先生。

吐蕃论恐热之将岌藏丰赞恶恐热残忍，降于尚婢婢。恐热发兵击婢婢于鄯州，婢婢分兵为五道拒之。恐热退保东谷，婢婢为木栅围之，绝其水原。恐热将百馀骑突围走保薄寒山，馀众皆降于婢婢。

夏，四月，王宰进攻泽州。

上好神仙，道士赵归真得幸，谏官屡以为言。丙子，李德裕亦谏曰："归真，敬宗朝罪人，不宜亲近！"上曰："朕宫中无事时与之谈道涤烦耳。至于政事，朕必问卿等与次对官，虽百归真不能惑也。"德裕曰："小人见势利所在，则奔趣之，如夜蛾之投烛。闻旬日以来，归真之门，车马辐凑，愿陛下深戒之！"

【译文】朝廷任命道士赵归真为右街道门（道宗）教授先生。

吐蕃国论恐热的部将岌藏丰赞憎恶论恐热为人残酷无道，主动向鄯州节度使尚婢婢投降。论恐热派军前往鄯州攻打尚婢婢，尚婢婢把自己的军队分成五部分，分别抗击论恐热。论恐热撤兵驻扎在河州的东谷。尚婢婢命令将士伐木修筑栅栏，围困论恐热，同时，派人将论恐热的水源切断。论恐热率领一百多名骑兵突围逃跑，驻守薄寒山，其余将士都投降了尚婢婢。

夏季，四月，王宰进攻泽州。

武宗喜好神仙方术，道士赵归真因此得到宠爱，谏官屡次就此事提出谏言。丙子日（二十三日），李德裕也进谏说："赵归真是敬宗朝的罪人，不适宜亲近！"武宗说："朕只不过在宫中闲暇之时和他谈论道教，以此解除心中烦闷罢了。对于朝政，朕肯定要和你及其他宰相、次对官商讨，就算有一百个赵归真，也不可能让我受迷惑啊。"李德裕说："小人看到势利所在，就奔走趋前，如同夜蛾投向烛火一般。听说十几天来，赵归真的府宅门口，车马聚集，希望陛下深深戒备此事！"

【乾隆御批】归真之不宜亲近，德裕剀切言之，乃武宗溺而不悟，自谓不为所惑。夫谈道涤烦以违就业万几之义，未几而学士除拜，宠待过优，驯至耽饵金丹，诡称"换骨"，狎匿道流之害，更不止妨及政事已也！

【译文】不应亲近赵归真，李德裕的进谏恳切而深刻，而武宗仍然执迷不悟，还自认为不会被其所惑。然而靠谈论道教来解除烦闷已与一个兢兢业业，日理万机的国君身份相违背了，不久，武宗便为道士们封官，有的还加封了学士，给予的恩遇更加优厚，逐渐到了因被骗可以"换骨"而吃了有毒的金丹的地步。过分亲近道家之流的危害，并不仅限于妨碍朝政啊！

戊寅，以左仆射王起同平章事，充山南西道节度使。起以文臣未尝执政，直除使相，前无此比，固辞。上曰："宰相无内外之异，朕有阙失，卿飞表以闻！"

李德裕以州县佐官太冗，奏令吏部郎中柳仲郢裁减。六月，仲郢奏减一千二百一十四员。仲郢，公绰之子也。

宦官有发仇士良宿恶，于其家得兵仗数千。诏削其官爵，籍没家赀。

【译文】戊寅日（二十五日），唐武宗李瀍任命左仆射王起同平章事，充任山南西道节度使。王起认为自己是文官，并没有担任过宰相，现在，直接被任命为使相，这种事例以前还不曾有过，因此，坚决推辞这一任命。武宗说："作为宰相，无论是在朝廷执掌大权，还是到藩镇担任节度使，都不会有区别，如果朕有过失，你也可以立即上表禀告！"

宰相李德裕认为州县中佐官人员太多，向武宗上奏命令吏部郎中柳仲郢裁减。六月，柳仲郢奏报裁减一千二百一十四员。柳仲郢是柳公绰的儿子。

宦官中有人揭发仇士良以前犯下的罪行，朝廷命人去他家搜查，找到几千件兵器。于是，唐武宗李瀍下诏，将仇士良的官爵削除，没收他的全部家产。

秋，七月，辛卯，上与李德裕议以王逢将兵屯翼城，上曰："闻逢用法太严，有诸？"对曰："臣亦尝以此诘之，逢言：'前有白刃，法不严，其谁肯进？'"上曰："言亦有理，卿更召而戒之！"德裕因言刘稹不可赦。上曰："固然。"德裕曰："昔李怀光未平，京师蝗旱，米斗千钱，太仓米供天子及六宫无数旬之储。德宗集百官，遣中使马钦绪询之。左散骑常侍李泌取桐叶抟破，以授钦绪献之。德宗召问其故，对曰：'陛下与怀光君臣之分，如此叶不可复合矣！'由是德宗意定。既破怀光，遂用为相，独任数年。"上曰："亦大是奇士！"

【译文】秋季，七月，辛卯日（初十），武宗和李德裕商议，任命王逢率领军队在翼城屯驻，武宗说："听说王逢治理军队法度太严厉，可有这回事？"李德裕回答说："我曾当面询问过他，他说：'军队作战眼前面对的是尖刀长枪，如果治军法度不严明，哪个士兵愿意拼死向前冲呢！'"武宗说："这样说也有他的道理,不过,你要再召见他,告诫他还是不要对将士太严苛了。"
李德裕趁机进谏说:"陛下对刘稹一定不能赦免。"武宗说:"那
是自然。"李德裕说:"过去,李怀光叛乱没被平定时,京城一带
相继有蝗灾和旱灾出现,结果一斗米价钱涨到一千钱,国家太
仓的米供给天子和六宫几十天的储备都不够。于是,德宗召集
百官,让他们商议征讨李怀光一事能否继续,随后,派宦官马钦
绪去询问讨论结果。左散骑常侍李泌拿一张桐叶用掌打破,交
给马钦绪让他呈现给德宗看。德宗把他召来询问其中的道理,
他回答说:'陛下和李怀光之间的君臣背离,就如同这片叶子,
不可以再复合了!'从此,德宗才打定了主意。平定李怀光后,
就任命李泌为宰相,让他掌管朝廷政事数年。"武宗说:"李泌
也确实是个大奇士!"

　　上闻扬州倡女善为酒令,敕淮南监军选十七人献之。监军
请节度使杜悰同选,且欲更择良家美女,教而献之。悰曰:"监
军自受敕,悰不敢预闻!"监军再三请之,不从。监军怒,具表其
状,上览表默然。左右请并敕节度使同选,上曰:"敕藩方选倡女
入宫,岂圣天子所为!杜悰不徇监军意,得大臣体,真宰相才也。
朕甚愧之!"遽敕监军勿复选。甲辰,以悰同平章事,兼度支、盐
铁转过使。及悰中谢,上劳之曰:"卿不从监军之言,朕知卿有致
君之心,今相卿,如得一魏征矣!"

　　【译文】武宗听说扬州的倡女最擅长酒令,于是命令淮南监
军选十七人进献。监军请节度使杜悰一同来选,并且想更进一
步选择良家美女,经过教导后再进献。杜悰说:"监军已经自行
接受敕命,我不敢通过参与此事来了解敕中所命令的事!"监军
再三请他,他还是没有答应。监军非常愤怒,把杜悰的情况奏

报武宗，武宗看后一言不发。左右侍从请求武宗颁下诏令，命杜悰和监军一起去挑选美女，武宗说："诏令各藩镇挑选歌女送入宫中，这种做法难道是圣明的天子应该做的事吗? 杜悰不对监军的意见曲从，与他大臣的身份是吻合的，他真是具有宰相的才能啊。朕感到很惭愧啊!"马上敕令监军把挑选歌女一事取消。甲辰日(十三日)，唐武宗李瀍任命杜悰为同平章事，兼度支、盐铁转运使。杜悰向武宗谢恩时，武宗安慰他说："你不曲从监军的请求，朕知道你有爱护朕的心意。今日朕以你为相，就如同得到了一位魏征。"

资治通鉴卷第二百四十八　唐纪六十四

起阏逢困敦闰月，尽屠维大荒落，凡五年有奇。

【译文】起甲子(公元 844 年)闰月，止己巳(公元 849 年)，共五年六个月。

【题解】本卷记录了公元 844 年闰七月至 849 年，共五年〇六个月间的史事，当时正值唐武宗会昌四年至唐宣宗大中三年，记述了两朝皇帝交替更迭间的史事。前两年多的时间是会昌中兴政治的延续，共有两大事件：一是平定泽潞之乱，二是唐武宗灭佛。后来，唐武宗因好神仙之术，服用金丹，年仅三十三岁就中毒身亡。李德裕因四面树敌，最终也断了自己的前程。其后为宣宗即位后的史事：宣宗即位后斥逐李德裕，大肆兴佛，会昌之政被全盘推翻。

武宗至道昭肃孝皇帝下

会昌四年(甲子，公元八四四年)闰月，壬戌，以中书侍郎、同平章事李绅同平章事，充淮南节度使。

李德裕奏："镇州奏事官高迪密陈意见二事：其一，以为'贼中好为偷兵术，潜抽诸处兵聚于一处，官军多就迫逐，以致失利；经一两月，又偷兵诣他处。官军须知此情，自非来攻城栅，慎勿与战。彼淹留不过三日，须散归旧屯，如此数四空归，自然丧气。官军密遣谍者诇其抽兵之处，乘虚袭之，无不捷矣。'其二,'镇、魏屯兵虽多,终不能分贼势。何则?下营不离故处,每三两月一深入,烧掠而去。贼但固守城栅,城外百姓,贼亦不惜。宜令进营据其要害,以渐逼之。若止如今日,贼中殊不以为惧。'望诏诸将各使知之!"

【译文】会昌四年(甲子,公元 844 年)闰月,壬戌日(十一日),唐武宗李瀍任命中书侍郎、同平章事李绅同平章事,充任淮南节度使。

李德裕向武宗奏报:"镇州派遣来朝廷的奏事官高迪,秘密向朝廷陈述两条建议:第一,'泽潞叛贼擅长用偷兵术对付官军,他们偷偷将各处的军队抽调,聚集在一起,官军往往到他聚集兵马的地方攻打追击,以致大多时候失败而归。过一两个月后,叛贼又偷偷将军队转移,聚集到其他地方。官军应该早些了解这些情况,如果贼众没有主动来攻掠城堡栅寨,就应谨慎小心,按兵不动,不与贼军交战。贼军在聚屯处停留不会超过三天,就会分散回归他们原来的驻扎地,这样往返多次,总是出击又空归,必然会影响军心士气,士兵都会变得垂头丧气。官军这时就可以暗中派遣侦察,探知贼军调出兵马的地方,趁敌军空虚时偷袭他们,定能大胜。'其二,'朝廷派遣的藩镇军队如镇州、魏州兵虽然屯驻很多,但最终不能分化叛贼的军势。究竟是什么原因呢?主要是安扎的营地都不离开旧有地点,每三两个月深入敌方一次,烧杀抢掠之后就走了。叛贼只要固守其城栅寨,军队就不会有什么损失,而对于城外百姓来说,叛贼肯定也不会顾惜什么。朝廷应该诏令镇州、魏州诸藩镇进一步派遣军队占据要害之处安营扎寨,逐渐逼近叛贼大本营。如果仅仅只是像现在这样的做法,叛贼当然不会感到恐惧害怕。'希望陛下能下诏,让诸将使每个人都了解这些情况。"

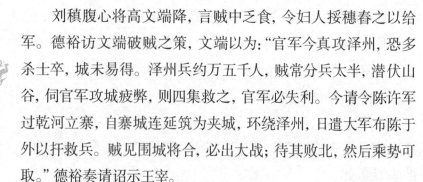

刘稹腹心将高文端降，言贼中乏食，令妇人挼穗舂之以给军。德裕访文端破贼之策，文端以为："官军今真攻泽州，恐多杀士卒，城未易得。泽州兵约万五千人，贼常分兵太半，潜伏山谷，伺官军攻城疲弊，则四集救之，官军必失利。今请令陈许军过乾河立寨，自寨城连延筑为夹城，环绕泽州，日遣大军布陈于外以扦救兵。贼见围城将合，必出大战；待其败北，然后乘势可取。"德裕奏请诏示王宰。

文端又言："固镇寨四崖悬绝，势不可攻。然寨中无水，皆饮涧水，在寨东南约一里许。宜令王逢进兵逼之，绝其水道，不过三日，贼必弃寨遁去，官军即可追蹑。前十五里至青龙寨，亦四崖悬绝，水在寨外，可以前法取也。其东十五里则沁州城。"德裕奏请诏示王逢。

【译文】刘稹的心腹大将高文端投降朝廷，说贼军缺乏粮食，命令妇人用双手搓挼稻穗，舂去皮糠以补给军队。李德裕又向高文端询问，求取打败敌人的良策，高文端认为："官军如果现在就直接攻打泽州，恐怕造成大批士卒伤亡，而不能轻易攻破城池。泽州大约有一万五千兵马，叛贼经常分出一大半兵力，在山谷之间偷偷埋伏，如果探听到官军攻城没有成功，正在疲惫不堪之时，伏兵便会从四周聚集在一起，回救城下，官军因此必遭挫败。如今，请朝廷命令陈许军渡过乾河立下营寨，自寨城延伸筑成包夹城墙，环绕泽州，每日派遣大军在城外布阵以抵御救兵。贼人看到围城的攻势即将会合，必定出城大战，等到敌军失败，我们就可乘势攻取。"李德裕上奏请武宗诏示王宰。

高文端又说："固镇寨的四方都是陡峭崖壁，势必不能进攻。但是寨中没有水，都饮用涧水，山涧在寨东约一里的地方。

应该命令王逢率官军进一步攻打敌军，将固镇寨贼军的水道切断，这样不到三天，贼军必定丢弃固镇寨奔逃，官军就可以跟随追击。固镇寨前面十五里外可以到达青龙寨，这地方也在四崖悬绝的山上，水源也在寨外，可以依照同样的方法攻取。青龙寨的东方十五里就是沁州城。"李德裕上奏请武宗诏示王逢。

文端又言："都头王钊将万兵戍洺州，刘稹既族薛茂卿，又诛刑洺救援兵马使谈朝义兄弟三人，钊自是疑惧。稹遣使召之，钊不肯入，士卒皆哗噪，钊必不为稹用。但钊及士卒家属皆在潞州，又士卒恐己降为官军所杀，招之必不肯来。惟有谕意于钊，使引兵入潞州取稹。事成之日，许除别道节度使，仍厚有赐与，庶几肯从。"德裕奏请诏何弘潜遣人谕以此意。

刘稹年少懦弱，押牙王协、宅内兵马使李士贵用事，专聚货财，府库充溢，而将士有功无赏，由是人心离怨。刘从谏妻裴氏，冕之支孙也，忧稹将败，其弟问典兵在山东，欲召之使掌军政。士贵恐问至夺己权，且泄其奸状，乃曰："山东之事仰成于五舅，若召之，是无三州也。"乃止。

【译文】高文端又说："都头王钊率领一万士兵戍守洺州，刘稹已经把薛茂卿全族都杀了，又杀了邢洺救援兵马使谈朝义兄弟三人，王钊从此疑心畏惧；刘稹派遣使者召王钊前来，王钊不肯进入潞州城，士卒们也都喧哗吵嚷，可知王钊一定不会被刘稹任用。但王钊及部下的家眷都在潞州，此外，士卒们担心投降后会被官军杀死，所以要招谕的话，他们肯定不敢前往。只有向王钊宣示上谕，让他率领军队到潞州攻取刘稹，事情成功后，承诺让他担任别道节度使，并给予优厚的赏赐，或许王钊肯听从诏命。"李德裕上奏请武宗诏示何弘敬暗中派人去传达这个意思。

刘稹年轻又懦弱,由押牙王协、宅内兵马使李士贵执掌大权,二人专以聚敛财货为能事,使府库财货堆积,对部下将士却有功不赏赐,因此人心背离,怨恨不已。刘从谏的妻子裴氏是裴冕的庶孙,担忧刘稹即将失败,而她的弟弟裴问,在山东掌握兵权,裴氏想召裴问回来管理昭义镇的军政。李士贵担心裴问到来后会夺取自己的大权,且让自己的作奸之事泄露,便向刘稹进言说:"太行山以东的军政大事全依赖五舅裴问,如果您将裴问召回,三州之地将无法控制。"于是,刘稹打算召裴问回来管理昭义镇军政的事就此罢止。

资治通鉴

王协荐王钊为洺州都知兵马使。钊得众心,而多不遵使府约束,同列高元武、安玉言其有贰心。稹召之,钊辞以"到洺州未立少功,实所惭恨,乞留数月,然后诣府。"许之。

王协请税商人,每州遣军将一人主之,名为税商,实籍编户家赀,至于什器无所遗,皆估为绢匹,十分取其二,率高其估。民竭浮财及糗粮输之,不能充,皆恟恟不安。

军将刘溪尤贪残,刘从谏弃不用。溪厚赂王协,协以邢州富商最多,命溪主之。裴问所将兵号"夜飞",多富商子弟,溪至,悉拘其父兄。军士诉于问,问为之请,溪不许,以不逊语答之。问怒,密与麾下谋杀溪归国,并告刺史崔嘏,嘏从之。丙子,嘏、问闭城,斩城中大将四人,请降于王元逵。时高元武在党山,闻之,亦降。

【译文】昭义军府押牙王协推荐王钊担任洺州都知兵马使。王钊很得军心,而其部众却大都不尊从节度使府的约束。同王钊共事的高元武、安玉说他有二心。刘稹召见他,王钊推辞说:

"到洺州后未曾建立微功，内心实在羞惭，乞求再留任几个月，然后再回节度使府效劳。"刘稹答应了他的请求。

王协又请刘稹向商人征税，每州派遣军将一人主持收税事宜，名义上说是收税，实际上却是把所有百姓的财产都登记在簿，以至于连家庭日用器具都不遗漏，全都估价为绢匹，按其价值十分中取其二分，有时还将价值估高，多收税钱。百姓就是竭尽了浮财以及干粮都输送进了府库，还是不能足数，于是都喧扰不安。

军将刘溪特别贪婪残忍，以前刘从谏对他弃置不加任用，刘溪就用厚币贿赂王协。王协认为邢州富商最多，任命刘溪为邢州主税官。当时裴问所率领的兵将号称"夜飞"，大多是富商子弟，刘溪到邢州担任主税官，把他们的父兄全部抓捕。夜飞军士向裴问申诉此事，裴问为他们向刘溪求情，并请求释放士兵家属，刘溪不答应，还用极不礼貌的话语回答裴问。裴问大怒，暗中和部下谋划杀掉刘溪后归顺朝廷，并告诉刺史崔嘏，崔嘏也赞同。丙子日（二十五日），崔嘏和裴问将邢州城关闭，杀了城中四员大将，向王元逵请求投降。当时高元武在党山，听说后，也跟着投降。

先是使府赐洺州军士布，人一端，寻有帖以折冬赐。会税商军将至洺州，王钊因人不安，谓军士曰："留后年少，政非己出。今仓库充实，足支十年，岂可不少散之以慰劳苦之士！使帖不可用也。"乃擅开仓库，给士卒人绢一匹，谷十二石，士卒大喜。钊遂闭城请降于何弘敬。安玉在磁州，闻二州降，亦降于弘敬。尧山都知失马使魏元谈等降于王元逵，元逵以其久不下，皆杀之。

八月，辛卯，镇、魏奏邢、洺、磁三州降，宰相入贺。李德裕曰："昭义根本尽在山东，三州降，则上党不日有变矣。"上曰："郭谊必枭刘稹以自赎。"德裕曰："诚如圣料。"上曰："于今所宜先处者何事？"德裕请以给事中卢弘止为三州留后，曰："万一镇、魏请占三州，朝廷难于可否。"上从之。诏山南东道兼昭义节度使卢钧乘驿赴镇。

【译文】此前，昭义节度使府曾赐给洺州军士布匹，每人都会分得一端，不久使府又下公告，要把这一端布折充为冬赐。恰逢此时，使府派遣的税商军将抵达邠州，导致士兵心里惶恐，王钊趁机向军士鼓动说："留后刘稹年纪轻轻，军政命令并不是由刘稹颁布的。如今，军府仓库财货充足，足可供给军队十年的用度开支，他们怎么就不能稍微拿出一些，用以慰劳辛苦备至的士兵呢！我们不能听从节度使府的命令。"于是，带人擅自打开仓库，分给士卒每人一匹绢、十二石谷，士兵欢喜无比。王钊趁势关闭洺州城门，请求向魏博节度使何弘敬投降。安玉在滋州，闻知两州都已投降，也以磁州请降于何弘敬。尧山都知兵马使魏元谈等向王元逵投降，王元逵因为魏元谈据守的尧山曾久攻不下，所以就把魏元谈等人都杀了。

八月，辛卯日(十一日)，镇、魏两节度使向朝廷上奏邢、洺、磁三州都已投降，宰相入朝称贺。李德裕说："昭义的根本都在山东，三州都已投降，那么上党不久定会有变故。"武宗说："郭谊一定会斩了刘稹的首级来自行赎罪。"李德裕说："定如圣主所料。"武宗说："现在来看，应该先处置哪件事更适宜呢？"李德裕请求任命卢弘止为三州留后，说："万一镇、魏请求占领三州，朝廷很难表示同意还是不同意。"武宗同意了他的建议。唐武宗李瀍诏命山南东道兼昭义节度使卢钧乘驿车赶赴镇治。

潞人闻三州降，大惧。郭谊、王协谋杀刘稹以自赎，稹再从兄中军使匡周兼押牙，谊患之，言于稹曰："十三郎在牙院，诸将皆莫敢言事，恐为十三郎所疑而获罪，以此失山东。今诚得十三郎不入，则诸将始敢尽言，采于众人，必获长策。"稹召匡周谕之，使称疾不入。匡周怒曰："我在院中，故诸将不敢有异图；我出院，家必灭矣！"稹固请之，匡周不得已，弹指而出。

【译文】潞人听说三州都已投降，非常恐惧。郭谊、王协谋划杀掉刘稹以自行赎罪，刘稹的远房堂兄中军使刘匡周兼押牙，郭谊对他有所顾忌，对刘稹说："十三郎（刘匡周行十三）在牙院，诸位大将都不敢谈论政事，恐怕被十三郎猜疑而获罪，因此失去山东。如今若能确保十三郎不在押牙办公处，那么诸位军将才敢尽情说话，在众人中采纳好的意见，一定可以获得高明的策略。"刘稹听后召刘匡周晓以道理，让刘匡周宣称有病而不进入牙院。刘匡周勃然大怒说："正由于我在牙院中，诸将领才不敢有其他图谋；如果我出了牙院，刘家必遭破灭！"刘稹坚持请求，刘匡周不得已，愤愤弹指而去。

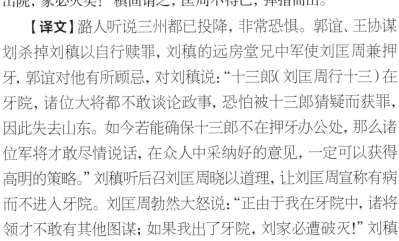

谊令稹所亲董可武说稹曰："山东之叛，事由五舅，城中人人谁敢相保！留后今欲何如？"稹曰："今城中尚有五万人，且当闭门坚守耳。"可武曰：'非良策也。留后不若束身归朝，如张元益，不失作刺史。且以郭谊为留后，俟得节之日，徐奉太夫人及室家金帛归之东都，不亦善乎！"稹曰："谊安肯如是？"可武曰："可武已与之重誓，必不负也。"及引谊入。稹与之密约既定，乃白其母。母曰："归朝诚为佳事，但恨已晚。吾有弟不能保，安能保郭谊！汝自图之！"稹乃素服出门，以母命署谊都知兵马使。王协已戒诸将列于外厅，谊拜谢稹已，出见诸将，稹治装于内厅。李士贵闻之，帅后院兵数千攻谊。谊叱之曰："何不自取赏物，乃欲与李士贵同死乎！"军士乃退，共杀士贵。谊易置将吏，部署军士，一夕俱定。

【译文】郭谊又指使刘稹所信任的董可武游说刘稹说："太行山以东三州的叛变，事由您的五舅裴问发起，现在上党城中谁敢保护您！您今天想怎么办？"刘稹回答说："目前上党城中尚有五万人，应当紧闭城门坚守吧。"董可武说："这不是良策。留后不如约束自己，归服朝廷，像张元益那样，还不会失去刺史一职。暂且任命郭谊为留后，等得到朝廷任命之日，慢慢地侍奉太夫人及携带家室、金帛回到东都，这不也很好吗？"刘稹说："郭谊怎肯如此做呢？"董可武说："我已与郭谊立下重誓，必定不会背负誓约。"于是引郭谊入见刘稹。刘稹和他密约确定后，才告诉母亲，母亲说："回朝虽然是好事，但遗憾的是已经晚了。我弟弟裴问尚不忠于你，又如何能保证郭谊不背负于你呢？你自己打算吧！"刘稹于是穿着白色丧服出门，以母亲之命任命郭谊为都知兵马使。此时，王协已告诉诸将排列在外厅戒备，郭谊拜谢刘稹完毕，出来和诸将相见，刘稹在内厅整理行装。李士贵听说后，率领后院的数千名士兵攻击郭谊。郭谊向后院兵大喊道："你们为何不各自求取赏物，难道想与李士贵同死吗？"军士这才后退，一起杀了李士贵。接着，郭谊更换将吏，部署军士，一个晚上都安排稳当了。

明日，使董可武入谒稹曰："请议公事。"稹曰："何不言之！"可武曰："恐惊太夫人。"乃引稹步出牙门，至北宅，置酒作乐。酒酣，乃言："今日之事欲全太尉一家，须留后自图去就，则朝廷必垂矜闵。"稹曰："如所言，稹之心也。"可武遂前执其手，崔率度自后斩之，因收積宗族，匡周以下至襁褓中子皆杀之。又杀刘从谏父子所厚善者张谷、陈扬庭、李仲京、郭台、王羽、韩茂章、茂实、王渥、贾庠等凡十二家，并其子侄甥婿无遗。仲京，训之兄；台，行馀之子。羽，涯之从孙；茂章、茂实，约之子；渥，璠之子；庠，餗之子也。甘露之乱，仲京等亡归从谏，从谏抚养之。凡军中有小嫌者，谊日有所诛，流血成泥。乃函積首，遣使奉表及书，降于王宰。首过泽州，刘公直举营恸哭，亦降于宰。

【译文】第二天，郭谊又派董可武入室谒见刘積，说："郭公请您前去商讨公事。"刘積说："为何他不到此对我讲呢？"董可武说："恐怕惊动了太夫人。"于是在前面引导刘積步行出了使府牙门，来到使府北面的别宅，摆设酒宴痛饮作乐。当喝到酣畅之时，董可武对刘積说："今天的事就是想保全您祖父太尉刘悟传下的一家人，但您必须自己决定去留，这样朝廷才会同情和照顾您的家属。"刘積说："如你所说，这也正是我的心意。"董可武就上前抓住刘積的手，崔玄度从后面把他杀死了，接着，收捕刘積的宗族，从刘匡周以下到襁褓中的幼子都被杀了。又杀了与刘从谏父子关系深厚的张谷、陈扬庭、李仲京、郭台、王羽、韩茂章、韩茂实、王渥、贾庠等共计十二家，连他们的儿子、侄子、外甥、女婿也一并杀了。李仲京是李训的哥哥；郭台是郭行馀的儿子。王羽是王涯的从孙；韩茂章、韩茂实都是韩约的儿子；王渥是王璠的儿子；贾庠是贾餗的儿子。甘露之乱时，李仲京等逃亡归顺刘从谏。

刘从谏抚养他们成人。凡军中与郭谊稍有嫌隙的人，郭谊都将其诛杀，以致每天都要杀人，血流在地上碾成了血泥。大局稳定后，郭谊将刘積的首级封装在一个盒子里，派遣使者带着表文和书札，向王宰投降。刘積的首级经过泽州，刘公直及其营垒的将士痛哭失声，也一同投降王宰。

乙未，宰以状闻。丙申，宰相入贺。李德裕奏："今不须复置邢、洺、磁留后，但遣卢弘止宣慰三州及成德、魏博两道。"上曰："郭谊宜如何处之？"德裕对曰："刘稹驽孺子耳，阻兵拒命，皆谊为之谋主。及势孤力屈，又卖稹以求赏。此而不诛，何以惩恶！宜及诸军在境，并谊等诛之！"上曰："朕意亦以为然。"乃诏石雄将七千人入潞州，以应谣言。杜悰以馈运不给，谓谊等可赦，上熟视不应。德裕曰："今春泽潞未平，太原复扰，自非圣断坚定，二寇何由可平！外议以为若在先朝，赦之久矣。"上曰："卿不知文宗心地不与卿合，安能议乎！"罢卢钧山南东道，专为昭义节度使。

戊戌，刘稹传首至京师。诏："昭义五州给复一年，军行所过州县免今年秋税。昭义自刘从谏以来，横增赋敛，悉从蠲免。所藉土团并纵遣归农。诸道将士有功者，等级加赏。"

【译文】乙未日（十五日），王宰将情况写成状子奏告朝廷。丙申日（十六日），宰相入朝称贺。李德裕上奏："如今不须再设置邢、洺、磁留后，只要派遣卢弘止去宣慰三州以及成德、魏博两道。"武宗说："郭谊应该如何处置呢？"李德裕说："刘稹只是痴呆的小子罢了，依恃兵势抵抗命令，都是郭谊替他谋划做主。等到刘稹势单力薄时，郭谊又出卖刘稹以求奖赏。对这种人不加以诛除，又如何能说是惩治罪魁祸首。应趁各路征讨大军还在潞州境内，将郭谊等人全部诛除！"武宗说："朕也认为这样处置为好。"于是下诏，命石雄率领七千人进入潞州，以和先前的谣言相应。杜悰则以军饷运输困难，不能供给为由，声言郭谊等人应该赦免，武宗对其奏议没有理会。李德裕说："今年春天泽潞还没平定，太原又扰动，如果不是圣主的明断坚定，

资治通鉴

两个寇贼如何可以平定！朝廷议论如果在先朝，像郭谊这种情况早就被赦免了。"武宗说："你不知道文宗的心意与你不相合，怎么能议到一处去呢！"于是，唐武宗李瀍罢除卢钧山南东道节度使的职务，让他专任昭义节度使。

戊戌日(十八日)，刘稹的首级被传送到京师。唐武宗李瀍诏示："昭义五州免除一年赋役，为攻打刘稹，官军行军所过的州县也免除今年秋季的税收。昭义镇所辖之境自刘从谏以来，所增加的无理赋税，全部予以免除。抽调平民组建的土团一律遣放回去务农。诸道将士中有功劳的，按立功等级加以封赏。"

郭谊既杀刘稹，日望旌节，既久不闻问，乃曰："必移它镇。"于是，阅鞍马，治行装。及闻石雄将至，惧失色。雄至，谊等参贺毕，敕使张仲清曰："郭都知告身来日当至，诸高班告身在此，晚牙来受之！"乃以河中兵环球场，晚牙，谊等至，唱名引入，凡诸将桀黠拒官军者，悉执送京师。加何弘敬同平章事。丁未，诏发刘从谏尸，暴于潞州市三日，石雄取其尸置球场斩剉之。

戊申，加李德裕太尉、赵国公，德裕固辞。上曰："恨无官赏卿耳！卿若不应得，朕必不与卿。"

【译文】郭谊杀了刘稹之后，每日盼望朝廷赐予留后的旌子和符节，很久了还没消息，就说："必须迁移其他城镇。"于是检视鞍马，整治行装。当听说石雄就要来时，恐惧得变了脸色。石雄到达，郭谊等人参贺完毕，颁布皇帝诏书的敕者张仲清说："都知兵马使郭谊的委任状过几天就会送过来，其他各位大将的委任状在我这里，晚上等牙院参拜时前来接受任命！"于是调河中镇军队包围球场。到晚上牙院参拜时，郭谊等人纷纷赶到，张仲清一一点了名字，将他们一个个引入球场，凡是狡猾凶残曾死命抗拒官军的将领，全都逮捕，装上囚车送达京师长安。唐武宗李瀍又加封何弘敬为同平章事。丁未日(二十七日)，唐武宗李瀍诏示发掘刘从谏的尸体，暴露在潞州市场上三天，石雄取来刘从谏的尸体放置于球场斩杀并剁成碎块。

戊申日(二十八日)，唐武宗李瀍加封李德裕太尉、赵国公，李德裕坚决恳辞。武宗说："只恨没有适宜的官位赏赐给你了！你如果不该得，朕必定不会轻易赏给你的。"

初，李德裕以"韩全义以来，将帅出征屡败，其弊有三：一者，诏令下军前者，日有三四，宰相多不预闻。二者，监军各以意见指挥军事，将帅不得专进退。三者，每军各有宦者为监使，悉选军中骁勇数百为牙队，其在陈战斗者，皆怯弱之士。每战，监使自有信旗，乘高立马，以牙队自卫，视军势小却，辄引旗先走，陈从而溃。"德裕乃与枢密使杨钦义、刘行深议，约敕监军不得预军政，每兵千人听监使取十人自卫，有功随例沾赏。二枢密皆以为然，白上行之。自御回鹘至泽潞罢兵，皆守此制。自非中书进诏意，更无它诏自中出者。号令既简，将帅得以施其谋略，故所向有功。

【译文】起初，李德裕认为："自韩全义以来，将帅出征屡屡失败，它的弊病有三：第一，诏令下达到军队的前方，一日中有三四次，宰相多数不能预先知道；第二，监军各以意见指挥军事，将帅不能专统作战进退；第三，每军各有宦官为监使，把军中骁勇的士卒数百人都选为牙队，那些在阵中战斗的，都是胆怯懦弱的士卒。每次作战，监军自己拥有指挥进退的信号旗，骑马登高观察，并让牙队保护自己，见军队稍稍向后撤退，便立刻带着旗帜先行奔逃，其他军队也跟着后退，阵势于是溃散。"李德裕与枢密使杨钦义、刘行深商议约定，监军不得干预军政，军队每一千人听任监军选取十人保护自己，有战功时监军照例可按规定得到奖赏。两位枢密使都认为有道理，表示赞同，于是奏告武宗下诏执行。从抵御回鹘到泽潞兵事结束，都遵守这一制度。中书绝不参加诏书起草的意见，更没有其他诏书是由中书省发出的。号令简明统一后，将帅们也就得以施展他们的谋略，所以每战都所向无敌，立有战功。

自用兵以来，河北三镇每遣使者至京师，李德裕常面谕之曰："河朔兵力虽强，不能自立，须借朝廷官爵威命以安军情。归语汝使：与其使大将邀宣慰敕使以求官爵，何如自奋忠义，立功立事，结知明主，使恩出朝廷，不亦荣乎！且以耳目所及者言之，李载义在幽州，为国家尽忠平沧景，及为军中所逐，不失作节度使，后镇太原，位至宰相。杨志诚遣大将遮敕使马求官，及为军中所逐，朝廷竟不赦其罪。此二人祸福足以观矣。"德裕复以其言白上，上曰："要当如此明告之。"由是三镇不敢有异志。

【译文】自从用兵以来，河北三镇每每派遣使者到京师，李德裕时常当面告谕他们说："河朔兵力虽然强大，但是不能自立，必须依借朝廷官爵的威严命令才能安定军情。回去告诉你的节度使：与其使大将要挟宣慰敕使以求得官爵，不如自己奋勇杀敌对朝廷忠义，建立丰功伟业，为明主所了解，使恩典出于朝廷，不也是很光荣的吗？就以我自己耳闻目睹来说，李载义当年在幽州，为国家尽忠平定沧景之乱，后来被幽州军队驱逐，朝廷没有忘记他的功劳，仍然让他担任节度使，后调迁镇守太原，职位一直升到宰相。杨志诚派遣大将，挡住朝廷所派敕使的坐马，请求授予官爵，后来他被所率领的军队驱逐，朝廷最终没有赦免他的罪行。这两个人的荣辱福祸就足使你们了解了。"李德裕又把这番话报告武宗，武宗说："就应该像这样明白地告诫他们。"从此，河北三镇不敢趁朝廷对泽潞用兵而有异志。

九月，诏以泽州隶河阳节度。

丁巳，卢钧入潞州。钧素宽厚爱人，刘稹未平，钧已领昭义节度，襄州士卒在行营者，与潞人战，常对陈扬钧之美。及赴镇，入天井关，昭义散卒归之道，钧皆厚抚之，人情大洽，昭议遂安。

刘稹将郭谊、王协、刘公直、安全庆、李道德、刘佐尧、刘开德、董可武等至京师，皆斩之。

【译文】九月，唐武宗李瀍诏示把泽州划归河阳节度使管辖。

丁巳日(初七)，卢钧抵达潞州。卢钧平素待人宽厚慈爱，刘稹还未平定时，卢钧已领昭义节度使衔，襄州士卒在征讨行营与潞州人作战时，常对阵喊话，宣扬卢钧的美德。到卢钧赴镇上任后，进入天井关，昭义溃散士卒归附卢钧的，卢钧都善意安抚，对待他们十分仁厚，人心大为欢洽，昭义镇于是安定下来。

刘稹的大将郭谊、王协、刘公直、安全庆、李道德、李佐尧、刘开德、董可武等被押送到京师后，都被杀死。

◆臣光曰：董重质之在淮西，郭谊之在昭义，吴元济、刘稹，如木偶人在伎儿之手耳。彼二人者，始则劝人为乱，终则卖主规利，其死固有馀罪。然宪宗用之于前，武宗诛之于后，臣愚以为皆失之。何则？赏奸，非义也；杀降，非信也。失义与信，何以为国! 昔汉光武待王郎、刘盆子止于不死, 知其非力竭则不降故也。樊崇、徐宣、王元、牛邯之徒, 岂非助乱之人乎? 而光武弗杀。盖以既受其降, 则不可复诛故也。若既赦而复逃亡叛乱, 则其死固无辞矣! 如谊等, 免死流之远方, 没齿不还, 可矣; 杀之, 非也! ◆

【译文】◆臣司马光说: 唐宪宗时董重质在淮西叛乱, 今郭谊又在昭义叛乱, 其淮西镇主吴元济和昭义镇主刘稹, 实际上如木偶般被操纵在耍把戏人的手掌上。董重质、郭谊二人起初劝主人作乱, 最后又都卖主谋求私利, 他们当然是死有余辜。可是先是宪宗重用他们, 后来是武宗诛杀他们, 臣认为以上两种处置都有不当。为什么这样说呢? 唐宪宗赏赐奸贼董重质, 是不义; 唐武宗杀死已降的郭谊, 是不守信用。失去义和信, 如何能治好国家呢! 往昔, 汉光武帝对待王郎、刘盆子, 除留他们一条命外, 没有任何赏赐, 这是因为知道他们不是力量衰竭是不会投降的。樊崇、徐宣、王元、牛邯这些人, 难道就不是帮助叛乱的人吗? 但是汉光武帝没有杀他们。大概是因为既已接受他们的投降, 就不可以再诛杀。如果已被赦罪而再度逃亡叛乱, 那么他的死也就无话可说了。武宗对待郭谊等人, 免他们死罪, 流放到远方, 到老也不让他们归还, 不是也可以吗? 杀了他们, 确实是错了。◆

王羽、贾庠等已为谊所杀, 李德裕复下诏称"逆贼王涯、贾𬙂等已就昭义诛其子孙", 宣告中外, 识者非之。刘从谏妻裴氏亦赐死。又令昭义降将李丕、高文端、王钊等疏昭义将士与刘稹同恶者, 悉诛之, 死者甚众。卢钧疑其枉滥, 奏请宽之, 不从。

昭义属城有尝无礼于王元逵者, 元逵推求得二十馀人, 斩之。馀众惧, 复闭城自守。戊辰, 李德裕等奏: "寇孽既平, 尽为国家城镇，岂可令元逵穷兵攻讨！望遣中使赐城内将士敕，招安之，仍诏元逵引兵归镇，并诏卢钧自遣使安抚。"从之。

【译文】王羽、贾庠等已被郭谊杀死，李德裕再下诏说："逆贼王涯、贾𫗧等人的子孙已在昭义被杀。"宣告朝野内外，有见识的人对此颇有非议。刘从谏的妻子裴氏也被赐死。又命令昭义镇的降将李丕、高文端、王钊等人揭发昭义镇将士中与刘稹共同作恶者，将他们全部诛灭，被杀的人很多。卢钧疑心他过分枉滥，向武宗上奏请求对他们从宽发落，武宗没有同意他的请求。

昭义的属城中有曾经对王元逵无礼的人，王元逵找到二十余人，把他们都杀了。其余的士众都畏惧不已，又关闭城门自为守备。戊辰日(十八日)，李德裕等上奏武宗："叛寇余孽既然全部平定，昭义所属城垒现已尽为国家的城镇，怎么可以任王元逵随意穷兵攻讨！希望陛下派遣宦官，赐昭义所属城堡内的将士敕书，招安他们，并且下诏书命令王元逵率领成德镇的军队归还本镇，再下诏书给卢钧，让他自己派遣使者进行安抚。"唐武宗李瀍下诏同意这一建议。

【申涵煜评】维州杀降，则深以为恨，昭义枉滥，则不厌其多。事同而前后异趣，皆德裕私心自用处，故世谓其长于才而短于量。

【译文】朝廷决定遣返维州降将，李德裕则深为遗憾，后来昭义军投降后，李德裕又枉滥诛杀，不嫌其多。这两件事情相同，而前后的旨趣不同，都是李德裕的私心自用处，所以世人说他长于才华而短于气量。

乙亥，李德裕等请上尊号，且言："自古帝王，成大功必告天地。父，宣懿太后祔庙，陛下未尝亲谒。"上瞿然曰："郊庙之礼，诚宜亟行，至于徽称，非所敢当！"凡五上表，乃许之。

　　李德裕奏："据幽州奏事官言：诇知回鹘上下离心，可汗欲之安西，其部落言亲戚皆在唐，不如归唐。又与室韦已相失，计其不日来降，或自相残灭。望遣识事中使赐仲武诏，谕以镇、魏已平昭义，惟回鹘未灭，仲武犹带北面招讨使，宜早思立功。"

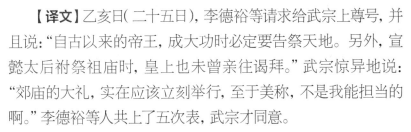

　　【译文】乙亥日（二十五日），李德裕等请求给武宗上尊号，并且说："自古以来的帝王，成大功时必定要告祭天地。另外，宣懿太后祔祭祖庙时，皇上也未曾亲往谒拜。"武宗惊异地说："郊庙的大礼，实在应该立刻举行，至于美称，不是我能担当的啊。"李德裕等人共上了五次表，武宗才同意。

　　李德裕向武宗上奏："依据幽州奏事官说：探知回鹘上下离心，可汗想到安西，而他的部落说亲戚都在唐朝，不如归顺唐朝。加上回鹘与室韦已经失和，估计过不了几天，回鹘会来投降，或者回鹘内部将自相残杀，自我毁灭。希望陛下派遣识事知情的宦官使者前往幽州赐给张仲武诏书，告谕说镇州、魏州藩镇军队已协助朝廷讨平昭义叛乱，只有回鹘尚未消灭，张仲武还带着北面招讨使的职衔，应尽早想到立功报国。"

　　李德裕怨太子太傅、东都留守牛僧孺、湖州刺史李宗闵，言于上曰："刘从谏据上党十年，太和中入朝，僧孺、宗闵执政，不留之，加宰相纵去，以成今日之患，竭天下力乃能取之，皆二人之罪也。"德裕又使人于潞州求僧孺、宗闵与从谏交通书疏，无所得，乃令孔目官郑庆言从谏每得僧孺、宗闵书疏，皆自焚毁。诏追庆下御史台近问，中丞李回、知杂郑亚以为信然。河南少尹吕述与德裕书，言积破报至，僧孺出声叹恨。德裕奏述书，上大怒，以僧孺为太子少保、分司，宗闵为漳州刺史。戊子，再贬僧孺汀州刺史，宗闵漳州长史。

上幸鄠校猎。

【译文】李德裕怨恨太子太傅东都留守牛僧孺、湖州刺史李宗闵，于是对武宗说："刘从谏占据上党十年，太和年间入朝时，牛僧孺、李宗闵执政，不扣留刘从谏，反而给他加上宰相头衔，放纵他归还上党，以致形成今天的祸患，竭尽天下人力物力才将上党攻取，这都是牛僧孺、李宗闵二人的罪过。"李德裕又派人到潞州索求牛僧孺、李宗闵和刘从谏交往的书信，却毫无所得，就命孔目官郑庆说刘从谏每次得到牛僧孺、李宗闵的书信，都亲自焚毁。唐武宗李瀍诏令追查郑庆，把他交下御史台按查询问，中丞李回、知杂郑亚认为确实可信。河南少尹吕述也给李德裕写信，声称刘稹被剿灭的捷报传到东都洛阳时，牛僧孺发出叹惜声，有怨恨之言。武宗得知后勃然大怒，将牛僧孺降为太子少保、分司东都，李宗闵降为漳州刺史。戊子日（九月无此日），唐武宗李瀍再贬牛僧孺为汀州刺史，李宗闵为漳州长史。

武宗驾临鄠县狩猎。

十一月，复贬牛僧儒循州长史，李宗闵长流封州。

十二月，以忠武节度使王宰为河东节度使，河中节度使石雄为河阳节度使。

上幸云阳校猎。

【译文】十一月，唐武宗李瀍又贬牛僧孺为循州长史，李宗闵长期流放到封州。

十二月，唐武宗李瀍任命忠武节度使王宰为河东节度使，河中节度使石雄为河阳节度使。

武宗驾临云阳狩猎。

　　会昌五年（乙丑，公元八四五年）春，正月，己酉朔，群臣上尊号曰仁圣文武章天成功神德明道大孝皇帝，尊号始无"道"字，中旨令加之。庚戌，上谒太庙。辛亥，祀昊天上帝，赦天下。

　　筑望仙台于南郊。

　　庚申，义安太后王氏崩。

　　以秘书监卢弘宣为义武节度使。弘宣性宽厚而难犯，为政简易，其下便之。河北之法，军中偶语者斩。弘宣至，除其法。诏赐粟三十万斛，在飞狐西，计运致之费逾于粟价，弘宣遣吏守之。会春旱，弘宣命军民随意自往取之，粟皆入境，约秋稔偿之。时成德、魏博皆饥，独易定之境无害。

　　【译文】会昌五年（乙丑，公元845年）春季，正月，己酉朔日（初一），群臣为武宗献上尊号，称仁圣文武章天成功神德明道大孝皇帝，尊号中起初没有"道"字，后来宫中发出武宗谕旨命令加上。庚戌日（初二），武宗入谒太庙。辛亥日（初三），武宗祭祀昊天上帝，下诏大赦天下。

　　唐武宗李瀍下诏在南郊建筑望仙台。

　　庚申日（十二日），义安太后王氏崩逝。

　　唐武宗李瀍任命秘书监卢弘宣为义武节度使。卢弘宣性情宽厚，处理政事态度严谨，人们不敢对他冒犯，为政比较简易，受到部下称赞。按河北的法规，军中互相私语就要斩首。卢弘宣来到义武镇后，废除了这种残酷的制度。唐武宗李瀍下诏赏赐给义武三十万斛粟米，存放在飞狐的西面，而从飞狐将这些粟米运至义武镇，需要的费用远远超过粟米本身的价值，卢弘宣于是派遣官吏前往飞狐仓去看守那些米。适逢春季大旱，卢弘宣命令义武军民随意前往飞狐仓领取粟米，使粟米全部被运入义武辖境，卢弘宣又与得到粟米的军民约定，等到秋天粮食丰收时，再向官府偿还。当时成德、魏博都闹饥荒，只有易定境内没有造成灾害。

淮南节度使李绅按江都令吴湘盗用程粮钱，强聚所部百姓颜悦女，估其资装为赃，罪当死。湘，武陵之兄子也，李德裕素恶武陵，议者多言其冤，谏官请覆按，诏遣监察御史崔元藻、李稠覆之。还言："湘盗程粮钱有实。颜悦本衢州人，尝为青州牙推，妻亦士族，与前狱异。"德裕以为无与夺，二月，贬元藻端州司户，稠汀州司户。不复更推，亦不付法司详断，即如绅奏，处湘死。谏议大夫柳仲郢、敬晦皆上疏争之，不纳。稠，晋江人；晦，昕之弟也。

李德裕以柳仲郢为京兆尹。素与牛僧孺善，谢德裕曰："不意太尉恩奖及此，仰报厚德，敢不如奇章公门馆！"德裕不以为嫌。

【译文】淮南节度使李绅弹劾江都令吴湘盗用程粮钱（计行程以给粮，折合为钱，犹今之粮票），强娶所属百姓颜悦的女儿，将他家的资产衣装估价来作为赃款，论其罪当判处死刑。吴湘是吴武陵哥哥的儿子，李德裕向来就憎恨吴武陵。议论此案的人都声称吴湘是冤枉的，谏官于是向武宗请求重新审理此案，于是，唐武宗李瀍颁下诏书，派遣监察御史崔元藻、李稠复审此案。崔元藻、李稠经过复查后回报武宗说："吴湘盗用程粮钱的确有实据。颜悦本是衢州人，曾任职青州牙推，妻子也是士族，与前番狱讼不同。"李德裕认为崔元藻和李稠办事模棱两可，没有给吴湘定重罪论死刑，二月，武宗贬崔元藻为端州司户，李稠为汀州司户。对吴湘没有再寻究，也不交付法司详加理断，就照李绅所奏，处吴湘死刑。谏议大夫柳仲郢、敬晦都上疏争论此案，他们的建议不被武宗接纳。李稠是晋江人，敬晦是敬昕的弟弟。

李德裕提拔柳仲郢担任京兆尹，柳仲郢一向和牛僧孺友善，于是向李德裕道谢说："想不到李太尉对我如此厚待，为报答您的厚德，我怎敢不像对待奇章公牛僧孺那样对待您呢!"李德裕并不以此为嫌恶。

夏，四月，壬寅，以陕虢观察使李拭为册黠戛斯可汗使。

五月，壬戌，葬恭僖皇后于光陵柏城之外。

门下侍郎、同平章事二悰罢为右仆射，中书侍郎、同平章事崔铉罢为户部尚书。乙丑，以户部侍郎李回为中书侍郎、同平章事，判户部如故。

祠部奏括天下寺四千六百，兰若四万，僧尼二十六万五百。

诏册黠戛斯可汗为宗英雄武诚明可汗。

秋，七月，丙午朔，日有食之。

上恶僧尼耗蠹天下，欲去之，道士赵归真等复劝之。乃先毁山野招提、兰若，至是，敕上都、东都两街各留二寺，每寺留僧三十人；天下节度、观察使治所及同、华、商、汝州各留一寺，分为三等：上等留僧二十人，中等留十人，下等五人。馀僧及尼并大秦穆护、袄僧皆勒归俗。寺非应留者，立期令所在毁撤，仍遣御史分道督之。财货田产并没官，寺材以葺公廨驿舍，铜像、钟磐以铸钱。

【译文】夏季，四月，壬寅日（二十六日），唐武宗李瀍任命陕虢观察使李拭为册命黠戛斯可汗特使。

五月，壬戌日（十六日），唐武宗李瀍命将唐穆宗恭僖皇后安葬于光陵的柏城之外。

门下侍郎、同平章事杜惊被武宗罢官担任右仆射，中书侍郎、同平章事崔铉被武宗罢官担任户部尚书。乙丑日（十九日），唐武宗李瀍任命户部侍郎李回为中书侍郎、同平章事，依旧兼管户部。

祠部上奏朝廷，全国有佛教寺院四千六百座，兰若（梵言阿兰若，意谓空静处，即寺庙）四万，僧尼二十六万〇五百人。

唐武宗李瀍诏示，册封黠戛斯可汗为宗英雄武诚明可汗。

秋季，七月，丙午朔日（初一），出现日食。

武宗对蠹虫似的耗费国家财物的和尚和尼姑很是憎恶，打算将他们罢废，让他们还俗。道士赵归真等人又竭力劝谏武宗废弃佛教。于是，唐武宗李瀍下诏令，先拆毁山野的寺庙，上都长安和东都洛阳的左、右两街各保留两所佛寺，每所寺院留三十个僧人；天下的各藩镇，凡是节度使、观察使的治所以及同州、华州、商州、汝州各留一所佛寺。把佛寺分为三等：上等的可留二十名僧人，中等的可留十名僧人，下等的可留五名僧人。其余僧人、尼姑以及大秦穆护（摩尼教）、祆教僧人全都勒令他们还俗。寺院不是必须保留的，立下期约，命令所在官署把它毁坏拆除，并派遣御史分别到各道督促。寺院的财货田产一并由官方没收，寺院的建材用来修葺公署、驿舍，佛教铜像、钟磬等器物熔化后用以铸造钱币。

以山南东道节度使郑肃检校右仆射、同平章事。

诏发昭义骑兵五百、步兵千五百戍振武，节度使卢钧出至裴村饯之，潞卒素骄，惮于远戍，乘醉，回旗入城，闭门大噪，均奔潞城以避之。监军王惟直自出晓谕，乱兵击之，伤，旬日而卒。

李德裕奏："请诏河东节度使王宰以步骑一千守石会关，三千自仪州路据武安，以断邢、洺之路；又令河阳节度使石雄引兵守泽州，河中节度使韦恭甫发步骑千人戍晋州。如此，贼必无能为。"皆从之。

【译文】唐武宗李瀍任命山南东道节度使郑肃担任右仆射、同平章事。

唐武宗李瀍诏命，调拨昭义骑兵五百、步兵一千五百戍守振武，昭义节度使卢钧出城行至裴村为戍卒送行。潞州士卒一向骄横跋扈，惧怕到远地戍守，乘着喝醉酒之际，举旗返回上党城，把城门关闭，大声喧嚷，卢钧向潞城奔逃以躲避军队叛乱。昭义监军王惟直亲自出来对乱军晓以大义，进行劝导，乱兵竟然对其拳打脚踢，王惟直被打伤，十天后就死去了。李德裕向武宗上奏："请诏命河东节度使王宰率领步骑一千人镇守石会关，三千人自仪州路占据武安，以切断邢、洺的通路。又命令河阳节度使石雄带兵镇守泽州，河中节度使韦恭甫动员步骑千人戍守晋州。这样，叛贼必定无所作为。"武宗接受了这些建议。

八月，李德裕等奏："东都九庙神主二十六，今贮于太微宫小屋，请以废寺材复修太庙。"

壬午，诏陈释教之弊，宣告中外。凡天下所毁寺四千六百馀区，归俗僧尼二十六万五百人，大秦穆护、祆僧二千馀人，毁招提、兰若四万馀区。收良田数千万顷，奴婢十五万人。所留僧皆隶主客，不隶祠部。百官奉表称贺。寻又诏东都止留僧二十人，诸道留二十人者减其半，留十人者减三人，留五人者更不留。

五台僧多亡奔幽州。李德裕召进奏官谓曰："汝趣白本使，五台僧为将必不如幽州将，为卒必不如幽州卒，何为虚取容纳之名，染于人口！独不见近日刘从谏招聚无算闲人，竟有保益！"张仲武乃封二刀付居庸关曰："有游僧入境则斩之！"

【译文】 八月，李德裕等上奏朝廷："东都九庙的神主二十六座，现今贮存在太微宫的小屋，请用废置的寺院建材修复太庙。"

壬午日（初七），唐武宗李瀍诏示陈述释教的弊害，宣告中外。在全国范围内拆毁了四千六百余座佛寺，勒令还俗的僧侣、尼姑有二十六万〇五百人，还包括两千余大秦穆护（摩尼教）、祆教僧人，又拆毁大小佛祠四万余座。从寺院收取数千万顷良田，十五万奴婢。其余所留下的僧侣都统一归属尚书省礼部主客郎中管理，不再归属于尚书省礼部祠部郎中。对于上述处置，百官都奉上表奏称贺。不久唐武宗李瀍又诏令东都只保留僧侣二十人，其他诸道保留僧侣二十人的都减半，保留十人的减三人，保留五人的改为不留。

五台山的僧侣多数逃奔到幽州。李德裕召来幽州进奏官，告诉他说："你赶快去告诉本道节度使，用五台山的僧侣为将一定不如幽州将，用五台山僧侣为卒一定不如幽州卒，为何要无缘无故地留下个收容僧侣的恶名，而成为人家说你的话柄！你没看见不久前刘从谏招纳收聚无数闲散之人，最终有什么好处呢！"幽州节度使张仲武于是将两把刀封好交付给居庸关守将，宣称："若有游僧进入幽州之境，一概斩首。"

主客郎中韦博以为事不宜太过，李德裕恶之，出为灵武节度副使。

昭义乱兵奉都将李文矩为帅，文矩不从，乱兵亦不敢害。

文矩稍以祸福谕之,乱兵渐听命,乃遣人谢卢钧于潞城。均还入上党,复遣之戍振武。行一驿,乃潜选兵追之。明日,及于太平驿,尽杀之。具以状闻,且请罢河东、河阳兵在境上者,从之。

【译文】主客郎中韦博认为毁佛之事不应做得太过分,李德裕很厌恶他,就外调韦博为灵武节度副使。

昭义乱兵推戴都将李文矩挂师,李文矩不答应,乱兵也不敢伤害他。李文矩趁机对乱军进行劝导,把祸福的道理讲给他们听,乱兵渐渐都听从了他的命令,于是,李文矩派人到潞城向卢钧谢罪。卢钧回到上党,又派他们前去戍守振武。走过一处驿站,卢钧暗中挑选士兵追赶这些叛乱的士卒。第二天,至太平驿追赶上他们,将曾参与叛乱的士兵全部杀死。卢钧又把事情经过向武宗禀告,并把在昭义边境驻守的河东、河阳兵解职,武宗同意了这一请求。

九月,诏修东都太庙。

李德裕请置备边库,令户部岁入钱帛十二万缗匹,度支盐铁岁入钱帛十三万缗匹,明年减其三之一,凡诸道所进助军财货者皆入焉,以度支郎中判之。

王才人宠冠后庭,上欲立以为后。李德裕以才人寒族,且无子,恐不厌天下之望,乃止。

上饵方士金丹,性加躁急,喜怒不常。冬,十月,上问李德裕以外事,对曰:“陛下威断不测,外人颇惊惧。向者寇逆暴横,固宜以威制之;今天下既平,愿陛下宽理之,但使得罪者无怨,为善者不惊,则为宽矣。”

【译文】九月,唐武宗李瀍诏示修筑东都的太庙。

李德裕向朝廷请求设置备边库,命令户部每年缴入钱帛十二万缗匹，度支盐铁每年缴入钱帛十二万缗匹，第二年减收三分之一，凡各道所进帮助军需的财货都收入，任命度支郎中掌理。

王才人在后宫中最受武宗宠爱，武宗准备立她为皇后。李德裕认为王才人出身寒微，并且没有子嗣，恐怕不符合天下人的意愿，因而向武宗进言对此事加以劝阻，武宗于是放弃了这一想法。

武宗服食方士的金丹，性情更加急躁，喜怒无常。冬季，十月，武宗询问李德裕朝外的事情，李德裕回答说："陛下的威严判断不可测度（喜怒无常），所以朝外人人十分惊惧。往昔，寇贼叛逆暴横，固然应该用威严来制服他们，如今天下已经平定，希望陛下能用宽缓的办法治理百姓，如果能使犯罪的人服罪无怨言，为善的人不感到惊慌恐怖，那就能称得上为政宽容了。"

以衡山道士刘玄静为银青光禄大夫、崇玄馆学士，赐号广成先生，为之治崇玄馆，置吏铸印。玄静固辞，乞还山，许之。

李德裕秉政日久，好徇爱憎，人多怨之。自杜悰、崔铉罢相，宦官左右言其太专，上亦不悦。给事中韦弘质上疏，言宰相权重，不应更领三司钱谷。德裕奏称："制置职业，人主之柄。弘质受人教导，所谓贱人图柄臣，非所宜言。"十二月，弘质坐贬官，由是众怒愈甚。

上自秋冬以来，觉有疾，而道士以为换骨。上秘其事，外人但怪上希复游猎，宰相奏事者亦不敢久留。诏罢来年正旦朝会。

【译文】唐武宗李瀍任命衡山道士刘玄静为银青光禄大夫、崇玄馆学士，赐号广成先生，为他修建崇玄馆，并署置吏员，铸有印章。刘玄静坚决推辞，乞求让他回衡山继续修道，武宗同意了。

李德裕秉持政事时日已久，办事喜好顺从自己的爱憎，怨恨他的人越来越多。自从杜惊、崔铉被罢去宰相之位后，宦官和左右之人都说李德裕太专横，武宗也很不高兴。给事中韦弘质向武宗上疏，声言宰相的权力太重，不应该再掌管户部、度支、盐铁三司的钱谷。李德裕为此也上奏武宗，声称："任用官员本是陛下的权柄。韦弘质受人教唆，竟然对陛下赋予宰相的权力妄持异议，真是地位卑贱的人企图诬陷掌有权柄的大臣，这些话哪里是韦弘质这种人可以妄说的呢?"十二月，韦弘质被贬官，从此众人更加愤怒。

自进入秋冬以来，武宗就感觉身体上有病，而道士却认为是陛下在换骨的阶段。武宗就把疾病隐瞒起来，宫廷之外的臣子都很惊讶武宗近来很少游猎了，宰相入朝奏请事情也不敢停留太久。唐武宗李瀍诏命罢止来年正旦的朝会。

吐蕃论恐热复纠合诸部击尚婢婢，婢婢遣庞结藏将兵五千拒之，恐热大败，与数十骑遁去。婢婢传檄河、湟，数恐热残虐之罪，曰："汝辈本唐人，吐蕃无主，则相与归唐，毋为恐热所猎如狐兔也!"于是，诸部从恐热者稍稍引去。

是岁，天下户四百九十五万五千一百五十一。

朝廷虽为党项置使，党项侵盗不已，攻陷邠、宁、盐州界城堡，屯叱利寨。宰相请遣使宣慰，上决意讨之。

【译文】吐蕃论恐热再度纠合诸部攻打尚婢婢，尚婢婢派庞结藏率领五千士兵抗击，论恐热大败，与数十骑逃遁而去。尚婢婢向河、湟地区传达檄文，一一点数论恐热的残忍暴虐罪行，说:"你们本来是大唐的臣民,吐蕃没有了国王,你们应该联合起来,归顺唐朝,不要像狐兔般被论恐热猎杀。"于是河、湟地区跟从论恐热的汉人诸部民,都逐渐离去。

这年,天下有四百九十五万五千一百五十一户。

朝廷虽然为招抚党项设置了三处使职,但党项部族仍然对唐边境侵扰不已,攻占了邠、宁、盐州边界的城堡,在叱利寨驻扎军队。宰相请求派遣使者去宣慰,但武宗坚决要发动军队讨伐他们。

会昌六年(丙寅,公元八四六年)春,二月,庚辰,以夏州节度使米暨为东北道招讨党项使。

上疾久未平,以为汉火德,改"洛"为"雒"。唐土德,不可以王气胜君名。三月,下诏改名炎。

上自正月乙卯不视朝,宰相请见,不许。中外忧惧。

初,宪宗纳李锜姬郑氏,生光王怡。怡幼时,宫中皆以为不慧,太和以后,益自韬匿,群居游处,未尝发言。文宗幸十六宅宴集,好诱其言以为戏笑,号曰光叔。上性豪迈,尤所不礼。及上疾笃,旬日不能言。诸宦官密于禁中定策。辛酉,下诏称:"皇子冲幼,须选贤德,光王怡可立为皇太叔,更名忱,应军国政事令权句当。"太叔见百官,哀戚满容;裁决庶务,咸当于理,人始知有隐德焉。

【译文】会昌六年(丙寅,公元 846 年)春季,二月,庚辰日(初九),唐武宗李瀍任命夏州节度使米暨为东北道招讨党项使。

武宗的疾病久久没有痊愈,他认为汉朝属于火德,光武帝刘秀因而把洛阳的"洛"改成了"雒";唐朝属于土德,不可以王气超过皇帝的名字,三月,唐武宗李瀍颁下诏书,昭告将自己的名字改为李炎。炎从火，火能生土。

武宗从正月乙卯日（十三日）起不再登朝视事，宰相请求面见也没有被准许，朝廷内外深感忧惧。

起初，宪宗把李锜的妾郑氏收入宫中，生了光王李怡。李怡小的时候，后宫中的人都认为他不聪慧，文宗太和年间以后，李怡更是刻意隐藏锋芒，在大庭广众前游乐交往时，从不轻易发表言论。文宗到十六宅集会诸王并为诸王设宴，喜欢引逗李怡说话来把他作为笑料，戏称"光叔"。武宗性格强韧豪迈，对光王李怡更不以礼相待。武宗危病后，十来天不能说话，于是，诸宦官暗中在宫禁内策划拥立新皇帝。辛酉（二十日），禁中传出以武宗名义颁发的诏书称："皇子们都太年幼，必须选择贤德的皇族成员继承皇位，光王李怡可以册立为皇太叔，将他的名字改了，称李忱，所有军国政事可让他暂时处理。"太叔接见百官，满面哀戚之容；裁决众多事务，都合于事理，于是大家才知道他有藏匿不露的美德。

甲子，上崩。以李德裕摄冢宰。丁卯，宣宗即位。宣宗素恶李德裕之专，即位之日，德裕奉册。既罢，谓左右曰："适近我者非太尉邪？每顾我，使我毛发洒淅。"夏，四月，辛未朔，上始听政。

尊母郑氏为皇太后。

壬申，以门下侍郎、同平章事李德裕同平章事，充荆南节度使。德裕秉权日久，位重有功，众不谓其遽罢，闻之莫不惊骇。甲戌，贬工部尚书、判盐铁转运使薛元赏为忠州刺史，弟京兆少尹、权知府事元龟为崖州司户，皆德裕之党也。

【译文】甲子日（二十三日），武宗崩逝，李德裕受命兼任冢宰办理后事。丁卯日（二十六日），宣宗李忱即位。宣宗一向憎恶李德裕的专权，即皇帝位那天，李德裕奉上册命文书。册立仪式后，宣宗对左右陪侍官员说："刚才靠近我的是不是李太尉呢？每看我一眼，都使人毛骨悚然。"夏季，四月，辛未朔日（初一），宣宗才开始听政。

唐宣宗李忱下诏尊奉母亲郑氏为皇太后。

壬申日（初二），唐宣宗李忱改任门下侍郎、同平章事李德裕同平章事，充任荆南节度使。李德裕秉持权柄日久，地位尊崇而有功劳，众人想不到他会突然被罢官，听到消息时，没有人不感到惊骇。甲戌日（初四），唐宣宗李忱贬工部尚书、兼盐铁转运使薛元赏为忠州刺史，贬他的弟弟京兆少尹、暂理府事的薛元龟为崖州司户，他们都是李德裕的同党。

杖杀道士赵归真等数人，流罗浮山人轩辕集于岭南。五月，乙巳，赦天下。上京两街先听留两寺外，更各增置八寺；僧、尼依前隶功德使，不隶主客，所度僧、尼仍令祠部给牒。

以翰林学士、兵部侍郎白敏中同平章事。

辛酉，立皇子温为郓王，渼为雍王，泾为雅王，滋为夔王，沂为庆王。

六月，礼仪使奏"请复代宗神主于太庙，以敬宗、文宗、武宗同为一代，于庙东增置两室，为九代十一室。"从之。

【译文】唐宣宗李忱下令用棍棒打杀道士赵归真等数人，流放罗浮山人轩辕集前往岭南。五月，乙巳日（初五），唐宣宗李忱颁下诏书大赦天下。又诏告上京长安两街除以前留下的两座佛教寺庙外，再允许各街增设八座寺庙；佛教僧侣、尼姑依照之前的规定归属于左、右街功德使，不归属于尚书省礼部主客郎中，这些寺庙所度的僧侣、尼姑都可由祠部发给度牒，准许他们出家。

唐宣宗李忱任命翰林学士、兵部侍郎白敏中同平章事。

辛酉日(二十一日),唐宣宗李忱册立皇子李温为郓王,李渼为雍王,李泾为雅王,李滋为夔王,李沂为庆王。

六月,礼仪使奏报"请在太庙恢复祭祀代宗神主,以敬宗、文宗、武宗同为一代,在庙的东厢增设两室,而为九代十一室"。宣宗同意了这一请求。

秋,七月,壬寅,淮南节度使李绅薨。

回鹘乌介可汗之众稍稍降散及冻馁死,所馀不及三千人。国相逸隐啜杀乌介于金山,立其弟特勒捻为可汗。

八月,壬申,葬至道昭肃孝皇帝于端陵,庙号武宗。初,武宗疾困,顾王才人曰:"我死,汝当如何?"对曰:"愿从陛下于九泉!"武宗以巾授之。武宗崩,才人即缢。上闻而矜之,赠贵妃,葬于端陵柏城之内。

以循州司马牛僧孺为衡州长史,封州流人李宗闵为郴州司马,恩州司马崔珙为安州长史,潮州刺史杨嗣复为江州刺史,昭州刺史李珏为郴州刺史。僧孺等五相皆武宗所贬逐,至是,同日北迁。宗闵未离封州而卒。

【译文】秋季,七月,壬寅日(初三),淮南节度使李绅去世。

回鹘国乌介可汗的部众日渐减少,有些归降朝廷,有些四散奔逃,还有些受冻挨饿而死,剩下的兵马已不足三千人。回鹘国相逸隐啜在金山杀死乌介可汗,拥立乌介可汗的弟弟特勒遏捻为可汗。

八月,壬申日(初三),宣宗及朝臣将至道昭肃孝皇帝李炎葬于端陵,庙号为武宗。起初,武宗病危时,望着王才人说:

"朕死了，你该怎么办？"王才人说："我愿意随陛下一起到九泉之下！"武宗马上命人送给她一条绫巾。等到武宗驾崩后，王才人随即用绫巾自缢而死。唐宣宗李忱听说后，对王才人深感同情，追赠她贵妃的名号，葬在端陵柏城之内。

　　唐宣宗李忱任命循州司马牛僧孺为衡州长史，任命流放到封州的李宗闵为郴州司马，任命恩州司马崔珙为安州长史，任命潮州刺史杨嗣复为江州刺史，任命昭州刺史李珏为郴州刺史。牛僧孺等五位宰相都是被武宗贬逐，到此时，同一天北迁。李宗闵还未离开封州就去世了。

　　九月，以刑南节度使郴德裕为东都留守，解平章事；以中书侍郎、同平章事郑肃同平章事，充荆南节度使。

　　以兵部侍郎、判度支卢商为中书侍郎、同平章事。商，翰之族孙也。

　　册黠戛斯可汗使者以国丧未行，或以为僻远小国，不足与之抗衡。回鹘未平，不应遽有建置。诏百官集议，事遂寝。

　　蛮寇安南，经略使裴元裕帅邻道兵讨之。

　　以右常侍李景让为浙西观察使。

　　初，景让母郑氏，性严明，早寡，家贫，居于东都。诸子皆幼，母自教之。宅后古墙因雨隤陷，得钱盈船，奴婢喜，走告母。母往，焚香祝之曰："吾闻无劳而获，身之灾也。天必以先君徐庆，矜其贫而赐之，则愿诸孤它日学问有成，乃其志也，此不敢取！"遽命掩而筑之。三子景让、景温、景庄，皆举进士及第。景让官达，发已斑白，小有过，不免捶楚。

　　【译文】九月，唐宣宗李忱任命荆南节度使李德裕为东都留守，解除平章事；任命中书侍郎、同平章事郑肃同平章事，充任荆南节度使。

唐宣宗李忱任命兵部侍郎、判度支卢商为中书侍郎、同平章事。卢商是卢翰的族孙。

武宗派出册封黠戛斯可汗的使者李拭等，因为赶上国丧而没有前往，有人认为黠戛斯是偏僻遥远的小国，没有能力与朝廷对抗。回鹘国对朝廷的侵犯还没有平定，不应马上有所建置。唐宣宗李忱于是下诏请百官来商讨此事，册封黠戛斯可汗的事就此搁置下来。

南蛮进犯安南，经略使裴元裕率邻道的士兵前去征讨。

唐宣宗李忱任命右常侍李景让为浙西观察使。

起初，李景让的母亲郑氏，性情严明，早年守寡，家境贫寒，居住在东都。所有的孩子都还年幼，由母亲亲自教导。李景让家住宅后面的古旧墙壁因下雨而塌陷，得到的钱能装满一船，奴婢们很高兴，跑来向李景让的母亲禀告。李母赶来看了看，然后焚香祷告，说："我听说不劳而获，会招致自身的祸患。一定是因为我去世的丈夫生前积了功德，所以老天同情我家境贫寒才赐给我们这些钱财，但希望孩子将来学业有成就，才是我丈夫的心愿啊，这些意外得来的钱财我不敢随意据为己有！"于是命人把这些钱埋在原来的地方，并重新修筑好那道墙壁。三个儿子景让、景温、景庄，都以进士及第。李景让在官场显达时，已经是满头斑白，但是稍微有些过失，还免不了遭受母亲的捶打。

景让在浙西，有左都押牙忤景让意，景让杖之而毙。军中愤怒，将为变。母闻之，景让方视事，母出坐听事，立景让于庭而责之曰："天子付汝以方面，国家刑法，岂得以为汝喜怒之资，安杀无罪之人乎！万一致一方不宁，岂惟上负朝廷，使垂年之母衔羞入地，何以见汝之先人乎！命左右褫其衣坐之，将挞其背。将佐皆为之请，拜且泣，久乃释之，军中由是遂安。

景庄老于场屋，每被黜，母辄挞景让。然景让终不肯属主司，曰："朝廷取士自有公道，岂敢效人求关节乎！"久之，宰相谓主司曰："李景庄今岁不可不收，可怜彼翁每岁受挞！"由是始及第。

冬，十月，礼院奏禘祭祝文于穆、敬、文、武四室，但称"嗣皇帝臣某昭告"，从之。

甲申，上受三洞法于箓衡山道士刘玄静。

十二月，戊辰朔，日有食之。

【译文】李景让在浙西为官，部下左都押牙违背他的意旨，李景让竟然举杖将左都押牙活活打死。军中将士愤慨，兵变眼看就要爆发。李景让的母亲郑氏听到这一消息，当时李景让正在官厅办理公事，郑氏走出来在厅堂端坐，命李景让在庭院中站立，叱骂说："天子把镇守一方的重任交托给你，朝廷赋予你的权力，怎么能成为自己喜怒的凭借，可以随你心意地任意杀害无罪的人呢！一旦造成这里军队叛乱，岂只是辜负了朝廷的托付，就是垂暮的我也要跟你羞愧而死啊，你还有什么脸去见你的先人前辈呢？"说完，命令左右之人脱去他的上衣，让他坐在那儿，准备鞭挞他的后背。将佐都为李景让向老夫人求情，并跪拜下来以至哭泣流泪，郑氏很久才放过李景让，军中因此安定下来。

李景庄多年进入贡院参加科举考试，每次考不上被黜退时，母亲郑氏就用鞭子抽打李景让。然而李景让却始终不肯向主考官谄媚亲附，说："朝廷科举取士自然应该是公平的，我怎么能跟别人一样去疏通关系呢!"过了很久,宰相对知贡举的主司说:"李景庄今年科举考试时不能不录取呀,就算可怜他的哥哥每年都要受母亲鞭打吧!"于是,李景庄才得以进士及第。

冬季,十月,礼院上奏,在祭祀的祝文上,就穆宗及其儿子敬宗、文宗、武宗四室来说,宣宗辈分并不比他们低,所以奏请宣宗在祝文上只是自称"嗣皇帝臣某昭告",宣宗表示同意这一建议。

甲申日(十月无此日),唐宣宗接受衡山道士刘玄静的《三洞法箓》。

十二月,戊辰朔日(初一),出现日食。

宣宗元圣至明成武献文睿智章仁
神聪懿道大孝皇帝上

大中元年(丁卯,公元八四七年)春,正月,甲寅,上祀圆丘,赦天下,改元。

二月,庚午,加卢龙节度使张仲琥同平章事,赏其屡破回鹘也。

癸未,上以旱故,减膳彻乐,出宫女,纵鹰隼,止营缮,命中书侍郎、同平章事卢商与御史中丞封敖疏理京城系囚。大理卿马植奏称:"卢商等务行宽宥,凡抵极法者,一切免死。彼官典犯赃及故杀人,平日大赦所不免,今因疏理而原之,使贪吏无所惩畏,死者衔冤无告,恐非所以消旱灾、致和气也。昔周饥,克殷而年丰;卫旱,讨邢而雨降。是则诛罪戮奸,式合天意,雪冤决滞,乃副圣心也。乞再加裁定。"诏两省五品以上议之。

【译文】大中元年(丁卯,公元 847 年)春季,正月,甲寅日

199

（十七日），唐宣宗李忱祭祀上天，大赦天下，改年号为大中。

二月，庚午日（初四），唐宣宗李忱加封卢龙节度使张仲武同平章事，是为了奖赏他屡次破回鹘的功劳。

癸未日（十七日），宣宗因为天下正闹旱灾，就减少自己的膳食，并撤除了歌舞，将后宫宫女释放回家，将宫廷中养的鹰和鹞放飞，并废止修缮宫廷之事，命令中书侍郎、同平章事卢商与御史中丞封敖对关押在京城监狱中的罪犯进行审查清理。大理卿马植奏请宣宗说："卢商等人按照旨意审查清理罪犯时，尽力做到宽大处理，凡是必须偿命处以极刑的，全部免除死罪。有些获罪官员由于贪赃犯罪以及故意杀人，即使是遇到大赦天下也不能免罪，现在因为卢商等人的审查清理而都得到赦免，这样做必定使贪官污吏得不到应有的惩罚，会使他们更加肆无忌惮，不怕触犯法律，而被无辜杀害的人含冤无告，因为没有人为他们主持公道，这恐怕不是消除旱灾，导致天下和谐的好办法啊。往昔，周朝饥馑，灭亡暴虐的殷朝以后，就年成丰盛；卫国旱灾，征讨了邢国以后就天降大雨。所以说诛杀罪人，戮灭奸邪，是符合天意的，雪洗冤屈，决断淹滞，是合乎陛下的圣心的，乞请重加裁定。"唐宣宗李忱诏命两省五品以上官吏（给事中，中书舍人以上）商议此事。

初，李德裕执政，引白敏中为翰林学士。乃武宗崩，德裕失势，敏中乘上下之怒，竭力排之，使其党李咸讼德裕罪，德裕由是自东都留守以太子少保、分司。

左谏议大夫张鹭等上言："陛下以旱理系囚，虑有冤滞。今所原死罪，无冤可雪，恐凶险侥幸之徒常思水旱为灾，宜如马植所奏。"诏从之，皆论如法。以植为刑部侍郎，充盐铁转运使。

植素以文学政事有名于时，李德裕不之重。及白敏中秉政，凡德裕所薄者，皆不次用之。以卢商为武昌节度使，以刑部尚书、判度支崔元式为门下侍郎，翰林学士、户部侍郎韦琮为中书侍郎，并同平章事。

闰三月，敕：“应会昌五年所废寺，有僧能营葺者，听自居之，有司毋得禁止。”是时君、相务反会昌之政，故僧、尼之弊皆复其旧。

【译文】起初，李德裕执掌政事，提拔白敏中为翰林学士。等到武宗崩逝，李德裕失势，白敏中乘朝廷上下都对李德裕愤怒之时，竭力排挤他，指使李德裕的党羽李咸向朝廷揭发李德裕执政时的罪行，李德裕因此由东都留守贬为太子少保、分司东都，成为闲官。

左谏议大夫张鹭等进谏宣宗说：“陛下因为天下发生旱灾而审查清理被关押的罪犯，并为冤情和滞留案件而深深忧虑。现在陛下所宽宥的犯有死罪的罪犯，本来没有冤屈可以洗雪，恐怕因为这件事，凶残奸诈却又心存侥幸的罪犯常希望发生水旱灾害，所以陛下应该听从马植的奏请。”唐宣宗李忱诏命同意这一建议，把罪犯都依法宣判，任命马植为刑部侍郎，充任盐铁转运使。

马植平素以有文学才能和善理政事而闻名于当时，李德裕对他不加重用。到白敏中秉持政事，凡是李德裕所轻视的，都破格提拔重用他们。任命卢商为武昌节度使，以刑部尚书、判度支崔元式为门下侍郎，任命翰林学士、户部侍郎韦琮为中书侍郎，三人并同平章事。

闰三月，唐宣宗李忱颁下诏令：“凡是会昌五年所废弃的佛寺，如果僧人有能力修缮或建造，听凭他们处置，官府不得以任何理由制止他们。"当时的君主、宰相都一心想要改变会昌时的政事，所以僧、尼的弊害，全部恢复了原来的样子。

【乾隆御批】大中务反会昌之政论，史者徒以时相前后倾轧，宋室绍述纷更有类乎此。殊不知宣宗未嗣位时，久为武宗所不礼，而李德裕擅权日久，又挟震主之势，观太尉顾我毛发洒渐数语，与霍光骖乘何异。则德裕之致祸，本其身自取，岂恃同列巧为排摈，而宣宗猜忌寡思之失，有不止于矫枉过正矣？

【译文】唐代大中年间极力反对会昌年间的各项政论，史论家只认为这是他们在时间上一前一后才导致前后两朝的互相排斥，而认为宋神宗绍述年间朝中大臣纷乱变更也与此类似。殊不知宣宗还未继位时，武宗就一直对他不尊重，根本不把他放在眼里，而李德裕专权时日已久，又具有左右皇帝的势力，"看到李太尉我就毛发倒立，悚然惧怯"，寥寥数语，可见李德裕与霍光陪同皇帝乘车有什么不同。这样看来，李德裕引祸上身本是咎由自取，哪里用得着同僚想尽办法去排挤他，而宣宗因武宗当年待他轻慢无礼而一直耿耿于怀，难道不也有矫枉过正之嫌吗？

己酉，积庆太后萧氏崩。

五月，幽州节度使张仲武大破诸奚。

吐蕃论恐热乘武宗之丧，诱党项及回鹘馀众寇河西，诏河东节度使王宰将代北诸军击之。宰以沙陀朱邪赤心为前锋，自麟州济河，与恐热战于盐州，破走之。

六月，以鸿胪卿李业为册點戛斯英武诚明可汗使。

上请白敏中曰："朕昔从宪宗之丧，道遇风雨，百官、六宫四散避去，惟山陵使长而多髯，攀灵驾不去，谁也？"对曰："令狐

楚。"上曰："有子乎?"对曰："长子绪今为随州刺史。"上曰："堪
为相乎?"对曰："绪少病风痹。次子绹，前湖州刺史，有才器。"
上即擢为考功郎中、知制诰。绹入谢，上问以元和故事，绹条对
甚悉，上悦，遂有大用之意。

【译文】己酉日（闰四月无此日），文宗的母亲积庆太后萧氏
驾崩。

五月，幽州节度使张仲武大破诸奚。

吐蕃论恐热趁武宗崩逝之时，引诱党项以及回鹘的剩余
士众侵犯河西，唐宣宗李忱诏命河东节度使王宰率领代北各
军进击他们。王宰任命沙陀族酋领朱邪赤心为前锋，从麟州
渡过黄河，与论恐热在盐州交战，将论恐热击败并将他赶跑。

六月，唐宣宗李忱任命鸿胪卿李业为册封黠戛斯英武诚
明可汗的特使。

宣宗对白敏中说："朕以前为宪宗发丧，前往陵墓的途中
恰逢风雨交加，朝臣百官和六宫妃主都四散而逃找地方躲避
风雨，只有一个长得高大、胡须浓密的山陵使扶着宪宗的灵柩
车驾没有躲避，你知道此人是谁吗?"白敏中回答说："此人是
令狐楚。"宣宗说："他有儿子吗?"白敏中回答说："他的长子
叫令狐绪，如今担任随州刺史。"宣宗说："令狐绪能担当宰相
吗?"白敏中回答说："令狐绪年少时得了风湿病。令狐楚的次
子叫令狐绹，是前任湖州刺史，很有才气。"唐宣宗李忱立即拔
擢令狐绹为考功郎中、知制诰。令狐绹入朝致谢，宣宗询问他
元和时的旧事，令狐绹能条理清楚又十分详细地对答，宣宗大
为喜悦，就有任用他为宰相的意思。

秋，八月，丙申，以门下侍郎、同平章事李回同平章事，充西

川节度使。

葬贞献皇后于光陵之侧。

上敦睦兄弟，作雍和殿于十六宅，数临幸，置酒，作乐，击球尽欢。诸王有疾，常亲至卧内存问，忧形于色。

突厥掠漕米及行商，振武节度使史宪忠击破之。

【译文】秋季，八月，丙申日(初三)，唐宣宗李忱任命门下侍郎、同平章事李回同平章事，充任西川节度使。

安葬贞献皇后萧氏于穆宗光陵旁侧。

宣宗为了与兄弟们和睦友爱，在十六宅中建造了雍和殿，曾几次临驾此处，准备酒席，与兄弟诸王饮酒，又一起游戏，尽情玩乐。诸王患病时，宣宗也常亲自到患病亲王的卧室内加以慰问，忧虑的表情会不自觉地流露出来。

突厥抢夺漕运米粮以及行旅商人，振武节度使史宪忠把他们打败。

九月，丁卯，以金吾大将军郑光为平卢节度使。光，润州人，太后之弟也。

乙酉，前永宁尉吴汝纳，讼其弟湘罪不至死，"李绅与李德裕相表里，期罔武宗，枉杀臣弟，乞召江州司户崔元藻等对辨。"丁亥，敕御史台鞫实以闻。冬，十二月，庚戌，御史台奏，据崔元藻所列吴湘冤状，如吴汝纳之言。戊午，贬太子少保、分司李德裕为潮州司马。

吏部奏，会昌四年所减州县官内复增三百八十三员。

【译文】九月，丁卯日(初五)，唐宣宗李忱任命金吾大将军郑光为平卢节度使。郑光是润州人，是郑太后的弟弟。

乙酉日(二十三日)，前永宁尉吴汝纳诉说他的弟弟吴湘所犯罪行不至死刑，而说是"李绅和李德裕内外相合，欺骗武宗，枉杀了臣子的弟弟，求请召江州司户崔元藻等人来对质申辩"。丁亥日(二十五日)，唐宣宗李忱颁下敕书给御史台，令调查出真实情况向上汇报。冬季，十二月，庚戌日(十九日)，御史台奏报宣宗，依据崔元藻所列举吴湘被冤屈的相关情况，正如吴汝纳所说。戊午日(二十七日)，唐宣宗李忱下令贬太子太保、分司东都李德裕为潮州司马。

吏部向宣宗奏报：在会昌四年所裁减的州、县官中，又恢复了三百八十三位官吏。

【乾隆御批】李绅案奏湘罪，不无迎合执政之心，及御史覆奏其冤，德裕自当平情昭雪，乃竟以私意擅杀，且罪及推勘之人，徇门户而专威福，再贬实罪所当得。柔立素为所斥，乃以为之讼自得名。然岂能欺有卓识者哉？

【译文】李绅状告吴湘有罪，恐怕有迎合执政者李德裕之心，等到御史复审后认为吴湘有冤屈，李德裕这时本应公允而不偏于私情地为吴湘平反昭雪，而他竟然因为私人恩怨自作主张杀了吴湘，而且还加罪于负责推究勘问案件的官员，徇朋党之情而滥施威权，他的两次被贬实在是罪有应得。丁柔立一向被李德裕所排斥，于是想以为李德裕申冤而得到声名，然而这岂能欺骗那些有远见卓识之人呢？

大中二年(戊辰，公元八四八年)正月，甲子，群臣上尊号曰圣敬文思和武光孝皇帝；赦天下。

初，李德裕执政，有荐丁柔立清直可任谏官者，德裕不能用。上即位，柔立为右补阙。德裕贬潮州，柔立上疏讼其冤。丙寅，坐阿附贬南阳尉。

西川节度使李回、桂管观察使郑亚坐前不能直吴湘冤，乙酉，回左迁湖南观察使，亚贬循州刺史，李绅追夺三任告身。中书舍人崔嘏坐草李德裕制不尽言其罪，己丑，贬端州刺史。

【译文】大中二年（戊辰，公元848年）正月，甲子日（初三），群臣给宣宗献上尊号，称为圣敬文思和武光孝皇帝；宣宗为此大赦天下。

起初，李德裕担任宰相，把持朝政，有人推荐丁柔立，说他为人清廉正直，可以担任谏官，李德裕对他没有重用。宣宗即皇帝位后，任命丁柔立为右补阙。李德裕被贬至潮州后，丁柔立向宣宗上疏为李德裕申诉冤屈。丙寅日（初五），朝廷以丁柔立阿附李德裕而将他贬为南阳尉。

西川节度使李回、桂管观察使郑亚因以前不能裁断吴湘受冤屈的案子而获罪，乙酉日（二十四日），李回被调任湖南观察使，郑亚被贬为循州刺史，李绅虽然去世，但是也被追夺三任委任状。中书舍人崔嘏因起草李德裕制诏时没有把他的罪行全部说出而获罪，己丑日（二十八日），崔嘏被贬为端州刺史。

回鹘遏捻可汗仰给于奚王石舍朗。及张仲琥大破奚众，回鹘无所得食，日益耗散。至是，所存贵臣以下不满五百人，依于室韦。使者入贺正，过幽州，张仲武使归取遏捻等。遏捻闻之，夜与妻葛禄、子特勒毒斯等九骑西走，馀众追之不及，相与大哭。室韦分回鹘馀众为七，七姓共分之。居二日，黠戛斯遣其相阿播帅诸胡兵号七万来取回鹘，大破室韦，悉收回鹘馀众归碛北。犹有数帐，潜窜山林，钞盗诸胡。其别部厖勒，先在安西，亦自称可汗，居甘州，总碛西诸城，种落微弱，时入献见。

资治通鉴

【译文】回鹘遏捻可汗依赖奚王石舍朗供应所需物品。张仲武大破奚王士众后，回鹘已无处可以得到粮食，部众日益减少，纷纷溃散，到这时，所留下的贵族以下人员还不满五百人，于是转而投靠室韦部族。回鹘派遣使者入唐朝来祝贺正旦这个好日子，经过幽州时，张仲武让那个使者回去捉拿遏捻可汗等人。遏捻可汗得知这一消息，趁夜与妻子葛禄、儿子特勒毒斯等九人骑马向西奔逃，回鹘余众追赶遏捻可汗没能追上，相对痛哭流泪。室韦把回鹘余众分成七部分，由室韦的七支部姓一起支配。过了三天，黠戛斯派遣他的辅相阿播率领各部胡兵，号称七万之众，进攻回鹘，大破室韦，俘虏回鹘全部余众后返回漠北。还有数个帐落的人，偷偷躲进山林，经常出来抢掠诸胡部落。回鹘族的别部庞勒，起先在安西，也自称可汗，在甘州居住，总领沙漠以西各个城镇，这时回鹘部落势力已很衰落，于是时常派遣使者入唐贡奉，朝见唐皇帝。

二月，庚子，以知制诰令狐绹为翰林学士。上尝以太宗所撰《金镜》授绹，使读之，"至乱未尝不任不肖，至治未尝不任忠贤，"上止之曰："凡求致太平，当以此言为首。"又书《贞观政要》于屏风，每正色拱手而读之。上欲知百官名数，令狐绹曰："六品已下，官卑数多，皆吏部注拟；五品以上，则政府制授，各有籍，命曰具员。"上命宰相作《具员御览》五卷，上之，常置于案上。

立皇子泽为濮王。上欲作五王院于大明宫，以处皇子之幼者，召术士柴岳明使相其地。岳明对曰："臣庶之家，廷徙不常，故有自阳宅入阴宅，阴宅入阳宅。刑克祸福，师有其说，今陛下深拱法宫，万神拥卫，阴阳书本不言帝王家。"上善其言，赐束帛遣之。"

【译文】二月，庚子日(初十)，唐宣宗李忱任命知制诰令狐绹为翰林学士。宣宗曾经拿太宗所撰著的《金镜》一书给令狐绹，教他阅读，当读到"政事最紊乱时，未尝不重用不贤的人；政事最清明时，未尝不重用忠贤的人"时，宣宗阻止他说："凡是要达到国家太平，应当以这句话为首要信条。"宣宗又将《贞观政要》书写于屏风之上，经常严肃地拱手细读其中令人警醒的句子。宣宗想了解朝廷百官的姓名和数目，令狐绹说："六品以下官员，地位低下，人数众多，都交给尚书省吏部注册拟定授予官职。五品以上官员，就交给中书门下政事堂控制并授予官职，他们分别都有名籍，叫作具员。"唐宣宗李忱诏令宰相撰写《具员御览》五卷，宰相撰修完后呈奏宣宗，宣宗将其经常放置于桌上，以备查考。

唐宣宗李忱册立皇子李泽为濮王。宣宗准备在大明宫建造五王院，用来给皇子中年幼的孩子居处，召来术士柴岳明，让他观察风水。柴岳明启奏说："一般臣子百姓的家，常迁徙不定，所以有的可能从向阳的房子迁到朝阴面的房子，有的从朝阴的房子迁进向阳的房中去。阴阳家所称道的三刑祸福，五行相克，是有这样的说法，只是陛下您修筑起高大宏伟的路寝正殿，受到万神的拥戴守护，而阴阳家称道的说法是不能预测帝王之家的。"宣宗很赞许他这番话，赏赐他五匹帛，然后派人送他回去。

夏，五月，己未朔，日有食之。

门下侍郎、同平章事崔元式罢为户部尚书。以兵部侍郎、判度支、户部周墀、刑部侍郎、盐铁转运使马植并同平章事。

初，墀为义成节度使，辟韦澳为判官，及为相，谓澳曰："力小任重，何以相助?”澳曰:“愿相公无权。”墀愕然，不知所措。澳曰:“官赏刑罚，与天下共其可否，勿以己之爱憎喜怒移之，天下自理，何权之有!”墀深然之。澳，贯之之子也。

己卯，太皇太后郭氏崩于兴庆宫。

【译文】夏季，五月，己未朔日(初一)，出现日食。

门下侍郎、同平章事崔元式被唐宣宗李忱罢职而担任户部尚书;唐宣宗李忱任命兵部侍郎、判度支、户部周墀以及刑部侍郎、盐铁转运使马植一并同平章事。

起初，周墀是义成节度使，征召韦澳为判官，等到做了宰相，周墀对韦澳说:“我的能力实在很低，而承担的责任很重，你准备怎样帮助我呢?”韦澳回答说:“希望您没有掌握大权。”周墀听后感到很吃惊，不明白韦澳说的是什么意思。韦澳向他解释说:“对于官员的赏赐和惩处，您应该与天下百姓持有一致的看法，不要拿自己的爱憎喜怒来改变百姓的议论，这样天下自然就能被治理得很好，又有什么必要去谋求权力呢!”周墀对他说的话十分赞同。韦澳是韦贯之的儿子。

己卯日(二十一日)，太皇太后郭氏在兴庆宫崩逝。

【乾隆御批】太阿不可倒持，宰相安得有权! 李唐中叶以后，威柄下移，政府擅窃成风，恬不为异，虽以周墀鲠直，闻韦澳语，尚尔“愕然”，习俗移人吁可惧矣。

【译文】代表权力的宝剑不交给别人，宰相怎么能有大权! 李唐王朝中叶以后，国家威力下移，擅自窃取朝廷权力蔚然成风，已不足为怪，周墀尽管是个忠正之人，但在听了韦澳的话后，尚且还会“愕然”，习惯势力改变人的力量真是太可怕了!

六月，礼院检讨官王皞贬句容令。

初，宪宗之崩，上疑郭太后预其谋。又，郑太后本郭太后侍儿，有宿怨，故上即位，待郭太后礼殊薄，郭太后意怏怏。一日，登勤政楼，欲自陨。上闻之，大怒，是夕，崩，外人颇有异论。

上以郑太后故，不欲以郭后祔宪宗。有司请葬景陵外园，皞奏宜合葬景陵，神主配宪宗室。奏入，上大怒。白敏中召皞诘之。皞曰："太皇太后，汾阳王之孙，宪宗在东宫为正妃，逮事顺宗为妇。宪宗厌代之夕，事出暧昧。太皇太后母天下，历五朝，岂得以暧昧之事遽废正嫡之礼乎！"敏中怒甚，皞辞气愈厉。诸相会食，周墀立于敏中之门以俟之。敏中使谢曰："方为一书生所苦，公弟先行。"墀入，至敏中厅问其事，见皞争辩方急，墀举手加额，叹皞孤直。明日，皞坐贬官。

【译文】六月，礼院检讨官王皞被贬为句容县令。

起初，宪宗崩逝时，宣宗怀疑郭太后参与了筹划谋害宪宗一事。另外，郑太后原本是服侍郭太后的婢女，她们之间有长久的怨恨，因此，宣宗即皇帝位后，对郭太后的礼遇非常微薄。郭太后为此而闷闷不乐。有一天，她登上勤政楼，准备跳楼自杀。宣宗知道了这件事，大怒，郭太后当晚就崩逝了，宫禁外的人对此有很多议论。

宣宗因为郑太后，不想把郭后与宪宗合葬。有司请把郭后葬在景陵的外园，而王皞上奏认为应该将郭太后与宪宗同葬于景陵，郭太后的神主像也应该和宪宗的神主像配置在同一室。王皞的奏状呈递上去，宣宗看后非常生气。于是白敏中召来王皞质问并指责他。王皞说："太皇太后是汾阳王郭子仪的孙女，宪宗在东宫时郭太后就是正妃娘娘，成为顺宗的媳妇。宪宗驾崩的那一晚，好像死得有些莫名其妙。但是太皇太后郭氏是天下之母，已经历了穆、敬、文、武及今朝共五朝，怎么可以因为莫名其妙的事就突然废止按正宫嫡妻安葬的礼仪呢！”白敏中愤怒得不得了，而王皞的言辞更加严厉。当时，所有宰相聚宴，周墀站在白敏中的门口等他。白敏中教人婉谢说："刚才正为一个书生所困扰，您请先走一步。"周墀进入白敏中的厅事，询问发生了什么事，只见王皞正争辩得厉害，周墀不由得举手按住脑门，赞叹王皞为人孤介耿直。第二天，王皞因此被贬官。

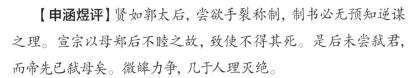

【申涵煜评】贤如郭太后，尝欲手裂称制，制书必无预知逆谋之理。宣宗以母郑后不睦之故，致使不得其死。是后未尝弑君，而帝先已弑母矣。微皞力争，几于人理灭绝。

【译文】贤德如郭太后，还曾经想手裂称制，制书一定没有预先知道谋反的道理。宣宗因为郭太后和母亲郑后不和睦的关系，致使其不得好死。是郭太后未曾弑杀君主，而宣宗已经弑杀母亲了。王皞据理力争，几乎于人理灭绝。

秋，九月，甲子，再贬潮州司马李德裕为崖州司户，湖南观察使李回为贺州刺史。

前凤翔节度使石雄诣政府自陈黑山、乌岭之功，求一镇以终老。执政以雄李德裕所荐，曰："向日之功，朝廷以薄、孟、岐三镇酬之，足矣。"除左神武统军。雄怏怏而薨。

【译文】秋季，九月，甲子日（初八），宣宗将潮州司马李德裕再贬为崖州司户，将湖南观察使李回再贬为贺州刺史。

前凤翔节度使石雄来到中书门下政事堂，向宰相们陈说自己在黑山、乌岭立下的战功，请求担任一个藩镇的节度使一直到死。当朝执政的宰相认为石雄是李德裕推荐的，于是对石雄说:"根据你以前的战功,朝廷已经让你统辖蒲州、孟州、岐州三镇,算是给你的酬劳,已经足够了。"于是任命石雄为左龙武统军。石雄抑郁而死。

十一月,庚午,万寿公主适起居郎郑颢。颢,絪之孙,登进士第,为校书郎、右拾遗内供奉,以文雅著称。公主,上之爱女,故选颢尚之。有司循旧制请用银装车,上曰:"吾欲以俭约化天下,当自亲者始。"令依外命妇以铜装车。诏公主执妇礼,皆如臣庶之法,戒以毋得轻夫族,毋得预时事。又申以手诏曰:"苟违吾戒,必有太平、安乐之祸。"颢弟顗,尝得危疾,上遣使视之。还,问"公主何在?"曰:"在慈恩寺观戏场。"上怒,叹曰:"我怪士大夫家不欲与我家为昏,良有以也!"亟命召公主入宫,立之阶下,不之视。公主惧,涕泣谢罪。上责之曰:"岂有小郎病,不往省视,乃观戏乎!"遣妇郑氏。由是终上之世,贵戚皆兢兢守礼法,如山东衣冠之族。

【译文】十一月,庚午日(十四日),万寿公主下嫁起居郎郑颢。郑颢是郑絪的孙子,进士及第,担任校书郎、右拾遗内供奉,以文才出众、风度儒雅而著称于士林。而万寿公主是宣宗最疼爱的女儿,所以宣宗选郑颢做驸马,迎娶万寿公主。有关部门的礼官请求遵循旧制用银子装饰马车,宣宗说:"朕正打算用朴素节俭来教化天下万民,所以这件事应当从朕的亲人开始啊。"于是唐宣宗李忱下诏,命令依照外命妇的礼制用铜装饰车子。诏命公主遵守为人媳妇的礼节,一律依照平民的礼法,并且告诫她不得轻视夫婿的宗族,不得干预时事。又用手诏重申说:"如果你违背朕给你的告诫,必然会有当年太平公主、安乐公主那样的灾祸。"郑颢的弟弟郑顗曾经患有重病,情况十分危急，宣宗派遣使者去探视，回宫后，宣宗问道："万寿公主在什么地方？"使者回答说："在慈恩寺观戏场。"宣宗听后很是愤怒，叹息说："朕一直奇怪士大夫家族为何不想与皇家联姻，现在看来是有原因的啊！"立即命令召万寿公主入禁宫，让她站立在庭殿台阶之下，看也不看她一眼。万寿公主感到很惊慌，泪流满面地向父皇谢罪。宣宗责备她说："哪里有小叔生病，你不去探视，竟去看戏的道理呢！"命人把公主再送回郑氏家。因此宣宗在世的这段日子，贵戚之家都戒慎地严守礼法，像崤山以东以礼法门风相尚的世族一样。

壬午，葬懿安皇后于景陵之侧。

以中书侍郎、同平章事韦琮为太子宾客、分司。

十二月，凤翔节度使崔珙奏破吐蕃，克清水。清水先隶秦州，诏以本州未复，权隶凤翔。

上见宪宗朝公卿子孙，多擢用之。刑部员外郎杜胜次对，上问其家世，对曰："臣父黄裳，首请宪宗监国。"即除给事中。翰林学士裴谂，度之子也，上幸翰林，面除承旨。

吐蕃论恐热遣其将恭罗急藏将兵二万略地西鄙，尚婢婢遣其将拓跋怀光击之于南谷，大破之，急藏降。

【译文】壬午日（二十六日），懿安皇后下葬在景陵的旁侧。

唐宣宗李忱任命中书侍郎、同平章事韦琮为太子宾客、分司。

十二月，凤翔节度使崔珙向朝廷奏报攻破吐蕃，攻克清水。清水之前隶属秦州，因为本州还没有收复，所以宣宗诏命它暂时隶属凤翔。

宣宗凡是看到宪宗朝公卿大臣的子孙，多半要提拔任用他们。刑部员外郎杜胜上朝参加次对，宣宗询问到他的家世，杜胜回答说："臣父黄裳，首先提议请求宪宗管理国家政事。"唐宣宗李忱立即任命杜胜为给事中。翰林学士裴谂是裴度的儿子，宣宗驾临翰林院，当面提升裴谂为翰林学士承旨。

吐蕃论恐热派遣他的大将莽罗急藏率领两万士兵在西方边陲攻城略地，尚婢婢派遣他的大将拓跋怀光在南谷阻击莽罗急藏，大破莽罗急藏，于是，莽罗急藏投降。

大中三年（己巳，公元八四九年）春，正月，上与宰相论元和循吏孰为第一，周墀曰："臣尝守土江西，闻观察使韦丹功德被于八州，没四十年，老稚歌思，如丹尚存。"乙亥，诏史馆修撰杜牧撰《丹遗爱碑》以纪之，仍擢其子河阳观察判官宙为御史。

二月，吐蕃论恐热军于河州，尚婢婢军于河源军。婢婢诸将欲击恐热，婢婢曰："不可。我军骤胜而轻敌，彼穷困而致死，战必不利。"诸将不从。婢婢知其必败，据河桥以待之，诸将果败。婢婢收馀众，焚桥，归鄯州。

吐蕃秦、原、安乐三州及石门等七关来降。以太仆卿陆耽为宣谕使，诏泾原、宁武、凤翔、邠宁、振武皆出兵应接。

【译文】大中三年（己巳，公元 849 年）春季，正月，宣宗与宰相议论，元和时地方上循职守法的官吏谁为第一。周墀说："臣曾在江西守土（时为江西节度使），听说观察使韦丹的功德远播于八个州（洪、江、鄂、岳、虔、吉、袁、抚），死后四十年，老老少少还讴歌思念，就像韦丹还活着似的。"乙亥日（二十日），唐宣宗李忱诏示史馆修撰杜牧撰著《丹遗爱碑》来作为对韦丹的纪念，并且拔擢韦丹的儿子河阳观察判官韦宙为御史。

二月，吐蕃论恐热驻军河州，尚婢婢驻军在河源军。尚婢婢的诸将打算攻击论恐热，尚婢婢说："不可轻易出战。我军突然间获得胜利就会产生轻敌情绪，而敌军因为战败走投无路，只有拼死战斗才有生还的机会，所以现在打仗对我军一定没有好处。"各位将领不相信，不肯听从他的建议。尚婢婢知道部将出战一定会失败而归，于是，他据守河桥以等待败军的归来，诸将果然失败。尚婢婢聚集剩余士众，焚烧桥梁，返回鄯州。

吐蕃占领的秦、原、安乐三州以及石门等七座关隘派遣使者向唐朝投降。唐宣宗李忱任命太仆卿陆耽为宣谕使，诏命泾原、灵武、凤翔、邠宁、振武都出兵接应。

河东节度使王宰入朝，以货结贵幸，求以使相领宣武。刑部尚书、同平章事周墀上疏论之，宰遂还镇。附马都尉韦让求为京兆尹，墀言京兆尹非才望不可为，让议意寝。墀又谏上开边，由是忤旨。夏，四月，以墀为东川节度使，以御史大夫崔铉为中书侍郎、同平章事，兵部侍郎、判户部魏扶同平章事。

癸巳，卢龙奏节度使张仲武薨，军中立其子节度押牙直方。

翰林学士郑颢言于上曰："周墀以直言入相，亦以直言罢相。"上深感悟，甲午，墀入谢，加检校右仆射。

戊戌，以张直方为卢龙留后。

【译文】河东节度使王宰入朝，用财货结交当权被宠幸的大臣，求他们劝说宣宗让自己以使相的身份担任宣武节度使。刑部尚书、同平章事周墀向宣宗上疏商讨此事，王宰于是又返回河东镇。驸马都尉韦让向朝廷请求担任京兆尹一职，周墀奏称，京兆尹这个官职，没有才能和威望的人不能够担任，韦让的请求最终没有实现。周墀又劝谏并阻止宣宗开拓边境，攻取河西，因而触犯了宣宗的旨意。夏季，四月，唐宣宗李忱任命周墀为东川节度使；任命御史大夫崔铉为中书侍郎、同平章事，任命兵部侍郎、判户部魏扶同平章事。

癸巳日(初八)，卢龙向朝廷上奏节度使张仲武去世，军中拥立张仲武的儿子节度押牙张直方继续掌管卢龙军政。

翰林学士郑颢对宣宗说："周墀以直言进谏入朝担任宰相，也以直言而罢去宰相职位。"宣宗听后深为感动而醒悟，甲午日(九日)，周墀入朝谢恩，唐宣宗李忱加封他检校右仆射的官衔。

戊戌日(十三日)，唐宣宗李忱任命张直方为卢龙留后。

五月，徐州军乱，逐节度使李廓。廓，程之子也，在镇不治。右补阙郑鲁上言其状，且曰："臣恐新麦未登，徐师必乱。速命良帅，救此一方。"上未之省。徐州果乱，上思鲁言，擢为起居舍人。

以义成节度使卢弘止为武宁节度使。武宁士卒素骄，有银刀都尤甚，屡逐主帅。弘止至镇，都虞候胡庆方复谋作乱，弘止诛之，抚循其馀，训以忠义，军府由是获安。

六月，戊申，以张直方为卢龙节度使。

泾原节度使康季荣取原州及石门、驿藏、木峡、制胜、六磐、石峡六关。秋，七月，丁巳，灵武节度使朱叔明聚长乐州。甲子，邠宁节度使张君绪取萧关。甲戌，凤翔节度使李玭取秦州。诏邠宁节度权移军于宁州以应接河西。

【译文】五月，徐州军叛乱，驱逐节度使李廓。李廓是李程的儿子，在藩镇时不处理政事，右补阙郑鲁曾向宣宗告发他的情况，并且说："臣恐怕等不到新麦丰收，徐州的军队就已经发生变乱了，请求陛下赶快派遣一位优秀的统帅，来解救这一方要遭大难的百姓。"宣宗未能省察其中之事。结果，徐州果然发生叛乱，此时，宣宗想起郑鲁的话，就提拔他为起居舍人。

唐宣宗李忱任命义成节度使卢弘止为武宁节度使。武宁的士卒一贯骄横残暴，其中银刀都将尤其凶暴，多次驱逐主帅。卢弘止抵达武宁，都虞候胡庆方企图趁机叛乱，被卢弘止诛杀，卢弘止安抚其他兵士，以忠义之理向士卒们训导，武宁军府逐渐安定下来。

六月，戊申日（二十六日），唐宣宗李忱任命张直方为卢龙节度使。

泾原节度使康季荣掠取了原州以及石门、驿藏、木峡、制胜、六磐、石峡等六关。秋季，七月，丁巳日（初六），灵武节度使朱叔明攻取长乐州。甲子日（十三日），邠宁节度使张君绪攻占萧关。甲戌日（二十三日），凤翔节度使李玭攻取秦州。唐宣宗李忱颁下诏书命邠宁节度使暂将军队在邠宁移驻，以便接应河西地区。

八月，乙酉，改长乐州为威州。

河、陇老幼千余人诣阙，己丑，上御延喜门楼见之，欢呼舞跃，解胡服，袭冠带，观者皆呼万岁。诏"募百姓垦辟三州、七关土田，五年不租税，自今京城罪人应配流者皆配十处。四道将吏能于镇戍之地为营田者，官给牛及种粮，温池盐利可赡边陲，委度支制置。其三州、七关镇戍之卒，皆倍给衣粮，仍二年一代。道路建置堡栅，有商旅往来贩易及戍卒子弟通传家信，关镇毋得留难。其山南、剑南边境有没蕃州县，亦令量力收复。"

【译文】八月，乙酉日（初四），朝廷改长乐州为威州。

河西、陇右地区的老幼百姓一千余人抵达长安。己丑日（初八），宣宗登上延喜门楼接见他们，河西、陇右百姓欢呼雀跃，脱下胡人服装，戴上唐人的冠带，围观的人都高呼万岁。唐宣宗李忱为此颁发诏书，宣告："招募百姓开辟耕垦河西、陇右三州、七关土地农田，五年免收租税，自此以后，凡京城长安的罪人应发配流放的，全都发配到这三州、七关之地；泾原等四道将领官吏能在戍守的地方经营田地者，由官府供给耕牛和种粮。温池县所收的盐利可以供给边陲之地，委托度支制定办法，凡三州、七关镇守戍卫的士卒，都加倍供给衣粮，仍旧两年换防一次。在道路上建置城堡栏栅，有商旅往来贸易以及戍军士兵的子弟寄家信的，据守关、镇的官员不得滞留刁难。凡山南、剑南的边境，有被吐蕃所占领的州县，也命令他们衡量自身兵力情况把它们收复。"

【乾隆御批】唐自肃、代以后，河西、陇右尽没吐蕃，及是，虽因蕃乱，请降服，籍徒隶强藩，而田税未归司计，则所云克复者，亦虚有其名而已。

【译文】唐代自从肃宗、代宗两朝以来，河西、陇右的土地尽落吐蕃之手，到这时，由于吐蕃大乱衰弱，有一些地区请求归降，然而它们仅是出于想依附强国的目的，而国家却没有得到那个相应地区的税收，那么所说的收复，也只是徒有虚名罢了。

冬，十月，改备边库为延资库。

西川节充使杜惊奏取维州。

闰十一月，丁酉，宰相以克复河、湟，请上尊号。上曰："宪宗常有志复河、湟，以中原方用兵，未遂而崩，今乃克成先志耳。其议加顺、宪二庙尊谥以昭功烈。"

卢龙节度使张直方，暴忍，喜游猎。军中将作乱，直方知之，托言出猎，遂举族逃归京师。军中推牙将周綝为留后，直方至京师，拜金吾大将军。

甲戌，追上顺宗谥曰至德弘道大圣大安孝皇帝，宪宗谥曰昭文章武大圣至神孝皇帝。仍改题神主。

己未，崖州司户李德裕卒。

山南西道节度使郑涯奏取扶州。

【译文】冬季，十月，朝廷把备边库改为延资库。

西川节度使杜悰向朝廷奏报已经攻占维州。

闰十一月，丁酉日（十七日），宰相以收复河、湟为名请宣宗加尊号，宣宗说："宪宗常有收复河、湟的心愿，只因中原正在用兵，结果心愿未能实现就崩殂了，如今才算完成先人的志愿。应该商议加给顺宗、宪宗二庙的尊谥，以昭示先辈的功业。"

卢龙节度使张直方，暴横残忍，喜好游猎。军中将要叛乱，张直方知道了这件事，假装说出外狩猎，带着全族奔逃回京师长安，卢龙军中推举牙将周綝担任留后。张直方抵达京师，被任命为金吾大将军。

甲戌日（闰十一月无此日），宣宗君臣给唐顺宗追赠谥号为至德弘道大圣大安孝皇帝；给唐宪宗追赠谥号为昭文章武大圣至神孝皇帝。并据新谥号改题唐顺宗和唐宪宗的神主。

己未日（闰十一月无此日），崖州司户李德裕去世。

山南西道节度使郑涯向朝廷奏报已攻取扶州。

资治通鉴卷第二百四十九　唐纪六十五

起上章敦牂，尽屠维单阏，凡十年。

【译文】起庚午（公元 850 年），止己卯（公元 859 年），共十年。

【题解】本卷记录了公元 850 年至 859 年间的史事，当时正值唐宣宗大中四年至大中十三年，这十年基本囊括了宣宗一朝的政事（宣宗在位总计十三年）。按惯例宣宗不能为帝，但因他善于隐藏自己，从小就显出一副愚钝的样子，宦官认为他真的痴呆并且对之前两位皇帝心怀不满，于是破例立他为帝。宣宗即位后，一改之前的愚钝之相，处事果决，大家才知他之前的伪装。宣宗的精明独断加上武宗留下的大好形势，使其朝政保持了十三年的太平景象，而周边也平静下来。本该大有作为之时，可惜宣宗心胸狭隘，为了报复文、武二宗，就株连郭太后，以证明自己是皇位的合法继承者；李德裕为武宗信任，此时也被定为逆臣，宣宗施政不问缘由，不管对错，把会昌之政全部推翻。后来，宣宗又走了文、武二宗的老路，沉迷于长生之道，最后因服丹而中毒身亡。僖宗继位后，政权又回到了宦官之手。

宣宗元圣至明成武献文睿智章仁
神聪懿道大孝皇帝下

大中四年（庚午，公元八五〇年）春，正月，庚辰朔，赦天下。

二月，以秦州隶凤翔。

夏，四月，庚戌，以中书侍郎、同平章事马植为天平节度使。上之立也，左军中尉马元贽有力焉，由是恩遇冠诸宦者，植与之叙宗姓。上赐元贽宝带，元贽以遗植，植服之以朝，上见而识之。植变色，不敢隐。明日。罢相，收植亲吏董侔，下御史台鞫之，尽得植与元贽交通之状，再贬常州刺史。

六月，戊申，兵部侍郎、同平章事魏扶薨。以户部尚书、判度支崔龟从同平章事。

【译文】大中四年(庚午，公元850年)春季，正月，庚辰朔日(初一)，唐宣宗李忱颁诏大赦天下。

二月，朝廷将秦州隶属于凤翔。

夏季，四月，庚戌日(初二)，唐宣宗李忱任命中书侍郎、同平章事马植为天平节度使。宣宗被册立为皇帝，宦官左神策军中尉马元贽出了很大力，于是，宣宗对他的恩遇超过其他宦官。马植就与马元贽攀亲，叙为马姓宗族，宣宗赐给马元贽金宝腰带，马元贽转赠给马植。马植系上宝带上朝，被宣宗看见并认出来，马植当即面露惊慌之色，不敢隐瞒此事。第二天，唐宣宗李忱罢免马植宰相官位，逮捕了马植的亲信胥吏董侔，把他送交御史台加以审问，将马植与马元贽内外结交的情况全部查清，于是又贬马植为常州刺史。

六月，戊申日(初二)，兵部侍郎、同平章事魏扶去世。唐宣宗李忱任命户部尚书、判度支崔龟从同平章事。

秋，八月，以白敏中判延资库。

卢龙节度使周綝薨，军中表请以押牙兼马步都知兵马使张允伸为留后。九月，丁酉，从之。

党项为边患，发诸道兵讨之，连年无功，戍馈不已，右补阙孔温裕上疏切谏。上怒，贬柳州司马。温裕，戣之兄子也。

吐蕃论恐热遣僧莽罗蔺真将兵于鸡项关南造桥，以击尚婢婢，军于白土岭。婢婢遣其将尚铎罗榻藏将兵据临蕃军以拒之，不利，复遣磨离罴子、烛卢巩力将兵据鏖牛峡以拒之。巩力请"按兵拒险，勿与战，以奇兵绝其粮道，使进不得战，退不得还，不过旬月，其众必溃。"罴子不从。巩力曰："吾宁为不用之人，不为败军之将。"称疾，归鄯州。罴子逆战，败死。婢婢粮乏，留拓跋怀光守鄯州，帅部落三千馀人就水草于甘州西。恐热闻婢婢弃鄯州，自将轻骑五千追之。至瓜州，闻怀光守鄯州，遂大掠河西鄯、廓等八州，杀其丁壮，劓刵其羸老及妇人，以橐贯婴儿为戏，焚其室庐，五千里间，赤地殆尽。

【译文】秋季，八月，唐宣宗李忱任命白敏中兼管延资库。

卢龙节度使周琳去世，军中将领上表请求朝廷任命押牙兼马步都知兵马使张允伸为留后。九月，丁酉日（二十三日），宣宗同意这一请求。

党项为患边陲，朝廷派遣各道兵马前去征讨，连年没有战功，而戍边的给养却不断运送。右补阙孔温裕向宣宗上疏进行劝谏，言辞沉痛恳切。宣宗听后很气愤，将孔温裕贬为柳州司马。孔温裕是孔戣哥哥的儿子。

吐蕃论恐热派遣僧侣莽罗蔺真率领士兵在鸡项关南造桥，准备用来攻打尚婢婢的军队，论恐热驻军在白土岭。尚婢婢派遣大将尚铎罗榻藏率领士兵据守临蕃军以抵御论恐热的军队，但是，交战很不顺利，尚婢婢又派遣磨离罴子、烛卢巩力率领军队据守鏖牛峡以阻击论恐热的进攻。烛卢巩力请求"按兵不动，据守险要，不与敌军交战，而是出奇兵断绝敌军的粮道，使

资治通鉴

论恐热进不能作战，退又不得返回，不出几个月，敌军必然溃败"。磨离罴子却不同意这个建议。烛卢巩力说："我宁可成为不被重用的人，也不能成为败军的将领。"于是，假称自己生病，返回了鄯州。磨离罴子迎战，结果战败而死。尚婢婢粮食匮乏，命令拓跋怀光留守鄯州，自己率领部落三千余人接近甘州西方有水草的地方。论恐热听说婢婢放弃了鄯州，于是，亲自率领轻骑五千追击。到了瓜州，听说是拓跋怀光戍守鄯州，于是率领军队大肆劫掠河西、鄯、廓等八州，将青壮年男子杀死，将老弱者以及妇女的鼻子和膝盖骨割去，用长矛刺婴儿作为游戏，焚烧居民的住房，使河西五千里之内几乎成了一片赤地。

冬，十月，辛未，以翰林学士承旨、兵部侍郎令狐绹同平章事。

十一月，壬寅，以翰林学士刘瑑为京西招讨党项行营宣慰使。

以卢龙留后张允伸为节度使。

十二月，以凤翔节度使李业、河东节度使李试着兼招讨党项使。

吏部侍郎孔温业白执政求外官，白敏中谓同列曰："我辈须自点检，孔吏部不肯居朝廷矣。"温业，戣之弟子也。

【译文】冬季，十月，辛未日(初七)，唐宣宗李忱任命翰林学士承旨、兵部侍郎令狐绹同平章事。

十一月，壬寅日(二十八日)，唐宣宗李忱任命翰林学士刘瑑为京西招讨党项行营宣慰使。

唐宣宗李忱任用卢龙留后张允伸为节度使。

十二月，唐宣宗李忱任用凤翔节度使李业、河东节度使李拭一同兼任招讨党项使。

吏部侍郎孔温业向执政宰相请求到地方担任外官，白敏中对同列宰相说："我们这些当朝宰相应该在言行上检点一些，孔吏部已经不肯在朝廷做官了。"孔温业是孔戣弟弟的儿子。

大中五年(辛未，公元八五一年)春，二月，壬戌，天德军奏摄沙州刺史张义潮遣使来降。义潮，沙州人也，时吐蕃大乱，义潮阴结豪杰，谋自拔归唐。一旦，帅众被甲噪于州门，唐人皆应之，吐番守将惊走，义潮遂摄州事，奉表来降。以义潮为沙州防御使。

以兵部侍郎裴休为盐铁转运使。休，肃之子也。自太和以来，岁运江、淮米不过四十万斛，吏卒侵盗、沉没，舟达渭仓者什不三四，大堕刘晏之法。休穷究其弊，立漕法十条，岁运米至渭仓者百二十万斛。

上颇知党项之反由边帅利其羊马，数欺夺之，或妄诛杀，党项不胜愤怨，故反。乃以右谏议大夫李福为夏绥节度使。自是继选儒臣以代边帅之贪暴者，行日复面加戒励，党项由是遂安。福，石之弟也。

【译文】大中五年(辛未，公元 851 年)春季，正(一作二)月，壬戌日(二月十九日)，天德军向朝廷奏报，代理沙州刺史张义潮派遣使者前来投降。张义潮是沙州人，当时吐蕃大乱，张义潮暗中结交豪杰，谋划凭借自己的力量攻占沙州，向唐朝投降。一天早晨，张义潮率领部众全副武装在州门前喧噪鼓动，原属唐朝的汉族人全都响应他们，吐蕃族守将都惊慌失措地四散奔逃，张义潮掌管沙州军政事务，奉持奏表来归降唐朝。唐宣宗李忱任命张义潮为沙州防御使。

唐宣宗李忱任命兵部侍郎裴休为盐铁转运使。裴休是裴肃的儿子。自从太和年间以来，每年运到江、淮的稻米不过四十万斛，由于路上遭受官吏和士卒的偷盗侵吞以及遇到船沉没于河底的情况，运米船到达渭仓的不到十分之三四，这种情形使刘晏创立的漕运之法遭到极大的破坏。裴休坚决追究漕运的弊病，订立漕法十条，使每年运到渭仓的米高达一百二十万斛。

宣宗十分清楚，党项之所以造反，是由于边地统帅贪图它的羊马之利，数次欺骗抢夺，有的甚至任意加以诛杀，党项不胜愤怒和怨恨，所以被迫叛乱。于是，唐宣宗李忱任命右谏议大夫李福为夏绥节度使。从此，朝廷不断选拔儒臣以代替边镇贪暴的将帅，临行前宣宗还要当面告诫和勉励戍边的文臣，于是党项的叛乱得以安定。李福是李石的弟弟。

上以南山、平夏党项久未平，颇厌用兵。崔铉建议，宜遣大臣镇抚。三月，以白敏中为司空、同平章事，充招讨党项行营都统、制置等使，南北两路供军使兼邠宁节度使。敏中请用裴度故事，择廷臣为将佐，许之。夏，四月，以左谏议大夫孙景商为左庶子，充邠宁行军司马；知制诰蒋伸为右庶子，充节度副使。伸，系之弟也。

初，上令白敏中为万寿公主选佳婿，敏中荐郑颢。时颢已昏卢氏，行至郑州，堂帖追还，颢甚衔之，由是数毁敏中于上。敏中将赴镇，言于上曰："郑颢不乐尚主，怨臣入骨髓。臣在政府，无如臣何；今臣出外，颢必中伤，臣死无日矣！"上曰："朕知之久矣，卿何言之晚邪！"命左右于禁中取小柽函以授敏中曰："此皆郑郎谮卿之书也。朕若信之，岂任卿以至今日！"敏中归，置柽函于佛前，焚香事之。

【译文】宣宗因为南山、平夏党项久久未能平定，对用兵之事十分烦恼。崔铉建议，应派朝中大臣前去镇压招抚，如此才能有成效。三月，唐宣宗李忱任命白敏中为司空、同平章事，充任招讨党项行营都统、制置等使，南北两路供军使兼邠宁节度使。白敏中请求援用裴度过去的惯例，选择朝廷大臣作为将帅佐僚，宣宗同意了他的请求。夏季，四月，任命左谏议大夫孙景商为左庶子，充任邠宁行军司马；任命知制诰蒋伸为右庶子，充任节度副使。蒋伸是蒋系的弟弟。

起初，唐宣宗李忱命令白敏中替万寿公主挑选佳婿，白敏中推荐郑颢。当时郑颢已经和卢氏结婚，郑颢走到郑州时，被宰相府的堂帖追回，为此，郑颢对白敏中很不满意，经常在宣宗面前诋毁白敏中。白敏中将赶赴边镇时，对宣宗说："郑颢不愿娶万寿公主，所以对臣的怨恨已经深入骨髓了。臣子在政事堂，他对臣无可奈何；如今臣外调边镇，郑颢一定会诋毁臣子，臣之死期恐怕临近了！"宣宗说："朕早就知道了，你为什么这么晚才提醒朕！"于是命左、右近侍从宫禁中取出一个红柳木盒子，交给白敏中说："这里面都是郑郎中伤诋毁你的书信，朕如果相信，哪里能重用你到今天呢！"白敏中回家后，把柳木小盒子放在佛前，焚香膜拜。

【申涵煜评】敏中为郑颢所谮，帝授以柽函，敏中置佛前焚香事之，感帝之深，恨颢之极也。不知李德裕尝荐敏中，敏中竟负之。清夜扪心，亦自觉忐忑否。

【译文】白敏中为郑颢陷害，唐宣宗授以柽函，白敏中放在佛前焚香侍奉，感谢皇帝的深恩，怨恨郑颢到了极点。不知李德裕曾推荐白敏中，白敏中竟然有负于他。深夜抚心，他自己会觉得不安吗？

敏中军于宁州，壬子，定远城使史元破党项九千馀帐于三交谷，敏中奏党项平。辛未，诏："平夏党项，已就安贴。南山党项，闻出山者迫于饥寒，犹行钞掠，平夏不容，穷无所归。宜委李福存谕，于银、夏境内授以闲田。如能革心向化，则抚如赤子，从前为恶，一切不问，或有抑屈，听于本镇投牒自诉。若再犯疆场，或复入山林，不受教令，则诛讨无赦。将吏有功者甄奖，死伤者优恤。灵、夏、邠、鄜四道百姓，给复三年，邻道量免租税。向由边将贪鄙，致其怨叛，自今当更择廉良抚之。若复致侵叛，当先罪边将，后讨寇虏。"

吐蕃论恐热残虐，所部多叛。拓跋怀光使人说诱之，其众或散归部落，或降于怀光。恐热势孤，乃扬言于众曰："吾今入朝于唐，借兵五十万来诛不服者，然后以渭州为国城，请唐册我为赞普，谁敢不从！"五月，恐热入朝，上遣左丞李景让就礼宾院问所欲。恐热气色骄倨，语言荒诞，求为河渭节度使。上不许，召对三殿，如常日胡客，劳赐遣还。恐热怏怏而去，复归落门川，聚其旧众，欲为边患。会久雨，乏食，众稍散，才有三百馀人，奔于廓州。

【译文】白敏中在邠宁州驻扎军队，壬子日（十日），定远城使史元在三交谷击破党项族九千余帐，白敏中向朝廷奏告，称党项已被平定。辛未日（二十九日），唐宣宗李忱颁下诏令："平夏党项部族现已安定顺服，听说南山党项部族有些出山的帐落，因为饥寒交迫，仍然在到处抢掠，而被平夏党项部驱逐，穷困得无处投奔。命李福向南山党项部安抚告谕，在银州、夏州境内赐予他们一些闲置的田地。如果他们能洗心革面，听从教化，不再四处抢掠，就应该像对待赤子一样抚慰他们，即使之前他们作恶多端，现在对他们所做之事一概不加追究，如果有的帐落有冤屈需要申诉的话，可让他们自己随时到所在军镇向主管官吏投牒申诉。如果他们再来侵犯疆界，或者再次窜入山林，不接受朝廷教化命令，一律征讨诛杀，绝不宽赦。将吏中有功的甄选奖励，死伤的优先抚恤，灵、夏、邠、鄜四道百姓，免除三年赋税，邻近各道也酌情免除租税。过去，由于边将贪污，致使党项怨恨而叛乱，从今以后，更应选择清廉良吏来安抚他们，如果再使得他们侵边叛变，应当首先降罪边将，然后再讨伐寇虏。"

吐蕃论恐热残酷暴虐，所统领的部落多数叛变。拓跋怀光派人游说引诱他们，他的部众有的分散回到部落（原文居字一作归），有的向拓跋怀光投降。论恐热的势力越来越孤单，于是向其部众扬言说："我现在要朝拜大唐天子，向唐朝借兵五十万来诛讨不服从我的人，然后将渭州当作国都，请大唐皇帝册封我为吐蕃赞普，谁敢不服从我呢！"五月，论恐热入朝，唐宣宗李忱派遣左丞李景让到礼宾院询问论恐热有什么要求。论恐热神气容色都非常骄横傲慢，说话更是荒诞夸大，他请求担任河渭节度使，宣宗不答应，召他到三殿对话，一如对待平常的胡族宾客，慰劳赏赐后，遣送他回去了。论恐热没有达到目的，怏怏不乐而去，回到落门川，聚集旧时的部众，企图作乱，成为唐朝的边患。适逢此地久雨，缺乏粮食，士众渐渐散去，只剩下三百余人，于是，论恐热逃奔到了廓州。

六月，立皇子润为鄂王。

进士孙樵上言："百姓男耕女织，不自温饱，而群僧安坐华屋，美衣精馔，率以十户不能养一僧。武宗愤其然，发十七万僧，

资治通鉴

是天下一百七十万户始得苏息也。陛下即位以来，修复废寺，天下斧斤之声至今不绝，度僧几复其旧矣。陛下纵不能如武宗除积弊，奈何兴之于已废乎！日者陛下欲修国东门，谏官上言，遽为罢役。今所复之寺，岂若东门之急乎？所役之功，岂右东门之劳乎？愿早降明诏，僧未复者勿复，寺未修者勿修，庶几百姓犹得以息肩也。"秋，七月，中书门下奏："陛下崇奉释氏，群下莫不奔走，恐财力有所不逮，因之生事扰人，望委所在长吏量加搏节。所度僧亦委选择有行业者，若容凶粗之人，则更非敬道也。乡村佛舍，请罢兵且修。"从之。

【译文】六月，唐宣宗李忱册立皇子李润为鄂王。

进士孙樵向宣宗进言："百姓中，男的耕种，女的织布，仍不能自得温饱，而许多僧侣却安稳地坐在华美的屋舍中，穿美好的衣服，吃精致的食品，大抵十户人家还不能供养一个僧侣。武宗对僧侣不劳而食、蠹耗国家而感到愤慨，勒令十七万僧侣蓄发还俗，使得天下一百七十万农户得以喘息复苏。陛下即位以来，修缮恢复了废弃的寺院，让天下营造斧斤的声音久久不断绝，剃度的僧侣几乎都已恢复到原来的数量。陛下纵使不能像武宗那样排除积聚的弊端，也不能把已经废止的再复兴起来吧！近日您想修缮长安城东门，谏官进谏对此事劝阻，您立即就废止了这项工程。而目前陛下对恢复寺庙一事，怎么比修复东门的工程更加急迫呢？恢复寺庙所花费的用度及人员，怎能比修缮东门的更少呢？希望陛下尽早降下圣明的诏书，命令凡是没有恢复身份的僧尼都不准再恢复，还没有修复的寺庙也不准许再修复了，或许劳苦的百姓为此还可以获得一丝喘息的机会吧。"秋季，七月，中书门下奏报宣宗："陛下崇奉佛教，让群臣百姓无不奔走膜拜，唯恐财力有所不足时，因为推奉佛教而引发事端，骚扰百姓，希望陛下能命令掌管佛事的有关官吏，对修建寺庙的费用适当加以节约。所剃度的僧侣，也委任长吏选择有德行学业的人来做，如果让凶暴粗鲁的人为僧，那么更不是敬佛之道。乡村间的小佛舍，请等到收复河、湟，罢兵后再修建。"宣宗同意了这一建议。

八月，白敏中奏，南山党项亦请降。时用兵岁久，国用颇乏，诏并赦南山党项，使之安业。

冬，十月，乙卯，中书门下奏："今边事已息，而州府诸寺尚未毕功，望且令成之。其大县远于州府者，听置一寺，其乡村毋得更置佛舍。"从之。

戊辰，以户部侍郎魏谟同平章事，仍判户部。时上春秋已高，未立太子，群臣莫敢言。谟入谢，因言："今海内无事，惟未建储副，使正人辅导，臣窃以为忧。"且泣。时人重之。

【译文】八月，白敏中奏报朝廷，南山党项也请求投降。当时用兵已经很久，国家的资用十分匮乏，宣宗诏示命令对南山党项部族一并赦免，使他们能安居乐业。

冬季，十月，乙卯日（十七日），中书门下奏报宣宗："如今边境的兵事已平息，而州府的诸多寺院尚未完工，希望能下命令完成。凡大县离州府较远的，准设一座寺院，至于乡村则不得再设置佛舍。"宣宗同意了这个建议。

戊辰日（三十日），唐宣宗李忱任命户部侍郎魏谟同平章事，仍旧兼管户部。当时宣宗年寿已高，还没有册立皇太子，群臣没有谁敢提这件事。魏谟入朝向宣宗谢恩，趁机进言："现在海内已经太平无事，只是陛下至今还没有册立储君来让正直的官员加以辅导，臣心里对此事深感忧虑。"随即就开始哭泣，当时的人们因为此事十分敬重他。

蓬、果群盗依阻鸡山，寇掠三川。以果州刺史王赞弘充三川行营都知兵马使，以讨之。

制以党项既平，罢白敏中都统，但以司空、平章事充邠宁节度使。

张义潮发兵略定其旁瓜、伊、西、甘、肃、兰、鄯、河、岷、廓十州，遣其兄义泽奉十一州图籍入见，于是河、湟之地尽入于唐。十一月，置归义军于沙州，以义潮为节度使、十一州观察使，又以义潮判官曹义金为归义军长史。

以中书侍郎、同平章事崔龟从同平章事，充宣武节度使。

右羽林统军张直方坐出猎累日不还宿卫，贬左骁卫将军。

【译文】蓬州、果州的群盗以鸡山为根据地，侵扰掠夺东川、西川、山南西道三川地区，唐宣宗李忱任命果州刺史王赞弘担任三川行营都知兵马使以便征讨群盗。

宣宗诏制因为党项已被平定，罢免白敏中都统之职，只以司空、平章事充任邠宁节度使。

张义潮调发军队基本上平定了沙州近旁的瓜、伊、西、甘、肃、兰、鄯、河、岷、廓十州之地，派遣他的兄长张义泽奉十一州地图名籍入朝觐见宣宗，于是河、湟之地全部归入唐朝版图。十一月，宣宗在沙州设置归义军，以张义潮为节度使、十一州观察使；又以张义潮的判官曹义金为归义军长史。

唐宣宗李忱任命中书侍郎、同平章事崔龟从同平章事，充任宣武节度使。

右羽林统军张直方因外出游猎，很多天未返回宿卫宫城，玩忽职守，被贬为左骁卫将军。

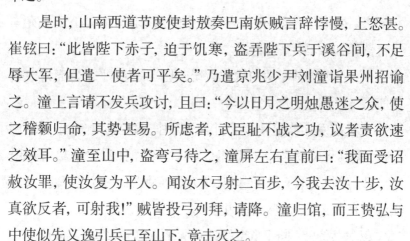

大中六年(壬申, 公元八五二年)春, 二月, 王贽弘讨鸡山贼, 平之。

是时, 山南西道节度使封敖奏巴南妖贼言辞悖慢, 上怒甚。崔铉曰:"此皆陛下赤子, 迫于饥寒, 盗弄陛下兵于溪谷间, 不足辱大军, 但遣一使者可平矣。"乃遣京兆少尹刘潼诣果州招谕之。潼上言请不发兵攻讨, 且曰:"今以日月之明烛愚迷之众, 使之稽颡归命, 其势甚易。所虑者, 武臣耻不战之功, 议者责欲速之效耳。"潼至山中, 盗弯弓待之, 潼屏左右直前曰:"我面受诏赦汝罪, 使汝复为平人。闻汝木弓射二百步, 今我去汝十步, 汝真欲反者, 可射我!"贼皆投弓列拜, 请降。潼归馆, 而王贽弘与中使似先义逸引兵已至山下, 竟击灭之。

【译文】大中六年(壬申, 公元852年)春季, 二月, 王贽弘讨伐鸡山盗贼, 把他们剿平。

这时, 山南西道节度使封敖奏报称, 巴南的贼人对朝廷出言特别无礼, 言辞傲慢, 宣宗愤怒极了。崔铉说:"这些人都是陛下的孩子, 为饥寒所迫, 在山谷之间抢夺财物并与您的军队戏弄罢了, 实际上并不会玷辱陛下的强盛之师, 陛下只要派遣一个使者就可以将他们平定。"于是, 宣宗派遣京兆少尹刘潼到果州去抚慰晓谕他们。刘潼向宣宗进言, 请求不要派遣军队去征讨, 并说:"今天臣用太阳和月亮的光明去照亮那群愚昧迷惑之众的心灵, 让他们向陛下叩头归顺, 做到这一点不难啊。臣所顾虑的, 只是武臣看不起不战而胜的功劳, 而议论的人却要求立刻见效罢了。"刘潼到了山中, 强盗们都弯弓满弦地等着他, 刘潼摒退左右之人而一直往前走。说:"我已经当面接受天子的诏命, 赦免你们的罪, 让你们重新做回百姓。听说你们的木弓能射二百步的距离, 现在我距离你们只有十步之遥, 你们如果真想叛乱的话，现在就可以将我射杀！"之后，贼寇都丢弃弓箭，排列队伍向刘潼跪拜，请求向朝廷投降。刘潼回到馆舍，而王贽弘与中使似先义逸带着兵已经到了山下，竟然进击已经投降的贼寇，将他们都杀死了。

【乾隆御批】崔铉、刘潼之言，狃于息事宁人，而不达于政体。夫妖贼悖慢猖獗，非剿灭不足以申国威，若徒藉口舌解纷，反，侧何由得靖观，贽弘偏师直入，一鼓成擒么，初无难荡之势，果何惮而不为耶！

【译文】崔铉、刘潼之言，拘泥于息事宁人而不符合治国安邦的政治要领。那些妖贼违背常理，傲慢又猖狂，不剿灭他们不足以彰显国威，如果仅凭几句口舌就能解除纷扰，一旦叛匪反复，国家什么时候才能平定安宁呢？王贽弘孤军深入，一举擒拿叛匪，似乎原本也不是什么难以平荡的事情。为什么一开始就惧怕而不果断地出兵呢？

三月，敕先赐右卫大将军郑光鄠县及云阳庄并免税役。中书门下奏，以为："税役之法，天下皆同。陛下屡发德音，欲使中外画一，今独免郑光，似稍乖前意。事虽至细，系体则多。"敕曰："朕以郑光元舅之尊贵，欲优异令免征税，初不细思。况亲戚之间，人所难议，卿等苟非爱我，岂进嘉言！庶事能尽如斯，天下何忧不理！有始有卒，当共守之，并依所奏。"

夏，四月，甲辰，以邠宁节度使白敏中为西川节度使。

湖南奏，团练副使冯少端讨衡州贼帅邓裴，平之。

党项复扰边，上欲择可为邠宁帅者而难其人，从容与翰林学士、中书舍人须昌毕諴论边事，諴援古据今，具陈方略。上悦曰："吾方择帅，不意颇、牧近在禁廷。卿其为朕行乎！"諴欣然奉命。上欲重其资履,六月,壬申,先以诚为刑部侍郎,癸酉,乃除邠宁节度使。

【译文】三月,唐宣宗李忱诏命先赐右卫大将军郑光所在的鄠县以及云阳的庄院一律免除赋税徭役。中书门下向朝廷奏报,认为:"赋税徭役的法律,天下都相同。陛下多次颁发意旨,要使中外整齐划一,如今唯独先赦免郑光的赋税徭役,似乎与之前的意思稍微相背离。虽然这是一件微不足道的小事,但牵涉的问题却很多。"宣宗敕命说:"朕认为郑光是朕的元舅,身份尊贵,打算赐给他优厚的待遇,所以赦免他的租税,当初朕没有考虑周全。况且,亲族之间的事,正是别人难以干涉的,你们如果不是爱戴朕,岂能向我进谏如此好的意见呢!凡事若都能如此,天下又何需担忧不能治理好呢!有始有终,应当君臣共同来遵守。按照你们所奏请的去办吧。"

夏季,四月,甲辰日(初八),唐宣宗李忱任命邠宁节度使白敏中为西川节度使。

湖南向朝廷奏报,团练副使冯少端征讨衡州贼帅邓裴,已将其剿平。

党项再度侵扰边境,宣宗打算选择一位可做邠宁主帅的人,而难以找到适合的人选,便从容地与翰林学士、中书舍人须昌人毕诚商议边境的事情,毕诚援引古今之事例,向宣宗陈述征讨党项的一整套对策。宣宗欣喜地说:"朕正要选择统帅,想不到廉颇、李牧就近在朕的宫廷啊。您愿意为朕出征边镇吗?"毕诚高兴地表示愿意领命前往征讨。宣宗想加重他的资历,六月,壬申日(六月无此日),先任命毕诚为刑部侍郎;癸酉日(六月无此日),再任命他担任邠宁节度使。

雍王渼薨，追谥靖怀太子。

河东节度使李业纵吏民侵掠杂虏，又妄杀降者，由是北边扰动。闰月，庚子，以太子少师卢钧为河东节度使。业内有所恃，人莫敢言，魏谟独请贬黜。上不许，但徙义成节度使。

卢钧奏度支郎中韦宙为副使。宙遍诣塞下，悉召酋长，谕以祸福，禁唐民毋得入虏境侵掠，犯者必死，杂虏由是遂安。

掌书记李璋杖一牙职，明日，牙将百馀人诉于钧，钧杖其为首者，摘戍外镇，馀皆罚之，曰："边镇百馀人，无故横诉，不可不抑。"璋，绛之子也。

【译文】雍王李渼薨逝，朝廷追谥为靖怀太子。

河东节度使李业放纵吏民侵扰掠夺杂虏，又无故杀了投降的人，由此北方边境骚扰动荡。闰月，庚子日（初六），唐宣宗李忱任命太子少师卢钧为河东节度使。李业因为在宫内有所依凭，群臣不敢上疏陈述他的过失，只有魏谟请求宣宗将李业贬黜罢免官职。宣宗没有答应这一请求，只将李业迁为义成节度使。

卢钧向宣宗奏请任命度支郎中韦宙为副使。韦宙到塞下各处访问，把所有酋长召来，告诉利害祸福，又下令阻止唐朝百姓，告诉他们不许进入胡人居住地侵占掠夺，有违抗者立即斩杀，各个与胡人杂居的部落由此安定下来。

掌书记李璋对一牙将处以杖刑，第二天，一百多牙将来向卢钧申诉此事，卢钧用棍杖打其中为首的牙将，把他贬到外镇守卫，其余的人都受到了惩罚。卢钧说："边境之镇，百余人无理申诉的事件，必须对这些事抑制。"李璋是李绛的儿子。

八月，甲子，以礼部尚书裴休同平章事。

獠寇昌、资二州。

冬，十月，邠宁节度使毕諴奏招谕党项皆降。

骁卫将军张直方坐以小过屡杀奴婢，贬恩州司户。

十一月，立宪宗子惴为棣王。

十二月，中书门下奏："度僧不精，则戒法堕坏；造寺无节，则损费过多，请自今诸州准元敕许置寺外，有胜地灵迹许修复，繁会之县许置一院。严禁私度僧、尼。若官度僧、尼有阙，则择人补之，仍申祠部给牒。其欲远游寻师者，须有本州公验。"从之。

【译文】八月，甲子日（初一），唐宣宗李忱任命礼部尚书裴休同平章事。

獠人侵犯昌、资二州。

冬季，十月，邠宁节度使毕諴向朝廷上奏，招谕党项都来投降。

骁卫将军张直方屡次因奴婢犯小过错而杀了他们，因而获罪，被贬为恩州司户。

十一月，唐宣宗李忱册立宪宗的儿子李惴为棣王。

十二月，中书门下向宣宗奏报："剃度的僧侣并非精良，会败坏佛教的戒律；毫无节制地修建寺庙，会过多地损耗资财。请求从今以后，诸州在之前朝廷诏命所准许设置的寺庙之外，准许在有名胜古迹的地方修复寺庙，准许在人口稠密、车马来往频繁的县设置一所寺院。严禁私自给僧侣、尼姑剃度。如果官府剃度的僧侣、尼姑人员不足的话，可以选出适合的人补上缺额，但仍要向祠部申报发给他们度牒。对于那些远游异地寻找师父的僧侣，也必须持有本州发下的公文，以便到达目的地时，由当地官府对照验证。"宣宗同意了这一请求。

大中七年（癸酉，公元八五三年）春，正月，戊申，上祀圆丘；赦天下。

夏，四月，丙寅，敕："自今法司处罪，用常行杖。杖脊一，折法杖十；杖臀一，折笞五。使吏用法有常准。"

冬，十二月，左补阙赵璘请罢来年元会，止御宣政。上以问宰相，对曰："元会大礼，不可罢。况天下无事。"上曰："近华州奏有贼光火劫下邽，关中少雪，皆朕之忧，何谓无事！虽宣政亦不可御也。"

上事郑太后甚谨，不居别宫，朝夕奉养。舅郑光历平卢、河中节度使。入朝，上与之论为政，光应对鄙浅，上不悦，留为右羽林统军，使奉朝请。太后数言其贫，上辄厚赐金帛，终不复任以民官。

度支奏："自河、湟平，每岁天下所纳钱九百二十五万馀缗，内五百五十万馀缗租税，八十二万馀缗榷酤，二百七十八万馀缗盐利。"

【译文】大中七年（癸酉，公元 853 年）春季，正月，戊申日（十七日），唐宣宗李忱祭祀昊天，大赦天下。

夏季，四月，丙寅日（初六），唐宣宗李忱敕命："从今以后执法机关惩罚罪人时，用惯常所用之杖。杖击脊部一次，折合常用的臀杖十次；打臀部一次，折合笞刑五次，这些诏令让官吏执行法律时有了一定的依据。"

冬季，十二月，左补阙赵璘请求废止来年的元会（元月的朝会），让宣宗只到宣政殿接见朝臣。宣宗拿此事询问宰相，宰相们回答说："元会是重要礼节，不可以废止。何况如今天下相安无事。"宣宗说："最近华州奏报有盗贼肆无忌惮，在白天竟敢劫掠下城，而关中地区今年下雪太少，这都是朕所忧虑之事啊，怎能说没事呢！纵使让朕驾临宣政殿举行典礼，恐怕朕也不可以这样做呀。"

宣宗侍奉郑太后非常恭谨，平日不住在其他宫殿，朝夕奉养。舅舅郑光历任官职为平卢节度使和河中节度使，宣宗与他商议为政之道，郑光应对时表现得鄙陋而浅薄，宣宗对他很不满意，于是赐郑光在朝廷担任右羽林统军，让他便于在朝堂上请奏事情。太后几次跟宣宗谈及郑光家里贫穷的情况，宣宗于是赐给他丰厚的金帛，却始终没有恢复他担任治民的官职。

度支向朝廷上奏："自从河、湟被平定后，每年天下所纳的钱币有九百二十五万余缗，其中五百五十万余缗是租税，八十二万余缗是公卖酒的收入，二百七十八万余缗是盐利。"

大中八年（甲戌，公元八五四年）春，正月，丙戌朔，日有食之。罢元会。

上自即位以来，治弑宪宗之党，宦官、外戚乃至东宫官属，诛窜甚众。虑人情不安，丙申，诏："长庆之初，乱臣贼子，顷搜摘余党，流窜已尽，其余族从疏远者，一切不问。"

二月，中书门下奏拾遗、补阙缺员，请更增补。上曰："谏官要在举职，不必人多，如张道符、牛丛、赵璘辈数人，使朕日闻所不闻足矣。"丛，僧孺之子也。

久之，丛自司勋员外郎出为睦州刺史，入谢，上赐之紫。丛既谢，前言曰："臣所服绯，刺史所借也。"上遽曰："且赐绯。"上重惜服章，有司常具绯、紫衣数袭从行，以备赏赐，或半岁不用其一，故当时以绯、紫为荣。上重翰林学士，至于迁官，必校岁月，以为不可以官爵私近臣也。

【译文】大中八年（甲戌，公元854年）春季，正月，丙戌朔日（初一），出现日食。唐宣宗李忱下诏废止元会。

238

宣宗自从即皇帝位以来，对宪宗时期的逆臣、宦官、外戚甚至东宫的官属都加以整治甚至杀戮，很多人因此事遭受株连，被诛杀或被流放的人非常多。因为担心造成人心不安，丙申日(十一日)，唐宣宗李忱颁布诏书宣称："长庆初年的乱臣贼子，前段时间搜捕他们的余党，对他们已经依罪流放，其余与罪犯比较疏远的亲族，全都不予追究。"

二月，中书门下向宣宗奏报，拾遗、补阙缺少员额，请求再增补。宣宗说："谏官关键在于称职，人不必很多，像张道符、牛丛、赵璘等几人，能使我每日听到一些听不到的事就足够了。"牛丛是牛僧孺的儿子。

过了很久，牛丛自司勋员外郎外调为睦州刺史，他入朝谢恩，宣宗赐给他紫衣。牛丛谢恩后，走上前去说："臣现在穿的绯衣，是刺史的依凭。"宣宗随即说："那朕就再赐给您一件绯衣吧。"宣宗看重、珍视象征官员身份与地位的官服，有关部门经常制备好几套这样的绯衣、紫衣在宣宗身旁跟随，以备随时赏赐给官员，但有时半年时间用不到一件，所以当时人们都把能穿绯衣、紫衣当作很荣耀的事。宣宗信任又看重翰林学士，但翰林学士职位升迁时，宣宗一定要核对他们任官的年月，看他们是否任期届满，是否有足够的资历迁升新的职位，认为不可以随心所欲地将官爵私下赏赐给身边亲近的臣子。

秋，九月，丙戌，以右散骑常侍高少逸为陕虢观察使。有敕使过硖石，怒饼黑，鞭驿吏见血。少逸封其饼以进。敕使还，上责之曰："深山中如此食岂易得！"谪配恭陵。

立皇子洽为怀王，汭为昭王，汶为康王。

上猎于苑北，遇樵夫，问其县，曰："泾阳人也。""令为谁？"

曰："李行言。""为政何如？"曰："性执。有强盗数人，军家索之，竟不与，尽杀之。"上归，帖其名于寝殿之柱。冬，十月，行言除海州刺史，入谢。上赐之金紫，问曰："卿知所以衣紫乎？"对曰："不知。"上命取殿柱之贴示之。

上以甘露之变，惟李训、郑注当死，自馀王涯、贾餗等无罪，诏皆雪其冤。

【译文】秋季，九月，丙戌日(初四)，唐宣宗李忱任命右散骑常侍高少逸为陕虢观察使。有一位宦官敕使路过硖石县时，因为驿馆供给他食用的饼太黑而生气，就用鞭子抽打驿吏，打得流血。高少逸把这块饼封缄起来进呈给宣宗看。敕使还朝后，宣宗责斥他说："深山之中，如此的食物岂是容易得到的呢？"将他降职，发配守卫恭陵。

唐宣宗李忱册立皇子李洽为怀王，李汭为昭王，李汶为康王。

宣宗亲临苑北狩猎，遇到一个樵夫，询问他的县籍，他说："是泾阳人。"宣宗问："县令是谁呢？"他说："李行言。"宣宗问："他的政事处理得如何？"樵夫回答说："李行言性格特别执拗。有几个强盗在县监狱被囚禁，宦官掌管的北司禁军来县府准备将这些强盗带走，李行言始终不放，硬是将这几个强盗全部处死了。"宣宗回朝后，把书写着李行言名字的帖子粘在寝殿的柱子上。冬季，十月，唐宣宗李忱任命李行言为海州刺史，于是李行言入朝谢恩，宣宗赐给他金紫衣，问他："你知道为什么赐给你紫衣吗？"李行言回答："不知道。"宣宗于是命人取下殿柱上的帖子给他看。

宣宗认为在甘露之变中，只有李训和郑注应该被处死，其余像王涯、贾餗等人无罪，于是下诏都雪洗了他们的冤屈。

上召翰林学士韦澳，托以论诗，屏左右与之语曰："近日外间谓内侍权势何如？"对曰："陛下威断，非前朝之比。"上闭目摇首曰："全未，全未！尚畏之在。卿谓策将安在！"对曰："若与外廷议之，恐有太和之变，不若就其中择有才识者与之谋。"上曰："此乃末策。朕已试之矣，自衣黄、衣绿至衣绯，皆感恩，才衣紫则相与为一矣！"上又尝与令狐绹谋尽诛宦官，恐滥及无辜，密奏曰："但有罪勿舍，有阙勿补，自然渐耗，至于尽矣。"宦者窃见其奏，由是益与朝士相恶，南北司如水火矣。

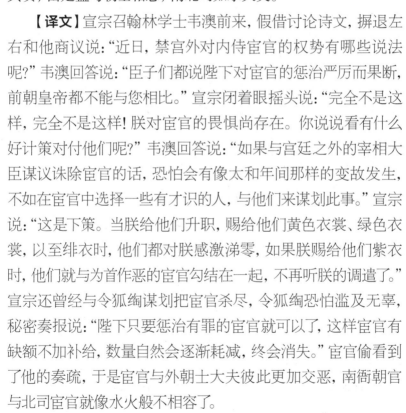

【译文】宣宗召翰林学士韦澳前来，假借讨论诗文，摒退左右和他商议说："近日，禁宫外对内侍宦官的权势有哪些说法呢？"韦澳回答说："臣子们都说陛下对宦官的惩治严厉而果断，前朝皇帝都不能与您相比。"宣宗闭着眼摇头说："完全不是这样，完全不是这样！朕对宦官的畏惧尚存在。你说说看有什么好计策对付他们呢？"韦澳回答说："如果与宫廷之外的宰相大臣谋议诛除宦官的话，恐怕会有像太和年间那样的变故发生，不如在宦官中选择一些有才识的人，与他们来谋划此事。"宣宗说："这是下策。当朕给他们升职，赐给他们黄色衣裳、绿色衣裳，以至绯衣时，他们都对朕感激涕零，如果朕赐给他们紫衣时，他们就与为首作恶的宦官勾结在一起，不再听朕的调遣了。"宣宗还曾经与令狐绹谋划把宦官杀尽，令狐绹恐怕滥及无辜，秘密奏报说："陛下只要惩治有罪的宦官就可以了，这样宦官有缺额不加补给，数量自然会逐渐耗减，终会消失。"宦官偷看到了他的奏疏，于是宦官与外朝士大夫彼此更加交恶，南衙朝官与北司宦官就像水火般不相容了。

【乾隆御批】宣宗于唐季世尚可谓力操断制者，故大中之初宦官不至肆行，使于其时善为控，驭尽罢群阉兵柄，何至复有太和之变。乃仅与一二侍臣蒿目咨嗟，所谓"筑室道谋"，事将何济。且衣绯衣紫于朝臣章服，尚尔斤斤，而宦者则视同固有。威柄何由自主乎？

【译文】宣宗在唐代各朝中算是个果决的皇帝，正因如此，宣宗大中初年宦官才不至于恣意横行，假使在那时就对他们加以有效控制，将宦官的兵权全部罢除，何至于发生太和之变呢？而且只与一两个大臣相顾而叹，就是所谓的"筑室道谋"，事情怎么可能达成呢？对朝臣穿绯穿紫的礼服尚且过分计较，而对宦官的特殊权力却视为本有，这样国家的威权怎么会由天子做主呢？

大中九年（乙亥，公元八五五年）春，正月，甲申，成德军奏节度使王元逵薨，军中立其子节度副使绍鼎。癸卯，以绍鼎为成德留后。

二月，以醴泉令李君奭为怀州刺史。初，上校猎渭上，有父老以十数，聚于佛祠。上问之，对曰："醴泉百姓也。县令李君奭有异政，考满当罢，诣府乞留，故此祈佛，冀谐所愿耳。"及怀州刺史阙，上手笔除君奭，宰相莫之测。君奭入谢，上以此奖厉，众始知之。

三月，诏邠宁节度使毕諴还邠州。先是，以河、湟初附，党项未平，移邠宁军于宁州。至是，南山、平夏、党项皆安，威、盐、武三州军食足，故令还理所。

【译文】大中九年（乙亥，公元855年）春季，正月，甲申日（初四），成德军向朝廷奏报节度使王元逵去世，军中推立他的儿子节度副使王绍鼎。癸卯日（二十三日），唐宣宗李忱任命王绍鼎为成德留后。

　　二月，唐宣宗李忱任命醴泉令李君奭为怀州刺史。起初，宣宗在渭上狩猎，有十几位父老聚集在佛祠。宣宗询问他们，他们回答说："我们是醴泉的百姓。县令李君奭有优异的政绩，任期届满当免除此官，我们到官府请求让他在此地留任，为此在佛祠祷告，希望能满足我们的心愿。"当怀州刺史出缺时，唐宣宗李忱亲笔诏令任命李君奭担任，宰相对任命李君奭一事无从测知。李君奭入朝谢恩，宣宗把从父老那里听来的话告诉他，以此勉励李君奭，众人这才明白李君奭破格提升的缘故。

　　三月，唐宣宗李忱诏命邠宁节度使毕諴回到邠州。起初，因为河、湟刚归附，党项尚未平定，而调遣邠宁军到宁州。到此时，南山、平夏都已安定，威、盐、武三州军粮充足，所以宣宗命令毕諴回到治所。

　　夏，闰四月，诏以"州县差役不均，自今每县据人贫富及役轻重作差科簿，送刺史检署讫，锁于令厅，每有役事委令，据簿轮差。"

　　五月，丙寅，以王绍鼎为成德节度使。

　　上聪察强记，宫中厮役给洒扫者，皆能识其姓名，才性所任，呼召使令，无差误者。天下奏狱吏卒姓名，一览皆记之。度支奏渍污帛，误书"渍"为"清"，枢密承旨孙隐中谓上不之见，辄足成之，及中书复入，上怒，推按擅改章奏者罚谪之。

　　上密令翰林学士韦澳纂次诸州境土风物及诸利害为一书，自写而上之，虽子弟不知也，号曰《处分语》。他日，邓州刺史薛弘宗入谢，出，谓澳曰："上处分本州事惊人。"澳询之，皆《处分语》中事也。澳在翰林，上或遣中使宣旨草诏。事有不可者，澳辄曰："兹事须降御札，方敢施行。"淹留至旦，上疏论之，上多从之。

【译文】夏季，闰四月，唐宣宗李忱诏命："州县对民户调发的差役不均衡，从今以后，每县官府根据当地百姓的贫富情况，以及差役的轻重制作差科簿，递交州刺史检查签署完毕后，再到县令衙署收藏存档，每有徭役和朝廷分派下来的差役，就以差科簿为依据确定当差的人。"

五月，丙寅日（十九日），唐宣宗李忱任命王绍鼎为成德节度使。

宣宗聪慧，精于观察，记忆力很强，宫中担任洒水扫地的厮役，宣宗都能认识并且记得他们的姓名，并熟悉这些人的性格及特长，所以招呼他们干活，从来没有叫错过，也没有差误。天下各个地方官府奏告给朝廷的狱吏小卒的姓名，宣宗也是一看就记得清清楚楚。有一次，度支奏报中有"渍污帛（被水浸湿污染的布帛）"，把"渍"字误写为"清"字，枢密承旨孙隐中认为宣宗不会发现这小错误，立即将错字改正，然后交付中书门下，奏状经宰相府官员签署后再送入宫内，宣宗发现奏状有被改动的痕迹，大为恼怒，对此进行追究，将擅自修改章奏的人都惩处并降职。

宣宗暗中命令翰林学士韦澳依次将各州境内的疆土风俗物产以及各种利害关系编纂成一本书，韦澳写完后立即呈递宣宗，就连他的子弟也不知晓这件事，给这本书命名为《处分语》。有一天，邓州刺史薛弘宗入朝谢恩，他离开时对韦澳说："陛下对邓州的事务了解得特别清楚，分析和处理让人惊叹。"韦澳询问其中谈到的一些情况，结果都是《处分语》中所写的事。韦澳在翰林院，宣宗有时派宦官宣布诏令，由他起草诏书。有些事韦澳认为处理得不妥当，就对传达旨意的宦官说："此事必须陛下亲笔写下字据，我才敢根据它来草拟诏书。"于是这件事就一直拖延至第二天清晨，韦澳再上疏向宣宗详细陈奏，宣宗大多数会同意他的建议。

【乾隆御批】人君体察下情，特擢循绩，未尝非激扬吏治之一端，然亦须核其平时实政以为进退，若仅以佛祠百姓祷留信为贤令，安知非巧吏授意其下，黠民贡谀其上耶？后世守令去任门帖路碑几成习套。使概以舆诵为可，据转致公道，隐而不彰，其不为白居易"道旁德政碑"之讥者几希矣？

【译文】人君能够体察下情，特别擢升那些政绩良好的臣子，这未尝不是激励下臣升扬吏治的一种手段，然而也应核实臣子平时的实际政绩后再决定是否擢升，如果仅凭听了几个在寺庙里祈祷说希望他们的县令留任就认为这是一位贤德的县令，怎么知道这不是奸巧的官吏授意他的手下所为，或者狡黠之民想阿谀讨好他的上级呢？后世县官离任时让原任地的老百姓为他做歌功颂德的门帖或路碑的事几乎已成为一种习惯套路。如果众人的议论可以相信的话，反而使至公之道隐没而不彰显，这不就跟白居易所讥讽的"道旁德政碑"差不多吗？

秋，七月，浙东军乱，逐观察使李讷。讷，逊之弟子也，性卞急，遇将士不以礼，故乱作。

淮南饥，民多流亡，节度使杜悰荒于游宴，政事不治。上闻之，甲午，以门下侍郎、同平章事崔铉同平章事，充淮南节度使。丁酉，以悰为太子太傅、分司。

九月，乙亥，贬李讷为朗州刺史，监军王宗景杖四十，配恭陵。仍诏"自今戎臣失律，并坐监军。"以礼部侍郎沈询为浙东观察使。询，传师之子也。

【译文】 秋季，七月，浙东军队叛乱，他们驱逐了观察使李讷。李讷是李逊弟弟的儿子，性情躁急，对部下将士不以礼相待，所以军队作乱。

淮南饥荒，百姓多数流亡在外，节度使杜悰游宴过多，不理政事。唐宣宗李忱知道后，甲午日（七月无此日），任命门下侍郎、同平章事崔铉同平章事，暂代淮南节度使；丁酉日（七月无此日），唐宣宗李忱任命杜悰为太子太傅、分司。

九月，乙亥日（二十九日），唐宣宗李忱贬李讷为朗州刺史，监军王宗景受杖刑四十下，发配去守卫恭陵。接着，唐宣宗李忱下诏："从今以后武臣不守律法，监军一并坐罪。"任命礼部侍郎沈询为浙东观察使。沈询是沈传师的儿子。

【乾隆御批】 监军，理不应设，直撤之可耳，乃不惩掣肘之弊，而转定失律并坐之条，是欲去其权而反加之权也，非抱薪救火而何？

【译文】 监军一职，理不应设，直接将其撤掉就可以了，宣宗却不仅不去追究其掣肘延误的弊害，反而还要制定"失职一并受罚"的律条，这真是想要削夺其权力反而更加大其权力，不是抱薪救火又是什么呢？

冬，十一月，以吏部侍郎柳仲郢为兵部侍郎，充盐铁转运使。有间阁医工刘集因缘交通禁中，上敕盐铁补场官。仲郢上言："医工术精，宜补医官。若委务铜盐，何以课其殿最！且场官贱品，非特敕所宜亲，臣未敢奉诏！"上遽批："刘集宜赐绢百匹，遣之。"他日，见仲郢，劳之曰："卿论刘集事甚佳。"

上尝若不能食，召医工梁新诊脉，治之数日，良已。新因自陈求官，上不许，但敕盐铁使月给钱三十缗而已。

右威卫大将军康季荣前为泾原节度使，擅用官钱二万缗，事

资治通鉴

觉，季荣请以家财偿之。上以季荣有开河、湟功，许之。给事中封还敕书，谏官亦上言。十二月，庚辰，贬季荣夔州长史。

江西观察使郑祗德以其子颙尚主通显，固求散地，甲午，以祗德为宾客、分司。

【译文】冬季，十一月，唐宣宗李忱任命吏部侍郎柳仲郢为兵部侍郎，代盐铁转运使。有一位叫刘集的医生在民间四处行医，通过关系与宫廷之人结交，唐宣宗李忱颁下诏书任命刘集为盐铁补场官。柳仲郢向宣宗进谏："医工刘集医术精湛，可以补任为医官，如果让他管理铜盐事务的话，拿什么来考核他的政绩，评判他的好坏呢？况且，盐铁补场官是品阶低微的小官，本来不是由陛下颁诏令亲自任命的，臣不敢接受陛下的诏命。"宣宗随即批道："赐给刘集一百匹绢，打发他回去吧。"几天后，宣宗召见柳仲郢，慰劳他说："你所上奏的刘集一事很好。"

宣宗曾以无法进食为苦，召医生梁新诊视脉搏，医治了几天，病况好转，梁新趁机自己开口向宣宗要求赏赐一个官位，宣宗没有答应，只是下诏，命令盐铁使每月给梁新三千缗钱罢了。

右威卫大将军康季荣从前担任泾原节度使，擅自动用了二百万缗官钱。事件被发觉后，康季荣向朝廷请求用自己的私人财物偿还。宣宗因为康季荣有开辟河、湟的功劳，就准许了他的请求。给事中封还诏令，谏官也向宣宗进言劝谏，认为此事不可。十二月，庚辰日（初五），唐宣宗李忱贬康季荣为夔州长史。

江西观察使郑祗德因儿子郑颙娶了公主而通达显贵，一再向朝廷请求得到一个散官的头衔。甲午日（十九日），唐宣宗李忱任命郑祗德为太子宾客、分司东都，担任闲职。

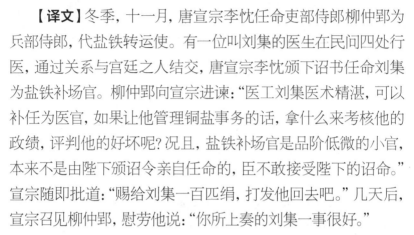

大中十年(丙子, 公元八五六年)春, 正月, 丁巳, 以御史大夫郑朗为工部尚书、同平章事。

上命裴休极言时事, 休请早建太子, 上曰:"若建太子, 则朕遂为闲人。"休不敢复言。二月, 丙戌, 休以疾辞位, 不许。

三月, 辛亥, 诏以"回鹘有功于国, 世为婚姻, 称臣奉贡, 北边无警。会昌中虏廷丧乱, 可汗奔亡, 属奸臣当轴, 遽加殄灭。近有降者云, 已厖历今为可汗, 尚寓安西, 俟其归复牙帐, 当加册命。"

【译文】大中十年(丙子, 公元856年)春季, 正月, 丁巳日(十三日), 唐宣宗李忱任命御史大夫郑朗为工部尚书、同平章事。

宣宗让裴休知无不言地议论朝廷重大事情, 裴休请求宣宗及早册立皇太子。宣宗说:"如果册立皇太子的话, 朕就将成为无用的闲人了。"裴休听了, 就不敢再说什么了。二月, 丙戌日(十三日), 裴休假借生病请求辞去职位, 宣宗没同意他的请求。

三月, 辛亥日(初八), 唐宣宗李忱诏示认为:"回鹘对国家有功, 世代有婚姻关系, 自居臣子, 奉献贡物, 使北方边境无须警戒。会昌年间, 回鹘王廷丧乱, 可汗流浪奔逃, 当时正赶上奸臣李德裕把持大唐中枢朝政, 于是实施对回鹘残部全部诛灭的措施。近来, 有归顺我朝的回鹘人说, 如今, 已厖历已做了回鹘可汗, 目前在安西地区寓居, 等他收复失地并返回原先回鹘王廷所在的牙帐时, 朕将正式册命他为回鹘国可汗。"

【乾隆御批】宣宗之言实属可鄙可笑! 夫以天下与人易, 为天下得人难, 所为迟迟而不敢冒昧从事, 正尧、舜之志也。若宣宗者直以帝位为奇货, 且以其子为他人, 又安能有为天下得人之志乎? 尝考以忠臣自负者，莫不以早建太子择贤师傅教之为急务。此无他，盖半出于懵懂盗袭人言而不知世务，半出于金邪欲图后日之富贵而已。孔子曰："唯上智与下愚不移，若因选贤教之即得贤，则尧、舜早施之于丹朱、商均矣。"且世愈变，而风愈下，名位已定，其不肖者固不足论，即有英贤之姿，谀之者献其逢迎，忌之者逞其排陷，古今之迹，章章可考也。则如何？令其同列兄弟之间，均选贤而教之为愈乎，是不亟亟以册立者，实所以保全之也。设云一旦不虞，将起纷争。盖处置得宜，虽不立亦如泰山之安，若处置不得其宜，虽立定亦有肘腋之患，兹故悉而论之，以破千载之惑。

【译文】宣宗之言实在是可鄙可笑！把天下拱手给人容易，而要把天下交给贤能的人却太难了，所以历代皇帝迟迟不敢冒昧做这样的事，这正是尧、舜的志向。而宣宗简直就是把帝位看作是奇货可居，却把他的儿子看作外人，这怎么能为天下物色到贤能之人呢？我曾经研究过那些自以为忠正之臣。他们都认为应早立太子并选择贤能的老师教导他为首要之事。这大概一半是出于糊里糊涂、不懂事理、抄袭人言，而不知世务，另一半则不过是出于奸邪之心想要图谋日后的大富大贵罢了。孔子说："只有最聪明的人和最愚笨的人才不易被改变，如果通过选贤能之人教导就能使人变得贤能，那么尧、舜早该把国家交给他们的儿子丹朱、商均了。"何况世事变迁，世风日下，名分帝位已定，那些不肖之子固然就不必说了，即使原本具备聪明贤能的人，好为阿谀奉承的人对他极尽逢迎之能事，而妒忌他的人对他则极尽排挤陷害，古往今来，这样的事情各朝各代都可以考证。那么又怎么样呢？下令在他们同族兄弟间选出贤能者加以教导，而不是急急忙忙地册立太子，这才是真正保护太子的做法。假设定立太子以后，一旦出点什么不可预料的事情，必将引起纷争。所以只要处置得当，即使不立太子，国家也会稳若泰山，如果处置不当，即使立了太子也会有潜伏在身边的祸患。在这里之所以如此详细地论述，就是为了破解人们千百年来的困惑。

上以京兆久不理，夏，五月，丁卯，以翰林学士、工部侍郎韦澳为京兆尹。澳为人公直，既视事，豪贵敛手。郑光庄吏恣横，为闾里患，积年租税不入，澳执而械之。上于延英问澳，澳具奏其状。上曰："卿何以处之？"澳曰："欲置于法。"上曰："郑光甚爱之，何如？"对曰："陛下自内庭用臣为京兆，欲以清畿甸之积弊，若郑光庄吏积年为蠹，得宽重辟，是陛下之法独行于贫户耳，臣未敢奉诏。"上曰："诚如此。但郑光殢我不置，卿与痛杖，贷其死，可乎？"对曰："臣不敢不奉诏，愿听臣且系之，俟征足及释之。"上曰："灼然可。朕为郑光故挠卿法，殊以为愧。"澳归府，即杖之。督租数百斛足，乃以吏归光。

【译文】唐宣宗李忱因京兆地区长期没有治理好，夏季，五月，丁卯日（二十四日），任命翰林学士、工部侍郎韦澳为京兆尹。韦澳为人公平正直，视事以后，强横奸猾的贵戚都有所收敛，不敢再胡作非为。郑光的庄吏（掌主家田庄收租之吏）恣纵横暴，几年不缴租税，韦澳把他拖来，上了刑具。宣宗在延英殿询问韦澳，韦澳将逮捕郑光庄吏的原委全部向宣宗陈奏，宣宗说："你准备如何处置他呢？"韦澳说："臣准备依法处置。"宣宗说："郑光特别喜爱这位庄吏，怎么办呢？"韦澳回答说："陛下在内廷把臣任命为京兆尹，准备清除京畿的积留弊端。如果郑光的庄吏常年为非作歹，却能得到宽容而免受刑法处置的话，那么陛下所制定的法律，看来只是用来管制贫困百姓的，我实在不敢再奉陛下诏命处理政事了。"宣宗说："确实如你所奏，只是郑光无休无止地纠缠朕啊，你只需给他痛打一顿，免了他死罪可以吗？"韦澳回答说："臣不敢不遵奉诏示，只是希望陛下能让臣暂且把他拘系，等到他把租税交足后再释放他。"宣宗说：
"这样显然可行。朕因为郑光而阻挠你依法处置，觉得非常惭
愧。"韦澳回府后，立刻对郑光的庄吏处以杖刑，督促他交满数
百斛租税后，才把庄吏送归给郑光。

【乾隆御批】豪贵肆恶乡土，最为蠹政害民，况辇毂间，岂容
恣横！若富族抗租不问，势将独于贫户取盈，其弊更不可究极。韦
澳执械庄吏请置于法，按律正无可逭，乃宣宗不但不治郑光庇蠹
之罪，且为奸吏宛转乞怜，史称大中朝用法无私，其然岂其然哉？

【译文】豪贵们在乡里肆意作恶，最为危害国家和百姓，何况京城
内，岂容这类人恣意妄为！如果富户都抗租不交而官府却不予过问，势
必将让穷困人家来补足这部分租税，这个弊端就不能穷尽了。请朝廷
将韦澳捕押的恣意骄横的庄吏绳之于法，依据律法他一定是罪不可逃，
然而宣宗不但不追究郑光庇护害民的庄吏之罪，而且还要委婉地为奸
吏求情，史书中说宣宗大中年间执法公平无私，难道真的是这样吗？

六月，戊寅，以中书侍郎、同平章事裴休同平章事，充宣武
节度使。

司农卿韦廑欲求夏州节度使，有术士知之，诣廑门曰："吾
善醮星辰，求官无不如意。"廑信之，夜，设醮具于庭。术士曰：
"请公自书官阶一通。"既得之，仰天大呼曰："韦廑有异志，令我
祭天。"廑举家拜泣曰："愿山人赐百口之命！"家之货财珍玩尽与
之。逻者怪术士服鲜衣，执以为盗。术士急，乃曰："韦廑令我祭
天，我欲告之，彼以家财求我耳。"事上闻，秋，九月，上召廑面诘
之，具知其冤，谓宰相曰："韦廑城南甲族，为奸人所诬，勿使狱
吏辱之。"立以术士付京兆，杖死，贬廑永州司马。

【译文】六月，戊寅日（初七），唐宣宗李忱任命中书侍郎、同平章事裴休同平章事，暂代宣武节度使。

司农卿韦廑想向朝廷请求担任夏州节度使，有一个术士了解到韦廑的心思，就前往他家拜访，说："我擅长占星术，替别人求取官职没有不实现的。"韦廑相信了他的话，当天夜晚，在庭院摆设好占星用具。术士说："请您在纸上书写您想要的官阶。"术士拿到韦廑手写的求官字条后，就对着天空大声呼喊："韦廑有叛乱之心，让我为他祭告天神啊！"韦廑惊恐极了，全家向术士哭泣着跪拜请求，说："希望山人给百口之家留一条活路吧！"然后把家中的财产珍玩全部献给术士。巡逻的人听到呼喊声，对术士穿着花色鲜美的衣服很惊奇，把他看成强盗抓了起来。术士情急之下，说："韦廑教我祭天，我要控告他，他用家财来求我把这件事隐瞒下来。"此事被宣宗知道了，秋季，九月，宣宗召韦廑当面诘问他，得知了他的全部冤情，就对宰相说："韦廑是京城之南门第最高的世族，被奸人诬陷，不要让狱吏再侮辱他。"立刻把术士交付给京兆府治罪，杖刑打死，贬韦廑为永州司马。

户部侍郎、判户部、附马都尉郑颢营求作相甚切。其父祗德闻之，与书曰："闻汝已判户部，是吾必死之年；又闻欲求宰相，是吾必死之日也。"颢惧，累表辞剧务。冬，十月，乙酉，以颢为秘书监。

上遣使诣安西镇抚回鹘，使者至灵武，会回鹘可汗遣使入贡。十一月，辛亥，册拜为嗢禄登里罗汩没密施合俱录毗伽怀建可汗，以卫尉少卿王端章充使。

吏部尚书李景让上言："穆宗乃陛下兄，敬宗、文宗、武宗乃兄之子，陛下拜兄尚可，拜侄可乎！是使陛下不得亲事七庙也，宜迁四主出太庙，还代宗以下入庙。"诏百官议其事，不决而止。时人以是薄景让。

【译文】户部侍郎、判户部、驸马都尉郑颢，谋求担任宰相职位的心情十分迫切。他的父亲郑祗德写给他一封信说："听说你已掌判户部事务，这将是我必死之年；又听说你打算求得宰相的官职，这更将是我必死之日！"郑颢深感畏惧，屡次上表请求辞去户部的繁重事务。冬季，十月，乙酉日（十五日），唐宣宗李忱任命郑颢为秘书监。

唐宣宗李忱派遣使者前往安西去镇守并抚慰回鹘部族。使者抵达灵武时，适逢回鹘可汗派遣使臣入唐朝进贡。十一月，辛亥日（十二日），唐宣宗李忱册封回鹘可汗为嗢禄登里罗汩没密施合俱录毗伽怀建可汗，任命卫尉少卿王端章充任册封使者。

吏部尚书李景让向宣宗上书说："穆宗是陛下的哥哥，敬宗、文宗、武宗是陛下哥哥的儿子，陛下拜哥哥还可以，拜侄儿可以吗？这样一来，会使得陛下上不能亲自侍奉七庙，应该把四主（穆、敬、文、武的神主）迁出太庙，把代宗以下还归太庙。"唐宣宗李忱下诏百官商议此事，群臣没有统一意见，此事也无法裁定，最后也就作罢，当时的人对李景让迎合宣宗的这种做法表示鄙夷轻蔑。唐宣宗李忱颁下诏令："在灵感、会善两座寺庙里安设戒坛，填补空缺的僧侣和尼姑，然后交付长老僧来进行挑选，之后，官府发给他们证书。

敕"于灵感、会善二寺置戒坛，诸僧、尼应填阙者委长老僧选择，给公牒，赴两坛受戒，两京各选大德十人主其事。有不堪者罢之，堪者给牒，遣归本州。不见戒坛公牒，毋得私容。仍先选旧僧、尼，旧僧、尼无堪者，乃选外人。"

壬辰，以户部侍郎、判户部崔慎由为工部尚书、同平章事。上每命相，左右无知者。前此一日，令枢密宣旨于学士院，以兵部侍郎、判度支萧邺同平章事。枢密使王归长、马公儒覆奏："邺所判度支应罢否？"上以为归长等佑之，即手书慎由名及新命付学士院，仍云"落判户部事"。邺，明之八世孙也。

内园使李敬寔遇郑郎不避马，郎奏之。上责敬寔，对曰："供奉官例不避。"上曰："汝衔敕命，横绝可也，岂得私出而不避宰相乎！"命剥色，配南牙。

【译文】让他们前往灵感、会善两坛接受佛教戒律，两京长安、洛阳各选出能持戒行的大德和尚十人主持受戒之事。有不能忍受戒律的就罢除他的僧、尼身份，能接受佛教戒律的把度牒颁发给他，让他们返回本州。各地寺院如果看不到灵感、会善二寺发给的公家度牒，不得私自将任何僧、尼留下。要以原有的僧、尼作为优先选择的对象，如果原来的僧、尼没有适合的人选，再选择其他人。"

壬辰日（十一月无此日），唐宣宗李忱任命户部侍郎、判户部崔慎由为工部尚书、同平章事。唐宣宗李忱每次任命宰相时，身边没有一个人知道。在前一天，宣宗先命令枢密宣谕旨意给学士院，任命兵部侍郎、判度支萧邺同平章事。枢密使王归长、马公儒立刻向宣宗复奏道："萧邺现在所担任的判度支一职是否应该罢免呢？"宣宗认为王归长等人是打算在内廷帮助萧邺，立即手写崔慎由的名字及新的任命交付翰林学士院，然后说道："不再兼任户部事务。"萧邺是萧明的八世孙。

内园使李敬寔遇到郑朗时，没有避开郑朗的马，郑朗于是将此事奏告宣宗。宣宗拿此事责备李敬寔，李敬寔回答说："服侍陛下的宦官按照旧例可以不避宰相的马。"宣宗说："如果你奉朕的敕命办公事，骄横也还可以，但怎能在私人外出时而不避宰相呢！"于是诏令李敬寔脱去标志他内官身份地位颜色的服饰，把他发配到南衙服劳役。

大中十一年（丁丑，公元八五七年）春，正月，丙午，以御史中丞兼尚书右丞夏侯孜为户部侍郎、判户部事。先是，判户部有缺，京兆尹韦澳奏事，上欲以澳补之。辞曰："臣比年心力衰耗，难以处繁剧，屡就陛下乞小镇，圣恩未许。"上不悦。及归，其甥柳玭之。澳曰："主上不与宰辅金议，私欲用我，人必谓我以他歧得之，何以自明！且尔知时事浸不佳乎？由吾曹贪名位所致耳。"丙辰，以澳为河阳节度使。玭仲郢之子也。

上欲幸华清宫，谏官论之甚切，上为之止。上乐闻规谏，凡谏官论事、门下封驳，苟合于理，多屈意从之；得大臣章疏，必焚香盥手而读之。

【译文】大中十一年（丁丑，公元 857 年）春季，正月，丙午日（初七），唐宣宗李忱任命御史中丞兼尚书右丞夏侯孜为户部侍郎、判户部事。以前，判户部有缺，京兆尹韦澳上朝向宣宗奏事，宣宗想让韦澳补任判户部这一官职。韦澳推辞说："臣这些年身体精神都衰老损耗太多，确实难以再处理繁杂艰巨的事务，臣好几次向陛下请求去管理一个小镇，陛下却一直没有准奏。"宣宗听了这些话后很不开心。韦澳回到家中，外甥柳玭担心韦澳说错了话，很是忧虑。韦澳说；"陛下不与宰辅官商议任用我，私下里却想任命我，人们必定会议论，说我是通过其他关系谋取的官职，这样，事情还怎么说得明白呢！你知道如今的政治情势越来越差吗？这都是由于我们这些当权者贪图名利地位所导致的呀。"丙辰日(十七日),唐宣宗李忱任命韦澳为河阳节度使。柳玭是柳仲郢的儿子。

宣宗准备亲临华清宫,谏官们极力上言加以劝阻,宣宗为此而罢止。宣宗乐于听人规谏,凡是谏官们论事、门下省封驳,只要符合事情本身的道理,宣宗大都能虚心接受,愿意听从臣子的建议;得到重臣呈奏的奏折,一定先焚香洗净双手,然后阅览。

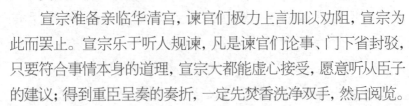

【乾隆御批】韦澳数语,固足为贪名位者下砭,然为臣者感激自效冀时事可以日理,方为不负特达之知,乃沾沾以他岐干进,恐启他人之疑为说,是特对甥自炫名高耳。其所云造膝,时事又谁见之,而谁传之?

【译文】韦澳寥寥数语,固然足以鞭挞那些贪名图位之人,然而为人臣子应感激主上的恩泽而努力去改变当时的状况,这样才不辜负主上的知遇之恩,而韦澳却扬扬自得以唯恐他人疑心自己是通过其他门路得以升迁为借口,这是特意向他的外甥炫耀自己的清高罢了。而他所暗指的促膝,当时的事又有谁曾见到过,又是谁传达的呢?

二月,辛巳,以门下侍郎、同平章事魏谟同平章事,充西川节度使。谟为相,议事于上前,它相或委曲规讽,谟独正言无所避。上每叹曰:"谟绰有祖风,我心重之"。然竟以刚直为令狐绹所忌而出之。

岭南溪洞蛮屡为侵盗。夏,四月,壬申,以右千牛大将军宋涯为安南、邕管宣慰使。五月,乙巳,以涯为安南经略使。容州军乱,逐经略使王球。六月,癸巳,以涯为容管经略使。

甲午,立皇子灌为卫王,滩为广王。

秋,七月,庚子,以兵部侍郎、判度支萧邺同平章事,仍判度支。

【译文】二月，辛巳日（十三日），唐宣宗李忱任命门下侍郎、同平章事魏谟同平章事，兼西川节度使。魏谟担任宰相在宣宗前商议政事时，其他宰相大多不敢直言进谏，有时只是委婉含蓄地劝谏几句，只有他敢直言进谏，没有避讳。宣宗每次听了魏谟的直言劝谏之后，总是赞叹说："魏谟有他的先祖魏征的遗风，朕从心里佩服敬重他啊。"然而，魏谟最终还是因为刚直不阿而遭受令狐绹嫉恨，被排挤出朝廷，外任节度使一职。

岭南地区的溪洞蛮人多次侵犯边境，盗取财物。夏季，四月，壬申日（初五），唐宣宗李忱任命右千牛大将军宋涯为安南、邕管宣慰使。五月，乙巳日（初九），唐宣宗李忱任命王涯为安南经略使。容州军队叛乱，驱逐了经略使王球。六月，癸巳日（二十七日），唐宣宗李忱任命王涯为容管经略使。

甲午日（二十八日），唐宣宗李忱册立皇子李灌为卫王，李滩为广王。

秋季，七月，庚子日（初五），唐宣宗李忱任命兵部侍郎、判度支萧邺同平章事，仍旧兼判度支。

教坊祝汉贞，滑稽敏给，上或指物使之口占，摹咏有如宿构，由是宠冠诸优。一日，在上前抵掌诙谐，颇及外事。上正色谓之曰："我畜养尔曹，正供戏笑耳，岂得辄预朝政邪！"自是疏之。会其子坐赃，杖死，流汉贞于天德军。

乐工罗程，善琵琶，自武宗朝已得幸。上素晓音律，尤有宠。程恃恩暴横，以睚眦杀人，系京兆狱。诸乐工欲为之请，因上幸后苑奏乐，乃设虚坐，置琵琶，而罗拜于庭，且泣。上问其故，对曰："罗程负陛下，万死，然臣等惜其天下绝艺，不复得奉宴游矣!"上曰:"汝曹所惜者罗程艺,朕所惜者高祖、太宗法。"竟杖杀之。

八月,成德节度使王绍鼎薨。绍鼎沉湎无度,好登楼弹射人以为乐,众欲逐之。会病薨,军中立其弟节度副命名绍懿。戊寅,以绍懿为成德留后。

【译文】宫廷教坊里有一个名叫祝汉贞的优人,为人滑稽又思维聪敏,宣宗有时随意指着一个事物,让祝汉贞当场表演口戏,祝汉贞立刻能够根据宣宗所指事物编出一段故事或一个笑话,而且滔滔不绝,就好似之前已经编排好的一样,听故事的人没有不捧腹大笑的,因此受到宣宗的宠爱,受宠程度超过其他优人。有一天,祝汉贞在宣宗面前拍着手掌讲诙谐戏,引人大笑,话题多涉及外朝政事。宣宗表情严肃地说:"我畜养你们这些人,只是供作戏笑罢了,怎能谈论到朝廷政事呢!"从此就对他疏远了。适逢此时,祝汉贞的儿子因贪赃获罪,被杖刑而死,宣宗把祝汉贞流放到天德军。

宫廷乐工罗程,擅长弹奏琵琶,在唐武宗当政时期已得到恩宠。宣宗素来通晓音律,所以他对罗程就更加宠爱。罗程依仗皇帝的恩宠残暴狂横,有人只对他瞪一眼,他便将人杀死,京兆府将他逮捕入狱。宫廷诸乐工想乞求宣宗赦免罗程的罪行,借着宣宗驾临后苑听音乐演奏时,特意为罗程安设了一个虚座,上面摆放着罗程的琵琶,然后他们一起在庭前跪拜,痛哭不止。宣宗问他们为何痛哭,乐工们回答说:"罗程有负陛下的恩宠,确实应该判处死刑,但罗程的琵琶演奏是天下无双的绝艺,我们深深惋惜,恐怕以后在陛下的宴会和游乐中,再也听不到他精妙的演奏了。"宣宗说:"你们所惋惜的是罗程的才艺,我所珍视的是高祖、太宗的律法。"最终,还是用杖刑处决了他。

八月，成德节度使王绍鼎去世。王绍鼎沉湎于酒色，喜欢攀上高楼用弹丸射人来取乐，士兵早就想把他驱逐。正巧此时，他病死了，军中便拥立他的弟弟节度副使王绍懿。戊寅日（十四日），唐宣宗李忱任命王绍懿为成德留后。

九月，辛酉，以太子太师卢钧同平章事，充山南西道节度使。

冬，十月，己巳，以秦成防御使李承勋为泾原节度使。承勋，光弼之孙也。先是，吐蕃酋长尚延心以河、渭二州部落来降，拜武卫将军。承勋利其羊马之富，诱之入凤林关，居秦州之西。承勋与诸将谋执延心，诬云谋叛，尽掠其财，徙其众于荒远。延心知之，因承勋军宴，坐中谓承勋曰："河、渭二州，土旷人稀，因以饥疫。唐人多内徙三川，吐蕃皆远遁于叠宕之西，二千里间，寂无人烟。延心欲入见天子，请尽帅部众分徙内地，为唐百姓，使西边永无扬尘之警，其功亦不愧于张义潮矣。"承勋欲自有其功，犹豫未许。延心复曰："延心既入朝，落部内徙，但惜秦州无所复恃耳。"承勋与诸将相顾默然。明日，诸将言于承勋曰："明公首开营田，置使府，拥万兵，仰给度支，将士无战守之劳，有耕市之利。若从延心之谋，则西陲无事，朝廷必罢使府，省戍兵，还以秦州隶凤翔，吾属无所复望矣。"承勋以为然，即奏延心为河、渭都游奕使，使统其众居之。

【译文】九月，辛酉日（二十七日），唐宣宗李忱任命太子太师卢钧同平章事，兼山南西道节度使。

冬季，十月，己巳日（初五），唐宣宗李忱任命秦成防御使李承勋为泾原节度使。李承勋是李光弼的孙子。之前，吐蕃酋长尚延心率领河、渭二州的部落前来投降，朝廷授予他武卫将军的官职。李承勋贪图尚延心部众的羊马等物品，于是把尚延心引诱到凤林关，让他们居住到秦州以西地区。李承勋与部下各位大将又谋划擒获尚延心，诬陷他有造反之意，将他的财物全部掠夺过来，并将他的部众迁移到荒凉的边外地区。尚延心了解到李承勋的计谋后，借参加李承勋军中宴饮的机会，在座中对李承勋说："河、渭两州，土地空旷，人口稀少，因为常常发生饥荒和瘟疫，唐人大多数已向内迁徙到三川去了，而吐蕃全都到叠、宕的西方隐藏行迹，两千里之间，荒凉没有人烟。我尚延心想拜见天子，向朝廷请求能率领所有部下将士分别迁移到内地，成为大唐的百姓，让西方边境永远没有狼烟四起的战争警报，这种功劳也许不会赶不上张义潮吧。"李承勋打算将此功劳归于自己，心里犹豫不决，没有给尚延心承诺。尚延心又说："我打算归顺唐朝，将部落迁移到内地，只是遗憾秦州不再有所凭借了。"李承勋听后与部下各位大将对望，没有什么话说了。第二天，诸将向李承勋进言说："您首先在秦州开垦营田，设置防御使府，坐拥万人的军队，朝廷度支还会供给军饷，将士们没有打仗守御的辛苦，却能收到耕垦交易的丰厚利益。如果我们应允了尚延心的谋划，则西方边境没有战事，朝廷必然会撤除使府，节省戍守兵力，把秦州归还，让它隶属凤翔，那么我们就再没什么指望了。"李承勋认为说得很对，立刻向朝廷奏报，请求任命尚延心为河、渭两州都游弈使，让他统率其部众在这两州地方居住。

中书侍郎、同平章事郑朗以疾辞位。壬申，以朗为太子太师。

上晚节颇好神仙，遣中使迎道士轩辕集于罗浮山。

王端章册立回鹘可汗，道为黑车子所塞，不至而还。辛卯，贬端章贺州司马。

十一月，壬寅，以成德军留后王绍懿为节度使。

十二月，萧邺罢判度支。

【译文】中书侍郎、同平章事郑朗以疾病为由请求辞掉职务。壬申日(初八)，唐宣宗李忱任命郑朗为太子太师。

宣宗晚年十分喜好神仙之术，派遣中使(宦官)在罗浮山迎接道士轩辕集。

王端章册立回鹘可汗，因道路被黑车子堵塞，没有到达目的地就返回了。辛卯日(二十七日)，王端章被贬为贺州司马。

十一月，壬寅日(初八)，唐宣宗李忱任用成德军留后王绍懿为节度使。

十二月，萧邺罢除判度支。

大中十二年(戊寅，公元八五八年)春，正月，以康王傅、分司王式为安南都护、经略使。式有才略，至交趾，树芳木为栅，可支数十年。深堑其外，泄城中水，堑外植竹，寇不能冒。选教士卒甚锐。顷之，南蛮大至，屯锦田步，去交趾半日程。式意思安闲，遣译逾之，中其要害，蛮一夕引去，遣人谢曰："我自执叛獠耳，非为寇也。"安南都校罗行恭，久专府政，麾下精兵二千，都护中军才羸兵数百。式至，杖其背，黜于边徼。

初，户部侍郎、判度支刘瑑为翰林学士，上器重之。时为河东节度使。手诏征入朝，瑑奏发河东，外人始知之。戊午，以瑑同平章事。瑑，仁轨之五世孙也。

【译文】大中十二年(戊寅，公元858年)春季，正月，唐宣宗李忱任命康王傅、分司王式为安南都护、经略使。王式有才干谋略，到达交趾后，种植芳木作为栅栏，可以支持数十年。在栅寨外挖掘深深的壕堑，以便使城中的水排流出来，又命人在壕堑外种上竹子，让贼寇不能轻易进犯。仔细挑选士兵然后加以训练，从而使军队极其精锐。不久，南诏蛮军前来侵犯，距离交趾只有半日的路程，王式却神情安然闲适，派遣翻译前往南诏军营中，晓谕他们唐军早已经做好防御准备，形势对蛮军很不利。南诏蛮军听到消息在一个晚上就撤离了，并派人向王式道谢说："我们是前来追捕反叛的獠族人的，并没打算侵扰大唐边境。"安南都校（犹都将）罗行恭，对都护经略使府的政事独断专行，专横跋扈很久了，麾下的精锐士卒（精一作积）有两千人，而都护中军只有羸弱的士兵数百人。王式来到安南，用棍杖打罗行恭的后背，惩罚他的专横，并将他贬黜到边境去。

起初，户部侍郎、兼度支刘瑑为翰林学士，宣宗很器重他。当时他担任河东节度使，被宣宗用手诏征召回朝廷，刘瑑向宣宗奏称，军队已从河东出发，朝外百官才知道这件事。戊午日（二十五日），唐宣宗李忱任用刘瑑为同平章事。刘瑑是刘仁轨的五世孙。

瑑与崔慎由议政于上前，慎由曰："惟当甄别品流，上酬万一。"瑑曰："昔王夷甫祖尚浮华，妄分流品，致中原丘虚。今盛明之朝，当循名责实，使百官各称其职；而遽以品流为先，臣未知致理之日。"慎由无以对。

轩辕集至长安，上召入禁中，问曰："长生可学乎？"对曰："王者屏欲而崇德，则自然受天遐福，何处更求长生？"留数月，坚求还山，乃遣之。

【译文】刘瑑和崔慎由在宣宗面前商讨政事。崔慎由说："应该甄别官员的等级辈分，陛下根据这些内容赐予官员相应的职位。"刘琢说："过去,西晋的王夷甫崇尚浮华,胡乱将官员分为清浊流品,结果酿成大祸,让中原地区成了一片废墟。如今,朝廷圣明,应当依据名义而责求事实,让百官各司其职,如果陛下为政把甄别群臣的品流作为第一要务,我不知道何时才能等到国家得到治理那一天啊!"崔慎由无言以对。

轩辕集到了长安,宣宗将他召进宫中,向他询问说："长生不老可以学习得到吗?"轩辕集回答说："帝王必须摒弃嗜欲而崇尚德行,自然能得到长久的福分,哪里还用到什么地方去求得长生不死呢?"轩辕集在宫中居留了几个月后,坚决请求返回罗浮山,宣宗派人把他送了回去。

【乾隆御批】魏晋以来,分别流品,致清浊混淆,深为风俗人心之害,至唐而其弊始革。崔慎由转欲援引陋习,为致理之资,无识甚矣。

【译文】自魏晋以来,形成了官吏划分品类等级的风气,以至于清浊混淆,给社会风俗和人心带来极大危害,一直到了唐代这种弊端才被革除。崔慎又转过来想以之前的陋习作为自己谬论的资本,真是太没有见识了!

二月,甲子朔,罢公卿朝拜光陵及忌日行香,悉移宫人于诸陵。

戊辰,以中书侍郎、同平章事崔慎由为东川节度使。

上欲御楼肆赦,令狐绹曰："御楼所费甚广,事须有名,且赦不可数。"上不悦,曰："遣朕于何得名!"慎由曰："陛下未建储宫,四海属望。若举此礼,虽郊祀亦可,况于御楼!"时上饵方士药,已觉躁渴,而外人未知,疑忌方深,闻之,俯首不复言。旬日,慎由罢相。

勃海王彝震卒。癸未，立其弟虔晃为勃海王。

【译文】二月，甲子朔日（初一），唐宣宗李忱罢除公卿朝拜光陵以及忌日行香的礼制，又命令将全部宫人转移到诸皇帝的陵墓前居住，让他们早晚供奉。

戊辰日（初五），唐宣宗李忱任命中书侍郎、同平章事崔慎由为东川节度使。

宣宗准备亲临丹凤门楼颁下诏令赦免有罪之人，令狐绹进谏说："陛下亲临一次丹凤楼耗资巨大，做这件事必须找一个名义，况且，对犯人赦免减罪的次数不能太多。"宣宗听后很不开心，说："对于朕来说，登楼大赦罪犯以什么名义最合适？"崔慎由说："陛下还没有册立太子，所以天下人瞩目而翘望。如果举行册立皇太子典礼的话，那么就是举行郊祀也是可以的，更何况陛下登楼大赦天下这样的事情呢！"当时，宣宗吃了方士所炼的丹药，心里已感觉急躁焦渴，而外人并不知道这一情况，宣宗对臣子的猜忌怀疑也已经很严重了，听了崔慎由的话，宣宗低头不再说什么。几天后，崔慎由就被罢除宰相职位。

渤海王李彝震去世。癸未日（二十日），唐宣宗李忱立李彝震的弟弟李虔晃为渤海王。

夏，四月，以右街使、附马都尉刘异为邠宁节度使。异尚安平公主，上妹也。

庚子，岭南都将王令寰作乱，囚节度使杨发。发，苏州人也。

戊申，以兵部侍郎、盐铁转运使夏侯孜同平章事。

五月，丙寅，工部尚书、同平章事刘瑑薨。瑑病笃，犹手疏论事，上皆惜之。

以右金吾大将军李燧为岭南节度使，已命中使赐之节，给事中萧倣封还制书。上方奏乐，不暇别召中使，使优人追之，节及燧门而返。倣，俛之从父弟也。辛巳，以泾原节度使李承勋为岭南节度使，发邻道兵讨乱者，平之。

是日，湖南军乱，都将石载顺等逐观察使韩悰，杀都押牙王桂直。悰待将士不以礼，故及于难。

【译文】夏季，四月，唐宣宗李忱任命右街使、驸马都尉刘异为邠宁节度使。刘异所娶的安平公主是宣宗的妹妹。

庚子日（初九），岭南都将王令寰发动叛乱，将节度使杨发拘囚。杨发是苏州人。

戊申日（十七日），唐宣宗李忱任命兵部侍郎、盐铁转运使夏侯孜同平章事。

五月，丙寅日（初六），工部尚书、同平章事刘瑑去世。刘瑑在病重时，仍然给唐宣宗手写疏奏议论政事，宣宗对他的死深感痛惜。

唐宣宗李忱任命右金吾大将军李燧为岭南节度使，已经命令中使赐给他符节，而给事中萧倣却把诏书封缄归还。当时，宣宗正在欣赏奏乐，没有空闲时间再召宦官中使完成此项任务，于是就派身边的一名优人前去追回符节，岭南节度使的符节在刚刚送达李燧家门口时才被追回。萧倣是萧俛的堂弟。辛巳日（二十一日），唐宣宗李忱任命泾原节度使李承勋为岭南节度使，调派与岭南相邻的几道军队，讨伐王令寰的叛乱，最后把他们剿平。

这一天，湖南军队发生叛乱，都将石载顺等人将湖南观察使韩悰驱逐出境，把都押牙王桂直杀死。韩悰没有对部下将士以礼相待，所以遭此叛乱。

六月，丙申，江西军乱，都将毛鹤逐观察使郑宪。

初，安南都护李涿为政贪暴，强市蛮中马牛，一头止与盐一斗。又杀蛮酋杜存诚。群蛮怨怒，导南诏侵盗边境。

峰州有林西原，旧有防冬兵六千，其旁七绾洞蛮，其酋长曰李由独，常助中国戍守，输租赋。知峰州者言于涿，请罢戍兵，专委由独防遏。于是，由独势孤，不能自立，南诏拓东节度使以书诱之，以甥妻其子，补拓东押牙，由独遂帅其众臣于南诏。自是安南始有蛮患。是月，蛮寇安南。

【译文】六月，丙申日(初六)，江西军队发生叛乱，都将毛鹤驱逐了观察使郑宪。

起初，安南都护李涿(或作琢)，治理政事贪婪残忍又暴虐，迫使蛮人把马牛卖给他，而一头马或一头牛只给一斗盐，还杀死蛮人的酋长杜存诚。所有蛮人对他又气愤又怨恨，于是蛮人交结南诏国的军队一起侵扰唐朝边境。

安南都护府管辖的峰州有个地方叫林西原，原来有六千防冬兵，在林西原旁边有七绾洞蛮，他们的酋长叫李由独，常常协助大唐守卫边境，并向唐朝州县送缴赋税。掌峰州行政的地方官向李涿进言，请求撤离林西原六千戍守的防冬兵，把守卫边境驱逐蛮寇的任务交付李由独。因为李由独势力孤弱，不能独自占据一方，于是，南诏国的拓东节度使给李由独送去一封书信，引诱并劝说他背叛大唐，并许诺把外甥女嫁给李由独的儿子，让李由独担任南诏国的拓东押牙，于是，李由独率领其部众向南诏王称臣。从此，安南开始有了蛮患。这一月，南诏蛮军侵犯安南。

秋，七月，丙寅，宣州都将康全泰作乱，逐观察使郑薰。薰奔扬州。

丁卯，右补阙内供奉张潜上疏，以为："藩府代移之际，皆奏仓库蓄积之数，以羡馀多为课绩，朝廷亦因而甄奖。窃惟藩府财赋，所出有常，苟非赋敛过差，及停废将士，减削衣粮，则羡馀何从而致！比来南方诸镇数有不宁，皆此故也。一朝有变，所蓄之财悉遭剽掠。又发兵致讨，费用百倍，然则朝廷竟有何利！乞自今藩府长吏，不增赋敛，不减粮赐，独节游宴，省浮费，能致羡馀者，然后赏之。"上嘉纳之。

【译文】秋季，七月，丙寅日（初七），宣州都将康全泰叛乱，驱逐了观察使郑薰，郑薰逃奔到扬州。

丁卯日（初八），右补阙内供奉张潜向朝廷上奏疏，认为："藩府办理移交时，都奏报仓库储存积蓄的数量，把盈余多作为课征的成绩，朝廷也因此而擢拔奖励。臣私下考虑，藩府的财富，它的来源是固定的，如果不是对所管辖的百姓聚敛赋税过重，以及克扣所率领将士的军饷，减扣将士的衣服，那朝廷规定上缴的税额之外的余额又是从哪里得到的呢？近来，南方几个藩镇常常发生叛乱，不得安宁，大概就是这个原因。如果有变故发生，使府仓库储备的财物全部被劫掠，而朝廷又征调军队前去征讨，军队所需费用更是使府仓库储备财物的百倍，这么来看，对朝廷又有什么好处呢？臣请求朝廷从今天起，藩府长吏不增加赋税的征收，不准许减少所部将士的衣粮，并且控制府帅大将游乐宴饮的资费，节省一切浮华的开支，如果这样做，在朝廷规定缴纳的赋税数额之外还有余额的话，当然可以得到奖赏。"宣宗嘉许并且采纳了他的意见。

容管奏都虞候来正谋叛，经略使宋涯捕斩之。初，忠武军精兵皆以黄冒首，号黄头军。李承勋以百人定岭南，宋涯使麾下效其服装，亦定容州。

安南有恶民，屡为乱，闻之，惊曰："黄头军度海来袭我矣!"相与夜围交趾城，鼓噪："愿送都护北归，我须此城御黄头军。"王式方食，或劝出避之。式曰："吾足一动，则城溃矣。"徐食毕，擐甲，率左右登城，建大将旗，坐而责之，敌者反走。明日，悉捕诛之。有杜守澄者，自齐、梁以来拥众据溪洞，不可制。式离间其亲党，守澄走死。安南饥乱相继，六年无上供，军中犒赏。式始修贡赋，犒将士。占城、真腊皆复通使。

淮南节度使崔铉奏已出兵讨宣州贼。八月，甲午，以铉兼宣歙观察使。己亥，以宋州刺史温璋为宣州团练使。璋，造之子也。

【译文】容管向朝廷奏报都虞候来正谋划叛变，经略使宋涯把他擒住杀死了。起初，忠武军的精锐士兵都以黄巾包着头，号称黄头军。李承勋率领一百人平定了岭南，宋涯命令部下的精兵效仿忠武黄头军的衣服，也平定了容州。

安南有一群冥顽不化的刁民，多次发动叛乱，听说宋涯率领黄头军平定了容州，无比惊慌地呼喊："黄头军横渡大海来攻打我们了!"于是，他们聚集一起在夜晚包围了交趾城，击鼓喧哗大叫："希望把都护送回北方去，我们必须占据这座城来抵御黄头军。"王式正在吃饭，有人劝他到外面躲避一下。王式说："我只要一挪动脚走了，交趾城就会被攻占。"于是，他慢慢地吃完饭，穿上甲胄，率领身边士兵登上城墙，竖起大将的旗帜，坐在那里斥责叛乱的人，迫使他们扭头跑了。第二天，王式把叛乱的人全部擒拿，并将他们杀掉。有个叫杜守澄的人，他的家族从南朝齐、梁以来率领宗族部众占据溪洞，官府都不能制服他。王式就采取离间杜氏宗族亲党的妙计，故意让杜守澄逃跑并被打死。安南地区因为饥荒和叛乱相继发生，所以有六年时间没有向京师运送钱帛，都护府军中也没有钱财犒赏将士。王式到这里后才开始再次运送贡赋，犒赏将士，让这里安定下来。占城、真腊也都重新派来使者与唐朝通使。

淮南节度使崔铉向朝廷上奏已派出兵士征讨宣州贼人。八月，甲午日（初六），唐宣宗李忱任命崔铉兼宣歙观察使。己亥日（十一日），唐宣宗李忱任命宋州刺史温璋为宣州团练使。温璋是温造的儿子。

河南、北、淮南大水，徐、泗水深五丈，漂没数万家。

冬，十月，建州刺史于延陵入辞，上曰："建州去京师几何？"对曰："八千里。"上曰："卿到彼为政善恶，朕皆知之，勿谓其远。此阶前则万里也，卿知之乎？"延陵悸慑失绪，上抚而遣之。到官，竟以不职贬复州司马。

令狐绹拟李远杭州刺史，上曰："吾闻远诗云：'长日惟消一局棋'，安能理人！"绹曰："诗人托此为高兴耳，未必实然。"上曰："且令往试观之。"

【译文】河南、河北、淮南发生洪灾，徐州、泗州地方的洪水深达五丈，漂走淹没了几万人家。

冬季，十月，建州刺史于延陵入朝向宣宗辞行，宣宗问他："建州距离京城有多远呢？"于延陵回答说："八千里。"宣宗说："你到那里治理政事的好坏，朕都会知道，不要认为距朝廷太远就可以任意胡为！即使是远达万里也像是在这台阶前一样，你明白吗？"于延陵吓得惊恐至极，应对错乱。宣宗抚慰他一番后，就把他送走了。于延陵到任后，最终因为不称职被贬为复州司马。

令狐绹打算任用李远为杭州刺史，宣宗说："我听到李远的诗说：'漫长白日只够消遣一局棋（长日惟消一局棋）。'这样一个棋迷怎么能治理好一方百姓呢？"令狐绹说："诗人写诗，假托下棋以尽情抒发自己的情趣，把下棋作为一件高兴的事情罢了，李远未必真是这样啊。"宣宗说："姑且让他去担任这一官职看看吧。"

上诏刺史毋得外徙，必令至京师，面察其能否，然后除之。令狐绹尝徙其故人为邻州刺史，便道之官。上见其谢上表，以问绹，对曰："以其道近，省送迎耳。"上曰："朕以刺史多非其人，为百姓害，故欲一一见之，访问其所施设，知其优劣以行黜陟。而诏命既行，直废格不用，宰相可畏有权！"时方寒，绹汗透重裘。

上临朝，接对群臣如宾客，虽左右近习，未尝见其有惰容。每宰相奏事，旁无一人立者，威严不可仰视。奏事毕，忽怡然曰："可以闲语矣。"因问闾阎细事，或谈宫中游宴，无所不至。一刻许，复整容曰："卿辈善为之，朕常恐卿辈负朕，后日不复得再相见。"乃起入宫。令狐绹谓人曰："吾十年秉政，最承恩遇；然每延英奏事，未尝不汗沾衣也！"

【译文】唐宣宗李忱颁下诏令，命令各州刺史不能随意迁徙到外地为官，必须前往京城朝见天子，由天子当面考核其能否胜任此职务，然后加以委任。令狐绹曾把与自己有交情的官员升迁为州刺史，这位官员还没有抵达京城就顺道去自己的任所就任了。宣宗看见这位刺史呈上的谢恩奏疏后，拿这位官员赴任时未到京城朝见天子一事责问令狐绹，令狐绹回答说："因为此官员赴任的治所比较遥远，所以没有来京城朝见，以便省去一些迎接欢送方面的礼节。"宣宗说："朕因为看到天下各州的刺史大多数才能与职位不相称，成了一方百姓的祸害，所以才打算对任命官员一一召见，向他们当面询问赴任后将要采取的治理方略，从而了解他们的才华优劣好坏，以便对他们进行提拔或贬黜。可是，朕的诏令已颁布了很久，你却将之抛弃，搁在一旁不采用，看来宰相把持大权真是让人恐怖的事啊！"当时天气很是寒冷，可是令狐绹竟然吓得汗流浃背，好几层衣服都湿透了。

宣宗登基处理朝政时，接见对待群臣就犹如对待宾客一样很有礼节，哪怕是身边之人以及亲近狎习之人，从没见他有怠慢的神色。每当宰相奏请朝政时，宣宗旁边不站立一人，但是他威严的态度让人不敢抬头直视。等臣子奏报事情完毕后，宣宗会一下子和颜悦色地说："我们可以聊些闲事了！"于是就询问一些民间的琐细事情，或者畅谈宫中游猎饮宴的事情，没有不谈的话题。大约一刻钟后，宣宗神色又归于严肃，训诫宰相们说："你们几位要竭尽忠心，好好干，朕常常担心你们会辜负朕的期望，以致以后不能君臣相见啊。"遂起身去往宫中。令狐绹对人说："我主持朝廷政事已经十年了，最能得到陛下的恩宠信任，但每次我前往延英殿奏报政事时，从来都是汗水浸湿了衣服啊！"

【乾隆御批】君子不恶而严，乃寻常世故，通论不可以语朝廷赏罚之正。绹以宰臣庇私人，而格诏命，此何等事，而仅以征文刺讥俾之汗下可乎？且绹令子以殖贿揽权，至道路有白木宰相之目，宣宗亦不之知。史赞所谓"明察沉断"果安在哉？

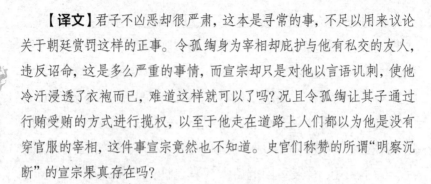

【译文】君子不凶恶却很严肃，这本是寻常的事，不足以用来议论关于朝廷赏罚这样的正事。令孤绹身为宰相却庇护与他有私交的友人，违反诏命，这是多么严重的事情，而宣宗却只是对他以言语讥刺，使他冷汗浸透了衣袍而已，难道这样就可以了吗？况且令孤绹让其子通过行贿受贿的方式进行揽权，以至于他走在道路上人们都以为他是没有穿官服的宰相，这件事宣宗竟然也不知道。史官们称赞的所谓"明察沉断"的宣宗果真存在吗？

初，山南东道节度使徐商，以封疆险阔，素多盗贼，选精兵数百人别置营训练，号捕盗将。及湖南逐帅，诏商讨之。南遣捕盗将二百人讨平之。

崔铉奏克宣州，斩康全泰及其党四百馀人。

上以光禄卿韦宙父丹有惠政于江西，以宙为江西观察使，发邻道兵以讨毛鹤。

崔铉以宣州已平，辞宣歙观察使。十一月，戊寅，以温璋为宣歙观察使。

【译文】起初，山南东道节度使徐商因为掌管的疆域险峻而宽广，有很多盗贼出没，所以就挑选出几百名精锐士兵另外编成队伍进行培训，这支队伍号称"捕盗将"。湖南发生驱逐节度使的叛乱时，唐宣宗李忱就颁布诏令任命徐商率领军队前去平定乱军。于是徐商接受诏命派遣二百名捕盗将剿灭了湖南叛乱。

崔铉向宣宗奏报已攻占宣州，斩杀了康全泰以及他的党人四百余人。

宣宗因为光禄卿韦宙的父亲韦丹主持江西政务时取得很好的业绩，任命韦宙为江西观察使，并征调与江西相邻道的军队一起征讨毛鹤。

崔铉因为宣州已经平定,向朝廷上奏请求辞去宣歙观察使一职。十一月,戊寅日(二十一日),唐宣宗李忱任用温璋为宣歙观察使。

兵部侍部、判户部蒋伸从容言于上曰:"近日官颇易得,人思侥幸。"上惊曰:"如此,则乱矣!"对曰:"乱则未乱,但侥幸者多,乱亦非难。"上称叹再三。伸三起,上三留之,曰:"异日不复得独对卿矣。"伸不谕。十二月,甲寅,以伸同平章事。

韦宙奏克洪州,斩毛鹤及其党五百馀人。宙过襄州,徐商遣都将韩季友帅捕盗将从行。宙至江州,季友请夜帅其众自陆道间行,比明,至洪州,州人不知,即日讨平之,宙奏留捕盗将二百人于江西,以季友为都虞候。

【译文】兵部侍郎、兼户部蒋伸态度从容地向宣宗进谏说:"近来,官位很容易得到,所以人人都想侥幸得到官职。"宣宗吃惊地说:"如果这样的话,朝政就乱了!"蒋伸回答说:"还不会到朝政混乱的地步,但朝中心存侥幸的官员非常多,朝政混乱是很容易发生的。"宣宗对蒋伸的进言倍加称赞。蒋伸起身要退出时,宣宗竭力挽留他,说:"以后不能再单独与你一起应对了。"蒋伸不明白宣宗的心意。十二月,甲寅日(二十七日),宣宗任命蒋伸为同平章事。

韦宙向朝廷奏报已攻取了洪州,杀了毛鹤以及他的同党五百余人。韦宙路过襄州,徐商派遣都将韩季友率领捕盗将跟随韦宙赴任征讨贼人。韦宙到江州时,韩季友请求在夜间率领部众从陆道小路进军。到了第二天,天亮就赶到了兴州城下,城里人丝毫没有察觉,当天毛鹤叛军就被征讨平定。韦宙奏请朝廷将二百捕盗将留在江西，朝廷任命韩季友为都虞候。

大中十三年(己卯，公元八五九年)春，正月，戊午朔，赦天下。

三月，割河东云、蔚、朔三州隶大同军。

夏，四月，辛卯，以校书郎于琮为左拾遗内供奉。初，上欲以琮尚永福公主，既而中寝。宰相请其故，上曰："朕近与此女子会食，对朕辄折匕箸。性情如是，岂可为士大夫妻!"乃更命琮尚广德公主。二公主皆上女。琮，敖之子也。

武宁节度使康季荣不恤士卒，士卒噪而逐之。上以左金吾大将军田牟尝镇徐州，有能名，复以为武宁节度使，一方遂安。贬季荣于岭南。

【译文】大中十三年(己卯，公元 859 年)春季，正月，戊午朔日(初一)，唐宣宗李忱下诏大赦天下。

三月，分割河东的云、蔚、朔三州隶属大同军。

夏季，四月，辛卯日(初五)，唐宣宗李忱任命校书郎于琮为左拾遗内供奉。起初，宣宗打算将永福公主嫁给于琮，后来废止了这个想法。宰相询问其中的缘故，宣宗说："朕近来和永福公主一起用膳，她在朕的面前就折断了汤匙和筷子。像她这种性情，哪里可以做士大夫的妻子呢!"于是，改把广德公主嫁给于琮。二位公主都是宣宗的女儿。于琮是于敖的儿子。

武宁节度使康季荣对士卒既不慰问也不体恤，士卒们聚集起来，骚动不止，还将康季荣驱逐出武宁。宣宗因为左金吾大将军田牟曾经在徐州镇守过，当地百姓又称赞他很有才干，于是诏令再次任命田牟为武宁节度使，徐州一方这才安定下来。康季荣被宣宗贬黜到岭南。

六月，癸巳，封宪宗子惕为彭王。

初，上长子郓王温，无宠，居十六宅，馀子皆居禁中。夔王滋，第三子也，上爱之，欲以为嗣，为其非次，故久不建东宫。

上饵医官李玄伯、道士虞紫芝、山人王乐药，疽发于背。八月，疽甚，宰相及朝臣皆不得见，上密以夔王属枢密使王归长、马公儒、宣徽南院使王居方，使立之。三人及右军中尉王茂玄，皆上平日所厚也。独左军中尉王宗实素不同心，三人相与谋，出宗实为淮南监军。宗实已受敕于宣化门外，将自银台门出。左军副使亓元实谓宗实曰："圣人不豫逾月，中尉止隔门起居，今日除改，未可辨也。何不见圣人而出！"宗实感寤，复入，诸门已踵故事增人守捉矣。亓元实翼导宗实直至寝殿，上已崩，东首环泣矣。宗实叱归长等，责以矫诏，皆捧足乞命。乃遣宣徽北院使齐元简迎郓王。壬辰，下诏立郓王为皇太子，权句当军国政事，仍更名漼。收归长、公儒、居方，皆杀之。癸巳，宣遗制，以令狐绹摄冢宰。

【译文】六月，癸巳日（初七），唐宣宗李忱加封宪宗的儿子李惕为彭王。

起初，宣宗长子郓王李温，没有受到宠爱，住在十六王宅，而其余的儿子都居住于皇宫。夔王李滋是宣宗的第三个儿子，宣宗很疼爱他，打算册立他为皇太子，因为李滋之上有兄长，按照礼法来看，轮不到李滋为皇太子，所以宣宗很长时间没有册立东宫太子。

宣宗服食医官李玄伯、道士虞紫芝、山人王乐的丹药，结果后背上生了疽疮。八月，宣宗的疽毒又严重了，以致卧床不起，宰相和朝士都不能朝见陛下。宣宗偷偷把夔王托付给枢密使王归长、马公儒、宣徽南院使王居方，让他们拥立夔王为皇太子。三人以及右军中尉王茂玄，都是宣宗平时特别恩遇厚待的人。只有左军中尉王宗实平素不和他们一条心，于是三人一起谋划这件事，把王宗实外调为淮南监军。王宗实在宣化门外已接受诏命，正准备从银台门离去，左军副使亓元实对王宗实说：“陛下卧床不起已经有一个多月了，中尉您只是在门外询问陛下的起居如何，如今陛下改任你为淮南监军的诏命，是真是假难以辨别呀。你怎么不等到当面朝见陛下之后再赴任呢？”王宗实有所震动，猛然醒悟，于是再次进入宫中，皇宫各个大门已按旧规矩增派人员防守。亓元实保护引导着王宗实径直来到宣宗的寝殿，这时宣宗已经驾崩，身边的侍者都在放声痛哭。于是，王宗实大声责斥王归长等人假借诏命将他遣离此地，他们都捧足（回鹘礼）请求王宗实宽恕。王宗实于是派遣宣徽北院使齐元简前去十六宅迎接郓王李温进宫。壬辰日（初六），王宗实等以宣宗的名义颁布诏书，册立郓王为皇太子，暂且主持军务，并将名字改为李漼。接着，又命人擒拿王归长、马公儒、王居方，将他们全部处死。癸巳日（初七），宣布宣宗遗诏，任命令狐绹代冢宰。

宣宗性明察沉断，用法无私，从谏如流，重惜官赏，恭谨节俭，惠爱民物，故大中之政，讫于唐亡，人思咏之，谓之小太宗。

丙申，懿宗即位。癸卯，尊皇太后为太皇太后。以王宗实为骠骑上将军。李玄伯、虞紫芝、王乐皆伏诛。

九月，追尊上母晁昭容为元昭皇太后。

加魏博节度使何弘敬兼中书令，幽州节度使张允伸同平章事。

【译文】宣宗的性格聪颖细心，沉稳而果敢，做事依据律法，没有偏祖之心，愿意接受群臣的谏言，重视并珍惜官爵的赏赐，为人恭敬谨慎而生活上崇尚节俭，爱护百姓的生命和财产。所以大中年间的政事，直到唐朝灭亡为止，百姓仍旧怀念并且歌颂他，称宣宗为"小太宗"。

丙申日（初十），懿宗即位。癸卯日（十七日），懿宗尊皇太后为太皇太后。颁下诏命任命王宗实为骠骑上将军。给宣宗食用丹药的李玄伯、虞紫芝、王乐都被处以死刑。

九月，唐懿宗李漼追尊自己的母亲晁昭容为元昭皇太后。

唐懿宗李漼颁下诏令，加封魏博节度使何弘敬兼中书令，幽州节度使张允仲加同平章事衔。

冬，十月，辛卯，赦天下。

十一月，戊午，以门下侍郎、同平章事萧邺同平章事，充荆南节度使。

十二月，甲申，以翰林学士承旨、兵部侍郎杜审权同平章事。审权，元颖之弟孙也。

浙东贼帅裘甫攻陷象山，官军屡败，明州城门昼闭，进逼剡县，有众百人，浙东骚动。观察使郑祗德遣讨击副使刘勍、副将范居植将兵三百，合台州军共讨之。

司空、门下侍郎、同平章事令狐绹执政岁久，忌胜己者，中外侧目，其子滈颇招权受贿。宣宗既崩，言事者竞攻其短。丁酉，以绹同平章事，充河中节度使。以前荆南节度使、同平章事白敏中守司徒、兼门下侍郎、同平章事。

【译文】冬季，十月，辛卯日（初九），唐懿宗李漼下诏，大赦天下。

十一月，戊午日（初七），唐懿宗李漼任命门下侍郎、同平章事萧邺同平章事，暂代荆南节度使。

十二月，甲申日（初三），唐懿宗李漼任命翰林学士承旨、兵部侍郎杜审权同平章事。杜审权是杜元颖弟弟的孙子。

浙东盗贼首领裘甫率领贼兵进攻象山县，官军多次被裘甫贼兵打败，明州的城门白天都紧紧关闭着，裘甫又带领贼兵攻打剡县，他率领的贼兵有一百人，使浙东地区陷入骚动不安之中。浙东观察使郑祗德派遣讨击副使刘勋、副将范居植率领三百军队，联合台州军队征讨裘甫贼军。

司空、门下侍郎、同平章事令狐绹掌握大权已经很久了，他嫉恨才华地位超过自己的官员，遭到朝廷内外官员的憎恨，他的儿子令狐滈又多方获取权力，接受他人的贿赂。宣宗驾崩后，向懿宗进言的官员争着对令狐绹的缺点进行攻击。丁酉日（十六日），唐懿宗李漼任命令狐绹为同平章事，充任河中节度使。任命前任荆南节度使、同平章事白敏中守司徒、兼门下侍郎、同平章事。

初，韦皋在西川，开青溪道以通群蛮，使由蜀入贡。又选群蛮子弟聚之成都，教以书数，欲以慰悦羁縻之。业成则去，复以他子弟继之。如是五十年，群蛮子弟学于成都者殆以千数，军府颇厌于禀给。又，蛮使入贡，利于赐与，所从傔人浸多，杜悰为西川节度使，奏请节减其数，诏从之。南诏丰祐怒，其贺冬使者留表付巂州而还。又索习学子弟，移牒不逊，自是入贡不时，颇扰边境。会宣宗崩，遣中使告哀，时南诏丰祐适卒，子酋龙立，怒曰："我国亦有丧，朝廷不吊祭。又诏书乃赐故王。"遂置使者于外馆，礼遇甚薄。使者还，具以状闻。上以酋龙不遣使来告丧，又名近玄宗讳，遂不行册礼。酋龙乃自称皇帝，国号大礼，改元建极，遣兵陷播州。

【译文】起初，韦皋主持西川军政事务时，开辟青溪道来沟通南诏诸蛮族，让他们可以通过新开辟的道路由蜀地向朝廷进献贡物。韦皋又从南诏诸蛮族人的子弟中挑选出一批人，让他们聚居在成都，派人教他们读书算数，打算以这种安抚的方式取得他们的欢心而笼络他们，诸蛮族人的子弟学有所成之后就返回家园，其他的子弟再继续前来成都读书学习。这样一来，五十年过去了，在成都读书学习的南诏群蛮子弟将近上千人，西川军府对供给这些子弟资财粮食方面的事情越来越感到厌烦。另外，蛮地使者入朝进贡，都贪图朝廷赏赐的好处，所以前往时带领的随从仆役日渐增多。杜悰担任西川节度使后，上奏朝廷请求节省并减少供给的数量，懿宗下诏赞同。南诏王丰祐非常愤怒，他的贺冬使者把贺表留下交给巂州府就返回了。丰祐又向杜悰要回在成都读书求学的子弟，送交给杜悰的牒文言语也很不谦逊。从此，南诏不再按时向唐朝进献贡物，还经常骚扰唐朝边境。正赶上宣宗崩逝，唐懿宗李漼派遣宦官充任使者前去南诏国告知丧事，当时南诏国王丰祐刚巧也去世了，丰祐的儿子酋龙即位，他气愤地说："我国也有国丧，唐朝廷为什么不派使来吊祭呢？而且还把诏书赐给故去的国王，真是太不像样了。"于是把唐朝使者安置在外馆，对待的礼节十分微薄。唐朝使者返回后，把这些情况全部汇报给懿宗。懿宗因为酋龙不派使者入朝告丧，而且酋龙的名字与玄宗李隆基的讳字读音相近，所以也不给酋龙行册封为南诏国王的仪礼。酋龙就自行称帝，国号大礼，改年号建极，并派军队攻占了唐朝的播州。

资治通鉴卷第二百五十　唐纪六十六

起上章执徐，尽强圉大渊献，凡八年。

【译文】起庚辰（公元860年），止丁亥（公元867年），共八年。

【题解】本卷记录了公元860至867年共八年的史事，当时正值唐懿宗咸通元年至咸通八年，是他执政前期八年的政事。唐懿宗李漼无德无能，原本未被立为太子，依靠宦官拥立才即帝位。因此，懿宗即位后宠信宦官，疏于政事，游宴无度，滥赏无节。懿宗笃信佛法，全国僧尼剧增，在宫中设讲坛，亲自唱经开讲。此时唐朝政治日趋下滑，朝官与宦官的矛盾不断上升，由于杜悰对枢密官的开导，才使一场血腥杀戮得以避免。这时唐朝无论上层还是下层，都处在各自的矛盾之中，整个社会处在动荡的前夜。王式对裘甫起义的镇压，使朝廷得到了喘息之机。但边患又起，当时宦官当政，致使军镇无可御敌之将领，大唐屡遭败绩。

懿宗昭圣恭惠孝皇帝上

咸通元年（庚辰，公元八六〇年）春，正月，乙卯，浙东军与裘甫战于桐柏观前，范居植死，刘勍仅以身免。乙丑，甫帅其徒千馀人陷剡县，开府库，募壮士，众至数千人。越州大恐。

时二浙久安，人不习战，甲兵朽钝，见卒不满三百，郑祗德更募新卒以益之。军吏受赂,率皆得孱弱者。祗德遣子将沈君纵、副将张公署、望海镇将李珪将新卒五百击裘甫。二月,辛卯,与甫战于剡西,贼设伏于三溪之南,而陈于三溪之北,壅溪上流,使可涉。既战,阳败走,官军追之,半涉,决壅,水大至,官军大败,三将皆死,官军几尽。

于是,山海诸盗及它道无赖亡命之徒,四面云集,众至三万,分为三十二队。其小帅有谋略者推刘暀,勇力推刘庆、刘从简。群盗皆遥通书币,求属麾下。甫自称天下都知兵马使,改元曰罗平,铸印曰天平。大聚资粮,购良工,治器械,声震中原。

【译文】咸通元年(庚辰,公元 860 年)春季,正月,乙卯日(初四),浙东军与裘甫在桐柏观前交战,范居植战死,刘勍只保全了性命。乙丑日(十四日),裘甫率领上千兵马攻取剡县,开放府库,招募强壮的百姓,兵马逐渐达到几千人,越州听闻非常惊恐。

当时,两浙地区长期安定无战事,当地百姓不习惯作战,盔甲兵器都腐烂锈钝了,正在服役的士兵不足三百人。浙东观察使郑祗德再次征募新兵来充实队伍,但是军吏往往接受贿赂,招募上来的新兵几乎全是孱弱的。郑祗德派遣部将沈君纵、副将张公署、望海镇将李珪率领五百新军前去攻打裘甫军。二月,辛卯日(初十),五百新军与裘甫军在剡县以西交战,裘甫军在三溪南面设下埋伏,并在三溪北面摆下虚镇,派兵堵住溪水上游,这样,溪水下游就可以涉水渡过。两军开战后,裘甫军队假装战败而逃,五百官军跟在后面追击,在溪水下游,当官军一半的人马渡过溪水时,贼军就将上游的堵水闸挖开,大水突然喷薄而下,官军惨败,三位领兵大将都战死,部下官军几乎全部死在那里。

因为裘甫大败浙东官军，于是，山上海上的各地贼盗以及其他道的无赖亡命之徒，纷纷云集，军队多达三万人，裘甫把他们分为三十二队。其中小将，论智谋当属刘暀，论勇猛有力气当属刘庆和刘从简。各地贼盗都从远地向裘甫送来书信和物资，请求归从裘甫部下。这时，裘甫自称天下都知兵马使，改元为罗平，命人在铸造的大印上刻上天平二字。然后大量囤积资财粮草，雇请手艺好的工匠，制造军队需要的兵甲器械，声震中原。

丙申，葬圣武献文孝皇帝于贞陵，庙号宣宗。

丙午，白敏中入朝，坠陛，伤腰，肩舆以归。

郑祗德累表告急，且求救于邻道。浙西遣牙将凌茂贞将四百人、宣歙遣牙将白琮将三百人赴之。祗德始令屯郭门及东小江，寻复召还府中以自卫。祗德馈之，比度支常馈多十三倍，而宣、润将士犹以为不足。宣、润将士请土军为导，以与贼战。诸将或称病，或阳坠马，其肯行者必先邀职级，竟不果遣。贼游骑至平水东小江，城中士民储舟裹粮，夜坐待旦，各谋逃溃。

【译文】丙申日（十五日），懿宗率领群臣将圣武献文孝皇帝李忱安葬在贞陵，并给他定庙号为宣宗。

丙午日（二十五日），白敏中上朝，不慎从马上摔下，伤到腰部，懿宗命人用轿子把他抬了回去。

郑祗德多次向朝廷上表奏报情况紧急，并且向邻道请求援助。浙西派遣牙将凌茂贞率领四百人，宣歙派遣牙将白琮率领三百人前往援救。郑祗德起初命令士兵驻守在郭门以及东小江，不久又将他们召回府中来自我防卫。郑祗德又对援军大加犒赏，所赏赐的财物比朝廷度支赐予的还要多十三倍，可是宣州、润州的将士仍然不满足。宣、润的将士请求让当地军队作为前锋，然后与贼寇交战。但当地将领有的推说患病，有的假装坠马摔伤，其中也有愿意出发攻打的，但一定要先授予军职、勋级，以致最终军队竟然没能派遣出去。裘甫贼军的游骑抵达平水以东的小江，城中的百姓准备船只，捆包粮食，从晚上一直等到天亮，各自谋划准备逃亡。

　　朝廷知祗德懦怯，议选武将代之。夏侯孜曰："浙东山海幽阻，可以计取，难以力攻。西班中无可语者。前安南都护王式，虽儒家子，在安南威服华夷，名闻远近，可任也。"诸相皆以为然。遂以式为浙东观察使，征祗德为宾客。

　　三月，辛亥朔，式入对，上问以讨贼方略。对曰："但得兵，贼必可破。"有宦官侍侧，曰："发兵，所费甚大。"式曰："臣为国家惜费则不然。兵多贼速破，其费省矣。若兵少不能胜贼，延引岁月，贼势益张，则江、淮群盗将蜂起应之。国家用度尽仰江、淮，若阻绝不通，则上自九庙，下及十军，皆无以供给，其费岂可胜计哉！"上顾宦官曰："当与之兵。"乃诏发忠武、义成、淮南等诸道兵授之。

　　【译文】朝廷知道郑祗德胆小懦弱，商议派遣武将来代替他。夏侯孜说："浙东有高山与大海作为阻隔，很是幽静偏僻，我们可以使用计谋掠取，但很难使用武力攻获。朝中没有称得上智谋超群的武将。前安南都护王式，虽然是儒家文士的儿子，却在安南让当地汉人夷人都归顺他，威严与勇武的声名远近皆知，可以任命他前往浙东讨伐裘甫等贼寇。"诸位宰相都认为夏侯孜说得很对。唐懿宗李漼任命王式为观察使，征召郑祗德为宾客(太子宾客)。

三月，辛亥朔日（初一），王式入朝应对，懿宗向他询问征讨贼寇的策略。王式回答说："只要将军队交给臣号令，贼军一定可以被打败。"有个宦官在懿宗身旁侍奉，就说："动员军队，耗费资财很大啊。"王式说："陛下为国家珍惜费用不是这样来计算的。朝廷征派的军队多，那么贼寇消灭得就迅速，所使用的军费反而可以节省下来。如果调派的军队少，不能战胜贼军，或者还会将战事延长至几月甚至几年，这样贼军的势力越来越强大，江、淮之间的盗贼就会纷纷造反，响应贼军。而国家的用度完全仰赖江、淮等地，如此阻绝不通，那么上自九庙，下到小军，都无法供给资财，耗费的资财又哪里能计算得过来呢！"懿宗回头看了宦官一眼说："朕应该将军队交给他。"于是诏令，征派忠武、义成、淮南等诸道军队交给王式号令。

裘甫分兵掠衢、婺州。婺州押牙房郅、散将楼曾、衢州十将方景深将兵拒险，贼不得入。又分兵掠明州，明州之民相与谋曰："贼若入城，妻子皆为菹醢，况货财，能保之乎！"乃自相帅出财募勇士，治器械，树栅，浚沟，断桥，为固守之备。贼又遣兵掠台州，破唐兴。己巳，甫自将万馀人掠上虞，焚之。癸酉，入余姚，杀丞、尉。东破慈溪，入奉化，抵宁海，杀其令而据之，分兵围象山。所过俘其少壮，馀老弱者蹂践杀之。

【译文】裘甫派遣军队分别进攻衢州、婺州。婺州军府押牙房郅、散将楼曾、衢州十将方景深等人率领军队据守险要地势，贼军没有办法攻进来。于是裘甫又分出一部分兵马攻讨明州，明州的民众聚集在一起谋划此事说："贼军一旦攻入城中，我们的妻子儿女都会被剁成肉酱，更何况家中的财产货物，就更加难以留下了！"于是全都把自己的资产捐献出来招募勇猛的士兵，制造盔甲器械，竖起栅栏，疏通壕沟，截断桥梁，为坚决守卫城池做好一切准备。贼寇又派遣军队进攻台州，攻取了唐兴县。己巳日（十九日），裘甫亲自率领一万余兵马攻打上虞县，并将县城焚烧。癸酉日（二十三日），裘甫率领军队攻取余姚县，杀死了县丞和县尉，又向东攻克了慈溪县，向奉化县进发，又率军抵达宁海县，杀死宁海县令，并占据了宁海县城，又派出一部分军队围攻象山县。裘甫军队又在所经之地虏获年轻力壮的百姓，对剩下的老弱病残进行蹂躏摧残，之后又将他们全部杀死。

及王式除书下，浙东人心稍安。裘甫方与其徒饮酒，闻之不乐。刘暀叹曰："有如此之众而策画未定，良可惜也！今朝廷遣王中丞将兵来，闻其人智勇无敌，不四十日必至。兵马使宜急引兵取越州，凭城郭，据府库，遣兵五千守西陵，循浙江筑垒以拒之。大集舟舰，得间，则长驱进取浙西，过大江，掠扬州货财以自实。还，修石头城而守之，宣歙、江西必有响应者。遣刘从简以万人循海而南，袭取福建。如此，则国家贡赋之地尽入于我矣。但恐子孙不能守耳，终吾身保无忧也。"甫曰："醉矣，明日议之！"暀以甫不用其言，怒，阳醉而出。有进士王辂在贼中，贼客之，辂说甫曰："如刘副使之谋，乃孙权所为也。彼乘天下大乱，故能据有江东；今中国无事，此功未易成也。不如拥众据险自守，陆耕海渔，急则逃入海岛，此万全策也。"甫畏式，犹豫未决。

【译文】当王式任浙东观察使的委任文书颁下后，浙东人心才稍稍安定。裘甫正和士兵饮酒，听到后特别不高兴。刘暀叹息说："有如此多的兵马而谋划却没确定，实在是可惜的事呀！如今朝廷派遣王中丞率领军队前来，听说此人智勇无人可敌，不超过四十天他一定会到达这里。兵马使应该赶快率领军队攻取越州，依恃城郭，占据府库，派兵五千人前去防守西陵，沿着浙江建筑堡垒来抵御官军，同时要大量收集各种船舰。如果获得时机，就率大军长驱攻取浙西，渡过长江，夺取扬州的货物财宝来充实自己的军资费用，然后将军队调回，修缮石头城坚守，这时宣歙、江西地区必定会有人纷纷起来响应我们。您再派刘从简率万人沿海向南进军，袭取福建。如此，国家贡赋收支的要地就全部被我们占据了。只怕子孙不能守住东南半壁山河，我们一辈子可以不必担忧了。"裘甫说："你醉了，明天再商议吧！"刘晔因为裘甫不采用他的话而恼怒，假装酒醉而离开了。有个叫王辂的进士在贼军之中，贼人对他很是善待。王辂对裘甫说："像刘副使的谋划，是孙权所使用的办法。但孙权是趁着天下大乱的时机，因而他能保有并占据江东；如今中原没有战事，据守长江称帝的功业很难成功啊。不如依靠士众凭据险要地势以自我防守，在陆地上耕作，在大海上捕鱼，情势危急时就逃入海岛，这是万全的良策。"裘甫惧怕王式，因此仍是犹豫不决。

夏，四月，式行至柿口，义成军不整，式欲斩其将，久乃释之，自是军所过若无人。至西陵，裘甫遣使请降。式曰："是必无降心，直欲窥吾所为，且欲使吾骄怠耳。"乃谓使者曰："甫面缚以来，当免而死。"

乙未，式入越州，既交政，为郑祗德置酒，曰："式主军政，不可以饮，监军但与众宾尽醉。"迨夜，继以烛，曰："式在此，贼安能妨人乐饮！"丙申，饯祗德于远郊，复乐饮而归。于是始修军令，告馈饷不足者息矣，称疾卧家者起矣，先求迁职者默矣。

贼别帅洪师简、许会能帅所部降。式曰："汝降是也，当立效以自异。"使帅其徒为前锋，与贼战有功，乃奏以官。

【译文】夏季，四月，王式来到柿口，义成军纪律不整，王式要把领兵的将领杀了，过了很长时间才放了他，从此，军队命令统一，队伍整齐，经过某些地区就像没有人经过一样。王式到达西陵，裘甫派使者请求投降，王式说："他必然没有投降的心意，实际上是想探察我的举动，并想用投诚的态度让我军骄傲自满，从而警惕之心松懈。"于是对使者说："如果裘甫能双手捆绑在后背前来投降，那么我一定会免他死罪。"

乙未日（十五日），王式到了越州，把政务交代以后，为郑祗德备办酒宴，说："因为我要掌管军政事务，不能陪大家畅饮，监军以下的将校可以与众宾客尽情畅饮。"到了晚上，继续点起烛火畅饮，王式说："有我在这里，贼寇怎么能妨碍我们欢饮呢？"丙申日（十六日），在远郊为郑祗德饯行，又再次畅饮而归。然后王式开始重新修订军令，先前宣告军饷用度不足的人不敢再发言，声称患病卧床不起的人也开始工作，请求先提拔官职然后再出征作战的人也不再说什么。

贼寇中的别帅洪师简、许会能率领部属投降，王式说："你们投降在此，应当建立功劳以展现确实与过去不一样。"于是，命令他们率领士众作为前锋，当他们和贼寇作战立下功劳后，才奏请封给他们官职。

先是，贼谍入越州，军吏匿而饮食之。文武将吏往往潜与贼通，求城破之日免死及全妻子。或诈引贼将来降，实窥虚实。城中密谋屏语，贼皆知之。式阴察知，悉捕索，斩之。刑将吏尤横猾者，严门禁，无验者不得出入，警夜周密，贼始不知我所为矣。

式命诸县开仓廪以赈贫乏，或曰："贼未灭，军食方急，不可散也。"式曰:"非汝所知。"

官军少骑卒,式曰:"吐蕃、回鹘比配江、淮者,其人习险阻,便鞍马,可用也。"举籍府中,得骁健者百馀人。虏久羁旅,所部遇之无状,困馁甚。式既犒饮,又赒其父母妻子,皆泣拜欢呼,愿效死,悉以为骑卒,使骑将石宗本将之。凡在管内者,皆视此籍之,又奏得龙陂监马二百匹,于是骑兵足矣。

【译文】此前,贼寇的间谍进入越州,军吏把他们隐藏起来,并且供给他们饮食。州府文武将吏往往暗中与裘甫军队沟通消息,以此来保障贼寇攻克城池后,能免除一死并保全妻子儿女的性命。有人假装带着裘甫手下的将领来投降,实际上是来窥探城中虚实,城中官军的作战谋划以及交流信息的暗号,裘甫军队全都知晓。王式暗中将此事调查清楚后,把这些人都搜捕起来,全部杀死了。对特别残暴骄横狡猾的将吏都进行了惩处,严厉执行城门出入的科禁,没有证件的人不能进出,晚上的警戒也十分周密,贼寇这才不了解官军的行动了。

王式命令各县开启仓库,赈济贫困的百姓,有人说:"裘甫贼寇还没被消灭掉,军粮正是急需的时候,不能散发给百姓。"王式说:"这不是你们所能了解的事情。"

官军中缺少骑兵,王式说:"吐蕃、回鹘最近被配置到江、淮来的士兵,都习惯于险阻,熟习鞍马,可以重用他们。"于是到官府将他们的名籍查出来,得到骁勇强健的吐蕃族、回鹘族一百多人。这些胡虏背井离乡,被流放管束了很长时间,管束他们的军吏对他们既凶残又狠毒,而王式还接济他们的父母妻儿,他们感激欢呼并哭着跪拜,都愿意为王式拼死效力,王式将他们分派为骑兵,让骑兵将领石宗本统率他们。凡是在越州管辖境内的吐蕃、回鹘族被流放之人,均按这种办法征用并召集在一起，又向朝廷请奏，求得汝州龙陂监二百匹好马，于是骑兵的实力就很充足了。

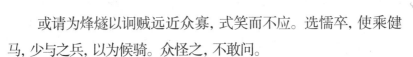

或请为烽燧以诇贼远近众寡，式笑而不应。选懦卒，使乘健马，少与之兵，以为候骑。众怪之，不敢问。

于是，阅诸营见卒及土团子弟，得四千人，使导军分路讨贼。府下无守兵，更籍土团千人以补之。乃命宣歙将白琼、浙西将凌茂贞帅本军，北来将韩宗政等帅土团，合千人；石宗本帅骑兵为前锋，自上虞趋奉化，解象山之围，号东路军。又以义成将白宗建、忠武将游君楚、淮南将万璘帅本军与台州唐兴军合，号南路军。令之曰："毋争险易，毋焚庐舍，毋杀平民以增首级！平民胁从者，募降之。得贼金帛，官无所问。俘获者，皆越人也，释之。"

癸卯，南路军拔贼沃州寨，甲辰，拔新昌寨，破贼将毛应天，进抵唐兴。

【译文】有人请求王式用烽火狼烟来警示敌人的远近和多少，王式笑而不答。王式又将胆小的士兵挑选出来，让他们骑着强壮的战马，只配给他们很少的武器，担任侦察骑兵，部下将士感到此做法很奇怪，但谁也没有质疑。

于是，校阅各营现有士卒以及土团的子弟，共计得到四千人，让他们引导军队分成几路讨伐贼寇。而府中已没有守卫的士兵，又征派了土团中千人补足兵力。于是，王式命令宣歙的大将白琼、浙西的大将凌茂贞率领本军，北方来的大将韩宗政等率领土团，聚合了千人，石宗本率领骑兵为前锋，从上虞直攻奉化，解除了象山的包围，号称"东路军"。又命令义成大将白宗建、忠武将游君楚、淮南大将万璘率领本军和台州唐兴的军队联合，号称"南路军"。王式又下令说："无论是艰险还是容易, 各军不要对部署的任务进行抢夺, 不准焚毁百姓的房屋茅舍, 不准屠杀平民百姓增加报功首级。被胁迫加入贼军的平民百姓, 一定要招募他们, 允许他们归降。缴获贼寇的金帛财产, 官府不加过问。擒获的俘虏, 都是越州本地人, 要放他们回家!"

癸卯日(二十三日), 南路军攻下了贼人的沃州寨, 甲辰日(二十四日), 攻取新昌寨, 大破贼将毛应天, 进兵抵达唐兴。

白敏中三表辞位, 上不许。右补阙王谱上疏, 以为: "陛下致理之初, 乃宰相尽心之日, 不可暂阙。敏中自正月卧疾, 今四月矣, 陛下虽与他相坐语, 未尝三刻, 天下之事, 陛下尝暇与之讲论乎! 愿听敏中罢去, 延访硕德, 以资聪明。"己酉, 贬谱为阳翟令。谱, 珪之六世孙也。五月, 庚戌朔, 给事中郑公舆封还贬谱敕书。上令宰相议之, 宰相以为谱侵敏中, 竟贬之。

辛亥, 浙东东路军破贼将孙马骑于宁海。戊午, 南路军大破贼将刘暀、毛应天于唐兴南谷, 斩应天。

【译文】白敏中三度上表请求辞去职务, 懿宗没有同意。右补阙王谱上疏, 认为: "陛下即皇帝位没有多久, 治理天下政事, 还是经验不足, 正是宰相竭尽心力辅佐之时, 宰相职位不可暂缺。白敏中从正月卧病不起, 现在已经是四月了, 陛下虽然可以和他坐着商谈政事, 却未曾超过三刻, 天下的大事太多了, 陛下哪里还有和他商讨的闲暇时间呢! 希望陛下批准白敏中辞职的请求, 另外寻访有才能德望的人, 来帮助您更加圣明。"己酉日(二十九日), 唐懿宗李漼将王谱贬为阳翟县令。王谱是王珪的六世孙。五月, 庚戌朔日(初一), 给事中郑公舆把贬王谱的敕书封缄退了回去。唐懿宗李漼命令宰相商议此事, 宰相都认为王谱是有意诋毁白敏中，最终懿宗还是把王谱贬谪了。

辛亥日（初二），浙东东路军在宁海击败裘甫部将孙马骑率领的军队。戊午日（初九），南路军在唐兴南谷大破贼将刘暀、毛应天，并斩杀了毛应天。

先是，王式以兵少，奏更发忠武、义成军及请昭义军，诏从之。三道兵至越州，式命忠武将张茵将三百人屯唐兴，断贼南出之道；义成将高罗锐将三百人，益以台州土军，径趋宁海，攻贼巢穴；昭义将跣羑将四百人，益东路军，断贼入明州之道。庚申，南路军大破贼于海游镇，贼入甬溪洞。戊辰，官军屯于洞口，贼出洞战，又破之。己巳，高罗锐袭贼别帅刘平天寨，破之。自是诸军与贼十九战，贼连败。刘暀谓裘甫曰："向从吾谋入赵州，宁有此困邪！"王辂等进士数人在贼中，皆衣绿，暀悉斩之，曰："乱我谋者，此青虫也！"

【译文】起初，王式认为士兵数目太少，上奏章请朝廷再动员忠武、义成军以及请调昭义军，唐懿宗李漼下诏同意他的请求。忠武、义成、昭义三道军队抵达越州，王式命令忠武军将领张茵率领三百人在唐兴县驻守，从而阻断裘甫军向南奔逃之路。命令义成军将领高罗锐率领三百人，加上台州地方的军队，直接前往宁海县，进击裘甫贼军的老巢。命令昭义将领跣羑率领四百人，为东路军增援，阻断贼寇进入明州的通道。庚申日（十一日），南路军在海游镇大破贼兵，贼人逃入甬溪洞。戊辰日（十九日），官军在洞口屯扎，贼寇出洞交战，官军又把他们打败。己巳日（二十日），高罗锐偷袭并攻占了贼寇别帅刘平天的山寨。从此各军和贼人有十九次交战，而贼人连连战败。刘暀对裘甫说："如果您能听从我的谋划，进攻越州，哪会陷入如今的境地呢?”王辂等几个唐朝科举入第的进士都穿着绿衣担任小官，刘晊把他们全部斩杀了，说:“破坏我谋划的人，就是你们这些青虫。”

高罗锐克宁海，收其逃散之民，得七千馀人。王式曰:“贼窘且饥，必逃入海，入海则岁月间未可擒也。”命罗锐军海口以拒之。又命望海镇将云思益、浙西将王克容将水军巡海澨。思益等遇贼将刘从简于宁海东，贼不虞水军遽至，皆弃船走山谷，得其船十七，尽焚之。式曰:“贼无所逃矣，惟黄罕岭可入剡，恨无兵以守之。虽然，亦成擒矣!”裘甫既失宁海，乃帅其徒屯南陈馆下，众尚万馀人。辛未，东路军破贼将孙马骑于上畽村，贼将王皋惧，请降。

壬申，右拾遗内供奉薛调上言，以为:“兵兴以来，赋敛无度，所在群盗，半是逃户，固须翦灭，亦可闵伤。望敕州县税外毋得科率，仍敕长吏严加纠察。”从之。

【译文】高罗锐收复宁海，收留共计七千多逃亡失散的百姓。王式说:“贼寇既困窘又饥饿，一定会逃亡到海上，如果贼寇逃入海岛，那么几个月或一年都无法抓住他们了。”于是命令高罗锐在海口驻军以阻击贼军。又命令望海镇将云思益、浙西将王克容率领水军在海边巡查。云思益等在宁海东遇到贼将刘从简，贼寇没想到水军会突然前来，都弃船逃到山谷之中，云思益的水军缴获裘甫军队十七条船，全部烧毁。王式说:“贼军已没有什么地方可以奔逃了，只有黄罕岭可以进入剡县，遗憾的是那里没有派兵驻守。即使这样，裘甫贼军也是可以擒获的!”裘甫丧失宁海之后，率领所部军队在宁海县西南六十余里处的南陈馆下屯驻，部队仍然有一万余人。辛未日(二十二日)，东路军在上嵺村大破贼将孙马骑，贼将王皋畏惧，请求向朝廷投降。

壬申日（二十三日），右拾遗内供奉薛调向朝廷进言，认为：
"自从朝廷征派军队讨伐以来，征收的赋税没有节制，所以地方
上各路贼盗，多半都是交不上赋税而逃亡的农户，这些贼寇诚
然应该被歼灭，但他们的处境也值得怜悯，令人悲伤啊。希望
陛下向各州县颁布诏令，除了朝廷规定的正税以外，不得再有
其他赋税名目，并且诏令有关部门官员，对税目进行严格的纠察
监督。"懿宗同意了他的请求。

戊寅，浙东东路军大破裘甫于南陈馆，斩首数千级，贼委弃
缯帛盈路，以缓追者，跣猿令士卒："敢顾者斩！"毋敢犯者。贼
果自黄罕岭遁去，六月，甲申，复入剡。诸军失甫，不知所在，义
成将张茵在唐兴获俘，将苦之，俘曰："贼入剡矣。苟舍我，我请
为军导。"从之，茵后甫一日至剡，壁其东南，府中闻甫入剡，复
大恐，王式曰："贼来就擒耳！"命趣东、南两路军会于剡，辛卯，
围之，贼城守甚坚，攻之，不能拔，诸将议绝溪水以渴之，贼知
之，乃出战。三日，凡八十三战，贼虽败，官军亦疲。贼请降，诸
将出以白式，式曰："贼欲少休耳，益谨备之，功垂成矣。"贼果复
出，又三战。庚子夜，裘甫、刘暀、刘庆从百馀人出降，遥与诸
将语，离城数十步，官军疾趋，断其后，遂擒之，壬寅，甫等至越
州，式腰斩暀、庆等二十馀人，械甫送京师。

【译文】袁王李绅崩逝。

戊寅日（二十九日），浙东东路军在南陈馆大破裘甫，斩杀了
几千首级，贼军将缯帛丢弃得满路都是，想以此让追击的士兵
放慢速度。跣猿命令士卒说："谁敢再左顾右盼不向前冲，眷恋

路上的财物，立即斩杀。"没有一个士兵敢违犯军令。贼军果然从黄罕岭逃走了。六月，甲申日（初五），再度进入剡县。贼军诸将没有找到裘甫，不知道他在什么地方，唐义成镇将张茵在唐兴县曾虏获一名贼兵，准备对他用刑时，这个俘虏说："贼军已进入剡县。你如果放了我，我愿替官军当向导。"张茵答应了他的要求。张茵比裘甫晚一天抵达剡县，在他的东南方扎营。官军府探知这一情报，异常惊恐，王式说："裘甫贼军不过是来束手就擒罢了！"于是命令东、南两路军到剡县会合，辛卯日（十二日），官军围困剡县。贼军守护城池态度坚决，官军虽然不断进攻，仍不能攻破。王式部下诸将商议阻断溪水，将城内贼军渴死，裘甫贼军了解官军要断绝他们的水源，于是出城与官军交战。三天内共交战八十三次，虽然贼军被打败，但官军也非常疲惫。裘甫贼军向王式请求投降，王式部下诸将禀告此事，王式说："裘甫贼军企图以此得到一点休整军队的时间，我们要更加小心谨慎地守备，胜利就在眼前了。"贼军果然再度出兵，双方又交战三次。庚子日（二十一日）夜晚，裘甫、刘暀、刘庆率领一百多人出来投降，和诸将遥遥相对着谈判，当他们离开城池几十步的时候，官军立刻冲上前，阻断了他们的后路，并把这些人活捉了。壬寅日（二十三日），裘甫等人被送往越州，王式把刘暀、刘庆等二十多人都腰斩了，把裘甫加上刑械递送京师。

剡城犹未下，诸将已擒甫，不复设备。刘从简帅壮士五百突围走，诸将追至大兰山，从简据险自守。秋，七月，丁巳，诸将共攻克之。台州刺史李师望募贼相捕斩之以自赎，所降数百人，得从简首，献之。

诸将还越，式大置酒。诸将乃请曰："谋等生长军中，久更行陈，今年得从公破贼，然私有所不谕者，敢问：公之始至，军食方急，而遽散以赈贫乏，何也？"式曰："此易知耳，贼聚谷以诱饥人，吾给之食，则彼不为盗矣；且诸县无守兵，贼至，则仓谷适足资之耳"又问："不置烽燧，何也？"式曰："烽燧所以趣救兵也，兵尽行，城中无兵以继之，徒惊士民，使自溃乱耳。"又问："使懦卒为候骑而少给兵，何也？"式曰："彼勇卒操利兵，遇敌且不量力而斗；斗死，则贼至不知矣。"皆拜曰："非所及也！"

【译文】剡城仍然没有攻取，官军诸将认为裘甫已被擒住，不再部署守备。刘从简率领五百壮士突围逃走。官军诸将一直追赶到奉化县西北的大兰山，刘从简在山上据险防守。秋季，七月，丁巳日（初九），官军诸军将领率领所部士兵进攻大兰山，最终攻克。台州刺史李师望招募贼军士兵，让他们去杀死还没有投降的同伙，以赎免自己犯下的罪，又迫使几百贼军投降，并得到刘从简的首级，献给上司。

诸将率领军队返回越州，王式大摆酒席。诸将向他请教说："我们这些人生长在军中，长时间经历行伍营阵，今年能够追随您打败贼军，但私下有件不能理解的事，请问您刚到这里时，军中对粮食的需求很急切，然而您竟用它来救济贫乏百姓，这是为什么呢？"王式说："这道理容易明白。裘甫贼众屯聚谷米来引诱饥饿的百姓，我分发给百姓粮食，饥民就不会受到裘甫的引诱而成为贼寇。况且各县都没有驻守的士兵，裘甫贼军到达各县，官府仓库的谷米正好成为贼寇的粮食，为贼寇所享用。"诸将又问："不设置烽火台，又是什么缘故呢？"王式说："设烽火台是为了获取援军，我手下的军队都已安排了任务，越州城中没有军队可作为援兵，设烽火台不过是白白浪费时间，而且惊扰居民，只会让我军自乱溃败罢了。"诸部将领又问："您派胆小的士兵充当侦察骑兵，而且给他们配备很少的武器，这是什么原因呢?"王式回答说:"如果挑选勇猛又好斗的士兵担任侦察骑兵，并把锋利的兵器给他们，遇到敌军，他们可能会自不量力地冲杀搏斗，最终战死，就没有人返回报告消息了，我们就不了解贼军是否来了，这样的侦察兵又起到什么作用呢?"诸将都说:"您的智慧不是我们能赶得上的!"

封宪宗子忻为信王。

八月，裴甫至京师，斩于东市。加王式检校右散骑常侍，诸将官赏各有差。先是，上每以越盗为忧，夏侯孜曰:"王式才有馀，不日告捷矣。"孜与式书曰:"公专以执裴甫为事，军须细大，此期悉力。"故式所奏求无不从，由是能成其功。

卫王灌薨。

九月，白敏中五上表辞位，辛亥，以敏中为司徒、中书令。

【译文】唐懿宗李漼封宪宗的儿子李忻为信王。

八月，裴甫被押送到京师，在东市被斩首。唐懿宗李漼加封王式检校右散骑常侍，各将都有不同的官爵赏赐。起初，懿宗经常以越地的盗贼为忧患，夏侯孜说:"王式才干有馀，过不了几天就会传来捷报。"夏侯孜给王式的书信上说:"您全心全意以捉拿裴甫为职责，军中所需要的补给，我这里会竭尽全力应办。"所以，王式所奏报的请求没有不应允的，因此能成功剿灭贼寇。

卫王李灌去世。

九月，白敏中五度上表请求辞去相位。辛亥日(初四)，唐懿宗李漼任命白敏中为司徒、中书令。

【乾隆御批】王式当二浙积玩疲弊之后，整顿戎行动中款，会可谓不孤任使所论。散给军食不置烽燧二事亦能发韬，于所未及，至以懦卒为候骑，则不可为训。盖侦候虽不专于战斗，而深入敌境得悉情形以归此，岂懦者所能办，且懦者若未见面目，辄张大其事以告，岂不动摇军心，反致偾事乎？是虽偶中一时，而不可为军行成法也。

【译文】王式在两浙地区长期被叛军困扰疲惫不堪的时候，能够及时整顿军队，使时局扭转，可以说没有辜负大家的厚望。他关于散发军粮、不设烽火台这两件事的论述也是有其独特见解的，但不能认同的是，他让胆小懦弱的士兵担任侦察兵，这是不能作为经验的。因为侦察兵虽然不以战斗为专职，但他们要深入敌境去侦察并将敌军的情报带回来，这样的事情岂是懦弱胆小的士兵能办到的？况且如果还没见着敌人的面就夸张地回来报告敌情，岂不是要动摇军心，反倒会坏了大事吗？这种做法虽然偶尔会有一次成功，但却不能成为军事上的固定法则。

　　癸酉，右拾遗句容刘邺上言："李德裕父子为相，有声迹功效，窜逐以来，血属将尽，生涯已空，宜赐哀闵，赠以一官。"冬，十月，丁亥，敕复李德裕太子少保、卫国公，赠左仆射。

　　乙亥，以门下侍郎、同平章事夏侯孜同平章事，充西川节度使。以户部尚书、判度支毕諴为礼部尚书、同平章事。

　　安南都护李鄠复取播州。

　　十一月，丁丑，上祀圆丘；赦，改元。

　　十二月，戊申，安南土蛮引南诏兵合三万馀人乘虚攻交趾，陷之。都护李鄠与监军奔武州。

　　【译文】癸酉日（二十六日），右拾遗句容人刘邺对懿宗说：

"李德裕父子担任宰相时，很有政绩，但自从李德裕被流放以来，他的亲属几乎全部被流放远地，如今，李德裕已经去世，陛下应该对他哀怜同情，追赠他一个官爵。"冬季，十月，丁亥日（十一日），唐懿宗李漼诏命恢复李德裕的太子少保、卫国公公爵，赐左仆射。

己亥日（初四），唐懿宗李漼任命门下侍郎、同平章事夏侯孜同平章事，暂代西川节度使。任命户部尚书、判度支毕諴为礼部尚书、同平章事。

安南都护李鄠又收复了播州。

十一月，丁丑日（十三日），唐懿宗李漼祭祀上天，下诏大赦，改年号为咸通。

十二月，戊申日（十四日），安南土著蛮族带领南诏兵共三万多人乘虚进攻交趾，而且攻陷了交趾。都护李鄠和监军逃奔到武州。

【乾隆御批】德裕所短乃在门户标榜，至其筹边料敌相业颇有足观。故非僧孺贻诮太宰可比，身后恤赠，尚不失略短取长之意。第刘邺以建言为父报答私恩，懿宗从之，是代党人煽焰，扬汤何可为训！

【译文】李德裕的缺点在于以门户自我标榜，至于他运筹边防、对敌军的判断及作为宰相的政绩还是颇为出色的。所以并不是牛僧孺那种让人贻笑大方的"太宰"可以相提并论，因此他死后得到抚恤和追赠，尚且不失对他取长略短的一种肯定。然而刘邺通过建言来达到替父亲报答私恩的目的，而懿宗竟然听从了他，这是给朋党之辈煽风点火，这种扬汤止沸的行为怎么能成为经验之谈？

咸通二年(辛巳，公元八六一年)春，正月，诏发邕管及邻道兵救安南，击南蛮。

二月，以中书令白敏中兼中书令，充凤翔节度使；以左仆射、判度支杜悰兼门下侍郎、同平章事。

【译文】咸通二年(辛巳，公元 861 年)春季，正月，唐懿宗李漼下诏动员邕管以及邻近各道士兵援救安南，攻打南蛮。

二月，唐懿宗李漼任命中书令白敏中兼中书令、充任凤翔节度使，任命左仆射、判度支杜悰兼门下侍郎、同平章事。

一日，两枢密使诣中书，宣徽使杨公庆继至，独揖悰受宣，三相起，避之西轩。公庆出斜封文书以授悰，发之，乃宣宗大渐时宦官请郓王监国奏也，且曰："当时宰相无名者，当以反法处之。"悰反复读良久，曰："圣主登极，万方欣戴。今日此文书，非臣下所宜窥。"复封以授公庆，曰："主上欲罪宰相，当于延英面示圣旨，明行诛遣。"公庆去，悰复与两枢密坐，谓曰："内外之臣，事犹一体，宰相、枢密共参国政。今主上新践阼，未熟万机，资内外裨补，固当以仁爱为先，刑杀为后，岂得遽赞成杀宰相事！若主上习以性成，则中尉、枢密权重禁闱，岂得不自忧乎！悰受恩六朝，所望致君尧、舜，不欲朝廷以爱憎行法。"两枢密相顾默然，徐曰："当具以公言白至尊，非公重德，无人及此。"惭悚而退。三相复来见悰，微请宣意，悰无言，三相惶怖，乞存家族，悰曰："勿为他虑。"既而寂然，无复宣命。及延英开，上色甚悦。

【译文】有一天，两位宦官枢密使来到中书门下政事堂，宣徽使杨公庆接着也来到这里，他只对着杜悰作揖行礼，让杜悰接受诏命。毕諴、杜审权、蒋伸三位宰相立刻站起来走出门去，在西面客厅暂且回避。杨公庆拿出一札斜封的文书交给杜悰，杜悰打开信封看了一下，原来是宣宗病重时，请求郓王李温监管国家的奏疏。几个宦官说："请查看这些奏疏，凡当时在位的没有题名的宰相，都应该按照谋反罪惩治。"杜悰反复地读了很久，说："圣明的君主登基称帝，天下各处百姓正高兴地拥戴天子。今天的这份文书，不是臣子应该看的。"把文书又封起来交给了杨公庆，说："陛下如果要治宰相的罪，应该在延英殿上当面颁示旨意，公开进行诛杀或责斥。"杨公庆离去后，杜悰又和两枢密同坐，对他们说："禁宫内外的臣子，同样是服侍辅佐陛下，宰相和枢密使更是共同参与商讨国家政事。如今，陛下登基时间不长，对万般朝中政事还不熟悉，需要宫内宫外的大臣齐心协力进行辅佐，我们处理政事应把仁爱放在第一位，把惩治刑法放在其次，怎么能在陛下即位不久就赞成诛杀宰相的事呢！如果陛下把杀人当成一种习惯，那么中尉、枢密在宫闱中都是手握重权的，怎能不为自己的生命担忧呢！ 我杜悰受到六朝的恩宠，所盼望的是使陛下成为尧、舜一样贤明的君主，而不希望朝廷用爱憎作为行使法令的依据。"两枢密相视，一时静默，然后慢慢地说："一会儿我们会把您所说的话全部转告陛下，如果不是您德高望重，哪能够想得这么深远？"二人惭愧悚惧地退去。三位宰相又来见杜悰，悄悄地询问诏令中的意旨，杜悰没有说什么。三位宰相惶恐不安，请求能保全家族。杜悰说："你们不要有其他顾虑。"以后就沉寂，再没有其他宣布了。等开延英殿时，懿宗的脸色非常愉悦。

【乾隆御批】用斜封诛谴宰臣，其出涓人指使，不问可知。悰既悉其奸，正当延英面请以惩不轨，庶几有裨初政，乃以中尉、枢密得不自忧为言，与顾虑"手滑"者同，一调停伎俩，此岂大臣之体？

【译文】用斜封下达诛谴宰臣的命令，不用问就知道这是受了后宫之人的指使。杜棕既然知晓了这里面的阴谋，就应该立即到延英殿面见皇帝请求对这种不轨行为进行严惩。说不定还会对刚登基的皇帝有些帮助，而他却以中尉、枢密能否自保为说辞，这与他顾虑皇上"手滑"是同一种斡旋的伎俩，这怎么能符合为人臣子的大体呢？

是时士大夫深疾宦官，事有小相涉，则众共弃之，建州进士叶京尝预宣武军宴，识监军之面；既而及第，在长安与同年出游，遇之于涂，马上相揖；因之谤议喧然，遂沉废终身，其不相悦如此。

福王绾薨。

夏，六月，癸丑，以盐州防御使王宽为安南经略使，时李鄠自武州收集土军，攻群蛮，复取安南，朝廷责其失守，贬儋州司户。鄠初至安南，杀蛮酋杜守澄，其宗党遂诱道群蛮陷交趾，朝廷以杜氏强盛，务在姑息，冀收其力用，乃赠守澄父存诚金吾将军，再举鄠杀守澄之罪，长流崖州。

【译文】此时，士大夫最憎恨宦官，凡事如果稍微牵涉宦官，士大夫就一起唾弃他们。建州进士叶京曾参加宣武军的宴会，认识了监军。后来考中之后，在长安和同年外出游玩，在路上与监军相遇，于是二人就在马上互相拱手招呼，此事引起了大多数臣子的责斥诋毁，以致叶京因此事一辈子抬不起头，终日沉默在家。士大夫和宦官间的不融洽已经到了如此程度。

福王李绾崩逝。

夏季，六月，癸丑日（初十），唐懿宗李漼任命盐州防御使王宽为安南经略使。当时，李鄠从武州招募当地土军，征讨群蛮,收复了安南,朝廷斥责李鄂没有守住安南,将他贬为儋州司户。李鄂刚到安南时,杀了蛮族首领杜守澄,于是杜守澄的宗党引诱群蛮攻取交趾,朝廷因为杜氏宗族势力强大,对他们尽量使用姑息政策,希望杜氏的巨大影响力能为朝廷所用,于是赠给杜守澄的父亲杜存诚金吾将军的名号,又提到李鄂杀死杜守澄的罪行,将李鄂长年流放于崖州。

秋,七月,南蛮攻邕州,陷之。先是,广、桂、容三道共发兵三千人戍邕州,三年一代。经略使段文楚请以三道衣粮自募土军以代之,朝廷许之,所募才得五百许人。文楚入为金吾将军,经略使李蒙利其阙额衣粮以自入,悉罢遣三道戍卒,止以所募兵守左、右江,比旧什减七八,故蛮人乘虚入寇。时蒙已卒,经略使李弘源至镇才十日,无兵以御之,城陷,弘源与监军脱身奔峦州,二十馀日,峦去,乃还。弘源坐贬建州司户。文楚时为殿中监,复以为邕管经略使,至镇,城邑居人什不存一。文楚,秀实之孙也。

【译文】秋季,七月,南诏(一作蛮)攻打邕州,邕州失陷。之前,广、桂、容三道共动员士兵三千人戍守邕州,三年轮换一次。经略使段文楚请求用三道的衣粮自行招募土军来替代,朝廷允许了他的请求,但所募的士兵只有五百多人。段文楚调回朝廷任金吾将军,新任经略使李蒙贪图兵员缺额后剩余的衣粮,将它们据为己有,停止遣送三道戍守士兵,只让自己招募的士兵驻守。这样一来,比原有军队人数减少了十分之七八,所以南诏蛮人趁着官军兵力空虚,大举侵犯。这时,李蒙已经去世,经略使李弘源到此地赴任仅十天,没有军队可以抗击南诏蛮人的侵犯,结果蛮军攻破城池,李弘源与监军从邕州城脱身奔赴峦州,二十多天后,南诏蛮军才撤退,李弘源等人才得以返回邕州。为此，李弘源被贬为建州司户。段文楚当时是殿中监，再被任命为邕管经略使，到治所时，城邑中的居民已剩下不到十分之一。段文楚是段秀实的孙子。

杜悰上言："南诏向化七十年，蜀中寝兵无事，群蛮率服。今西川兵食单寡，未可轻与之绝，且应遣使吊祭，晓谕清平官等以新王名犯庙讳，故未行册命，待其更名谢恩，然后遣使删命，庶全大体。"上从之。命左司郎中孟穆为吊祭使。未发，会南诏寇巂州，攻邛崃关，穆遂不行。

冬，十月，以御史大夫郑涯为山南东道节度使。十一月，加同平章事。

【译文】杜悰对懿宗说："南诏仰慕中国实行以德治理百姓的策略已七十年，蜀中已停息战事，群蛮相继归顺。如今西川的士兵和粮食都不充足，不能轻易和他们断绝关系，应该派遣使者前去吊祭，向南诏清平官等宣讲我朝的大义，告诉他们南诏新国王的名字冒犯了我玄宗皇帝的庙讳，因此才没有颁下册命给他，等到新国王改换名字并向大唐皇帝表达谢意之后，我们定会派遣使者前去主持册命大礼，陛下这样处置，也许更能顾全大局。"唐懿宗李漼同意了他的建议。命令左司郎中孟穆为吊祭使。孟穆还未出发，适逢南诏入侵巂州，攻打邛崃关，孟穆便没能成行。

冬季，十月，唐懿宗李漼任命御史大夫郑涯为山南东道节度使，十一月，又加封他同平章事。

咸通三年（壬午，公元八六二年）春，正月，庚寅朔，群臣上尊号曰睿文明圣孝德皇帝。赦天下。

以中书侍郎、同平章事蒋伸同平章事，充河中节度使。

二月，棣王惴薨。

南诏复寇安南，经略使王宽数来告急，朝廷以前湖南观察使蔡袭代之，仍发许、滑、徐、汴、荆、襄、潭、鄂等道兵各三万人授袭以御之。兵势既盛，蛮遂引去。邕管经略使段文楚坐变更旧制，左迁威卫将军、分司。

左庶子蔡京，性贪虐多诈，时相以为有吏才，奏遣制置岭南事。三月，京还，奏事称旨，复以京权知太仆卿，充荆襄以南宣慰安抚使。

【译文】咸通三年（壬午，公元862年）春季，正月，庚寅朔日（正月庚午朔，庚寅日当是二十一日），朝廷大臣给懿宗上尊号，称睿文明圣孝德皇帝，懿宗为此大赦天下。

唐懿宗李漼任命中书侍郎、同平章事蒋伸同平章事，兼河中节度使。

二月，棣王李惴崩逝。

南诏再度侵犯安南，唐安南经略使王宽几次上表向朝廷禀告军情紧急，朝廷派前湖南观察使蔡袭代替王宽担任安南经略使，并且征发许州、滑州、徐州、汴州、荆州、襄州、潭州、鄂州等诸道军队共计三万人，把这些军队交给蔡袭统一指挥，来抗拒南诏蛮军的进攻。唐军兵力强盛，南诏蛮军了解这种情形后就率军撤退了。邕管经略使段文楚因为改变惯例而被降罪，降职为威卫将军、分司。

左庶子蔡京，个性贪婪，残忍暴虐而又诡计多端，当时，宰相认为他有处理政事的才干，向懿宗上奏派遣他处置岭南事宜。三月，蔡京返回长安，奏事时迎合懿宗的旨意，唐懿宗李漼再次提拔他担任权知太仆卿，充任荆襄以南宣慰安抚使。

　　夏，四月，己亥朔，敕于两街四寺各置戒坛，度人三七日。上奉佛太过，怠于政事，尝于咸泰殿筑坛为内寺尼受戒，两街僧、尼皆入预；又于禁中设讲席，自唱经，手录梵夹；又数幸诸寺，施与无度。吏部侍郎萧俶上疏，以为："玄祖之道，慈俭为先；素王之风，仁义为首，垂范百代，必不可加。佛者，弃位出家，割爱中之至难，取灭后之殊胜，非帝王所宜慕也。愿陛下时开延英，接对四辅，力求人瘼，虔奉宗祧。思缪赏与滥刑，其殃必至；知胜残而去杀，得福甚多。罢去讲筵，躬勤政事。"上虽嘉奖，竟不能从。

　　【译文】夏季，四月，己亥朔日（初一），唐懿宗李漼敕命在两街（京城左、右街）、四寺（慈恩、荐福、西明、庄严）各设置戒坛，剃度俗人三七日（二十一日）。懿宗过度信奉佛教，处理朝政事务却怠慢松懈，曾在禁官内咸泰殿修建戒坛，为弃俗出家当尼姑的宫女受戒，长安两街的僧侣、尼姑都参加了。懿宗又在宫中设置了佛经讲席，自己在那里唱佛经，并且亲手抄写梵文贝叶经。懿宗还多次驾临各大寺庙，毫无节制地施舍财物。吏部侍郎萧俶呈递疏奏，认为："玄祖老子，以慈爱节俭为第一宗旨，素王孔子的教化，也把仁义作为第一位的事情，他们垂留下来的典范传颂了百代，后人必定不能超越他们。所谓佛，是抛弃声名地位而出家，割舍了爱中最难舍弃的感情，取得了灭度后世上所特有的尊荣，这不是帝王所应该追慕的。希望陛下能经常打开延英殿召见宰相与之应对，与四辅官商讨朝廷政事，竭尽全力免除百姓疾苦，诚心诚意侍奉宗庙。如果总是想要赐给寺院不该赏赐的财物，又对百姓滥用刑法，必然会招致祸患；如果陛下懂得实行仁政减免刑罚的道理，那比崇尚信奉佛有价值的多啊，定会得到更多的福运。请求陛下除去与僧尼讲经用的宫廷讲席，多用些心思与群臣商讨军国政事。"懿宗虽然对萧做的进言给予嘉奖，但最终没能按萧做所说的去做。

岭南旧分五管，广、桂、邕、容、安南，皆隶岭南节度使；蔡京奏请分岭南为两道节度，从之。五月，敕以广州为东道，邕州为西道，又割桂管龚、象二州，容管藤、岩二州隶邕管。寻以岭南节度使韦宙为东道节度使，以蔡京为西道节度使。

蔡袭将诸道兵在安南，蔡京忌之，恐其立功，奏称："南蛮远遁，边徼无虞，武夫邀功，妄占戍兵，虚费馈运。盖以荒陬路远，难于覆验，故得肆其奸诈。请罢戍兵，各还本道。"朝廷从之。袭累奏称群蛮伺隙日久，不可无备，乞留戍兵五千人。不听。袭以蛮寇必至，交趾兵食皆阙，谋力两穷，作十必死状申中书。时相信京之言，终不之省。

【译文】岭南在旧时分成广、桂、邕、容、安南五管，都隶属岭南节度使。蔡京向朝廷上奏章请求分岭南为两道节度，懿宗同意了他的建议。五月，唐懿宗李漼敕命广州为东道，邕州为西道，又割桂管的龚、象二州，容管的藤、岩二州隶属于邕管。不久，唐懿宗李漼任命岭南节度使韦宙为东道节度使，任命蔡京为西道节度使。

蔡袭率领各道军队在安南驻扎下来，蔡京对他的做法极为猜忌，担心他独揽大功，于是向懿宗奏称："南诏蛮军已经逃跑得无影无踪，边境地区已无危险，一些武将为了向朝廷邀取战功，总是虚妄地禀告军情从而扩充部下戍兵的数目，这样，朝廷耗费很多军用物资，也耗费了大量的往来运费。或许因为处在荒远之地，距离京城遥远，朝廷对这些武将呈报上的情形很难去查看检验，所以这些武夫的奸计往往得逞。请求陛下撤走安南的戌守军队，让他们各自返回本道。"朝廷同意了他的建议。蔡袭屡次向朝廷上奏，陈述群蛮窥伺我边境已久，不可没有守备，请求保留五千戌守军队，朝廷没有听从他的建议。蔡袭认为蛮寇一定会来进犯，交趾的兵器和粮食都很缺乏，谋略、兵力都很衰竭，于是写了十道必死的文书呈递中书门下进行申诉。当时宰相一味贪求节省运输军需的费用，他们只信任蔡京，对蔡袭所呈报的安南危险情形置之不理。

秋，七月，徐州军乱，逐节度使温璋。

初，王智兴既得徐州，募勇悍之士二千人，号银刀、雕旗、门枪、挟马等七军，常以三百馀人自卫，露刃坐于两庑夹幕之下，每月一更。其后节度使多儒臣，其兵浸骄，小不如意，一夫大呼，其众皆和之，节度使辄自后门逃去。前节度使田牟至与之杂坐饮酒，把臂拊背，或为之执板唱歌。犒赐之费，日以万计，风雨寒暑，复加劳来，犹时喧哗，邀求不已。牟薨，璋代之，骄兵素闻璋性严，惮之。璋开怀慰抚，而骄兵终怀猜忌，赐酒食皆不历口，一旦，竟聚噪而逐之。朝廷知璋无辜，乙亥，以璋为邠宁节度使，以浙东观察使王式为武宁节度使。

【译文】秋季，七月，徐州军作乱，驱逐了节度使温璋。

起初，王智兴抵达徐州后，招募了英勇剽悍的士卒二千人，号称银刀、雕旗、门枪、挟马等七军，他还经常用三百余人自己防卫，士兵们露出兵刃坐在两边庑廊的夹幕之下，每月更换一次侍卫。他之后的节度使大多是文臣，银刀等七军士兵日渐骄纵蛮横起来，他们稍有不满意的地方，只要一人举起胳膊大喊一声，其他士兵就应和他，节度使就被迫从后门逃跑躲藏起来。前徐州节度使田牟为了安抚这些骄纵蛮横的士兵，甚至与他们杂坐在一起饮酒，士兵与节度使手挽着手，背挨着背，有时田牟还为士兵们边敲竹板边唱歌。节度使府用来赏赐士兵的费用，日以万计，遇到刮风下雨或严寒酷暑之日，节度使还要对他们加倍安慰，即便如此，银刀等七军士兵仍然时常吵嚷闹事，要求节度使犒赏，贪婪之心无止境。田牟死后，温璋代替他担任节度使，骄横的士兵早已听说温璋性格严肃，心中都很恐惧。温璋真诚地安慰他们，而骄横的士兵始终对他怀着猜忌，赏赐他们的酒和食物都不吃一口，一日，士兵竟然聚集喧嚷把节度使驱逐了。朝廷知道温璋是无辜的，乙亥日（初八），唐懿宗李漼任命温璋为邠宁节度使，任命浙东观察使王式为武宁节度使。

以前西川节度使、同平章事夏侯孜为左仆射、同平章事。

忠武、义成两军从王式讨裘甫者犹在浙东，诏式帅以赴徐州，骄兵闻之，甚惧。八月，式至大彭馆，始出迎谒。式视事三日，飨两镇将士，遣还。既摄甲执兵，命围骄兵，尽杀之，银刀都将邵泽等数千人皆死。甲子，敕以徐州先隶淄青道，李洧自归，始置徐海使额。及张建封以威名宠任，特帖濠、泗二州。当时本以控扼淄青、光蔡。自寇孽消弭，而武宁一道职为乱阶。今改为徐州团练使，隶兖海节度。复以濠州归淮南道，更于宿州置宿泗都团练观察使。留将士二千人守徐州，馀皆分隶兖、宿。且以王式为武宁节度使，兼徐、泗、濠、宿制置使。委式与监军杨玄质分配将士赴诸道讫，然后将忠武、义成两道兵至汴滑，各遣归本道，身诣京师。其银刀等军逃匿将士，听一月内自首，一切勿问。

【译文】唐懿宗李漼任命前任西川节度使、同平章事夏侯孜为左仆射、同平章事。

忠武、义成两军跟从王式征讨裘甫的士卒仍驻扎在浙东，唐懿宗李漼诏命王式率领军队前往徐州,徐州骄横的士兵听到后十分恐惧。八月,王式抵达大彭馆,银刀等七军兵将才出来迎接拜见。王式视察政事三天,然后为忠武、义成两镇军队摆下酒宴,准备遣送他们返回本镇,两镇士兵穿着铠甲,手拿锋利的兵器,全副武装,不久,王式突然对两镇士兵下令,将徐州银刀等七军士兵重重包围,全部斩杀,银刀都将邵泽等几千人全被杀死。甲子日(二十八日),唐懿宗李漼敕命把徐州先隶属淄青道,自李洧归附朝廷以来,才设置徐海使的名额。到张建封以威名被宠信重任,特别增加濠、泗两个州。当时本打算让他管制防守淄青、光蔡。自从贼寇余党全被歼灭,徐州武宁军就成了主要混乱的根源。如今,朝廷将徐、泗、濠节度使改为徐州团练使,隶属兖海节度使统辖,将濠州依然归属淮南道,在宿州设置宿泗都团练观察使,保留三千将士驻守徐州,其余军队分别隶属兖海和宿泗两镇。此外,仍任命王式为武宁节度使,兼任徐州、泗州、濠州、宿州制置使。委托王式和监军杨玄质把将士分别配发诸道,分派完毕后,再将忠武、义成两藩镇军队调至汴州、滑州,各自遣送归属本道,王式完成这些任务后,再赶赴京城禀告。徐州银刀等七军逃跑藏匿在外的士兵,一个月之内前来自首的话,之前的一切罪行不再追究。

【申涵煜评】式平浙寇,区画尽有次第。及移军徐州,一日杀骄兵数千人,首从不分,此中能无枉滥?所谓勇者不必有仁也,庞勋之乱未必不由此激成。

【译文】王式平定浙江的寇贼,谋划都很有次序。等到移军徐州,一日杀了骄兵数千人,首犯从犯不分,这中间难道没有被冤枉滥杀的人吗?所谓勇者不一定有仁爱,庞勋之乱未必不是由此激发而成的。

岭南西道节度使蔡京为政苛惨，设炮烙之刑，阖境怨之，遂为邕州军士所逐，奔藤州，诈为敕书及攻讨使印，募乡丁及旁侧土军以入邕州。众既乌合，会辄溃败，往依桂州，桂州人怨其分裂，不纳。京无所自容。敕贬崖州司户，不肯之官，还，至零陵，敕赐自尽。以桂管观察使郑愚为岭南西道节度使。

冬，十月，丙申朔，立皇子佾为魏王，侹为凉王，佶为蜀王。

十一月，立顺宗子缉为蕲王，宪宗子愤为荣王。

南诏帅群蛮五万寇安南，都护蔡袭告急，敕发荆南、湖南两道兵二千，桂管义征子弟三千，诣邕州受郑愚节度。

【译文】岭南西道节度使蔡京处理政事苛刻残忍，设置了炮烙的刑罚，使全境的百姓怨恨不满，最终被邕州的军士驱逐，逃奔到藤州，蔡京伪造诏书以及征讨使的大印，招募乡丁及邻侧的士兵攻打邕州。蔡京召来的军队都是不堪一击的部众，一与敌军交战就四散溃逃，根本不能作战，蔡京只好投奔依附桂州，桂州百姓对分割桂管巡属归岭南西道统领一事深深怨恨，不肯接受他，蔡京没有容身之地。唐懿宗李漼颁布诏令，贬黜蔡京为崖州司户。蔡京不愿前往崖州任职，于是擅自返回朝廷。当他到达零陵时，唐懿宗李漼颁诏命他自尽，任命桂管观察使郑愚为岭南西道节度使。

冬季，十月，丙申朔日（初一），唐懿宗李漼册立皇子李佾为魏王，李侹为凉王，李佶为蜀王。

十一月，唐懿宗李漼册立顺宗儿子李缉为蕲王，宪宗儿子李愤为荣王。

南诏率领群蛮五万人侵犯安南，安南都护蔡袭向朝廷禀告军情紧急，唐懿宗李漼颁布诏令调派荆南、湖南两道军队二千人，又征发桂管应募参军的子弟三千人，前往邕州接受郑愚的统领。

岭南东道节度使韦宙奏："蛮寇必向邕州，若不先保护，遽欲远征，恐蛮于后乘虚扼绝饷道。"乃敕蔡袭屯海门，郑愚分兵备御。十二月，袭又求益兵，敕山南东道发弩手千人赴之。时南诏已围交趾，袭婴城固守，救兵不得至。

翼王绲薨。

是岁，嗢末始入贡。嗢末者，吐蕃之奴号也。吐蕃每发兵，其富室多以奴从，往往一家至十数人，由是吐蕃之众多。及论恐热作乱，奴多无主，遂相纠合为部落，散在甘、肃、瓜、沙、河、渭、岷、廓、叠、宕之间。吐蕃微弱者反依附之。

【译文】岭南东道节度使韦宙向朝廷上奏："蛮人的进犯必然直逼邕州，如果不先防守此地，贸然远征，恐怕蛮人在后路乘虚阻断我们的运粮之路。"于是，唐懿宗李漼敕命蔡袭屯驻海门，郑愚分出兵力守备防御。十二月，蔡袭又向朝廷请求增调军队，唐懿宗李漼颁布诏令：山南东道征调一千弓弩手前去援救。这时南诏军队已将交趾城围困，蔡袭关闭城门坚决防守，唐朝救兵不能即刻赶往城里。

翼王李绲去世。

这一年，嗢末开始向朝廷入贡。嗢末是吐蕃中奴仆的称号。吐蕃王国每次征调军队，富裕的人家往往有奴隶跟随前往，而富户往往有奴隶十几人，所以，吐蕃军队的士兵数目很多。到论恐热叛乱时，奴隶大多失去了自己的主子，于是自发联合，汇聚成部落，散布在甘州、肃州、瓜州、沙州、河州、渭州、岷州、廓州、叠州、宕州之间，一些势力衰微的吐蕃奴隶主反而要依附他们生存。

咸通四年（癸未，公元八六三年）春，正月。庚午，上祀圆丘；赦天下。

是日，南诏陷交趾。蔡袭左右皆尽，徒步力战，身集十矢，欲趣监军船，船已离岸，遂溺海死。幕僚樊绰携其印浮度江。荆南、江西、鄂岳、襄州将士四百馀人，走至城东水际，荆南虞候元惟德等谓众曰："吾辈无船，入水则死，不若还向城与蛮斗，人以一身易二蛮，亦为有利。"遂还向城，入东罗门。蛮不为备，惟德等纵兵杀蛮二千馀人。逮夜，蛮将杨思缙始自子城出救之，惟德等皆死。南诏两陷交趾，所杀虏且十五万人。留兵二万，使思缙据交趾城。谿洞夷獠无远近皆降之。诏诸道兵赴安南者悉召还，分保岭南东、西道。

【译文】咸通四年（癸未，公元863年）春季，正月，庚午日（初七），唐懿宗李漼祭祀天帝，下诏大赦天下。

这一天，南诏攻占交趾，安南都护蔡袭身旁侍卫全被杀死，他仍然徒步奋力与敌人厮杀，身中十余箭，还打算爬上监军的船，结果船已离开岸边，于是投海自尽。蔡袭的幕僚樊绰携带都护大印渡过马门江。荆南、江西、鄂岳、襄州戍边的四百将士，抵达交趾城东临海处，荆南虞候元惟德等对众人说："我们没有船只，到海里也只有一死，不如返回城去与蛮人死战，如果每人能用自己一命换蛮人两条命，也死得划算了。"于是，他们返回城中，进入东罗门。蛮兵没有戒备，元惟德等率领士兵大肆杀死蛮人二千多人。等到晚上，蛮将杨思缙才从城内的小城中出兵营救，元惟德等都战死。南诏两次攻陷交趾，所杀俘虏将近十五万人。留下两万士兵，让杨思缙占据交趾城，谿洞夷、獠无论远近，都向杨思缙投降。唐懿宗李漼颁布诏命，调遣赴安南的诸道军队全部返回，分别驻扎于岭南西道进行防守。

上游宴无节，左拾遗刘蜕上疏曰："今西凉筑城，应接未决于与夺。南蛮侵轶，干戈悉在于道涂。旬月以来，不为无事。陛下不形忧闵以示远近，则何以责其死力！望节娱游，以待远人乂安，未晚。"弗听。

二月，甲午朔，上历拜十六陵。

置天雄军天秦州，以成、河、渭三州隶焉。以前左金吾将军王晏实为天雄观察使。

【译文】懿宗游玩宴饮没有节制，左拾遗刘蜕上奏疏说："现在，我朝西面的凉州请求修建城堡，陛下因为游乐宴饮没有闲暇时间，对筑城的奏议没有给出裁定，南面蛮人正在进犯，大批军队在路上来回调派。近十天以来，国家不是没有大事啊。陛下不在外表上做出哀悯的情态，让远近臣民看到，又怎能激励将士们奔赴疆场拼死效力呢！希望陛下节制娱乐游玩之类的活动，等到远方百姓都安定无事后，再娱乐也为时不晚。"懿宗没有听从这一建议。

二月，甲午朔日（初一），懿宗遍拜了十六座陵墓（献陵、昭陵、乾陵、定陵、桥陵、泰陵、建陵、元陵、崇陵、丰陵、景陵、光陵、庄陵、章陵、端陵、贞陵）。

唐朝廷在秦州设置天雄军，把成、河、渭三州隶属于秦州，唐懿宗李漼任命前任左金吾将军王晏实为天雄观察使。

【康熙御批】古人虽重庙祭，然陵寝所在，拜之未为非礼。传云，过墓思哀，乃人情也。故天下风俗虽殊，至于拜墓则四海同然矣。尹起莘之言于理未确。

【译文】古人虽然重视庙祭，然而陵寝所在，拜祭并非不合礼节。经典上说，经过墓地而思念哀悼，是人之常情。所以天下风俗虽然不同，至于拜祭墓地，四海一样。尹起莘（宋代人，著有《资治通鉴纲目发明》，对此段有评论，认为唐懿宗拜祭陵墓不合古礼，康熙和他持相反意见。）的话于道理不合。

三月，归义节度使张义潮奏自将蕃、汉兵七千克复凉州。

南蛮寇左、右江，浸逼邕州。郑愚惧，自言儒臣无将略，请任武臣。朝廷召义武节度使康承训诣阙，欲使之代愚，仍诏选军校数人、士卒数百人自随。

中书侍郎、同平章事毕諴以同列多徇私不法，称疾辞位。夏，四月，罢为兵部尚书。

庚戌，群盗入徐州，杀官吏。刺史曹庆讨平之。

康承训至京师，以为岭南西道节度使，发荆、襄、洪、鄂四道兵万人与之俱。

【译文】三月，归义节度使张义潮向朝廷上奏章，称他自己率领由蕃族、汉族七千人组成的军队，收复了凉州。

南蛮侵犯左、右江，渐渐进逼邕州。岭南西道节度使郑愚内心惊恐不安，自称文臣没有大将的才能谋略，请求朝廷任命武臣担任节度使。唐懿宗李漼诏令义武节度使康承训前往长安，打算让他前往邕州代替郑愚，懿宗下诏让他选择义武军中的将校数人、士卒几百人跟随。

中书侍郎、同平章事毕諴因为同僚多数徇私枉法，所以他假借疾病要辞职去任。夏季，四月，唐懿宗李漼罢去毕諴的相位，任为兵部尚书。

庚戌日（十八日），一群强盗攻进徐州，杀了官吏，刺史曹庆讨平了强盗。

康承训抵达京师，被任命为岭南西道节度使，朝廷调发荆州、襄州、洪州、鄂州四道军队一万人，由康承训率领赶赴邕州。

五月，戊辰，以翰林学士承旨、兵部侍郎杨收同平章事。收，发之弟也，与左军中尉杨玄价叙同宗相结，故得为相。

乙亥，废容管，隶岭南西道，以供军食，复以龚、象二州隶桂管。

戊子，以门下侍郎、同平章事杜审权同平章事，充镇海节度使。

六月，废安南都护府，置行交州于海门镇；以右监门将军宋戎为行交州刺史，以康承训兼领安南及诸军行营。

闰月，以门下侍郎、同平章事杜悰同平章事，充凤翔节度使；以兵部侍郎、判度支河南曹确同平章事。

【译文】五月，戊辰日（初六），唐懿宗李漼任命翰林学士承旨、兵部侍郎杨收同平章事。杨收是杨发的弟弟。他和左军中尉杨玄价因攀同宗关系相结识，所以才能做到宰相。

乙亥日（十三日），朝廷废除容管，将其隶属于岭南西道，再将龚州、象州二州隶属于桂管。

戊子日（二十六日），唐懿宗李漼任命门下侍郎、同平章事杜审权同平章事，代镇海节度使。

六月，朝廷废除安南都护府，在海门镇权设交州治所，派右监门将军宋戎代交州刺史，派康承训兼管安南和诸军行营。

闰月，唐懿宗李漼任命门下侍郎、同平章事杜悰同平章事，代凤翔节度使，任命兵部侍郎、兼度支河南曹确同平章事。

秋，七月，辛卯朔，日有食之。

复置安南都护府于行交州，以宋戎为经略使；发山东兵万人镇之。时诸道兵援安南者屯聚岭南，江西、湖南馈运者皆溯湘江入澪渠、漓水，劳费艰涩，诸军乏食。润州人陈磻石上言，请造千斛大舟，自福建运米泛海，不一月至广州，从之，军食以足。然有司以和雇为名，夺商人舟，委其货于岸侧，舟入海或遇风涛没溺，有司因系纲吏、舟人，使偿其米，人颇苦之。

八月，岭南东道节度使韦宙奏，蛮必向邕州，请分兵屯容、藤州。

【译文】秋季，七月，辛卯朔日（初一），出现日食。

朝廷在行交州再次设置安南都护府，任命宋戎担任安南经略使，征调崌山以东诸道军队一万人前往安南镇守。当时援救安南的各道军队都聚集驻扎在岭南，江西、湖南为大军运送军需粮饷的人都沿湘江进发，经渠水进入漓江，船夫特别疲惫辛苦，但运费很少，都不愿干这个差使，因此在岭南的诸道军资粮饷匮乏。润州人陈石向朝廷进言，请求修造能装载上千石粮食的大船，从福建运米渡海，不超过一个月就能到达广州，进言得到朝廷的批准，于是岭南的军粮就很充足了。但是有司以招募民夫为名义，抢夺商人的船只，把他们的货物丢弃在岸边，船只到了海上，有的遇到大风浪而沉没了，有关官员就抓住押船运粮的官吏和船夫，逼迫他们偿还米价，让沿海一带的船主船夫对此怨声载道。

八月，岭南东道节度使韦宙上奏朝廷，说南诏蛮军必定会向邕州进犯，请求分兵于容州、藤州屯驻。

夔王滋薨。

敕以阁门使吴德应等为馆驿使。台谏上言：故事，御史巡驿，不应忽以内臣代之。上谕以敕命已行，不可复改。左拾遗刘蜕上言："昔楚子县陈，得申叔一言而复封之；太宗发卒修乾元殿，闻张玄素谏，即日罢之。自古明君所尚者，从谏如流，岂有已行而不改！且敕自陛下出之，自陛下改之，何为不可！"弗听。

黠戛斯遣其臣合伊难支表求经籍及每年遣使走马请历，又欲讨回鹘，使安西以来悉归唐，不许。

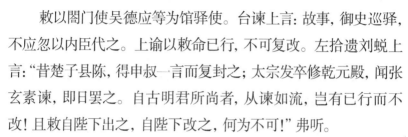

【译文】夔王李滋去世。

唐懿宗李漼敕命派阁门使吴德应等做馆驿使。御史台和谏官向懿宗进言劝谏：按照旧制，两京由御史一人主持馆驿事务，称为"馆驿使"，不应由宫中宦官来取代御史。懿宗宣称诏令已经颁布，不能再改动了。左拾遗刘蜕进言："春秋时期楚国把陈国灭掉，将陈国设置为楚国的一个县，申叔以一言劝谏，楚王就把陈国恢复了。过去，太宗征派役卒修建乾元殿，听了张玄素的谏言，当天就停止了这项工程（见前一百九十三卷贞观四年）。从古至今，圣明的君主所推重的，是从善如流，哪里有不肯更改自己做过事情的呢？况且敕命由陛下颁布，再由陛下更改，怎能说不可以呢？"懿宗不听他的谏言。

黠戛斯派遣他的臣子合伊难支向朝廷上表，请求赐予唐朝的经籍文书给他们，并要求每年派遣使者往来，还请求颁布大唐的历法，又希望讨伐回鹘，让安西广大地区全部归属唐朝，懿宗没有答应他的请求。

冬，十月，甲戌，以长安尉、集贤校理令狐滈为左拾遗。乙亥，左拾遗刘蜕上言："滈专家无子弟之法，布衣行公相之权。"起居郎张云言："滈，父绹用李涿为安南，致南蛮至今为梗，由滈纳贿，陷父于恶。"十一月，丁酉，云复上言："滈，父绹执政之时，人号'白衣宰相'。"滈亦上表引避，乃改詹事府司直。

辛巳，废宿泗观察使，复以徐州为观察府，以濠、泗隶焉。

十二月，南诏寇西川。

昭义节度使沈询奴归秦，与询侍婢通，询欲杀之，未果。乙酉，归秦结牙将作乱，攻府第，杀询。

【译文】冬季，十月，甲戌日（十五日），唐懿宗李漼任命长安尉、集贤校理令狐滈为左拾遗。乙亥日（十六日），左拾遗刘蜕向懿宗进言说："令狐滈治家缺失官家子弟的家法，任命他左拾遗就好比让百姓行使宰相的权力。"起居郎张云说："令狐滈的父亲令狐绹任用李涿做安南都护（见宣宗大中十二年），导致南蛮到现在仍作梗妨碍我朝，由于令狐滈接受李涿的贿赂，致使他的父亲也背上了不好的名声。"十一月，丁酉日（初八），张云又进谏懿宗说："令狐滈的父亲令狐绹在执政时，人们称他为'白衣宰相'。"令狐滈因为舆论的指责，也向懿宗上表请求引退躲避，于是懿宗将令狐滈改任为詹事府司直。

辛巳日（十一月无此日），朝廷撤销宿泗观察使，再以徐州为观察使府，把濠、泗隶属其中。

十二月，南诏进犯西川。

昭义节度使沈询的仆役名叫归秦，与他的婢女通奸，沈询想把归秦处死，还没来得及杀掉。乙酉日（二十七日），归秦与牙将勾结叛乱，进攻节度府衙门，杀了沈询。

咸通五年(甲申，公元八六四年)春，正月，以京兆尹李蠙为昭义节度使，取归秦心肝以祭沈询。

淮南节度使令狐绹为其子滈讼冤。贬张云兴元少尹，刘蜕华阴令，敕曰："虽嘉謇谔之忠，难逃疏易之责。"

丙午，西川奏，南诏寇巂州，刺史喻士珍破之，获千馀人。诏发右神策兵五千及诸道兵戍之。忠武人将颜庆复请筑新安、遏戎二城，从之。

以容管经略使张茵兼句当交州事。益海门镇兵满二万五千人，令茵进取安南。

二月，己巳，以刑部尚书、盐铁转运使李福同平章事、充西川节度使。

甲申，前西川节度使萧邺左迁山南西道观察使。

三月，丁酉，彗星出于娄，长三尺。己亥，司天监奏："按《星经》，是名含誉，瑞星也，主大喜。请宣示中外，编诸史策。"从之。

【译文】咸通五年(甲申，公元 864 年)春季，正月，唐懿宗李漼任命京兆尹李蠙为昭义节度使，李蠙赴任后，把归秦的心肝挖出，用来祭奠沈询。

淮南节度使令狐绹替他的儿子令狐滈申辩冤情。唐懿宗李漼将张云贬为兴元少尹，贬刘蜕为华阴令。下诏命说："虽然正直的忠心值得嘉许，但粗疏轻率的责任是难以逃避的。"

丙午日(十九日)，西川向朝廷上奏疏说，南诏进犯巂州，刺史喻士珍打败了南诏军队，俘获千余人。唐懿宗李漼颁布诏令，调遣五千右神策军以及各道军队前去西川镇守。忠武镇大将颜庆复请求修筑新安、遏戎二座城堡，懿宗批准了他的请求。

唐懿宗李漼派容管经略使张茵兼管交州事务，增加海门镇的兵力达到二万五千人，命令张茵进军攻取安南。

二月，己巳日（十二日），唐懿宗李漼任命刑部尚书、盐铁转运使李福同平章事，代理西川节度使。

甲申日（二十七日），唐懿宗李漼降调西川节度使萧邺为山南西道观察使。

三月，丁酉日（十一日），有彗星从娄宿飞出，长约三尺。己亥日（十三日），司天监奏称："按《星经》记载，这颗彗星的名字含有荣耀之意，是一颗预示祥瑞的彗星。"懿宗听后非常高兴。司天监又奏称："请陛下把彗星预示祥瑞之事向朝廷内外昭示，并在史书上记载下来。"懿宗同意了他的请求。

【乾隆御批】幸灾者谓之"彗"，贡谀者谓之"含誉"，由是观之则其为休为咎固已无定。然世之治与不治，在政之得失，休固不足诩，即咎亦应慎之于其未见，及其既见不已晚乎！

【译文】幸灾乐祸的人称之为"彗"，逢迎奉承的人称之为"含誉"，这样看来一件事情是好还是坏固然没有什么必然的结论。然而国家治理得好与不好却在于为政者的得与失，国家安宁稳定固然不值得骄傲自诩，但对可能出现的失误为政者就应当谨慎地防患于未然，等这些失误出现不就已经晚了吗？

康承训至邕州，蛮寇益炽，诏发许、滑、青、汴、兖、郓、宣、润八道兵以授之。承训不设斥候，南诏帅群蛮近六万寇邕州，将入境，承训乃遣六道兵凡万人拒之，以獠为导，给之。敌至，不设备，五道兵八千人皆没，惟天平军后一日至，得免。承训闻之，惶怖不知所为。节度副使李行素帅众治壕栅，甫毕，蛮军已合围。留四日，治攻具，将就，诸将请夜分道斫蛮营，承训不许，有天平小校再三力争，乃许之。小校将勇士三百，夜，缒而出，散烧蛮营，斩首五百馀级。蛮大惊，间一日，解围去。承训乃遣诸军数千追之，所杀虏不满三百级，皆溪獠胁从者。承训腾奏告捷，云大破蛮贼，中外皆贺。

【译文】岭南西道节度使康承训抵达邕州，南诏蛮军进犯更加猛烈，唐懿宗李漼颁下诏书调遣许州、滑州、青州、汴州、兖州、郓州、宣州、润州八道军队交付康承训统领指挥。康承训没有设置哨兵，南诏军率群蛮近万人进犯邕州，快到边境时，康承训才派遣六道军队共计一万人前去抗击敌军，康承训又让獠人作为向导，结果受到獠人欺骗。蛮军攻打过来，唐军一点防备都没有，五道军队八千人全被歼灭，只有天平军晚一天赶到这里，得以免祸。康承训知道消息后，惶恐不安，不知道怎么办才好。节度副使李行素率领士众在整治壕沟、木栅，刚整治完，蛮军已把他团团围住。蛮军在城下待了四天，修造攻城器械，即将完工时，城内唐军诸将请求康承训趁着晚上分几路偷袭蛮军大营，康承训没有批准他们的请求。有天平军小校竭力劝说，康承训才同意了。小校率领三百勇士，夜晚悬城而出，士兵四散焚烧蛮营，斩首五百多蛮人。蛮军大惊，只停留了一天即解围而去。康承训这时才派遣诸道军几千人追杀，所杀的俘虏不到三百级，都是些被胁迫而顺从的溪獠人。康承训立即向朝廷上表奏告胜利，声称大破南诏蛮寇，朝廷内外齐声道贺。

夏，四月，以兵部侍郎、判户部萧寘同平章事。寘，复之孙也。

加康承训检校右仆射，赏破蛮之功也。自馀奏功受赏者，皆承训子弟亲昵，烧营将校不迁一级，由是军中怨怒，声流道路。

【译文】夏季，四月，唐懿宗李漼任命兵部侍郎、兼户部萧置同平章事。萧置是萧复的孙子。

唐懿宗李漼加派康承训为检校右仆射，奖赏他大破蛮兵的功劳。其余奏请因功受赏的，都是承训的子弟和亲近的人，而烧南诏蛮军营帐的天平军小校却没升迁一级，于是军中怨恨愤怒，流言蜚语到处传播。

【乾隆御批】承训先事无料敌之智，临事无应变之才，赖天平小校力争出奇致胜，顾冒功掠美，亲朋皆滥应爵赏，而首庸转不晋一阶，其何以使军士奋勇效命！然彼时懿宗独何为哉！

【译文】康承训在事前没有判断敌情的智慧，事到临头时又没有应变的能力，只是靠天平军小校官据理力争才出奇制胜，康承训这时却又忙着去冒领他人的功劳，连他的亲朋都被滥用赏赐而得以升迁，真正的首要功臣却未升一级，这样以什么来激励将士们奋勇杀敌为国家效命疆场呢？而那时候的懿宗又在干什么呢？

五月，敕："徐州土风雄劲，甲士精强，比因罢节，颇多逃匿，宜令徐泗团练使选募军士三千人赴邕州防戍，待岭外事宁，即与代归。"

秋，七月，西川奏两林鬼主邀南诏蛮，败之，杀获甚众。保塞城使杜守连不从南诏，帅众诣黎州降。

岭南东道节度使韦宙具知康承训所为，以书白宰相。承训亦自疑惧，累表辞疾，乃以承训为右武卫大将军、分司，以容管经略使张茵为岭南西道节度使，复以容管四州别为经略使。

【译文】五月，敕命："徐州当地风俗雄迈刚劲，士兵精明强悍，最近因为罢废节度使府，很多人都逃亡躲藏起来，所以下令徐泗团练使选拔招募三千军士前往邕州戍守边境，等岭外的事态安定了，立即派军队替代他们并将他们遣还。”

秋季，七月，西川奏报两林部落的大鬼主截击南诏蛮军，并且打败了他们，杀戮俘获了很多人。南诏所署的保塞城使杜守连拒不接受蛮军命令，率领部众到黎州归降唐朝。

岭南东道节度使韦宙对康承训的所为完全了解，写信告知当朝宰相。康承训自己也感到疑虑恐惧，多次向朝廷上表请求辞去官职回家养病，于是，唐懿宗李漼就任命康承训为右武卫大将军、分司。任命容管经略使张茵为岭南西道节度使，再以容管四州另置经略使。

时南诏知邕州空竭，不复入寇，茵久之不敢进军取安南。夏侯孜荐骁卫将军高骈代之，乃以骈为安南都护、本管经略招讨使，茵所将兵悉以授之。骈，崇文之孙也，世在禁军。骈颇读书，好谈今古，两军宦官多誉之，累廷右神策都虞候；党项叛，将禁兵万人戍长武，屡有功，迁秦州防御使，复有功，故委以安南。

冬，十一月，以门下侍郎、同平章事夏侯孜同平章事，充河东节度使。

壬寅，以翰林学士承旨、兵部侍郎路岩同平章事，时年三十六。

【译文】当时南诏得知邕州已经空虚，也就不再进犯，张茵久久不敢进兵攻打安南。夏侯孜推荐骁卫将军高骈代替张茵，唐懿宗李漼任命高骈为安南都护、本管经略招讨使，把张茵所率领的军队都交给他指挥。高骈是高崇文的孙子，世代在禁军。高骈读过不少书，喜欢谈古论今，左右神策两军中的宦官多数都称赞他，他经过多次升迁担任右神策军都虞候。党项族叛乱后，高骈率领禁军一万人在长武防守，多次建立战功，被升迁为秦州防御使，又因立下战功，被委以经略安南的重任。

冬季，十一月，唐懿宗李漼任命门下侍郎、同平章事夏侯孜同平章事，兼河东节度使。

壬寅日（十九日），唐懿宗李漼任命翰林学士承旨、兵部侍郎路岩同平章事，当时路岩三十六岁。

咸通六年（乙酉，公元八六五年）春，正月，丁巳，始以懿安皇后配飨宪宗室。时王皞复为礼院检讨官，更申前议，朝廷竟从之。

诸道进私白者，闽中为多，故宦官多闽人。福建观察使杜宣猷每寒食遣吏分祭其先垅，宦官德之，庚申，以宣猷为宣歙观察使，时人谓之"敕使墓户"。

三月，中书侍郎、同平章事萧置薨。

夏，四月，以前东川节度使高璩为兵部侍郎、同平章事。璩，元裕之子也。

杨收建议，以"蛮寇积年未平，两河兵戍岭南冒瘴雾物故者什六七，请于江西积粟，募强弩三万人，以应接岭南，道近便，仍建节以重其权。"从之。五月，辛丑，置镇南军于洪州。

巂州刺史喻士珍贪狡，掠两林蛮以易金。南诏复寇巂州，两林蛮开门纳之，南诏尽杀戍卒，士珍降之。

壬寅，以桂管观察使严譔为镇南节度使。譔，震之从孙也。

【译文】咸通六年（乙酉，公元 865 年）春季，正月，丁巳日（正月无此日），懿宗准许将懿安皇后的神位配放在宪宗神主像的庙室。当时王皞再度担任恩礼院检讨官，重新申诉以前议论之事，朝廷最终同意了他的建议。

地方诸道向朝廷进献阉割的小孩，以闽中的孩子为最多，所以宦官大多出自闽地。福建观察使杜宣猷每当寒食的时候，都要派遣官员分别前往宦官祖先的坟墓旁拜祭，宦官们对他特别感激，经常在懿宗面前为杜宣猷美言几句，庚申日（正月无此日），唐懿宗李漼任命杜宣猷为宣歙观察使，当时人称他为"敕使墓户（敕命派遣为宦官祭墓的人户）"。

三月，中书侍郎、同平章事萧置去世。

夏季，四月，唐懿宗李漼任命前任东川节度使高璩为兵部侍郎、同平章事。高璩是高元裕的儿子。

杨收向懿宗建议，认为"南诏蛮寇的侵扰多年不能被平定，两河军队在偏远的岭南戍守，因瘴气和水土不服，死去的有十分之六七，请求陛下在江西屯积军粮，招募强壮有力的弓弩手三万人，用来应对岭南的军事所需，江西距离岭南也比较近，军队调派起来也更加便捷，并且，在江西建节设军镇，以加大江西镇守统帅的权力。"懿宗对此准许。五月，辛丑日（二十一日），朝廷在洪州设置镇南军。

巂州刺史喻士珍贪婪狡猾，对两林蛮人部落进行劫掠，迫使他们拿黄金来赎回。当南诏蛮军再次进犯州城时，两林蛮人打开城门将南诏军接进来，南诏蛮军进入州城，杀光所有的唐士兵，喻士珍向南诏蛮军投降。

壬寅日（二十二日），唐懿宗李漼任命桂管观察使严谟做镇南节度使。严谟是严震的从孙。

六月，高璩薨。

以御史大夫徐商为兵部侍郎、同平章事。

秋,七月,立皇子侃为郢王,俨为普王。

高骈治兵于海门,未进。监军李维周恶骈,欲去之,屡趣骈使进军。骈以五千人先济,约维周发兵应援。骈既行,维周拥馀众,不发一卒以继之。九月,骈至南定,峰州蛮众近五万,方获田,骈掩击,大破之,收其所获以食军。

冬,十二月,壬子,太皇太后郑氏崩。

【译文】六月,高璩去世。

唐懿宗李漼任命御史大夫徐商为兵部侍郎、同平章事。

秋季,七月,唐懿宗李漼册立皇子李侃为郢王,李俨为普王。

高骈在海门整治军队,还没有进兵。宦官监军李维周憎恶高骈,想把高骈排挤出去,于是故意多次催促高骈,要他赶快向安南进发军队。高骈派五千人先渡海进击,并且与李维周约定好,让他派遣军队前去援助。高骈率军出发后,李维周接管剩余戍守在海门的军队,却没有派遣任何士兵继续跟随进军。九月,高骈抵达南定,峰州蛮人士众将近五万人,适逢他们正在收割田谷,高骈突然袭击,大破蛮军,得到蛮人所收获的稻米,用来供应军粮。

冬季,十二月,壬子日(初五),太皇太后郑氏驾崩。

咸通七年(丙戌,公元八六六年)春,二月,归义节度使张义潮奏北庭回鹘固俊克西州、北庭、轮台、清镇等城。

论恐热寓居廓州,纠合旁侧诸部,欲为边患,皆不从。所向尽为仇敌,无所容。仇人认告拓跋怀光于鄯州,怀光引兵击破之。

三月,戊寅,以河东节度使刘潼为西川节度使。初,南诏围嶲州，东蛮浪稽部竭力助之，遂屠其城，卑笼部怨南诏杀其父兄，导忠武戍兵袭浪稽，灭之。南诏由是怨唐。

【译文】咸通七年(丙戌，公元866年)春季，二月，归义节度使张义潮向朝廷奏报北庭回鹘固俊攻陷了西州、北庭、轮台、清镇等城。

论恐热寄居在廓州，集合了旁侧诸部，想进犯边界，诸部落都不听从他的指挥。四周部落都是论恐热的敌人，这种处境让论恐热走投无路。其仇人又把论恐热的处境禀告给鄯州的拓跋怀光，拓跋怀光率领军队将论恐热部击败。

三月，戊寅日(初二)，唐懿宗李漼任命河东节度使刘潼为西川节度使。起初，南诏围困嶲州，东蛮浪稽部竭尽全力协助南诏军队，于是攻占并屠杀州城，卑龙部族对南诏蛮军杀害他们父兄的事情怨恨无比，就引领唐忠武镇戍守军队偷袭浪稽部落，把浪稽部消灭了。南诏因此怨恨唐朝。

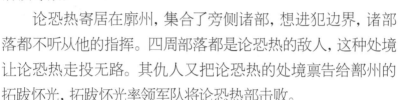

南诏遣清平官董成等诣成都，节度使李福盛仪卫以见之。故事，南诏使见节度使，拜伏于庭，成等曰："骠信已应天顺人，我见节度使当抗礼。"传言往返，自旦至日中不决。将士皆愤怒，福乃命捽而殴之，因械系于狱。刘潼到镇，释之，奏遣还国。诏召成等至京师，见于别殿，厚赐，劳而遣之。

成德节度使王绍懿，在镇十年，为政宽简，军民便之。疾病，召兄绍鼎之子都知兵马使景崇而告之曰："吾兄以汝之幼，以军政授我。汝今长矣，我复以军政归汝。努力为之，上忠朝廷，下和邻藩，勿坠吾兄之业，汝之功也。"言竟而薨。

【译文】南诏派遣清平官(南诏自尚书至宰相都称清平官)董成等抵达成都，节度使李福以盛大的仪卫接待他们。按照惯例，南诏使者拜见节度使时，必须拜伏在庭上，董成等说："南诏骠信已顺应上天与民众的心愿，自称君主，我拜见贵国节度使应当在礼节上坚持平等的原则。"彼此的话语不断来回传递，从早晨到中午仍没能决定。将士们都愤怒不已，李福就命人抓起董成的头发对他进行殴打，并加上刑械押在狱中。刘潼来到西川镇治成都，把董成等人释放，并奏请懿宗遣送董成等人返回南诏国。唐懿宗李漼颁下诏书，召董成等人前去京师长安，在别殿接见他们，对他们进行丰厚的赏赐，慰劳后遣送回国。

成德节度使王绍懿，在镇任职已经十年，为政宽宏简明，军民都称赞他。当他患病时，召见哥哥王绍鼎的儿子都知兵马使王景崇对他说："哥哥因为你幼小，所以把军政大权交托给我。如今，你已长大成人，我把军政交托给你。你要努力把军政处理好，对上忠诚朝廷，对下与四邻藩镇友好相处，不要败坏了我哥哥的基业，这就是你的大功了。"说完就去世了。

闰月，吐蕃寇邠宁，节度使薛弘宗拒却之。

夏，四月，辛巳，贬前西川节度使李福为蕲王傅。

五月，葬孝明皇后于景陵之侧，主祔别庙。

六月，魏博节度使何弘敬薨，军中立其子左司马全皞为留后。

以王景崇为成德留后。

南诏酋龙遣善阐节度使杨缉思助安南节度使段酋迁守交趾，以范昵些为安南都统，赵诺眉为扶邪都统。监陈敕使韦仲宰将七千人至峰州，高骈得以益其军，进击南诏，屡破之。捷奏至海门，李维周皆匿之，数月无声问。上怪之，以问维周，维周奏骈驻军峰州，玩寇不进。上怒，以右武卫将军王晏权代骈镇安南，召骈诣阙，欲重贬之。晏权，智兴之从子也。是月，骈大破南诏蛮于交趾，杀获甚众，遂围交趾城。

【译文】闰月，吐蕃军队侵犯邠宁镇，邠宁节度使薛弘宗率领军队抗击，将吐蕃军队赶走。

夏季，四月，唐懿宗李漼将前任西川节度使李福贬为蕲王傅。

五月，将孝明皇后安葬在宪宗的景陵旁边，将她的神主像安置在另外一个庙室。

六月，魏博节度使何弘敬去世，军中拥立他的儿子左司马何全皞为留后。

唐懿宗李漼任命王景崇为成德留后。

南诏酋龙派遣善阐节度使杨缉思（思字依《新唐书·南诏传》加），协助安南节度使段酋迁戍守交趾，任命范昵些为安南都统，赵诺眉为扶邪都统。监陈（陈音阵，派在军中的宦官，通称监军）敕使韦仲宰率领七千人抵达峰州，高骈的军队由此得到扩充，于是征讨南诏蛮军，多次大败南诏军队。高骈告捷的奏表送往海门，李维周将其全部收藏起来，致使朝廷好几个月得不到高骈的任何音讯。懿宗对此事感到奇怪，派遣中使就此事询问李维周，李维周奏称高骈在峰州驻扎军队，他只是与南诏蛮军周旋，不敢派遣军队交战。懿宗听后非常气愤，任命右武卫将军王晏权代替高骈镇守安南，并召高骈返回朝廷，打算对高骈重加贬谪。王晏权是王智兴的侄子。这个月，高骈在交趾大破南诏蛮军，杀戮俘获的敌人很多，而且包围了交趾城。

秋，七月，以何全皞为魏博留后。

冬，十月，甲申，以门下侍郎、同平章事杨收为宣歙观察使。收性侈靡，门吏僮奴多倚为奸利。杨玄价兄弟受方镇之赂，屡有请托，收不能尽从。玄价怒，以为叛己，故出之。

拓跋怀光以五百骑入廓州，生擒论恐热，先刖其足，数而斩之，传首京师。其部众东奔秦州，尚延心邀击，破之，悉奏迁于岭南。吐蕃由是衰绝，乞离胡君臣不知所终。

高骈围交趾十馀日，蛮困蹙甚，城且下，会得王晏权牒，已与李维周将大军发海门。骈即以军事授韦仲宰，与麾下百馀人北归。先是，仲宰遣小使王惠赞，骈遣小校曾衮入告交趾之捷。至海中，望见旌旗东来，问游船，云新经略使与监军也。二人谋曰：“维周必夺表留我。”乃匿于岛间，维周过，即驰诣京师。上得奏，大喜，即加骈检校工部尚书，复镇安南。骈至海门而还。

【译文】秋季，七月，唐懿宗李漼任命何全皞为魏博留后。

冬季，十月，甲申日（十三日），唐懿宗李漼任命门下侍郎、同平章事杨收为宣歙观察使。杨收的本性喜好奢靡，门吏、僮奴多倚仗他做奸邪贪利的事情。杨玄价的兄弟接受藩镇贿赂，对杨收多次进行请托，杨收不能完全听从他的请托。杨玄价对此很生气，认为杨收这样做是背叛自己，就在懿宗面前诋毁他，还将杨收赶出朝廷。

拓跋怀光率领五百骑兵攻入廓州，活捉了吐蕃酋领论恐热，先将他的四肢砍断，然后历数他的罪状，最后将他处死，并将论恐热的头颅送往唐朝京城长安。论恐热的部众向东逃窜奔向秦州，遭到吐蕃部族酋领尚延心的攻打，被其打败，尚延心将此事奏告朝廷，请求将论恐热余众全部迁移到岭南地区。吐蕃从此衰落以至于灭绝，吐蕃的乞离胡君王和臣子也都不知下落，更不知他们的结局如何。

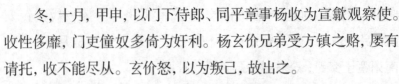

高骈包围交趾十几天，南诏蛮军困乏极了，城池几乎要被攻克。恰巧此时得到王晏权的通牒，说他已经和李维周率领大军从海门出发。高骈马上把军务交给韦仲宰管理，和部下一百多人返回北方。最初是韦仲宰派了小使王惠赞，高骈派了小校曾衮进入京城禀告交趾的捷报，他们走至海中，望见有挂着大旗的船队从东而来，于是询问在海上划船的船夫，船夫说那是新任经略使与监军的船队。王惠赞与曾衮商量，说："李维周必定会夺取我们告捷的奏表，并将我们扣押。"于是他们在海岛间藏起来，等李维周的船队驶过去，就赶往京师长安，唐懿宗李漼这才得到高骈和韦仲宰的告捷奏表，喜出望外，立即加封高骈检校工部尚书的官衔，恢复高骈镇讨安南的军职。高骈到达海门，收到懿宗的新任命，又返回交趾。

王晏权暗懦，动禀李维周之命；维周凶贪，诸将不为之用，遂解重围，蛮遁去者太半。骈至，复督励将士攻城，遂克之，杀段酋迁及土蛮为南诏乡导者朱道古，斩首三万馀级，南诏遁去。骈又破土蛮附南诏者二洞，诛其酋长，土蛮帅众归附者万七千人。

十一月，壬子，赦天下。诏安南、邕州、西川诸军各保疆域，勿复进攻南诏。委刘潼晓谕，如能更修旧好，一切不问。

置静海军于安南，以高骈为节度使。自李涿侵扰群蛮，为安南患殆将十年，至是始平。骈筑安南城，周三千步，造屋四十馀万间。

【译文】王晏权为人昏庸又胆怯，一切军政事务都听从监军李维周处置。李维周生性凶残贪暴，诸将领都不愿听从他的调遣，于是交趾城的重围得以被冲开，南诏蛮军得以逃出大半人马。高骈到达后，再次督导激励将士攻城，于是攻下此城，杀死段酋迁以及替南诏做向导的土蛮朱道古，斩获三万多首级，南诏士兵奔逃而去。高骈又打败了归附南诏的土蛮二洞，把它们的酋长处死，土蛮率士众来投降归顺的有一万七千人。

十一月，壬子日（十一日），唐懿宗李漼诏令大赦天下。下诏安南、邕州、西川诸军各保守疆域，不再攻打南诏。唐懿宗李漼还委任西川节度使刘潼告谕南诏国，如果南诏国能再与大唐修复原来的友好关系，唐朝将对南诏过去的侵犯罪行一概不再追究。

朝廷在安南设置静海军节镇，任命高骈为节度使。自从李涿为安南都护，误杀蛮酋杜存诚而激起叛乱以来，南诏蛮军趁机侵扰边境，造成安南边患差不多有十年，到此时才平定。高骈营建了安南城，周长三千步，建造房屋四十余万间。

十二月，黠戛斯遣将军乙支连几入贡，奏遣鞍马迎册立使及请亥年历日。

以成德留后王景崇为节度使。

上好音乐宴游，殿前供奉乐工常近五百人，每月宴设不减十馀，水陆皆备，听乐观优，不知厌倦，赐与动及千缗。曲江，昆明、灞浐、南宫、北苑、昭应、咸阳，所欲游幸即行，不待供置，有司常具音乐、饮食、幄帟，诸王立马以备陪从。每行幸，内外诸司扈从者十馀万人，所费不可胜纪。

【译文】十二月，黠戛斯派将军乙支连几入朝进献贡物，向懿宗奏称已派遣鞍马迎接唐朝的册立使，并请求颁发给他们第二年的年历。

唐懿宗李漼任命成德留后王景崇为节度使。

懿宗喜欢音乐及饮宴游乐，殿前供奉的乐工经常接近五百人，每个月设宴达十余次，山珍海味一应俱全，听音乐观赏优戏，不知疲倦，赏赐给乐工优伎的钱动不动就达到上千缗。曲江、昆明、灞浐、南宫、北苑、昭应、咸阳等处的禁苑离宫，懿宗想要去游玩就会即刻启程，不等派人去这些地方先行准备布置，有关官吏经常准备好乐器、饮食用具和小帐篷，以备懿宗随时使用，诸亲王也都备好马随时准备陪同懿宗前往游玩。懿宗每次巡幸，内外各衙司随从的就达十余万人，所花费的钱财更是无法计算。

咸通八年（丁亥，公元八六七年）春，正月，以魏博留后何全皞为节度使。

二月，归义节度使张义潮入朝，以为右神武统军，命其族子惟深守归义。

自安南至邕、广，海路多潜石覆舟，静海节度使高骈募工凿之，漕运无滞。

西川近边六姓蛮，常持两端，无寇则称效顺，有寇必为前锋。卑笼部独尽心于唐，与群蛮为仇，朝廷赐姓李，除为刺史。节度使刘潼遣将将兵助之，讨六姓蛮，焚其部落，斩首五千馀级。

乐工李可及善为新声，三月，上以可及为左威卫将军。曹确谏曰："太宗定文武官六百馀员，谓房玄龄曰'朕以待天下贤士，工商杂流，不可处也。'大和中，文宗欲以乐工尉迟璋为王府率，拾遗窦洵直谏，即改光州长史。乞以两朝故事，别除可及官。"不从。

【**译文**】咸通八年（丁亥，公元 867 年）春季，正月，唐懿宗李漼任命魏博留后何全皞为节度使。

二月，归义节度使张义潮入朝觐见，被任命为右神武统军，唐懿宗李漼命令他的族子张惟深镇守归义。

从安南到邕、广一带，海路上多暗礁，常使舟船翻覆，于是，静海节度使高骈招募工匠凿开暗礁，使海上漕运不再受到阻碍。

西川邻近的六姓蛮(蒙蛮、夷蛮、讹蛮、狼蛮、勿邓蛮、白蛮)，常在唐朝与南诏之间摇摆不定，南诏蛮军不来侵扰时就声称对唐朝效忠顺服，来侵犯时又常常充任南诏的先锋军。只有蛮族卑笼部竭尽全力效忠唐朝，与群蛮各族姓世代结仇，所以朝廷赐它李姓，授予刺史官职。节度使刘潼派遣将领率领军队前去协助他，讨伐其他六姓蛮，烧毁了他们的部落，斩获五千多首级。

乐工李可及擅长创作新声，三月，唐懿宗李漼任命李可及为左威卫将军。曹确向懿宗进谏说："唐太宗当年确定朝廷文武官六百余名，对房玄龄说：'朕将官爵授予天下贤能之人，工匠商人伎巧等杂流人物不可授予官爵。'大和年间，唐文宗想任命伎乐尉迟璋为王府率，拾遗窦洵当面直言进谏，唐文宗当时就将尉迟璋改派到地方，让他担任光州长史。臣请求陛下按照两朝的旧例，另封李可及的官职。"懿宗没有答应这一请求。

【乾隆御批】司乐贱工，而异以将军重任，爵赏之滥奚啻烂羊，都尉曹确切陈贞观训，词复称述太和近事，懿宗略不采纳，其视宣宗欲授医者场官闻谏收敕，真相去霄壤矣！

【译文】司乐是地位卑贱的乐工，而懿宗竟想授予将军的重任，爵赏的滥用不异于扔掉腐烂的羔羊一样随便，都尉曹确痛陈贞观之治的教导，谏词中又称述发生在不久前的文宗太和年间的近事，懿宗竟然一点儿都不采纳，这与宣宗要授予医者场官在听到谏言后立刻收回敕命相比，真是天壤之别啊！

夏，四月，上不豫，群臣希进见。

五月，丙辰，疏理天下系囚，非臣蠹不可赦者，皆递降一等。

秋，七月，壬寅，蕲王缉薨。

怀州民诉旱，刺史刘仁规揭榜禁之，民怒，相与作乱，逐仁规，仁规逃匿村舍。民入州宅，掠其家赀，登楼击鼓，久之乃定。

甲子，以兵部侍郎、充诸道盐铁转运等使、驸马都尉于琮同平章事。

宣歙察使杨收过华岳庙，施衣物，使巫祈祷，县令诬以为收罪。右拾罪韦保衡复言，收前为相，除严譔江西节度使，受钱百万，又置造船务，人讼其侵隐。八月，庚寅，贬收端州司马。

九月，上疾瘳。

冬，十二月，信王㤖薨。

加岭南东道节度使韦宙同平章事。

【译文】夏季，四月，懿宗身体不舒服，群臣很少能进宫拜见。

五月，丙辰日（十八日），朝廷对关押罪犯的案件普遍进行审理，如果不是罪大恶极的重大案犯，都依次减刑一等。

秋季，七月，壬寅日（初五），蕲王李缉去世。

怀州百姓因为旱灾申诉，刺史刘仁规张贴榜文禁止百姓申诉灾情，百姓很气愤，联合发动叛乱，驱逐了刘仁规。刘仁规逃到村舍中躲藏起来，百姓冲进他的州宅，抢了他的家财，登上城楼击鼓，很久才平定下来。

甲子日（二十七日），唐懿宗李漼任命兵部侍郎、兼诸道盐铁转运等使、驸马都尉于琮同平章事。

宣歙观察使杨收经过华岳庙，施舍衣物，让巫士为自己祷告，华阴县令将杨收的行为看作是犯罪，奏告朝廷，右拾遗韦保衡又在朝堂进言说，杨收之前担任宰相时，派严譔担任江西节度使，收受他人贿赂达百万，又设置掌管造船的事务，有人告他侵占藏匿公家财物。八月，庚寅日(二十四日)，唐懿宗李漼贬杨收为端州司马。

九月，懿宗的病痊愈。

冬季，十二月，信王李忻去世。

唐懿宗李漼加封岭南东道节度使韦宙同平章事。

资治通鉴卷第二百五十一　唐纪六十七

起著雍困敦，尽屠维赤奋若，凡二年。

【译文】起戊子（公元868年），止乙丑（公元869年），共二年。

【题解】本卷记录了公元868年至869年间的史事，当时正值唐懿宗咸通九至十年。这两年爆发了一个重大政治事件就是徐州兵乱，危害淮河两岸，虽然最终被消灭，却使唐王朝遭受了沉重打击。在平定兵乱的过程中，辛谠、杜慆两位忠义之士当立首功，他们表现出的忠勇与爱国之情与朝廷内如令狐慆类的食肉者形成鲜明对比。中原战乱，南诏又进一步祸乱西疆，在这种内忧外患的情况下，唐懿宗依然荒淫游宴，不知醒悟，朝政掌握在肉食者和宦官之手，唐朝正一点点走上灭亡之路。

懿宗昭圣恭孝文宗皇帝中

咸通九年（戊子，公元八六八年）夏，六月，凤翔少尹李师望上言："巂州控扼南诏，为其要冲，成都道远，难以节制，请建定边军，屯重兵于巂州，以邛州为理所。"朝廷以为信然，以师望为巂州刺史，充定边军节度，眉、蜀、邛、雅、嘉、黎等州观察，统押诸蛮并统领诸道行营、制置等使。师望利于专制方面，故建此策。其实邛距成都才百六十里，巂距邛千里，其欺罔如此。

初，南诏陷安南，敕徐泗募兵二千赴援，分八百人别戍桂州，初约三年一代。徐泗观察使徐彦曾，慎由之从子也，性严刻；朝廷以徐兵骄，命镇之。都押牙尹戡、教练使杜璋、兵马使徐行俭用事，军中怨之。戍桂州者已六年，屡求代还，戡言于彦曾，以军帑空虚，发兵所费颇多，请更留旧戍卒一年。彦曾从之。戍卒闻之，怒。

资治通鉴

【译文】咸通九年（戊子，公元 868 年）夏季，六月，凤翔少尹李师望向懿宗进言说："巂州可控制南诏，是西川地区抗击南诏蛮军的要冲，成都道路遥远，难以对巂州进行有效节制。希望陛下建置定边军，在邛州屯驻大批军队，把巂州作为定边军的治所。"朝廷认为确实如此，就设置了定边军，任命李师望为州刺史，充任定边军节度使，眉、蜀、邛、雅、嘉、黎等州观察使，统辖管理诸蛮，并统率诸道行营、制置等使。李师望为方便专门掌控一方军政大权，所以才上奏建议此项举措。其实邛州距离成都仅一百六十里，巂州距离邛州达千里之遥，李师望欺骗朝廷竟到了如此地步。

起初，南诏攻克安南，唐懿宗李漼诏命徐、泗招募士兵两千前往支援，分配八百人另外戍守在桂州，最初约定三年更换一次军队。徐泗观察使崔彦曾是崔慎由的侄子，处理政事严厉苛刻。朝廷因为徐泗士兵骄纵狂横，所以诏命他去镇守。都押牙尹戡、教练使杜璋、兵马使徐行俭等掌权用事，遭到军中将士的怨恨，当时戍守桂州的徐泗士兵已在此地戍守了六年，他们屡次请求轮换，让他们回乡去。尹戡向崔彦曾进言，军府帑藏本就空虚，再调遣军队前往桂州轮换替代，所需费用太多，请让桂林戍卒再戍守一年，崔彦曾听从了尹戡的建议。戍守的士卒知道这一情况后，都气愤极了。

都虞候许佶、军校赵可立、姚周、张行实皆故徐州群盗,州县不能讨,招出之,补牙职。会桂管观察使李丛移湖南,新使未至。秋,七月,佶等作乱,杀都将王仲甫,推粮料判官庞勋为主,劫库兵北还,所过剽掠,州县莫能御。朝廷闻之,八月,遣高品张敬思赦其罪,部送归徐州,戍卒乃止剽掠。

以前静海节度使高骈为右金吾大将军。骈请以从孙浔代镇交趾,从之。

九月,戊戌,以山南东道节度使卢耽为西川节度使,以有定边军之故,不领统押诸蛮安扶等使。

【译文】都虞候许佶、军校赵可立、姚周、张行实等之前都是徐州的强盗,州县没办法征讨他们,因而将他们招顺,用以扩充军队,让他们担任牙职。适逢桂管观察使李丛调派到湖南,新任的观察使还未到。秋季,七月,许佶等作乱,杀死都将王仲甫,推举拥戴粮料判官庞勋为统帅,将府库中的器械抢掠一番,返回北方,所经之地必定劫掠抢夺财物,州县也不能抗御。朝廷得知这一消息,八月,派遣高品宦官张敬思前来赦免这些士卒,由官府出资帮助他们回归徐州,戍卒才停止沿途抢劫之事。

唐懿宗李漼任命前静海节度使高骈为右金吾大将军。高骈请求朝廷派侄孙高浔替代自己镇守交趾,懿宗同意了这一请求。

九月,戊戌日(初八),唐懿宗李漼任命山南东道节度使卢耽为西川节度使。因为有定边军,所以不兼办统领签押诸蛮安抚等使的职务。

庞勋等至湖南,监军以计诱之,使悉输其甲兵。山南东道节度使崔铉严兵守要害,徐卒不敢入境,泛舟沿江东下。许佶等相与谋曰："吾辈罪大于银刀，朝廷所以赦之者，虑缘道攻劫，或溃散为患耳，若至徐州，必菹醢矣！"乃各以私财造甲兵旗帜。过浙西，入淮南，淮南节度使令狐绹遣使慰劳，给刍米。

都押牙李湘言于绹曰："徐卒擅归，势必为乱，虽无敕令诛讨，藩镇大臣当临事制宜。高邮岸峻而水深狭，请将奇兵伏于其侧，焚荻舟以塞其前，以劲兵蹙其后，可尽擒也。不然，纵之使得渡淮，至徐州，与怨愤之众合，为患必大。"绹素懦怯，且以无敕书，乃曰："彼在淮南不为暴，听其自过，馀非吾事也。"

资治通鉴

【译文】庞勋率领徐泗戍卒等抵达湖南，宦官监军用计谋诱骗他们，让他们将武器全部交出。山南东道节度使崔铉派兵严守要害之地，徐泗戍卒不敢北上进入其地盘，于是乘船沿长江东下。许佶等相互谋划说："我辈所犯之罪比银刀军还重，而朝廷赦免我等的原因，是顾虑我们沿路攻城劫掠财物，或者四散溃逃终究成为祸患罢了，如果我们到徐州的话，必定要被剁成肉酱！"于是各用私人财产制造盔甲兵器和旗帜。经过浙西，进入淮南，淮南节度使令狐绹派遣使者赶来慰劳，给予粮草。

都押牙李湘对令狐绹说："徐州士卒擅自还归，势必作乱，虽然没有陛下敕令诛杀讨伐他们，但藩镇大臣应当遇事时制定权宜之计。高邮的江岸高山险峻，江水深并且港口狭窄，请让我率一支奇兵在江岸边做好埋伏，把装着柴草的船只烧了，以此来堵住徐泗戍卒前行的水路，派强劲勇武的将士在后面追击，可把他们全部抓住。如果不这样做，放过他们，让他们渡过淮河，返回徐州，从而与心怀积怨的民众会合，那么对国家造成的祸患就更严重了。"令狐绹素来懦弱胆小，又没有懿宗的诏书，就说："他们在淮南只要不做暴力乱行的事情，就任凭他们经过，其他就不是我们该管的事了。"

勋招集银刀等都窜匿者及诸亡命匿于舟中，众至千人。丁巳，至泗州，刺史杜慆飨之于球场，优人致辞。徐卒以为玩己，擒优人，欲斩之，坐者惊散。惊素为之备，徐卒不敢为乱而止。慆，惊之弟也。

【译文】庞勋招集银刀军等逃窜藏匿的人及亡命之徒在船中躲藏，多达千人。丁巳日(二十七日)，到达泗州，刺史杜慆在球场为戍卒们安排酒宴，有唱戏的优人致辞。徐泗戍卒认为这种做法是讥笑自己，抓住优人就要杀了他，在座的宾客都吓得四散而逃。但是杜慆早已做好充分准备，徐泗戍卒也不敢过分地任意而为，于是就此作罢。杜慆是杜惊的弟弟。

先是，朝廷屡敕崔彦曾慰抚戍卒擅归者，勿使忧疑。彦曾遣使以敕意谕之，道路相望。勋亦申状相继，辞礼甚恭。戊午，行及徐城，勋与许佶等乃言于众曰："吾辈擅归，思见妻子耳。今闻已有密敕下本军，至则支分灭族矣！丈夫与其自投罗网，为天下笑，曷若相与戮力同心，赴蹈汤火，岂徒脱祸，兼富贵可求！况城中将士皆吾辈父兄子弟，吾辈一唱于外，彼必响应于内矣。然后遵王侍中故事，五十万赏钱，翘足可待也。"众皆呼跃称善。将士赵武等十二人独忧惧，欲逃去，勋悉斩之，遣使致其首于彦曾，且为申状，称："勋等远戍六年，实怀乡里；而武等因众心不安，辄萌奸计。将士诚知违误，敢避诛夷！今既蒙恩全宥，辄共诛首恶以补愆尤。"冬，十月，甲子，使者至彭城，彦曾执而讯之，具得其情。乃囚之。丁卯，勋复于递中申状，称："将士自负罪戾，各怀忧疑，今已及符离，尚未释甲。盖以军将尹戡、杜璋、徐行俭等狡诈多疑，必生衅隙，乞且停此三人职任，以安众心，仍乞戍

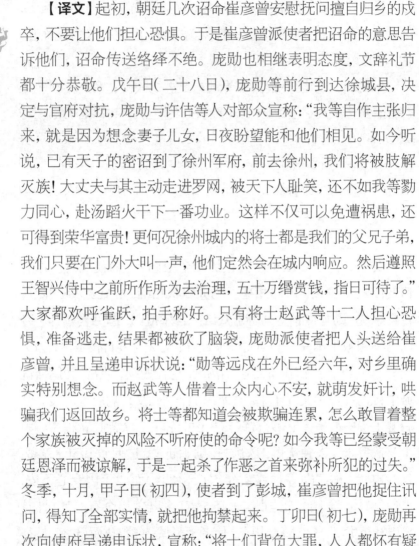

还将士别置二营，共为一将。”

【译文】起初，朝廷几次诏命崔彦曾安慰抚问擅自归乡的戍卒，不要让他们担心恐惧。于是崔彦曾派使者把诏命的意思告诉他们，诏命传送络绎不绝。庞勋也相继表明态度，文辞礼节都十分恭敬。戊午日（二十八日），庞勋等前行到达徐城县，决定与官府对抗，庞勋与许佶等人对部众宣称：“我等自作主张归来，就是因为想念妻子儿女，日夜盼望能和他们相见。如今听说，已有天子的密诏到了徐州军府，前去徐州，我们将被肢解灭族！大丈夫与其主动走进罗网，被天下人耻笑，还不如我等勠力同心，赴汤蹈火干下一番功业。这样不仅可以免遭祸患，还可得到荣华富贵！更何况徐州城内的将士都是我们的父兄子弟，我们只要在门外大叫一声，他们定然会在城内响应。然后遵照王智兴侍中之前所作所为去治理，五十万缗赏钱，指日可待了。”大家都欢呼雀跃，拍手称好。只有将士赵武等十二人担心恐惧，准备逃走，结果都被砍了脑袋，庞勋派使者把人头送给崔彦曾，并且呈递申诉状说：“勋等远戍在外已经六年，对乡里确实特别想念。而赵武等人借着士众内心不安，就萌发奸计，哄骗我们返回故乡。将士等都知道会被欺骗连累，怎么敢冒着整个家族被灭掉的风险不听府使的命令呢？如今我等已经蒙受朝廷恩泽而被谅解，于是一起杀了作恶之首来弥补所犯的过失。”冬季，十月，甲子日（初四），使者到了彭城，崔彦曾把他捉住讯问，得知了全部实情，就把他拘禁起来。丁卯日（初七），庞勋再次向使府呈递申诉状，宣称：“将士们背负大罪，人人都怀有疑虑，今天已抵达符离，还没有解下身上穿的厚厚战甲。这是因为徐州军府将领尹戡、杜璋、徐行俭等人生性狡诈多疑，必定对我等充满疑虑和嫌隙，乞求观察使暂且罢去尹戡等三人的职务，以便能让军心安定。同时，请求把从桂州返回的戍守将士专门编成两个营，由一个将领统领。"

时戍卒拒彭城止四驿，阖城恼惧。彦曾召诸将谋之，皆泣曰："比以银刀凶悍，使一军皆蒙恶名，歼夷流窜，不无枉滥。今冤痛之声未已，而桂州戍卒复尔猖狂，若纵使入城，必为逆乱，如此，则阖境涂地矣！不若乘其远来疲弊，发兵击之，我逸彼劳，往无不捷。"彦曾犹豫未决。团练判官温庭皓复言于彦曾曰："安危之兆，已在目前。得失之机，决于今日。今击之有三难，而舍之有五害：诏释其罪而擅诛之，一难也。帅其父兄，讨其子弟，二难也。枝党钩连，刑戮必多，三难也。然当道戍卒若擅归，不诛则诸道戍边者皆效之，无以制御，一害也。将者一军之首，而辄敢害之，则凡为将者何以号令士卒！二害也。所过剽掠，自为甲兵，招纳亡命，此而不讨，何以惩恶！三害也。军中将士，皆其亲属，银刀馀党，潜匿山泽，一旦内外俱发，何以支梧！四害也；逼胁军府，诛所忌三将，又欲自为一营，从之则银刀之患复起，违之则托此为作乱之端，五害也。惟明公去其三难，绝其五害，早定大计，以副众望。"

【译文】当时戍守的士卒距离彭城仅有一百二十里，全城很恐惧。崔彦曾召集诸将商议此事，诸将都流着泪说："近来，因为银刀军凶猛剽悍，使一军都蒙受恶名，以致被杀死或流放或逃窜，其中不少兵卒是冤枉无辜的。如今哀号喊冤的声音还没有止息，桂州戍卒又再次猖狂起来，如果放纵他们进城，一定会叛逆作乱，如此一来，徐州全境就要尸横遍野了！不如趁他们远来疲惫，出兵攻打他们，这样我方安逸而对方劳顿，将无往而不胜。"崔彦曾犹豫不能决断。团练判官温廷（一作庭）皓再次对崔彦曾说："全城的安危情况，已呈现在眼前，得失与否，全在于今天的决策。目前，讨击桂州戍卒有三大困难，而舍弃他们不加讨伐又有五大害处：陛下既已颁下诏书释免戍卒的罪行，我们却擅自追击，这是第一大困难。我们率领戍卒的父兄，去追讨他们的子弟，人情上难以违逆，这是第二大困难。戍卒获罪，牵连的各枝党羽多而复杂，追究起来判刑和处死的人必然很多，这是第三大困难。但是，本道戍边的士卒擅自归还，不诛讨就会使其他道戍边的士卒纷纷叛乱效仿，让朝廷的法制失去效力，不能平定叛乱，这是第一大危害。大将是一军的首长，而桂林戍卒竟敢杀害都将王仲甫，那么所有做大将的人，将凭什么发号命令士卒？这是第二大危害。桂林戍卒所到之处剽窃抢夺，私自制造铠甲武器，招募接纳亡命之徒，如此行为却不加以讨伐，又如何惩戒恶人呢？这是第三大危害。军中将士都是他们的亲属，银刀军的余党，还潜藏在山泽，如果内外勾结一起叛乱，又怎么来掌控徐州的局势？这是第四大危害。桂州戍卒竟然胆敢威胁徐泗军府，希望按他们的愿望诛杀他们所怨恨的三名将领，真是嚣张跋扈，又请求把他们编在一起，自己成立营队，如果准许他们的请求，那么当年银刀等七军叛乱的祸患又将重演，如果不应允他们，戍卒就会把这件事当作借口，展开叛乱，这是第五大危害。希望明公排除三大困难，杜绝五大危害，早定大计，以满足众人的期望。"

时城中有兵四千三百，彦曾乃命都虞候元密等将兵三千人讨勋，数勋之罪以令士众，且曰："非惟涂炭平人，实亦污染将士，倘国家发兵诛讨，则玉石俱焚矣！"又曰："凡彼亲属，无用忧疑，罪止一身，必无连坐。"仍命宿州出兵苻离，泗州出兵于虹以邀之，且奏其状。彦曾戒元密无伤敕使。

戊辰，元密发彭城，军容甚盛。诸将至任山北数里，顿兵不进，共思所以夺敕使之计，欲俟贼入馆，乃纵兵击之，遣人变服负薪以诇贼。日暮，贼至任山，馆中空无人，又无供给，疑之，见负薪者，执而榜之。果得其情，乃为偶人执旗帜列于山下而潜遁。比夜，官军始觉之，恐贼潜伏山谷及间道来袭，复引兵退宿于城南，明旦，乃进追之。

【译文】当时城中有兵卒四千三百人，崔彦曾就命令都虞候元密等率领士兵三千人去讨伐庞勋，一条条列举庞勋的罪行以号令众人，并且说："他不仅使百姓涂炭，实际上也污染了将士的声名。如果让朝廷调集军队来讨伐他们，恐怕就要两败俱伤，叛贼会牵连我们跟着获罪！"又说："凡是他们的亲属，都不用担心疑惧，罪责只牵涉他们自己，一定不会让家人连坐。"于是，命令宿州派遣军队前往苻离，泗州派遣军队前往于虹截击他们，并且奏报他们的情状。崔彦曾告诫元密不要伤害到敕使。

戊辰日(初八)，元密从彭城率军进发，军容十分盛大。诸将到任山以北几里时，停止进发，共同谋划营救宦官敕使的办法，打算等贼人进入馆中时，再驱使士兵攻打他们，派人改换衣服背负薪柴探察贼人动向。傍晚，贼人已抵达任山，见馆中空无一人，又没有物资供给，心中疑虑。看见背着薪柴的人，就把他捉来拷问，经追问，果然获得了官军设伏的情况。于是戊卒们制作木偶人，排列在山下，然后全部潜逃而去。到晚上，官军才发觉，唯恐贼兵潜伏在山谷而从小道来偷袭，所以又率领军队退守在城南住宿，第二天清晨才进兵追击。

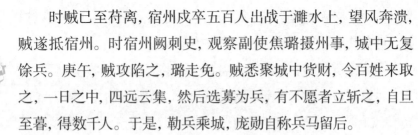

时贼已至符离，宿州戍卒五百人出战于滩水上，望风奔溃，贼遂抵宿州。时宿州阙刺史，观察副使焦璐摄州事，城中无复馀兵。庚午，贼攻陷之，璐走免。贼悉聚城中货财，令百姓来取之，一日之中，四远云集，然后选募为兵，有不愿者立斩之，自旦至暮，得数千人。于是，勒兵乘城，庞勋自称兵马留后。

再宿，官军始至，贼守备已严，不可复攻。先是，焦璐闻符离败，决汴水以断北路，贼至，水尚浅可涉，比官军至，已深矣。壬申，元密引兵渡水，将围城，会大风，贼以火箭射城外茅舍，延及官军营，士卒进则冒矢石，退则限水火，贼急击之，死者近三百人。元密等以为贼必固守，但为攻取之计。

贼夜使妇人持更，掠城中大船三百艘，备载资粮，顺流而下，欲入江湖为盗。以千缣赠张敬思，遣骑送至汴之东境，纵使西归。

【译文】当时贼兵已抵达符离，宿州的驻军五百人出城在滩水上作战，官军闻风溃逃，叛贼于是进逼宿州。当时宿州刺史职位空缺，观察副使焦璐管理州政事务，城内不再有军队。庚午日（初十），贼兵攻陷城池，焦璐逃走而得免一死。贼兵把城中财货都聚集起来叫百姓随意拿取，一天之中，远在四方的人像云朵般聚集在一起，等他们拿了财货后，贼兵就开始选募他们当兵，如有不愿意的人，立刻把他杀头，从早到晚，招募了几千人。于是分派士兵登上城楼，分关把守，庞勋自称兵马留后。

又过了一夜，官军才到，而贼人防守已经很严密，不能再发动进攻了。之前，焦璐听说符离战败，挖断了汴水用来隔断北路，贼兵抵达时，水还很浅可以涉水而过，等官军到这里时，水已经很深了。壬申日（十二日），元密率领士兵渡水，准备围攻此城，适逢刮起狂风，贼人用火箭射城外的茅屋，使大火一直烧到官军军营，官军士卒向前冲杀就要冒着城上投下的矢石，向后撤退又受到水、火的控制，叛贼于是抓紧时机猛烈攻击，杀死官军近三百人。元密等人认为叛贼必定会坚决防守宿州城，所以只思考攻城的策略。

叛贼夜晚让妇女做击鼓打更的事情，抢夺了城中的三百艘大船，装满军资粮食，顺着汴水向下运输，打算流入江湖成为盗贼，又赠给宦官中使张敬思千匹丝绢，派遣骑兵将他护送至汴州境的东边，放他西归长安。

明旦，官军知贼已去，狼狈追之，士卒皆未食，比追及，已饥乏。贼舣舟堤下而陈于堤外，伏千人于舟中，官军将至，陈者皆走入陂中。密以为畏己，纵兵追之；贼自舟中出，夹攻之，自午及申，官军大败。密引兵走，陷于荷淀，贼追及之，密等诸将及监陈敕使皆死，士卒死者殆千人，其馀皆降于贼，无一人还徐者。贼问降卒以彭城人情计谋，知其无备，始有攻彭城之志。

乙亥，庞勋引兵北渡濉水，逾山趣彭城。其夕，崔彦曾始知元密败，移牒邻道求救。明日，塞门，选城中丁壮为守备，内外震恐，无复固志。或劝彦曾奔兖州，彦曾怒曰：“吾为元帅，城陷而死，职也！”立斩言者。

【译文】第二天清晨，官军知道贼兵已经离去，才狼狈不堪地前去追击，士卒都没有吃东西，等追赶上时，已经饿得一点力气没有了。贼兵在堤下把船只朝着岸排列得整整齐齐，而在堤外布下阵势，在船中埋伏了千人，官军快到时，阵中的人都走进泽障之中。元密认为他们害怕自己，于是派军队追击他们；贼兵从船中冲杀出来，两面夹攻，从午时直打到申时，官军惨败。元密带着残兵撤退，陷入荷花泥泽中，叛贼追赶上来，元密等徐泗诸将及监阵的宦官中使全被杀死，士卒也被杀了上千人，其余人全向叛贼投降，没有一个返回徐州城。叛贼向投降的士卒询问彭城内的民情和官府的部署情况，了解城中并没有戒备，于是有了攻占彭城的意图。

乙亥日（十五日），庞勋率领士兵向北渡过濉水，越过山岭直趋彭城。当晚，崔彦曾才知道元密战败，于是写信请求相邻道派遣军队救援。第二天，崔彦曾紧闭城门，挑选城中年轻男子参加军队守备城防，城内外一片震惊惶恐之态，没有人愿意坚守城池，都打算逃跑。有人劝崔彦曾逃奔兖州，崔彦曾愤怒地说："我是元帅，城如果被攻克，只有战死罢了，守城是我的职责所在！"马上杀了劝说的人。

丁丑，贼至城下，众六七千人，鼓噪动地，民居在城外者，贼皆慰抚，无所侵扰，由是人争归之，不移时，克罗城。彦曾退保子城，民助贼攻之，推草车塞门而焚之，城陷。贼囚彦曾于大彭馆，执尹戡、杜璋、徐行俭，剐而剉之，尽灭其族。勋坐听事，盛陈兵卫，文武将吏伏谒，莫敢仰视。即日，城中愿附从者万馀人。

戊寅，勋召温庭皓，使草表求节钺，庭皓曰："此事甚大，非顷刻可成，请还家徐草之。"勋许之。明旦，勋使趣之，庭皓来见勋曰："昨日所以不即拒者，欲一见妻子耳。今已与妻子别，谨来就死。"勋熟视，笑曰："书生敢尔，不畏死邪！庞勋能取徐州，何患无人草表！"遂释之。

【译文】丁丑日（十七日），贼兵抵达城下，士众有六七千人，鼓噪之声使大地震颤。住在城外的百姓，贼人对他们反加以安抚慰问，对他们没有一点侵犯骚扰，因此，百姓争相归顺，不到一个时辰，攻占了罗城（大城）。崔彦曾退守到子城（城内小城）

以求自保，而百姓竟帮助贼兵攻打该城，推来草车塞住城门点燃起来，城池失陷。叛贼将崔彦曾抓获，在大彭馆将他囚禁，又擒住尹戡、杜璋、徐行俭，将他们的肚子剖开，把他们剁成肉酱，并将这些人的家属全部杀死。庞勋坐在徐州观察使府处置军政大事，卫兵排列得整齐有序，文武将吏向他行跪拜礼，没有谁敢抬起头注视厅堂上的主帅庞勋。当日，城中愿意附顺服从的就有一万多人。

戊寅日(十八日)，庞勋召见温庭皓，命令他起草表章，请求徐州节度使的符节斧钺，温庭皓说："这件事关系重大，不是一时之间可以完成的事情，请允许我回家慢慢为您起草吧。"庞勋答应了他的请求。第二天早晨，庞勋派人催促，温庭皓来拜见庞勋说："昨天没有即刻拒绝您的原因，是想和妻子儿女见最后一面而已。如今已和妻子儿女诀别，特地前来就死。"庞勋仔细地端详温庭皓，微笑着说："一个书生竟敢这样做，难道不怕死吗？我庞勋既然能攻取徐州，难道还怕找不到人为我起草表文吗？"于是把温庭皓释放了。

有周重者，每以才略自负，勋迎为上客，重为勋草表，称："臣之一军，乃汉室兴王之地。顷固节度使刻削军府，刑赏失中，遂致迫逐。陛下夺其节制，翦灭一军，或死或流，冤横无数。今闻本道复欲诛夷，将士不胜痛愤，推臣权兵马留后，弹压十万之师，抚有四州之地。臣闻见利乘时，帝王之资也。臣见利不失，遇时不疑；伏乞圣慈，复赐旌节。不然，挥戈曳戟，诣阙非迟！"庚辰，遣押牙张琯奉表诣京师。

勋以许佶为都虞候，赵可立为都游弈使，党与各补牙职，分将诸军。又遣旧将刘行及将千五百人屯濠州，李圆将二千人屯泗州，梁丕将千人屯宿州，自馀要害县镇，悉缮完成守。徐人谓旌节之至不过旬月，愿效力献策者远近辐凑，乃至光、蔡、淮、折、兖、郓、沂、密群盗，皆倍道归之，阗溢郛郭，旬日间，米斗直钱二百。勖诈为崔彦曾请翦灭徐州表，其略曰："一军暴卒，尽可翦除；五县愚民，各宜配隶。"又作诏书，依其所请，传布境内。徐人信之，皆归怨朝廷，曰："微桂州将士回戈，吾徒悉为鱼肉矣！"

【译文】有个叫周重的人，常常凭借才略自命不凡，庞勖把他待为上宾。周重替庞勖起草表章，大意是说："臣的军队，是来自汉代王室兴起的所在地（汉高帝起于沛，沛县属徐州），近来，因为节度使苛刻又侵吞军府士兵的粮饷，刑罚、奖赏丧失公正，才导致士卒驱逐节度使一事。六年前陛下削夺徐州的军号，消灭了一镇的将士，我银刀等军将士有的被处以死刑，有的被发配流放他乡，含冤而死的士兵没有办法计算。如今，听说本道又打算诛杀将士，我们更是无比气愤，于是众人推举臣暂时掌管军政事务，姑且担任兵马留后，来抵制十万大军，慰问安抚徐、宿、濠、泗等四州。臣听说因势利导，不能丧失良机，这才是成为帝王的凭借。臣看到利益没有让它丧失，遇到良机没有任何迟疑。诚恳地希望陛下大发慈悲之心，赐给臣节度使的符节和旗帜。不然的话，臣就统率几万大军，攻进长安，这并不是一件难事啊！"庚辰日（二十日），庞勖派遣押牙张琯奉表抵达京师。

庞勖任命许佶为都虞候，赵可立为都游弈使，朋党各补牙职，分别统领诸军。又派遣老将刘行及率领一千五百人在濠州驻扎，李圆率领两千人在泗州屯驻，梁丕率领一千人在宿州屯驻，其余将士占据要害县镇，都修缮甲胄武器，做好戍守准备。徐州人传言，朝廷赐给庞勖的节度使符节旌旗不超过半个月就会送到，所以愿意献策效力的人不管远近云集而来，以至于光州、蔡州、淮州、浙州、兖州、郓州、沂州、密州等地的一些贼盗，也都不远千里来投奔归附，致使徐州城里城外充满了人，十天多时间，一斗米的价钱就涨到二百缗。庞勋又伪造了崔彦曾请求剪灭徐州的表奏，其中大意说："全军都是暴乱的士卒，都该剪除，五县(彭城、萧、丰、沛、下邳)的愚民，都应该配作奴隶。"又伪造皇帝的诏书，宣称皇帝已批准了崔彦曾的请求，此消息在境内传布。徐州人相信了，都把怨恨归向朝廷，说："没有桂州将士的反叛，我们都已成为案板上的鱼肉了！"

刘行及引兵至涡口，道路附从者增倍，濠州兵才数百，刺史卢望回素不设备，不知所为，乃开门具牛酒迎之。行及入城，囚望回，自行刺史事。泗州刺史杜慆闻勋作乱，完守备以待之，且求救于江、淮。李圆遣精卒百人先入泗州，封府库，慆遣人迎劳，诱之入城，悉诛之。明日，圆至，即引兵围城，城上矢石雨下，贼死者数百，乃敛兵屯城西。勋以泗州当江、淮之冲，益发兵助圆攻之，众至万馀，终不能克。

初，朝廷闻庞勋自任山还趣宿州，遣高品康道伟赍敕书抚慰之。十一月，道伟至彭城。勋出郊迎，自任山至子城三十里，大陈甲兵，号令金鼓响震山谷，城中丁壮，悉驱使乘城。宴道伟于球场，使人诈为群盗降者数千人，诸寨告捷者数十辈。复作求节钺表，附道伟以闻。

【译文】刘行及率领军队到达涡口，在沿途响应并跟随的人成倍增加，而濠州的士兵才几百人，刺史卢望回平时从不设防，一时不知怎么办才好，于是打开城门，准备牛肉、酒菜来迎接。刘行及进了城，囚禁卢望回，自己管理刺史的职务。泗州刺史杜慆听说庞勋叛乱，就修治城内守备器械，等待叛军来攻打，并向江、淮地区的官军请求援救。李圆派遣精锐士卒一百人先攻入泗州，查封州府的仓库。杜慆派人前去迎接慰劳他们，把这一百叛兵诱骗进泗州城，然后将他们全部杀死。第二天，李圆到达后，立刻率领军队包围城池，城上箭矢有如雨点般落下，死亡的贼兵达几百，李圆就收兵在城西屯驻。庞勋因为泗州是江、淮的第一要冲，增调军队来援助李圆攻城，士众多达万余人，但是始终不能把城攻下。

起初，朝廷听说庞勋从任山撤回军队直奔宿州，就派遣高品宦官康道伟带着天子的诏敕对他加以抚慰。十一月，康道伟到了彭城。庞勋来到郊外迎接他，从任山到子城（城内小城）有三十里路，穿戴整齐盔甲的士兵沿途整齐地排列，号令金鼓的响声在山谷回荡，城中的丁壮男子，都被驱赶着登上城墙。庞勋在球场设宴招待康道伟，又派人假扮投降的群盗，多达几千人，各寨来传捷报的人有几十批。庞勋这样做是想在朝廷派遣的使者面前展示自己已牢牢控制了徐州的局面。庞勋再次让人草拟请求担任徐州节度使的表文，让康道伟带回朝廷，向懿宗转达。

初，辛云京之孙说，寓居广陵，喜任侠，年五十不仕。与杜慆有旧，闻庞勋作乱，诣泗州，劝慆挈家避之。慆曰："安平享其禄位，危难弃其城池，吾不为也。且人各有家，谁不爱之？我独求生，何以安众！誓与将士共死此城耳！"说曰："公能如是，仆与公同死！"乃还广陵，与其家诀，壬辰，复如泗州。时民避乱，扶老携幼，塞涂而来，见说，皆止之曰："人皆南走，子独北行，取死何为！"说不应。至泗州，贼已至城下，说急棹小舟得入，慆即署团练判官。城中危惧,都押牙李雅有勇略,为悟设守备,帅众鼓噪,四出击贼,贼退屯徐城,众心稍安。

庞勋募人为兵,人利于剽掠,争赴之,至父遣其子,妻勉其夫,皆断锄首而锐之,执以应募。

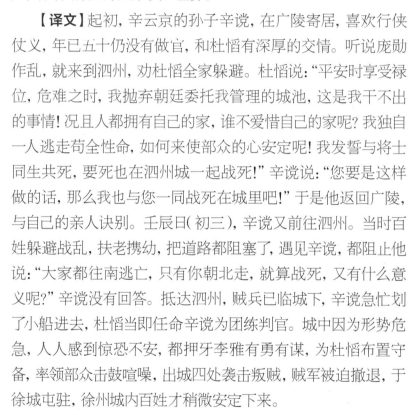

【译文】起初,辛云京的孙子辛谠,在广陵寄居,喜欢行侠仗义,年已五十仍没有做官,和杜悟有深厚的交情。听说庞勋作乱,就来到泗州,劝杜悟全家躲避。杜悟说:"平安时享受禄位,危难之时,我抛弃朝廷委托我管理的城池,这是我干不出的事情!况且人都拥有自己的家,谁不爱惜自己的家呢?我独自一人逃走苟全性命,如何来使部众的心安定呢!我发誓与将士同生共死,要死也在泗州城一起战死!"辛谠说:"您要是这样做的话,那么我也与您一同战死在城里吧!"于是他返回广陵,与自己的亲人诀别。壬辰日(初三),辛谠又前往泗州。当时百姓躲避战乱,扶老携幼,把道路都阻塞了,遇见辛谠,都阻止他说:"大家都往南逃亡,只有你朝北走,就算战死,又有什么意义呢?"辛谠没有回答。抵达泗州,贼兵已临城下,辛谠急忙划了小船进去,杜悟当即任命辛谠为团练判官。城中因为形势危急,人人感到惊恐不安,都押牙李雅有勇有谋,为杜悟布置守备,率领部众击鼓喧噪,出城四处袭击叛贼,贼军被迫撤退,于徐城屯驻,徐州城内百姓才稍微安定下来。

庞勋招募百姓当兵,人们贪图剽掠所得的财利,争先恐后地赶来参军,甚至父亲遣送儿子,妻子勉励丈夫,都砍断了锄头而把它磨得特别锋利,拿着去应征当兵。

邻道闻勋据徐州,各遣兵戍守要害,而官军尚少,贼众日滋,官军数不利。贼遂破鱼台等近十县。宋州东有磨山,民逃匿其上，勋遣其将张玄稔围之。会旱，山泉竭，数万口皆渴死。

或说勋曰："留后止欲求节钺，当恭顺尽礼以事天子，外戢士卒，内抚百姓，庶几可得。"勋虽不能用，然国忌犹行香，犒士卒必先西向拜谢。癸卯，勋闻敕使入境，以为必赐旌节，众皆贺。明日，敕使至，但责崔彦曾及监军张道谨，贬其官。勋大失望，遂囚敕使，不听归。

诏以右金吾大将军康承训为义成节度使、徐州行营都招讨使，神武大将军王晏权为徐州北面行营招讨使，羽林将军戴可师为徐州南面行营招讨使，大发诸道兵以隶三帅。承训奏乞沙陀三部落使朱邪赤心及吐谷浑、达靼、契苾酋长各帅其众以自随。诏许之。

【译文】邻道听说庞勋占据了徐州，各派军队据守要害之地，然而官兵仍然数目很少，而贼人数量却越来越多，官军几次作战失利，贼兵最终攻破了鱼台等近十县。宋州的东方有座磨山，百姓都逃到上面藏匿起来，庞勋派了他的大将张玄稔包围了磨山，适逢遭遇旱灾，山泉枯竭，几万人都被渴死了。

有人劝庞勋说："留后您如果只是想求得节度使的符节斧钺，就应当对当朝天子恭敬顺从，竭尽礼节，对外让士卒安定，不达到骚乱不堪的程度，对内安抚百姓，不让百姓恐慌，或许可以获得节度使的职位。"庞勋虽然没有采用这个建议，但是在国家忌日时，还是设斋焚香，丰厚地犒赏将士时必定先向西方眺望着朝廷的宫阙跪拜谢恩。癸卯日（十四日），庞勋听说朝廷派来的宦官敕使已抵达徐州境内，认为肯定是天子赐予节度使的符节旌旗，部众都向他表示祝贺。第二天，敕使到达，只是一直责备崔彦曾和监军张道谨，贬斥了他们的官位。庞勋非常失望，于是囚禁敕使，不让他回返京城。

唐懿宗李漼下诏任命右金吾大将军康承训为义成节度使、徐州行营都招讨使，任命神武大将军王晏权为徐州北面行营招讨使，任命羽林将军戴可师为徐州南面行营招讨使，征发诸藩镇大批军队交给三位统帅指挥。康承训向懿宗奏请，请求派沙陀族三部落使朱邪赤心以及吐谷浑、达靼、契苾等族酋长各自率领其部众，跟随他一起讨伐徐泗，懿宗下诏同意此建议。

【乾隆御批】由桂至徐数千里，其间州镇以十数，乃惟湖南诱输兵甲，山南严兵守险，此外不闻有发一兵，捕剿者时当积玩之余，纵贼不罪，遂致坐视沦胥而莫之救。盖唐室之不纲久矣。

【译文】从桂州到徐州有数千里的路途，这中间还有十多个州镇，却只有湖南听从朝廷之命派遣了军队，加上山南军严守城池，除此再没听说有发一兵一卒的了，军将们玩忽职守之余，还放纵贼匪不加惩罚，于是导致坐视国土沦陷而无法挽救。唐室纲纪已经沦丧太久了！

庞勋以李圆攻泗州久不克，遣其将吴迥代之。丙午，复进攻泗州，昼夜不息。时敕使郭厚本将淮南兵千五百人救泗州，至洪泽，畏贼强，不敢进。辛说请往求救，杜慆许之。丁未，夜乘小舟潜渡淮，至洪泽，说厚本，厚本不听，比明，复还。己酉，贼攻城益急，欲焚水门，城中几不能御。说请复往求救。慆曰："前往徒还，今往何益？"说曰："此行得兵则生返，不得则死之。"慆与之泣别，说复乘小舟负户突围出，见厚本，为陈利害。厚本将从之，淮南都将袁公弁曰："贼势如此，自保恐不足，何暇救人！"说拔剑瞋目谓公弁曰："贼百道攻城，陷在朝夕。公受诏救援而逗留不进，岂惟上负国恩！若泗州不守，则淮南遂为寇场，公讵能独存邪！我当杀公而后死耳！"起，欲击之，厚本起，抱止之，公弁仅免。说乃回望泗州，恸哭终日，士卒皆为之流涕。厚本乃许分五百人与之，仍问将士，将士皆愿行。说举身自掷叩头以谢将士，遂帅之抵淮南岸，望贼方攻城。有军吏言曰："贼势已似入城，还去则便。"说逐之，揽得其髻，举剑击之，士卒共救之，曰："千五百人判官，不可杀也。"说曰："临陈妄言惑众，必不可舍！"众请不能得，乃共夺之。说素多力，众不能夺。说曰："将士但登舟，我则舍此人。"众竟登舟，乃舍之。士卒有回顾者，则斫之。驱至淮北，勒兵击贼。悟于城上布兵与之相应，贼遂败走，鼓噪逐之，至晡而还。

资治通鉴

【译文】庞勋因为李圆攻打泗州久久没能攻取，派他的大将吴迥去代替李圆。丙午日（十七日），贼军再次攻打泗州，日夜不停地进攻。当时宦官敕使郭厚本率领淮南军队一千五百人前来救援泗州，抵达洪泽镇，害怕贼军强大的威势，不敢继续前进。辛谠请求前往求援，杜悟同意了他的建议。丁未日（十八日）夜晚，辛谠乘着小船偷偷渡过淮水，到达洪泽，游说郭厚本，郭厚本不听他的建议，等天亮时，辛谠返回。己酉日（二十日），贼兵进攻城池更加猛烈急促，准备烧毁水门，城中几乎已不能抵抗。辛谠请求再往洪泽援救。杜悟说："之前去了是无功而回，今番再去又有什么好处呢？"辛谠说："此行搬来救兵，我就活着回来，搬不到救兵就死在那里。"于是，杜悟和他哭泣着诀别。辛谠再乘小船背着门扇突围而出，拜见郭厚本，向他述说战况。郭厚本打算答应他的请求时，淮南都将袁公弁说："贼兵形势如此，我们自保恐怕力量都不充足，哪有多余的兵力救别人呢？"辛谠拔出宝剑，怒目对袁公弁说："叛贼从四方奔来攻打泗州，泗州城早晚之间就会被攻克。您受天子的诏命率领军队前来救援，却在此徘徊不前，难道只是在上对不起朝廷的恩遇吗？如果泗州城没有坚守住的话，淮南就将成为贼寇的地盘，您哪里能够独自保全呢？我现在先把你杀死，然后自尽！"于是他站起来，举剑追逐袁公弁，要杀了他。郭厚本急忙起身抱持辛谠，袁公弁免被剑伤。辛谠就回头向着泗州城眺望，大哭一整天，士卒们也都被他感动，纷纷落泪。郭厚本这才答应分派给他五百人，然后询问将士意愿，将士都表示愿意跟随前往。辛谠离位起身向将士叩头表示感谢，于是率领士卒抵达淮水南岸，看到贼寇正在攻打泗水城，有一个军吏说："观察贼人形势，好像已经进城了，我们返回比较有利呀。"辛谠在他后面追逐他，抓住了他的发髻，举起剑来要杀他，士兵们都来请求赦免他，说："他是一千五百人的判官，不可以杀死。"辛谠说："面临敌人阵营竟如此蛊惑军心，一定不能宽容！"众人一看请求不成，就一起来抢他手中的剑，而辛谠向来力气大，众人都没办法夺下。辛谠说："只要将士登上船，我就宽恕此人。"于是，将士竞相登上船，辛谠这才放了那位军吏。船上士卒只要有谁回头看，辛谠就用剑砍谁。把士兵驱使到淮北后，辛谠就率领士卒向贼寇发动攻击。杜慆在城墙上部署兵力和辛谠里应外合，贼兵最终被打败，士兵都喧嚣呼喊着追逐贼兵，直到傍晚才返回。

庞勋遣其将刘佶将精兵数千助吴迥攻泗州，刘行及自濠州遣其将王弘立引兵会之。戊午，镇海节度使杜审权遣都头翟行约将四千人救泗州。己未，行约引兵至泗州，贼逆击于淮南，围之。城中兵少，不能救，行约及士卒尽死。先是，令狐绹遣李湘将兵数千救泗州，与郭厚本、袁公弁合兵屯都梁城，与泗州隔淮相望。贼既破翟行约，乘胜围之。十二月，甲子，李湘等引兵出战，大败，贼遂陷都梁城，执湘及郭厚本送徐州，据淮口，漕驿路绝。

康承训军于新兴，贼将姚周屯柳子，出兵拒之。时诸道兵集者才万人，承训以众寡不敌，退屯宋州。庞勋以为官军不足畏，乃分遣其将丁从实等各将数千人南寇舒、庐、北侵沂、海，破沭阳、下蔡、乌江、巢县，攻陷滁州，杀刺史高锡望。又寇和州，刺史崔雍遣人以牛酒犒之，引贼登楼共饮，命军士皆释甲，指所爱二人为子弟，乞全之。其馀惟贼所处。贼遂大掠城中，杀士卒八百馀人。

【译文】庞勋派遣大将刘佶率领精锐士兵几千人帮助吴迥攻打泗州，刘行及从濠州派遣大将王弘立带兵去与他会合。戊午日（二十九日），镇海节度使杜审权派都头翟行约率领四千人前去援助泗州。己未日（三十日），翟行约率兵赶到泗州，贼军在淮河南岸阻击镇海军，将翟行约等重重包围，泗州城内士兵太少，不能出城相救，翟行约及部下全部战死。起初，淮南节度使令狐绹派遣李湘率领军队数千人前往泗州救援，与宦官敕使郭厚本、都将袁公弁会和军队在都梁城驻扎，与泗州城隔着淮河相望。十二月，甲子日（初五），李湘等率领军队出战，大败，贼兵于是攻克都梁城，活捉了李湘和郭厚本，把他们送到徐州，占据了淮口（泗水入淮之口），阻断了河上的运输道路（东南漕驿入上都）。

康承训在新兴驻军，贼将姚周在柳子驻扎，出兵攻打官军。当时各道军队在新兴会合的只有一万来人，康承训因为军队人数少，难以抗敌，便撤军在宋州驻扎。庞勋认为官军已不足惧怕，于是分别派遣部将丁从实等人各率数千人向南进犯舒州、庐州，向北进犯沂州、海州，攻克沭阳县、下蔡县、乌江县、巢县，并攻克滁州，将滁州刺史高锡望杀死。庞勋又进犯和州，刺史崔雍派人送去牛羊酒菜犒劳士兵，然后带着贼兵登上城楼

资治通鉴

一起畅饮，命令和州官军解除甲胄，崔雍指着所喜爱的两个人，说是自己的子弟，请求保全他们的性命，其余的人就听凭贼兵处置。贼兵于是在城中大肆劫掠，杀掉士兵八百多人。

泗州援兵既绝，粮且尽，人食薄粥。闰月，己亥，辛谠言于杜慆，请出求救于淮、浙，夜，帅敢死士十人，执长柯斧，乘小舟，潜往斫贼水寨而出。明旦，贼乃觉之，以五舟遮其前，以五千人夹岸追之。贼舟重行迟，谠舟轻行疾，力斗三十馀里，乃得免。癸卯，至扬州，见令狐绹。甲辰，至润州，见杜审权。时泗州久无声问，或传已陷，谠既至，审权乃遣押牙赵翼将甲士二千人，与淮南共输米五千斛、盐五百斛以救泗州。

戴可师将兵三万渡淮，转战而前，贼尽弃淮南之守。可师欲先夺淮口，后救泗州，壬申，围都梁城；城中贼少，拜于城上曰："方与都头议出降。"可师为之退五里。贼夜遁，明旦，惟空城。可师恃胜不设备，是日大雾，濠州贼将王弘立引兵数万疾径奄至，纵击官军。官军不及成列，遂大败，将士触兵及溺淮死，得免者才数百人，亡器械、资粮、车马以万计，贼传可师及监军、将校首于彭城。

【译文】泗州的援兵已经阻断，粮食也将吃完，每人都只能吃稀粥。闰月，己亥日(初十)，辛谠对杜慆请求准许他出城到淮、浙去请求援兵。当夜，辛谠率领敢死士卒十人，拿着长柄斧头，乘着小船，偷偷砍断贼军水寨栅围逃出去。第二天早晨，贼军才发觉此事，于是派出五艘船追击辛谠的小船，又派出五千军队沿着河岸追击。贼军的船大体积重，行动迟缓，辛谠的船小轻便灵活，划得非常快，这样，双方奋力追打了三十余里，辛谠终于突出贼军的围攻。癸卯日(十四日)，辛谠到扬州，见到淮南节度使令狐绹。甲辰日(十五日),到润州,见到镇海节度使杜审权。当时泗州已经很长时间没有消息,有传言说已经失陷,辛说到达之后,杜审权就派遣押牙赵翼率领武装精良的两千士兵,携带淮南运送过来的大米五千斛、盐五百斛,前往泗州救援。

戴可师率领三万士兵渡过淮水,转战进发,贼兵完全放弃了淮南的防守。戴可师打算先攻下淮口,然后援救泗州。壬申日(闰十二月无此日),戴可师包围都梁城。城中贼兵很少,在城上跪拜着说:"正准备和都头商议出城投降。"戴可师自恃打了胜仗没加防备,这天下起大雾,贼将王弘立率领数万军队走便捷的小路偷袭官军,官军来不及列阵抗敌,于是惨败,官军将士有的被贼军斩杀,有的跳入淮河溺水而死,活下来的只有几百人,他们丢弃的军械武器、军资粮食、车马以万来计算,贼军又割下戴可师及宦官监军、将校的人头,送达彭城。

庞勋自谓无敌于天下,作露布,散示诸寨及乡村,于是淮南士民震恐,往往避地江左。令狐绹畏其侵轶,遣使诣勋说谕,许为奏请节钺。勋乃息兵俟命。由是淮南稍得收散卒,修守备。

时汴路既绝,江、淮往来者皆出寿州,贼既破戴可师,乘胜围寿州,掠诸道贡献及商人货,其路复绝。勋益自骄,日事游宴。周重谏曰:"自古骄满奢逸,得而复失,成而复败,多矣,况未得未成而为之者乎!"

【译文】庞勋自认天下无人可敌,撰写报捷文书(露布),把告示散发到各寨以及村落,于是淮南的士兵百姓震惊恐惧,纷纷渡过长江到江南避祸。令狐绹怕他们来侵犯,派使者去拜见庞勋,并对他加以劝说晓谕,同意为庞勋向朝廷奏请节度使的旌节斧钺。庞勋对此深信不疑，于是停止作战等待诏命。淮南这才稍得一些时间，得以整治溃散的士卒，修缮守备。

当时通往汴京的路已阻断，江、淮间的往来，都取道寿州，贼兵已经打败了戴可师，乘胜包围寿州，劫掠诸道进献以及商人的财货，于是这条道路再度断绝。庞勋更加骄纵，每日从事游猎宴饮。周重进谏说："从古至今，骄奢淫逸往往会使到手的江山很快丧失，成就的功业也就此失去，这样的事情太多了，您应该以之为鉴，况且您还没有取得天下，更没成就什么功业，哪里值得骄傲满足呢！"

诸道兵大集于宋州，徐州始惧，应募者益少，而诸塞求益兵者相继。勋乃使其党散入乡村，驱人为兵。又见兵已及数万人，资粮匮竭，乃敛富室及商旅财，什取其七八，坐匿财夷宗者数百家。又与勋同举兵于桂州者尤骄暴，夺人资财，掠人妇女，勋不能制。由是境内之民皆厌苦之，不聊生矣！

王晏权兵数退衄，朝廷命泰宁节度使曹翔代晏权为徐州北面招讨使。前天雄节度使何全皞遣其将薛尤将兵万三千人讨庞勋，翔军于滕、沛，尤军于丰、萧。

是岁，江、淮旱，蝗。

【译文】诸道兵力大量在宋州聚集，徐州贼党才开始感到惧怕，响应招募加入贼军的人数一天天减少，而贼党诸营寨相继请求增加兵力。庞勋于是派遣部下分散进入村子，驱使村民加入贼军。又因军队已达数万人，所用物资和粮草将用完，于是聚敛劫掠富人及商旅财物，十户就有七八户遭到抢掠，因为藏匿自己的财物而被灭掉宗族的有几百家之多。此外，和庞勋在桂州同时叛乱的将领更加骄横残暴，抢夺财产，掳掠妇女，庞勋也没法控制。因此境内的百姓都憎恨他们，以此为苦，没办法生活下去！

王晏权的军队屡次打败仗，朝廷就命令泰宁节度使曹翔代替王晏权担任徐州北面招讨使。前任天雄节度使何全皞派他的大将薛尤率兵一万三千人征讨庞勋，曹翔在滕、沛驻军，薛尤在丰、萧驻军。

这一年，江、淮发生旱灾，蝗灾。

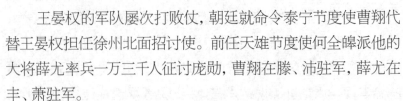

咸通十年(己丑，公元八六九年)春，正月，康承训将诸道军七万馀人屯柳子之西，自新兴至鹿塘三十里，壁垒相属。徐兵分戍四境，城中不及数千人，庞勋始惧。民多穴地匿其中，勋遣人搜掘为兵，日不过得三二十人。

勋将孟敬文守丰县，狡悍而兵多，谋贰于勋，自为符谶。勋闻之，会魏博攻丰，勋遣腹心将将三千助敬文守丰。敬文与之约共击魏博军，且誉其勇，使为前锋。新军既与魏博战，敬文引兵退走，新军尽没。勋乃遣使绐之曰：“王弘立已克淮南，留后欲自往镇之。悉召诸将，欲选一人可守徐州者。”敬文喜，即驰诣彭城，未至城数里，勋伏兵擒之，辛酉，杀之。

【译文】咸通十年(己丑，公元 869 年)春季，正月，康承训率领各道军队七万多人在柳子西边驻军，从新兴直到鹿塘三十里间，营寨连续不断。徐州兵则分别戍守在四方边界上，城中不到几千人，庞勋这时才开始感到恐慌。城中居民大多挖地洞在里面藏身，庞勋派人前去挖掘地洞搜查居民，抓这些居民当兵，每天仅仅抓住二三十人。

庞勋的大将孟敬文在丰县驻守，狡诈剽悍而且兵力充足，他打算背叛庞勋，自己私下制造符谶。庞勋听闻此事，适逢魏博攻击丰县，庞勋派遣心腹大将率领三千人辅助孟敬文防守丰县。孟敬文与援军将领相约一起袭击魏博的军队，并且称赞援军将领勇敢威猛，让他担任先锋，结果援军与魏博军交战之后，孟敬文却率领军队悄悄撤走，致使援军全部被歼。庞勋因此事派遣使者前去欺骗孟敬文说："王弘立已将淮南攻取，留后想亲自去淮南镇守抚慰将士，请各位将领都往徐州共商大事，希望能挑选出可以镇守徐州的将领。"孟敬文听后非常高兴，立刻骑马奔驰赶往彭城。距离徐州几里时，庞勋提前安排好士兵埋伏，他们看到孟敬文前来，就一起冲向前，擒住孟敬文，辛酉日（初三），杀了他。

丁卯，同昌公主适右拾遗韦保衡，以保衡为起居郎、附马都尉。公主，郭淑妃之女，上特爱之，倾宫中珍玩以为资送，赐第于广化里，窗户皆饰以杂宝，井栏、药臼、槽匮亦以金银为之，编金缕以为箕筐，赐钱五百万缗，它物称是。

徐贼寇海州。时诸道兵戍海州者已数千人，断贼所过桥柱而弗殊，仍伏兵要害以待之。贼过，桥崩，苍黄散乱，伏兵发，尽殪之。其攻寿州者复为南道军所破，斩获数千人。

【译文】丁卯日（初九），同昌公主下嫁右拾遗韦保衡，唐懿宗李漼任命韦保衡担任起居郎、驸马都尉。同昌公主是郭淑妃所生，懿宗特别宠爱她，宫廷中的珍宝古玩几乎全部作为嫁妆，在广化里赐给公主府邸，门窗之上都装饰上各种珍宝，连井栏、药臼、槽柜都用金银制成，用金缕编织箕筐，赐给五百万缗金钱，其他财物不计其数。

徐州贼兵侵扰海州，当时在海州戍守的诸道兵力已有几千人，他们偷偷锯断了贼兵必经桥梁的桥柱，而不使它完全断裂，以等待贼军过桥时陷落河中，又在要害处设下埋伏。贼军到了这里，桥崩塌陷落，士兵们惊恐地四散奔逃，官军伏兵一起进攻，将贼军全部消灭。庞勋派遣攻打寿州的贼兵也被南方淮、浙诸道兵打败，斩首虏获了几千人。

辛谠以浙西之军至楚州，敕使张存诚以舟助之。徐贼水陆布兵，锁断淮流。浙西军惮其强，不敢进，谠曰："我请为前锋，胜则继之，败则汝走。"犹不可。谠乃募选军中敢死士数十人，牒补职名，先以米舟三艘、盐舟一艘乘风逆流直进，贼夹攻之，矢著舟板如急雨。及锁，谠帅众死战，斧断其锁，乃得过。城上人喧呼动地，杜慆及将佐皆泣迎之。乙酉，城上望见舟师张帆自东来，识其旗浙西军也。去城十馀里，贼列火船拒之，帆止不进。慆令谠帅死士出迎之，乘战舰冲贼陈而过，见张存诚帅米舟九艘，曰："将士在道前却，存诚屡欲自杀，仅得至此，今又不进。"谠扬言："贼不多，甚易与耳！"帅众扬旗鼓噪而前，贼见其势猛锐，避之，遂得入城。

【译文】辛谠率领浙西军队抵达楚州，宦官敕使张存诚率领船队前来援助。徐州的贼兵在水陆部署兵力，用铁锁阻断了淮河的水道，浙西军惧怕他们的强盛，不敢进发，辛谠说："我来担任前锋，战胜他们，你们就继续前进，我战败了你们就先逃走。"张存诚还是不肯进军。辛谠于是募选了军中不怕死的几十个士兵，用公文写下每个人的职位姓名，先驾驶三艘装米船、一艘装盐的船，乘风逆流前进，直接冲向泗州城，贼军在两岸夹击他们，箭头射在船板上，好像猛烈的雨点一般，船运行到贼军封锁河道的铁锁前时，辛谠率领士兵奋力死战，用大斧将铁锁砍断，船这才通过。城上人喧闹大喊之声响彻天地，杜

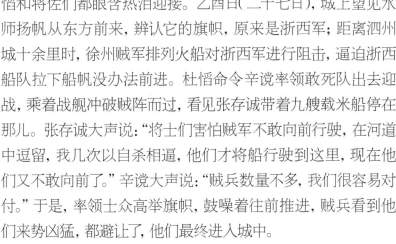

恼和将佐们都眼含热泪迎接。乙酉日（二十七日），城上望见水师扬帆从东方前来，辨认它的旗帜，原来是浙西军；距离泗州城十余里时，徐州贼军排列火船对浙西军进行阻击，逼迫浙西船队拉下船帆没办法前进。杜恼命令辛谠率领敢死队出去迎战，乘着战舰冲破贼阵而过，看见张存诚带着九艘载米船停在那儿。张存诚大声说："将士们害怕贼军不敢向前行驶，在河道中逗留，我几次以自杀相逼，他们才将船行驶到这里，现在他们又不敢向前了。"辛谠大声说："贼兵数量不多，我们很容易对付。"于是，率领士众高举旗帜，鼓噪着往前推进，贼兵看到他们来势凶猛，都避让了，他们最终进入城中。

二月，端州司马杨收长流驩州，寻赐死，其僚属党友坐长流岭表者十馀人。

初，尚书右丞裴坦子娶收女，资送甚盛，器用饰以犀玉。坦见之，怒曰："破我家矣！"立命坏之。已而收竟以贿败。

康承训使朱邪赤心将沙陀三千骑为前锋，陷陈却敌，十镇之兵伏其骁勇。承训尝引麾下千人济涣水，贼伏兵围之，赤心帅五百骑奋檛冲围，拔出承训，贼势披靡，因合击，败之。承训数与贼战，贼军屡败。

【译文】二月，端州司马杨收被长期流放驩州，不久，唐懿宗李漼又赐他自尽，他的同僚部属以及朋党亲友也受到牵连，被流放到岭外的有十几人。

起初，尚书右丞裴坦的儿子娶杨收的女儿为妻，嫁妆极为丰盛，日常用具都用犀牛角和玉石来装饰。裴坦看见这些器物，大怒说："一定会使我家门风败坏的！"随即命令把器用都毁掉。不久，杨收终于因收受贿赂而身败。

康承训派朱邪赤心率领沙陀三千骑兵为前锋，陷阵退敌，十镇（义成、魏博、鄜延、义武、凤翔、横海、泰宁、宣武、忠武、天平）的士卒都敬佩他的勇猛善战。康承训曾带麾下一千人渡过涣水，贼人埋伏士兵围攻他，朱邪赤心带着五百骑兵高举马鞭冲破层层包围，救出了康承训，贼人如弱草遇疾风，无不纷纷溃败，官军乘机夹击，将贼军打败。康承训多次与贼军交战，贼军屡遭失败。

资治通鉴

王弘立自矜淮口之捷，请独将所部三万人破承训，庞勋许之。己亥，弘立引兵渡濉水，夜，袭鹿塘塞，黎明，围之。弘立与诸将临望，自谓功在漏刻。沙陀左右突围，出入如飞，贼纷扰移避，沙陀纵骑躁之，寨中诸军争出奋击，贼大败。官军蹙之于濉水，溺死者不可胜纪，自鹿塘至襄城，伏尸五十里，斩首二万馀级，弘立单骑走免，所驱掠平民皆散走山谷，不复还营，委弃资粮、器械山积。时有敕，诸军破贼，得农民，皆释之，自是贼每与官军遇，其驱掠之民先自溃。庞勋、许佶以弘立骄惰致败，欲斩之，周重为之说勋曰："弘立再胜未赏，一败而诛之，弃功录过，为敌报仇，诸将咸惧矣。不若赦之，责其后效。"勋乃释之。弘立收散卒才得数百人，请取泗州以补过，勋益其兵而遣之。

【译文】王弘立因为淮口的胜利而深感骄傲，请求独自率领部属三万人去攻打康承训，庞勋同意了他的请求。己亥日（十一日），王弘立带兵渡过濉水，当晚，攻击鹿塘寨，黎明时，已形成包围。王弘立和诸将莅临观察，自认为建功只是片刻间的事。但沙陀骑兵左右突围，在贼军中往来如飞，使贼军不能摆成阵势，士兵纷纷躲避沙陀铁骑的践踏，沙陀骑兵驱马踩踏贼军，鹿塘寨的各道官军也竞相出动奋力抗击贼军，贼军惨败。官军追击他们到滍水，淹死的贼兵不计其数，从鹿塘直到襄城，尸体绵延了五十里，斩下两万多首级。只有王弘立一人骑马逃脱，得以幸免，贼军驱使或抢掠来的平民四散奔逃到山谷中，不再归营，丢弃的军资粮饷、兵器堆积如山。唐懿宗李漼颁布诏令，诸道官军进击贼军时，所有虏获的平民，全部释放免除死罪，于是每次贼军与官军相遇交战，贼军中被虏获驱遣的平民就自主散去。庞勋、许佶因为王弘立骄横懈怠造成贼军惨败，准备杀了他，周重为此向庞勋请求："王弘立多次战胜官军，没有给予奖赏，现在只败了一次，就要遭到诛杀，不记录他的战功而专门挑他的过错，这就相当于为敌人报仇雪恨，这样做让我部诸将都感到惊恐不安，不如宽恕王弘立，让他戴罪再立战功，用战功弥补过失，以观后效。"庞勋因此放了王弘立。王弘立收编溃散士卒，只聚集了几百人，向庞勋请求以攻取泗州来弥补自己的罪过，庞勋给他补充军队，派遣他出征。

三月，辛未，以起居郎韦保衡为左谏议大夫，充翰林学士。

徙郢王侃为威王。

康承训既破王弘立，进逼柳子，与姚周一月之间数十战。丁亥，周引兵渡水，官军急击之，周退走，官军逐之，遂围柳子。会大风，四面纵火，贼弃寨走，沙陀以精骑邀之，屠杀殆尽，自柳子至芳城，死者相枕，斩其将刘丰。周将麾下数十人奔宿州，宿州守将梁丕素与之有隙，开城听入，执死斩之。

【译文】三月，辛未日（十三日），唐懿宗李漼任命起居郎韦保衡为左谏议大夫，权充翰林学士。

唐懿宗李漼改封郢王李侃为威王。

康承训打败王弘立以后，进逼柳子，与姚周在一月之间大战了几十次。丁亥日(二十九日),姚周带兵渡过涣水,官军迅速攻击他,姚周撤退逃走,官军在后面追击,最终包围了柳子。恰逢此时,大风骤起,官军趁势在四面放起大火,贼军丢弃营寨奔逃,沙陀族率领精锐骑兵在半路围攻阻击,将贼军几乎全部杀掉,从柳子直到芳城,死尸一个个躺倒在地,姚周部将刘丰也被斩杀在路上。姚周率领部下数十人投奔宿州,宿州的贼军守将梁丕素来与姚周有私人恩怨,打开城门让姚周进城,然后擒拿斩首。

庞勋闻之大惧,与许佶议自将出战。周重泣言于勋曰:"柳子地要兵精,姚周勇敢有谋,今一旦覆没,危如累卵,不若遂建大号,悉兵四出,决死力战。"又劝杀崔彦曾以绝人望。术士曹君长亦言:"徐州山川不容两帅,今观察使尚在,故留后未兴。"贼党皆以为然。夏,四月,壬辰,勋杀彦曾及监军张道谨、宣慰使仇大夫,僚佐焦璐、温庭皓等,并其亲属、宾客、仆妾皆死;断淮南监军郭厚本、都押衙李湘手足,以示康承训军。勋乃集众扬言曰:"勋始望国恩,庶全臣节;今日之事,前志之乖。自此,勋与诸君真反者也,当扫境内之兵,戮力同心,转败为功耳。"众皆称善。于是,命城中男子悉集球场,仍分遣诸将比屋大索,敢匿一男子都族其家。选丁壮,得三万人,要造旗帜,给以精兵。许佶等共推勋为天册将军、大会明王。勋辞王爵。

【译文】庞勋得知此事后非常惊恐,和许佶商议对策,准备亲自率军出战。而周重对庞勋哭泣着说:"柳子地势重要,士兵精良,而姚周既勇敢又有谋略,如今很快遭到覆灭,形势已经危急到极点了,不如就此设立名号,聚集所有军队自四方攻击官军,与之决一死战。"周重又劝庞勋将崔彦曾杀死,以断绝城里人对崔彦曾抱有的一线希望。

术士曹君长也说:"徐州的山川容不得两位主帅,现在观察使崔彦曾仍然活着,所以留后您没有兴盛起来。"叛贼同党都认为应该这样做。夏季,四月,壬辰日(初五),庞勋杀了崔彦曾以及监军张道谨、宣慰使仇大夫,僚佐焦璐、温庭皓,连同他们的亲属、宾客、仆妾也都被杀死。砍断淮南监军郭厚本、都押衙李湘的手脚,并把其手脚给康承训的军队看。然后,庞勋聚集士卒高声说:"勋当初希望得到朝廷恩遇,赐予节度使的旌旗斧钺,也许可以为朝廷保持臣节。现在,形势很清楚,我之前的期望已全部成空。从此后,我与诸位是真正开始叛乱了,这就要聚集徐州全境军队,同心协力与官军厮杀,从而扭转败局,取得胜利,这才是我们的生存之路。"众人都拍手称好。庞勋命令城中男子都到球场集合,又分别派遣诸将挨家挨户大肆搜索,敢藏匿一个男子的就灭其全家。选拔壮丁,获得三万人,重新制造旗帜,发给士兵精锐兵器。许佶等人共同推戴庞勋为天册将军、大会明王。庞勋拒绝王爵不肯接受。

先是,辛谠复自泗州引骁勇四百人迎粮于扬、润,贼夹岸攻之,转战百里,乃得出。至广陵,止于公馆,不敢归家,舟载盐米二万石,钱万三千缗,乙未,还至斗山。贼将王弘芝帅众万馀,拒之于盱眙,密布战舰百五十艘以塞淮流,又纵火船逆之。谠命以长叉托过,自卯战及未,众寡不敌,官军不利。贼缚木于战舰,旁出四五尺为战棚,谠命勇士乘小舟入其下,矢刃所不能及,以枪揭火牛焚之,战舰既然,贼皆溃走,官军乃得过入城。

庞勋以父举直为大司马,与许佶等留守徐州。或曰:"将军方耀兵威,不可以父子之亲,失上下之节。"乃令举直趋拜于庭,勋据案而受之。时魏博屡围丰县，庞勋欲先击之，丙申，引兵发徐州。

戊戌，以前淮南节度使、同平章事令狐绹为太保、分司。

【译文】此前，辛谠再从泗州率领骁勇士卒四百人到扬、润去接应粮食，贼兵在沿岸攻打他们，辗转交战了百里多路程，才脱离夹击而出。抵达广陵后，留宿在公家馆舍，不敢回家，船中载了两万石盐米，一万三千缗钱，乙未日（初八），抵达斗山。贼军将领王弘芝率领一万余人，将辛谠阻挡在盱眙县，贼军在淮河密密排列一百五十艘战船，用来堵塞淮河水道，又放火船冲撞辛谠的船队。辛谠命令将士用长杈将火船托运走，从卯时作战到未时，因为势单力薄难以抗敌，官军处境极为不利。贼兵把木板绑缚在战舰上，向旁边伸出一座四五尺的战棚，辛谠命令勇敢的士兵乘小船钻入战棚下，使刀箭都不能碰触，用枪挑起火牛（用草编成，点火烧敌）来焚烧船只，战舰都烧起来了，于是贼兵四散溃败，官军才能渡过，进入城中。

庞勋任命父亲庞举直为大司马，和许佶等人在徐州留守。有人说："将军正在显示军威，不能因为父子亲情，而失去上下君臣的礼节。"于是，庞勋命令庞举直急趋到庭前跪拜，庞勋高坐在椅子上接受跪拜。当时魏博多次围攻丰县，庞勋打算先调集军队攻打魏博军，丙申日（初九），庞勋率领士兵从徐州出发。

戊戌日（十一日），唐懿宗李漼任命前任淮南节度使、同平章事令狐绹为太保、分司。

庞勋夜至丰县，潜入城，魏博军皆不之知。魏博分为五寨，其近城者屯数千人，勋纵兵围之，诸寨救之，勋仗兵要路，杀官军二千人，馀皆返走。贼攻塞不克，至夜，解围去。官军畏其众，且闻勋自来，诸寨皆宵溃。曹翔方围滕县，闻魏博败，引兵退保兖州。贼悉毁其城栅，运其资粮，传檄徐州，盛自夸大，谓官军为国贼云。

马举将精兵三万救泗州，乙巳，分军三道渡淮，至中流，大噪，声闻数里。贼大惊，不测众寡，敛兵屯城西寨。举就围之，纵火焚栅，贼众大败，斩首数千级。王弘立死，吴迥退保徐城，泗州之围始解。泗州被围凡七月，守城者不得寐，面目皆生疮。

【译文】庞勋在夜晚抵达丰县，偷偷进了城，魏博军都不知道这一情况。魏博分成五个寨，接近城的寨子屯聚了几千人，庞勋纵兵将这个营寨层层围困，其他四个官寨赶来援救，庞勋在要道上设下埋伏，杀死两千官军，其余的官军都返回本寨。贼军没能攻取魏博军营寨，到夜晚，就撤了包围离开了。官军担心贼兵众多，又听说庞勋亲自率军而来，诸寨都趁机溃散了。当时，曹翔正在围攻滕县，听说魏博败退，便率军退到兖州来防守。贼军将官军的栅墙全部拆毁，将官军丢弃的物资粮草运走，传送檄文到徐州，大大地夸耀一番，说官军是国家的蟊贼等。

马举率领三万精兵援救泗州，乙巳日（十八日），把军队分成三道渡过淮水，到达水中央后，士兵大声喧哗，声音传出几里远。贼兵非常吃惊，不知道官军多少，于是收兵驻扎在泗州城西寨。马举率军进攻包围贼军，放火将贼军营寨的栅栏烧毁，贼军惨败，被斩首士兵达数千人，王弘立战死，吴迥退兵占据徐城，泗州的围困此时得以解脱。泗州城被围共计七个月，守城的官军不能入睡，脸上和眼睛上都生了疮。

庞勋留丰县数日，欲引兵西击康承训，或曰："天时向暑，蚕麦方急，不若且休兵聚食，然后图之。"或曰："将军出师数日，摧七万之众，西军震恐，乘此声势，彼破走必矣，时不可失。"庞举直以书劝勋乘胜进军，勋意遂决。丁未，发丰县，庚戌，至萧。约襄城、留武、小睢诸寨兵合五六万人，以二十九日迟明攻柳子。淮南败卒在贼中者，逃诣康承训，告以其期。承训得先为之备，秣马整众，设伏以待之。丙辰，襄城等兵先至柳子，遇伏，败走。庞勋既自失期，遂引兵自三十里外赴之，比至，诸寨已败，勋所将皆市井白徒，睹官军势盛，皆不战而溃。承训命诸将急追之，以骑兵邀其前，步卒蹑其后，贼狼狈不知所之，自相蹂藉，僵尸数十里，死者数万人。勋解甲服布襦而遁，收散卒，才及三千人，归彭城，使其将张实分诸寨兵屯第城驿。

【译文】庞勋在丰县停留几天后，准备带兵前往西面去攻打康承训，有人说："此时已快要暑夏，养蚕收割麦子的农事正忙，不如暂时停止打仗聚集粮食，然后再进一步谋划。"也有人说："将军派遣军队作战已经数天，剿灭了敌人七万兵力，使西军(康承训之军)惊惧惶恐，乘着这种声势，使敌人溃败逃窜是必然的，良机不可失啊。"庞举直写信劝庞勋乘胜进军，庞勋的心意才坚决。丁未日(二十日)，从丰县出发，庚戌日(二十三日)，贼军抵达萧县，约请襄城、留武、小睢诸营寨的贼军来会合，共聚集了五六万人，相约在二十九日黎明时进攻柳子。庞勋军中的淮南俘虏兵逃到康承训的营帐，告诉庞勋贼军来进攻的日期，康承训于是得以事先做好充分准备，喂饱战马，叫军队排列整齐，设下伏兵，等待贼军前来攻打。丙辰日(二十九日)，襄城等营寨的贼兵先抵达柳子，遭到官军伏击，溃败而逃。庞勋错过了约定时间，于是他在贼兵溃败之后立即率领军队从三十里外赶来。来到柳子，看到诸寨贼军已经败下阵来，庞勋所率领的贼兵都是无赖之徒，见官军兵力强大，没交战就溃散奔逃。康承训命令诸将迅速追击，用骑兵阻击他们的先锋，用步兵逼迫他们的后卫，使贼兵狼狈不堪，不知逃向哪里，于是自相践踏，僵毙的尸体绵延数十里，死了几万人。庞勋脱去铠甲，穿上布制短衣逃走，聚集溃散的士卒，清点人数后，只有三千人，返回彭城，派他的大将张实分领诸寨士兵驻扎在第城驿。

勋初起，下邳土豪郑镒聚众三千，自备资粮器械以应之，勋以为将，谓之义军。五月，沂州遣军围下邳，勋命镒救之，镒帅所部来降。

六月，陕民作乱，逐观察使崔荛。荛以器韵自矜，不亲政事，民诉旱，荛指庭树曰："此尚有叶，何旱之有！"杖之。民怒，故逐之。荛逃于民舍，渴求饮，民以溺饮之。坐贬昭州司马。

以中书侍郎、同平章事徐商同平章事，充荆南节度使。癸卯，以翰林学士承旨、户部侍郎刘瞻同平章事。瞻，桂州人也。

【译文】庞勋当初叛乱时，下邳县土豪郑镒聚集三千民众，自备钱粮兵器军械响应庞勋，庞勋任用郑镒为大将，把他所率领的民兵称为义军。五月，沂州官府派遣军队围攻下邳县，庞勋命令郑镒前去援助，郑镒却率领部下义军投降了官军。

六月，陕地百姓叛乱，驱逐了观察使崔荛。崔荛凭借气韵风度自以为了不起，不亲自处理政务，百姓向他申诉旱灾，他却用手指着庭院中的树说："树上还长着树叶，哪有什么旱灾？"命人杖责百姓。百姓气愤，所以就驱逐了崔荛。崔荛逃到民舍，口渴极了，请求居民给他水喝，百姓就拿尿给他喝。为此崔荛被贬官为昭州司马。

唐懿宗李漼任命中书侍郎、同平章事徐商同平章事，暂时充任荆南节度使。癸卯日（十七日），唐懿宗李漼任命翰林学士承旨、户部侍郎刘瞻同平章事。刘瞻是桂州人。

马举自泗州引兵攻濠州, 拔招义、钟离、定远。刘行及设寨于城外以拒守, 举先遣轻骑挑战, 贼见其众少, 争出寨西击之, 举引大军数万自它道击其东南, 遂焚其寨。贼入固守, 举堑其三面而围之, 北面临淮, 贼犹得与徐州通。庞勋遣吴迥助行及守濠州, 屯兵北津以相应, 举遣别将渡淮击之, 斩获数千人, 平其寨。

曹翔之退屯兖州也, 留沧州卒四千人戍鲁桥, 卒擅还, 翔曰: "以庞勋作乱, 故讨之。今沧卒不从约束, 是自乱也。" 勒兵迎之, 围于兖州城外, 择违命者二千人, 悉诛之。朝廷闻魏博军败, 以将军宋威为徐州西北面招讨使, 将兵三万屯于丰、萧之间, 翔复引兵会之。

【译文】马举从泗州带兵攻打濠州, 攻克了招义、钟离、定远。刘行及在城外设下寨子抵抗坚守, 马举先派轻骑出去挑战, 贼兵看他士卒很少, 争先恐后出寨向西攻打官军, 马举率领几万大军从另外一条道路进攻贼营东南面, 焚烧贼军营寨。贼军进入濠州城坚决防守, 马举在濠州城的三面挖壕沟对贼兵进行围困, 而北面就是淮河, 贼军仍然可通过淮河与徐州取得联系。庞勋派吴迥协助刘行及守卫濠州, 屯扎军队在北津用来相互接应。马举派其他大将渡过淮水攻击, 斩获几千人, 剿平了寨子。

曹翔在退守兖州时, 留下四千沧州兵戍守鲁桥, 士卒却擅自归还, 曹翔说: "因为庞勋叛乱, 所以讨伐他, 今天沧州士卒不服从约束, 是自谋叛乱。" 于是曹翔率兵迎击逃卒, 将沧州士卒围困于兖州城外, 抓出违抗命令的两千士兵, 全部处死。朝廷听说魏博军战败, 任命将军宋威为徐州西北面招讨使, 率兵三万在丰、萧之间驻扎，曹翔又带兵去与他们会合。

秋，七月，康承训克临涣，杀获万人，遂拔襄城、留武、小睢等寨。曹翔拔滕县，进击丰、沛。贼诸寨戍兵多相帅逃匿，保据山林，贼抄掠者过之，辄为所杀，而五八村尤甚。有陈全裕者为之帅，凡叛勋者皆归之，众至数千人，战守之具皆备，环地数十里，贼莫敢近。康承训遣人招之，遂举众来降，贼党益离。蕲县土豪李充杀贼守将，举城降于承训。沛县守将李直诣彭城计事，裨将朱玫举城降于曹翔。直自彭城还，玫逆击，走之，翔发兵戍沛。玫，邠州人也。勋遣其将孙章、许佶各将数千人攻陈全裕、朱玫，皆不克而还。康承训乘胜长驱，拔第城，进抵宿州之西，筑城而守之。庞勋忧懑不知所为，但祷神饭僧而已。

【译文】秋季，七月，康承训攻克临涣，杀了上万俘虏，终于攻取了襄城、留武、小睢等寨。曹翔攻克滕县，又攻打丰、沛。贼人各寨的戍守士兵，多数相携逃走或躲藏，脱离庞勋，占据山林，凡有贼军到山林旁劫掠，马上被他们杀掉，五八村最厉害。有一个名叫陈全裕的人，是五八村逃兵首领，凡是从庞勋贼军处叛逃的人都投奔到他的旗下，部众达数千人，战争守备用具都很完备。五八村方圆几十里，贼兵不敢靠近。康承训派人来招安他们，于是陈全裕率领士卒投降，贼兵因此更加孤单薄弱。蕲县的土豪李充杀了贼兵守将，全城投降康承训。沛县守将李直前往彭城与庞勋谋划攻守等事情，部下副将朱玫带领全城士众投降了曹翔。李直从彭城返回后，朱玫率军阻截李直，赶走了李直，于是，曹翔派遣官军戍守沛县。朱玫是邠州人。庞勋派遣大将孙章、许佶各率几千人攻打陈全裕和朱玫，都没有取胜就回去了。康承训乘胜长驱攻击，攻克了第城，进击贼军到宿州西方，修筑起城墙防守。庞勋忧虑烦躁，不知怎么办才好，只是祈祷神灵保佑，供斋饭给僧侣而已。

初，庞勋怒梁丕专杀姚周，黜之，使徐州旧将张玄稔代之治州事，以其党张儒、张实等将城中兵数万拒官军。儒等列寨数重于城外，环水自固；康承训围之。张实夜遣人潜出，以书白勋曰："今国兵尽在城下，西方必虚，将军宜引兵出其不意，掠宋、亳之郊，彼必解围而西，将军设伏要害，迎击其前，实等出城中兵蹑其后，破之必矣！"时曹翔使朱玫击丕，破之，乘胜攻徐城、下邳，皆拔之，斩获万计。勋方忧惧欲走，得实书，即从其策，使庞举直、许佶守徐州，引兵而西。

【译文】起初，庞勋对梁丕擅自杀害姚周一事很气愤，就把他贬黜了，任命徐州旧将张玄稔代替他来治理州中事务，派党羽张儒、张实等率领宿州城中的几万军队抵抗官军。张儒等人在宿州城外排摆几重营寨，依水而设，以此稳固军营；康承训率官军围攻张儒军队。张实趁着夜晚派人偷偷越过包围，带给庞勋一封密信，说："如今官军都驻扎在宿州城下，西部地方一定空虚，将军您应趁敌不备，辗转千里，攻打宋州、亳州的郊外，敌军必然解散宿州之包围向西而去，将军您在要害处设下埋伏，在前面迎击敌军，我等率宿州城中的军队在敌军身后追逼，必能击破敌军。"当时曹翔派朱玫攻取了丰城，乘胜再攻徐城、下邳，也都攻克，斩获俘虏以万计算。庞勋正在担忧恐惧，打算退却之时，却得到张实的书信，马上遵从他的策略而行，派庞举直、许佶防守徐州，自己率领军队往西而去。

八月，壬子，康承训焚外寨，张儒等入保罗城，官军攻之，

死者数千人，不能克，承训患之，遣辩士于城下招谕之。张玄稔
尝戍边有功，虽胁从于贼，心尝忧愤，时将所部兵守子城，夜，召
所亲数十人谋归国，因稍令布谕，协同者众，乃遣腹心张皋夜出，
以状白承训，约期杀贼将，举城降，至日，请立青旌为应，使众心
无疑。承训大喜，从之。九月，丁巳，张儒等饮酒于柳溪亭，玄
稔使部将董厚等勒兵于亭西。玄稔先跃马而前，大呼曰："庞勋
已枭首于仆射寨中，此辈何得尚存！"士卒竞进，遂斩张儒等数十
人，城中大扰，玄稔谕以归国之计，及暮而定。戊午，开门出降。
玄稔见承训，肉袒膝行，涕泣谢罪。承训慰劳，即宣敕，拜御史
中丞，赐遗甚厚。

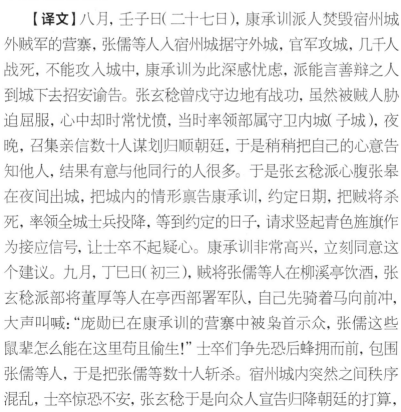

【译文】八月，壬子日（二十七日），康承训派人焚毁宿州城
外贼军的营寨，张儒等人入宿州城据守外城，官军攻城，几千人
战死，不能攻入城中，康承训为此深感忧虑，派能言善辩之人
到城下去招安谕告。张玄稔曾戍守边地有战功，虽然被贼人胁
迫屈服，心中却时常忧愤，当时率领部属守卫内城（子城），夜
晚，召集亲信数十人谋划归顺朝廷，于是稍稍把自己的心意告
知他人，结果有意与他同行的人很多。于是张玄稔派心腹张皋
在夜间出城，把城内的情形禀告康承训，约定日期，把贼将杀
死，率领全城士兵投降，等到约定的日子，请求竖起青色旌旗作
为接应信号，让士卒不起疑心。康承训非常高兴，立刻同意这
个建议。九月，丁巳日（初三），贼将张儒等人在柳溪亭饮酒，张
玄稔派部将董厚等人在亭西部署军队，自己先骑着马向前冲，
大声叫喊："庞勋已在康承训的营寨中被枭首示众，张儒这些
鼠辈怎么能在这里苟且偷生！"士卒们争先恐后蜂拥而前，包围
张儒等人，于是把张儒等数十人斩杀。宿州城内突然之间秩序
混乱，士卒惊恐不安，张玄稔于是向众人宣告归降朝廷的打算，

到傍晚城内才安定下来。戊午日(初四),张玄稔打开城门出来投降。张玄稔拜见康承训时袒露左臂用膝爬行,痛哭着谢罪。康承训安慰他们,并立刻宣告诏命,任命张玄稔为御史中丞,赐给的财物也相当丰厚。

玄稔复进言:"今举城归国,四远未知,请诈为城陷,引众趋苻离及徐州,贼党不疑,可尽擒也!"承训许之。宿州旧兵三万,承训益以数百骑,皆赏劳而遣之。玄稔复入城,暮发平安火如常日。己未向晨,玄稔积薪数千束,纵火焚之,如城陷军溃之状,直趋苻离,苻离纳之,既入,斩其守将,号令城中,皆听命,收其兵,复得万人,北趋徐州。庞举直、许佶闻之,婴城拒守。

辛酉,玄稔至彭城,引兵围之,按兵未攻,先谕城上人曰:"朝廷唯诛逆党,不伤良人,汝曹奈何为贼城守?若尚狐疑,须臾之间,同为鱼肉矣!"于是,守城者稍稍弃甲投兵而下。崔彦曾故吏路审中开门纳官军,庞举直、许佶帅其党保子城,日昃,贼党自北门出,玄稔遣兵追之,斩举直、佶首,馀党多赴水死,悉捕戍桂州者亲族,斩之,死者数千人,徐州遂平。

【译文】张玄稔又进言说:"如今我举宿州城投降朝廷,远方贼兵还不知道,请让我假装城被攻克,率部众前去苻离和徐州,贼将同伙不会对我起疑心,可将他们全部抓获。"康承训赞同。宿州还有三万兵力,康承训增援了几百骑兵,都加以赏赐犒劳后派遣出去。张玄稔再次进城,到黄昏时,仍旧点燃平安火,像平时一样。己未日(初五)天刚亮,张玄稔堆积起几千束薪柴,点火燃烧,像城池被敌军攻克的样子,率领军队径直奔向苻离城。苻离贼军接纳了张玄稔。入城后,张玄稔率军斩杀苻离贼军守将,向城中军民宣布号令,众人都听从他的命令;

于是聚集符离城中兵力，再获得一万人，向北进发徐州。庞举直、许佶得知张玄稔叛变后，据城坚守。

辛酉日（初七），张玄稔抵达彭城，率军包围了彭城，却按兵不动，先晓谕城上的人说："朝廷只杀叛逆同党，不伤害善良无辜的百姓，你们何必替贼将守城呢？如果还有疑虑，那么转瞬之间，就要和贼军一同被当作鱼肉了。"于是守城的人都偷偷脱下盔甲，放下兵器，奔下城楼。崔彦曾的旧吏路审中开门接纳了官军，庞举直、许佶率领部下党羽撤退到内城拒守。太阳偏西时，庞举直等贼党从北门逃出，张玄稔派遣军队追击，把庞举直、许佶的首级砍下，其余党羽大都跳到水里溺死，张玄稔将桂州叛乱的戍卒亲属家族全部抓捕，处以死刑，有好几千人被杀，徐州于是被平定。

庞勋将兵二万自石山西出，所过焚掠无遗。庚申，承训始知之，引步骑八万西击之，使朱邪赤心将数千骑为前锋。勋袭宋州，陷其南城。刺史郑处冲守其北城，贼知有备，舍去，渡汴，南掠亳州，沙陀追及之。勋引兵循涣水而东，将归彭城，为沙陀所逼，不暇饮食，至蕲，将济水，李衮发桥，勒兵拒之。贼惶惑不知所之，至县西，官军大集，纵击，杀贼近万人，馀皆溺死，降者才及千人，勋亦死而人莫之识，数日，乃获其尸。贼宿迁等诸寨皆杀其守将而降。宋威亦取萧县，吴迥独守濠州不下。

冬，十月，以张玄稔为右骁卫大将军、御史大夫。

【译文】庞勋率兵两万从石山往西进发，所过之处，都被焚烧抢夺得干干净净。庚申日（初六），康承训才知道这一情况，带了步骑八万人向西追击庞勋，派朱邪赤心率领几千骑兵做前锋。庞勋进袭宋州，攻取了南城，刺史郑处冲据守北城。庞勋等知道城里官军有防备，立即放弃宋州，渡过汴水，向南攻掠亳州，结果被沙陀骑兵追上。庞勋率领军队沿涣水向东奔逃，企图返回彭城，由于沙陀骑兵的追逐，庞勋率军日夜奔逃，吃饭都没有时间。抵达蕲县后，准备渡河，李衮砍断桥梁，让官军摆好阵势殊死抵抗。庞勋及其部众没有办法渡河，恐惧迷茫不知去往何处。转至蕲县西面，大批官军赶到这里，派遣军队进击，杀死贼军近万人，其余都跳河溺水而死，投降的只有一千人。庞勋也战死了，但没有人认识他，几天后，才找到他的尸体。贼人的宿迁等各寨士兵，都杀死守将投降。宋威也攻取了萧县，只有吴迥独守濠州没有被攻取。

冬季，十月，唐懿宗李漼任命张玄稔为右骁卫大将军、御史大夫。

马举攻濠州，自夏及冬不克，城中粮尽，杀人而食之，守军深堑重围以守之。辛丑夜，吴迥突围走，举勒兵追之，杀获殆尽，迥死于招义。

以康承训为河东节度使、同平章事，以杜慆为义成节度使。上嘉朱邪赤心之功，置大同军于云州，以赤心为节度使，召见，留为左金吾上将军，赐姓名李国昌，赏赉甚厚。以辛谠为亳州刺史。谠在泗州，犯围出迎兵粮，往返凡十二。及除亳州，上表言："臣之功，非杜慆不能成也。"赐和州刺史崔雍自尽，家属流康州，兄弟五人皆远贬。

【译文】马举攻打濠州，从夏天一直到冬天都没有攻下，城中粮食吃完，就把人杀了来吃，而官军挖了深沟设置重围把守。辛丑日（十七日）夜晚，吴迥突破包围逃跑，马举率领军队追击，几乎杀掉和俘虏了全部叛贼，吴迥在招义死去。

唐懿宗李漼任命康承训为河东节度使、同平章事,任命杜悰为义成节度使。唐懿宗李漼嘉赏朱邪赤心的功劳,把大同军设置在云州,任命朱邪赤心为节度使。懿宗召见他后,又将他留下担任左金吾上将军,赐姓名叫李国昌,犒赏十分丰厚。唐懿宗李漼任命辛谠为亳州刺史。辛谠在泗州时,突围接应兵粮,往返共计十二次,当授官亳州时,他上表陈奏说:“突围出城迎取粮食,如果没有杜悰是不能成功的。”唐懿宗李漼又赐和州刺史崔雍自尽,他的家属被流放到康州,兄弟五人都被贬官流放至远地。

　　【申涵煜评】谠因与杜悰有旧,弃妻子冒锋刃挺身赴难,迎粮借援,出入重围者十二次,真慷慨义侠之士。虽包胥哭廷,鲁连排难,南八啮指,不是过矣。

　　【译文】辛谠因为和杜悰有旧交,抛弃妻儿冒着刀锋挺身赴难,迎粮借援,出入重围十二次,真是有慷慨大义的侠士。虽然申包胥痛哭朝廷,鲁仲连排除困难,南八啮指乞师,也没有超过他的。

　　上荒宴,不亲庶政,委任路岩。岩奢靡,颇通赂遗,左右用事。至德令陈蟠叟因上书召对,言:“请破边咸一家,可赡军二年。”上问:“咸为谁?”对曰:“路岩亲吏。”上怒,流蟠叟于爱州,自是无敢言者。

　　初,南诏遣使者杨酋庆来谢释董成之囚,定边节度使李师望欲激怒南诏以求功,遂杀酋庆。西川大将恨师望分裂巡属,阴遣人致意南诏,使入寇。师望贪残,聚私货以百万计,戍卒怨怒,欲生食之,师望以计免。朝廷征还,以太府少卿窦滂代之。滂贪残又甚于师望,故蛮寇未至,而定边固已困矣。

【译文】懿宗沉溺于宴乐,不亲自处理政事,把事务都委托给路岩。路岩生活奢侈糜烂,经常接受他人的贿赂,身旁小人也参预处理政务。至德县令陈蟠叟为此上书给懿宗请求召对,说:"请陛下将边咸一家抄没,抄得的财物可用以赡养国家军队两年之久。"懿宗问他:"边咸是谁呢?"陈蟠叟说:"是路岩亲近信任的小吏。"懿宗听后极为气愤,将陈蟠叟流放爱州,自后没有人再敢进言此事。

起初,南诏派遣使者杨酋庆来唐朝,拜谢懿宗从监狱里释放董成,定边节度使李师望想激怒南诏以求取功劳,就杀了杨酋庆。西川大将怨恨李师望曾分裂西川巡属邛、巂等州别立定边军,所以暗中派人将自己的意图传给南诏闻知,让南诏入侵。李师望贪婪又残忍,聚敛的私人财物以百万计算,戍守的士卒都对他埋怨愤恨,准备把他活剥生吃了,李师望用计谋辞去定边军节度使的职位。朝廷征召他返回,又任命太府少卿窦滂代为定边军节度使。窦滂贪婪冷酷比李师望更厉害,所以南诏蛮寇还没到来,定边军就已混乱不堪了。

是月,南诏骠信酋龙倾国入寇,引数万众击董春乌部,破之。十一月,蛮进寇巂州,定边都头安再荣守清溪关,蛮攻之,再荣退屯大渡河北,与之隔水相射九日八夜。蛮密分军伐木开道,逾雪坡,奄至沐源川。滂遣兖海将黄卓帅五百人拒之,举军覆没。十二月,丁酉,蛮衣兖海之衣,诈为败卒,至江岸呼船,已济,众乃觉之,遂陷犍为,纵兵焚掠陵、荣二州之境。后数日,蛮军大集于陵云寺,与嘉州对岸。刺史杨忞与定边监军张允琼勒兵拒之。蛮潜遣奇兵自东津济,夹击官军,杀忠武都将颜庆师,馀众皆溃,忞、允琼脱身走。壬子,陷嘉州。庆师,庆复之弟也。

【译文】这一月，南诏骠信酋龙率领全国之兵入侵，带数万士众进攻董春乌部（西川附塞蛮），将他打败。十一月，蛮军进犯巂州，定边的都头安再荣把守清溪关，蛮军攻打他，安再荣撤退屯驻在大渡河北，和蛮军隔着河水互相射箭，持续了九天八夜。蛮军暗中分开军队砍伐树木开辟道路，越过雪山，偷偷抵达沐源川，窦滂派充海大将黄卓率领五百人前往迎击，结果全军覆没。十二月，丁酉日（十四日），南诏蛮军穿上充海镇士兵的衣服，装扮成逃归的败兵，到江岸呼叫渡船，渡过河后，士众才惊觉上当，于是南诏蛮军趁机攻克犍为，放纵军队焚烧并劫掠陵州、荣州。几天后，南诏蛮军在陵云寺大批聚集，与嘉州隔岸相望，刺史杨忞和定边监军张允琼率兵抵抗。蛮军派遣奇袭部队从东津渡河，夹击官军，杀死忠武都将颜庆师，其余士兵都溃散了，杨忞和张允琼脱身逃走。壬子日（二十九日）蛮军攻陷嘉州。颜庆师是颜庆复的弟弟。

窦滂自将兵拒蛮于大渡河，骠信诈遣清平官数人诣滂约和，滂与语未毕，蛮乘船筏争渡，忠武、徐宿两军结陈抗之。滂惧，自经于帐中。徐州将苗全绪解之，曰："都统何至于是！"全绪与安再荣及忠武将勒兵出战，滂遂单骑宵遁。三将谋曰："今众寡不敌，明旦复战，吾属尽矣。不若乘夜攻之，使之惊乱，然后解去。"于是，夜入蛮军，弓弩乱发，蛮大惊，三将乃全军引去。蛮进陷黎、雅，民窜匿山谷，败军所在焚掠。滂奔导江。邛州军资储偫皆散于乱兵之手，蛮至，城已空，通行无碍矣。

诏左神武将军颜庆复将兵赴援。

【译文】窦滂亲自带兵在大渡河抵御蛮兵，南诏骠信假装派遣几位清平官前往窦滂处请求订立和约，窦滂与南诏清平官的谈话还没结束，南诏蛮军就乘坐木筏竞相渡河，忠武军、徐宿军摆好阵势进行抵御。窦滂很恐惧，就在帐篷里自缢而死，徐州大将苗全绪把绳索解下，说："都统何必如此呢！"苗全绪和安再荣以及忠武将带兵出战，窦滂单独一人骑马在夜里逃走了。三位将领商议说："如今敌我兵力悬殊，明天清晨如果再战，我们一定全军覆没，不如趁着夜晚去攻击，使他们惊慌错乱，然后我们突破重围而去。"于是在夜间，他们进攻蛮军，弓箭乱发，蛮兵非常吃惊，三将这才保全军队率军离去。蛮兵进而攻取黎、雅，百姓逃窜躲藏到山谷中，战败的唐军却在所过之处烧杀抢劫。窦滂逃奔至导江县。邛州的军用物资全部落入乱兵之手，蛮兵到达时，城已空空如也，可以畅通无阻了。

　　唐懿宗李漼颁下诏书令左神武将军颜庆复率领军队前去救援。

　　【申涵煜评】南诏虽属荒徼，非如回鹘吐番，远隔化外。故韦皋招徕数年，即受羁绁。自大中为患，浸淫至懿僖之间，遂猖獗不可复制，边帅失人故也。夫中原尚四分五裂，何能控驭蛮夷哉。

　　【译文】南诏虽属于蛮荒之地，不像回鹘吐番，远隔在中原的教化之外。所以被韦皋招徕几年时间，就受到中原的控制。自从大中年间发生患难，浸润到懿僖年间，于是猖獗得不能再控制，这是由于边塞军队没有合适的主帅。当时的中原尚四分五裂，又怎么能控制蛮夷呢？

资治通鉴卷第二百五十二　唐纪六十八

起上章摄提格，尽柔兆涒滩，凡七年。

【译文】起庚寅（公元870年），止丙申（公元876年），共七年。

【题解】本卷记录了公元870年至876年共七年间的史事，当时正值唐懿宗咸通十一年至唐僖宗乾符三年，七年史事中两代皇帝各占三年半。懿宗晚年不求变革，依然如故，游宴、滥赏毫无节制，尤其厚葬其长女同昌公主时，极尽挥霍之能事。当时朝廷内部宰臣互相争斗，外臣不听朝命，南诏寇又一度进逼成都，朝政已到了岌岌可危的地步。僖宗年少继立后，只知逸乐，不知治国，朝政掌握在宦官手里。朝廷本想倚仗高骈抗击南诏，高骈却滥杀无辜，制造了骇人的冤狱，目无国家纲纪。百姓生活在水深火热之中，再也无法忍受败坏到极点的朝政，在僖宗即位初期的乾符元年、二年终于爆发了王仙芝、黄巢领导的农民大起义。

懿宗昭圣恭惠孝皇帝下

咸通十一年（庚寅，公元八七〇年）春，正月，甲寅朔，群臣上尊号曰睿文英武明德至仁大圣广孝皇帝。赦天下。

西川之民闻蛮寇将至，争走入成都。时成都但有子城，亦无壕，人所占地各不过一席许，雨则戴箕盎以自庇。又乏水，取摩诃池泥汁，澄而饮之。

【译文】咸通十一年(庚寅, 公元 870 年)春季, 正月, 甲寅朔日(初一), 唐朝群臣给皇帝李漼上尊号, 称为睿文英武明德至仁大圣广孝皇帝, 唐懿宗李漼大赦天下。

西川百姓听说南诏蛮军将要到来, 都竞相躲避灾难, 奔逃至成都。当时成都只有内城, 连护城壕都不曾设置, 每人平均只占一席之地, 由于没有住房, 下雨时, 百姓只能戴斗笠和木盆来躲避雨水。这里饮水又匮乏, 人们只好收取摩诃池的泥汁, 等沉淀之后清澈了再拿来饮用。

将士不习武备, 节度使卢耽召彭州刺史吴行鲁使摄参谋, 与前泸州刺史杨庆复共修守备, 选将校, 分职事, 立战棚, 具砲檑, 造器备, 严警逻。先是, 西川将士多虚职名, 亦无禀给。至是, 揭榜募骁勇之士, 补以实职, 厚给粮赐, 应募者云集。庆复乃谕之曰:"汝曹皆军中子弟, 年少材勇, 平居无由自进, 今蛮寇凭陵, 乃汝曹取富贵之秋也, 可不勉乎!"皆欢呼踊跃。于是, 列兵械于庭, 使之各试所能, 两两角胜, 察其勇怯而进退之, 得选兵三千人, 号曰"突将"。行鲁, 彭州人也。

戊午, 蛮至眉州, 耽遣同节度副使王偓等赍书见其用事之臣杜元忠, 与之约和。蛮报曰:"我辈行止, 只系雅怀。"

【译文】将士不熟习打仗的武备, 节度使卢耽召彭州刺史吴行鲁前来代理参谋, 和前任泸州刺史杨庆复共同整饬这里的武备, 选拔将校, 划分各自职务, 竖立战棚, 准备炮檑(自城上滚下用以压敌的檑木), 制造器具装备, 严密警戒巡逻。之前, 西川将士中很多是虚设的职位, 也没有粮饷给养。到这时, 揭榜公开招募将士, 招揽勇猛的士兵来补充军队数目的不足, 充实军官队伍, 供给丰厚的粮饷, 应征的人非常多。杨庆复对应征者教导说:"你们都是军中的好男儿,年轻有为,智勇双全,平时天下安定,没有施展出自己的才能,现今贼寇侵犯我朝,欺压凌辱我百姓,此时正是你们效忠国家、获得功名富贵的时候,与诸位共同勉励,千万不要错过好机会啊!"众人都欢呼雀跃。于是杨庆复把武器排列在庭上,让他们选取所擅长的兵器练一练,让两两互决胜负,观察他们是勇敢还是胆怯,从而决定任用还是罢退,最终精选出三千士兵,号称"突将"(冲锋陷阵的将士)。吴行鲁是彭州人。

戊午日(初五),蛮兵到了眉州,卢耽派遣同节度副使王偄等送书信去见蛮人任事大臣杜元忠,和他缔结和约。杜元忠称:"我军的行止,一定尊重贵方。"

路岩、韦保衡上言:"康承训讨庞勋时,逗桡不进,又不能尽其馀党,又贪虏获,不时上功。"辛酉,贬蜀王傅、分司,寻再贬恩州司马。

南诏进军新津,定边之北境也。卢耽遣同节度副使谭奉祀致书于杜元忠,问其所以来之意。蛮留之不还。耽遣使告急于朝,且请遣使与和,以纾一时之患。朝廷命知四方馆事、太仆卿支详为宣谕通和使。蛮以耽待之恭,亦为之盘桓,而成都守备由是粗完。

甲子,蛮长驱而北,陷双流。庚午,耽遣节度副使柳檠往见之,杜元忠授檠书一通,曰:"此通和之后,骠信与军府相见之仪也。"其仪以王者自处,语极骄慢。又遣人负彩幕至城南,云欲张陈蜀王厅以居骠信。

【译文】路岩、韦保衡进谏懿宗说:"康承训征讨庞勋时,徘徊不前,不仅没能消灭庞勋的余党,反而贪图抓住贼将的功劳,动不动就向朝廷上表求取战功。"辛酉日(初八),唐懿宗李漼贬康承训为蜀王傅、分司;不久将他再贬为恩州司马。

南诏进军到新津,这里是定边北方的边境。卢耽派遣同节度副使谭奉祀送书信给杜元忠,质问南诏军侵犯我朝的目的。杜元忠却把谭奉祀扣押了。卢耽于是派遣使者向朝廷禀告此事,希望朝廷派遣使臣和南诏议和,从而缓解目前边境的危机。朝廷任命知四方馆事、太仆卿支详为宣谕通和使。蛮兵因为卢耽对待他们十分恭敬,所以进军速度放慢,而成都城内的守备由此得以大体完工。

甲子日(十一日),蛮兵长驱向北进攻,攻克双流县。庚午日(十七日),卢耽派遣节度副使柳槃前往谒见,杜元忠交给柳槃一封书信,信中写有"关于此次通和之后,我南诏骠信与贵节度使府相见的礼仪",信中言辞特别骄横狂傲,而其信中所规定的礼仪,更是处处以王者自居。又派人背着彩幕(杂彩所制的帐幕)到城南,说要安置在蜀王厅给骠信居住。

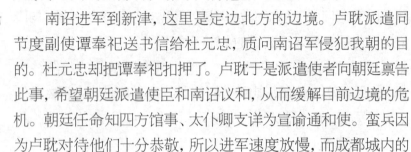

癸酉,废定边军,复以七州归西川。

是日,蛮军抵成都城下。前一日,卢耽遣先锋游弈使王昼至汉州诃援军,且趣之。时兴元六千人、凤翔四千人已至汉州,会窦滂以忠武、义成、徐宿四千人自导江奔汉州,就援军以自存。丁丑,王昼以兴元、资、简兵三千馀人军于毗桥,遇蛮前锋,与战不利,退保汉州。时成都日望援军之至,而窦滂自以失地,欲西川相继陷没以分其责。每援军自北至,辄说之曰:"蛮众多于官军数十倍,官军远来疲弊,未易遽前。"诸将信之,皆狐疑不进。成都十将李自孝阴与蛮通,欲焚城东仓为内应,城中执而杀之。后数日,蛮果攻城,久之,城中无应而止。

【译文】癸酉日(二十日),朝廷废除定边军,又把七州(邛、眉、蜀、雅、嘉、黎、巂)隶属西川。

这天,蛮军抵达成都城下。前一天,卢耽派先锋游弈使王昼前往汉州打探援军情况,并且催促他们。当时有兴元军队六千人、凤翔军队四千人已经抵达汉州,适逢此时,窦滂率领忠武、义成、徐宿的四千人从导江直奔汉州,靠近援军以使自己得以保全。丁丑日(二十四日),王昼率领兴元、资州、简州的士兵三千余人在毗桥驻扎,与蛮军前锋遭遇,交战失利,退守汉州。当时成都天天期盼援军到来,而窦滂因为自己失去守地(失定边军),打算让西川相继沦陷来让别人分摊自己的责任,每次援军从北方前来,就劝说他们:"南蛮军队人数比官军多出几十倍,官军不远千里而来,旅途劳顿,很是疲乏,最好不要贸然前去攻打。"援军将领听后都犹疑不定,不敢进军。成都十将李自孝私下与南诏军互通消息,打算烧毁城东仓给蛮军当内应,被城中军民发觉,就把他抓住斩首了。过了几天,蛮军果然前来攻打,进攻很长时间,见城中始终没有响应就停止了攻城。

二月,癸未朔,蛮合梯冲四面攻成都,城上以钩缳挽之使近,投火沃油焚之,攻者皆死。卢耽以杨庆复、摄左都押牙李骧各帅突将出战,杀伤蛮二千馀人,会暮,焚其攻具三千馀物而还。蜀人素怯,其突将新为庆复所奖拔,且利于厚赏,勇气自倍,其不得出者,皆愤郁求奋。后数日,贼取民篱,重沓湿而屈之,以为蓬,置人其下,举以抵城而劚之,矢石不能入,火不能然。庆复溶铁汁以灌之,攻者又死。

【译文】二月,癸未朔日(初一),蛮军聚集了云梯冲车从四面攻打成都,城上用钩环把云梯拉近,扔下火把,把油浇下来烧他们，攻城的士兵都战死了。卢耽派遣杨庆复、摄左都押牙李骧，各率突击将士出城迎战，杀死杀伤蛮军两千多人，到傍晚时，把他们攻城的三千多件工具烧毁才回来。蜀人向来胆怯，而"突将"却是最近精选出来的勇士，加上给他们丰厚的奖赏，所以这些士兵都英勇百倍，未能出城杀敌的士兵，也纷纷请求出战，为自己不能出战杀敌而恼火忧郁。几天后，南诏军又从百姓那里取来篱笆，用水把它们浇湿后编成一个个竹篷，兵将躲在下面，举着进逼城下，一时间城上矢石不能对付他们，用火也烧不起来。南诏军在竹篷的掩护下挖掘城墙，杨庆复下令士兵将熔铸的铁汁往城下倒，结果把城下的蛮军全部烧死。

资治通鉴

乙酉，支详遣使与蛮约和。丁亥，蛮敛兵请和。戊子，遣使迎支详。时颜庆复以援军将至，详谓蛮使曰："受诏诣定边约和，今云南乃围成都，则与向日诏旨异矣。且朝廷所以和者，冀其不犯成都也。今矢石昼夜相交，何谓和乎！"蛮见和使不至，庚寅，复进攻城。辛卯，城中出兵击之，乃退。

初，韦皋招南诏以破吐蕃，既而蛮诉以无甲弩，皋使匠往教之，数岁，蛮中甲弩皆精利。又，东蛮苴那时、勿邓、梦冲三部助皋破吐蕃有功。其后边吏遇之无状，东蛮怨唐深，自附于南诏，每从南诏入寇，为之尽力，得唐人，皆虐杀之。

【译文】乙酉日（初三），支详派使者和蛮军议和。丁亥日（初五），蛮军也收兵请和。戊子日（初六），南诏派使者迎接支详。当时颜庆复认为援军即将到达，因此，支详没有前往南诏军中，并对使者说："我接受诏令前去定边城请和，而你们却在攻打成都，这种做法和我前不久接受的诏旨完全不同。况且我朝议和的目的，是希望你们不要侵扰成都，如今你们早晚矢石相攻，哪能说是议和呢?"蛮军见议和使者没有到来,庚寅日(初八),再度发起攻击,辛卯日(初九),城中派兵迎击蛮军,蛮军才退去。

起初,韦皋把南诏引来,目的是攻破吐蕃,事后蛮军申说兵甲弓弩匮乏,于是韦皋派出匠人教他们制造,几年后,蛮军中的兵甲弓弩都很精锐锋利。此外,东蛮的苴那时、勿邓、梦冲三部曾帮助韦皋打败吐蕃军队,对唐朝有功,后来,唐朝的边境官吏却对他们敲诈勒索,招致东蛮怨恨,对南诏亲附,经常跟随南诏军侵扰唐朝边境,为南诏竭尽全力,凡是抓获唐朝人,都任意虐待直至杀死。

朝廷贬窦滂为康州司户,以颜庆复为东川节度使,凡援蜀诸军,皆受庆复节制。癸巳,庆复至新都,蛮分兵往拒之。甲午,与庆复遇,庆复大破蛮军,杀二千馀人,蜀民数千人争操芟刀、白梃以助官军,呼声震野。乙未,蛮步骑数万复至,会右武卫上将军宋威以忠武军二千人至,即与诸军会战,蛮军大败,死者五千馀人,退保星宿山。威进军沱江驿,距成都三十里。蛮遣其臣杨定保诣支详请和,详曰:"宜先解围退军。"定保还,蛮围城如故。城中不知援军之至,但见其数来请和,知援军必胜矣。戊戌,蛮复请和,使者十返,城中亦依违答之。蛮以援军在近,攻城尤急,骠信以下亲立矢石之间。庚子,官军至城下与蛮战,夺其升迁桥,是夕,蛮自烧攻具遁去,比明,官军乃觉之。

【译文】朝廷将窦滂贬为康州司户,任命颜庆复为东川节度使,凡是援蜀各军,都受颜庆复统管。癸巳日(十一日),颜庆复抵达新都,蛮人分散兵力来抗击。甲午日(十二日),蛮军和颜庆复遭遇,颜庆复大胜蛮军,杀死两千多人,蜀地几千百姓竞相拿着芟刀(割草用)、白色大杖来帮助官军,呼喊之声震动原野。乙未日(十三日),蛮军步骑几万又来进攻,适逢右武卫上将军宋威率领忠武军两千人赶到这里,和各军联合大战,蛮军惨败,死了五千多人,撤退到星宿山防守。宋威进军抵达沱江驿,距离成都三十里。蛮军派遣大臣杨定保去见支详请求议和,支详说:"你们应该首先解除围攻,将守军撤回。"杨定保返回后,蛮军依旧包围城池。城中并不知道援军已抵达,只看到蛮军三番五次来请求议和,知道援军肯定是战胜了。戊戌日(十六日),蛮军再度请求议和,使者往返十次,城中也不做确切答复。南诏军见唐援军就在成都附近,更加猛烈地攻打城池,骠信以下军官都亲自在矢石之间站立。庚子日(十八日),官军抵达城下和蛮军交战,夺下了升迁桥,到了夜晚,南诏军烧毁其攻城装备后悄悄逃走,第二天早晨,官军才发觉此事。

资治通鉴

初,朝廷使颜庆复救成都,命宋威屯绵,汉为后继。威乘胜先至城下,破蛮军功居多,庆复疾之。威饭士欲追蛮军,城中战士亦欲与北军合势俱进,庆复牒威,夺其军,勒归汉州。蛮至双流,阻新穿水,造桥未能成,狼狈失度。三日,桥成,乃得过,断桥而去,甲兵服物遗弃于路,蜀人甚恨之。黎州刺史严师本收散卒数千保邛州,蛮围之,二日,不克,亦舍去。

颜庆复始教蜀人筑瓮门城,穿堑引水满之,植鹿角,分营铺。蛮知有备,自是不复犯成都矣。

先是,西川牙将有职无官,及拒却南诏,四人以功授监察御史,堂帖,人输堂例钱三百缗;贫者苦之。

【译文】起初,朝廷派颜庆复去援救成都,命令宋威驻扎在绵、汉作为后继。宋威乘胜先抵达城下,破蛮军的功劳占得最多,因此颜庆复很嫉妒他。南诏蛮军乘夜逃走后,宋威令士兵赶紧吃饭，打算追逐蛮军，成都城中的将士也想与自北而来的官军联合出兵攻击蛮军，颜庆复给宋威发了一道公文，把他的兵权夺取，命令宋威返回汉州据守。蛮兵抵达双流，被新穿水阻断，造桥没有成功，狼狈得失去了常态。三天后，桥造成，他们才得以渡河，破坏桥梁后离去。其兵甲器物衣服很多都遗弃在路上，蜀中人士对颜庆复不准宋威追击蛮军的举动特别痛恨。黎州刺史严师本收聚了几千失散的士兵，保卫邛州，蛮军把它包围，两天后，仍然攻不下，就舍弃它离去。

颜庆复开始教蜀人构筑瓮门城（城门之外，另筑垣墙以遮城门，今人谓八卦墙），贯通沟堑，把水引进来注满，竖立起鹿角似的木桩，分别建起寨屋和瞭望小屋，让士卒驻守。南诏知唐军守备严密，从此不敢再进犯成都。

之前，西川牙将虽有其职而无其官，及至击退南诏蛮军后，有四人以功授官为监察御史，据政事堂的书署规定，每人要交给政事堂例钱三百缗，贫穷的官员每以此为苦。

三月，左仆射、同平章事曹确同平章事，充镇海节度使。

夏，四月，丙午，以翰林学士承旨、兵部侍郎韦保衡同平章事。

徐贼馀党犹相聚闾里为群盗，散居兖、郓、青、齐之间，诏徐州观察使夏侯瞳招谕之。

五月，丁丑，以邛州刺史吴行鲁为西川留后。

光州民逐刺史李弱翁，弱翁奔新息。左补阙杨堪等上言：“刺史不道，百姓负冤，当诉于朝廷，置诸典刑，岂得群党相聚，擅自斥逐，乱上下之分！此风殆不可长，宜加严诛以惩来者！”

【译文】三月，唐懿宗李漼任命左仆射、同平章事曹确同平章事，暂时充任镇海节度使。

夏季，四月，丙午日（二十四日），唐懿宗李漼任命翰林学士承旨、兵部侍郎韦保衡同平章事。

徐州庞勋余党仍然在民间聚集在一起结为盗贼，散布在兖、郓、青、齐之间，唐懿宗李漼下诏命徐州观察使夏侯瞳招安告谕他们。

五月，丁丑日（二十六日），唐懿宗李漼任命邛州刺史吴行鲁担任西川留后。

光州百姓驱逐了刺史李弱翁，李弱翁逃到新息。左补阙杨堪等进谏懿宗说："刺史贪婪暴虐，让百姓冤狱遍地，百姓应当及时申诉于朝廷，按朝廷刑典进行处置，怎么可以民众群党相聚，擅自驱逐刺史，扰乱上下的区别呢！这种风气恐怕不能助长，应该严厉惩罚以警戒未来有此举动的人。"

上令百官议处置徐州之宜。六月，丙午，太子少傅李胶等状，以为："徐州虽屡构祸乱，未必比屋顽凶；盖由统御失人，是致奸回乘衅。今使名虽降，兵额尚存，以为支郡则粮饷不给，分隶别落则人心未服；或旧恶相继，更成披猖。惟泗州向因攻守，结衅已深，宜有更张，庶为两便。"诏从之，徐州依旧为观察使，统徐、濠、宿三州，泗州为团练使，割隶淮南。

加幽州节度使张允伸兼侍中。

【译文】唐懿宗李漼命令百官商议处置徐州的合适方法。六月，丙午日（二十五日），太子少傅李胶等进奏疏，认为"徐州虽然多次发生祸乱，但是不见得所有人都是凶狠顽劣的，只是因为管理百姓的官员不能胜任其职，致使奸诈之人趁机起来作乱。如今，虽然将节度使降为观察使，但士兵人数仍然很多，将这些军队交由郡来统一管理，郡又没有办法提供足够的粮饷；将其交由别的藩镇来统辖的话，军士们必定不顺服，也许会和之前的怨恨混为一谈，造成更大的祸乱。只有泗州向来因为攻守关系，与其他州结怨已深，应再另行设置，或许能对彼此有利。"唐懿宗李漼下诏赞同，诏命徐州仍旧设置观察使，统辖徐、濠、宿三州，泗州置团练使，从此徐州隶属淮南。

唐懿宗李漼加封幽州节度使张允伸兼任侍中。

秋，八月，乙未，同昌公主薨。上痛悼不已，杀翰林医官韩宗劭等二十馀人，悉收捕其亲族三百馀人系京兆狱。中书侍郎、同平章事刘瞻召谏官使言之，谏官莫敢言者，乃自上言，以为："修短之期，人之定分。昨公主有疾，深轸圣慈。宗劭等诊疗之时，惟求疾愈，备施方术，非不尽心，而祸福难移，竟成差跌，原其情状，亦可哀矜。而械系老幼三百馀人，物议沸腾。道路嗟叹。奈何以达理知命之君，涉肆暴不明之谤！盖由安不虑危，忿不思难之故也。伏愿少回圣虑，宽释系者。"上览疏，不悦。瞻又与京兆尹温璋力谏于上前，上大怒，叱出之。

魏博节度使何全皞年少，骄暴好杀，又减将士衣粮。将士作乱，全皞单骑走，追杀之，推大将韩君雄为留后。成德节度使王景崇为之请旌节。九月，庚戌，以君雄为魏博留后。

【译文】秋季，八月，乙未日（十五日），同昌公主去世。懿宗痛心不已，杀了翰林医官韩宗劭等二十多人，把他们的亲族共计三百多人拘捕，囚系在京兆的狱中。中书侍郎、同平章事刘瞻召来谏官进言，而谏官中没有人敢说话，于是刘瞻自行向懿宗上言，认为："一个人生命的长短都有定数。日前，公主患了疾病，受到陛下特别的宠爱，医官韩宗劭等为公主诊断治疗疾病时，只是希望能治好公主，采用多种医术和药方，不能说没有尽力，可是人的祸福定数难以改变，最终没能救治好公主，采用的各种医术没能达到效果，当时医官们的境况，也是令人同情的。但陛下因此责怪医官，用刑具抓捕医官们的家属老幼三百余人，导致朝野议论之声不断，人心喧腾，在路上也常听到人们的叹惋之声。为什么陛下这样通达道理知晓天命的国君，却遭到恣肆残暴不明事理的诋毁呢？大概就是在安定时不考虑危难，怨恨时没有考虑艰难的缘故吧。臣私下盼望陛下稍微回心转意，宽宥释放囚禁的人。"懿宗看到奏疏后特别不高兴。刘瞻又和京兆尹温璋在懿宗面前竭力劝谏，懿宗非常愤怒，把他们骂了出去。

魏博节度使何全皞年纪轻轻，骄傲残暴，喜好杀人，又克扣将士的衣服粮食。于是，将士作乱，何全皞独自骑马逃走，被将士追上杀死了。将士又推举大将韩君雄为留后。成德节度使王景崇替韩君雄请求留后的旌旗节钺。九月，庚戌日（初一），朝廷任命韩君雄为魏博留后。

丙辰，以刘瞻同平章事，充荆南节度使。贬温璋振州司马。璋叹曰："生不逢时，死何足惜！"是夕，仰药卒。庚申，敕曰："苟无蠹害，何至于斯！恶实贯盈，死有馀责。宜令三日内且于城外权瘗，俟经恩宥，方许归葬，使中外快心，奸邪知惧。"己巳，贬右谏议大夫高湘、比部郎中知制诰杨知至、礼部郎中魏筜等于岭南，皆坐与刘瞻亲善，为韦保衡所逐也。知至，汝士之子；筜，扶之子也。保衡又与路岩共谮刘瞻，去与医官通谋，误投毒药。丙子，贬瞻康州刺史。翰林学士承旨郑畋草瞻罢相制辞曰："安数亩之居，仍非己有；却四方之赂，惟畏人知。"岩谓畋曰："侍郎乃表荐刘相也!" 坐贬梧州刺史。御史中丞孙瑝坐为瞻所擢用，亦贬汀州刺史。路岩素与刘瞻论议多不叶，瞻既贬康州，岩犹不快，阅《十道图》，以驩州去长安万里，再贬驩州司户。

【译文】丙辰日(初七)，唐懿宗李漼任命刘瞻同平章事，暂为荆南节度使，贬温璋为振州司马。温璋叹息说："生不逢明时，死去又有什么可惜的!"当晚，服毒自尽。而唐懿宗李漼为此颁下诏命："如果不是蠹害，怎么能到这种程度呢! 温璋确实是恶贯满盈，死有余辜，三天内暂且将尸体埋在城外，待朝廷有恩赦宽宥时，才准许归葬，让朝廷内外人心大快，奸恶之人懂得畏惧害怕。"己巳日(二十日)，唐懿宗李漼将右谏议大夫高湘、比部郎中知制诰杨知至、礼部郎中魏筜等都流放到岭南，这些人都因平时与刘瞻友善，因而遭到韦保衡的贬逐。杨知至是杨汝士的儿子，魏筜是魏扶的儿子。韦保衡又和路岩共同向懿宗奏报刘瞻，说他和医官暗中谋划，误下毒药。丙子日(二十七日)，唐懿宗李漼贬刘瞻为康州刺史。翰林学士承旨郑畋起草刘瞻罢相的诏书中说："在几亩的居宅安住，这样的地方却不是自己所有的。把四方的贿赂之财退回，只怕被别人知道自己不廉洁。"路岩对郑畋说："侍郎这是在表彰举荐刘相啊!"于是郑畋也获罪，被贬为梧州刺史。御史中丞孙瑝是被刘瞻引荐重用的，因此也获罪，被贬为汀州刺史。路岩平素与刘瞻商谈政事意见多有分歧，刘瞻被贬至康州，路岩觉得贬得还不够远，心里仍然感到不痛快，翻看《十道图》，认为欢州距离长安有一万里，再贬刘瞻为欢州司户。

冬，十月，癸卯，以西川留后吴行鲁为节度使。

十一月，辛亥，以兵部尚书、盐铁转运使王铎为礼部尚书、同平章事。铎起之兄子也。

丁卯，复以徐州为感化军节度。

十二月，加成德节度使王景崇同平章事，以左金吾上将军李国昌为振武节度使。

【译文】冬季，十月，癸卯日（二十五日），唐懿宗李漼任命西川留后吴行鲁为节度使。

十一月，辛亥日（初三），唐懿宗李漼任命兵部尚书、盐铁转运使王铎为礼部尚书、同平章事。王铎是王起哥哥的儿子。

丁卯日（十九日），朝廷又把徐州设置为感化军节度。

十二月，唐懿宗李漼加封成德节度使王景崇为同平章事。任命左金吾上将军李国昌为振武节度使。

咸通十二年（辛卯，公元八七一年）春，正月，辛酉，葬文懿公主。韦氏之人争取庭祭之灰，汰其金银。凡服玩，每物皆百二十舆，以锦绣、珠玉为仪卫、明器，辉焕二十馀里。赐酒百斛、饼馂四十橐驼，以饲体夫。上与郭淑妃思公主不已，乐工李可及作《叹百年曲》，其声凄惋，舞者数百人，发内库杂宝为其首饰，以缙八百匹为地衣，舞罢，珠玑覆地。

以魏博留后韩君雄为节度使。

【译文】咸通十二年（辛卯，公元 871 年）春季，正月，辛酉日（十四日），将文懿公主（同昌公主谥文懿）下葬。在韦氏的家中设下祭台，韦氏家人争先恐后地收取庭祭后的灰，把里面的金银淘出来。公主的服装珍玩，每种都装了一百二十车，送葬时把锦绣、珠玉作为仪卫、明器，五彩斑斓的送葬队伍长达三十余里。懿宗又赐一百多斛酒，装了四十骆驼的饼，给抬灵柩的役夫享用。懿宗和郭淑妃终日思念公主，命令乐工李可及做

《叹百年曲》一首，乐声凄凉哀婉，舞蹈的宫女有几百人，懿宗赐给他们内库所藏的各类宝器作为首饰，用类似布的粗绸八百匹做成地衣(犹今之地毡)，一支舞跳完后，珠玑宝玉落满地。

唐懿宗李漼任命魏博留后韩君雄为节度使。

【乾隆御批】溺爱厚葬，其缪自不待言。然如"百二十舆"、"三十余里"云云犹暴珍情事所有，至所云"舞罢珠玑覆地"则理所必无。夫数百人之首饰安得如许杂宝。即诚有之，亦岂能覆三十里之远？盖所云纣之不善，作史者形容而甚其辞耳。

【译文】溺爱到以丰厚的物品殉葬，它的荒谬之处自不用说。然而像这样"一百二十车""三十多里"等说法或许有这种任意暴珍天物的情况发生，但"舞罢珠玑覆地"这种事情按常理是定不会有的。数百人的首饰哪能有这么多的珠宝？就算真有这样的事，又怎么可能覆盖三十里之遥？这大概是作史者过分夸大其词吧！

门下侍郎、同平章事路岩与韦保衡素相表里，势倾天下。既而争权，浸有隙，保衡遂短岩于上。夏，四月，癸卯，以岩同平章事，充西川节度使。岩出城，路人以瓦砾掷之。权京兆尹薛能，岩所擢也，岩谓能曰："临行，烦以瓦砾相饯！"能徐举笏对曰："向来宰相出，府司无例发人防卫。"岩甚惭。能，汾州人也。

五月，上幸安国寺，赠僧重谦、僧澈沉檀讲座二，各高二丈。设万人斋。

秋，七月，以兵部尚书卢耽同平章事，充山南东道节度使。

冬，十月，以兵部侍郎、盐铁转运使刘邺为礼部尚书、同平章事。

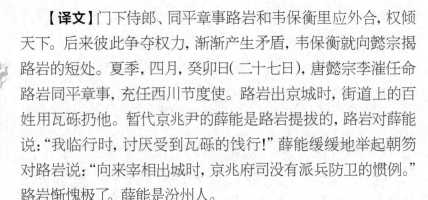

【译文】门下侍郎、同平章事路岩和韦保衡里应外合，权倾天下。后来彼此争夺权力，渐渐产生矛盾，韦保衡就向懿宗揭路岩的短处。夏季，四月，癸卯日(二十七日)，唐懿宗李漼任命路岩同平章事，充任西川节度使。路岩出京城时，街道上的百姓用瓦砾扔他。暂代京兆尹的薛能是路岩提拔的，路岩对薛能说："我临行时，讨厌受到瓦砾的饯行！"薛能缓缓地举起朝笏对路岩说："向来宰相出城时，京兆府司没有派兵防卫的惯例。"路岩惭愧极了。薛能是汾州人。

五月，懿宗驾临安国寺，赐予佛僧重谦、僧澈两个用沉香、檀香木制作的讲座，各高二丈，设下了万人食用的斋饭。

秋季，七月，唐懿宗李漼任命兵部尚书卢耽同平章事，暂时充任山南东道节度使。

冬季，十月，唐懿宗李漼任命兵部侍郎、盐铁转运使刘邺为礼部尚书、同平章事。

咸通十三年(壬庚，公元八七二年)春，正月，幽州节度使张允伸得风疾，请委军政就医。许之，以其子简会为留后。疾甚，遣使上表纳旌节。丙申，薨。允伸镇幽州二十三年，勤俭恭谨，边鄙无警，上下安之。

二月，丁巳，以兵部侍郎、同平章事于琮为山南东道节度使，以刑部侍郎、判户部奉天赵隐为户部侍郎、同平章事。

平州刺史张公素，素有威望，为幽人所服。张允伸薨，公素帅州兵来奔丧。张简会惧，三月，奔京师，以为诸卫将军。

【译文】咸通十三年(壬辰，公元872年)春季，正月，幽州节度使张允伸患了中风病，请求解除军政职务前去就医治疗。懿宗答应了他的请求，派他的儿子张简会执掌留后。张允伸病重时，又派遣使者上表朝廷请求交还节度使的旌旗节钺。丙申日（二十五日），张允伸去世。张允伸镇守幽州二十三年，勤劳节俭又恭谨，边境上从没有战事告警，上下都很安定。

二月，丁巳日（十七日），唐懿宗李漼任命兵部侍郎、同平章事于琮为山南东道节度使，任命刑部侍郎、兼判户部奉天人赵隐为广部侍郎、同平章事。

平州刺史张公素，平时很有威望，被幽州百姓信任叹服。张允伸去世后，张公素率领平州军队前去幽州奔丧。张简会惧怕张公素将会对自己不利，三月，奔逃至京城，被朝廷任命为诸卫将军之一。

夏，四月，立皇子保为吉王，杰为寿王，倚为睦王。

以张公素为平卢留后。

五月，国子司业韦殷裕诣阁门告郭淑妃弟内作坊使敬述阴事。上大怒，杖杀殷裕，籍没其家。乙亥，阁门使田献铦夺紫，改桥陵使，以其受殷裕状故也。殷裕妻父太府少卿崔元应、妻从兄中书舍人崔沆、季父君卿皆贬岭南官；给事中杜裔休坐与殷裕善，亦贬端州司户。沆，铉之子也。裔休，悰之子也。

【译文】夏季，四月，唐懿宗李漼册立皇子李保为吉王，李杰为寿王，李倚为睦王。

唐懿宗李漼任命张公素为平卢留后。

五月，国子司业韦殷裕来到宫廷阁门，告发郭淑妃的弟弟内作坊使郭敬述所做都是卑鄙肮脏的事情，唐懿宗李漼大怒，命人用杖刑打死了韦殷裕，没收了他的家产。乙亥日（初六），阁门使田献铦被削夺紫衣（为三品以上之法服），改任桥陵使，只因他接受韦殷裕所上诉状。韦殷裕的岳父太府（一作仆）少卿崔元应、妻子的从兄中书舍人崔沆，叔父韦君卿都被贬官流放到岭南，给事中杜裔休因为和韦殷裕友善而获罪，也被贬为端州司户。崔沆是崔铉的儿子，杜裔休是杜悰的儿子。

丙子，贬山南东道节度使于琮为普王傅、分司，韦保衡谮之也。辛巳，贬尚书左承李当、吏部侍郎王沨、左散骑常侍李都、翰林学士承旨兵部侍郎张杨、前中书舍人封彦卿、左谏议大夫杨塾；癸未，贬工部尚书严祁、给事中李觋、给事中张铎、左金吾大将军李敬仲、起居舍人萧遘、李浂、郑彦特、李藻，皆处之湖、岭之南，坐与琮厚善故也，觋，汉之子；遘，置之子也。甲申，贬前平卢节度使于珪为凉王府长史、分司，前湖南观察使于瑰袁州刺史。瑰、珪，皆琮之兄也。寻再贬琮韶州刺史。

琮妻广德公主，上之妹也，与琮皆之韶州，行则肩舆门相对，坐则执琮之带，琮由是获全。时诸公主多骄纵，惟广德动遵法度，事于氏宗亲尊卑无不如礼，内外称之。

【译文】丙子日（初七），唐懿宗李漼贬山南东道节度使于琮为普王傅、分司。这也是由于韦保衡的诋毁。辛巳日（十二日），唐懿宗李漼又贬尚书左丞李当、吏部侍郎王沨、左散骑常侍李都、翰林学士承旨兵部侍郎张杨、前中书舍人封彦卿、左谏议大夫杨塾等人的官职。癸未日（十四日），唐懿宗李漼贬工部尚书严祁、给事中李觋、给事中张铎、左金吾大将军李敬仲、起居舍人萧遘、李浂、郑彦特、李藻，命他们都到湖南、岭南的南方边，只因他们和于琮交谊厚善。李觋是李汉的儿子，萧遘是萧置的儿子。甲申日（十五日），唐懿宗李漼贬前平卢节度使于珪为凉王府长史、分司，前湖南观察使于瑰为袁州刺史。于瑰、于珪都是于琮的哥哥。不久，唐懿宗李漼再贬于琮为韶州刺史。

于琮的妻子广德公主是懿宗的妹妹，与于琮一同前往韶州，在路上走时，广德公主与于琮的轿子门相对，她坐时也要牵着于琮的衣襟，所以于琮得以保全性命。当时唐的各位公主大多骄横放纵，只有广德公主一举一动严守法度，对于氏全家以及宗亲，无论身份尊卑都能以礼相待，受到朝廷内外的称赞。

六月，以卢龙留后张公素为节度使。

韦保衡欲以其党裴条为郎官，惮左丞李璋方严，恐其不放上，先遣人达意。璋曰："朝廷迁除，不应见问。"秋，七月，乙未，以璋为宣歙观察使。

八月，归义节度使张义潮薨，沙州长史曹义金代领军府。制以义金为归义节度使。是后中原多故，朝命不及，回鹘陷甘州，自馀诸州录归义者多为羌、胡所据。

冬，十二月，追上宣宗谥曰元圣至明成武献文睿智章仁神聪懿道大孝皇帝。

振武节度使李国昌，恃功恣横，专杀长吏。朝廷不能平，徙国昌为大同军防御使，国昌称疾不赴。

【译文】六月，唐懿宗李漼任命卢龙留后张公素为节度使。

韦保衡打算任用他的党羽裴条担任郎官，又惧怕左丞李璋为人刚正严厉，不会赞同裴条赴省担任职务，于是事先派人向李璋表达心意。李璋说："朝廷官员的升迁任命等事，不应向我询问。"秋季，七月，乙未日（二十七日），唐懿宗李漼任用李璋为宣歙观察使。

八月，归义节度使张义潮去世，沙州长史曹义金代替他统领军府。唐懿宗李漼下诏，任命曹义金为归义军节度使。从此，中原地区就有了很多变故，朝廷的诏令不能及时地传送至边疆，于是甘州被回鹘攻占，归义军隶属的其余诸州也多数被羌人、胡族占据。

冬季，十二月，唐懿宗李漼诏令朝臣追加宣宗谥号为元圣至明成武献文睿智章仁神聪懿道大孝皇帝。

振武节度使李国昌，依仗自己立下大的战功，放肆骄纵，擅杀长吏，朝廷对此特别不满，于是将李国昌调任大同军防御使，李国昌拒绝接受朝廷诏命，竟然谎称生病不赴任。

咸通十四年（癸巳，公元八七三年）春，三月，癸巳，上遣敕使诣法门寺迎佛骨，群臣谏者甚众，至有言宪宗迎佛骨寻晏驾者。上曰："朕生得见之，死亦无恨！"广造浮图、宝帐、香舆、幡花、幢盖以迎之，皆饰以金玉、锦绣、珠翠。自京城至寺三百里间，道路车马，昼夜不绝。夏，四月，壬寅，佛骨至京师，导以禁军兵仗、公私音乐，沸天烛地，绵亘数十里。仪卫之盛，过于郊祀，元和之时不及远矣。富室夹道为彩楼及无遮会，竞为侈靡。上御安福门，降楼膜拜，流涕沾臆，赐僧及京城耆老尝见元和事者金帛。迎佛骨入禁中，三日，出置安国崇化寺。宰相已下竞施金帛，不可胜纪。因下德音，降中外系囚。

【译文】咸通十四年（癸巳，公元 873 年）春季，三月，癸巳日（二十九日），唐懿宗李漼派敕使前往法门寺迎佛骨，群臣中谏止此事的人很多，甚至有人提到宪宗迎佛骨后不久就驾崩的事情。懿宗说："朕如果在世时能一睹佛骨，就算死了也没有遗憾了！"于是大肆命人建造寺庙、宝帐、香舆、幡花、幢盖（旌幢上有盖如伞）迎取佛骨，并且在这些上面都装饰上金玉、锦绣、珍珠、翡翠。从京城直到寺庙距离三百里之远，道路上来往的车马,日夜不断。夏季,四月,壬寅日(初八),佛骨被送达京城,迎接队伍以禁军兵仗为前导,公家和私人的音乐之声响成一片,欢迎的人到处都是,接连不断达几十里。盛大的仪仗护卫,都超过了郊祀,元和之时的盛况也比不上。富有人家夹道搭起彩楼和无遮会(印度国俗常举行的法会,圣贤道俗贵贱,可一律参与,宽容无阻,所以称无遮会),相互竞争着展现自己的豪奢。懿宗驾御安福门,走下楼,膜拜(胡礼),泪水打湿了胸前的衣襟,赐给僧侣以及曾经见过元和年迎佛骨之事的京城耆老金子和玉帛。懿宗将佛骨迎入皇宫,三天后又把佛骨运出来,安放在安国崇化寺。宰相以下的官员争先恐后布施金帛,数目无法计算。于是唐懿宗李漼颁布德音(诏敕之外,颁布以加惠宇内的恩诏),减降中外系囚者的罪刑。

五月,丁亥,以西川节度使路岩兼中书令。

南诏寇西川,又寇黔南,黔中经略使秦匡谋兵少不敌,弃城奔荆南。荆南节度使杜悰因而奏之。六月,乙未,敕斩匡谋,籍没其家赀,亲族应缘坐者,令有司搜捕以闻。匡谋,凤翔人也。

以中书侍郎、同平章事王铎同平章事,充宣武节度使。时韦保衡挟恩弄权,以刘瞻、于琮先在相位,不礼于己,谮而逐之。王铎,保衡及第时主文也,萧遘,同年进士也,二人素薄保衡之为人,保衡皆摈斥之。

秋,七月,戊寅,上疾大渐,左军中尉刘行深、右军中尉韩文约立少子普王俨。庚辰,制:"立俨为皇太子,权句当军国政事。"辛巳,上崩于咸宁殿。遗诏书韦保衡摄冢宰。僖宗即位。八月,丁未,追尊母王贵妃为皇太后,刘行深、韩文约皆封国公。

关东、河南大水。

【译文】五月,丁亥日(二十四日),唐懿宗李漼任命西川节度使路岩兼任中书令。

南诏侵犯西川,又进犯黔南,黔中经略使秦匡谋因军士寡不敌众而战败,抛弃城池逃奔到荆南。荆南节度使杜悰把他拘禁起来,之后送往京师。六月,乙未日(初二),唐懿宗李漼诏命,斩杀秦匡谋,没收他的财产,应该受到株连获罪的亲友及宗族,诏令有司搜捕告知。秦匡谋是凤翔人。

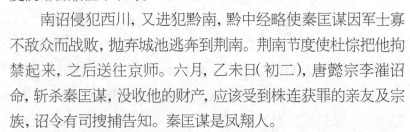

唐懿宗李漼任命中书侍郎、同平章事王铎同平章事,充任宣武节度使。当时韦保衡依恃懿宗的恩宠,玩弄权术,由于刘瞻、于琮在他之先担任宰相之职,对自己不够恭谨,于是向懿宗进谗言诋毁他们,最终贬逐了他们。王铎在韦保衡及第时担任礼部校文主司,萧遘是同年的进士,二人一向蔑视韦保衡的人品,于是,韦保衡将他们也都排斥贬逐了。

秋季,七月,戊寅日(十六日),懿宗病重,左军中尉刘行深、右军中尉韩文约拥立少子普王李俨继承皇位。庚辰日(十八日)唐懿宗李漼颁诏:"册立李俨为皇太子,暂时掌管军国政事。"辛巳日(十九日),懿宗在咸宁殿驾崩,立下遗诏让韦保衡摄冢宰。当天,唐僖宗李俨登基。八月,丁未日(十五日),唐僖宗李俨追尊母亲王贵妃为皇太后,刘行深、韩文约都被加封为国公。

关东、河南发生水灾。

九月,有司上先太后谥曰惠安。

司徒、门下侍郎、同平章事韦保衡,怨家告其阴事,贬保衡贺州刺史。

乐工李可及流岭南。可及有宠于懿宗,尝为子娶妇,懿宗赐之酒二银壶,启之无酒而中实。右军中尉西门季玄屡以为言,懿宗不听。可及尝大受赐物，载以官车。季玄谓曰："汝它日破家，此物复应以官车载还。非为受赐，徒烦牛足耳！"及流岭南，籍没其家，果如季玄言。

以西川节度使路岩兼侍中，加成德节度使王景崇中书令，魏博节度使韩君雄、卢龙节度使张公素、天平节度使高骈并同平章事。君雄仍赐名允中。

【译文】九月，有关部门给已去世的皇太后王氏进献谥号，称惠安太后。

司徒、门下侍郎、同平章事韦保衡的仇家控告他的一些阴私之事，唐僖宗李俨贬韦保衡为贺州刺史。

乐工李可及被流放岭南。李可及受到懿宗恩宠信任，曾经在给儿子娶媳妇时，懿宗赐给他两银壶酒，打开一看，里面并没有酒，而是实心的银壶。右军中尉西门季玄多次向懿宗进谏，而懿宗不听他的建议。懿宗曾经用丰厚的财物封赏李可及，这些赏赐都用官府的车子运回他的府邸。西门季玄对人说："李可及今后必定败坏家门，这些财物必定还会用官府的车子还回去的。赐给他这么多财物我倒觉得不可惜，可惜的是白白损耗了拉车的牛的脚力罢了！"等到李可及被流放岭南，收没其家中所有财产，果然像西门季玄之前预言的一样。

唐僖宗李俨任命西川节度使路岩兼任侍中，加封成德节度使王景崇中书令的官职，并加封魏博节度使韩君雄、卢龙节度使张公素、天平节度使高骈等人同平章事的职位，均担任使相。又赐韩君雄的姓名为韩允中。

冬，十月，乙未，以左仆射萧倣为门下侍郎、同平章事。

韦保衡再贬崖州澄迈令，寻赐自尽；又贬其弟翰林学士、兵部侍郎保义为宾州司户, 所亲翰林学士、户部侍郎刘承雍为涪州司马。承雍, 禹锡之子也。

癸卯, 赦天下。

西川节度使路岩, 喜声色游宴, 委军府政事于亲吏边咸、郭筹, 皆先行后申, 上下畏之。尝大阅, 二人议事, 默书纸相示而焚之, 军中以为有异图, 惊惧不安。朝廷闻之, 十一月, 戊辰, 徙岩荆南节度使。咸、筹潜知其故, 遂亡命。

以右仆射萧邺同平章事, 充河东节度使。

十二月, 己亥, 诏送佛骨还法门寺。

再贬路岩为新州刺史。

【译文】冬季, 十月, 乙未日(初四), 唐僖宗李儇任命左仆射萧做为门下侍郎、同平章事。

韦保衡再被贬为崖州澄迈县令, 不久被赐自尽。唐僖宗李儇又贬逐他的弟弟翰林学士、兵部侍郎韦保义为宾州司户, 贬与他交好的翰林学士、户部侍郎刘承雍为涪州司马。刘承雍是刘禹锡的儿子。

癸卯日(十二日), 唐僖宗李儇下诏大赦天下。

西川节度使路岩, 沉溺于音乐美色, 游宴也没有节制, 把军府的政事交托给亲信的官吏边咸、郭筹等人, 边咸、郭筹处置军政事务时都是先自己处理了政事, 然后才申报路岩知道, 朝廷上下的官吏对二人十分惧怕。曾经有一次军府议事, 二人讨论政事, 常常将结果写在纸上, 互相看过后就烧掉, 军中认为他们有谋夺国家的二心, 所以慌乱惊惧心神不安。唐僖宗李儇听说此事后, 十一月, 戊辰日(初七), 将路岩调任为荆南节度使。边咸、郭筹私下里也得知路岩改官的缘故, 于是匆忙逃走。

僖宗任命右仆射萧邺同平章事, 兼河东节度使。

十二月，己亥日（初八），唐僖宗李儼下诏将佛骨送回法门寺。

唐僖宗李儼再贬路岩为新州刺史。

僖宗惠圣恭定孝皇帝上之上

乾符元年（甲午，公元八七四年）春，正月，丁亥，翰林学士卢携上言，以为："陛下初临大宝，宜深念黎元。国家之有百姓，如草木之有根柢，若秋冬培溉，则春夏滋荣。臣窃见关东去年旱灾，自虢至海，麦才半收，秋稼几无，冬菜至少，贫者砒蓬实为面，蓄槐叶为齑。或更衰羸，亦难采拾。常年不稔，则散之邻境。今所在皆饥，无所依投，坐守乡间，待尽沟壑。其蠲免徭税，实无可征。而州县以有上供及三司钱，督趣甚急，动如捶挞，虽撤屋伐木，雇妻鬻子，止可供所由酒食之费，未得至于府库也。或租税之外，更有他徭。朝廷倘不抚存，百姓实无生计。乞敕州县，应所欠残税，并一切停征，以俟蚕麦。仍发所在义仓，亟加赈给。至深春之后，有菜叶木牙，继以桑椹，渐有可食。在今数月之间，尤为窘急，行之不可稽缓。"敕从其言，而有司竟不能行，徒为空文而已。

【译文】乾符元年（甲午，公元 874 年）春季，正月，丁亥日（二十七日），翰林学士卢携向僖宗进谏，认为："陛下刚即大位，应该在心里考虑百姓疾苦。国家拥有百姓，就像草木拥有根须，如果能在秋冬培植浇灌，那么春夏时一定生长繁茂。臣私下里看见关东去年发生的旱灾，从虢州以东到大海，麦子才有一半的收成，秋天地里几乎没有庄稼，冬天的蔬菜更是少得可怜，贫穷的百姓磨蓬草的种子当面粉吃，储存槐树叶做菜吃。有些老弱病残的百姓，连草籽、槐叶也没有能力采集到。之前遇到收成不好的时节，老百姓就逃散到附近的州县乞讨，而如今各地都在闹饥荒，百姓没有可以投奔的去处，只好坐守本地，等饿死了就把尸体扔到山沟里，太悲惨了。朝廷下诏免除灾区的额外税收，实际上是没有税可征收了，但州、县官吏因为有进奉的税钱以及户部、转运、盐铁三司要向朝廷交纳钱财，所以依旧急切地催促百姓上交粮食和财物，动辄捶打鞭挞无法上交的百姓。百姓就算把房屋拆了，把建材伐为薪木，或者把妻子作为雇工，把儿子卖掉，也只能供给税吏的酒饭之用，一文钱也到不了官府的仓库。有时在租税以外，还有其他的徭役。朝廷如果再不对百姓加以安抚慰问，他们实在没有活路了。请陛下诏命外县，把所有百姓拖欠的余税，全部停止征收，等到蚕麦丰收的时候再缴纳。还应打开各地的义仓，赶快赈济百姓。等到深春以后，生长了菜叶木芽，百姓再继续植桑采葚，这样就逐渐有了能吃的东西。最近几个月，特别是百姓困窘危急之时，应立刻采取这种办法，不可拖延。"唐僖宗李俨下诏遵从他的建议去做，然而有司最终没有实行，只有空文罢了。

路岩行至江陵，敕削官爵，长流儋州。岩美姿仪，因于江陵狱再宿，须发皆白，寻赐自尽，籍没其家。岩之为相也，密奏，"三品以上赐死，皆令使者剔取结喉三寸以进，验其必死。"至是，自罹其祸，所死之处乃杨收赐死之榻也。边咸、郭筹捕得，皆伏诛。

初，岩佐崔铉于淮南，为支使，铉知其必贵，曰："路十终须作彼一官。"既而入为监察御史，不出长安城，十年至宰相。其自监察入翰林也，铉犹在淮南，闻之，曰："路十今已入翰林，如何得老!"皆如铉言。

以太子少傅于琮同平章事,充山南东道节度使。

【译文】路岩走到江陵时,又得到僖宗诏令,削去所有官爵,长期流放到儋州。路岩姿仪美好,被囚禁在江陵狱中,过了两晚,须发全白。不久,唐僖宗李儇又赐他自尽,没收了他的家产。路岩担任宰相时,曾秘密进奏,"凡三品以上官员被赐死罪时,都应让使者将死者结喉三寸处喉骨剔下,把它交付有关部门,从而验证此人已经死去,没有任何怀疑。"如今,他也遭受杀身大祸。处死路岩的地方正是之前杨收被赐死的同一张床。边咸、郭筹也相继被抓捕,都被杀了。

起初,路岩辅佐崔铉,在淮南担任支使,崔铉测知路岩日后必定大富大贵,对他说:"路十最终将官至宰相的高位。"不久后,路岩就调到朝廷,担任监察御史,以后逐步升官,都没有离开京城,十年后升任宰相一职。当路岩由监察御史晋升翰林学士时,崔铉仍然在淮南担任观察使,听到路岩升了翰林学士,就说:"路十今日已升到翰林院,这怎么能够得以终老?"结果全部像崔铉所预言的一样。

唐僖宗李儇任命太子少傅于琮为同平章事,充任山南东道节度使。

二月,甲午,葬昭圣恭惠孝皇帝于简陵,庙号懿宗。

以中书侍郎、同平章事赵隐同平章事,充镇海节度使;以华州刺史裴坦为中书侍郎、同平章事。

以虢州刺史刘瞻为刑部尚书。瞻之贬也,人无贤愚,莫不痛惜。及其还也,长安两市人率钱雇百戏迎之。瞻闻之,改期,由他道而入。

夏，五月，乙未，裴坦薨。以刘瞻为中书侍郎、同平章事。初，瞻南迁，刘邺附于韦、路，共短之。及瞻还为相，邺内惧。秋，八月，丁巳朔，邺延瞻，置酒于盐铁院。瞻归而遇疾，辛未，薨。时人皆以为邺鸩之也。

【译文】二月，甲午日(初五)，将昭圣恭惠孝皇帝葬在简陵，庙号为懿宗。

唐僖宗李儇任命中书侍郎、同平章事赵隐同平章事，充任镇海节度使，任命华州刺史裴坦为中书侍郎、同平章事。

唐僖宗李儇任命虢州刺史刘瞻为刑部尚书。刘瞻被贬谪时，朝中无论贤愚，没有一人不替他痛恨惋惜。等到他返回京城，长安东西两市百姓花钱雇百戏来欢迎他。刘瞻听说此事，恐怕百姓花钱，于是，更改进入长安的日期，并且改走其他的道路进入京师。

夏季，五月，乙未日(初八)，裴坦去世。唐僖宗李儇任命刘瞻为中书侍郎、同平章事。起初，刘瞻被贬官南迁，刘邺与韦保衡、路岩亲附，共同诋毁刘瞻。等到刘瞻担任宰相，刘邺心中恐惧。秋季，八月，丁巳朔日(初一)，刘邺迎请刘瞻，在盐铁院置办酒席，刘瞻回去后就生病了，辛未日(十五日)，去世，当时人们都认为刘邺毒杀了刘瞻。

以兵部侍郎、判度支崔彦昭为中书侍郎、同平章事。彦昭，群之从子也。兵部侍郎王凝，正雅之从孙也，其母，彦昭之从母。凝、彦昭同举进士，凝先及第，尝裂衣见彦昭，且戏之曰："君不若举明经。"彦昭怒，遂为深仇。及彦昭为相，其母谓侍婢曰："为我多作袜履，王侍郎母子必将窜逐，吾当与妹偕行。"彦昭拜且泣，谢曰："必不敢。"凝由是获免。

冬，十月，以门下侍郎、同平章事刘邺同平章事，充淮南节度使。以吏部侍郎郑畋为兵部侍郎，翰林学士承旨、户部侍郎卢携守本官，并同平章事。

十一月，庚寅，日南至，群臣上尊号曰圣神聪睿仁哲孝皇帝。改元。

【译文】唐僖宗李俨任命兵部侍郎、判度支崔彦昭为中书侍郎、同平章事。崔彦昭是崔群的侄子。兵部侍郎王凝是王正雅的侄孙，他的母亲是崔彦昭的从母（母的姐妹，即是姨母）。王凝和崔彦昭同时举进士，王凝先及第，曾穿着便服会见崔彦昭，并且对崔彦昭开玩笑说："你还不如去参加明经科的考试呢！"崔彦昭被戏弄挖苦后十分气愤，于是表兄弟俩结下了深仇大恨。等到崔彦昭担任宰相，他的母亲吩咐服侍她的婢女说："给我多做些袜子和鞋子，我儿子一定会将王侍郎母子二人贬斥到很远的地方，我打算跟随妹妹一同前去。"崔彦昭听到这件事后赶忙给母亲跪下并哭泣，对母亲说："儿一定不会任意胡为的。"王凝因此才能免遭贬逐。

冬季，十月，唐僖宗李俨任命门下侍郎、同平章事刘邺同平章事，充任淮南节度使。任命吏部侍郎郑畋为兵部侍郎，翰林学士承旨、户部侍郎卢携守本官，一并为同平章事。

十一月，庚寅日（初五），冬至，群臣为僖宗奉上尊号为圣神聪睿仁哲孝皇帝，改年号为乾符。

魏博节度使韩允中薨，军中立其子节度副使简为留后。

南诏寇西川，作浮梁，济大渡河。防河都知兵马使、黎州刺史黄景复俟其半济，击之，蛮败走，断其浮梁。蛮以中军多张旗帜当其前，而分兵潜出上、下流各二十里，夜，作浮梁，诘朝，俱

资治通鉴卷第二百五十二　唐纪六十八

济，袭破诸城栅，夹攻景复。力战三日，景复阳败走，蛮尽锐追之。景复设三伏以待之，蛮过三分之二，乃发伏击之，蛮兵大败，杀二千馀人，追至大渡河南而还。复修完城栅而守之。蛮归，至之罗谷，遇国中发兵继至，新旧相合，钲鼓声闻数十里。复寇大渡河，与唐夹水而军，诈云求和，又自上下流潜济，与景复战连日。西川援军不至，而蛮众日益，景复不能支，军遂溃。

【译文】魏博节度使韩允中去世，军中拥立他的儿子节度副使韩简为留后。

南诏侵犯西川，建造浮桥，渡过大渡河。防河都知兵马使、黎州刺史黄景复等他们走到一半时，派兵攻打，蛮兵败逃，砍断了浮桥。蛮兵在中军中增加了许多旗帜，将它们在阵前排列，又分出兵力偷偷离开上、下流各二十里路。到夜晚，又建起浮桥，天刚亮时，都渡过了河，然后偷袭，攻破了各城的栏栅，又夹攻黄景复。黄景复率唐军竭尽全力死战三天，然后假装战败而逃，南诏蛮军全力进击，黄景复设下三处伏兵等待他们，等蛮军三分之二通过伏击地点后，发动伏兵进攻，南诏蛮兵被打得惨败，杀死蛮军两千余人，黄景复率军一直追到大渡河南面才带兵返回，并修整好城栅进行防守。南诏蛮军战败归国，到之罗谷后，遇到南诏国派出的救援军队，两军联合在一起，锣鼓声传到数十里外。于是蛮军再次进犯大渡河，与唐兵隔水在两岸驻扎，欺骗说是求和，又从上下游暗中渡河，与黄景复率领的唐军连日激战，由于西川的救援军队没能前来，而南诏蛮军兵力日渐增强，黄景复抵挡不住蛮军的攻击，唐军溃散败亡。

十二月，党项、回鹘寇天德军。

感化军奏群盗寇掠，州县不能禁。敕兖、郓等道出兵讨之。

南诏乘胜陷黎州，入邛崃关，攻雅州。大渡河溃兵奔入邛州，成都惊扰，民争入城，或北奔他州。城中大为守备，而堑垒比向时严固。骠信使其坦绰遗节度使牛丛书云："非敢为寇也，欲入见天子，面诉数十年为谗人离间冤抑之事。倘蒙圣恩矜恤，当还与尚书永敦邻好。今假道贵府，欲借蜀王厅留止数日，即东上。"丛素懦怯，欲许之，杨庆复以为不可。斩其使者，留二人，授以书，遣还，书辞极数其罪，詈辱之。蛮兵及新津而还，丛恐蛮至，豫焚城外，民居荡尽，蜀人尤之。诏发河东、山南西道、东川兵援之，仍命天平节度使高骈诣西川制置蛮事。

【译文】十二月，党项、回鹘进犯天德军。

感化军（治所在徐州）向朝廷奏报群盗侵犯抢掠（群盗指庞勋余党），州县没办法禁止，唐僖宗李儇敕命兖、郓等道动员兵力前往讨伐。

南诏乘胜攻克黎州，派遣军队进发邛崃关，再进攻雅州。大渡河败逃溃散的士兵冲入邛州，成都军民慌乱恐惧，百姓争先恐后逃入城内，或者向北面逃奔其他州。成都城中更加强防守，修筑的堑壕与堡垒比之前更加坚固。南诏骠信派遣官员给唐节度使牛丛送了一封信，声称："我们不敢进犯唐边境，只是打算入朝觐见唐天子，当面申诉几十年来南诏被奸诈之人挑拨离间遭受的冤屈，如果唐天子能施以恩泽同情和体恤我们，我们将与牛尚书永远和睦友好地相处。如今借道抵达贵军府，希望能暂借成都城内的蜀王厅居住几天，然后我们就向东前往京城。"牛丛向来懦弱胆小，准备答应他们的请求。杨庆复认为不能答应，便斩杀了来使，留下两人，交给他们一封书信，让他们送回去，书信中竭力指责蛮人的罪行，更大骂凌辱他们，蛮兵到了新津就返回了。牛丛担心蛮兵会再次前来，事先将成都城外的居民房屋全部烧光，这一做法使蜀地百姓很是怨恨他。唐僖宗李儇颁下诏书征调河东、山南西道、东川的军队前去援救成都，并且诏令天平军节度使高骈前往西川部署和指挥对南诏蛮军的作战事宜。

以韩简为魏博留后。

商州刺史王枢以军州空窘，减折籴钱，民相帅以白梃殴之，又殴杀官吏二人。朝廷更除刺史李诰到官，收捕民李叔汶等三十人，斩之。

初，回鹘屡求册命，诏遣册立使郗宗莒诣其国。会回鹘为吐谷浑、嗢末所破，逃遁不知所之。诏宗莒以玉册、国信授灵盐节度使唐弘夫掌之，还京师。

上年少，政在臣下，南牙、北司互相矛楯。自懿宗以来，奢侈日甚，用兵不息，赋敛愈急。关东连年水、旱，州县不以实闻，上下相蒙，百姓流殍，无所控诉。相聚为盗，所在蜂起。州县兵少，加以承平日久，人不习战，每与盗遇，官军多败。是岁，濮州人王仙芝始聚众数千，起于长垣。

【译文】唐僖宗李儇任命韩简为魏博留后。

商州刺史王枢因为军府库和州府库物资都很匮乏，下令减少德宗的以税物折算钱财，让民户缴纳已经升值的钱纳税，引起百姓作乱。农民一个个拿着铁棍殴打王枢，并打死两个官吏。朝廷更换刺史李诰抵达官府任职，抓捕了李叔汶等三十多个百姓，把他们处决了。

起初，回鹘几次请求朝廷册命，唐僖宗李儇下诏派遣册立使郗宗莒前往回鹘国。正赶上回鹘被吐谷浑、吐蕃嗢末部攻克，回鹘君主不知逃到哪里，唐僖宗李儇诏命郗宗莒将玉册、国信交给灵盐节度使唐弘夫掌管，并诏命都宗莒返回京师。

僖宗年纪轻轻，政事裁决都在权臣之手，而南牙、北司又互有冲突。自从懿宗即位以来，豪奢之风气越来越严重，而战事从未止息，赋敛征收却越来越急迫。关东连年闹水旱灾，州县官员又不将实情禀告朝廷，上下相互欺瞒，百姓流浪饿死，无处申诉痛苦，于是聚集起来成为强盗，各地贼寇蜂起。州县兵力不足，加上过了很长一段时间的安定日子，士兵也很久没有经历战事，每次遭遇盗贼攻击，官军多半被他们打败。这年，濮州人王仙芝开始招揽数千人，在长垣县作乱造反。

乾符二年(乙未，公元八七五年)春，正月，丙戌，以高骈为西川节度使。

辛巳，上祀圆丘；赦天下。

高骈至剑州，先遣使走马开成都门。或谏曰："蛮寇逼近成都，相公尚远，万一狶突，奈何？"骈曰："吾在交趾破蛮二十万众，蛮闻我来，逃窜不暇，何敢辄犯成都！今春气向暖，数十万人蕴积城中，生死共处，污秽郁蒸，将成疠疫，不可缓也！"使者至成都，开城纵民出，各复常业，乘城者皆下城解甲，民大悦。蛮方攻雅州，闻之，遣使请和，引兵去。骈又奏："南蛮小丑，易以枝梧。今西川新旧兵已多，所发长武、鄜坊、河东兵，徒有劳费，并乞勒还。"敕止河东兵而已。

【译文】乾符二年(乙未，公元 875 年)春季，正月，丙戌日(初三)，唐僖宗李俨任用高骈为西川节度使。

辛巳日(正月无此日)，唐僖宗李俨祭天，大赦天下。

高骈抵达剑州，先派使者驱马打开成都各城门。有人说："蛮敌已直逼成都，而您距离还很远，一旦蛮兵像野猪般乱冲乱撞，该怎么应付？"高骈说："我在交趾挫败了蛮军二十万人，蛮兵若听到我前来，逃跑唯恐来不及，哪里敢马上进犯成都！如今天气转暖，几十万人躲藏在城中，活人死人在一起，污秽难闻之气聚集蒸发，将会产生瘟疫，所以打开城门一事已不能拖延！"使者到了成都，打开城门让百姓出来，恢复自己的职业，据守城头的人也都下城来摘下盔甲，百姓特别欢喜。南诏蛮军正在攻打雅州，听说高骈前来，成都戒备解除，也遣使请和，率领军队返回本国。高骈因此又向朝廷进奏："南蛮小辈对付起来很容易。目前西川新兵、旧兵已有很多，原来被征调来救援的长武、鄜坊、河东军队远道赶来，只是白白损耗军饷，请求让这些军队返回原地。"朝廷收到高骈奏文后，只是诏令河东兵归镇而已。

　　上之为普王也，小马坊使田令孜有宠，及即位，使知枢密，遂擢为中尉。上时年十四，专事游戏，政事一委令孜，呼为"阿父"。令孜颇读书，多巧数，招权纳贿，除官及赐绯紫皆不关白于上。每见，常自备果食两盘，与上相对饮啖，从容良久而退。上与内园小儿狎昵，赏赐乐工、伎儿，所费动以万计，府藏空竭。令孜说上籍两市商旅宝货悉输内库，有陈诉者，付京兆杖杀之。宰相以下，钳口莫敢言。

　　【译文】僖宗为普王时，小马坊使田令孜最得宠爱，僖宗即位后，任命田令孜知枢密使，这时更将他提拔为管理禁兵的神策军中尉。僖宗当时十四岁，一心沉湎游乐，政事一律委托田令孜处理，叫他"阿父"。田令孜读了很多书，十分擅长术数，招揽权势，接受贿赂，任命官员以及赐予紫衣之事都不禀告僖宗。每次面见僖宗，经常准备两盘果食，和僖宗饮酒而食，总要聊

418

很长时间后才告退。僖宗又和内园的小儿亲近玩乐，赏赐给乐工、伎儿的钱币，每次以万计数，府藏为之匮乏枯竭。田令孜又给僖宗献上计策，令籍没长安东西两市商旅的财货，将他们全部收入府库，谁胆敢申诉，立即逮捕，交付京兆府杖毙。宰相以下的群臣对此事都不敢进行劝谏。

高骈至成都，明日，发步骑五千追南诏，至大渡河，杀获甚众，擒其酋长数十人，至成都，斩之。修复邛崃关、大渡河诸城栅，又筑城于戎州马湖镇，号平夷军；又筑城于沐源川，皆蛮入蜀之要道也，各置兵数千戍之。自是蛮不复入寇。骈召黄景复，责以大渡河失守，腰斩之。骈又奏请自将本管及天平、昭义、义成等军共六万人击南诏，诏不许。

先是，南诏督爽屡牒中书，辞语怨望，中书不答。卢携奏称："如此，则蛮益骄，谓唐无以答，宜数其十代受恩以责之。然自中书发牒，则嫌于体敌，请赐高骈及岭南西道节度使辛谠诏，使录诏白，牒与之。"从之。

【译文】高骈抵达成都，第二天，派出步骑五千人前去追击南诏，直追到大渡河，杀死的士兵非常多，并且活捉了酋长等几十人，送到成都，将他们斩杀。重修邛崃关以及大渡河各城栏栅，又在戎州马湖镇构建城墙，号称平夷军；又在沐源川营造城池，这都是蛮人进攻蜀地的要道，安置几千士兵来戍守。从此以后，蛮人不敢再来侵犯。高骈召来黄景复，斥责他大渡河失守之责，把他腰斩了。高骈又奏请朝廷亲自统率西川兵以及天平、昭义、义成等军共六万人进攻南诏。僖宗诏命不准许此事。

此前，南诏的督爽（官名，总三省）几次派送公文给中书，言语之间充满怨恨，中书没有答复他们。卢携奏报说："如果对他们这样不理睬，南蛮必定更加骄横，认为我朝无言以对，朝廷应该一一举出南诏十代以来接受我朝恩惠的事来斥责他们。但是如果由中书发出通牒，就有看重敌人为匹敌的嫌疑，请赐给高骈以及岭南西道节度使辛说诏令，让他们记录下诏书的正文，通知给南诏。"僖宗同意了这一建议。

【乾隆御批】骈初至西川，诸事颇中机略，顾漫信妖术，焚纸、散豆，遂堕军士之心，且停虏省官，复济以严酷，浸至突将噪乱。榜谢既乖大体，孥戮，滥及多人，岂良将所为哉？

【译文】高骈初到西川时，对军府诸事务的处理都颇为得体，到后来随意乱信妖术，常做焚纸、散豆等事，因此破坏了他在军士中树立起的威信，而且他还停了将士们的俸禄和官职，又加上对兵士过于严酷，以致逐渐引起突将哗乱。这时，高骈张榜致歉已是有违大体了，却又大肆杀戮，殃及众多无辜，这难道是一个良将所应做的吗？

三月，以魏博留后韩简为节度使。

去岁，感化军发兵诣灵武防秋，会南诏寇西川，敕往救援。未至成都，蛮退，遣还；至凤翔，不肯诣灵武，欲擅归徐州。内养王裕本、都将刘逢搜擒唱帅者胡雄等八人，斩之，众然后定。

初，南诏围成都，杨庆复以右职优给募突将以御之，成都由是获全。及高骈至，悉令纳牒，又托以蜀中屡遭蛮寇，人未复业，停其禀给，突将皆忿怨。骈好妖术，每发兵追蛮，皆夜张旗立队，对将士焚纸画人马，散小豆，曰："蜀兵懦怯，今遣玄女神兵前行。"军中壮士皆耻之。又索阖境官有出于胥吏者，皆停之。令民间皆用足陌钱，陌不足者皆执之，劾以行赂，取与皆死。刑罚严酷，由是蜀人皆不悦。

【译文】三月，唐僖宗李儇任用魏博留后韩简为节度使。

去年，感化军派遣军队到灵武去防御匈奴，正赶上南诏进犯西川，唐僖宗李儇诏命感化军前往救援。蛮军退兵后，诏令将感化军遣还；等他们抵达凤翔，却不肯前往灵武守卫边防，打算擅自返回徐州。军中宦官内养王裕本、都将刘逢将其中提议作乱的头目胡雄等八人擒获斩杀，士众才安定下来。

起初，南诏围攻成都，杨庆复用很高的官位和丰厚的待遇招募将士来抗击南诏，成都因而得以保全。等高骈抵达时，命令这些将士全部交回职牒。又借口蜀中多次遭到蛮兵侵扰，百姓还没有恢复生产，而将他们的粮食供应断绝，这些突击将士都气愤怨恨。高骈喜好妖术，每次派遣军队追击蛮军，都在晚上插上旗帜，排列队伍，面对将士焚烧纸画的人和马，遍撒小豆，说："蜀中士兵懦弱胆小，现在我要派遣玄女神兵在前面引领。"成都军中将士听后都觉得羞耻。高骈又搜索境内出身于胥吏的官员，将他们罢免。又命令百姓全部使用足陌钱进行交易，凡是使用陌数不足的都要遭受抓捕，以行贿罪受到审查，而且全部以死刑论处。因为刑罚特别严厉残酷，蜀中百姓都内心不安。

夏，四月，突将作乱，大噪突入府廷。骈走匿于厕间，突将索之，不获。天平都将张杰帅所部数百人被甲入府击突将，突将撤牙前仪注兵仗，无者奋梃挥拳，乘怒气力斗，天平军不能敌，走归营。突将追之，营门闭，不得入。监军使人招谕，许以复职名禀给，久之，乃肯还营。天平军复开门出，为追逐之势。至城北，时方修球场，役者数百人，天平军悉取其首，还，诣府，云"已诛乱者"。骈出见之，厚以金帛赏之。明日，榜谢突将，悉还其职名、衣粮。自是日令诸道将士从己来者更直府中，严兵自卫。

【译文】夏季，四月，突击将士开始作乱，他们大声喧哗着冲进府庭。高骈逃到厕所里躲藏起来，突击将士四处搜寻，没有找到他。天平都将张杰率领几百部下穿着盔甲进入府中攻击这些突击将士，而突击将士手握节度使牙前仪队的兵器，没有兵器的士兵就手握木棒，挥动拳头，怀着一腔愤怒拼杀，天平军无法抵御，逃奔营中。突击将士追逐他们，而此时营门已关闭，冲不进去。监军派人安抚晓谕他们，许诺恢复他们的官职和俸禄，过了很久，他们才答应回营。天平军又将营门打开冲出，做出追逐的样子，追到城北，正巧有几百个役夫在修建球场，天平军竟然把这些役夫全部杀死，砍下人头，送到节度使府，谎称已将作乱者诛杀光。高骈出来接见他们，给天平军丰厚的金、帛作为赏赐。第二天，用公告向突击将士致歉，将他们的职位、粮食都恢复了。从此以后，高骈命令各道中跟随自己来的人轮流到府中值班，让士兵严加防守。

加成德节度使王景崇兼侍中。

浙西狼山镇遏使王郢等六十九人有战功，节度使赵隐赏以职名而不给衣粮，郢等论诉不获，遂劫库兵作乱，行收党众近万人，攻陷苏、常，乘舟往来，泛江入海，转掠二浙，南及福建，大为人患。

五月，以太傅、分司令狐绹同平章事，充凤翔节度使。

司空、同平章事萧倣薨。

【译文】唐僖宗李俨加封成德节度使王景崇兼侍中。

浙西狼山镇遏使王郢等六十九人立下战功，浙西节度使赵隐只赏给他们虚职，却不赏赐衣服粮食，王郢等人对此怒不服从，上诉论理没有结果，于是抢了府库的兵器进行叛乱，聚集近万人，攻克苏州、常州。乱军乘船在长江大海之中来来往往，转而到浙东和浙西抢劫，最南到达福建，成为这一带百姓的大患。

五月，唐僖宗李儇任用太傅、分司令狐綯同平章事，充任凤翔节度使。

司空、同平章事萧倣去世。

六月，以御史大夫节蔚为中书侍郎、同平章事。

辛未，高骈阴籍突将之名，使人夜掩捕之，围其家，挑墙坏户而入，老幼孕病，悉驱去杀之，婴儿或扑于阶，或击于柱，流血成渠，号哭震天，死者数千人，夜，以车载尸投之于江。有一妇人，临刑，戟手大骂曰："高骈！汝无故夺有功将士职名、衣粮，激成众怒。幸而得免，不省己自咎，乃更以诈杀无辜近万人，天地鬼神，岂容汝如此！我必诉汝于上帝，使汝他日举家屠灭如我今日，冤抑污辱如我今日，惊忧惴恐如我今日！"言毕，拜天，怫然就戮。久之，突将有自戍役归者，骈复欲尽族之，有元从亲吏王殷谏曰："相公奉道，宜好生恶杀，此属在外，初不同谋，若复诛之，则自危者多矣！"骈乃止。

【译文】六月，唐僖宗李儇任命御史大夫李蔚为中书侍郎、同平章事。

辛未日（二十日），高骈私下里抄下突击将士的姓名，派人在夜晚趁其不备将他们捉住，然后把他们的家包围，捣毁墙砸了门窗进入，把老幼以及孕妇生病的家人，都驱赶出来杀死，有的婴儿被扑杀在台阶上，有的被击杀在石柱边，血流似河，哀号哭泣之声震动天地，被杀的有几千人，晚上，用车子把这些尸体投进江中。有一妇人，临刑时挥舞双手大骂："高骈！你毫无缘由削夺有功将士的职位、衣粮，激起众怒。你侥幸保住一命，不知醒悟自责，还变本加厉使用欺诈之术滥杀近万无辜之人，天地众鬼神，怎能容忍你如此恶行！我一定到天帝面前控告你，让你将来像我这般全家遭到杀戮而灭绝，像我一样遭到凌辱，像我一样遭受惊吓和恐惧！”说完，向天跪拜，从容赴死。不久之后，有的突击将士从戍役处归来，高骈又想将他们举族杀光，有一个叫王殷的跟随高骈多年的亲吏劝阻说：“高相公信奉道教，应该敬重生命，憎恶杀人作恶。这些突击将士在外戍守服役，当初并没有参与叛乱之事，如果将他们也全部诛杀，恐怕会导致人人自危，反而不利于军府的管理！”高骈认为他说得对，这才罢止此事。

王仙芝及其党尚君长攻陷濮州、曹州，众至数万。天平节度使薛崇出兵击之，为仙芝所败。

冤句人黄巢亦聚众数千人应仙芝。巢少与仙芝皆以贩私盐为事，巢善骑谢，喜任侠，粗涉书传，屡举进士不第，遂为盗，与仙芝攻剽州县，横行山东，民之困于重敛者争归之，数月之间，众至数万。

卢龙节度使张公素，性暴戾，不为军士所附。大将李茂勋，本回鹘阿布思之族，回鹘败，降于张仲武；仲武使戍边，屡有功，赐姓名。纳降军使陈贡言者，幽之宿将，为军士所信服，茂勋潜杀贡言，声云贡言，举兵向蓟；公素出战而败，奔京师。茂勋入城，众乃知非贡言也，不得已，推而立之，朝廷因以茂勋为留后。

【译文】王仙芝和他的党羽尚君长攻克了濮州、曹州，部众达到数万人，天平军节度使薛崇派遣军队去攻打他们，被王仙芝打败。

冤句人黄巢也聚集士众几千人响应王仙芝的叛乱。黄巢年少时和王仙芝都是靠贩卖私盐生活，黄巢擅长骑马射箭，喜欢侠义行为，粗略地读过一些书传，几次考进士没有考中，于是做了贼寇，和王仙芝进攻劫掠外县，在山东横行无忌，凡被朝廷重税逼迫的人都争相归顺到他那里，几月之间，部下民众达到数万。

卢龙节度使张公素，性情残暴，军士多不顺服他。大将李茂勋本来是回鹘阿布思族人，回鹘战败后投降张仲武，张仲武派他戍守边塞，因多次立下战功，赐予他李茂勋的姓名。纳降军使陈贡言是幽州的一员得力战将，受到将士们的信任敬重，李茂勋偷偷将陈贡言杀死，却打着陈贡言的旗号率领军队攻打蓟州。张公素与之交战，战败而逃，奔赴京师，李茂勋率军攻入幽州城，将士们才知道并非陈贡言叛乱，只是被逼无奈，只得推举拥立李茂勋，朝廷因而任命李茂勋为留后。

秋，七月，蝗自东而西，蔽日，所过赤地。京兆尹杨知至奏"蝗入京畿，不食稼，皆抱荆棘而死。"宰相皆贺。

八月，李茂勋为卢龙节度使。

九月，左补阙董禹谏上游畋、乘驴击球，上赐金帛以褒之。邠宁节度使李侃奏为假父华清宫使道雅求赠官，禹上疏论之，语颇侵宦官。枢密使杨复恭等列诉于上，冬，十月，禹坐贬郴州司马。复恭，钦义之养孙也。

昭义军乱，大将刘广逐节度使高浔，自为留后。以左金吾大将军曹翔为昭义节度使。

【译文】秋季，七月，蝗虫从东方飞向西方，把太阳都遮住了，它们所过之处即刻变成草木粮食不生的赤地。京兆尹杨知至向朝廷上奏："蝗虫抵达京畿，没吃农作物，都抱着荆棘死去。"于是宰相都上朝庆贺此事。

八月，朝廷任命李茂勋为卢龙节度使。

九月，右补阙董禹劝阻僖宗游玩打猎以及乘驴击球之事，僖宗赐给他金帛作为褒奖。邠宁节度使李侃向僖宗上奏替他的义父华清宫使李道雅请求赐给官位，董禹又上疏对此事提出异议，其上奏的表文有一些触犯宦官的话。枢密使杨复恭等人在僖宗面前对这些内容一一举出加以申诉。冬季，十月，董禹获罪被贬郴州司马。杨复恭是杨钦义的养孙。

昭义军作乱，大将刘广驱逐了节度使高湜，自己做了留后。唐僖宗李儇任命左金吾大将军曹翔为昭义节度使。

回鹘还至罗川，十一月，遣使者同罗榆禄入贡；赐拯接绢万匹。

群盗侵淫，剽掠十馀州，至于淮南，多者千馀人，少者数百人。诏淮南、忠武、宣武、义成、天平五军节度使、监军亟加讨捕及招怀。十二月，王仙芝寇沂州，平卢节度使宋威表请以步骑五千别为一使，兼帅本道兵所在讨贼。乃以威为诸道行营招讨草贼使，仍给禁兵三千、甲骑五百。因诏河南方镇所遣讨贼都头并取威处分。

【译文】回鹘部族抵达罗川，十一月，派遣同罗榆禄为使节向唐朝进献贡品。唐僖宗李儇赐给他们万匹绢，来帮助回鹘。

贼寇一天天增加，劫掠了十几个州，他们到淮南时，部众达到千余人，少的也有几百人。唐僖宗李儇下诏淮南、忠武、宣武、义成、天平五军节度使、监军对这些贼寇加紧征讨追捕以及招抚。十二月，王仙芝进犯沂州，平卢节度使宋威上表请求率领步骑五千另为一使，兼率本道军队在所管辖地区征讨贼人。朝廷于是任命宋威为诸道行营招讨草贼使，并调发禁兵三千人、铁甲骑兵五百人交给宋威指挥。又给河南方镇颁下诏令，命令各镇派遣的讨贼军都头一起接受宋威的部署调遣。

乾符三年（丙申，公元八七六年）春，正月，天平军奏遣将士张晏等救沂州，还，至义桥，闻北境复有盗起，留使扞御。晏等不从，喧噪趣郓州。都将张思泰、李承祐走马出城，裂袖与盟，以俸钱备酒肴慰谕，然后定。语本军宣慰一切，无得穷诘。

二月，敕福建、江西、湖南诸道观察、刺史，皆训练士卒。又令天下乡村各置弓刀鼓板以备群盗。

赐兖海节度号泰宁军。

三月，卢龙节度使李茂勋请以其子幽州左司马可举知留后，自求致仕。诏茂勋以左仆射致仕，以可举为卢龙留后。

门下侍郎、同平章事崔彦昭罢为太子太傅。以左仆射王铎兼门下侍郎、同平章事。

【译文】乾符三年（丙申，公元 876 年）春季，正月，天平军向朝廷上奏派遣将士张晏等前去救援沂州，返回时，抵达义桥，听说北方边境又有贼寇作乱，要把他们留下抗击贼寇。张晏等人不服从指挥，喧闹着奔赴郓州。郓州都将张思泰、李承骑马出城，扯下衣袖与张晏等人共同盟誓，并用他们的薪俸买酒菜安抚劝慰张晏众人，让此事得到平息。僖宗下诏本军一定要晓谕抚慰，满足他们的一切要求，并且不得彻查追问他们。

二月，唐僖宗李俨诏命福建、江西、湖南各道观察、刺史，都对士兵进行训练，又命令各乡村储备弓刀鼓板来抵御群盗。

朝廷给兖海节度赐以泰宁军的称号。

三月，卢龙节度使李茂勋向朝廷请求派他的儿子幽州左司马李可举担任留后，自己请求退休。唐僖宗李俨诏令李茂勋以左仆射退休，任命李可举为卢龙留后。

门下侍郎、同平章事崔彦昭被罢免职务担任太子太傅；任命左仆射王铎兼任门下侍郎、同平章事。

【乾隆御批】 中唐以来，惟元和奋发有为，余皆孱弱不振，致藩镇跳梁，乱军狂狱，殆无虚日。朝廷蒿目谁何，渐成痿痹之势。胡三省以姑息责之，其说似是而非。盖姑息云者，能制而不制之谓，若唐室陵夷，直是畏首畏尾、自顾不暇，讵止优柔贻患而已哉？

【译文】 中唐以来，只有宪宗元和年间奋发有为，其余各代皇帝都是孱弱不堪而又一蹶不振，以致藩镇如跳梁小丑一般肆意猖獗，乱军如狂犬一般蜂拥迭起，国家没有一天安宁的日子。朝廷在时势艰难的时期却找不到可以力挽狂澜的贤能之人，于是渐成萎靡颓废之势，胡三省指责唐朝的衰败是姑息放纵所致，这种观点有些似是而非。一般来说，姑息是指能制止却不去制止，而唐朝衰颓成这个样子，是由于畏首畏尾、自顾不暇，何止优柔寡断、姑息纵容才造成的呢？

南诏遣使者诣高骈求和而盗边不息，骈斩其使者。蛮之陷交趾也，虏安南经略判官杜骧妻李瑶。瑶，宗室之疏属也。蛮遣瑶还，递木夹以遗骈，称“督爽牒西川节度使”，辞极骄慢。骈送瑶京师。甲辰，复牒南诏，数其负累圣恩德、暴犯边境、残贼欺诈之罪，安南、大渡覆败之状，折辱之。

原州刺史史怀操贪暴，夏，四月，军乱，逐之。

赐宣武、感化节度、泗州防御使密诏，选精兵数百人于巡内游奕，防卫纲船，五日一具上供钱米平安状闻奏。

五月，昭王沕薨。

以卢龙留后李可举为节度使。

六月，抚王纮薨。

雄州地震裂，水涌，坏州城及公私户舍俱尽。

秋，七月，以前岩州刺史高杰为左骁卫将军，充缘海水军都知兵马使，以讨王郢。

【译文】南诏派使者向高骈求和，可是进犯边境的战斗却没有停止，高骈杀了南诏使者。南诏在懿宗咸通六年攻克交趾时，曾虏获唐安南经略判官杜骧的妻子李瑶。李瑶是唐宗室的远亲。于是南诏把李瑶送回唐朝，让她带给高骈一封木夹信，信中称呼"督爽牒西川节度使"，其信言辞极其狂傲无礼。高骈将李瑶送往京城长安。甲辰日(二十六日)，再给南诏发下通牒，列举他们辜负唐天子恩遇，暴虐地进犯唐朝边境，以及进犯唐失败返回后的欺诈罪行，并用安南、大渡两次战败的情形来羞辱他们。

原州刺史史怀操贪婪残忍，夏季，四月，史怀操手下军士作乱，史怀操被驱逐。

朝廷赐宣武、感化节度使、泗州防御使密诏，挑选数百精锐士兵在巡区内巡游防守，防守东南纲运往上都的船只，每五天就要向朝廷呈递一次奏疏，汇报上供的钱米是否平安。

五月，昭王李沕(宣宗子)去世。

唐僖宗李俨任命卢龙留后李可举为节度使。

六月，抚王李纮(顺宗子)去世。

雄州发生地震，地表裂开缝隙，水喷涌而出，毁坏州城，使城内房屋全部遭毁。

秋季，七月，唐僖宗李俨任命前任岩州刺史高杰为左骁卫将军，兼沿海水军都知兵马使，以征讨王郢。

鄂王润薨。

加魏博节度使韩简同平章事。

宋威击王仙芝于沂州城下，大破之，仙芝亡去。威奏仙芝已死，纵遣诸道兵，身还青州。百官皆入贺。居三日，州县奏仙芝尚在，攻剽如故。时兵始休，诏复发之，士皆忿怨思乱。八月，仙芝陷阳翟、郏城，诏忠武节度使崔安潜发兵击之。安潜，慎由之弟也。又命昭义节度使曹翔将步骑五千及义成兵卫东都宫，以左散骑常侍曾元裕为招讨副使，守东都，又诏山南东道节度使李福选步骑二千守汝、邓要路。仙芝进逼汝州，诏邠宁节度使李侃、凤翔节度使令狐绹选步兵一千、骑兵五百守陕州、潼关。

加成德节度使王景崇兼中书令。

【译文】鄂王李润（宣宗子）去世。

唐僖宗李俨加封魏博节度使韩简同平章事。

宋威在沂州城下攻打王仙芝，把他打得大败，王仙芝逃跑。宋威向朝廷上奏说王仙芝已死，请将诸道讨贼军队遣还，自己返回青州。朝廷百官听说王仙芝已被宋威打死，都向僖宗道贺。过了三天，州县奏报朝廷，王仙芝还没死，依然像原先一样攻城略地。当时诸道兵刚开始休养军队，即刻又接受诏命前去追剿贼寇，士兵接二连三地调转迁移，也都愤怒怨恨想要造反。八月，王仙芝攻克阳翟、郏城，唐僖宗李俨诏命忠武节度使崔安潜发动军队攻击。崔安潜是崔慎由的弟弟。唐僖宗李俨又命令昭义节度使曹翔率领步骑五千以及义成军队守卫东都宫，派左散骑常侍曾元裕担任招讨副使，戍守东都，又诏令山南东道节度使李福选步骑两千人防守汝、邓的交通要道。王仙芝率军进逼汝州，唐僖宗李儇诏令邠宁节度使李侃、凤翔节度使令狐绹精选一千步兵、五百骑兵镇守陕州、潼关。

唐僖宗李儇加封成德节度使王景崇兼任中书令。

九月，乙亥朔，日有食之。

丙子，王仙芝陷汝州，执刺史王镣。镣，铎之从父兄弟也。东都大震，士民挈家逃出城。乙酉，敕王仙芝、尚君长罪，除官，以招谕之。仙芝陷阳武，攻郑州，昭义监军判官雷殷符屯中牟，击仙芝，破走之。冬，十月，仙芝南攻唐、邓。

西川节度使高骈筑成都罗城，使僧景仙规度，周二十五里，悉召县令庀徒赋役，吏受百钱以上皆死。蜀土疏恶，以甓甃之，还城十里内取土，皆划丘垤平之，无得为坎埳以害耕种；役者不过十日而代，众乐其均，不费扑挞而功办。自八月癸丑筑之，至十一月戊子毕功。

【译文】九月，乙亥朔日（初一），出现日食。

丙子日（初二），王仙芝攻占汝州，擒住了刺史王镣。王镣是王铎的叔伯堂兄弟。这一消息传来，东都惊恐，士民都携家带眷逃出城。乙酉日（十一日），唐僖宗李儇诏命赦免王仙芝、尚君长的罪行，授予他们官职，来招安并慰问他们。王仙芝攻下阳武，又攻打郑州，昭义监军判官雷殷符在中牟屯驻军队，攻打王仙芝，王仙芝战败而逃。冬季，十月，王仙芝往南进攻唐、邓。

西川节度使高骈在成都修建外城，派僧人景仙筹划此事，罗城方圆二十五里，并将管辖的州县县令全部召来，让他们将各县的赋税全部上缴，并让各县派遣役夫，县吏接受贿赂超过百钱以上的一律处死。蜀中的土质松软，于是命人先把土制成砖块，在环城十里的范围内取来泥土，取完泥土后又挖小丘的土把原取土的地方填平，不允许破坏田地造成坑洼从而损害农家耕作。各县派去的役夫不过十天就可被替换一次，所以这些役夫认为派役很公平，都愿意接受，不用皮鞭驱使而做工效率很高。从八月癸丑日（初九）开始修建，到十一月戊子日（十五日）工程就结束了。

役之始作也，骈恐南诏扬声入寇，虽不敢决来，役者必惊扰，乃奏遣景仙托游行入南诏，说谕骠信使归附中国，仍许妻以公主，因与议二国礼仪，久之不决。骈又声言欲巡边，朝夕通烽火，至大渡河，而实不行，蛮中惴恐。由是讫于城成，边候无风尘之警。先是，西川将吏入南诏，骠信皆坐受其拜，骈以其俗尚浮屠，故遣景仙往，骠信果帅其大臣迎拜，信用其言。

王仙芝攻郢、复二州，陷之。

王郢因温州刺史鲁寔请降，寔屡为之论奏，敕郢诣阙。郢拥兵迁延，半年不至，固求望海镇使；朝廷不许，以郢为右率府率，仍令左神策军补以重职，其先所掠之财，并令给与。

【译文】工程刚开始时，高骈担心南诏会宣言进犯，虽然不一定进犯，但役夫必定会因此受到惊吓，于是上奏朝廷，派遣僧人景仙假称云游四方进入南诏境内，劝说南诏骠信归顺我朝，并且许诺他与公主和亲一事。景仙与南诏骠信谈论两国的礼节，针锋相对，商议很久也没有决定下来。此时高骈又宣言要到边地巡视，早晚传递烽火消息，抵达了大渡河，而实际上并没有行军，蛮军听到此消息很恐慌。因此，直到工程结束，边境没有一点儿关于战事的警报。之前，西川将吏进入南诏时，骠信都是坐着接受他们的参见，高骈却因为南诏有重视佛教的风俗，特意派遣僧人景仙前去，由于景仙是得道高僧，南诏骠信果然率领大臣迎接参拜景仙，并坚信景仙所说的话，采纳景仙的计策。

王仙芝攻打郢、复二州，攻了下来。

王郢通过温州刺史鲁寔请求投降，鲁寔多次为王郢向朝廷上表，唐僖宗李俨诏命让王郢前往京城朝见。王郢率军拖延时日，半年还没有入朝参见，并请求担任望海镇使。朝廷没有准许，任命王郢为右率府率，仍旧命令左神策军给他安置重要职位，他先前劫掠的财物，诏令全部归他所有。

十二月，王仙芝攻申、光、庐、寿、舒、通等州。淮南节度使刘邺奏求益兵，敕感化节度使薛能选精兵数千助之。郑畋以言计不行，称疾逊位，不许，乃上言："自沂州奏捷之后，仙芝愈肆猖狂，屠陷五六州，疮痍数千里。宋威衰老多病，自妄奏以来，诸道尤所不服，今淹留亳州，殊无进讨之意。曾元裕拥兵蕲、黄，专欲望风退缩。若使贼陷扬州，则江南亦非国有。崔安潜威望过人，张自勉骁雄良将，宫苑使李晟，西平王晟之孙，严而有勇。请以安潜为行营都统，璆为招讨使代威，自勉为副使代元裕。"上颇采其言。

【译文】十二月，王仙芝攻打申、光、庐、寿、舒、通等州。淮南节度使刘邺上奏朝廷请求增加兵力，唐僖宗李俨敕命感化节度使薛能挑选几千精兵援助。郑畋因为进献的谋略不被采纳，托词患病请求离职逊位，僖宗不准许，于是他进言："自从沂州奏上捷报后，王仙芝更加肆无忌惮，屠杀攻占了五六个州，毁坏了几千里土地。宋威年老多病，自从谎报战事以后，各道更加不服从他的指挥，如今又在亳州屯驻，一点没有进兵讨伐的意思。招讨草贼副使曾元裕于蕲州、黄州一带屯驻军队，更是只想着闻风而退。如果让贼寇攻克扬州，江南地区就会脱离朝廷的掌控，后果无法想象。我认为崔安潜的声威名望超过其他人，张自勉是骁勇宿将，宫苑使李琢是西平王李晟的孙子，为人严肃而有胆识。请求陛下任命崔安潜为行营都统，李琢为招讨使代替宋威，张自勉为副使代替曾元裕。"僖宗采用了他的大部分进言。

青、沧军士戍安南，还至桂州，逐观察使李瓒。瓒，宗闵之子也。以右谏议大夫张禹谟为桂州观察使。

桂管监军李维周骄横，瓒曲奉之，浸不能制。桂管有兵八百人，防御使才得百人，馀皆属监军。又预于逐帅之谋，强取两使印，擅补知州官，夺昭州送使钱。诏禹谟并按之。禹谟，彻之子也。

招讨副使、都监杨复光奏尚君长弟让据查牙山，官军退保邓州。复光，玄价之养子也。

【译文】青州、沧州军队远戍安南，返回原籍时，抵达桂州，将桂州观察使李瓒驱逐。李瓒是李宗闵的儿子。朝廷为此任命右谏议大夫张禹谟为桂州观察使。

桂管监军李维周傲慢骄横，李瓒曲意迎合他，局势逐渐无法控制。桂管有军队八百人，防御使只有一百人，其余都归属监军。监军李维周又参与了驱逐观察使李瓒的行动，并逼迫观察使和防御使上交使印，独断专行补选下属为知州官，劫夺昭州送给本道的送使钱。为此，唐僖宗李俨下诏让禹谟审理此案。张禹谟是张彻的儿子。

招讨副使、都监杨复光向朝廷上奏尚君长的弟弟尚让攻占了查牙山，官军撤退驻守邓州以求自保。杨复光是杨玄价的养子。

王仙芝攻蕲州，蕲州刺史裴渥，王铎知举时所擢进士也。王镣在贼中，为仙芝以书说渥。渥与仙芝约，敛兵不战，许为之奏官；镣亦说仙芝许以如约。渥乃开城延仙芝及黄巢辈三十馀人入城，置酒，大陈货贿以赠之，表陈其状。诸宰相多言："先帝不赦庞勋，期年卒诛之。今仙芝小贼，非庞勋之比，赦罪除官，益长奸宄。"土铎固请，许之。乃以仙芝为左神策军押牙兼监察御史，遣中使以告身即蕲州授之。

仙芝得之甚喜，镣、渥皆贺。未退，黄巢以官不及己，大怒曰："始者共立大誓，横行天下，今独取官赴左军，使此五千馀众安所归乎！"因殴仙芝，伤其首，其众喧噪不已。仙芝畏众怒，遂不受命。大掠蕲州，城中之人，半驱半杀，焚其庐舍。渥奔鄂州，敕使奔襄州，镣为贼所拘。贼乃分其军三千馀人从仙芝及尚君长，二千馀人从巢，各分道而去。

【译文】王仙芝进攻蕲州。蕲州刺史裴渥是王铎主持试务时所提拔的进士。王镣被俘后，帮王仙芝用书信劝说裴渥。裴渥和王仙芝约定，各自撤军不再交战，许诺替他奏报朝廷请求赐官，王镣也告诉王仙芝，会依照誓约去做。裴渥于是打开城门请王仙芝和黄巢等三十多人进城，设置酒宴，摆放了大量财货赠送给他们，并且上表陈述事件经过。诸宰相都说："先帝没有赦免庞勋，一年后将他处死。如今王仙芝只是一个小小贼寇，并不是庞勋之类，如果赦免其罪而任命官职，将助长奸贼的反叛气焰。"王铎再三请求，僖宗才准许。唐僖宗李俨于是任命王仙芝为左神策军押牙兼监察御史，派中使以告身（任命状）前往蕲州颁诏授官。

王仙芝被授官后很高兴，王镣、裴渥都前来道贺。贺客还没有退去，黄巢因为自己没有被授予官职，就恼怒地对王仙芝说:"我与你曾共同盟言,要纵横天下,今天你一个人被朝廷授官就要奔赴长安担任禁军左军军官,那我们五千多弟兄怎么办呢?"于是殴打王仙芝,打伤了他的头,其他贼寇也吵嚷不停。王仙芝惧怕激起众怒,于是不敢接受诏命。接着,王仙芝率领贼寇大肆劫掠蕲州,城中的民众,一半被驱逐,一半遭杀戮,并烧毁了屋舍。裴渥逃奔到鄂州,敕使逃奔到襄州,王镣被贼寇囚禁。叛贼把他们的军队进行分割,王仙芝以及尚君长率领三千多贼寇,黄巢率领两千贼寇,各自分道离去。

资治通鉴卷第二百五十三　唐纪六十九

起强圉作噩，尽上章困敦十月，凡三年有奇。

【译文】起丁酉（公元877年），止庚子（公元880年）十月，共三年十个月。

【题解】本卷记录了公元877年至880年，共计三年〇十个月的史事。当时正值唐僖宗乾符四年至广明元年，这期间最重要的事件就是围剿王仙芝及黄巢的农民军，当时他们的军队几乎辗转大半个中国进行作战。公元878年，唐朝廷军在黄梅大破王仙芝军，王仙芝被杀。公元879年，黄巢开始转战东南，在蕲州渡长江大败后，在朝廷军的放纵下东走。公元880年，黄巢军又回到河南，朝廷军望风而逃。这时，沙陀人李国昌、李克用父子又在代地谋反。唐僖宗在朝政濒于灭亡的情况下依然游宴玩乐，随意任用大将，朝政大权被宦官田令孜所握，唐王朝处于风雨飘摇之中。

僖宗圣恭定孝皇帝上之下

乾符四年（丁酉，公元八七七年）春，正月，王郢诱寔入舟中，执之，将士从寔者皆奔溃。朝廷闻之，以右龙武大将军宋皓为江南诸道招讨使，先征诸道兵外，更发忠武、宣武、感化三道、宣、泗二州兵，新旧合万五千馀人，并受皓节度。二月，郢攻陷望海镇，掠明州，又攻台州，陷之；刺史王葆退守唐兴。诏二浙、福建各出舟师以讨之。

王仙芝陷鄂州。

黄巢陷郓州，杀节度使薛崇。

南诏酋龙嗣立以来，为边患殆二十年，中国为之虚耗，而其国中亦疲弊。酋龙卒，谥曰景庄皇帝；子法立，改元贞明承智大同，国号鹤拓，亦号大封人。

【译文】 乾符四年（丁酉，公元 877 年）春季，正月，王郢把鲁寔诱骗到船上，抓住了他，追随鲁寔的将士都四散奔逃。朝廷知道此事后，任命右龙武大将军宋皓为江南诸道招讨使，除先征发诸道军队以外，又征调忠武、宣武、感化三道士兵和宣州、泗州二州士兵，新旧共计调集军队一万五千余人，全部接受宋皓的调遣。二月，王郢率军攻克望海镇，劫掠明州，转而攻克台州；台州刺史王葆退到唐兴防守。唐僖宗李俨下诏令浙东、浙西和福建各调发水师乘船追讨王郢。

王仙芝攻克鄂州。

黄巢攻克郓州，杀死节度使薛崇。

南诏自酋龙即位以来，成为边境大患将近二十年，朝廷为抵御其进犯已经导致府库空虚，而南诏国中也因连年作战而疲敝不堪。酋龙死后，谥号景庄皇帝；他的儿子法即位，改年号为贞明承智大同，国号为鹤拓，又号称大封人。

法好畋猎酣饮，委国事于大臣。闰月，岭南西首节度使辛谠奏南诏遣陁西段瑳宝等来请和，且言"诸道兵戍邕州岁久，馈饷之费，疲弊中国，请许其和，使赢瘵息肩。"诏许之。谠遣大将杜弘等赍书币，送瑳宝还南诏，但留荆南、宣歙数军戍邕州，自馀诸道兵什减其七。

王郢横行浙西，镇海节度使裴璩严兵设备，不与之战，密招其党朱实降之，散其徒六七千人，输器械二十馀万，舟航、粟帛称是。敕以实为金吾将军。于是郢党离散。郢收馀众，东至明州，甬桥镇遏使刘巨容以筒箭射杀之，馀党皆平。璩，谓之从曾孙也。

【译文】法喜好狩猎宴饮，把国家政事交给大臣处理。闰月，岭南西道节度使辛谠奏报朝廷，南诏派陁西（南诏官名，如判官）段瑳宝等人来请和，并且说："我各道军队在邕州戍守多年，粮饷费用已让朝廷疲惫不堪，请准许与南诏议和，使贫困的百姓得到喘息的机会。"唐僖宗李儇诏令准奏。辛谠派遣大将杜弘等带着书信和钱物，护送段瑳宝返回南诏，只留下荆南、宣歙几支军队在邕州戍守，其余各道兵力也减了十分之七。

王郢在浙西横行无忌，镇海节度使裴璩休整军队，不和他交战，暗地里收买他的党羽朱实来降，致使王郢徒众六七千士兵溃散，朱实又向裴璩缴送军用装备二十余万件，船只、粮食布帛等的数量也很多。唐僖宗李儇诏命让朱实担任金吾将军。这样王郢一党更加离散。王郢聚集剩余士兵，往东抵达明州，甬桥镇遏使刘巨容用筒箭射死了王郢，残余的士兵都被剿灭。裴璩是裴谞的从曾孙。

三月，黄巢陷沂州。

夏，四月，壬申朔，日有食之。

贼帅柳彦璋剽掠江西。

陕州军乱，逐观察使崔碣；贬碣杯州司马。

黄巢与尚让合兵保查牙山。

五月，甲子，以给事中杨损为陕虢观察使。损至官，诛首乱者。损，嗣复之子也。

初，桂管观察使李瓒失政，支使薛坚石屡规正之，瓒不能从。及瓒被逐，坚石摄留务，移牒邻道，禁遏乱兵，一方以安。诏擢坚石为国子博士。

【译文】三月，黄巢攻陷沂州。

夏季，四月，壬申朔日（初一），出现日食。

贼帅柳彦璋在江西抢掠。

陕州军队作乱，驱逐了观察使崔碣。唐僖宗李儇贬崔碣为怀州司马。

黄巢与尚让联合军队据守查牙山。

五月，甲子日（二十四日），唐僖宗李儇任命给事中杨损为陕虢观察使。杨损赴任后，首先诛杀了带头叛乱的人。杨损是杨嗣复的儿子。

起初，桂管观察使李瓒处理政事有错误之处，观察支使薛坚石多次劝说指正，李瓒不听他的建议。等到李瓒被士兵驱逐，薛坚石暂时代管留守事务，他发下文牒送到邻道，将乱兵控制，禁止他们再作乱，让桂州一带得以安定。唐僖宗李儇下诏提拔薛坚石为国子博士。

六月，柳彦璋袭陷江州，执刺史陶祥，使祥上表，彦璋亦自附降状。敕以彦璋为右监门将军，令散众赴京师。以左武卫将军刘秉仁为江州刺史。彦璋不从，以战舰百馀固溢江为水寨，剽掠如故。

忠武都将李可封戍边还，至邠州，迫胁主帅，索旧欠粮盐，留止四月，阖境震惊。秋，七月，还至许州，节度使崔安潜悉按诛之。

庚申，王仙芝、黄巢攻宋州，三道兵与战，不利，贼遂围宋威于宋州。甲寅，右威卫上将军张自勉将忠武兵七千救宋州，杀贼二千馀人，贼解围遁去。

王铎、卢携欲使张自勉以所将兵受宋威节度，郑畋以为威与自勉已有疑忿，若在麾下，必为所杀，不肯署奏。八月，辛未，铎、携诉于上，求罢免；庚辰，畋请归泸川养疾；上皆不许。

【译文】六月，柳彦璋派军袭击并攻取了江州，擒拿了刺史陶祥，让陶祥向朝廷上表，柳彦璋也将一份乞降表文一起呈递。唐僖宗李儇颁诏任命柳彦璋为右监门将军，并诏令柳彦璋将部众解散后前往长安为官；任命左武卫将军刘秉仁为江州刺史。柳彦璋不服从任命，用百余艘战舰坚守溢江作为水寨，仍然在这里抢劫。

忠武都将李可封从戍边之地返回许州，到了邠州，胁迫大帅，索要之前拖欠的粮食和食盐，在此逗留了四天，全州百姓震惊恐惧。秋季，七月，李可封返回许州，节度使崔安潜将他们全部逮捕杀死。

庚申日（二十一日），王仙芝、黄巢进攻宋州，三道兵（平卢、宣武、忠武）和王仙芝、黄巢交战，战事不利，贼寇把宋威包围在宋州。甲寅日（十五日），左威卫上将军张自勉率领忠武士兵七千人援救宋州，杀死贼兵两千多人，贼军解除围攻离去。

王铎、卢携打算让张自勉把率领的军队交给宋威管理，郑畋认为宋威和张自勉之间已经有猜疑怨恨，如果将张自勉的军队归属宋威管理，他一定会被宋威杀死，所以不肯在奏状上签名。八月，辛未日（初三），王铎、卢携在僖宗面前控诉郑畋的所作所为，请求僖宗将郑畋罢免官职；庚辰日（十二日），郑畋请求回四川养病，僖宗对两方的请求都没批准。

王仙芝陷安州。

盐州军乱，逐刺史王承颜，诏高品牛从珪往慰谕之，贬承颜象州司户。承颜及崔碣素有政声，以严肃为骄卒所逐，朝廷与贪暴致乱者同贬，时人惜之。从珪自盐州还，军中请以大将王宗诚为刺史。诏宗诚诣阙，将士皆释罪，仍如优给。

乙卯，王仙芝陷随州，执刺史崔休征。山南东道节度使李福遣其子将兵救随州，战死。福奏求援兵，遣左武卫大将军李昌言将凤翔五百骑赴之，仙芝遂转掠复、郢。忠武大将张贯等四千人与宣武兵援襄州，自申、蔡间道逃归。诏忠武节度使崔安潜、宣武节度使穆仁裕遣人约还。

【译文】王仙芝攻克安州。

盐州军队作乱，将刺史王承颜驱逐，唐僖宗李儇下诏高品牛从珪前往安慰晓谕士兵，贬王承颜为象州司户。王承颜和崔碣向来有为政的声誉，只因治军严厉被骄横的士兵驱逐，朝廷把他们和那些贪婪残酷而导致作乱的官员全部罢黜，当时人们都为他们感到惋惜。牛从珪从盐州返回，军中请求任命大将王宗诚为刺史。唐僖宗李儇下诏召王宗诚前往京城，盐州作乱的将士全都不予追究，反而赐予优厚的供给。

乙卯日(八月无此日)，王仙芝攻占随州，擒住刺史崔休征。山南东道节度使李福派他的儿子率兵去随州救援，结果战死。李福上奏朝廷请求调派援兵，朝廷派遣左武卫大将军李昌言率领五百凤翔骑兵赶往随州。王仙芝转而进攻复州、郢州。唐忠武军大将张贯等四千人与宣武军赶往襄州，没想到他们却从小路自申州、蔡州返归原籍。唐僖宗李儇诏令忠武节度使崔安潜、宣武节度使穆仁裕派人告诫张贯等将士，命他们奔赴襄州救援。

冬，十月，邠宁节度使李侃奏遣兵讨王宗诚，斩之，馀党悉平。

郑畋与王铎、卢携争论用兵于上前，畋不胜，退，复上奏，以为："自王仙芝倛扰，崔安潜首请会兵讨之，继发士卒，馨供资粮。贼往来千里，涂炭诸州，独不敢犯其境。又以本道兵援张自勉，解宋州围，使江、淮漕运流通，不输寇手。今蒙尽以自勉所将七千兵令张贯将之，隶宋威。自勉独归许州，威复奏加诬毁。因功受辱，臣窃痛之。安潜出师，前后克捷非一，一旦强兵尽付它人，良将空还，若勍敌忽至，何以枝梧！臣请以忠武四千人授威，馀三千人使自勉将之，守卫其境，既不侵宋威之功，又免使安潜愧耻。"时卢携不以为然，上不能决。畋复上言："宋威欺罔朝廷，败衄狼藉。又闻王仙芝七状请降，威不为闻奏。朝野切齿，以为宜正军法。迹状如此，不应复典兵权，愿与内大臣参酌，早行罢黜。"不从。

河中军乱，逐节度使刘侔，纵兵焚掠。以京兆尹窦璟为河中宣慰制置使。

【译文】冬季，十月，邠宁节度使李侃向朝廷上奏，已派遣军队征讨王宗诚，并将王宗诚斩杀，残余党徒全部缴平。

郑畋和王铎、卢携在僖宗面前争论怎么派军队讨伐王仙芝等政事，郑畋争论没有取胜，退朝后，郑畋再上奏，认为："自从王仙芝开始作乱，崔安潜首先请求联合军队征讨，接着派遣士兵，耗尽了钱财粮食。贼兵仍然横行千里，让各州民不聊生，贼寇唯独不敢进犯崔安潜所驻守的地方。崔安潜又将本道军队交给张自勉统领，让宋州之围得以解散，江、淮漕运得以畅通，东南财富也没有流入贼寇手中。现在，陛下又将张自勉所统率的七千军队全部交给张贯统管，归属于宋威。却让张自勉一个人返回许州，宋威又上奏诬陷诋毁张自勉。张自勉有功却蒙受如此玷辱，臣心中很是悲哀。崔安潜出动军队作战以来，前后打败敌人的捷报何止一次，假如把精锐的军队全部交给他人，让良将独自返回，一旦强敌突然袭击，我们怎么支撑并与之抵抗呢！臣请求陛下把忠武四千人交给宋威管理，其余三千人交由张自勉统领，防守边境，这样既不会侵占宋威的大功，又可避免让崔安潜惭愧受到羞辱。"当时，卢携对此建议不以为然，僖宗不能裁断。郑畋再次进谏僖宗说："宋威欺骗朝廷，被王仙芝打得狼狈不堪。又听说王仙芝七次献上奏表请求投降，宋威却不替他向上呈递传报。朝野群臣咬牙痛恨，认为应对他军法处治。他能做出如此欺瞒陛下之事，不应再让他掌握兵权，希望能和内廷大臣考虑商议此事，及早把他罢免。"僖宗没有同意这一建议。

河中军队叛乱，驱逐了节度使刘侔，乱军放纵士兵四处烧杀抢夺财物，没人能阻止此事。朝廷任命京兆尹窦璟为河中宣慰制置使。

黄巢寇掠蕲、黄，曾元裕击破之，斩首四千馀级。巢遁去。

十一月，己酉，以窦璟为河中节度使。

招讨副使、都监杨复光遣人说谕王仙芝，仙芝遣尚君长等请降于复光，宋威遣兵于道中劫取君长等。十二月，威奏与君长等战于颍州西南，生擒以献；复光奏君长等实降，非威所擒。诏侍御史归仁绍等鞫之，竟不能明。斩君长等于狗脊岭。

黄巢陷匡城，遂陷濮州。诏颍州刺史张自勉将诸道兵击之。

江州刺史刘秉仁乘驿之官，单舟入柳彦璋水寨，贼出不意，即迎拜，秉仁斩彦璋，散其众。

王仙芝寇荆南。节度使杨知温，知至之兄也，以文学进，不知兵，或告贼至，知温以为妄，不设备。时汉水浅狭，贼自贾堑度。

【译文】黄巢进犯并抢掠蕲、黄二州，曾元裕打败了他，斩杀贼寇四千首级。黄巢逃走。

十一月，己酉日（十二日），唐僖宗李儇任命窦璟为河中节度使。

招讨副使、宦官都监杨复光派遣使者前去王仙芝处劝说，王仙芝派遣尚君长等为代表向杨复光请求投降，宋威企图向朝廷邀取功劳，于是派遣军队在路上将尚君长等人劫走。十二月，宋威上奏说与尚君长等在颍州西南交战，将他们活捉后献给朝廷。杨复光向朝廷奏报说尚君长等人实际上是主动投降，并不是被宋威所捉。唐僖宗李儇诏令侍御史归仁绍等进行审查，竟然没办法查明真相。于是在狗脊岭杀了尚君长等人。

黄巢攻克匡城，然后攻占濮州。唐僖宗李儇诏令颍州刺史张自勉率领诸道军队前去攻打。

江州刺史刘秉仁乘驿车赴任，乘一只小舟进入柳彦璋的水寨，贼寇都感觉非常意外，立即迎出去拜见，刘秉仁斩杀柳彦璋，把他的士兵都解散了。

王仙芝进犯荆南。节度使杨知温是杨知至的哥哥，凭借文学才华做了官，不懂打仗之事，有人禀告他盗贼来犯，杨知温以为是捏造的谣言，没有设防。当时正赶上汉水浅并且河道狭窄，贼军于是从贾堑渡过汉水。

乾符五年（戊戌，公元八七八年）春，正月，丁酉朔，大雪，知温方受贺，贼已至城下，遂陷罗城。将佐共治子城而守之，及暮，知温犹不出。将佐请知温出抚士卒，知温纱帽皁裘而行；将佐请知温擐甲以备流矢，知温见士卒拒战，犹赋诗示幕僚，遣使告急于山南东道节度使李福，福悉其众自将救之。时有沙陀五百在襄阳，福与之俱至荆门，遇贼，沙陀纵骑奋击，破之。仙芝闻之，焚掠江陵而去。江陵城下旧三十万户，至是死者什三四。

【译文】乾符五年（戊戌，公元 878 年）春季，正月，丁酉朔日（初一），天降大雪，杨知温正在接受将兵的祝贺，而贼寇已抵达城下，很快攻占了外城。荆南将佐齐心协力将内城修整以便抗击贼寇，天黑后，杨知温仍然没有从节度使府走出来。将佐们请杨知温出来安抚慰问士兵，杨知温没有穿戎装，戴着纱帽，穿着皮衣就走出来，于是将佐们又请杨知温将盔甲穿戴好以防暗箭流矢。士兵们都在抗敌，杨知温仍在赋诗给幕僚们欣赏，又派遣使者向山南东道节度使李福禀告军情危急，李福召集部下全部骑上战马，亲自率领军队前来救援。当时有沙陀军五百人驻守襄阳，李福与他们会和，抵达荆门时，与贼寇遭遇，沙陀放车骑与之殊死搏击，打败贼兵。王仙芝听到这一消息，在江陵焚烧抢掠一番离去。江陵城外原有居民三十万户，这次战争死了十分之三四。

壬寅，招讨副使曾元裕大破王仙芝于申州东，所杀万人，招降散遣者亦万人。敕以宋威久病，罢招讨使，还青州。以曾元裕为招讨使，颍州刺史张自勉为副使。

庚戌，以西川节度使高骈为荆南节度使兼盐铁转运使。

振武节度使李国昌之子克用为沙陀副兵马使，戍蔚州。时河南盗贼蜂起，云州沙陀兵马使李尽忠与牙将康君立、薛志勤、程怀信、李存璋等谋曰："今天下大乱，朝廷号令不复行于四方，此乃英雄立功名富贵之秋也。吾属虽各拥兵众，然李振武功大官高，名闻天下，其子勇冠诸军。若辅以举事，代北不足平也。"众以为然。君立，兴唐人；存璋，云州人；志勤，奉诚人也。

【译文】壬寅日（初六），招讨副使曾元裕在申州东方把王仙芝打得惨败，杀死万人，招降遣散的贼兵也有万人。唐僖宗李儇敕命因宋威病了很久，罢免他招讨草贼使的职务，让他返回青州本镇。任命曾元裕为招讨使，任命颖州刺史张自勉为招讨副使。

庚戌日（十四日）唐僖宗李儇任命西川节度使高骈为荆南节度使兼盐铁转运使。

振武节度使李国昌的儿子李克用担任沙陀副兵马使，在蔚州戍守。当时河南盗贼蜂拥而起，云州沙陀兵马使李尽忠和牙将康君立、薛志勤、程怀信、李存璋等谋划商议说："现在天下混战不息，朝廷诏令已不能在天下施行，此时正是英雄建功立业取得富贵的时候。我们虽然各自拥有军队，但振武节度使李国昌功劳大职位高，声名天下皆知，他的儿子也在各军中勇猛无比，如果我们辅佐他来发动叛乱，平定代北是没什么难的。"众人都觉得他说的有道理。康君立是兴唐人，李存璋是云州人，薛志勤是奉诚人。

会大同防御使段文楚兼水陆发运使，代北荐饥，漕运不继。文楚颇减军士衣米，又用法稍峻，军士怨怒。尽忠遣君立潜诣蔚州说克用起兵，除文楚而代之。克用曰："吾父在振武，俟我禀之。"君立曰："今机事已泄，缓则生变，何暇千里禀命乎！"于是，尽忠夜帅牙兵攻牙城，执文楚及判官柳汉璋等系狱，自知军州事，遣召克用。克用帅其众趣云州，行收兵，二月，庚午，至城下，众且万人，屯于斗鸡台下。壬申，尽忠遣使送符印，请克用为防御留后。癸酉，尽忠械文楚等五人送斗鸡台下，克用令军士胹而食之，以骑践其骸。甲戌，克用入府舍视事，令将士表求敕命；朝廷不许。

李国昌上言："乞朝廷速除大同防御使。若克用违命，臣请帅本道兵讨之，终不爱一子以负国家。"朝廷方欲使国昌谕克用，会得其奏，乃以司农卿支详为大同军宣慰使，诏国昌语克用，令迎候如常仪，除克用官，必令称惬。又以太仆卿卢简方为大同防御使。

【译文】适逢此时，大同防御使段文楚兼任水陆发运使，代北连年闹饥荒，漕运又无法继续，段文楚就大大减少军士的衣服和粮食；再加上施用刑法稍显严厉，军士对他怨恨憎恶。李尽忠暗中派遣康君立前去蔚州劝说李克用发兵，除掉段文楚然后取而代之。李克用回答说："我父亲驻守振武，等我禀告此事后再决断。"康君立说："如今此等机密大事已经泄露，叛乱迟缓恐怕有意外出现，哪还有时间奔赴千里禀告此事并等待命令呢？"于是，李尽忠连夜率领牙兵攻占牙城，将段文楚及其判官柳汉璋抓捕并囚禁在监狱，自己暂且管理州中事务，并派人召李克用前来主持政务。李克用率领军队奔赴云州，一边行军一边招收兵马。二月，庚午日（初四），李克用率领他的部众抵达城下，军队已近万人，在斗鸡台下驻扎。壬申日（初六），李尽忠派使者奉送符印，请李克用担任防御留后。癸酉日（初七），李尽忠给段文楚等五人戴上刑械，押往斗鸡台下，李克用下令军士割下他们的肉来吃掉，用车马踩踏他们的尸骨。甲戌日（初八），李克用前往府舍办公，命令将士呈递表章请求册封；朝廷没有准许。

李国昌进言:"请求朝廷尽快任命大同防御使。倘若李克用抗拒朝廷任命,臣请求率领本道军队征讨他,决不会因为爱惜儿子而背叛朝廷。"朝廷本打算让李国昌前去劝说李克用,正巧看到他的奏疏,于是,唐僖宗李儇任命司农卿支详担任大同军宣慰使,并下诏命李国昌与李克用交代,要求李克用以常规礼节迎接支详,朝廷答应赐予李克用官职,并且一定会让他满意。又任命太仆卿卢简方为大同防御使。

贬杨知温为郴州司马。

曾元裕奏大破王仙芝于黄梅,杀五万馀人,追斩仙芝,传首,馀党散去。

黄巢方攻亳州未下,尚让帅仙芝馀众归之,推巢为王,号冲天大将军,改元王霸,署官属。巢袭陷沂州、濮州。既而屡为官军所败,乃遗天平节度使张裼书,请奏之。诏以巢为右卫将军,令就郓州解甲。巢竟不至。

加山南东道节度使李福同平章事,赏救荆南之功也。

【译文】唐僖宗李儇贬杨知温为郴州司马。

曾元裕上奏朝廷说在黄梅把王仙芝打得惨败,杀死五万多贼寇,追斩了王仙芝,正向京城传送他的首级,余党也已溃散而去。

黄巢率军正攻打亳州,还未攻下时,尚让率领王仙芝余党前来归顺,兵合一处,众人一起推举黄巢担任盟主,号"冲天大将军",改年号为王霸,委任官吏。黄巢进而攻占沂州、濮州。后来多次被官军打败,于是黄巢给唐天平节度使张裼送去一封请降信,请求代向朝廷奏请此事。于是,唐僖宗李儇诏命黄巢为右卫将军,命令他到郓州解除武装;而黄巢最终没有前往。

唐僖宗李儇加封山南东道节度使李福同平章事，加赏他救援荆南的功劳。

三月，群盗陷朗州、岳州。招讨使曾元裕屯荆、襄，黄巢自濮州掠宋、汴，乃以副使张自勉充东南面行营招讨使。黄巢攻卫南，遂攻叶、阳翟。诏发河阳兵千人赴东都，与宣武、昭义兵二千人共卫宫阙。以左神武大将军刘景仁充东都应援防遏使，并将三镇兵，仍听于东都募兵二千人。景仁，昌之孙也。又诏曾元裕将兵径还东都，发义成兵三千守轘辕、伊阙、河阴、武牢。

王仙芝馀党王重隐陷洪州，江西观察使高湘奔湖口。贼转掠湖南，别将曹师雄掠宣、润。诏曾元裕、杨复光引兵救宣、润。

【译文】三月，群盗攻取朗州、岳州。曾元裕驻扎在荆、襄，黄巢从滑（一作濮）州进犯宋、汴，朝廷于是让招讨副使张自勉充任东南面行营招讨使。黄巢率军攻打卫南县，接着攻打叶县、阳翟等县。唐僖宗李儇下诏征调一千河阳士兵奔赴东都洛阳，与两千宣武、昭义士兵共同守卫皇宫；又任命左神武大将军刘景仁充任东都应援防遏使，统领河阳、宣武、昭义三镇的军队，同时让他在东都招募两千士兵。刘景仁是刘昌的孙子。唐僖宗李儇又诏命曾元裕率军径直返回东都，发动三千义成士兵防守轘辕、伊阙、河阴、武牢。

王仙芝的余党王重隐攻占洪州，江西观察使高湘逃往湖口。贼兵转而进犯湖南，别将曹师雄劫掠宣、润。唐僖宗李儇下诏曾元裕、杨复光率领大军援助宣、润。

湖南军乱，都将高杰逐观察使崔瑾。瑾，郾之子也。
黄巢引兵度江，攻陷虔、吉、饶、信等州。

朝廷以李克用据云中，夏，四月，以前大同军防御使卢简方为振武节度使，以振武节度使李国昌为大同节度使，以为克用必无以拒也。

诏以东都军储不足，贷商旅富人钱谷以供数月之费，仍赐空名殿中侍御史告身五通，监察御史告身十通，有能出家财助国稍多者赐之。时连岁旱、蝗，寇盗充斥，耕桑半废，租赋不足，内藏虚竭，无所仰助。兵部侍郎、判度支杨严三表自陈才短，不能济办，乞解使务，辞极哀切。诏不许。

曹师雄寇湖州，镇海节度使裴璩遣兵击破之。王重隐死，其将徐唐莒据洪州。

【译文】湖南军作乱，都将高杰将观察使崔瑾驱逐。崔瑾是崔郾的儿子。

黄巢率领贼寇渡过长江，攻占虔、吉、饶、信等州。

朝廷下诏任命李克用据守云中，夏季，四月，朝廷任命前大同军防御使卢简方为振武节度使，任命振武节度使李国昌为大同节度使，自以为如此安排，李克用一定不会反对。

唐僖宗李儇诏令，因东都洛阳军粮储备不充足，向商人富户借钱财粮食，以此来供给几个月的费用。于是拟好五份委任状，赐予空名殿中侍御史，十份监察御史委任状，把这些赐给能拿出较多家财捐资给国家的人。当时连年闹旱灾、蝗灾，再加上盗贼横行，耕种农桑大半毁坏，连赋税都很难凑足，各家各户财力枯竭，竟然没有人出来捐资，兵部侍郎、判度支杨严多次上表申述自己才能不足，无法办理此事，乞求辞职，言辞十分悲痛诚恳，僖宗诏令不准许。

曹师雄进犯湖州，镇海节度使裴璩派遣军队打败了他。王重隐死去，他的部将徐唐莒占据并把守洪州。

饶州将彭幼璋合义营兵克复饶州。

南诏遣其酋望赵宗政来请和亲，无表，但令督爽牒中书，请为弟而不称臣。诏百官议之，礼部侍郎崔澹等以为："南诏骄僭无礼，高骈不识大体，反因一僧呫嗫卑辞诱致其使，若从其请，恐垂笑后代。"高骈闻之，上表与澹争辩，诏谕解之。澹，玙之子也。

五月，丙申朔，郑畋、卢携议蛮事，携欲与之和亲，畋固争以为不可。携怒，拂衣起，袂罥砚堕地，破之。上闻之，曰："大臣相诟，何以仪刑四海！"丁酉，畋、携皆罢为太子宾客、分司。以翰林学士承旨、户部侍郎豆卢瑑为兵部侍郎，吏部侍郎崔沆为户部侍郎，并同平章事。

【译文】饶州大将彭幼璋联合义营军队攻占了饶州。

南诏派遣酋望（官名）赵宗政前来向朝廷请求和亲，手中并没有求亲表文，只命令督爽（官名）上牒文给中书门下，请求以弟自称而没有称臣。唐僖宗李俨诏令百官商议此事，礼部侍郎崔澹等人认为："南诏王骄纵，超越臣子的礼仪，确实太无礼，西川节度使高骈不识大体，反而听信一个僧人的办法，就几句话引诱来南诏国的使者，如果听凭南诏请求，恐怕会遭后人耻笑。"高骈听说这件事，呈上奏表和崔澹辩论，唐僖宗李俨下诏劝说化解了他们的争斗。崔澹是崔玙的儿子。

五月，丙申朔日（初一），郑畋、卢携商议南诏的事情，卢携主张和亲，郑畋坚决认为不可以。卢携气愤，拂袖而起，衣襟碰到了砚台，将砚台摔落在地，砚台摔破。僖宗听说后，说："大臣相互对骂指责，怎么能成为天下人的榜样呢！"丁酉日（初二），郑畋、卢携都被罢免职务担任太子宾客、分司。唐僖宗李俨任命翰林学士承旨、户部侍郎豆卢瑑为兵部侍郎，任命吏部侍郎崔沆为户部侍郎，并同平章事。

时宰相有好施者，常使人以布囊贮钱自随，行施丐者，每出，襤褛盈路。有朝士以书规之曰："今百姓疲弊，寇盗充斥，相公宜举贤任能，纪纲庶务，捐不急之费，杜私谒之门，使万物各得其所，则家给人足，自无贫者，何必如此行小惠乎！"宰相大怒。

邕州大将杜弘送段瑳宝至南诏，逾年而还。甲辰，辛谠复遣摄巡官贾宏、大将左瑜、曹朗使于南诏。

李国昌欲父子并据两镇，得大同制书，毁之，杀监军，不受代，与李克用合兵陷遮虏军，进击宁武及岢岚军。卢简方赴振武，至岚州而薨。

【译文】当时有喜好施舍的宰相，常让人把布袋装上钱跟在自己身后，施舍乞丐，所以他每次出门，穿着破烂的人都挤满了道路。有的朝士上书劝说宰相："现在天下百姓困苦不堪，贼寇横行各地，相公本应举荐贤能，整顿朝纲，竭尽所能处理日常政务，把不急需的钱财捐献，堵塞徇私舞弊的门路，使人和物各得其所，那么家家富裕户户富足，自然没有困苦不堪的人了，何须如此专门去做小恩小惠的事情呢！"宰相听后很生气。

邕州大将杜弘送段瑳宝到达南诏，一年后才返回。甲辰日（初九），辛谠又派遣摄巡官贾宏、大将左瑜、曹朗出使南诏。

李国昌打算父子俩一起据守两镇，收到僖宗任命的大同节度使诏书后，竟然把诏书撕毁，还杀死监军，拒绝接受卢简方来代替他的职位；又与李克用联合军队攻克遮虏军，然后进攻宁武及岢岚军队。卢简方前往振武，到达岚州时去世。

【乾隆御批】国昌谬托公忠，旋抗朝命，奸雄情状固然。然尔时谋国者始凭国昌之奏，而后敢除防御，又虑克用之拒，而即以节铖畀国昌，恇怯无主早已为所轻量，安得不酿成跋扈耶！

【译文】李国昌伪装成一个大公无私而又忠正的人，不久就抗拒朝廷命令，奸雄的面目本来就是这样的。然而那个时候为国家利益谋划的人要凭李国昌的奏折才敢任命防御使之职，此后又顾虑李克用抗拒朝命，就用节度使之职去迎合李国昌，朝廷的怯懦无主早已被人所轻视，这怎能不酿成这些人的跋扈呢！

丁巳，河东节度使窦浣发民堑晋阳。己未，以都押衙康传圭为代州刺史，又发土团千人戍代州。土团至城北，娖队不发，求优赏。时府库空竭，浣遣马步都虞候邓虔往慰谕之，土团咠虔，床舁其尸入府。浣与监军自出慰谕，人给钱三百，布一端，众乃定。押牙田公锷给乱军钱布，从遂劫之以为都将，赴代州，浣借商人钱五万缗以助军。朝廷以浣为不才。六月，以前昭义节度使曹翔为河东节度使。

王仙芝馀党剽掠浙西，朝廷以荆南节度使高骈先在天平有威名，仙芝党多郓人，乃徙骈为镇海节度使。

沙陀焚唐林、崞县，入忻州境。

【译文】丁巳日(二十二日)，河东节度使窦浣发动百姓挖掘晋阳护城河。己未日(二十四日)，唐僖宗李俨任命都押牙康传圭为代州刺史，又派遣一千土军前去代州。土军抵达城北时，修整队伍却不再进军，向朝廷请求丰厚的赏赐。当时库府早已财物空虚，窦浣派马步都虞候邓虔前往抚慰晓谕他们，土军就剐了邓虔，用床抬着他的尸体进入府中。窦浣和监军亲自出来抚慰晓谕，给每人三百钱、一端(六丈)布，土军才安定下来。押牙官田公锷给乱军发放钱和布，土兵们劫持了田公锷，让他担任都将，前往代州。窦浣又向商人借了五万缗钱来资助军队。而朝廷竟然认为窦浣没有才能。六月，唐僖宗李俨任命前昭义节度使曹翔为河东节度使。

王仙芝的余党在浙西偷盗抢掠，朝廷因为荆南节度使高骈之前在天平已有赫赫声名，并且王仙芝的党众大多数是郓人，于是升任高骈为镇海节度使。

沙陀人将唐林、崞县焚毁，进军到忻州境内。

秋，七月，曹翔至晋阳。己亥，捕土团杀邓虔者十三人，杀之。义武兵至晋阳，不解甲，欢噪求优赏，翔斩其十将一人，乃定。发义成、忠武、昭义、河阳兵会于晋阳，以御沙陀。八月，戊寅，曹翔引兵救忻州。沙陀攻岢岚军，陷其罗城，败官军于洪谷，晋阳闭门城守。

黄巢寇宣州，宣歙观察使王凝拒之，败于南陵。巢攻宣州不克，乃引兵入浙东，开山路七百里，攻剽福建诸州。

九月，平卢军奏节度使宋威薨。

辛丑，以诸道行营招讨使曾元裕领平卢节度使。

壬寅，曹翔暴薨。丙午，昭义兵大掠晋阳，坊市民自共击之，杀千馀人，乃溃。

【译文】秋季，七月，曹翔抵达晋阳。己亥日（初五），抓住土师中杀害邓虔的十三个人，把他们都杀了。义武兵抵达晋阳，不肯解除武装，吵嚷着请求给予丰厚的赏赐，曹翔将十将中的一人杀死，局势才安定下来。朝廷发动义成、忠武、昭义、河阳的军队在晋阳会和，以抵抗沙陀。八月，戊寅日（十五日），曹翔率领军队救援忻州。沙陀族军队攻打岢岚军，将外围罗城攻克，又在洪谷打败唐朝官军，晋阳将城门关闭严防死守。

黄巢进犯宣州，宣歙观察使王凝率领军队抵抗，在南陵战败。黄巢很长时间没有攻克宣州，就率兵进攻浙东，开辟了七百里山路，攻取福建各州。

九月，平卢军向朝廷奏报节度使宋威去世。

辛丑日(初九)，唐僖宗李儇任命诸道行营招讨使曾元裕兼领平卢节度使。

壬寅日(初十)，河东节度使曹翔突然暴亡。丙午日(十四日)，昭义军队大肆抢掠晋阳，街坊市民主动联合起来攻打他们，杀死千余人，昭义军队才溃散而去。

中书侍郎、同平章事李蔚罢为东都留守。以吏部尚书郑从谠为中书侍郎、同平章事。从谠，馀庆之孙也。

以户部尚书、判户部事李都同平章事兼河中节度使。

冬，十月，诏昭义节度使李钧、幽州节度使李可举与吐谷浑酋长赫连铎、白义诚、沙陀酋长安庆、萨葛酋长米海万，合兵讨李国昌父子于蔚州。十一月，甲午，岢岚军翻城应沙陀。丁未，以河东宣慰使崔季康为河东节度、代北行营招讨使。沙陀攻石州，庚戌，崔季康救之。

【译文】中书侍郎、同平章事李蔚被罢免官职，担任东都留守，唐僖宗李儇任命吏部尚书郑从谠为中书侍郎、同平章事。郑从谠是郑馀庆的孙子。

唐僖宗李儇任命户部尚书、判户部事李都同平章事兼河中节度使。

冬季，十月，唐僖宗李儇诏令昭义节度使李钧、幽州节度使李可举和吐谷浑酋长赫连铎、白义诚、沙陀酋长安庆、萨葛酋长米海万，联合军队前往蔚州讨伐李国昌父子。十一月，岢岚军翻越城墙与沙陀应和。丁未日(十月无此日)，唐僖宗李儇任命河东宣慰使崔季康为河东节度、代北行营招讨使。沙陀军进攻石州,庚戌日(十九日),崔季康率兵奔赴石州救援。

十二月,甲戌,黄巢陷福州,观察使韦岫弃城走。

南诏使者赵宗政还其国,中书不答督爽牒,但作西川节度使崔安潜书意,使安潜答之。

崔季康及昭义节度使李钧与李克用战于洪谷,两镇兵败,钧战死。昭义兵还至代州,士卒剽掠,代州民杀之殆尽,馀众自鸦鸣谷走归上党。

王郢之乱,临安人董昌以土团讨贼有功,补石镜镇将。是岁,曹师雄寇二浙,杭州募诸县乡兵各千人以讨之,昌与钱塘刘孟安、阮结、富阳闻人宇、盐官徐及、新城杜稜、馀杭凌文举、临平曹信各为之都将,号杭州八都,昌为之长。其后宇卒,钱塘人成及代之。临安人钱镠以骁勇事昌,以功为石镜都知兵马使。

【译文】十二月,甲戌日(十三日),黄巢攻克福州,观察使韦岫丢弃城池而逃。

南诏使者赵宗政返回本国。唐中书门下对南诏督爽的牒文没有直接答复,而以西川节度使的名义回复一封信,让崔安潜以地方官的身份前去答复南诏。

崔季康和昭义节度使李钧与李克用在洪谷大战,结果两镇军队被打败,李钧战死沙场。昭义军撤退至代州,士兵四处劫掠,代州百姓把他们差不多消灭光了,残兵从鸦鸣谷返回上党。

王郢叛乱时,临安人董昌因使用土师讨伐贼寇立下大功,补任石镜镇将。这年,曹师雄进犯二浙,杭州招募各县乡兵各千人讨伐,董昌和钱塘人刘孟安、阮结、富阳人闻人宇、盐官徐及、新城人杜稜、馀杭人凌文举、临平人曹信等各率部下土团出战,担任都将,号称"杭州八都",董昌为总统领。后来闻人宇战死，钱塘人成及代替他。临安人钱镠凭借骁勇而为董昌效力，依靠战功担任石镜都知兵马使。

乾符六年(己亥，公元八七九年)春，正月，魏王佾薨。

镇海节度使高骈遣其将张璘、梁缵分道击黄巢，屡破之，降其将秦彦、毕师铎、李罕之、许勍等数十人，巢遂趣广南。彦，徐州人；师铎，冤句人；罕之，项城人也。

贾宏等未至南诏，相继卒于道中，从者死亦太半。时辛谠已病风痹，召摄巡官徐云虔，执其手曰："谠已奏朝廷发使入南诏，而使者相继物故，奈何? 吾子既仕则思徇国，能为此行乎? 谠恨风痹不能拜耳。"因呜咽流涕。云虔曰："士为知己死! 明公见辟，恨无以报德，敢不承命!"谠喜，厚具资装而遣之。

【译文】乾符六年(己亥，公元879年)春季，正月，魏王李佾(懿宗子)崩逝。

镇海节度使高骈派遣手下大将张璘、梁缵分道进攻黄巢，多次打败他们，招降了黄巢将领秦彦、毕师铎、李罕之、许勍等几十人；黄巢于是直奔广南。秦彦是徐州人；毕师铎是冤句人；李罕之是项城人。

贾宏等还没有抵达南诏，就相继在路上死去，跟从的人也死去大半。当时，辛谠已经患了风痹之症，于是把代理巡官徐云虔召来，拉着他的手说："谠已经奏报朝廷派使者前往南诏，但是使者一个个死去，怎么办呢? 先生既然为官，就应时时想着以身为国尽力，您能执行这次出使的大任吗? 谠只是遗憾得了这个病，不能起身向您拜谢罢了。"于是悲痛得泪流不止。徐云虔回答说："士为知己者死! 既然您能信任重用于我，我一直遗憾没有机会回报恩德，怎么敢不遵照您的吩咐行事呢?"辛谠听后心里十分高兴，为徐云虔备办了行装和丰厚的钱物，让他担任使者出使南诏。

二月，丙寅，云虔至善阐城，骠信见大使抗礼，受副使以下拜。己巳，骠信使慈双羽、杨宗就馆谓云虔曰："贵府牒欲使骠信称臣，奉表贡方物；骠信已遣人自西川入唐，与唐约为兄弟，不则舅甥。夫兄弟舅甥，书币而已，何表贡之有？"云虔曰："骠信既欲为弟、为甥，骠信景庄之子，景庄岂无兄弟，于骠信为诸父，骠信为君，则诸父皆称臣，况弟与甥乎！且骠信之先，由大唐之命，得合六诏为一，恩德深厚，中间小忿，罪在边鄙。今骠信欲修旧好，岂可违祖考之故事乎！顺祖考，孝也；事大国，义也；息战争，仁也；审名分，礼也。四者，皆令德也，可不勉乎！"骠信待云虔甚厚，云虔留善阐十七日而还。骠信以木夹二授云虔，其一上中书门下，其一牒岭南西道，然犹未肯奉表称贡。

【译文】二月，丙寅日（初六），徐云虔抵达善阐城，南诏骠信拜见徐云虔却不肯行礼，徐云虔只好接受副使以下的官员行礼。己巳日（初九），骠信派遣慈双羽、杨宗到使馆对徐云虔说："贵府文牒，想让骠信俯首称臣，呈递表章进献各地物产，骠信已命人从西川入唐，与唐朝皇帝结为兄弟，要不就约定成为舅甥。无论是兄弟还是舅甥，都是书信往来或运送钱币罢了，哪有上表以及进献贡物的说法！"徐云虔说："骠信既然有做弟为甥的想法，而骠信是景庄（酋龙谥景庄皇帝）的儿子，景庄怎么能够没有兄弟，他们对骠信来说是伯叔父，骠信身为国君，那么各位伯叔父都应称臣子，更何况是弟弟和外甥呢！况且骠信的祖先，本是接受唐的恩惠，才能六诏联合结为一国，对你们施予的恩德够深厚了，相处之中虽然有小的矛盾，罪责是南诏和西川相争的缘故。如今骠信有重修旧好的想法,怎能违背祖先制定的惯例呢! 顺从祖先的惯例,可谓是孝;侍奉我大唐,可谓是义;停止交战,可谓是仁;仔细修正名分,可谓是礼。这四方面,都是最高的德行,难道就不能尽力实行吗?"骠信于是以优厚的礼节对待徐云虔;徐云虔在善阐城停留十七天才返回京城。南诏骠信将两片木夹交付徐云虔,一片是交中书门下的书信,一片是交给岭南西道的牒文,但是最终没有呈递表章称臣进奉贡物。

辛未,河东军至静乐,士卒作乱,杀孔目官石裕等。壬申,崔季康逃归晋阳。甲戌,都头张锴、郭昢帅行营兵攻东阳门,入府,杀季康。辛巳,以陕虢观察使高浔为昭义节度使;以邠宁节度使李侃为河东节度使。

三月,天平军节度使张裿薨,牙将崔君裕自知州事,淄州刺史曹全晸讨诛之。

【译文】辛未日(十一日),河东军到达静乐,士卒作乱,杀死孔目官石裕等人。壬申日(十二日),崔季康逃奔晋阳。甲戌日(十四日),都头张锴、郭昢率领行营士兵攻打东阳门,冲进府中,杀死崔季康。辛巳日(二十一日),唐僖宗李儇任命陕虢观察使高浔为昭义节度使,任命邠宁节度使李侃为河东节度使。

三月,天平军节度使张裿去世。牙将崔君裕自行管理州中事务,淄州刺史曹全晸讨伐并且诛杀了崔君裕。

夏,四月,庚申朔,日有食之。

西川节度使崔安潜到官不诘盗,蜀人怪之。安潜曰:"盗非所由通容则不能为。今穷核则应坐者众,搜捕则徒为烦扰。"甲子，出库钱千五百缗，分置三市，置榜其上曰："有能告捕一盗，赏钱五百缗。盗不能独为，必有侣。侣者告捕，释其罪，赏同平人。"未几，有捕盗而至者，盗不服，曰："汝与我同为盗十七年，赃皆平分，汝安能捕我！我与汝同死耳。"安潜曰："汝既知吾有榜，何不捕彼以来！则彼应死，汝受赏矣。汝既为所失，死复何辞！"立命给捕者钱，使盗视之，然后戮盗于市，并灭其家。于是，诸盗与其侣互相疑，无地容足，夜不及旦，散逃出境，境内遂无一人为盗。

安潜以蜀兵怯弱，奏遣大将贲襟诣陈、许诸州募壮士，与蜀人相杂，训练用之，得三千人，分为三军，亦戴黄帽，号黄头军。又奏乞洪州弩手，教蜀人用弩走丸而射之，选得千人，号神机弩营。蜀兵由是浸强。

【译文】夏季，四月，庚申朔日（初一），出现日食。

西川节度使崔安潜到任后不责问强盗的事情，蜀人对此多有责怪之声。崔安潜说："盗贼如果没有捕盗官吏的纵容是没有什么作为的，现在要追究的话担心株连的人太多，进行大肆抓捕只能是徒增烦恼。"甲子日（初五），崔安潜拨出一千五百缗库钱，分别安置在三市（蚕市、药市、七宝市），张贴榜文说："能告发而抓获一个强盗的人，奖励钱五百缗。贼盗不能独自作案，必有同伙，如果同伙揭发，可以免除他的罪行，和平常百姓一样奖赏。"过了不久，有人抓来了强盗，可是强盗不服气，说："我们一起做强盗十七年，赃物都是平均分配，你哪能抓我呢？我和你会一同被斩首的。"崔安潜说："你既然已经清楚我张贴榜文，又为什么没有捉他来呢？那样的话他就应该被处死，而你会获得奖励。而你既然被他先抓住，被处死还有什么话说呢？"马上命令拿给捕盗的人奖赏，并且让强盗看到，然后在市上将强盗割肉行刑，并且诛杀他全家。于是强盗与他们的同伙互相猜疑，在成都没有安身之处，没等第二天天亮，就连夜奔逃，西川境内连一个强盗都没有了。

崔安潜认为蜀兵胆小怯懦，上奏朝廷请求派遣大将送文牒前往陈、许招募勇猛士兵，和蜀人交杂在一起，对他们进行训练后编成一支军队，共获得三千士兵，把他们分成三军，每人头戴黄帽，号称"黄头军"。又上奏朝廷请求派遣洪州的弓弩手，教给蜀人用弓弩射丸的本领，从中精选一千弓弩手，号称"神机弩营"。蜀兵从此逐渐强盛。

凉王侹薨。

上以群盗为忧，王铎曰："臣为宰相之长，在朝不足分陛下之忧，请自督诸将讨之。"乃以铎守司徒兼侍中，充荆南节度使、南面行营招讨都统。

五月，辛卯，敕赐河东军士银。牙将贺公雅所部士卒作乱，焚掠三城，执孔目官王敬送马步司。节度使李侃与监军自由慰谕，为之斩敬于牙门，乃定。

泰宁节度使李系，晟之曾孙也，有口才而实无勇略，王铎以其家世良将，奏为行营副将统兼湖南观察使，使将精兵五万并土团屯潭州，以塞岭北之路，拒黄巢。

【译文】凉王李侹(懿宗子)去世。

僖宗因为群盗无比猖獗而十分担忧，王铎说："臣是宰相，在朝廷没有为陛下分忧，现在请求亲自督导诸将前去讨伐群盗。"唐僖宗李儇任命王铎守司徒兼侍中，充任荆南节度使、南面行营招讨都统。

五月，辛卯日(初二)，唐僖宗李儇诏命赐河东军士银币。

牙将贺公雅掌管的士兵作乱，焚烧劫掠三城（东城、中城、大明城）并将孔目官王敬抓捕押送到马步司，河东节度使李侃与宦官监军亲自出来安抚劝导，无奈乱军威逼，只好在牙门将王敬斩杀，乱兵这才安定下来。

泰宁节度使李系是李晟的曾孙，仅有口才而事实上并没有勇气和计谋，王铎因他家世代都是忠良大将，上奏朝廷加封他为行营副都统兼湖南观察使，派遣他率领精锐士兵五万和土师一起在潭州驻扎，来阻断通往五岭以北的道路，抗拒黄巢。

河东都虞候每夜密捕贺公雅部卒作乱者，族灭之。丁巳，馀党近百人称"报冤将"，大掠三城，焚马步都虞候张锴、府城都虞候郭玱家。节度使李侃下令，以军府不安，曲顺军情，收锴、玱，斩于牙门，并逐其家；以贺公雅为马步都虞候。锴、玱临刑，泣言于众曰："所杀皆捕盗司密申，今日冤死，独无烈士相救乎！"于是，军士复大噪，篡取锴、玱归都虞候司。寻下令，复其旧职，并召还其家。收捕盗司元义宗等三十馀家，诛灭之。己未，以马步都教练使朱玫等为三城斩斫使，将兵分捕报冤将，悉斩之，军城始定。

【译文】河东都虞候每夜偷偷抓捕贺公雅掌管的曾参加作乱的士兵，抓到后就杀死他的全家。丁巳日（二十八日），乱军余党近百人自称"报冤将"，在晋阳三城大肆劫掠，焚烧马步都虞候张锴、府城都虞候郭玱的府宅。河东节度使李侃因为军府混乱不宁，曲意迎合乱军的做法，竟然下令将张锴、郭玱抓捕在牙门斩首，并将他们的家属驱逐；任命贺公雅为马步都虞候。张锴、郭玱在被斩首前，哭泣着对众兵说："所斩杀的人都是捕盗司暗中申报的，今天受冤枉死去，就没有勇士来救我们吗？"于是，军士再度大肆喧闹，将张锴、郭昢救下刑场，送回都虞候衙门。不久，李侃下令恢复二人原有官职，并且将他们的家属召回；收捕盗司元义宗等三十几家全部诛杀。己未日（三十日），任命马步都教练使朱玫等担任三城斩斫使，率兵分别逮捕"报冤将"，把他们全部斩杀，军城这才安定。

黄巢与浙东观察使崔璆、岭南东道节度使李迢书，求天平节度使，二人为之奏闻，朝廷不许。巢复上表求广州节度使，上命大臣议之。左仆射于琮以为："广州市舶宝货所聚，岂可令贼得之！"亦不许，乃议别除官。六月，宰相请除巢率府率，从之。

河东节度使李侃以军府数有乱，称疾，请寻医。敕以代州刺史康传圭为河东行军司马，征侃诣京师。秋，八月，甲子，侃发晋阳。寻以东都留守节蔚同平章事，充河东节度使。

镇海节度使高骈奏："请以权舒州刺史郎幼复充留后，守浙西，遣都知兵马使张璘将兵五千于郴州守险，兵马留后王重任将兵八千于循、潮二州邀遮，臣将万人自大庾岭趣广州，击黄巢。巢闻臣往，必当遁逃，乞敕王铎以所部兵三万于梧、昭、桂、永四州守险。"诏不许。

【译文】黄巢给浙东观察使崔璆、岭南东道节度使李迢送去书信，请求授予天平节度使；二人替他将此事上奏朝廷，朝廷不准许。黄巢又向朝廷上表请求授予广州节度使的官职，僖宗命满朝大臣对此事商议。左仆射于琮认为："广州有市舶司，每年蕃船来来往往，聚集着大批珍宝，这样重要的地方怎么能让盗贼掌控呢？"于是僖宗又没有批准黄巢的乞求，而让大臣们商议赐予黄巢其他职位。六月，宰相们提出可让黄巢担任率府率，僖宗准许。

河东节度使李侃因为军府几次叛乱，所以假称患病，请求辞官医治。唐僖宗李儇诏命代州刺史康传圭为河东行军司马，调任李侃返回京城。秋季，八月，甲子日（初七），李侃从晋阳出发奔赴京城。不久，唐僖宗李儇任命东都留守李蔚以同平章事，充任河东节度使。

镇海节度使高骈向朝廷奏报："请任命暂代舒州刺史郎幼复为镇海军留后，防守浙西，派遣都知兵马使张璘率领五千兵马前去郴州据守险要之地，兵马留后王重任统率八千大军在循州、潮州阻挡黄巢贼寇，臣亲自率领一万军队翻过大庾岭直奔广州征讨黄巢。黄巢如果知道我前来，定会北逃，请朝廷命令王铎带领所统管的三万军队在梧州、昭州、桂州、永州等四州据守险要之处。"僖宗下诏不同意此建议。

九月，黄巢得率府率告身，大怒，诉执政，急攻广州，即日陷之，执节度使李迢，转掠岭南州县。巢使迢草表述其所怀，迢曰："予代受国恩，亲戚满朝，腕可断，表不可草。"巢杀之。

冬，十月，以镇海节度使高骈为淮南节度使，充盐铁转运使，以泾原节度使周宝为镇海节度使，以山南东道行军司马刘巨容为节度使。宝，平州人也。

黄巢在岭南，士卒罹瘴疫死者什三四，其徒劝之北还以图大事，巢从之。自桂州编大筏灵数千，乘暴水，沿湘江而下，历衡、永州，癸未，抵潭州城下。李系婴城不敢出战，巢急攻，一日，陷之，系奔朗州。巢尽杀戍兵，流尸蔽江而下。尚让乘胜进逼江陵，众号五十万。时诸道兵未集，江陵兵不满万人，王铎留其将刘汉宏守江陵，自帅众趣襄阳，云欲会刘巨容之师。铎既去，汉宏大掠江陵，焚荡殆尽，士民逃窜山谷。会大雪，僵尸满野。后旬馀，贼乃至。汉宏，兖州人也，帅其众北归为群盗。

【译文】九月，黄巢收到率府率的委任状，非常气愤，痛骂当朝宰相，并率军迅速攻打广州，当天就将广州攻克，擒拿了广州节度使李迢，并率领军队转而劫掠岭南地区各州县。黄巢命令李迢草拟表文叙述内心感受，李迢说："我世代受朝廷厚待，亲族遍布朝廷，手腕可以被折断，表文却不能起草。"黄巢就把他杀了。

冬季，十月，唐僖宗李儇任命镇海节度使高骈为淮南节度使，充任盐铁转运使，任命泾原节度使周宝为镇海节度使，任命山南东道行军司马刘巨容为节度使。周宝是平州人。

黄巢在岭南，士卒患瘴疠瘟疫而死的，有十分之三四，他的党羽劝说他返回北方谋划大事，黄巢很是赞同。于是从桂州编制几十只大木筏，借着洪水沿湘江顺流行军，穿过衡州、永州，癸未日（二十七日），到达潭州城下。李系命人关闭城门不出城迎战，黄巢猛烈进攻一天，将城攻克，李系逃奔朗州。黄巢将潭州士兵全部斩杀，将尸体抛入湘江顺水漂流，以致尸体把江面都遮盖住了。尚让乘胜逼近江陵，号称五十万军队。当时，各道士兵还没有汇集，江陵士兵不足一万，王铎命他的大将刘汉宏据守江陵，亲自率领军队直奔襄阳，前去联合刘巨容的军队。王铎离开后，刘汉宏大肆抢掠江陵，焚烧抢夺殆尽，士民逃窜到山谷中躲藏。正赶上天降大雪，冻僵的尸体遍布山野。十多天后，黄巢的军队才到达这里。刘汉宏是兖州人，这时率领其部队向北奔逃，成为贼寇。

【乾隆御批】巢鸱张狼矗，野性难驯，其表请广州，并非诚于归顺，特以甫经败衄，聊藉此息肩，且窥朝廷举动耳。揆之理势，俱无可允从。彼斤斤于市船宝货者，既昧辜体重轻，而思以率府告身相饵，尤为暗于料敌。及广南既陷，犹不肯从高骈大谀趣击之谋。养瘫贻患，盖日深一日矣。

【译文】黄巢嚣张残暴、倒行逆施，充满野性而又难以驯服，他上表请求任广州节度使，并不是真心要归顺朝廷，只不过是经历了战事失败后，想借这个机会得到一个喘息之机，并且可以窥视朝廷的举动罢了。从道理和形势上分析，都没有答应他的理由。那些在船舶往来及宝货交易上斤斤计较的人对事体的轻重缓急是昏昧不清的，而想以率府告身文书为铒，却对敌人一无所知，就更是糊涂了。等到广南陷落，还不肯采纳高骈从大庾出击的计谋。真是留着痈疽不去医治就会留下后患，并且会一天比一天深重了。

闰月，丁亥朔，河东节度使李蔚有疾，以供军副使李邵权观察留后，监军李奉皋权兵马留后。己丑，蔚薨。都虞候张锴、郭昢署状纳邵，以少尹丁球知观察留后。

十一月，戊午，以定州已来制置使万年王处存为义武节度使、河东行军司马，雁门关已来制置使康传圭为河东节度使。

【译文】闰月，丁亥朔日（初一），河东节度使李蔚患病，让供军副使李邵暂时担任观察留后，监军李奉皋暂时担任兵马留后。己丑日（初三），李蔚病逝。都虞候张锴、郭昢签署奏疏将李邵罢黜，让少尹丁球担任知观察留后。

十一月，戊午日（初三），唐僖宗李俨任命定州已来制置使万年人王处存为义武节度使，任命河东行军司马、雁门关已来制置使康传圭为河东节度使。

黄巢北趣襄阳，刘巨容与江西招讨使淄州刺史曹全晸合兵屯荆门以拒之。贼至，巨容伏兵林中，全晸以轻骑逆战，阳不胜而走。贼追之，伏发，大破贼众，乘胜逐北。比至江陵，俘斩其什七八。巢与尚让收徐众渡江东走。或劝巨容穷追，贼可尽也。巨容曰："国家喜负人，有急则抚存将士，不爱官赏，事宁则弃之，或更得罪。不若留贼以为富贵之资。"众乃止。全晸度江追贼，会朝廷以泰宁都将段彦谟代为招讨使，全晸亦止。由是贼势复振，攻鄂州，陷其外郭，转掠饶、信、池、宣、歙、杭等十五州，众至二十万。

康传圭自代州赴晋阳，庚辰，至乌城驿。张锴、郭𫖯出迎，乱刀斫杀之，至府，又族其家。

十二月，以王铎为太子宾客、分司。

初，兵部尚书卢携尝荐高骈可为都统，至是，骈将张璘等屡破黄巢，乃复以携为门下侍郎、平章事，凡关东节度使，王铎、郑畋所除者，多易置之。

是岁，桂阳贼陈彦廉陷郴州，杀刺史董岳。

【译文】黄巢前往北方直奔襄阳，刘巨容和江西招讨使淄州刺史曹全晸联合军队在荆门屯扎抗拒黄巢。贼寇来攻打时，刘巨容在林中埋伏好士兵，曹全晸率领轻骑迎战，假装战败而逃。贼兵追逐，伏兵发动进攻，贼兵大败，官军乘胜追击，一直追赶到江陵，虏获并斩杀了十之七八的贼寇。黄巢与尚让聚集残兵渡江向东而逃。有人劝说刘巨容追杀这些贼寇，将他们杀光。刘巨容说："朝廷常出尔反尔，有危难时就安抚将士，不吝惜官位，赐予将士，等危难被平定，就将我们弃之不顾，有的人甚至因功招致大祸；不如留下贼兵作为我辈求取富贵的凭借。"士众这才作罢。曹全晸渡江追讨贼兵，正赶上朝廷派遣泰宁都将段彦谟代为招讨使，于是曹全晸也停止追击。因此贼兵势力再次大振，进攻鄂州，攻克了外城，转而抢掠饶、信、池、宣、歙、杭等十五州,士众多达二十万。

康传圭自代州奔赴晋阳,庚辰日(二十五日),抵达乌城驿;河东都虞候张锴、郭咄出城迎接,康传圭命令部下用刀将两人砍死,进入河东军府后,又将他们的家族亲属全部诛杀。

十二月,唐僖宗李俨任命王铎为太子宾客、分司。

起初,兵部尚书卢携曾举荐高骈担任都统,如今,高骈的大将张璘等人多次打败黄巢,于是,朝廷又任命卢携为门下侍郎、同平章事,所有关东各镇的节度使,由王铎、郑畋所委任官职的,多被罢职改任。

这一年,桂阳贼寇陈彦谦攻克郴州,杀死了刺史董岳。

【乾隆御批】巨容应阃外之寄,贼方败衄,有会可乘,正当悉锐穷追以靖伏莽。乃怨诽国家负人,欲留贼以图富贵。全晸既统舟师渡江,闻除书而遽返。致贼氛复煽江东。二人之罪固不可胜诛。然所以致此者?岂非僖宗不能振饬纪纲,国政日坏,而尚专务游嬉?其获罪祖宗较之二人为尤甚也。

【译文】刘巨担负着军事大权,贼军正在败逃之时,有机可乘,正该率领全部精锐之兵穷追猛打,以扫清潜藏的寇盗。可是他却怨恨、非议国家负人,想留下寇盗以谋取个人的富贵。曹全晸已率水军舰船渡过长江,听到任命官职的文书却又突然返回,以致贼军气焰重新被煽动起来。这两个人的罪过固然无以穷尽,然而之所以会造成这种局面又是什么原因呢?难道不是因为僖宗不能振兴纲纪,国政一天比一天败坏,而又每天专事游玩嬉戏造成的吗?他对祖宗犯下的罪过比起刘巨容、曹全晸两个人来说是更加严重啊!

广明元年(庚子,公元八八〇年)春,正月,乙卯朔,改元。

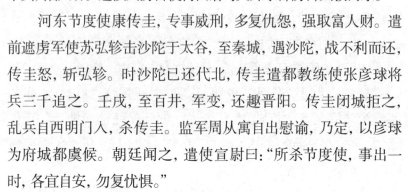

沙陀入雁门关，寇忻、代。二月，庚戌，沙陀二万馀人逼晋阳，辛亥，陷太谷。遣汝州防御使博昌诸葛爽帅东都防御兵救河东。

河东节度使康传圭，专事威刑，多复仇怨，强取富人财。遣前遮虏军使苏弘轸击沙陀于太谷，至秦城，遇沙陀，战不利而还，传圭怒，斩弘轸。时沙陀已还代北，传圭遣都教练使张彦球将兵三千追之。壬戌，至百井，军变，还趣晋阳。传圭闭城拒之，乱兵自西明门入，杀传圭。监军周从寓自出慰谕，乃定，以彦球为府城都虞候。朝廷闻之，遣使宣尉曰："所杀节度使，事出一时，各宜自安，勿复忧惧。"

【译文】广明元年（庚子，公元880年）春季，正月，乙卯朔日（初一），改年号为广明。

沙陀攻入雁门关，进犯忻、代二州。二月，庚戌日（二十六日），沙陀两万余人进逼晋阳，辛亥日（二十七日），攻占太谷。朝廷派遣汝州防御使博昌人诸葛爽率领东都防御军救援河东。

河东节度使康传圭，专门对部下施以威压动用酷刑，结下很多仇怨，强占富人的财物。康传圭派前遮虏军使苏弘轸在太谷攻打沙陀，抵达秦城时，遭遇沙陀军队，结果战败而回，康传圭非常生气，斩杀了苏弘轸。当时沙陀已返回代北，康传圭派遣都教练使张彦球率领三千士兵前去追击。壬戌日（二月无此日），张彦球抵达百井，军队发生叛乱，士兵很快返回晋阳。康传圭关闭城门，将乱军关在城外，乱兵从西明门冲进去，把康传圭杀死。监军周从寓亲自出来安慰劝导，才使局势安定下来，于是让张彦球为府城都虞候。朝廷听说这些情况后，派遣使者宣慰说："大家杀死节度使，事出突然，迫不得已，各自都应该安心，不必再担忧恐惧了。"

左拾遗侯昌业以盗贼满关东，而上不亲政事，专务游戏，赏赐无度，田令孜专权无上，天文变异，社稷将危，上疏极谏。上大怒，召昌业至内侍省，赐死。

上好骑射、剑槊、法算，至于音律、蒲博，无不精妙；好蹴鞠、斗鸡，与诸王赌鹅，鹅一头至直五十缗。尤善击球，尝谓优人石野猪曰："朕若应击球进士举，须为状元。"对曰："若遇尧、舜作礼部侍郎，恐陛下不免驳放。"上笑而已。

度支以用度不足，奏借富户及胡商货财。敕借其半。盐铁转运使高骈上言："天下盗贼蜂起，皆出于饥寒，独富户、胡商未耳。"乃止。

高骈奏改杨子院为发运使。

【译文】左拾遗侯昌业认为盗贼在潼关以东横行猖獗，可僖宗却不亲自处理政事，全部心思都在游戏玩乐上，对臣子的赏赐丝毫没有节制，宦官田令孜专擅朝政，无视天子，让天象发生变化，国家将要危险，因而向僖宗极力进谏。僖宗非常生气，召侯昌业前往内侍省，赐自尽。

僖宗喜好骑马射箭、剑矛、算学，甚至音律、蒲博（古博戏），没有一项不精通的；喜欢蹴鞠、斗鸡，与诸王赌鹅，一只鹅赌价高达五十缗。尤其擅长击球，曾经对优人石野猪说："朕假如参加击球进士的考试，定会考中状元。"石野猪回答说："假如陛下遇到尧、舜担任礼部侍郎的话，恐怕免不了要被贬黜啊。"僖宗听了，只是笑笑罢了。

度支官因国库费用不充足，上奏朝廷请求向富户和胡商借一些财产、货物；僖宗诏命令富户、胡商将一半财货借给国家。盐铁转运使高骈向僖宗进谏说："天下盗贼蜂拥而起，都是因为饥寒所逼迫，只有富户和胡商没有造反了。"僖宗于是罢止这种做法。

高骈上奏朝廷请求将杨州留后所居的杨子院改为发运使。

三月，庚午，以左金吾大将军陈敬瑄为西川节度使。敬瑄，许州人，田令孜之兄也。

初，崔安潜镇许昌，令孜为敬瑄求兵马使，安潜不许。敬瑄因令孜得录左神策军，数岁，累迁至大将军。令孜见关东群盗日炽，阴为幸蜀之计，奏以敬瑄及其腹心左神策大将军杨师立、牛勗、罗元杲镇三川，上令四人击球赌三川，敬瑄得第一筹，即以为西川节度使，代安潜。

【译文】三月，庚午日（十七日），唐僖宗李俨任命左金吾大将军陈敬瑄为西川节度使。陈敬瑄是许州人，是田令孜的哥哥。

起初，崔安潜镇守许昌，田令孜替陈敬瑄请求兵马使一职，崔安潜没有答应。陈敬瑄又通过田令孜获得左神策军的军籍，几年后，迁升为大将军。田令孜看到关东群盗一天天猖獗起来，暗中为将来逃奔西蜀做准备，于是上奏请求让陈敬瑄和他的心腹左神策大将军杨师立、牛勗、罗元杲镇守三川。僖宗命令四人击球赌三川，陈敬瑄获得第一筹，僖宗就任命他为西川节度使，代替崔安潜。

辛未，以门下侍郎、同平章事郑从谠同平章事，充河东节度使。康传圭既死，河东兵益骄，故以宰相镇之，使自择参佐。从谠奏以长安令王调为节度副使，前后部员外郎、史馆修撰刘崇龟为节度判官，前司勋员外郎、史馆修撰赵崇为观察判官，前进士刘崇鲁为推官。时人谓之小朝廷，言名士之多也。崇龟、崇鲁，政会之七世孙也。时承晋阳新乱之后，日有杀掠，从谠貌温而气劲，多谋而善断，将士欲为恶者，从谠辄先觉，诛之，奸猾慑息。为善者抚待无疑，知张彦球有方略，百井之变，非本心，独推首乱者杀之，召彦球慰谕，悉以兵柄委之，军中由是遂安。彦球为从谠尽死力，卒获其用。

【译文】辛未日(十八日)，唐僖宗李儇任命门下侍郎、同平章事郑从谠同平章事，充任河东节度使。康传圭死后，河东士兵更加骄横无礼，所以僖宗派遣宰相前去镇守，让他能自己挑选跟随前往的僚佐。郑从谠上奏朝廷任命长安令王调为节度副使，前兵部员外郎、史馆修撰刘崇龟为节度判官，前司勋员外郎、史馆修撰赵崇为观察判官，前进士刘崇鲁为推官。当时人称之为"小朝廷"，是所谓名士特别多的意思。刘崇龟、刘崇鲁是刘政会的七世孙。当时，正是晋阳刚刚发生叛乱之后，每天都出现杀人抢掠之事，郑从谠外表温和可是心里刚硬，擅长谋划决断事情，有想要作乱的将士，郑从谠总是事先就发觉，将他杀掉，让心术不正的人以此为戒。郑从谠对善良的人安抚信任从不会怀疑，比如张彦球很有谋略，百井之乱并不是他的本意，郑从谠只是将谋划作乱的头目查出来斩杀，而将张彦球召来安慰劝导，并把所有兵权委托于他，军中逐渐得以安定。因此，张彦球为郑从谠竭尽全力效劳，始终受到重用。

【乾隆御批】名士虚声相尚，未必尽于实用，有裨聚集虽多，亦何足异。况幕府得人极盛，亦不过如绿水芙蕖之比。时人乃目之为小朝廷。唐末人心幻妄，不知明别尊卑，于此可见。

【译文】名士们被互相吹捧得名声很高，不一定完全合于实用，这样的人聚集起来虽然很多，却没什么稀奇的。更何况幕府里人才鼎盛，也不过如绿水和荷花的对比一样。当时的人却把它视作一个小朝廷。唐朝末年人心虚妄幻诞，不知明晰地区分尊卑贵贱，从这里就可以看出来。

淮南节度使高骈遣其将张璘等击黄巢屡捷，卢携奏以骈为诸道行营兵马都统。骈乃传檄征天下兵，且广召募，得土客之兵共七万，威望大振，朝廷深倚之。

安南军乱，节度使曾衮出城避之，诸道兵戍邕管者往往自归。

夏，四月，丁酉，以太仆卿李琢为蔚、朔等州招讨都统、行营节度使。琢，听之子也。

张璘渡江击贼帅王重霸，降之。屡破黄巢军，巢退保饶州，别将常宏以其众数万降。璘攻饶州，克之，巢走。时江、淮诸军屡奏破贼，率皆不实，宰相已下表贺，朝廷差以自安。

【译文】淮南节度使高骈派遣大将张璘等人进攻黄巢并且屡传捷报，卢携上奏朝廷任命高骈为各道行营（兵马）都统。高骈于是传檄文召集天下兵马，并且扩大招募范围，获得土兵（淮南之兵）和客兵（诸道之兵）共计七万人，声威大振，朝廷非常器重他。

安南军队作乱，节度使曾衮逃出城躲藏，诸道戍守邕管的士兵纷纷擅自返回原籍。

夏季，四月，丁酉日（十四日），唐僖宗李儇任命太仆卿李琢为蔚、朔等州招讨都统、行营节度使。李琢是李听的儿子。

张璘渡江进攻贼帅王重霸，逼迫他投降；还几次打败黄巢的军队。黄巢退兵占据饶州以求自保，他的部下别将常宏率几万人投降朝廷。张璘攻打饶州，攻克饶州城，黄巢又率领士兵撤退。这时江、淮间诸官军多有打败贼寇报捷的奏文呈递，但几乎全不是真实情况，宰相以下的官员得到不真实的捷报，都向僖宗上表祝贺，朝廷便自以为局势很稳定。

以李琢为蔚朔节度使，仍充都统。

以杨师立为东川节度使，牛勖为山南西道节度使。

以诸葛爽为北面行营副招讨。

初，刘巨容既还襄阳，荆南监军杨复光以忠武都将宋浩权知府事，泰宁都将段彦谟以兵守其城。诏以浩为荆南安抚使，彦谟耻居其下。浩禁军士翦伐街中槐柳，彦谟部卒犯令，浩杖其背。彦谟怒，扶刃驰入，并其二子杀之。复光奏浩残酷，为众所诛。诏以彦谟为朗州刺史，以工部侍郎郑绍业为荆南节度使。

【译文】唐僖宗李儇任命李琢为蔚朔节度使，仍然充任都统。

唐僖宗李儇任命杨师立为东川节度使，牛勖为山南西道节度使。

唐僖宗李儇任命诸葛爽为北面行营副招讨。

起初，刘巨容返回襄阳后，荆南监军杨复光派遣忠武都将宋浩暂时管理军府事务，泰宁都将段彦谟率领军队守城；唐僖宗李儇诏令宋浩为荆南安抚使，段彦谟以位居宋浩之下而倍感羞耻。宋浩禁止军士任意砍伐道路旁的槐树、柳树，而段彦谟的属下士兵却违反了禁令，于是，宋浩用杖击打违反禁令士兵的后背。段彦谟特别气愤，怀藏利刃骑马冲入军府，将宋浩及其两个儿子杀死。杨复光上奏朝廷称宋浩对将士残忍冷酷，被激愤的将士杀死；唐僖宗李儇诏命段彦谟为朗州刺史，任命工部侍郎郑绍业为荆南节度使。

五月，丁巳，以汝州防御使诸葛爽为振武节度使。

刘汉宏之党浸盛，侵掠宋、兖。甲子，征东方诸道兵讨之。

黄巢屯信州，遇疾疫，卒徒多死。张璘急击之，巢以金啖璘，且致书请降于高骈，求骈保奏。骈欲诱致之，许为之求节钺。时昭义、感化、义武等军皆至淮南，骈恐分其功，乃奏贼不日当平，不烦诸道兵，请悉遣归。朝廷许之。贼诇知诸道兵已北渡淮，乃告绝于骈，且请战。骈怒，令璘击之，兵败，璘死，巢势复振。

乙亥，以枢密使西门思恭为凤翔监军。丙子，以宣徽使李顺融为枢密使。皆降白麻，于阁门出案，与将相同。

【译文】五月，丁巳日（初四），唐僖宗李儇任命汝州防御使诸葛爽为振武节度使。

刘汉宏的党羽势力逐渐壮大，侵犯抢掠宋、兖；甲子日（十一日），朝廷征召东方诸道士兵前去征讨。

黄巢在信州驻扎，正赶上疾病瘟疫，士兵大多数病死。张璘迅速进攻他，黄巢于是用黄金来贿赂张璘，并且写信给高骈请求投降，求他举荐呈递奏表。高骈想把他引诱来，所以同意替他请求斧钺。当时，昭义、感化、义武等军队都抵达淮南，高骈担心这些军队瓜分自己的功劳，于是上奏朝廷说贼寇很快就会被剿灭，不用烦劳诸道军队前来，请求将诸道军队全部遣返本镇；朝廷准许了他的请求。贼寇探知各道军队已向北渡过淮水，就和高骈断绝交往，并且请求交战。高骈非常生气，命令张璘征讨，结果张璘战败身死，黄巢的势力再次大振。

乙亥日（二十二日），唐僖宗李儇任命枢密使西门思恭为凤翔监军。丙子日（二十三日），朝廷任命宣徽使李顺融为枢密使。对这些宦官的委任，都由阁门出案降白麻，与朝廷官员将相任命官职的手续一致。

西川节度使陈敬瑄素微贱，报至蜀，蜀人皆惊，莫知为谁。有青城妖人乘其声势，帅其党诈称陈仆射，止逆旅，呼巡虞候索白马甚急。马步使瞿大夫觉其妄，执之，沃以狗血，即引服，悉诛之。六月，庚寅，敬瑄至成都。

黄巢别将陷睦州、婺州。

卢携病风不能行，谒告。己亥，始入对，敕勿拜，遣二黄门掖之。携内挟田令孜，外倚高骈，上宠遇甚厚，由是专制朝政，高下在心。既病，精神不完，事之可否决于亲吏杨温、李修，货赂公行。豆卢瑑无他材，专附会携。崔沆时有启陈，常为所沮。

【译文】西川节度使陈敬瑄一向官位低微，让他掌管西蜀的消息一经传出，蜀中人士都倍感震惊，不知道陈敬瑄是什么人。有个青城的妖人（以邪法异说惑众的）借助陈敬瑄的声势，带领其党羽谎称是陈仆射，停留在旅舍，呼唤巡虞候，十分紧急地索要白马。马步使瞿大夫发觉了他的虚妄，将他抓捕，用狗血浇他，他就认罪了，他及其党羽全部被杀。六月，庚寅日（初八），陈敬瑄抵达成都。

黄巢的别将攻克睦州、婺州。

卢携得了风痛病不能走路，向朝廷请假在家中休养；己亥日（十七日），他才入朝应对，僖宗诏命他无须跪拜，并且派遣两个黄门太监扶着他。卢携在朝廷之内仰仗着宦官田令孜的权势，在朝廷之外倚仗高骈的军事力量，再有僖宗对他特别宠爱信任，所以专擅朝政，政事无论大小都由他裁定。现在他已病倒，精神状态不好，政事交给他的亲吏杨温、李修来裁定，这些人公然收受他人的贿赂。豆卢瑑没有什么杰出的才能，只一心一意亲附卢携。崔沆常有奏对禀告之事，经常受到豆卢琢的阻挠。

庚子，李琢奏沙陀二千来降。琢时将兵万人屯代州，与卢龙节度使李可举、吐谷浑都督赫连铎共讨沙陀。李克用遣大将高文集守朔州，自将其众拒可举于雄武军。铎遣人说文集归国，文集执克用将傅文达，与沙陀酋长李友金、萨葛都督米海万、安庆都督史敬存皆降于琢，开门迎官军。友金，克用之族父也。

庚戌，黄巢攻宣州，陷之。

刘汉宏南掠申、光。

【译文】庚子日（十八日），李琢向朝廷奏报两千沙陀士兵前来投降。李琢当时率领军队万人在代州驻扎，和卢龙节度使李可举、吐谷浑都督赫连铎一起讨伐沙陀。李克用派遣大将高文集戍守朔州，他亲自率领部众在雄武军抵抗李可举。赫连铎派人劝说高文集归顺朝廷，高文集抓获李克用部将傅文达，然后与沙陀酋长李友金、萨葛都督米海万、安庆都督史敬存等人都向李琢投降，打开城门迎接大唐官军。李友金是李克用的族父。

庚戌日（二十八日），黄巢进攻宣州，宣州陷落。

刘汉宏率领军队前往南方攻打劫掠申州、光州。

赵宗政之还南诏也，西川节度使崔安潜表以崔澹之说为是，且曰："南诏小蛮，本云南一郡之地。今遣使与和，彼谓中国为怯，复求尚主，何以拒之！"上命宰相议之。卢携、豆卢琢上言："大中之末，府库充实。自咸通以来，蛮两陷安南、邕管，一入黔中，四犯西川，征兵运粮，天下疲弊，逾十五年，租赋太半不入京师，三使、内库由兹虚竭。战士死于瘴疠，百姓困为盗贼，致中原榛杞，皆蛮故也。前岁冬，蛮不为寇，由赵宗政未归。去岁冬，蛮不为寇，由徐云虔复命，蛮尚有冀望。今安南子城为叛卒所据，节度使攻之未下，自馀戍卒，多已自归，邕管客军，又减其半。冬期且至，倘蛮寇侵轶，何以支梧！不若且遣使臣报复，纵未得其称臣奉贡，且不使之怀怨益深，坚决犯边，则可矣。”乃作诏赐陈敬瑄，许其和亲，不称臣，令敬瑄录诏白，并移书与之，仍增赐金帛。以嗣曹王龟年为宗正少卿充使，以徐去虔为副使，别遣内使，共赍诣南诏。

【译文】赵宗政返回南诏时，当时的西川节度使崔安潜上表朝廷，指出崔澹所说的对付南诏蛮人的政策是对的，并且声称："南诏本是小蛮，原本是云南的一郡之地；现在派遣使者和他们议和，他们会认为我朝懦弱，如果他们得寸进尺请求娶公主和亲时，将怎么来回绝呢？"僖宗诏令宰相们商议此事。卢携、豆卢瑑进谏僖宗说："大中末年，府库费用充足。自从咸通以来，南诏蛮军已经两次攻陷安南、邕管，一次攻打到黔中，四次进犯西川，征召军队运输粮食，已让天下百姓疲惫不堪，如今过去了十五年，还有大半租赋不能送入京城，度支、户部、盐铁三使和皇宫内库由此空虚，将士因为蛮荒之地的瘴气瘟疫纷纷病死，百姓因为贫困不堪呼告无门而结伙做了盗贼，致使中原地区只剩下些榛子和杞柳，这都是南诏蛮人入侵的缘故。前年冬季，蛮人没有进犯我大唐边境，是因为赵宗政还没有返回国家。去年冬季，蛮人没有进犯，是因为徐云虔回复命令，蛮人还有觊觎之心。现在，安南的外城已被作乱的士兵占据，节度使（曾衮）又长久没有攻打下来，其余的士兵，大多已擅自返归原籍，邕管军统领的外地军队，又减少了一半。冬季即将到来，如果南诏蛮军来犯我边境，将如何应对！不如现在就派使者去复命，即使不能让他们称臣，进献贡物，也不会让他们对我大唐王朝怀有更深的仇恨，而坚决要侵犯我边境，如果能达到这样的目的也就可以了。"于是唐僖宗李儇作诏书，赐给陈敬瑄，准许与南诏和亲，南诏也不用称臣，命令陈敬瑄记录诏书正文，将书信一起交给南诏，并且增加对南诏赏赐的金帛。唐僖宗李儇任命嗣曹王李龟年为宗正少卿，充任使者，任命徐云虔为副使，另外派遣内使，一同送往南诏。

秋，七月，黄巢自采石渡江，围天长、六合，兵势甚盛。淮南将毕师铎言于高骈曰："朝廷倚公为安危，今贼数十万众乘胜长驱，若涉无人之境，不据险要之地以击之，使逾长淮，不可复制，必为中原大患。"骈以诸道兵已散，张璘复死，自度力不能制，畏怯不敢出兵，但命诸将严备，自保而已，且上表告急，称："贼六十馀万屯天长，去臣城无五十里。"先是，卢携谓"骈有文武长才，若悉委以兵柄，黄巢不足平。"朝野虽有谓骈不足恃者，然犹庶几望之。乃骈表至，上下失望，人情大骇。诏书责骈散遣诸道兵，致贼乘无备渡江。骈上表言："臣奏闻遣归，亦非自专。今臣竭力保卫一方，必能济办。但恐贼迤逦过淮，宜急敕东道将士善为御备。"遂称风痹，不复出战。

诏河南诸道发兵屯溵水，泰宁节度使齐克让屯汝州，以备黄巢。

辛酉，以淄州刺史曹全晸为天平节度使、兼东面副都统。

【译文】秋季，七月，黄巢从采石渡过长江，围攻天长、六合，军队声势浩大。淮南大将毕师铎对高骈说："朝廷倚仗明公安定大局，现在数十万贼寇乘胜奔驰而进，好像进入无人之境，如果不占据险要地势攻打他们，等他们越过长淮，就无法控制局面了，必然会成为中原的大祸。"高骈因为诸道援军已被遣返回去，张璘又战死，感到无法阻止黄巢北进，恐惧的心理加上胆怯让他不敢派出军队攻打，只是命令诸将加强防守戒备，采取自保之策罢了，同时上表朝廷禀告军情危急，声称："黄巢贼寇六十余万驻扎在天长，距离我城不到五十里。"之前，卢携扬言："高骈有文武大才，如果把兵权全都交付给他，剿灭黄巢将不费力气。"朝野中虽然有人认为高骈不值得托付依靠，但对他还存有几分期望。等到高骈表奏抵达京城，朝廷上下都倍感失望，人心惶惶。朝廷颁下诏书斥责高骈遣散各道军队，导致贼寇趁唐军毫无准备之时渡过长江。高骈上表说："臣上奏建议遣归各道军队，不能算是擅自专权。今天臣竭尽全力守卫一方，必定是能办到的事情，只是担心贼众浩浩荡荡渡过淮河，陛下应立即诏令东面诸道将士加强防守，竭力抗拒才是。"于是高骈称说自己得了风痹病，不再出去应战。

唐僖宗李儇诏令河南诸道发动军队在溵水屯驻，泰宁节度使齐克让在汝州驻扎，以防备警戒黄巢。

辛酉日（初九），唐僖宗李儇任命淄州刺史曹全晸为天平节度使，兼东面副都统。

【乾隆御批】骈自复安南、镇成都，移节淮浙，所向有功，其锋颇锐。至是乃畏贼如虎。则以始，乘激发之气尚足有为，逮其怙功反复，私意横于中，是以一跌不振。如明季左良玉，始为流贼所慑，未几而日就沮丧，首鼠难支。识者观将材，可以知世运矣。

【译文】高骈从收复安南、镇守成都，又转移到淮浙任节度使，所到之处都有功绩。他的锋芒很是锐利。到这时害怕贼军却像害怕老虎一样。那是因为开始的时候，乘着激发起来的锐气还足以去干一番大事，等到他任凭自己是有功之人的念头反复出现的时候，私心杂念已经横亘于胸，因此一蹶不振。就像明朝的左良玉一样，开始就慑服于流贼的势力，没多久便一天比一天沮丧，踌躇不定，难以支撑。有识之士只要观察将材就可以了解世间盛衰治乱的更迭变化了。

刘汉宏请降。戊辰，以为宿州刺史。

李克用自雄武军引兵还，击高文集于朔州，李可举遣行军司马韩玄绍邀之于药儿岭，大破之，杀七千馀人，李尽忠、程怀信皆死；又败之于雄武军之境，杀万人。李琢、赫连铎进攻蔚州，李国昌战败，部众皆溃，独与克用及宗族北入达靼。诏以铎为云州刺史、大同军防御使，吐谷浑白义成为蔚州刺史，萨葛米海万为朔州刺史，加李可举兼侍中。

达靼本鞑羯之别部也，居于阴山。后数月，赫连铎阴赂达靼，使取李国昌父子，李克用知之。时与其豪帅游猎，置马鞭、木叶或悬针，射之无不中，豪帅心服。又置酒与饮，酒酣，克用言曰："吾得罪天子，愿效忠而不得。今闻黄巢北来，必为中原患，一旦天子若赦吾罪，得与公辈南向共立大功，不亦快乎！人生几何，谁能老死沙碛邪！"达靼知无留意，乃止。

【译文】刘汉宏向朝廷请求投降，戊辰日（十六日），唐僖宗李儇任命他为宿州刺史。

李克用率领军队从雄武军朔州进击高文集，李可举派遣行军司马韩玄绍在药儿岭进行阻击，大败李克用军队，杀死七千多人，李尽忠、程怀信都战死；李克用大军又在雄武军境内被打败，上万人被杀。李琢、赫连铎率军攻打蔚州，沙陀李国昌战败，他的军队全部溃败逃散，独自和李克用以及宗族向北逃奔靼鞑部落。唐僖宗李儇颁布诏令任命赫连铎为云外史、大同军防御使；吐谷浑白义成为蔚州刺史；萨葛米海万为朔州刺史；加封李可举兼侍中。

鞑靼本来是鞑鞨的一个部落，在阴山居住。之后几个月，赫连铎偷偷对鞑靼进行贿赂，让他们抓捕并将李国昌父子遣返回京城，李克用了解他们的计谋后，就常常与鞑靼豪帅进行狩猎活动，将马鞭、木叶或悬针放在很远的地方作为靶子，每一次都正中靶心，让鞑靼豪帅很是敬佩。李克用又安排酒宴与鞑靼豪帅畅饮，喝到酣畅之时，李克用说："我得罪了大唐皇帝，希望为唐效忠却报国无门，如今听说黄巢军队向北进发，一定会成为中原的祸患，假如唐天子赦免我的罪行，我一定能够与各位进军南方一起建功立业，这难道不是让人痛快的事情吗？人生有多少时日啊，怎么能老死在沙漠之中呢？"鞑靼明白李克用没有留下的打算，也就罢止了杀李克用一事。

八月，甲午，以前西川节度使崔安潜为太子宾客、分司。

九月，东都奏："汝州所募军李光庭等五百人自代州还，过东都，烧安喜门，焚掠市肆，由长夏门去。"

黄巢众号十五万，曹全晸以其众六千与之战，颇有杀获。以众寡不敌，退屯泗上，以俟诸军至，并力击之。而高骈竟不之救，贼遂击全晸，破之。

【译文】八月，甲午日（十三日），唐僖宗李俨任命前任西川节度使崔安潜为太子宾客、分司。

九月，东都向朝廷上奏："汝州所招募的士兵李光庭等五百人从代州返回京城，经过东都时，焚烧安喜门冲入洛阳坊市，在坊市大肆烧杀劫掠，然后从长夏门奔逃。"

黄巢兵马号称十五万，曹全晸率领部下士兵六千人与黄巢大战，杀伤并虏获很多贼兵；只因寡不敌众，撤军在泗州驻扎，以待各道援军前来，一起围攻黄巢的贼兵。然而高骈竟然没有前往援救，贼兵于是进击曹全晸，泗州城被攻克。

徐州遣兵三千赴溵水，过许昌。徐卒素名凶悍，节度使薛能，自谓前镇彭城，有恩信于徐人，馆之球场。及暮，徐卒大噪，能登子城楼问之，对以供备疏阙，慰劳久之，方定。许人大惧。时忠武亦遣大将周岌诣溵水，行未远，闻之，夜，引兵还，比明，入城，袭击徐卒，尽杀之。且怨能之厚徐卒也，遂逐之。能将奔襄阳，乱兵追杀之，并其家。岌自称留后。汝、郑把截制置使齐克让恐为岌所袭，引兵还兖州，于是，诸道屯溵水者皆散。黄巢遂悉众渡淮，所过不虏掠，惟取丁壮以益兵。

【译文】徐州派遣军队三千人前往溵水，途经许昌。徐州士兵素来以凶悍不讲道理闻名，节度使薛能声称之前曾经镇守彭城，对徐州人有恩遇，于是将士兵安置在球场宿营。等到深夜，徐州士兵大声喧哗，薛能登上内城楼询问缘由，徐州士兵回答说宿地条件太差，又缺少供应的物品，薛能安慰了很久，士卒的情绪才稳定。许昌人闻知后无比恐惧。当时忠武军也派遣大将周岌率兵前往，还没走出多远，听说城中徐州士卒聚众作乱，就率领军队返回，到第二天天亮，忠武军冲入许昌城偷袭徐州军队，将徐州士兵全都杀死；而且还埋怨薛能对徐州士兵太仁慈了，把他也驱逐了。薛能打算逃奔襄阳，被乱兵追上杀死，全家都没有幸免。周岌自称留后。汝、郑把截制置都指挥使齐克让只是担心被周岌偷袭，率领军队返回兖州，在溵水驻扎的诸道军队都四散溃败。因此黄巢能带领全部贼众渡过淮水，所到之处都不让士兵抢夺百姓财物，只挑选一些强壮的男丁来加强兵力。

先是征振武节度使吴师泰为左金吾大将军，以诸葛爽代之。师泰见朝廷多故，使军民上表留己。冬，十月，复以师泰为振武节度使，以爽为夏绥节度使。

黄巢陷申州，遂入颍、宋、徐、兖之境，所至吏民逃溃。

群盗陷澧州，杀刺史李询、判官皇甫镇。镇举进士二十三上，不中第，询辟之。贼至，城陷，镇走，问人曰："使君免乎？"曰："贼执之矣。"镇曰："吾受知若此，去将何之！"遂还诣贼，竟与同死。

【译文】此前，朝廷征召振武节度使吴师泰为左金吾大将军，任命诸葛爽代替他。吴师泰看到唐朝廷有很多变故发生，私下让军民呈递表文挽留自己。冬季，十月，唐僖宗李儇又任命吴师泰为振武节度使，任命诸葛爽为夏绥节度使。

黄巢攻取申州，进犯颍、宋、徐、兖境内，所到之处官吏百姓都四散奔逃。

群盗攻克了澧州，杀死刺史李询、判官皇甫镇。皇甫镇参加科举进士考试达二十三次，都没有考中，被李询征召进入幕府。黄巢军攻陷州城，皇甫镇逃奔出城，向出城的人询问："李使君逃出城了没有？"有人告诉他说："刺史李询已被贼寇擒拿。"皇甫镇说："我受到他优厚的对待，即使逃走了，又能逃到何处呢？"于是他返回贼寇的驻扎地，和李询一同赴死。

【申涵煜评】镇老于场屋，晚为李询所辟，与之同死，知己之感，固应如此。黄巢以不第作贼，镇乃以不第著节，举子中何所不有，虽然彼高第而贼民者，是亦巢之类夫。

【译文】皇甫镇参加科举，到晚年都没有考中，晚年被李询招入幕府，他能够和李询同赴死难，知己之间的感情，固然应该如此。黄巢因为没有考中科举而做了贼人，皇甫镇因为没有考中科举了更彰显名节。参加科举考试的人可以说是什么人都有。那些高中科举而残害民众的人和黄巢是一类人。

资治通鉴卷第二百五十四　唐纪七十

起上章困敦十一月，尽玄黓摄提格四月，凡一年有奇。

【译文】起庚子（公元 880 年）十一月，止壬寅（公元 882 年）四月，共一年六个月。

【题解】本卷记录了公元 880 年十一月至 882 年四月，共计一年〇六个月的史事。当时正值唐僖宗广明元年十一月至中和元年四月。在这期间，黄巢农民军一路凯旋，于公元 880 年十二月入长安称帝，创建国号大齐，黄巢军呈现不可挡之势。十二月五日，田令孜携僖宗逃奔成都。田令孜在其兄陈敬瑄的支持下，驱良为盗，为害四川，把朝廷的腐朽之象带到了蜀地。僖宗入蜀后，敕令凤翔节度使郑畋阻击黄巢军，一度攻入长安，但因军纪败坏，入京后所行与诸寇无别，致使黄巢军趁机再入长安，大肆杀掠。唐王朝日趋衰败，黄巢又不得民心，各地拥有强大兵力的藩镇开始心怀野心，纷争割据局面正在酝酿之中。

僖宗惠圣恭定孝皇帝中之上

广明元年（庚子，公元八八〇年）十一月，河中都虞候王重荣作乱，剽掠坊市俱空。

宿州刺史刘汉宏怨朝廷赏薄。甲寅，以汉宏为浙东观察使。

诏河东节度使郑从谠以本道兵授诸葛爽及代州刺史朱玫，

使南讨黄巢。乙卯，以代北都统李琢为河阳节度使。

初，黄巢将渡淮，豆卢瑑请以天平节钺授巢，俟其到镇讨之，卢携曰："盗贼无厌，虽与之节，不能止其剽掠，不若急发诸道兵扼泗州，汴州节度使为都统，贼既前不能入关，必还掠淮、浙，偷生海渚耳。"从之。既而淮北相继告急，携称疾不出，京师大恐。庚申，东都奏黄巢入汝州境。

辛酉，以王重荣权知河中留后，以河中节度使同平章事李都为太子少傅。

【译文】广明元年（庚子，公元880年）十一月，河中都虞候王重荣发动叛乱，把坊市商铺劫掠一空。

宿州刺史刘汉宏抱怨朝廷赏赐太少。甲寅日（初四），唐僖宗李儇任命刘汉宏为浙东观察使。

唐僖宗李儇诏令河东节度使郑从说将本道兵马交给诸葛爽以及代州刺史朱玫掌管，命令他们向南讨伐黄巢。乙卯日（初五），唐僖宗李儇任命代北都统李琢为河阳节度使。

起初，黄巢准备渡过淮水，豆卢瑑向僖宗请求将天平节度使的旌节授予黄巢，等到黄巢前去赴任时，再前往讨伐。宰相卢携说："贼寇都是贪婪成性不知满足的，即使赐予黄巢旌节，也不一定能阻止他到处劫掠，不如立即征调诸道军队据守泗州，任命汴州节度使为都统，率领军队阻击黄巢贼兵。黄巢向前进军无法进入关中，必然转而进攻淮、浙等地，逃入大海里去苟延残喘了！"僖宗准许了这一建议。不久，淮北等地相继向朝廷告急，于是卢携宣称身染重病，不再上朝商议政事，京城上下都很恐慌。庚申日（初十），东都向朝廷奏报，黄巢已经攻入汝州境内。

辛酉日（十一日），唐僖宗李儇任命王重荣暂时担任河中留后，任命河中节度使、同平章事李都为太子少傅。

汝郑把截制置都指挥使齐克让奏黄巢自称天补大将军，转牒诸军云，"各宜守垒，勿犯吾锋！吾将入东都，即至京邑，自欲问罪，无预众人。"上召宰相议之。豆卢瑑、崔沆请发关内诸镇及两神策军守潼关。壬戌，日南至，上开延英，对宰要泣下。观军容使田令孜奏："请选左右神策军弓弩手守潼关，臣自为都指挥制置把截使。"上曰："侍卫将士，不习征战，恐未足用。"令孜曰："昔安禄山构逆，玄宗幸蜀以避之。"崔沆曰："禄山众才五万，比之黄巢，不足言矣。"豆卢瑑曰："哥舒翰以十五万众不能守潼关，今黄巢众六十万，而潼关又无哥舒之兵。若令孜为社稷计，三川帅臣皆令孜腹心，比于玄宗则有备矣。"上不怿，谓令孜曰："卿且为朕发兵守潼关。"是日，上幸左神策军，亲阅将士。令孜荐左军马军将军张承范、右军步军将军王师会、左军兵马使赵珂。上召见三人，以承范为兵马先锋使兼把截潼关制置使，师会为制置关塞粮料使，珂为句当寨栅使，令孜为左右神策军内外八镇及诸道兵马都指挥制置招讨等使，飞龙使杨复恭为副使。

【译文】汝郑把截制置都指挥使齐克让向朝廷上奏，黄巢已自称天补大将军，并写牒文转送给唐诸镇军，宣称："你们各军都应守卫营垒，不要冒犯我的锋芒！我即刻攻入东都，立即抵达京邑，打算亲自向朝廷问罪，请各镇不要从中干涉。"僖宗召见宰相商议此事。豆卢瑑、崔沆请求发动关内各镇以及两神策军防守潼关。壬戌日（十二日），冬至，僖宗打开延英殿，对着宰相流泪。观军容使田令孜上奏说："请陛下挑选左、右神策军中的弓弩手前去防守潼关，我亲自担任都指挥制置把截使，前去抗拒贼兵。"僖宗说："神策军都不熟习军中战事，朕担心他们不能加以重用。"田令孜说："当年安禄山叛乱时，玄宗驾临蜀地躲避灾祸。"崔沆说："安禄山兵马才五万人，与黄巢是不能相提并论的。"豆卢瑑说："哥舒翰率领十五万军队都不能防守潼关，如今，黄巢有六十万兵马，而潼关又没有哥舒翰的兵力。如果说田令孜真为大唐社稷考虑的话，蜀中三川帅陈敬瑄、杨师立、牛勖倒都是田令孜的可信之人，可以前往西川暂避，这和玄宗时的灾祸相比，当然可以说是有备无患了。"僖宗不高兴，对田令孜说："卿就替朕派出军队守卫潼关。"这一天，僖宗驾临左神策军，亲自校阅将士。田令孜举荐左军马军将军张承范、右军步军将军王师会、左军兵马使赵珂。唐僖宗李儇召见三人，任命张承范为兵马先锋使兼把截潼关制置使，王师会为制置关塞粮料使，赵珂为句当寨栅使，田令孜为左右神策军内外八镇以及诸道兵马都指挥制置招讨等使，飞龙使杨复恭为副使。

癸亥，齐克让奏："黄巢已入东都境，臣收军退保潼关，于关外置寨。将士屡经战斗，久乏资储，州县残破，人烟殆绝，东西南北不见王人，冻馁交逼，兵械刓弊，各思乡闾，恐一旦溃去，乞早遣资粮及援军。"上命选两神策弩手得二千八百人，令张承范等将以赴之。

丁卯，黄巢陷东都，留守刘允章帅百官迎谒。巢入城，劳问而已，闾里晏然。允章，乃之曾孙也。田令孜奏募坊市人数千以补两军。

辛未，陕州奏东都已陷。壬申，以田令孜为汝、洛、晋、绛、同、华都统，将左、右军东讨。是日，贼陷虢州。

【译文】癸亥日（十三日），齐克让向朝廷奏报："黄巢已攻入东都境内，臣撤军退保潼关，在关外安营扎寨。将士经过几次交战，早已资粮储备匮乏，州县残破荒芜，人烟几乎绝迹，东西南北都看不到陛下的官吏，官军挨饿受冻，兵械武器又钝又劣，士兵们思念家乡，恐怕很容易就四散溃败了，乞请朝廷尽快将资粮运来，将援军派来。"唐僖宗李俨诏令挑选左、右神策军弓弩手共计两千八百人，令张承范等大将率领奔赴潼关。

丁卯日（十七日），黄巢攻占东都，留守刘允章率领百官迎接拜见；黄巢进入城中，只是慰劳百姓罢了，乡里都很安定。刘允章是刘迺的曾孙。田令孜上奏招募街坊市井几千人来补充两军数目。

辛未日（二十一日），陕州奏报朝廷东都已经沦陷。壬申日（二十二日），唐僖宗李俨任命田令孜为汝、洛、晋、绛、同、华都统，率领左、右神策军前往东都征讨黄巢贼军。当天，贼兵攻克虢州。

以神策将罗元杲为河阳节度使。

以周岌为忠武节度使。初，薛能遣牙将上蔡秦宗权调发至蔡州，闻许州乱，托云赴难，选募蔡兵，遂逐刺史，据其城。及周岌为节度使，即以宗权为蔡州刺史。

【译文】唐僖宗李俨任命神策大将罗元杲为河阳节度使。

唐僖宗李俨任命周岌为忠武节度使。起初，薛能将牙将上蔡人秦宗权调往蔡州，秦宗权闻知许州军士作乱，借口平定叛乱，挑选招募蔡州人来当兵，然后将蔡州刺史驱逐，据守蔡州城。当周岌担任节度使时，就任命秦宗权为蔡州刺史。

乙亥，张承范等将神策弩手发京师。神策军士皆长安富家子，赂宦官窜名军籍，厚得禀赐，但华衣怒马，凭势使气，未尝更战陈。闻当出征，父子聚泣，多以金帛雇病坊贫人代行，往往不能操兵。是日，上御章信门楼临遣之。承范进言："闻黄巢拥数十万之众，鼓行而西，齐克让以饥卒万人依托关外，复遣臣以二千馀人屯于关上，又未闻为馈饷之计，以此拒贼，臣窃寒心。愿陛下趣诸道精兵早为继援。"上曰："卿辈第行，兵寻至矣！"丁丑，承范等至华州。会刺史裴虔馀徙宣歙观察使，军民皆逃入华山，城中索然，州库唯尘埃鼠迹，赖仓中犹有米千馀斛，军士裹三日粮而行。

【译文】乙亥日（二十五日），张承范等率领神策军弓弩手从京师出发。神策军士都是京城的富家子弟，贿赂宦官篡改姓名而在军籍中留名，享有丰厚的廪粮赏赐，只知道穿华服、骑骏马，仰仗权势嚣张跋扈，从未经历过打仗陷阵；听说要奔赴前线，父子相拥抱头痛哭，许多人用金帛雇佣居住在病坊的贫苦人代替自己出行，而这些人往往不能手握兵器打仗。当天，僖宗驾临章信门城楼为他们饯行。张承范进言说："听说黄巢据有几十万贼众，敲着鼓向西行进，齐克让带着饥饿的一万士兵在关外死守，今天又派臣率两千余士兵在潼关驻守，也没有听说给我们调拨粮饷的事情，就这样让我们去与强贼作战，确实让臣心寒。希望陛下调遣诸道精兵及早做我们的后援大军。"僖宗说："卿辈只管放心先行前往杀贼，援兵很快就会派遣的。"丁丑日（二十七日），张承范等抵达华州。适逢此时，华州刺史裴虔馀迁任宣歙观察使，军民全都逃奔华山，城中空无一人，州库只剩下尘埃和老鼠行迹，幸运的是粮仓中还有千余斛米，军士们带上三天的粮食继续前行。

十二月，庚辰朔，承范等至潼关，搜菁中，得村民百许，使运石汲水，为守御之备。与齐克让军皆绝粮，士卒莫有斗志。是日，黄巢前锋军抵关下，白旗满野，不见其际。克让与战，贼小却，俄而巢至，举军大呼，声振河、华。克让力战，自午至酉始解，士卒饥甚，遂喧噪，烧营而溃，克让走入关。关左有谷，平日禁人往来，以榷征税，谓之"禁坑"。贼至仓猝，官军忘守之，溃兵自谷而入，谷中灌木寿藤茂密如织，一夕践为坦涂。承范尽散其辎囊以给士卒，遣使上表告急，称："臣离京六日，甲卒未增一人，馈饷未闻影响。到关之日，巨寇已来，以二千馀人拒六十万众，外军饥溃，蹋开禁坑。臣之失守，鼎镬甘心。朝廷谋臣，愧颜何寄！或闻陛下已议西巡，苟銮舆一动，则上下土崩。臣敢以犹生之躯奋冒死之语，愿与近密及宰臣熟议，未可轻动，急征兵以救关防，则高祖、太宗之业庶几犹可扶持，使黄巢继安禄山之亡，微臣胜哥舒翰之死！"

【译文】十二月，庚辰朔日(初一)，张承范等抵达潼关，在茂密的草丛中搜寻，找到了一百多个村民，命令他们搬运石头，汲水，为守城做好准备。这时张承范军与齐克让的军队都已断粮，士兵个个没了斗志。这一天，黄巢的前锋部队抵达潼关下，白旗遍布原野，看不到尽头，齐克让和他们交战，贼兵稍微退却一些，不久黄巢大军赶到，全军齐声呼喊，声音震撼黄河、华山。齐克让拼力与他们交战，从午时一直战到酉时才停止，士兵饥饿极了，就喧嚷起来，烧掉营垒而四散溃败，齐克让逃奔关中，潼关边有一座山谷，平时禁止百姓在谷中出入，以便征收商税，人们称这个山谷为"禁坑"。黄巢大军突然前来，官军没有防备，溃败的士兵从山谷逃入禁坑，谷中的灌木、寿藤(万岁藤)像蛛网一样繁茂，一夜之间都被踩踏成平坦的小路。张承范把随军携带的辎重和私人的背囊都发给士兵，派遣使者向僖

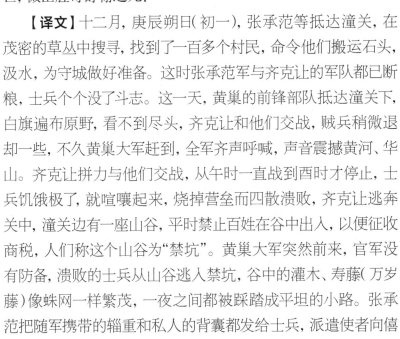

宗呈递表文，报告军情紧急，说："臣离开京城六天，士兵没有增加一人，馈饷不见影踪。到达潼关的那天，浩荡的贼寇已经来到，臣用两千士兵抗拒六十万贼军，关外齐克让的军队，由于饥饿而四散溃败，践踏开了禁坑。如果臣据守潼关失守，就是处以下油锅的极刑也甘心情愿；但是朝廷的宰相谋臣，羞惭之色又将寄托在哪里？听说陛下已经商议打算西巡去蜀中，假如陛下的金銮轿一出动，恐怕朝廷上下将土崩瓦解。臣斗胆在战死之前，说句冒死之言，希望陛下与亲近宦官及宰相大臣仔细商议此事，即刻征调军队来救援潼关，如果潼关能据守，那么我大唐高祖、太宗创立的基业或许还可以保持，让黄巢步安禄山的后尘遭到灭亡，而微臣即使战死也要比哥舒翰强得多啊！"

辛巳，贼急攻潼关，承范悉力拒之，自寅及申，关上矢尽，投石以击之。关外有天堑，贼驱民千馀人入其中，掘土填之，须臾，即平，引兵而度。夜，纵火焚关楼俱尽。承范分兵八百人，使王师会守禁坑，比至，贼已入矣。壬午旦，贼夹攻潼关，关上兵皆溃，师会自杀，承范变服，帅馀众脱走。至野狐泉，遇奉天援兵二千继至，承范曰："汝来晚矣！"博野、凤翔军还至渭桥，见所募新军衣裘温鲜，怒曰："此辈何功而然，我曹反冻馁！"遂掠之，更为贼乡导，以趣长安。

【译文】辛巳日（初二），贼兵猛烈进攻潼关，张承范拼尽全力抵抗贼军，从寅时一直打到申时，潼关城的箭矢用完，就投掷石块来攻击。关外有天然的堑壕，贼兵驱赶一千多个百姓进入里面，挖掘土壤将其填塞，没过多久，就将它填平了，于是，率领兵马渡过天堑。夜晚，放一把火，把关地的城楼都焚毁了。张承范分派出八百士兵，派王师会在禁坑守护，当王师会率军赶到禁坑时，黄巢军已经过去了。壬午日（初三）清晨，贼军夹攻潼关，守卫士兵纷纷溃败，王师会自杀，张承范身穿便服率领残余士兵逃奔长安。走到野狐泉时，与相继到来的两千奉天援兵相遇，张承范对他们说："你们来迟了!"于是一起撤退返回。博野镇和凤翔镇的军队撤退到渭桥，看见田令孜招募的新军身穿新衣皮裘很气愤，说："这些家伙凭什么能穿这样好的衣服，我们拼死作战却要受冻挨饿!"于是将他们的衣裘抢夺，然后替黄巢贼兵担任向导，急速前往长安。

　　贼之攻潼关也，朝廷以前京兆尹萧廪为东道转运粮料使。廪称疾，请休官，贬贺州司户。

　　黄巢入华州，留其将乔钤守之。河中留后王重荣请降于贼。癸未，制以巢为天平节度使。

　　甲申，以翰林学士承旨、尚书左丞王徽为户部侍郎，翰林学士、户部侍郎裴澈为工部侍郎，并同平章事。以卢携为太子宾客、分司。田令孜闻黄巢已入关，恐天子责己，乃归罪于携而贬之，荐徽、澈为相。是夕，携饮药死，澈，休之从子也。百官退朝，闻乱兵入城，布路窜匿，田令孜帅神策兵五百奉帝自金光门出，惟福、穆、泽、寿四王及妃嫔数人从行，百官皆莫知之。上奔驰昼夜不息，从官多不能及。车驾既去，军士及坊市民竞入府库盗金帛。

　　【译文】当贼军进攻潼关时，朝廷派前任京兆尹萧廪为东道转运粮料使；萧廪声称身体有病，请求朝廷罢免自己的官职，僖宗将他贬为贺州司户。

　　黄巢攻占华州，将他的大将乔钤留在那里守卫。河中留后王重荣向贼军请求投降。癸未日（初四），唐僖宗李儇颁下诏令任命黄巢为天平节度使。

甲申日(初五)，唐僖宗李儇任命翰林学士承旨、尚书左丞王徽为户部侍郎，任命翰林学士、户部侍郎裴澈为工部侍郎，并同平章事。任命卢携为太子宾客、分司。田令孜听说黄巢已经攻破潼关，恐怕僖宗责备自己，于是把罪责施加给卢携而将他贬黜，向僖宗推荐王徽、裴澈为宰相。当晚，卢携饮毒药死去。裴澈是裴休的侄子。群臣退朝，听说贼军已经进城，都分路逃跑躲藏。田令孜率领神策兵五百人侍奉僖宗从金光门出去，只有福、穆、泽、寿四王以及嫔妃几人随行，群臣都不知道此事，也不清楚皇帝去了哪里。僖宗昼夜不停地向前奔跑，随从官员大多不能跟上。僖宗的车驾远去后，长安城中的军士及坊市百姓争先恐后闯入皇家府库抢夺金帛。

【乾隆御批】贼氛方炽，扑之犹恐不熄，缓之益致蔓延。豆卢瑑之谋即行亦无异扬汤止沸。况巢之凶猾更非爵位可以羁縻。广南覆辙尚下足监乎? 卢携沮止之未为无见，始既不用其言，后乃从而归罪死，非其辜不特无以慰谋国之忱，亦徒贻贼人之笑耳。

【译文】贼军气焰正高涨的时候，扑打恐怕不能令它熄灭，放松不管只能更益于它的发展蔓延。豆卢瑑的意见即使实行了也和扬汤止沸没什么区别。何况黄巢的凶蛮狡猾更不是爵位就可以羁绊得住的。广南的教训还不足以借鉴吗? 卢携阻止的做法不能说没有见地，开始既然没采纳他的话，后来却又归罪于他死得不是时候，不仅没有告慰他为国着想的一片热忱，也只是让贼人当成了笑柄。

晡时，黄巢前锋将柴存入长安，金吾大将军张直方帅文武数十人迎巢于霸上。巢乘金装肩舆，其徒皆被发，约以红缯，衣锦绣，执兵以从，甲骑如流，辎重塞涂，千里络绎不绝。民夹道聚观，尚让历谕之曰："黄王起兵，本为百姓，非如李氏不爱汝曹，汝曹但安居毋恐。"巢馆于田令孜第，其徒为盗久，不胜富，见贫者，往往施与之。居数日，各出大掠，焚市肆，杀人满街，巢不能禁。尤憎官吏，得者皆杀之。

上趣骆谷，凤翔节度使郑畋谒上于道次，请车驾留凤翔。上曰："朕不欲密迩巨寇，且幸兴元，征兵以图收复。卿东扞贼锋，西抚诸蕃，纠合邻道，勉建大勋。"畋曰："道路梗涩，奏报难通，请得便宜从事。"许之，戊子，上至婿水，诏牛勗、杨师立、陈敬瑄，谕以京城不守，且幸兴元，若贼势犹盛，将幸成都，宣豫为备拟。

【译文】黄昏时，黄巢的前锋部将柴存进入长安，金吾大将军张直方率文武官员几十人在灞上迎接黄巢。黄巢坐着用黄金装饰的肩舆；他的手下都披散着头发，用红色缯巾绑束着，穿着锦绣衣服，手执兵器跟随，身穿铠甲的骑兵如流水之多，运送的辎重器物堵塞道路，绵延千里，连续不断。百姓在道路两旁围观，尚让在所过之处，都宣告说："我黄王发兵，原本是为了天下百姓！不会像唐朝皇帝那样不爱护你们，你们只管安居乐业，不要惊恐慌乱。"黄巢在田令孜家留宿，他的部下将士做盗贼已经很长时间，特别富有，看到贫穷之人，往往对之施舍财物。但居住几天后，又各自出动大肆劫掠，焚烧坊市，到处杀人，满街尸骨，黄巢也没有办法阻止；他们尤其痛恨官吏，只要抓到就都杀死。

僖宗奔赴骆谷，凤翔节度使郑畋在道路上拜见僖宗，请求车驾在凤翔留驻。僖宗说："朕不想与巨寇太接近，暂且驾幸兴元，征召军队以谋求恢复大业。你留在此地向东抵抗贼军的兵马，向西招抚各蕃族，聚集邻道军队，尽自己最大能力建立一番功业吧。"郑畋回奏说："这一带道路堵塞，向陛下上奏机要之事，消息难以传递，请求给臣便宜行事的权力。"僖宗当即表示赞同。戊子日（初九），僖宗抵达婿水，召见牛勖、杨师立、陈敬瑄，晓谕他们由于京师失守，暂且驾幸兴元，如果贼军势力仍然强盛，就打算驾幸成都，你们应该提前做好准备筹划。

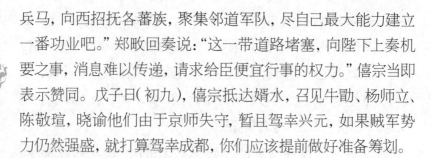

庚寅，黄巢杀唐宗室在长安者无遗类。辛卯，巢始入宫。壬辰，巢即皇帝位于含元殿，画皁缯为衮衣，击战鼓数百以代金石之乐。登丹凤楼，下赦书。国号大齐，改元金统。谓广明之号，去唐下体而著黄家日月，以为己符瑞。唐官三品以上悉停任，四品以下位如故。以妻曹氏为皇后。以尚让为太尉兼中书令，赵璋兼侍中，崔璆、杨希古并同平章事，孟楷、盖洪为左右仆射、知左右军事，费传古为枢密使。以太常博士皮日休为翰林学士。璆，邠之子也，时罢浙东观察使，在长安，巢得而相之。

诸葛爽以工北行营兵顿栎阳，黄巢将砀山朱温屯东渭桥，巢使温诱说之，爽遂降于巢。温少孤贫，与兄昱、存随母王氏依萧县刘崇家，崇数笞辱之，崇母独怜之，戒家人曰："朱三非常人也，汝曹善遇之。"巢以诸葛爽为河阳节度使，爽赴镇，罗元杲发兵拒之，士卒皆弃甲迎爽，元杲逃奔行在。

【译文】庚寅日（十一日），黄巢将留在长安的唐朝宗室全部杀死。辛卯日（十二日），黄巢才进入皇宫。壬辰日（十三日），黄巢称帝，在含元殿即皇帝位，制作称帝的礼服，敲响几百只战鼓代替金石音乐，作为登基的礼仪。黄巢登临丹凤楼，颁布诏书：定国号为大齐，改年号为金统。自认为"广明"这个号，是删去唐字下半部（丑、口）而加上黄家的日月，作为自己的符瑞。唐三品以上官员全部禁止任用，四品以下官员职位照旧。封自己的妻子曹氏为皇后，任命尚让为太尉兼中书令，任命赵璋兼侍中，崔璆、杨希古一并同平章事，任命孟楷、盖洪为左右仆射、知掌左右军事，任命费传古为枢密使。任命太常博士皮日休为翰林学士。崔璆是崔邠的儿子，当时刚刚罢免浙东观察使的职务，居住在长安，所以黄巢能得到他而任用他为宰相。

唐将诸葛爽率领代北行营兵屯驻在栎阳，黄巢部下大将砀山人朱温率军在东渭桥驻扎，黄巢让朱温劝说诱降诸葛爽，于是诸葛爽向黄巢请求投降。朱温年少丧父且家境贫寒，与哥哥朱昱、朱存跟随母亲王氏依靠萧县刘崇家谋生，刘崇多次用鞭子抽打并侮辱朱温，只有刘崇的母亲怜爱朱温，告诫家人说："朱三不是平凡之辈，你们要好好待他。"黄巢任命诸葛爽为河阳节度使，诸葛爽前往镇守时，罗元杲派遣军队来抗击他，可是士卒都抛弃铠甲兵器前去迎接诸葛爽，罗元杲逃往行在（皇上巡幸所在）。

郑畋还凤翔，召将佐议拒贼，皆曰："贼势方炽，且宜从容以俟兵集，乃图收复。"畋曰："诸君劝畋臣贼乎！"因闷绝仆地，瞀伤其面，自午到明旦，尚未能言。会巢使者以赦书至，监军彭敬柔与将佐序立宣示，代畋草表署名以谢巢。监军与巢使者宴，乐奏，将佐以下皆哭。使者怪之，幕客孙儲曰："以相公风痹不能来，故悲耳。"民间闻者无不泣。畋闻之曰："吾固知人心尚未厌唐，贼授首无日矣！"乃刺指血为表，遣所亲间道诣行在，召将佐谕以逆顺，皆听命，复刺血与盟，然后完城堑，缮器械，训士卒，密约邻道合兵讨贼，邻道皆许诺发兵，会于凤翔。时禁军分镇关中兵尚数万，闻天子幸蜀，无所归，畋使人招之，皆往从畋，畋分财以结其心，军势大振。

【译文】郑畋抵达凤翔，召集将佐商议抗拒贼兵的办法，大家都说："贼人气焰正盛，应该从容等待各道军队汇集，再商议谋图收复失地。"郑畋说："各位想劝说我郑畋做一个贼臣吗?"因而气结昏倒在地，被砖瓦碰伤了脸，从中午一直到第二天早上，都没办法说话。恰巧此时，黄巢派使者携带赦免各军的诏书赶到，监军彭敬柔与众将佐对黄巢使者都很恭敬，并草写降书在众人面前宣示，代替郑畋签上名字，对黄巢的赦免深表感谢。彭敬柔为黄巢派来的使者安排宴会，奏起音乐，将佐以下士兵都失声大哭；使者感到很奇怪，节度使府幕客孙储对他解释说："因为军府相公郑畋患病不能参加宴会，所以大家感到很悲痛。"民间百姓闻知此事后没有不流泪的。郑畋听到这些后说："我早就知道人心还没有背弃大唐，贼军交出首级的日子不会太远了!"于是他刺破手指，写了一封血书，交给亲信从小路送往行在，然后召集将士，告谕他们谋逆和归顺大唐的道理，大家都听从他的命令，又歃血为盟，然后修整城墙沟堑，修缮兵器军械，训练士兵，并秘密邀请邻道联合军队征讨黄巢。邻道也都许诺派遣军队，一起前往凤翔会合。当时神策军八镇军队分别坐镇于关中的还有几万人，听说天子驾幸蜀地，没有去处，郑畋派遣亲信去招纳他们，于是，他们都前往归顺了郑畋，郑畋分别赠送给他们钱物，来笼络人心，于是军队威势大振。

丁酉，车驾至兴元，诏诸道各出全军收复京师。

己亥，黄巢下令，百官诣赵璋第投名衔者，复其官。豆卢瑑、崔沆及左仆射于琮、右仆射刘邺、太子少师裴谂、御史中丞赵濛、刑部侍郎李溥、京兆尹李汤扈从不及，匿民间，巢搜获，皆杀之。广德公主曰："我唐室之女，誓与于仆射俱死！"执贼刃不置，贼并杀之。发卢携尸，戮之于市。将作监郑綦、库部郎中郑系义不臣贼，举家自杀。左金吾大将军张直方虽臣于巢，多纳亡命，匿公卿于复壁。巢杀之。

【译文】丁酉日(十八日)，僖宗车驾抵达兴元，诏令各道派遣全部兵马收复京师长安。

己亥日(二十日)，黄巢下令，凡是到赵璋府邸投递名衔的官员，一律恢复原来的官职。豆卢琢、崔沆以及左仆射于琮、右仆射刘邺、太子少师裴谂、御史中丞赵濛、刑部侍郎李溥、京兆尹李汤等因为没来得及跟随僖宗车驾离开，在民间躲藏，被黄巢贼军搜捕到，都被杀死了。广德公主说："我是唐宗室之女，发誓与于仆射一起赴死！"她抓着贼人的刀刃不松手，贼人也把她一起杀死了。黄巢军又将卢携的坟墓挖开，将他的尸体放在大街上砍杀。唐将作监郑綦、库部郎中郑系坚守臣子气节，不肯向黄巢军投降，全家自杀。唐左金吾大将军张直方虽然向黄巢投降，但多收容奔逃之人，将唐公卿大臣藏在私宅夹壁中，被黄巢杀死。

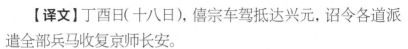

初，枢密使杨复恭荐处士河间张濬，拜太常博士，迁度支员外郎。黄巢逼潼关，濬避乱商山。上幸兴元，道中无供顿，汉阴令李康以骡负糗粮数百驮献之，从行军士始得食。上问康："卿为县令，何能如是？"对曰："臣不及此，乃张濬员外教臣。"上召濬诣行在，拜兵部郎中。

义武节度使王处存闻长安失守，号哭累日，不俟诏命，举军入援，遣二千人间道诣兴元卫车驾。

【译文】起初，枢密使杨复恭向僖宗推荐河间处士张濬，授予太常博士官职，迁任度支员外郎。黄巢进逼潼关时，张濬到商山躲避战乱。僖宗驾幸兴元，道路上缺少供给和安置之所，汉阴令李康用骡子载了几百驮(一百斤)粮食献给僖宗，随从的军士才有饭吃。僖宗问李康："你只是一个县令，怎会有如此本事?"他回答说："我实在没有这种本事，是张濬员外教我这样做的。"僖宗于是召张濬前往行营，任命他为兵部郎中。

义武节度使王处存听说长安失守，痛哭了好几天，没有等待僖宗诏令，就率领全军前去救援，调遣军队两千人走小道到达兴元，以便护卫僖宗的车驾。

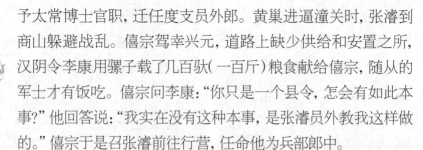

黄巢遣使调发河中，前后数百人，吏民不胜其苦。王重荣谓众曰："始吾屈节以纾军腐之患，今调财不已，又将征兵，吾亡无日矣! 不如发兵拒之。"众皆以为然，乃悉驱巢使者杀之。巢遣其将朱温自同州，弟黄邺自华州，合兵击河中，重荣与战，大破之，获粮仗四十馀船，遣使与王处存结盟，引兵营于渭北。

陈敬瑄闻车驾出幸，遣步骑三千奉迎，表请幸成都。时从兵浸多，兴元储偫不丰，田令孜亦功上。上从之。

【译文】黄巢派遣使者前往河中征调军粮，使者前后去了几百人，河中吏民没有办法负担此事，困苦不堪。王重荣对众人说："当初我屈节侍奉贼寇，本想缓解军府急患，如今黄巢不断来征调军粮，又要征召士兵，我们迟早要死在他手上，不如发动军队抵抗黄巢。"大家都认为他说得对，于是把黄巢派遣的使者全部杀死。黄巢派部将朱温从同州发动军队，弟弟黄邺从华州发动军队，两军联合攻打河中。王重荣派出军队迎战，大破黄巢贼军，缴获粮食武器等四十多船。王重荣派遣使者前去与王处存订立盟约，率领军队前往渭北驻扎。

陈敬瑄听说僖宗车驾驾临，派遣步骑三千前去奉迎，上表请僖宗到成都暂住。当时跟从僖宗车驾的士兵已经逐渐增多，而兴元的储备不充足，田令孜也劝谏僖宗，僖宗答应了他的请求。

【乾隆御批】 重荣拥河中重镇，战守皆有可凭，何至望尘降贼，真所谓乱臣贼子也。迨困于调发，始驱杀贼使，击败贼兵，顾藉口于屈节纾患，所谓欲盖弥彰，其将谁欺乎！

【译文】 王重荣拥有河中这样的军事重镇，进攻、防守都有所凭借，何至于看见敌军的尘土就投降了呢？真是所谓的乱臣贼子啊！等到被征调而困苦不堪的时候，才驱杀了贼军的使者，击败了贼军，反过来又把屈膝投降是为了缓解祸患作为借口，正是欲盖弥彰，这是准备欺骗谁呢！

中和元年（辛丑，公元八八一年）春，正月，车驾发兴元。加牛勖同平章事。陈敬瑄以扈从之人骄纵难制，有内园小儿先至成都，游于行宫，笑曰："人言西川是蛮，今日观之，亦不恶！"敬瑄执而杖杀之，由是众皆肃然。敬瑄迎谒于鹿头关。辛未，上至绵州，东川节度使杨师立谒见。壬申，以工部侍郎、判度支萧遘同平章事。

郑畋约前朔方节度使田弘夫、泾原节度使程宗楚同讨黄巢。巢遣其将王晖赍诏召畋，畋斩之，遣其子凝绩诣行在，凝绩追及上于汉州。

【译文】 中和元年（辛丑，公元 881 年，是年七月始改年号为中和），春季，正月，僖宗车驾从兴元出发。僖宗加封牛勖同平章事。陈敬瑄因为随从的人骄横放纵难以控制，有内园小儿（给役于坊厩及内园者）先抵达成都，在行宫中游玩观赏，笑着说:"人们说西川人是蛮人,现在来看,倒也不算可恶!"陈敬瑄将他抓住并乱棍打死,于是随从人员都严守法规。陈敬瑄赶往鹿头关奉迎僖宗。辛未日(二十二日),僖宗驾临绵州,东川节度使杨师立请求觐见。壬申日(二十三日),唐僖宗李儇任命兵部侍郎、判度支萧遘同平章事。

郑畋与前朔方节度使唐弘夫、泾原节度使程宗楚约定共同征讨黄巢。黄巢派遣部将王晖送诏书召见郑畋,郑畋把王晖杀死,派自己的儿子郑凝绩前往行在,郑凝绩在汉州追上了僖宗。

丁丑,车驾至成都,馆于府舍。

上遣中使趣高骈讨黄巢,道路相望,骈终不出兵。上至蜀,犹冀骈立功,诏骈巡内刺史及诸将有功者,自监察至常侍,听以墨敕除讫奏闻。

裴澈自贼中奔诣行在。时百官未集,乏人草制,右拾遗乐朋龟谒田令孜而拜之,由是擢为翰林学士。张濬先称亦拜令孜。令孜尝召宰相及朝贵饮酒,濬耻于众中拜令孜,乃先谒令孜,谢酒。及宾客毕集,令孜言曰:"令孜与张郎中清浊异流,尝蒙中外,既虑玷辱,何惮改更,今日于隐处谢酒则又不可。"濬惭惧无所容。

【译文】丁丑日(二十八日),僖宗车驾驾临成都,留驻西川府舍。

唐僖宗李儇派(中)使催促高骈前去征讨黄巢,虽然使者在路上来往不断,高骈却始终没有派出军队。僖宗驾临成都,仍然对高骈寄予希望,希望他能讨贼成功,颁下诏书给高骈,所有在他巡辖境内的刺史和各位将领讨伐贼兵有功劳的,可用墨敕赐予从监察御史到散骑常侍的官职,听任高骈对他们先任命然后再向朝廷奏报即可。

裴澈从贼军处奔逃至僖宗所在。当时百官都还没有聚集到这里，没有人草拟诏书，右拾遗乐朋龟拜见田令孜而后向他行参拜之礼，于是被提拔担任翰林学士。张濬在之前已参拜过田令孜。田令孜曾召集宰相和朝廷贵戚畅饮，张濬觉得在大庭广众面前向宦官田令孜下拜是件羞耻的事，于是在宴会前先拜见田令孜，并且推辞饮酒。等到宾客全部到来，田令孜说："我田令孜与张郎中分别管理内外朝廷之事，清浊虽不同流，但如今一起敬酒，确实是值得高兴的事情，如果觉得和宦官一起饮酒辱没了身份，又何必要改时间在宴会之前来拜见我呢？今天张郎中于隐蔽之处向我推辞饮酒，这怎么可以呢？"张濬羞愧害怕得无处容身。

二月，乙卯朔，以太子少师王铎守司徒兼门下侍郎、同平章事。

丙申，加郑畋同平章事。

加淮南节度使高骈东面都统，加河东节度使郑从谠兼侍中，依前行营招讨使。代北监军陈景思帅沙陀酋长李友金及萨葛、安庆、吐谷浑诸部入援京师。至绛州，将济河。绛州刺史瞿稹，亦沙陀也，请景思曰："贼势方盛，未可轻进，不若且还代北募兵。"遂与景思俱还雁门。

以枢密使杨复光为京城西南面行营都监。

黄巢以朱温为东南面行营都虞候，将兵攻邓州。三月，辛亥，陷之，执刺史赵戎，因戍邓州以扼荆、襄。

【译文】二月，乙（当作己）卯朔日（初一），唐僖宗李儇任命太子少师王铎守司徒兼门下侍郎、同平章事。

丙申日(十八日),唐僖宗李儇加封郑畋同平章事。

唐僖宗李儇加封淮南节度使高骈东面都统,加封河东节度使郑从谠兼侍中,依旧保留前职行营招讨使。代北监军陈景思率领沙陀酋长李友金和萨葛、安庆、吐谷浑诸部发动军队援救京师。军队进发到绛州,准备渡过黄河,绛州刺史瞿稹也是沙陀族人,对陈景思说:"黄巢贼众威势正盛,你我所率军队兵力太少,不可轻易进军,不如暂且回到代北再招募一些新兵。"于是瞿稹和陈景思都回到雁门。

唐僖宗李儇任命枢密使杨复光为京西南面行营都监。

黄巢任命朱温为东南面行营都虞候,命他率兵进攻邓州;三月,辛亥日(初三),邓州城失陷,刺史赵戎被擒,黄巢军于是戍守邓州以掌控荆、襄之地。

壬子,加陈敬瑄同平章事。甲寅,敬瑄奏遣左黄头军使李铤将兵击黄巢。

辛酉,以郑畋为京城四面诸军行营都统。赐畋诏:"凡蕃、汉将士赴难有功者,并听以墨敕除官。"畋奏以泾原节度使程宗楚为副都统,前朔方节度使唐弘夫为行军司马。黄巢遣其将尚让、王播帅众五万寇凤翔,畋使弘夫伏兵要害,自以兵数千,多张旗帜,疏陈于高冈。贼以畋书生,轻之,鼓行而前,无复行伍,伏发,贼大败于龙尾陂,斩首二万馀级,伏尸数十里。

有书尚书省门为诗以嘲贼者,尚让怒,应在省官及门卒,悉抉目倒悬之;大索城中能为诗者,尽杀之;识字者给贱役。凡杀三千馀人。

【译文】壬子日(初四),唐僖宗李儇加封陈敬瑄同平章事。甲寅日(初六),陈敬瑄呈递奏表派遣左黄头军使李铤率军进攻黄巢。

辛酉日(十三日),唐僖宗李儇任命郑畋为京城四面诸军行
营都统。又颁布诏书给他:"凡是我朝军队,不管是蕃族,还是
汉族的将士奔赴战场讨伐贼兵有战功的,都可以用墨敕先赐予
其相应官职。"郑畋奏报僖宗任命泾原节度使程宗楚为副都统,
任命前任朔方节度使唐弘夫为行军司马。黄巢派遣部将尚让、
王播率领士众五万人进犯凤翔。郑畋命令唐弘夫在要害之地埋
伏士兵,亲自率领几千士兵,悬挂了很多旗帜,在高冈上稀疏地
排列开。黄巢军队认为郑畋只是一个读书人,特别瞧不起他,
敲着战鼓蜂拥进军,军队连严整的队形都没有,向前乱冲乱杀,
突然唐弘夫埋伏的士兵从四面冲杀过来,黄巢军在龙尾陂惨
败,两万多人被斩首,倒在路上的死尸长达几十里。

有人在尚书省大门前写诗来讽刺贼军,尚让很生气,对省
官以及门卒进行报复,把他们眼睛挖出,悬挂起来;在城中大
肆抓捕能写诗的人,全部杀死,让认得字的人做一些下贱的役
使工作,共杀死三千多人。

瞿稹,李友金至代州,募兵逾旬,得三万人,皆北方杂胡,屯
于崞西,犷悍暴横,稹与友金不能制。友金乃说陈景思曰:"今虽
有众数万,苟无威望之将以统之,终无成功。吾兄司徒父子,勇
略过人,为众所服。票骑诚奏天子赦其罪,召以为帅,则代北之
人一麾响应,狂贼不足平也!"景思以为然,遣使诣行在言之。诏
如所请。友金以五百骑赍诏诣达靼迎之,李克用帅靼诸部万人
赴之。

群臣追从车驾者稍稍集成都,南北司朝者近二百人。诸道
及四夷贡献不绝,蜀中府库充实,与京师无异。赏赐不乏,士卒

欣悦。

【译文】唐将瞿稹、李友金抵达代州，十多天后，招募到三万士兵，都是北方杂胡，在崞县西边驻扎。这些胡族士兵粗犷剽悍，残暴狂横，瞿稹和李友金都没有办法掌控他们。李友金于是劝说陈景思："现在虽然有好几万士兵，但是如果没有威信极高的将领率领他们，最终是没办法成功的。我的兄长司徒李国昌与他的儿子李克用，都有超越一般人的勇气和谋略，被士兵信服；陈骠骑如果能向天子奏请赦免他们的罪行，任命他们为统帅，就可以让代北诸胡士兵纷纷起来响应，贼寇再猖狂也不难剿平了！"陈景思认为他说的有道理，派使者到天子行在禀告此事。唐僖宗李儇下诏批准他的请求。李友金派五百骑兵送诏书到鞑靼去迎接李克用，李克用率领达靼各部落一万人前往。

群臣中追随僖宗车驾的人都渐渐在成都聚集，南北司掌朝仪的官员将近二百人，各道以及四夷贡奉呈献的物品连续不断，蜀中的府库很充足，和京城没有什么区别，赏赐不缺，士兵很是高兴。

黄巢得王徽，逼以官，徽阳瘖，不从。月馀，逃奔河中，遣人间道奉绢表诣行在。诏以徽为兵部尚书。

前夏绥节度使诸葛爽复自河阳奉表自归，即以为河阳节度使。

宥州刺史拓跋思恭，本党项羌也，纠合夷、夏兵会鄜延节度使李孝昌于鄜州，同盟讨贼。

奉天镇使齐克俭遣使诣郑畋求自效。甲子，畋传檄天下藩镇，合兵讨贼。时天子在蜀，诏令不通，天下谓朝廷不能复振，及得畋檄，争发兵应之。贼惧，不敢复窥京西。

【译文】黄巢抓住了王徽，逼迫他做官，王徽假装成一个哑巴，不肯听从他的要求；一个月后，王徽逃奔到河中，派人从小路将写在绢上的表文送到成都行宫。唐僖宗李儇下诏任命王徽为兵部尚书。

唐前夏绥节度使诸葛爽自河阳呈递奏表给朝廷，表明要弃暗投明，归顺大唐，唐僖宗李儇于是任命他为河阳节度使。

宥州刺史拓跋思恭，原本是党项的羌人，聚集夷、夏军队，在鄜州联合鄜延节度使李孝昌，结成同盟共同讨伐黄巢贼军。

奉天镇使齐克俭派使者拜见郑畋，请求为他效力。甲子日(十六日)，郑畋传送檄文给天下各藩镇，联合军队讨伐贼军。当时僖宗在蜀地，诏令不能传达，都传言唐王朝不能再复兴重振了，这时得到郑畋的檄文，都争着派遣军队响应命令。黄巢对于这种形势感到很恐慌，不敢再派遣军队觊觎长安以西的地方。

夏，四月，戊寅朔，加王铎兼侍中。

以拓跋思恭权知夏绥节度使。

黄巢以其将王玫为邠宁节度使，邠州通塞镇将朱玫起兵诛之，让别将李重古为节度使，自将兵讨巢。

是时，唐弘夫屯渭北，王重荣屯沙苑，王处存屯渭桥，拓跋思恭屯武功，郑畋屯盩厔。弘夫乘龙尾之捷，进薄长安。

壬午，黄巢帅众东走，程宗楚先自延秋门入，弘夫继至，处存帅锐卒五千夜入城。坊市民喜，争欢呼出迎官军，或以瓦砾击贼，或拾箭以供官军。宗楚等恐诸将分其功，不报凤翔、鄜夏，军士释兵入第舍，掠金帛、妓妾。处存令军士首系白缯为号，坊市少年或窃其号以掠人。贼露宿霸上，诇知官军不整，且诸军不相继，引兵还袭之，自诸门分入，大战长安中，宗楚、弘夫死，军士重负不能走，是以甚败，死者什八九。处存收馀众还营。

【译文】夏季，四月，戊寅朔日（初一），唐僖宗李儇加封王铎兼侍中。

唐僖宗李儇任命拓跋思恭暂时担任夏绥节度使。

黄巢任命部将王玫为邠宁节度使，邠州通塞镇将朱玫率领军队起义杀死王玫，让别将李重古担任州节度使，自己率领军队征讨黄巢贼军。

当时，唐弘夫在渭北驻扎，王重荣在沙苑驻扎，王处存在渭桥屯驻，拓跋思恭在武功屯驻，郑畋在盩厔屯驻。唐弘夫趁着在龙尾陂打胜仗的余威，逼近长安。

壬午日（初五），黄巢率军从长安城向东方撤退，唐将程宗楚率军首先从延秋门攻入长安城，唐弘夫紧接着率领军队赶到这里，王处存率领五万精锐士兵在晚上也进入长安。长安坊市居民十分高兴，争先恐后地出来迎接官军，欢呼声响成一片，有的人还用瓦砾投掷黄巢贼军，也有人把箭头收整好供给官军。程宗楚等担心诸将分占了他的功劳，没有禀告凤翔、鄜夏已入城的消息，军士放下武器，冲到宅舍中，劫掠金帛、妓妾。王处存命令军士系上白色的缯头作为标记，而街坊市井少年有人就窃取他们的名号来抢人，劫掠货物。贼军在霸上露宿，打探到官军军纪不严明，而且各军又不能互相援救，于是带兵掉转头来偷袭，从各城门分别攻入，在长安城中大战，程宗楚、唐弘夫战死，军士们因为东西带得太多，逃脱不了，因此惨败，死者十之八九。王处存聚集剩余士兵返回营地。

丁亥，巢复入长安，怒民之助官军，纵兵屠杀，流血成川，谓之洗城。于是，诸军皆退，贼势愈炽。

贼所署同州刺史王溥、华州刺史乔谦、商州刺史宋岩闻巢弃长安，皆率众奔邓州，朱温斩溥、谦，释岩，使还商州。

庚寅，拓跋思恭、李孝昌与贼战于王桥，不利。

诏以河中留后王重荣为节度使。

贼众上黄巢尊号曰承天应运启圣睿文宣武皇帝。

有双雉集广陵府舍，占者以为野鸟来集，城邑将空之兆，高骈恶之，乃移檄四方，云将入讨黄巢，悉发巡内兵八万，舟二千艘，旌旗甲兵甚盛。五月，己未，出屯东塘。诸将数请行期，骈托风涛为阻，或云时日不利，竟不发。

【译文】丁亥日（初十），黄巢再度攻入长安，对长安居民帮助官军感到特别气愤，于是放纵士兵进行屠杀，长安城血流成河，称之为洗城。于是唐各路军队全部撤退，黄巢贼军的声势更强盛。

贼军所任命的同州刺史王溥、华州刺史乔谦、商州刺史宋岩听说黄巢放弃守卫京城时，都率领士兵逃奔到邓州，朱温将王溥、乔谦斩首，而将宋岩释放，让他率军返回商州。

庚寅日（十三日），拓跋思恭、李孝昌和贼军在土桥作战，最终失利。

唐僖宗李儇任命河中留后王重荣为节度使。

贼兵们奉上黄巢的尊号为承天应运启圣睿文宣武皇帝。

有一双雉鸟在广陵府屋舍上栖息，占卜的人认为野鸟来栖息，是城邑即将变成空城的预兆。高骈对此事感到憎恶和害怕，于是传布檄文给各地，声称打算入关中征讨黄巢，调发所巡辖地境全部八万士兵、两千艘船，挥舞旌旗，军势强盛。五月，乙（当作己）未日（十二日），大军出动在东塘驻扎。诸将几次请示高骈发兵的日期，高骈借口被风涛阻碍，或者说是日期不吉利，始终没有派出军队。

【乾隆御批】官军初至，居民欢呼出迎，争先击贼，是时人心之望救进于水火，自宜亟为保御安堵。而宗楚辈师律不整，致贼伺隙掩至，自丧其躯，固无可委咎。乃郑畋远屯盩厔，不早入都城熟筹善后，坐使长安万户流血成川，虽有传檄微劳，安足抵其过乎。

【译文】官军刚到，居民们出门欢呼迎接，争先恐后地击打贼军，这时人心渴望救助的迫切程度甚于挽救水火的逼迫，自然应该尽快加强保卫防御工作让百姓都能安稳地生活。可是程宗楚带领的军队纪律不严，以致贼军伺机又突然返回，自己葬送了性命，这本是不可推卸的罪责。可是郑畋驻扎盩厔却不及早进入都城妥善安排善后事宜，安坐着让长安的千家万户血流成河，虽然他有传檄令于天下的微小之功，又怎么能抵消他的过失呢？

李克用牒河东，称奉诏将兵五万讨黄巢，令具顿递，郑从谠闭城以备之。克用屯于汾东，从谠犒劳，给其资粮，累日不发。克用自至城下大呼，求与从谠相见，从谠登城谢之。癸亥，复求发军赏给，从谠以钱千缗、米千斛遗之。甲子，克用纵沙陀剽掠居民，城中大骇。从谠求救于振武节度使契苾璋，璋引突厥、吐谷浑救之，破沙陀两寨，克用追战至晋阳城南，璋引兵入城，沙陀掠阳曲、榆次而归。

黄巢之克长安也，忠武节度使周岌降之。岌尝夜宴，急召监军杨复光，左右曰："周公臣贼，将不利于内侍，不可往。"复光曰："事已如此，义不图全。"即诣之。酒酣，岌言及本朝，复光泣下，良久，曰："丈夫所感者恩义耳! 公自匹夫为公侯，奈何舍十八叶天子而臣贼乎!"岌亦流涕曰："吾不能独拒贼，故貌奉而心图之。今日召公，正为此耳。"因沥酒为盟。是夕，复光遣其养子守亮杀贼使者于驿。

【译文】李克用给河东节度使府发送牒文，声称奉唐僖宗诏命率兵五万讨伐黄巢，请求节度使府沿道准备酒饭犒劳士兵，并设置邮驿。河东节度使郑从谠关闭城门对李克用严加戒备。李克用率领军队在汾东驻扎，郑从谠派遣手下前去慰劳，并将一些军资粮草送给李克用，而李克用停留了很多天没有发兵。李克用亲自来到城下大声叫嚷，要求与郑从谠见面，郑从谠登上城楼婉转拒绝了。癸亥日(十六日)，李克用再次请求发给军士赏赐和给养，郑从谠才给他们送了一千缗钱、一千斛米。甲子日(十七日)，李克用放纵沙陀军劫掠居民，城中居民特别惶恐。郑从谠向振武节度使契苾璋请求救援，契苾璋率领突厥、吐谷浑前来救援，攻破沙陀两个寨，李克用率领大军迎战，将契苾璋军队一直追赶到晋阳城南，契苾璋率领军队进入晋阳城，李克用率领沙陀军队对阳曲、榆次劫掠一番后北归。

　黄巢攻克长安后，忠武节度使周岌投降。周岌曾经在晚上宴请客人，紧急召见监军杨复光，左右说："周公已经向黄巢投降，恐怕会对您不利，不能轻率前往。"杨复光说："事情已经到了这种地步，在道义上已经不容许我考虑自身的安危。"然后马上赴约前往。喝酒到酣畅时，周岌提及大唐王朝，杨复光流下眼泪来，很久才说："大丈夫最感念的是恩义! 你从一个布衣逐渐位至公侯，为何要抛弃建国已十八代的大唐，而向黄巢贼军俯首称臣呢?"周岌听此言后也泪流满面，说："我不能孤军抵抗贼寇，所以表面上向黄巢称臣，而心里时刻在谋划抗拒黄巢的办法呀! 今天召你来此, 正是为了商议此事。" 于是以酒酒地共结盟誓。当晚, 杨复光派了他的养子杨守亮在驿所杀死贼军的使者。

时秦宗权据蔡州, 不从发命, 复光将忠武兵三千诣蔡州, 说宗权同举兵讨巢。宗权遣其将王淑将兵三千从复光击邓州, 逗留不进, 复光斩之, 并其军, 分忠武八千人为八都, 遣牙将鹿晏弘、晋晖、王建、韩建、张造、李师泰、庞从等八人将之。王建, 舞阳人; 韩建, 长社人; 晏弘、晖、造、师泰, 皆许州人也。复光帅八都与朱温战, 败之, 遂克邓州, 逐北至蓝桥而还。

昭义节度使高浔会王重荣攻华州, 克之。

【译文】当时, 秦宗权据守蔡州, 不听从周岌的命令, 杨复光率三千忠武士兵前往蔡州, 游说秦宗权共同发兵讨伐黄巢。秦宗权派遣部将王淑率领三千人跟随杨复光前去征讨邓州, 而王淑徘徊不肯进兵, 杨复光杀死王淑, 合并他的军队, 把忠武兵八千人分成八都, 派牙将鹿晏弘、晋晖、王建、韩建、张造、李师泰、庞从等八人率领。王建是舞阳人, 韩建是长社人; 鹿晏弘、晋晖、张造、李师泰都是许州人。杨复光率领八都军队与黄巢部将朱温大战, 将朱温打败, 攻取邓州, 向北追逐朱温残余军队, 到了蓝桥才率军返回。

昭义节度使高浔联合王重荣攻打华州, 攻克了华州。

【乾隆御批】唐奄寺监军之恶稔矣, 其中亦竟有忠义奋发如杨复光者, 而周岌辈以方镇大臣甘心臣贼, 虽中道疾心, 其视东都留守、灞上金吾之望尘迎谒相去, 岂容一间乎?

【译文】唐代宦官监察军队的坏处人们都熟知了, 但这其中竟有像杨复光这样忠义奋发之士，而周岌之辈却以方镇大臣的身份心甘情愿地去给贼人当臣子，虽然中途也升起一种愧疚心，要是和东都留守、灞上金吾望见尘土就去迎拜相比较，难道还有一点儿距离吗？

六月，戊戌，以郑畋为司空兼门下侍郎、同平章事，都统如故。

李克用遇大雨，己亥，引兵北还，陷忻、代二州，因留居代州。郑从谠遣教练使论安等军百井以备之。

邠宁节度副使朱玫屯兴平，黄巢将王播围兴平，玫退屯奉天及龙尾陂。

西川黄头军使李铤将万人，巩咸将五千人屯兴平，为二寨，与黄巢战，屡捷。陈敬瑄遣神机营使高仁厚将二千人益之。

秋，七月，丁巳，改元，赦天下。

庚申，以翰林学士承旨、兵部侍郎韦昭度同平章事。

论安自百井擅还，郑从谠不解靴衫斩之，灭其族。更遣都头温汉臣将兵屯百井。契苾璋引兵还振武。

【译文】六月，戊戌日（二十二日），唐僖宗李儇任命郑畋为司空兼门下侍郎、同平章事，依旧担任都统。

李克用赶上大雨，带兵返回北方，攻取忻、代二州，于是在代州留驻。郑从谠派教练使论安等在百井驻军来戒备李克用。

邠宁节度副使朱玫在兴平屯驻，黄巢部将王播围攻兴平，朱玫撤退后驻守奉天和龙尾陂。

西川黄头军使李铤率领一万士兵，巩咸率领五千士兵，在兴平屯扎，把军队分为两寨，和黄巢交战，多有斩获；西川节度使陈敬瑄派遣神机营使高仁厚率领两千人增援李铤、巩咸二军。

秋季，七月，丁巳日（十一日），改年号为中和，大赦天下。

庚申日（十四日），唐僖宗李儇任命翰林学士承旨、兵部侍郎韦昭度同平章事。

论安擅自由百井率军返回晋阳，河东节度使郑从谠非常气愤，来不及脱靴子和外衣，就杀了论安，并诛灭其家族。改派都头温汉臣率兵在百井驻扎。契苾璋率领军队返回振武。

初，车驾至成都，蜀军赏钱人三缗。田令孜为行在都指挥处置使，每四方贡金帛，辄颁赐从驾诸军无虚月，不复及蜀军，蜀军颇有怨言。丙寅，令孜宴土客都头，以金杯行酒，因赐之，诸都头皆拜而受，西川黄头军使郭琪独不受，起言曰："诸将月受俸料，丰赡有馀，常思难报，岂敢无厌！顾蜀军与诸军同宿卫，而赏赉悬殊，颇有觖望，恐万一致变。愿军容减诸将之赐以均蜀军，使土客如一，则上下幸甚！"令孜默然有间，曰："汝尝有何功？"对曰："琪生长山东，征戍边鄙，尝与党项十七战，契丹十馀战，金创满身。又尝征吐谷浑，伤胁肠出，线缝复战。"令孜乃自酌酒于别樽以赐琪。琪知其毒，不得已，再拜饮之。归，杀一婢，吮其血以解毒，吐黑汁数升，遂帅所部作乱，丁卯，焚掠坊市。令孜奉天子保东城，闭门登楼，命诸军击之。琪引兵还营，陈敬瑄命都押牙安金山将兵攻之，琪夜突围出，奔广都，从兵皆溃，独厅吏一人从，息于江岸。琪谓厅吏曰："陈公知吾无罪，然军府掠扰，不可以莫之安也。汝事吾能始终，今有以报汝。汝赍吾印剑诣陈公曰：'郭琪走渡江，我以剑击之，坠水，尸随湍流下矣。得其印剑以献。'陈公必据汝所言，榜悬印剑于市以安众。汝当获厚赏，吾家亦保无恙。吾自此适广陵，归高公，后数日，汝可密以语吾家也。"遂解印剑授之而逸。厅吏以献敬瑄，果免琪家。

【译文】起初，僖宗车驾抵达成都，蜀军每人赏赐三缗钱。田令孜担任行在都指挥处置使，每当天下进贡金帛时，就颁赐给随从车驾的各路军队，没有空过一月，现在却不再赏赐蜀军，蜀军多有怨言。丙寅日(二十日)，田令孜宴请土军、客军的都头，用金杯饮酒，并且把金杯赠送给他们，各位都头跪下接受。只有西川黄头军使郭琪不肯接受，他站起来说："诸将按月接受俸禄物品，繁多并有剩余，时常觉得没有什么回报的，怎么敢不满足呢？看到蜀军和其他各军一样担任宿卫，却赏赐差别很大，颇多怨言，恐怕会导致军士作乱。希望军容能减少诸将的赏赐以把它们平均分给蜀军，使土军客军获得的赏赐一致，那么上下都能平安无事！"田令孜听罢沉默无言，好一会儿才问郭琪说："你曾经立过什么战功？"郭琪回答说："我生长在崤山以东地区，并不是蜀地人，曾在边远地区作战戍守，率领军队与党项交战十七次，与契丹作战十多次，满身都是疮疤，还曾与吐谷浑作战，被击破肚皮，肠子都流出来了，用线缝合后马上又加入战斗。"田令孜于是拿另外一个酒杯亲自倒满酒赐给郭琪。郭琪知道酒已经下了毒药，无可奈何，再次跪拜饮下毒酒。后来，他回到家中后，杀死一个婢女，吮吸她的血来解毒，结果吐出好几升黑色的毒液，于是他率领部下作乱。丁卯日(二十一日)，烧毁抢劫街坊商肆。田令孜侍奉僖宗逃奔保东城，关闭城门登上城楼，命令诸军攻打郭琪所率领的乱军。郭琪率领军队回到营地，陈敬瑄命令都押牙安金山率兵进攻，郭琪趁着夜色突围而出，逃奔到广都，随从的士兵都溃散逃跑，只有厅吏一人跟随他来到江畔歇息。郭琪就对厅吏说："陈公知道我是无罪的，然而军府受到惊吓骚动，肯定会除掉我而使军府安定。你追随我能竭尽忠诚，现在我有一个办法可以回报你。你可拿着我的官印和利剑去向陈公报告，就说：'郭琪渡江逃走，我用剑将他杀死在水中，尸体顺着急流冲下，只找到他的官印和剑，呈献给陈公。'陈公必然会根据你所说，在坊市张贴榜文，然后悬挂印、剑以安定人心。你将会得到丰厚赏赐，而我全家人也可保全性命。我从这里奔赴广陵，归顺高骈，再过几天，你可以暗中把真相告诉我的家人。"说完，他解下印、剑交给厅吏而走。厅吏把它献给陈敬瑄，陈敬瑄果然免去了郭琪家人死罪。

资治通鉴

上日夕专与宦官同处，议天下事，待外臣殊疏薄。庚午，左拾遗孟昭图上疏，以为："治安之代，遐迩犹应同心；多难之时，中外尤当一体。去冬车驾西幸，不告南司，遂使宰相、仆射以下悉为贼所屠，独北司平善。况今朝臣至者，皆冒死崎岖，远奉君亲，所宜自兹同休等戚。伏见前夕黄头军作乱，陛下独与令孜、敬瑄及诸内臣闭城登楼，并不召王铎已下及收朝臣入城。翌日，又不对宰相，亦不宣慰朝臣。臣备位谏官，至今未知圣躬安否，况疏冗乎！傥群臣不顾君上，罪固当诛；若陛下不恤群臣，于义安在！夫天下者，高祖、太宗之天下，非北司之天下；天子者，四海九州之天子，非北司之天子。北司未必尽可信，南司未必尽无用。岂天子与宰相了无关涉，朝臣皆若路人！如此，恐收复之期，尚劳宸虑，尸禄之士，得以宴安。臣躬被宠荣，职在裨益，虽遂事不谏，而来者可追。"疏入，令孜屏不奏。辛未，矫诏贬昭图嘉州司户，遣人沉于蟆颐津，闻者气塞而莫敢言。

【译文】僖宗日夜都与宦官共处，商议天下大事，而对待宫外的朝臣越来越疏远，恩遇也越来越差。庚午日（二十四日），左拾遗孟昭图上疏，认为："治理太平之世，远近都要同心协力；

国家多难时期，朝廷内外更应该团结一致。去年冬天，陛下车驾巡幸西方，没有告知南司（宰相），致使宰相、仆射以下官员都被贼兵所杀，只有北司（宦官）平安无事。何况现在朝臣能到这里来的，都是冒着死亡的危险经过重重磨难，远来侍奉天子，我们应该从此休戚与共。前晚黄头军作乱时，陛下只和田令孜、陈敬瑄以及诸内臣关闭城门，登上城楼，并不召见王铎以及朝臣进入城中；第二天，又没有召见宰相商议此事，也不宣慰朝臣。臣处在谏官之列，到现在也不知陛下是否安全，更何况疏远与离散的臣子呢！假如群臣不顾念陛下，他们固然该被诛杀；如果陛下不安抚体恤群臣，在道义上也说不通啊。大唐天下是高祖、太宗创立的，并不是北司宦官创建的；大唐天子是四海九州百姓的天子，也不是北司宦官的天子。北司宦官未必人人都可以信任，司朝官也未必人人都能重用。怎么说天子与宰相一点关系没有，朝臣都被看作路人！长此下去，恐怕收复长安的时间，还要劳烦陛下费心，而尸位素餐之人，却能尽情享用酒宴。臣受到陛下的恩宠信任担任谏臣，职责就是上言直谏，以期对国家有益，虽然臣未必尽到凡事直谏的职责，但有后来者可以继续谏诤。"他的奏疏送进去后，田令孜把它扔在一边没有奏报。辛未日（二十五日），田令孜假借诏令贬孟昭图为嘉州司户，派人把他沉溺在蟆颐津中；听到此事的人都义愤填膺，敢怒而不敢言。

郦延节度使李孝昌、权夏州节度使拓跋思恭屯东渭桥，黄巢遣朱温拒之。

以义武节度使王处存为东南面行营招讨使，以邠宁节度副使朱玫为节度使。

八月，己丑夜，星交流如织，或大如杯碗，至丁酉乃止。

【译文】鄜延节度使李孝昌、权充夏州节度使拓跋思恭在东渭桥驻扎，黄巢派朱温去攻打。

唐僖宗李儇任命义武节度使王处存为东南面行营招讨使，又任命邠宁节度副使朱玫为邠宁节度使。

八月，己丑日（十三日）夜晚，天空流星如梭交织，有的像杯子般大，有的如碗般大，直到丁酉日（二十一日）流星才停止。

武宁节度使支详遣牙将时溥、陈璠将兵五千入关，讨黄巢，二人皆详所奖拔也。溥至东都，矫称详命，召师还与璠合兵，屠河阴，掠郑州而东。及彭城，详迎劳，犒赏甚厚。溥遣所亲说详曰：“众心见迫，请公解印以相授。”详不能制，出居大彭馆，溥自知留务。璠谓溥曰：“支仆射有惠于徐人，不杀，必成后悔。”溥不许，送详归朝。璠伏甲于七里亭，并其家属杀之。诏以溥为武宁留后。溥表璠为宿州刺史，璠到官贪虐，溥以都将张友代还，杀之。

【译文】武宁节度使支详派牙将时溥、陈璠率五千人入关讨伐黄巢，二人都是支详奖掖提拔的。时溥抵达东都，谎称支详的命令，将军队召回与陈璠聚兵一处，在河阴大肆杀戮，劫掠郑州后向东而去。到了彭城，支详迎接慰劳他们，给以丰厚的犒赏。时溥派自己的亲信游说支详说：“由于众人的逼迫，要求你解下节度使的大印授予时溥。”支详没有办法阻止此事，只好搬出军府，居留在大彭馆。时溥于是掌管武宁军留后事务。陈璠对时溥说：“支仆射对徐州百姓有恩惠，你不杀他的话，一定会后悔的。”时溥没有答应，送支详回朝。陈璠在七里亭埋伏甲兵，杀死支详及其家属。唐僖宗李儇诏命时溥为武宁留后。时溥上表请求任命陈璠为宿州刺史，陈璠赴任后贪婪又残暴，于是时溥另外任命都将张友替代陈璠，陈璠返回徐州后被时溥杀死。

杨复光奏升蔡州为奉国军，以秦宗权为防御使。寿州屠者王绪与妹夫刘行全聚众五百，盗据本州，月馀，复陷光州，自称将军，有众万馀人。秦宗权表为光州刺史。固始县佐王潮及弟审邽、审知皆以材气知名，绪以潮为军正，使典盗粮，阅士卒，信用之。

高浔与黄巢将李详战于石桥，浔败，奔河中，详乘胜复取华州。巢以详为华州刺史。

以权知夏绥节度使拓跋思恭为节度使。

宗正少卿嗣曹王龟年自南诏还，骠信上表款附，请悉遵诏旨。

九月，李孝昌、拓跋思恭与尚让、朱温战于东渭桥，不利，引去。

【译文】杨复光向僖宗奏请将蔡州升为奉国军，任秦宗权为防御使。寿州的屠户王绪与妹夫刘行全聚集五百余人，占据寿州，一个月后，又攻克徐州，自称为将军，手下士兵扩充到一万余人。秦宗权向僖宗上表举荐他为光州刺史。固始县佐王潮和弟弟王审邽、王审知都凭借才气闻名，王绪让王潮为军正，典掌物资和粮草，巡视并检阅士兵，兵卒对他十分信任。

昭义节度使高浔率官军与黄巢部将李详于石桥交战，高浔战败，逃奔河中，李详乘胜又攻取了华州。黄巢任命李详为华州刺史。

唐僖宗李儇任命暂代夏绥节度使的拓拔思恭为节度使。

宗正少卿嗣曹王李龟年从南诏返回，南诏骠信呈递表文表示愿意诚心归附大唐，请求完全遵照僖宗诏命去办。

九月，李孝昌、拓拔思恭和尚让、朱温在东渭桥大战，李孝昌等没有取胜，率军离去。

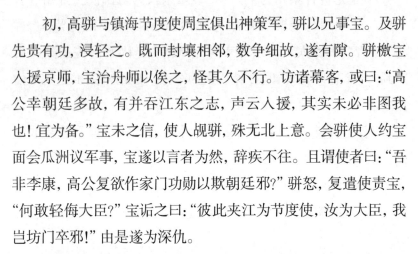

初，高骈与镇海节度使周宝俱出神策军，骈以兄事宝。及骈先贵有功，浸轻之。既而封壤相邻，数争细故，遂有隙。骈檄宝入援京师，宝治舟师以俟之，怪其久不行。访诸幕客，或曰："高公幸朝廷多故，有并吞江东之志，声云入援，其实未必非图我也！宜为备。"宝未之信，使人觇骈，殊无北上意。会骈使人约宝面会瓜洲议军事，宝遂以言者为然，辞疾不往。且谓使者曰："吾非李康，高公复欲作家门功勋以欺朝廷邪？"骈怒，复遣使责宝，"何敢轻侮大臣？"宝诟之曰："彼此夹江为节度使，汝为大臣，我岂坊门卒邪！"由是遂为深仇。

骈留东塘百馀日，诏屡趣之，骈上表，托以宝及浙东观察使刘汉宏将为后患，辛亥，复罢兵还府，其实无赴难心，但欲襄雉集之异耳。

【译文】起初，淮南节度使高骈与镇海节度使周宝都出身于神策禁军，高骈称周宝为兄，对周宝很恭敬。后来高骈首先富贵，立有军功，逐渐瞧不起周宝甚至对之不恭敬。随后二人各担任节度使，他们管辖的地境相邻，常常因为小事发生争执，于是两人就有了嫌隙。高骈发下檄文召周宝率领军队援助京师，周宝准备好舟师待命，而高骈很久不成行，他感到很奇怪；于是向幕客请教，有人说："高公希望朝廷多发生变故，他有吞并江东的野心，宣扬说派兵援救京师，实际上就是虚张声势，想趁机谋划吞并我们！应对他加强防备才是。"周宝起初不相信这些话，派人前往高骈军中刺探，发觉高骈始终没有北上援救的意思。适逢高骈派人邀约周宝在瓜州会面商议政事，周宝才觉得之前幕客所言是真的，就借口生病推辞不肯前往，并且对使者说："我并不是李康，高公又想凭借家族功勋来欺骗朝廷吗？"高骈大怒，又派使者斥责周宝说："你怎敢轻视侮辱大臣呢？"周宝也责骂他说："你我在夹江的两岸担任节度使，你是大臣，我难道就是坊门的守卒吗？"于是从此结下深仇大恨。

高骈屯兵留居东塘一百多天，僖宗屡次下诏书催促他率领军队援救京师，高骈向僖宗呈递奏表，借口周宝和浙东观察使刘汉宏将成为后患而不派兵前往。辛亥日（九月初六），高骈又从东塘罢兵返回广陵军府。其实，高骈并没有北上赴难的意思，只是想要避让双雄齐集军府的灾异罢了。

高骈召石镜镇将董昌至广陵，欲与之俱击黄巢。昌将钱镠说昌曰："观高公无讨贼心，不若以扞御乡里为辞而去之。"昌从之，骈听昌还。会杭州刺史路审中将之官，行至嘉兴，昌自石镜引兵入杭州，审中惧而还。昌自称杭州都押牙、知州事，遣将吏请于周宝。宝不能制，表为杭州刺史。

临海贼杜雄陷台州。

辛酉，立皇子震为建王。

昭义十将成麟杀高浔，引兵还据潞州。天井关戍将孟方立起兵攻麟，杀之。方立，刑州人也。

忠武监军杨复光屯武功。

永嘉贼朱褒陷温州。

【译文】高骈召石镜镇大将董昌前往广陵，准备和他一起进攻黄巢。董昌的部将钱镠对董昌说："观察高公并没有讨伐贼军的意思，不如以捍御乡里为托词离开这里。"董昌按照他所说的去做了，高骈任凭董昌回去。适逢杭州刺史路审中准备前去赴任，刚走到嘉兴，董昌从石镜率领军队先进入杭州，路审中感到恐惧而返回。于是董昌自称杭州都押牙、知州事，派遣将军文吏向周宝请求官位。周宝没有能力阻止此事，只好上表任董昌为杭州刺史。

临海贼寇杜雄攻克了台州。

辛酉日（八月无此日），唐僖宗李俨册立皇子李震为建王。

昭义军十将成麟杀死高浔，率领士兵占据潞州，天井关戍将孟方立起兵攻打成麟，将他杀死。孟方立是邢州人。

忠武监军杨复光在武功驻兵。

永嘉贼寇朱褒攻克温州。

凤翔行军司马李昌言将本军屯兴平。时凤翔仓库虚竭，犒赏稍薄，粮馈不继。昌言知府中兵少，因激怒其众。冬，十月，引军还袭府城。郑畋登城与士卒言，其众皆下马罗拜曰："相公诚无负我曹。"畋曰："行军苟能戢兵爱人，为国灭贼，亦可以顺守矣。"乃以留务委之。即日西赴行在。

天平节度使、南面招讨使曹全晸与贼战死，军中立其兄子存实为留后。

【译文】唐凤翔行军司马李昌言率本部军队在兴平驻守。当时凤翔仓库已枯竭空虚，给军士的犒赏跟之前相比少了很多，并且军粮不能接续。李昌言知道凤翔节度使府士兵很少，故意以粮饷减少为由激怒其部下士兵。冬季，十月，李昌言率领本部军队返回凤翔，偷袭军府。凤翔节度使郑畋登上城楼向城下的士兵喊话，士兵们都下马向郑畋下拜，说："郑相公确实没有亏待过我们。"郑畋说："行军司马如果能管束士兵不抢劫而爱护百姓, 替国家剿灭贼兵, 即使得到节度使旌旗也可以说是顺利地守城了。" 于是把留守事务都委托给李昌言, 自己立即出发西赴成都行宫。

天平节度使、南面招讨使曹全晸与贼军交战而死, 军中推立他哥哥的儿子曹存实为留后。

十一月, 乙巳, 孟楷、朱温袭鄜、夏二军于富平, 二军败, 奔归本道。

郑畋至凤州, 累表辞位。诏以畋为太子少傅、分司, 以李昌言为凤翔节度行营招讨使。

以门下侍郎、同平章事裴澈为鄂岳观察使。

加镇海节度使周宝同平章事。

遂昌贼卢约陷处州。

十二月, 江西将闵勖戍湖南, 还, 过潭州, 逐观察使李裕, 自为留后。

以感化留后时溥为节度使。

赐夏州号定难军。

【译文】十一月, 乙巳日(初一), 孟楷、朱温袭击在富平的鄜、夏两军, 两军战败, 逃归本道。

郑畋抵达凤州, 屡次向僖宗上表辞职; 唐僖宗李儇诏命他为太子少傅、分司; 任命李昌言为凤翔节度行营招讨使。

唐僖宗李儇任命门下侍郎、同平章事裴澈为鄂岳观察使。

唐僖宗李儇加封镇海节度使周宝同平章事。

遂昌贼寇卢约攻取处州。

十二月, 江西将领闵勖戍守湖南, 返回江西时, 路过潭州, 将潭州观察使李裕驱逐, 自己任潭州留后 。

唐僖宗李儇任命感化留后时溥为节度使。

唐僖宗李儇赐给夏州定难军的称号。

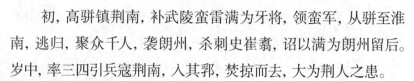

初，高骈镇荆南，补武陵蛮雷满为牙将，领蛮军，从骈至淮南，逃归，聚众千人，袭朗州，杀刺史崔翥，诏以满为朗州留后。岁中，率三四引兵寇荆南，入其郛，焚掠而去，大为荆人之患。

陬溪人周岳尝与满猎，争肉而斗，欲杀满不果。闻满据朗州，亦聚众袭衡州，逐刺史徐颢。诏以岳为衡州刺史。石门洞蛮向环亦集夷獠数千攻陷澧州，杀刺史吕自牧，自称刺史。

王铎以高骈为诸道都统无心讨贼，自以身为首相，发愤请行，恳款流涕，至于再三。上许之。

【译文】起初，高骈镇守荆南，递补武陵蛮雷满为牙将，统率蛮军，跟随高骈前往淮南，后来却逃了回去，聚集上千士兵，袭击朗州，杀死刺史崔翥。唐僖宗李儇下诏书任命雷满为朗州留后。这年，雷满仍然率军侵犯荆南三四次，进入荆南城外围的大城，放火焚烧并大肆劫掠而去，成为荆南地区的大患。

陬溪人周岳曾经和雷满一起狩猎，为了争野兽而打斗起来，想要杀死雷满，没有成功。听到雷满占据朗州后，也聚集兵众袭击衡州，将唐衡州刺史徐颢驱逐，唐僖宗李儇下诏书任周岳为衡州刺史。石门蛮向环也聚集夷獠几千人攻占了澧州，杀死刺史吕自牧，自称刺史。

王铎见高骈身任诸道军队都统却没有心思征讨黄巢贼兵，认为自己身为宰相，就在僖宗面前慷慨发誓，请求统领军队讨伐贼军，言辞恳切真挚，以至泪流满面。他再三恳求，僖宗最终准许了他的请求。

中和二年(壬寅,公元八八二年)春,正月,辛亥,以王铎兼中书令,充诸道行营都都统,权知义成节度使,俟罢兵复还政府。高骈但领盐铁转运使,罢其都统及诸使。听王铎自辟将佐,以太子少师崔安潜为副都统。辛未,以周岌、王重荣为都都统左右司马,诸葛爽及宣武节度使康实为左右先锋使,时溥为催遣纲运租赋防遏使,以右神策观军容使西门思恭为诸道行营都都监。又以王处存、李孝昌、拓跋思恭为京城东北西面都统,以杨复光为南面行营都监使。又以中书舍人郑昌图为义成节度行军司马,给事中郑畯为判官,直弘文馆王抟为推官,司勋员外郎裴贽为掌书记。昌图,从谠之从祖兄弟;畯,畋之弟;抟,玙之曾孙;贽,坦之子也。又以陕虢观察使王重盈为东面都供军使。重盈,重荣之兄也。

【译文】中和二年(壬寅,公元882年)春季,正月,辛亥日(初八),唐僖宗李儇任命王铎兼中书令,充任诸道行营都都统,暂且担任义成节度使,等罢兵后再返回政事堂任宰相。高骈只统领盐铁转运使,罢免了他的都统以及诸使的职务。任凭王铎自行征召将佐,任命太子少师崔安潜为副都统。辛未日(二十八日),唐僖宗李儇任命周岌、王重荣为都统左右司马,任命诸葛爽和宣武节度使康实为左右先锋使,任命时溥为催遣纲运租赋防遏使,任命右神策观军容使西门思恭为诸道行营都都监。又任命王处存、李孝昌、拓跋思恭为京城东北西面都统,任命杨复光为南面行营都监使。又任命中书舍人郑昌图为义成节度行军司马,任命给事中郑畯为判官,直弘文馆王抟为推官,司勋员外郎裴贽为掌书记。郑昌图是郑从谠的从祖兄弟;郑畯是郑畋的弟弟;王抟是王玙的曾孙;裴贽是裴坦的儿子。又任命陕虢观察使王重盈为东面都供军使。王重盈是王重荣的哥哥。

黄巢以朱温为同州刺史，令温自取之。二月，同州刺史米诚奔河中，温遂据之。

己卯，以太子少傅、分司郑畋为司空兼门下侍郎、同平章事，召诣行在，军务一以咨之。以王铎兼判户部事。

朱温寇河中，王重荣击败之。

以李昌言为京城西面都统，朱玫为河南都统。

泾原节度使胡公素薨，军中请命于都统王铎，承制以大将张钧为留后。

李克用寇蔚州。三月，振武节度使契苾璋奏与天德、大同共讨克用。诏郑从谠与相知应接。

【译文】黄巢任命朱温为同州刺史，让朱温前去攻取同州后上任。二月，同州刺史米诚逃往河中，朱温占据同州。

己卯日（初六），唐僖宗李儇任命太子少傅、分司郑畋为司空兼门下侍郎、同平章事，召他前往行在，关于军务之事都向他咨询。任命王铎兼行户部事。

朱温进犯河中，王重荣把他打败。

唐僖宗李儇任命李昌言为京城西面都统，任命朱玫为河南都统。

泾原节度使胡公素去世，军士向都统王铎请求任命新的节度使，王铎承用诏书任命大将张钧为泾原军留后。

李克用进犯蔚州，三月，振武节度使契苾璋上奏朝廷将与天德、大同军共同讨伐李克用。唐僖宗李儇诏令郑从谠与他们互相联络接应。

陈敬瑄多遣人历县镇诇事，谓之寻事人，所至多所求取。有二人过资阳镇，独无所求。镇将谢弘让邀之，不至。自疑有罪，夜，亡入群盗中。明旦，二人去，弘让实无罪也。捕盗使杨迁诱弘让出首而执以送使，云讨击擒获，以求功。敬瑄不之问，杖弘让脊二十，钉于西城二七日，煎油泼之，又以胶麻掣其疮，备极惨酷，见者冤之。又有邛州牙官阡能，因公事违期，避杖，亡命为盗。杨迁复诱之，能方出首，闻弘让之冤，大骂杨迁，发愤为盗，驱掠良民，不从者举家杀之。逾月，众至万人，立部伍，署职级，横行邛、雅二州间，攻陷城邑，所过涂地。先是，蜀中少盗贼，自是纷纷竞起，州县不能制，敬瑄遣牙将杨行迁将三千人，胡洪略、莫匡时各将二千人以讨之。

以右神策将军齐克俭为左右神策军内外八镇兼博野、奉天节度使。

赐鄜坊军号保大。

【译文】陈敬瑄派人到各地县、镇刺探秘密之事，称为"寻事人"，这些人到各地后向地方官多有索求，搜刮财物。有两个寻事人到达资阴镇，却没有获得财物。镇将谢弘让在路上邀请，仍然没有前来。谢弘让担心得罪他们，晚上，逃往群盗中。第二天早晨，两个寻事人离开，谢弘让实际上没有犯什么罪。捕盗使杨迁诱使谢弘让出来自首，却把谢弘让抓住押到西川节度使府，声称经过讨伐将谢弘让抓获，来求取封赏。陈敬瑄也没有追问缘由，用杖打了谢弘让脊背二十下，将他钉在西城上十四天，用煎热的油往他身上泼洒，又用胶麻刺破他的疮口，残酷刑罚都用尽了，看到的人都为他喊冤。还有邛州牙官阡能，因为耽误了公事，为了免遭杖刑，逃跑做了强盗。杨迁又引诱他。阡能正要出来自首，听说谢弘让的冤屈之事，于是痛骂杨迁，愤而成为强盗，驱逐并劫掠善良的百姓，不顺从他的，就杀死全家，过了一个月，手下士兵达到万人，建立队伍，设置各级军官，在邛州、雅州一带横行无阻，攻陷城镇乡村，所过之处，死尸遍地。之前，蜀中盗贼很少，从此以后，盗贼蜂拥而起，州、县官吏不能控制。陈敬瑄派遣牙将杨行迁率领三千人，胡洪略、莫匡时各率领两千人，到处征讨贼军。

唐僖宗李儇任命右神策将军齐克俭为左右神策内外八镇兼博野、奉天节度使。

唐僖宗李儇赐鄜坊军号称为"保大"。

夏，四月，甲午，加陈敬瑄兼侍中。

赫连铎、李可举与李克用战，不利。

初，高骈好神仙，有方士吕用之坐妖党，亡命归骈，骈厚待之，补以军职。用之，鄱阳茶商之子也，久客广陵，熟其人情，炉鼎之暇，颇言公私利病，骈愈奇之，稍加信任。骈旧将梁缵、陈珙、冯绫、董瑾、俞公楚、姚归礼素为骈所厚，用之欲专权，浸以计去之。骈遂夺缵兵，族珙家，绫、瑾、公楚、归礼咸见疏。

【译文】夏季，四月，甲午日（二十二日），唐僖宗李儇加封陈敬瑄兼侍中。

赫连铎、李可举和李克用作战，失利。

起初，高骈喜好神仙之术，方士吕用之因为参与妖党事情败露而逃奔到高骈处，高骈厚待吕用之，给他补以军职。吕用之是鄱阳茶商的儿子，在广陵寄居很长时间，对广陵城中的人情世故很是熟悉，在炼制丹药的闲暇时间，常常谈论公家和私人间的利弊得失之事，这让高骈越加感到奇异，因此渐渐对他信任。高骈的旧将梁缵、陈珙、冯绫、董瑾、俞公楚、姚归礼向来受到高骈厚待，吕用之为了专权，逐渐用谋略把他们都加以排挤了。高骈于是夺取了梁缵的兵权，将陈珙全族诛杀，冯绫、董瑾、俞公楚、姚归礼也都被他疏远。

　　用之又引其党张守一、诸葛殷共蛊惑骈。守一本沧、景村民，以术干骈，无所遇，穷困甚，用之谓曰："但与吾同心，勿忧不富贵。"遂荐于骈，骈宠待埒于用之。殷始自鄱阳来，用之先言于骈曰："玉皇以公职事繁重，辍左右尊神一人佐公为埋，公善遇之。欲其久留，亦可縻以人间重职。"明日，殷谒见，诡辩风生，骈以为神，补盐铁剧职。骈严洁，甥侄辈未尝得接坐。殷病风疽，搔扪不替手，脓血满爪，骈独与之同席促膝，传杯器而食。左右以为言，骈曰："神仙以此试人耳！"骈有畜犬，闻其腥秽，多来近之。骈怪之，殷笑曰："殷尝于玉皇前见之，别来数百年，犹相识。"骈与郑畋有隙，用之谓骈曰："宰相有遣剑客来刺公者，今夕至矣！"骈大惧，问计安出。用之曰："张先生尝学斯术，可以御之。"骈请于守一，守一许诺。乃使骈衣妇人之服，潜于它室，而守一代居骈寝榻中，夜掷铜器于阶，令铿然有声。又密以囊盛羱血，洒于庭宇，如格斗之状。及旦，笑谓骈曰："几落奴手！"骈泣谢曰："先生于骈，乃更生之惠也！"厚酬以金宝。有萧胜者，赂用之，求盐城监，骈有难色，用之曰："用之非为胜也，近得上仙书云，有宝剑在盐城井中，须一灵官取之。以胜上仙左右之人，欲使取剑耳。"骈乃许之。胜至监数月，函一铜匕首以献，用之见，稽首曰："此北帝所佩，得之，则百里之内五兵不能犯。"骈乃饰以珠玉，常置坐隅。用之自谓磻溪真君，谓守一乃赤松子，殷乃葛将军，胜乃秦穆公之婿也。

　　【译文】吕用之又推荐他的同伙张守一、诸葛殷一起用道术来迷惑高骈。张守一原本是住在沧、景二州的村民，通过道术拜见高骈，并没有受到重用，贫穷到了极点，吕用之对他说："只要和我一条心，不必担忧得不到荣华富贵。"于是把他引荐给高骈，高骈对他的恩宠厚待，和吕用之一样。诸葛殷从鄱阳初来广陵，吕用之提前对高骈说："玉皇大帝因为高公职事太繁重，选出其左右尊神一人来辅助您，帮您治理政事，您一定要厚待他，如果想让他长久留在身边，也可以将人间的重要职位赐给他，留住他不至于离开。"第二天，诸葛殷前来拜见高骈，满口诡辩之词，鬼话连篇，高骈以为他真是神仙，给诸葛殷补以盐铁的重要官职。高骈平时特别爱干净，他的外甥、侄儿辈从没有和他坐过一条凳子。诸葛殷生有风疽疮，身上奇痒无比，整天用手不停地抓挠，手上都是脓血，高骈却与他同席紧挨着坐着，用手传送酒杯瓷器饮酒吃饭。左右的侍从为此劝说几句，高骈就说："神仙拿这个来试探我罢了！"高骈养了些狗，狗闻到腥秽的气味，都来接近诸葛殷，高骈觉得很奇怪，诸葛殷笑着说："殷曾在玉皇大帝面前见过它们，如今和它们分别已经几百年了，还能相识啊。"高骈和郑畋有矛盾，吕用之对高骈说："宰相派了一个剑客要刺杀您，今晚就会来到！"高骈非常恐惧，请求他想个计谋。吕用之说："张先生（守一）曾经学过这种法术，可以对付刺客。"高骈就去向张守一请求，张守一答应了他的请求。于是就叫高骈穿上女人的衣服，藏在另外的房间，而张守一代替高骈睡在床榻中。晚上张守一把铜器扔到阶上，让它发出铿然的响声，又暗中把皮囊装上猪血，洒在庭院中，好像曾经打斗过的样子。等到了清晨，张守一笑着对高骈说："刺客差一点就落在我手上了！"高骈流着泪感谢说："先生对我高骈来说，有再造之恩啊！"于是用贵重的珍宝酬谢他。有个叫萧胜的人，贿赂吕用之，请求担任盐城监，高骈面露难色，吕用之说：

"我并不是为萧胜求取官职,最近得到上仙的一封信,信上写着在盐城的井中有一把宝剑,必须找有灵气的官员才能取出,萧胜是上仙身边之人,我是想让他去为您取剑呀。"高骈这才答应了。萧胜担任盐城监几个月后,用盒子装着一把铜匕首来呈献给高骈。吕用之见到后,装模作样地稽首鞠躬说:"这是北帝佩戴的剑,谁要是得到它,那么百里之内五兵(戈、殳、戟、酋矛、夷矛)不能入侵。"高骈就把它用珠玉进行装饰,常常放在自己的座椅旁边。吕用之自称是磻溪真君,说张守一是赤松子,诸葛殷是葛将军,萧胜是秦穆公的女婿。

　　用之又刻青石为奇字云:"玉皇授白云先生高骈。"密令左右置道院香案。骈得之,惊喜。用之曰:"玉皇以公焚修功著,将补真官,计鸾鹤不日当降此际。用之等谪限亦满,必得陪幢节,同归上清耳!"是后,骈于道院庭中刻木鹤,时着羽服跨之,日夕斋醮,炼金烧丹,费以巨万计。

　　用之微时,依止江阳后土庙,举动祈祷。及得志,白骈崇大其庙,极江南工材之选,每军旅大事,以少牢祷之。用之又言神仙好楼居,说骈作迎仙楼,费十五万缗。又作延和阁,高八丈。

　　【译文】吕用之又在青石上刻上奇怪的文字:"玉皇授予白云先生高骈。"命令左右随从偷偷放在道院烧香用的香案上面。高骈得到青石后,特别惊喜。吕用之说:"玉皇大帝因您焚香修行功德卓著,打算授予您真官,估计鸾鹤很快就会降临此地。我和张守一、诸葛殷是神仙下凡,在人间的时日已满,必定要和您同归上清宫做神仙了。"后来,高骈在道院庭中刻了木鹤,时常穿着羽服骑着木鹤,白天黑夜地斋戒醮祭,炼制金丹,花费资财以巨万计算。

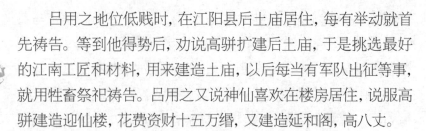

吕用之地位低贱时，在江阳县后土庙居住，每有举动就首先祷告。等到他得势后，劝说高骈扩建后土庙，于是挑选最好的江南工匠和材料，用来建造土庙，以后每当有军队出征等事，就用牲畜祭祀祷告。吕用之又说神仙喜欢在楼房居住，说服高骈建造迎仙楼，花费资财十五万缗，又建造延和阁，高八丈。

用之每对骈呵叱风雨，仰揖空际，云有神仙过云表。骈辄随而拜之。然常厚赂骈左右，使伺骈动静，共为欺罔，骈不之寤。左右小有异议者，辄为用之陷死不旋踵，但潜抚膺鸣指，口不敢言。骈倚用之如左右手，公私大小之事皆决于用之，退贤进不肖，淫刑滥赏，骈之政事于是大坏矣！

用之知上下怨愤，恐有窃发，请置巡察使。骈即以用之领之，募险狯者百馀人，纵横闾巷间，谓之"察子"，民间呵妻詈子，靡不知之。用之欲夺人货财，掠人妇女，辄诬以叛逆，搒掠取服，杀其人而取之，所破灭者数百家，道路以目，将吏士民虽家居，皆重足屏气。

【译文】吕用之经常在高骈面前呼风唤雨，对天拜揖，说某个神仙从云端经过。高骈马上也随之跪拜。吕用之也经常厚赂高骈身边之人，让他们窥探高骈的一举一动，一起对他欺骗隐瞒，高骈始终没有醒悟。高骈左右的人如果对神仙稍有异议，立即就会被吕用之置于死地，所以他们只能抚胸弹指，嘴上却不敢说什么。高骈倚重吕用之就像左右手一般，无论公私还是大小事情都由吕用之裁决，斥退贤达君子，举荐不肖之徒，滥施刑罚，又过度赏赐，淮南的政事由此受到极大的破坏。

吕用之心里清楚军府上下对自己早有怨恨之言，恐怕有人暗中揭发自己，于是请求高骈设置巡察使一职。高骈立即任命

资治通鉴

吕用之掌管这件事，召集百余阴险奸猾之人，在闾巷间横行无忌，称为"察子"（巡察的人），就连百姓呵斥妻子，责骂儿子，也没有不知道的。吕用之又想侵占百姓的财货，劫掠妇女，凡被他看中的就把那家人诬为叛逆贼寇，让他们屈打成招，捏造口供，杀死后掠取财货或美女，被他灭掉的有几百户人家，道路上的百姓，都对他侧目而视，将吏士民虽然住在家中，都脚步轻微屏住声息，惧怕极了。

　　用之又欲以兵威胁制诸将，请选募诸军骁勇之士二万人，号左、右莫邪都。骈即以张守一及用之为左、右莫邪军使，署置将吏如帅府，器械精利，衣装华洁，每出入，导从近千人。

　　用之侍妾百馀人，自奉奢靡，用度不足，辄留三司纲输其家。

　　用之犹虑人泄其奸谋，乃言于骈曰："神仙不难致，但恨学道者不能绝俗累，故不肯降临耳！"骈乃悉去姬妾，谢绝人事，宾客、将吏皆不得见。有不得已见之者，皆先令沐浴赍祓，然后见，拜起才毕，已复引出。由是用之得专行威福，无所忌惮，境内不复知有骈矣。

　　【译文】吕用之又想用兵权胁迫掌控诸将，向高骈请求挑选各军中骁勇的士兵两万人，号称左、右莫邪都。高骈就任命张守一和吕用之为左、右莫邪都军使，可以和节度使府一样自己部署将领，他们的兵器军械精良而锋利，衣服装束华丽而洁净，每次他们出入时，引导随从的士兵都将近千人。

　　吕用之的侍妾有一百多人，他的日常用度非常奢侈腐败，如果用度不够，就将户部、度支、盐铁三司所发送给朝廷的贡赋运往自己家中。

吕用之还担心有人会泄露他的奸谋，就对高骈说："神仙是不难请到的，只是遗憾学仙的人不能摒除世俗的牵累，所以神仙才不肯降临罢了！"于是，高骈摒退宾朋，谢绝人间诸事，宾客（一作姬妾）将吏都没办法见到他；即使有不得已而必须见的将吏，也让他们先沐浴洗澡，行斋戒祛除秽气，然后才接见他们，刚刚跪拜完起身，就被高骈请出去。因此，吕用之能够独断专行，作威作福，以致淮南节度使巡境之内不再有人知晓高骈。

　　【乾隆御批】骈既移镇淮南，实扼巢要害。且其军容甚武，屡挫贼锋，是当时力能制贼者，惟骈一人。乃井蛙自尊，心藏叵测。始而专兵攘利，惟恐人分其功；继则坚壁老师，坐视诸将之败，甚且托疾以养贼势，纵贼以笀朝廷。都统三年，蹙地丧师，江淮数千里委为盗区，非骈之罪，其谁之罪乎！迨兵柄既解，攘袂诟言，肆为悖逆而不顾，其罪更不容诛矣。

　　【译文】高骈调任淮南镇守后，实际上扼制了黄巢的要害。并且他的军容甚是威武，屡次挫败贼军的锋锐部队，可以说是当时有能力制服贼军的唯一一人。可是高骈却如井底之蛙一样妄自尊大，心怀叵测，而又独揽兵权来窃取私利，唯恐别人分走他的功劳；接着又实行高压政策使军队丧失斗志，坐看诸将一个个失败，甚至借口生病来使敌军得以休养势力，放纵敌军以威胁朝廷做了三年都统，失地丧兵，江淮数千里土地都成了盗贼的区域，不是高骈的罪过，又是谁的罪过呢！等到兵权被解除，又挽起袖子来口吐粗言，放肆悖逆不管不顾，他的罪恶简直是死有余辜了。

　　【申涵煜评】从古无不忠不孝之神仙。骈拥兵玩寇，负国要君，乃为吕用之所惑，欲修炼以学长生，予以为直尸居余气，天褫其魄耳。何神仙之有？

【译文】自古以来没有不忠不孝的神仙。高骈拥有重兵却不能抗击敌寇，背负国家要挟君主，可以说是被吕用之所迷惑。而他想要修炼以学仙人一样长生，我以为他只不过像尸体一样，上天早已夺去了他的魂魄。哪里有什么神仙呢？

王铎将两川、兴元之军屯灵感寺，泾原屯京西，易定、河中屯渭北，邠宁、凤翔屯兴平，保大、定难屯渭桥，忠武屯武功，官军四集。黄巢势已蹙，号令所行不出同、华。民避乱皆入深山筑栅自保，农事俱废，长安城中斗米直三十缗。贼卖人于官军以为粮，官军或执山栅之民鬻之，人直数百缗，以肥瘠论价。

【译文】王铎率领两川、兴元的军队在灵感寺屯扎，泾原军队在京西屯驻，易定、河中军队在渭北屯驻，邠宁、凤翔军队在兴平屯驻，保大、定难军队在渭桥屯驻，忠武军在武功屯驻，官军从四面云集而来。黄巢的势力已经日渐窘迫，发布的号令只能传达到同、华二州。百姓为了避祸都跑到深山中筑起栏栅以求保命，致使农事全都荒废，长安城中一斗米值三十缗钱。黄巢部下只好卖人来得到些粮食，有的官军也抓捕山寨的贫民来卖钱，每人值几百缗钱，进行贩人交易时竟然以肥瘦来论价格。

资治通鉴卷第二百五十五　唐纪七十一

起玄黓摄提格五月，尽阏逢执徐五月，凡二年有奇。

【译文】起壬寅(公元 882 年) 五月，止甲辰(公元 884 年) 五月，共二年一个月。

【题解】本卷记录了公元 882 年五月至公元 884 年五月，共计两年〇一个月的史事。当时正值唐僖宗中和二年五月至中和四年五月，正是唐朝廷进剿黄巢的重要时期。黄巢虽然入都建号，但各藩镇都不服从，于是藩镇间互相攻伐，一片混战局面。当时勤王之师四集，李克用为剿灭黄巢的重要力量。李克用进军关中，黄巢部将朱温投降，这是黄巢军衰败的一个转折点。李克用收复长安，声震全国。黄巢退出长安后，向东逃窜，开始为祸河南，黄巢大将孟楷战死后，黄巢怒围陈州近一年。又是李克用南下解围，才使陈州军民免遭涂炭。后来也是李克用大败黄巢军。李克用在回师途中，受到朱全忠暗算，朱李开始交恶。朱李敌对后，宦官田令孜得宠专权，勾结外臣；蔡州秦宗权也乘机兴起称帝，国家将无安宁之日。

僖宗惠圣恭定孝皇帝中之下

中和二年(壬寅，公元八八二年) 五月，以湖南观察使闵勖权充镇南节度使。勖屡求于湖南建节，朝廷恐诸道观察使效之，不许。先是，王仙芝寇掠江西，高安人钟传聚蛮獠，依山为堡，众至万人。仙芝陷抚州而不能守，传入据之，诏即以为刺史。至是，又逐江西观察使高茂卿，据洪州。朝廷以勖本江西牙将，故复置镇南军，使勖领之。若传不受代，令勖因而讨之。勖知朝廷意欲斗二盗使相毙，辞不行。

【译文】中和二年(壬寅，公元 882 年)五月，唐僖宗李俨任命湖南观察使闵勖代理镇南节度使。闵勖屡次向僖宗请求在湖南安设节度使，朝廷担心各道观察使效仿他，因此没有准许他的请求。之前，王仙芝到江西一带劫掠，高安人钟传招纳蛮獠的本地百姓，依据山势修建营垒，兵众多达一万。王仙芝攻占抚州而不能据守，钟传率领众人占据抚州，唐僖宗李俨即刻颁下诏书，任命钟传为抚州刺史。到此时，钟传又将江西观察使高茂卿驱逐，据守洪州。朝廷因为闵勖原本是江西的牙将，所以又设置了镇南军，任命闵勖来兼管。如果钟传不答应更换职位，就诏令闵勖趁机讨伐他。闵勖明白朝廷的意图，是想让两个盗贼自相残杀，所以对任命推辞没有前往。

加淮南节度使高骈兼侍中，罢其盐铁转运使。骈既失兵柄，又解利权，攘袂大诟，遣其幕僚顾云草表自诉，言辞不逊，其略曰："是陛下不用微臣，固非微臣有负陛下。"又曰："奸臣未悟，陛下犹迷，不思宗庙之焚烧，不痛园陵之开毁。"又曰："王铎债军之将，崔安潜在蜀贪黩，岂二儒士能戢强兵！"又曰："今之所用，上至帅臣，下及裨将，以臣所料，悉可坐擒。"又曰："无使百代有抱恨之臣，千古留刮席之耻。臣但虑寇生东土，刘氏复兴，即轵道之灾，岂独往日！"又曰："今贤才在野，憸人满朝，致陛下为亡国之君，此子等计将安出！"上命郑畋草诏切责之，其略曰："绾利则牢盆在手，主兵则都统当权，直至京北、京西神策诸镇，悉在指挥之下，可知董制之权。而又贵作司徒，荣为太尉。以为不用，如何为用乎？"又曰："朕缘久付卿兵柄，不能翦荡元凶，自天长漏网过淮，不出一兵袭逐，奄残京国，首尾三年。广陵之师，未离封部，忠臣积望，勇士兴讥，所以擢用元臣，诛夷臣寇。"又曰："从来倚仗之意，一旦控告无门，凝睇东南，惟增凄恻！"又曰："谢玄破苻坚于淝水，裴度平元济于淮西，未必儒臣不如武将。"又曰："宗庙焚烧，园陵开毁，龟玉毁椟，谁之过欤！"又曰："'奸臣未悟'之言，何人肯认！'陛下犹迷'之语，朕不敢当！"又曰："卿尚不能缚黄巢于天长，安能坐擒诸将！"又曰："卿云刘氏复兴，不知谁为魁首？比朕于刘玄、子婴，何太诬罔！"又曰："况天步未倾，皇纲尚整，三灵不昧，百度俱存，君臣之礼仪，上下之名分，所宜遵守，未可堕陵。朕虽冲人，安得轻侮！"骈臣节既亏，自是贡赋遂绝。

　　【译文】唐僖宗李儇加封淮南节度使高骈兼侍中，罢免他盐铁转运使的官职。高骈已经丧失兵权，现在又被免除可获取利益的大权，因此愤怒叫骂，卷起袖子举起手臂，让他的幕僚顾云起草表文，申诉自己的情况，措辞傲慢不逊，大意是说："这是陛下不重用臣，而绝不是我辜负了陛下。"又说："奸臣没有醒悟，陛下还在被迷惑，宗庙遭焚毁不忧愁，园陵被打开毁坏也不痛惜。"表文又说道："王铎在江陵战役中战败，崔安潜在四川贪婪狂放，这两个儒士怎么能率领大军呢？"又说："如今朝廷所重用的官员，从统帅到一般将领，如果让我谋划管理，可以坐着就把他们都抓获。"表文还说："不要使百代留有抱恨终生的臣子，不要让千秋岁月留下像汉朝淮阳王那样的刮席耻辱。臣只担心贼寇横行无忌的东方，将出现刘氏复兴国家那样的人，那么就好比秦子婴在轵道投降的灾祸变故，怎么会只发生在以前的时代呢?"又说:"如今贤达的人才在荒野闲居,贪图利益的奸臣充满朝廷,以至于让您成为亡国之君,这样,您打算怎么办呢?"唐僖宗李儇诏令郑畋起草诏书狠狠地斥责他,大意是说:"说到统管的利益,就是手中掌管制盐的大权,说到执掌兵权,就是身居都统要职,一直到京北、京西神策各镇,都在你的统率之下,这就可以知道天子授予你的权力了;而且你又担任地位显贵的司徒一职,很荣耀的太尉,如此,如果还认为没有重用你,那怎样才算是重用呢?"又说:"朕把兵权长期交付给你,你却不能扫荡消灭贼寇魁首,黄巢从天长县漏网逃脱,经过淮河时,你竟然不派一兵一卒去追击,导致他们据守并残害京城,前后达三年时间。广陵的军队没有离开过驻地,忠诚的大臣内心怀有希望,勇敢的将士时时讽谏,因此朕起用各位元老,来铲除当今贼寇。"诏书又说:"你向来是有所依仗,而一旦控告申诉无门,就会斜眼注视着东南方,白白增加伤感罢了!"又说:"谢玄在淝水之战大破苻坚的军队,裴度在淮西剿平吴元济的军队,这些都足以看出儒臣不一定就比不上武将啊!"又说:"先祖的宗庙被烧毁,祖先的墓园被掘开损毁,龟甲、宝玉在椟中遭破坏,这是谁的过错呢?"又说:"'奸臣没有醒悟'这话,谁肯承认呢!'陛下还在被迷惑'这话,朕不敢承认!"诏书责问高骈:"你尚且不能在长天县剿灭黄巢,又怎会坐着就把各位贼寇抓获!"又说:"你说刘季一类的人还会兴风作浪,不知他们的头领是谁? 你把朕比作刘玄、子婴,实在是太诬蔑朕了!"又说:"何况天子还没有倾覆,朝廷的纲常还很完备,日、月、星三灵并没有昏暗无光,国家所有的法度都还存在,君臣之间的礼仪,上下之间的名分关系,是必须遵守的,不可以践踏凌越啊! 朕虽然年幼不懂政事,怎么可以轻易诬蔑呢!"高骈已经丧失做臣子的节操，从此以后，进献和赋税就都断绝了。

以天平留后曹存实为节度使。

黄巢攻兴平，兴平诸军退屯奉天。

加河阳节度使诸葛爽同平章事。

六月，以泾原留后张钧为节度使。

荆南节度使段彦谟与监军朱敬玫相恶，敬玫别选壮士三千人，号忠勇军，自将之。彦谟谋杀敬玫；己亥，敬玫先帅众攻彦谟，杀之，以少尹李燧为留后。

【译文】唐僖宗李儇任命天平留后曹存实做节度使。

黄巢攻打兴平，兴平地方的各路官军撤退到奉天屯驻。

唐僖宗李儇加封河阳节度使诸葛爽同平章事。

六月，唐僖宗李儇任命泾原留后张钧为节度使。

荆南节度使段彦谟跟监军朱敬玫两人互相怨恨，朱敬玫特地精选强壮士兵三千人，号称"忠勇军"，亲自率领。段彦谟暗中谋划杀害朱敬玫。己亥日(二十八日)，朱敬玫却抢先率领部众攻击段彦谟，把他杀死了，让少尹李燧做荆南留后。

蜀人罗浑擎、句胡僧、罗夫子各聚众数千人以应阡能，杨行迁等与之战，数不利，求益兵。府中兵尽，陈敬瑄悉搜仓库门庭之卒以给之。是月，大战于乾溪，官军大败。行迁等恐无功获罪，多执村民为俘送府，日数十百人。敬瑄不问，悉斩之。其中亦有老弱及妇女，观者或问之，皆曰："我方治田绩麻，官军忽入村，系虏以来，竟不知何罪！"

【译文】蜀人罗浑擎、句胡僧、罗夫子各自聚集几千人来响应阡能，杨行迁等人跟他们交战，多次没有取胜，请求增派兵力。官府中已没有士兵，陈敬瑄就搜寻那些看管仓库、门庭的士兵来充数。这一月，双方在乾溪交战，官军大败。杨行迁等人害怕没有功劳而获罪，便抓捕村中的许多老百姓作为俘虏，押送官府，每天有几十甚至上百人，陈敬瑄不问缘由，把抓来的村民都杀了。其中，也包括年老体弱的人和一些妇女，观看的人问他们为什么被抓捕，他们都回答说："我们正在种田绩麻，官军突然冲进村子，强行将我们抓来，我们也不清楚犯了什么罪！"

秋，七月，己巳，以钟传为江西观察使，从高骈之请也。传既去抚州，南城人危全讽复据之，又遣其弟仔倡据信州。

尚让攻宜君寨，会大雪盈尺，贼冻死者什二三。

蜀人韩求聚众数千人应阡能。

镇海节度使周宝奏高骈承制以贼帅孙端为宣歙观察使。诏宝与宣歙观察使裴虔馀发兵拒之。

南诏上书请早降公主，诏报以方议礼议。

以保大留后东方逵为节度使，充京城东面行营招讨使。

闰月，加魏博节度使韩简兼侍中。

【译文】秋季，七月，己巳日（二十九日），唐僖宗李儇任命钟传为江西观察使，这是遵照高骈的要求。钟传离开抚州，南城人危全讽又占据抚州，并派遣他的弟弟危仔倡占据信州。

尚让攻打宜君寨，恰逢天下大雪，雪积了一尺多厚，有很多贼兵冻死，大约占十分之二三。

蜀人韩求聚集几千民众，响应阡能。

镇海节度使周宝向僖宗禀告，说高骈自称秉承天子之命，任命贼寇头子孙端为宣歙观察使。唐僖宗李儇颁发诏书给周宝和宣歙观察使裴虔余，命令他们发动军队阻击孙端。

南诏国呈上国书，请求僖宗早日下嫁公主，僖宗以正在商议有关的礼节仪式为由推托此事。

唐僖宗李儇任命保大留后东方逵为节度使，充任京城东面行营招讨使。

闰月，唐僖宗李儇加封魏博节度使韩简兼侍中。

八月，以兵部侍郎、判度支郑绍业同平章使，兼荆南节度使。

浙东观察使刘汉宏遣弟汉宥及马步军都虞候辛约将兵二万营于西陵，谋兼并浙西，杭州刺史董昌遣都知兵马使钱镠拒之。壬子，镠乘雾夜济江，袭其营，大破之，所杀殆尽，汉宥、辛约皆走。

魏博节度使韩简亦有兼并之志，自将兵三万攻河阳，败诸葛爽于脩武；爽弃城走，简留兵戍之，因掠邢、洺而还。

李国昌自达靼帅其族迁于代州。

黄巢所署同州防御使朱温屡请益兵以扞河中，知右军事孟楷抑之，不报。温见巢兵势日蹙，知其将亡，亲将胡真、谢瞳劝温归国；九月，丙戌，温杀其监军严实，举州降王重荣。温以舅事重荣，王铎承制以温为同华节度使，使瞳奉表诣行在。瞳，福州人也。

【译文】八月，唐僖宗李儇任命兵部侍郎、判度支郑绍业为同平章事、兼荆南节度使。

浙东观察使刘汉宏派遣自己的弟弟刘汉宥和马步都虞候辛约率领两万军队在西陵扎营，谋划兼并浙西，杭州刺史董昌派遣都知兵马使钱镠抵挡防御他们。壬子日（十三日），钱镠在夜间趁大雾快速率军过江，偷袭刘汉宥和辛约的军营，势如破竹，敌营士兵多被斩杀,刘汉宥、辛约二人逃走。

魏博节度使韩简也有兼并的意图,亲自率领三万士兵攻打河阳,在修武打败了诸葛爽。诸葛爽放弃河阳逃走,韩简留下一部分士兵在此驻守,顺便对邢、洺两州劫掠一番后才返回。

李国昌率领其族人从鞑靼迁移到代州。

黄巢部署的同州防御使朱温屡次请求增派士兵,用来保卫防御河中,知右军事孟楷把他的请求压下,没有向上面禀告。朱温见黄巢军队形势日益窘迫,知道必将以失败终结,亲信将领胡直、谢瞳二人劝说朱温归顺大唐。九月,丙戌日(十七日),朱温杀掉监军严实,率领同州全部士兵向王重荣投降。朱温把王重荣当作舅舅来服侍。王铎遵照天子意旨,让朱温担任同华节度使,派遣谢瞳恭奉表文前往僖宗行在禀告此事。谢瞳是福州人。

李详以重荣待温厚,亦欲归之,为监军所告。黄巢杀之,以其弟思邺为华州刺史。

桂州军乱,逐节度使张从训,以前容管经略使崔焯为岭南西道节度使。

平卢大将王敬武逐节度使安师儒,自为留后。

初,朝廷以庞勋降将汤群为岚州刺史,群潜通沙陀,朝廷疑之,徙群怀州刺史,郑从谠遣使赍告身授之。冬,十月,庚子朔,群杀使者,据城叛,附于沙陀。壬寅,从谠遣马步都虞候张彦球将兵讨之。

贼帅韩秀升、屈行从起兵,断峡江路。癸丑,陈敬瑄遣押牙庄梦蝶将二千人讨之,又遣押牙胡弘略将千人继之。

韩简复引兵击郓州,节度使曹存实逆战,败死。天平都将下邑牛瓒收馀众，婴城拒守，简攻之不下。诏以瓒权知天平留后。

【译文】 李详由于王重荣对朱温非常优厚，也打算归顺他，却被监军告发；黄巢于是将李详杀掉，让他的弟弟黄思邺任华州刺史。

桂[邕]州的军队作乱，驱逐节度使张从训，唐僖宗李儇任命前容管经略使崔焯为岭南西道节度使。

平卢军的大将王敬武驱逐节度使安师儒，自己担任留后一职。

起初，朝廷让庞勋的降将汤群担任岚州刺史，汤群私下与沙陀沟通往来，引起朝廷的怀疑，便迁调汤群去怀州做刺史，郑从谠派遣使臣拿着表文前往传达诏令。冬季，十月，庚子朔日（初一），汤群杀死使者，占据守城作乱，与沙陀亲附。壬寅日（初三），郑从谠派遣马步都虞候张彦球率领军队前去征讨汤群。

叛贼将领韩秀升、屈行从派遣军队，拦阻截断了峡江路。癸丑日（十四日），陈敬瑄派遣押牙庄梦蝶率领两千人前去征讨，又派遣押牙胡弘略率领千人继续前去讨伐。

韩简又率领军队进攻郓州，节度使曹存实出来迎战，不幸战败而死。天平军的都将下邑人牛瓒聚集残存兵马，环绕郓州城抗拒敌人，严防死守，韩简最终没有攻下郓州。唐僖宗李儇颁诏任命牛瓒代理天平军留后。

以朱温为右金吾大将军、河中行营招讨副使，赐名全忠。

李克用虽累表请降，而据忻、代州，数侵掠并、汾，争楼烦监。义武节度使王处存与克用世为婚姻，诏处存谕克用："若诚心款附，宜且归朔州俟朝命。若暴横如故，当与河东、大同军共讨之。"

以平卢大将王敬武为留后。时诸道兵皆会关中讨黄巢，独平卢不至，王铎遣都统判官、谏议大夫张濬往说之。敬武已受黄巢官爵，不出迎，濬见敬武，责之曰："公为天子藩臣，侮慢诏使，不能事上，何以使下！"敬武愕然，谢之。既宣诏，将士皆不应，濬徐谕之曰："人生当先晓逆顺，次知利害。黄巢，前日贩盐虏耳，公等舍累叶天子而臣之，果何利哉！今天下勤王之师皆集京畿，而淄青独不至。一旦贼平，天子返正，公等何面目见天下之人乎！不亟往分功名、取富贵，后悔无及矣！"将士皆改容引咎，顾谓敬武曰："谏议之言是也。"敬武即发兵从濬而西。

【译文】同时任命朱温为右金吾大将军、河中行营招讨副使，赐名叫朱全忠。

李克用虽然屡次上表请求投降，然而却据守忻州、代州，常常偷袭并劫掠并州、汾州，争夺楼烦监。义武节度使王处存和李克用世代有姻亲关系，唐僖宗李儇于是诏令王处存告诫李克用："如果是诚心归顺，就应当暂且回到朔州等待朝廷的命令；如果仍像从前一样暴虐横行，朝廷就会汇集河东和大同的官军一同进行讨伐。"

唐僖宗李儇任命平卢大将王敬武担任留后的职位。这时各道军队都在关中会合，共同征讨黄巢，只有平卢的军队没来，王铎派遣都统判官、谏议大夫张濬前去劝说。王敬武已经接受了黄巢赐予的职位，抗拒而不出城迎接。张濬见到王敬武后，斥责他说："你是唐天子的臣子，却凌辱怠慢传诏的使者，你对朝廷不能恭谨侍奉，又如何能指挥部下呢！"王敬武大吃一惊，随即跪下谢罪。

张濬宣读完诏命后，所有的将士都无反应。张濬从容地告诉他们："人应该首先明白什么是叛逆，什么是顺从，其次才应该懂得什么是有利的，什么是有害的。黄巢之前只不过是卖盐的小贩而已，你们却抛弃天子而去归顺他，结果能有什么好处呢？如今，救援大唐皇帝的军队都在京畿一带聚集，可是只有你淄青的官军不前往。将来如果剿灭贼军，陛下返回京城重新统一天下的话，你们还有什么脸去见天下之人呢？现在假如不即刻前去建立功业、取得富贵荣华，将来可要后悔莫及了！"将士们听了，都转变刚才的脸色，主动谢罪，回头对王敬武说："谏议大夫所说的话是对的啊！"王敬武立刻发动军队跟随张濬前往。

刘汉宏又遣登高镇将王镇将兵七万屯西陵，钱镠复夜济江袭击，大破之，斩获万计，得汉宏补诸将官伪敕二百馀通。镇奔诸暨。

黄巢兵势尚强，王重荣患之，谓行营都监杨复光曰："臣贼则负国，讨贼则力不足，奈何？"复光曰："雁门李仆射，骁勇，有强兵，其家尊与吾先人尝共事相善，彼亦有徇国之志。所以不至者，以与河东结隙耳。诚以朝旨谕郑公而召之，必来，来则贼不足平矣！"东面宣慰使王徽亦以为然。时王铎在河中，乃以墨敕召李克用，谕郑从谠。十一月，克用将沙陀万七千自岚、石路趋河中，不敢入太原境，独与数百骑过晋阳城下与从谠别，从谠以名马、器币赠之。

李详旧卒共逐黄思邺，推华阴镇使王遇为主，以华州降于王重荣，王铎承制以遇为刺史。

【译文】刘汉宏又派遣登高镇的守将王镇率领七万士兵在西陵驻扎，钱镠又渡过江水偷袭他们，大破他们的军队，斩杀、抓获一万余人，缴获刘汉宏任命补授各位将官的伪敕书二百余件，王镇逃奔诸暨。

黄巢的兵力仍然很强盛，王重荣非常担心这件事，他告诉行营都监杨复光说："如果向贼军称臣，就是辜负了国家的期望，若要征讨贼军，力量又不充足，我们怎么办呢？"杨复光回答说："雁门李克用特别豪爽英武，有强盛的军队，他的尊翁和我的祖先曾经在一起做事，相处融洽，他也有以身殉国的远大志向，他没有前来，是因为他与河东的郑从谠有嫌隙。如果诚恳地用朝廷的旨意劝说郑从谠，从而把李克用召来，李克用必然会来的。李克用如果前来的话，那么剿平贼寇就很容易了！"东面宣慰使王徽也认为应该如此去做。这时，王铎在河中，于是用墨笔书写诏令召李克用前来，又劝说郑从谠。十一月，李克用率领沙陀士兵一万七千人，从岚州、石州奔赴河中，不敢进入太原境内，独自率领几百名骑兵经过晋阳城下向郑从谠辞别，郑从谠拿出名贵的马匹、兵器、币帛等赐予他。

李详以前的部属一起驱逐黄思邺，推举华阴镇的使者王遇为主帅，将华州献给王重荣归顺，王铎受命委任王遇为刺史。

阡能党愈炽，侵淫入蜀州境。陈敬瑄以杨行迁等久无功，以押牙高仁厚为都招讨指挥使，将兵五百人往代之。未发前一日，有鬶面者，自旦至午，出入营中数四，逻者疑之，执而讯之，果阡能之谍也。仁厚命释缚，温言问之，对曰："某村民，阡能囚其父母妻子于狱，云'汝诇事归，得实则免汝家；不然，尽死！'某非愿尔也。"仁厚曰："诚知汝如是，我何忍杀汝！今纵汝归，救汝父母妻子，但语阡能云：'高尚书来日发，所将止五百人，无多兵也。'然我活汝一家，汝当为我潜语寨中人云：'仆射愍汝曹皆良人，为贼所制，情非得已。尚书欲拯救涤洗汝曹，尚书来，汝曹各投兵迎降。尚书当使人书汝背为"归顺"字，遣汝复旧业。所欲诛者，阡能、罗浑擎、句胡僧、罗夫子、韩求五人耳，必不使横及百姓也。'"谍曰："此皆百姓心上事，尚书尽知而赦之，其谁不舞跃听命！一口传百，百传千，川腾海沸，不可遏也。比尚书之至，百姓必尽奔赴如婴儿之见慈母，阡能孤居，立成擒矣！"遂遣之。

【译文】阡能的同党日益增多，逐渐蔓延到蜀州境内。陈敬瑄因为杨行迁等人很久都没有建立功业，便改任押牙高仁厚为都招讨指挥使，率领五百士兵前去替换他。高仁厚即将出发的前一天，有个卖面人从早晨到中午，多次在军营中出入，巡逻的人怀疑他，把他抓住审讯，果然是阡能派来的间谍。高仁厚命令将捆绑他的绳子解开，很温和地问他，他回答说："我是村中的百姓，阡能把我的父母妻子囚禁在监狱中，他告诉我：'你去刺探情况回来，探听到真实的情况，我就放了你的家人；否则，就把你的家人全部杀死。'我不愿意这样做。"高仁厚说："知道你真的是这种情况，我怎么忍心杀你！今天放你回去，以便解救你的父母妻子，只要你告诉阡能，说：'高仁厚明日就发动军队，带领的士兵不过五百人，兵马不多。'可是，我救了你们一家人，你要为我对营寨的人悄悄传话说：'陈敬瑄可怜你们都是忠善之辈，受贼军操控，这么做实在是迫于无奈。高仁厚准备来救你们，为你们洗冤。高仁厚来的时候，你们要扔掉兵器出去投降，高仁厚会叫人在你们的背上写上'归顺'二字，让你们回去重操旧业。他想要杀掉的，不过是阡能、罗浑擎、句胡僧、罗夫子和韩求这五个人，一定不会连累到老百姓的。'"间谍说："这些正是百姓心中所念，尚书您全都清楚，并且赦免他们，谁不会欢呼雀跃，听从您的命令呢？如此的话，一传百，百传千，就像河水奔流，海水沸腾一般，没办法阻止。等到尚书抵达那

资治通鉴

里,百姓必定全部逃奔过来,如同婴儿见到慈母一样,阡能孤立无援,马上就会被抓住了!"

明日,仁厚引兵发,至双流,把截使白文现出迎。仁厚周视堑栅,怒曰:"阡能役夫,其众皆耕民耳,竭一府之兵,岁馀不能擒,今观堑栅重复牢密如此,宜其可认安眠饱食,养寇邀功也!"命引出斩之。监军力救,久之,乃得免。命悉平堑栅,才留五百兵守之,馀兵悉以自随,又召诸寨兵,相继皆集。

阡能闻仁厚将至,遣罗浑擎立五寨于双流之西,伏兵千人于野桥箐以邀官军。仁厚诇知,引兵围之,下令勿杀,遣人释戎服贼中告谕,如昨日所以语谍者。贼大喜,呼噪,争弃甲投兵请降,拜如摧山。仁厚悉抚谕,书其背,使归语寨中未降者,寨中馀众争出降。浑擎狼狈逾堑走,其众执以诣仁厚,仁厚曰:"此愚夫,不足与语。"械以送府。悉命焚五寨及其甲兵,惟留旗帜,所降凡四千人。

【译文】第二天,高仁厚带领士兵进发,到达双流时,把截使白文现出来迎接。高仁厚亲自检查沟堑木栅等防御工事,大怒道:"阡能等人都是耕地的百姓,你们动用一府的军队,花了一年之久却没有将其抓获,如今看到这些沟堑木栅,重重叠叠,如此坚固严密,大概也可以安稳睡觉饱食终日而留养贼寇以邀功请赏了!"便命令把白文现拉出去斩首。监军竭尽全力营救,劝说了很久,白文现才被免死罪。高仁厚命令将沟堑全部填平,毁掉木栅,只留下五百士兵在这里防守,其他士兵跟随自己,又召集各寨的士兵,他们陆陆续续都聚集到这里。

阡能听说高仁厚很快来到,派遣罗浑擎在双流的西边设置五个守寨,此外在野桥箐埋伏千名士兵,用来迎击并阻拦官军。高仁厚探听到这一情况，率领军队把罗浑擎的军营包围起来，下令不要杀害，而是命他们脱掉军服偷偷进入贼寇营中传话，就像昨天对那个间谍说的一样。贼寇听后非常高兴，大叫着，争先恐后地抛弃盔甲扔掉兵器请求投降，下地跪拜势如山崩。高仁厚对这些来降的人都加以安抚劝说，并在其后背写上"归顺"二字，然后让他们回到贼寇营寨之中，告诉那些还没有投降的人。于是 营寨内剩下的人也都争着跑出去投降。罗浑擎狼狈不堪地翻过守寨逃走，手下把他抓回来，送到高仁厚那里，高仁厚说："他是一个愚蠢的人，不值得与他说什么。"便给他戴上刑械押送到官府。命令将五个守寨和所有的战甲、兵器都烧掉，只剩下旗帜，投降的人共计四千人。

明旦，仁厚谓降者曰："始欲即遣汝归，而前涂诸寨百姓未知吾心，或有忧疑，藉汝曹为我前行，过穿口、新津寨下，示以背字告谕之，比至延贡，可归矣。"乃取浑擎旗倒系之，每五十人为队，授以一旗，使前走，扬旗疾呼曰："罗浑擎已生擒，送使府，大军行至。汝曹居寨中者，速如我出降，立得为良人，无事矣！"至穿口，句胡僧置十一寨，寨中人争出降。胡僧大惊，拔剑遏之，众投瓦石击之，共擒以献仁厚，其众五千馀皆降。

又明旦，焚寨，使降者执旗先驱，一如双流。至新津，韩求置十三寨皆迎降。求自投深堑，其众钩出之，已死，斩首以献。将士欲焚寨，仁厚止之曰："降人皆未食。"使先运出资粮，然后焚之。新降者竞炊爨，与先降来告者共食之，语笑歌吹，终夜不绝。

明日，仁厚纵双流、穿口降者先归，使新津降者执旗前驱，且曰："入邛州境，亦可散归矣。"罗夫子置九寨于延贡，其众前夕望新津火光，已不眠矣。及新津人至，罗夫子脱身弃寨奔阡能，其众皆降。

【译文】第二天早晨，高仁厚告诉投降的人说："当初本想立刻放你们回家，可是前面各个寨子的百姓还不清楚我的意思，或许有人会忧虑和怀疑，现在凭借你们在前面走，经过穿口、新津寨等地时，让那里的百姓看到你们背上的'归顺'二字，告诉他们投降的经过，等到达延贡，我就把你们放还归家。"然后拿过罗浑擎的旗帜倒着张挂起来，每五十个人组成一队，扛着旗子大声喊道："罗浑擎已经被捉住，押送官府了，官军来这里了。住在寨中的百姓，迅速像我们这样出来投降，马上就可以成为朝廷的良民了。"抵达穿口，句胡僧在那里设置了十一个守寨，寨里的人争先恐后出来投降。句胡僧大惊失色，拔出佩剑，阻止他们投降，人们扔瓦片、石头攻击他，一起把他擒拿，将他献给高仁厚，句胡僧的部众五千多人都投降了。

第三天早晨，高仁厚把山寨焚毁，派遣投降的民众拿着旗帜在前面引导、开路，完全像在双流那样。到了新津，韩求设置的十三个守寨民众都出来迎接、投降。韩求自己跳入深壕中，手下把他钩上来时，他已经死去，于是砍下他的脑袋送给高仁厚。官军将士要焚毁这里的山寨，高仁厚阻止他们说："投降的人还没有吃东西呢。"让人先把资财粮食运出来，然后再焚毁营寨。刚刚投降的人争先恐后地烧火做饭，跟之前投降跑来传话的那些人一起吃饭，聊天说笑，唱歌奏乐，狂欢了一晚上。

第四天，高仁厚释放双流、穿口投降的民众先回家去，派遣新津投降的民众拿着旗帜在前面引导、开路，并且告诉他们："进入邛州境内的时候，你们就可以散开回家啦！"罗夫子在延贡设置九个营寨，他的部众前一天晚上看到新津火光冲天，彻夜难眠。等到新津投降的民众赶到这里，罗夫子便抛弃营寨逃往阡能处，他的部众投降。

明日，罗夫子至阡能寨，与之谋悉众决战。计未定，日向暮，延贡降者至，阡能、罗夫子走马巡寨，欲出兵，众皆不应。仁厚引兵连夜逼之，明旦，诸寨知大军已近，呼噪争出，执阡能，阡能窘急赴井，为众所擒，不死；又执罗夫子，罗夫子自刭。众掔罗夫子首，缚阡能，驱之前迎官，见仁厚，拥马首大呼泣拜曰："百姓负冤日久，无所控诉。自谍者还，百姓引领，度顷刻如期年。今遇尚书，如出九泉睹白日，已死而复生矣！"欢呼不可止。贼寨在他所者，分遣诸将往降之。仁厚出军凡六日，五贼皆平。每下县镇，辄补镇遏使，使安集户口。

于是，陈敬瑄枭韩求、罗夫子首于市，钉阡能、罗浑擎、句胡僧于城西，七日而剐之。阡能孔目官张荣，本安仁进士，屡举不中第，归于阡能，为之谋主，为草书檄；阡能败，以诗启求哀于仁厚，仁厚送府，钉于马市。自馀不戮一人。

【译文】第五天，罗夫子抵达阡能的寨中，与阡能谋划如何调动全部兵马进行决战。谋略还没商定，天快黑时，高仁厚率领延贡投降的民众来到，阡能、罗夫子骑上战马巡视营寨，打算派兵迎战，部属都不听从他们的命令。高仁厚带领士兵连夜逼近，第六天，各寨都知道官军已经很接近了，大声叫嚷着，争先恐后跑出来投降，有的去捉阡能，阡能在危急之时投井，被部众找到抓住，没有死成。又去捉罗夫子，罗夫子拔剑自刭，于是众人又砍下了罗夫子的首级，捆绑着阡能，向前驱赶他，迎接官军。民众看到高仁厚，便围拥过来，抱住马头，大声呼喊哭泣，擦着眼泪行礼，说："百姓们含冤忍辱已经很久了，没有地方可以申诉苦楚啊。自从您将间谍放回，老百姓就伸长脖子期盼官军到来，真是度日如年。如今见到您，就如同走出阴曹地府重见天日一般，复活了一样。"欢呼之声此起彼伏。其他地方的贼寇营寨，也分别派遣将领前来投降。高仁厚发兵一共六天，五大贼寇都被剿灭。他每攻克一个县镇，就设置镇遏使，命令他安抚百姓，整理户籍。

于是，陈敬瑄就在街市将韩求、罗夫子枭首示众，把阡能、罗浑擎、句胡僧钉在城西，七天后把他们三人凌迟处死。阡能的孔目官张荣原本是安仁的进士，多次参加科举考试都没有及第，最后投奔阡能，为阡能谋划决策，起草书信和檄文。阡能失败后，张荣写了一首诗向高仁厚苦苦哀求谢罪，高仁厚命人将他押送官府，钉在马市处死，其余的人都没有杀戮。

十二月，以仁厚为眉州防御使。

陈敬瑄榜邛州，凡阡能等亲党皆不问。未几，邛州刺史申捕获阡能叔父行全家三十五人系狱，请准法。敬瑄以问孔目官唐溪，对曰："公已有榜，令勿问，而刺史复捕之，此必有故。今若杀之，岂惟使明公失大信，窃恐阡能之党纷纷复起矣！"敬瑄从之，遣押牙牛晕往，集众于州门，破械而释之，因询其所以然。果行全有良田，刺史欲买之，不与，故恨之。敬瑄召刺史，将按其罪，刺史以忧死。他日，行全闻其家由唐溪以免，密饷溪蚀箔金百两。溪怒曰："此乃太师仁明，何预吾事，汝乃怀祸相饷乎！"还其金，斥逐使去。

【译文】十二月，唐僖宗李儇任命高仁厚为眉州防御使。

陈敬瑄在邛州张贴布告，宣言凡是阡能等人的亲戚、朋党，都不再审讯治罪。没过多久，邛州刺史禀告抓住了阡能的叔叔阡行全家三十五人，囚禁在监狱中，请求按照连坐法诛杀阡能

资治通鉴卷第二百五十五 唐纪七十一

555

的亲族。陈敬瑄拿这件事询问孔目官唐溪，唐溪回答说："您已经张贴布告，下令对阡能的亲友不再治罪，可是邛州刺史还是逮捕其亲族，这其中一定有原因。现在如果杀掉阡行全一家，不仅会让您在百姓面前失去信义，还会导致阡能一党再次起兵作乱！"陈敬瑄依照他的建议，派遣押牙牛晕前往，在邛州门口将众人聚集，把阡行全一家人的刑具打开然后释放了他们，并顺便询问他们为何被抓，果然因为阡行全家里有肥沃的田地，刺史打算收买这些土地，阡行全不答应，刺史便心怀怨恨。陈敬瑄召来邛州刺史，要治他的罪，邛州刺史忧虑恐惧而死。后来，阡行全听说他们全家免于治罪是因为唐溪的一番话，于是暗地里给唐溪送去一百两蚀箔金。唐溪大怒说："这是陈太师仁爱廉明，跟我有什么关系呢？你送东西给我，你是在向我送祸呀！"于是，唐溪就把金子归还他，并斥责、赶走他的使者。

河东节度使郑从谠奏克岚州，执汤群，斩之。

以忻、代等州留后李克用为雁门节度使。

初，朝廷以郑绍业为荆南节度使，时段彦谟方据荆南，绍业惮之，逾半岁，乃至镇。上幸蜀，召绍业还，以彦谟为节度使。彦谟为朱敬玫所杀，复以绍业为节度使。绍业畏敬玫，逗遛不进，军中久无帅，至是，敬玫署押牙陈儒知府事。儒，江陵人也。

【译文】河东节度使郑从谠向朝廷上奏攻克了岚州，把汤群抓获然后斩杀了。

唐僖宗李俨任命忻、代等州的留后李克用为雁门节度使。

起初，朝廷任命郑绍业为荆南节度使，这时段彦谟正据守荆南，郑绍业惧怕他，过了半年，才到荆南赴任。僖宗驾临蜀地，召郑绍业回来，改任段彦谟为节度使。但是段彦谟被朱敬玫杀死，便又任命郑绍业为节度使。郑绍业害怕朱敬玫，逗留徘徊，荆南官军很长时间没有节度使。这时，朱敬玫便暂时任命押牙陈儒掌管荆南府事务。陈儒是江陵人。

加奉天节度使齐克俭、河中节度使王重荣并同平章事。

李克用将兵四万至河中，遣从父弟克修先将兵五百济河尝贼。初，克用弟克让为南山寺僧所杀，其仆浑进通归于黄巢。自高浔之败，诸军皆畏贼，莫敢进。及克用军至，贼惮之，曰："鸦军至矣，当避其锋。"克用军皆衣黑，故谓之鸦军。巢乃捕南山寺僧十馀人，遣使赍诏书及重赂，因浑进通诣克用以求和。克用杀僧，哭克让，受其赂以分诸将，焚其诏书，归其使者，引兵自夏阳渡河，军于同州。

【译文】唐僖宗李俨加封奉天节度使齐克俭、河中节度使王重荣一起担任同平章事。

李克用率领四万士兵抵达河中，派遣他的堂弟李克修先率领五百名士兵渡河去探察贼军。起初，李克用的弟弟李克让被南山的寺僧杀死，他的仆人浑进通归顺黄巢。自从高浔战败被杀后，各路军队都惧怕贼军，不敢进军。等到李克用的军队来到，贼军忌惮他，说："乌鸦军来了，应当躲避他们的锐气。"李克用的士兵军服都是黑色的，所以贼兵称他们是乌鸦军。黄巢于是抓捕南山寺院的僧人十余名，然后派遣使者带着诏书和丰厚的财物，通过浑进通的关系前往李克用处求和。李克用将寺僧杀死，为弟弟李克让之死悲伤痛哭，然后收下黄巢赠送的财物，分赠给手下将领，焚烧黄巢的诏书，将其使者送回，率领军队从夏阳渡河，在同州驻扎。

孟方立既杀成麟，引兵归邢州，潞人请监军吴全勖知留后。是岁，王铎墨制以方立知邢州事，方立不受，囚全勖；与铎书，愿得儒臣镇潞州，铎以郑昌图知昭义军事。既而朝廷以右仆射、租庸使王徽同平章事，充昭义节度使，徽以车驾播迁，中原方扰，方立专据山东邢、洺、磁三州，度朝廷力未能制，辞不行，请且委昌图。诏以徽为大明宫留守、京畿安抚制置修奉园陵使。昌图至潞州，不三月而去，方立遂迁昭义军于邢州，自称留后，表其将李殷锐为潞州刺史。

和州刺史秦彦使其子将兵数千袭宣州，逐观察使窦澣而代之。

【译文】孟方立杀掉成麟后，带领军队返回邢州，潞州民众便请求监军吴全勖主持留后事务。这一年，王铎受命让孟方立主持邢州事务，孟方立不接受诏命，将吴全勖拘囚；给王铎写去一封书信，希望征召儒臣镇守潞州，王铎任命郑昌图掌管昭义的军事。没过多久，朝廷任命右仆射、租庸使王徽为同平章事，代理昭义节度使，因为天子流离辗转，中原混乱不安，孟方立据守山东的邢、洺、磁三个州，独断专行，王徽考虑朝廷的实力不能制裁他，因此推辞不愿前去，请求暂且将此事交付郑昌图。诏命任命王徽为大明宫留守、京畿安抚制置修奉园陵使。郑昌图抵达潞州，不到三个月就离开了，孟方立于是把昭义军调到邢州称留后，进献表章请任他的将领李殷锐为潞州刺史。

和州刺史秦彦派遣自己的儿子率领几千士兵去偷袭宣州，将观察使窦澣驱逐，并且取代了他的职位。

中和三年(癸卯，公元八八三年)春，正月，李克用将李存贞败黄揆于沙苑；己巳，克用进屯沙苑。揆，巢之弟也。王铎承制以克用为东北面行营都统，以杨复光为东面都统监军使，陈景思为北面都统监军使。

乙亥，制以中书令、充诸道行营都统王铎为义成节度使，令赴镇。田令孜欲归重北司，称铎讨黄巢久无功，卒用杨复光策，召沙陀而破之，故罢铎兵柄以悦复光。又以副都统崔安潜为东都留守，以都都监西门思恭为右神策中尉，充诸道租庸兼催促诸道进军等使。令孜自以建议幸蜀、收传国宝、列圣真容、散家财犒军为己功，令宰相藩镇共请加赏，上以令孜为十军兼十二卫观军容使。

成德节度使常山忠穆王王景崇死，军中立其子节度副使镕知留后事，时镕生十年矣。

以天平留后朱瑄为节度使。

【译文】中和三年（癸卯，公元 883 年）春季，正月，李克用的部将李存贞在沙苑打败黄揆。己巳日（初二），李克用进兵在沙苑屯驻。黄揆是黄巢的弟弟。王铎遵照天子旨意，任命李克用为东北面行营都统，杨复光为东面都统监军使，陈景思为北面都统监军使。

乙亥日（初八），唐僖宗李儇任命中书令、充诸道行营都统王铎为义成节度使，命他前往镇所。田令孜想要加重北司大权，奏称王铎征讨黄巢很长时间却没建立功劳，最终采纳杨复光的计策，召来沙陀军队才将贼军打败，所以僖宗又免除了王铎的兵权来取悦杨复光。又任命副都统崔安潜为东都留守，任命都都监西门思恭为右神策中尉，代诸道租庸兼督促诸道进军等使。田令孜自认为建议僖宗前往蜀地，收聚传国珍宝和列圣先贤的画像、散发自己的钱财来犒劳军队等事情是自己的功劳，请求宰相和藩镇共同奏请僖宗褒奖他。于是，唐僖宗李儇任命田令孜为十军兼十二卫的观军容使。

成德节度使常山忠穆王王景崇去世，军中共同拥立他的儿子节度副使王镕来管理留后的事务，这时，王镕十岁了。

唐僖宗李儇任命天平留后朱瑄为节度使。

二月，壬子，李克用进军乾阬，与河中、易定、忠武军合。尚让等将十五万众屯于梁田陂，明日，大战，自午至晡，贼众大败，俘斩数万，伏尸三十里。巢将王璠、黄揆袭华州，据之，王遇亡去。

初，光州刺史李罕之为秦宗权所攻，弃州奔项城，帅馀众归诸葛爽，爽以为怀州刺史。韩简攻郓州，半年，不能下。爽复袭取河阳，朱瑄请和，简乃舍之，引兵袭河阳。爽遣罕之逆战于武陟，魏军大败而还。大将澶州刺史乐行达先归，据魏州，军中共立行达为留后，简为部下所杀。己未，以行达为魏博留后。

甲子，李克用进围华州，黄思邺、黄揆婴城固守。克用分骑屯渭北。

【译文】二月，壬子日（十五日），李克用进兵乾阬，与河中、易定、忠武的军队会合。尚让等人率领十五万部众在梁田陂屯驻。第二天，双方激战，从中午一直打到傍晚，贼军惨败，俘虏斩杀几万贼兵，尸体横陈，长达三十里。黄巢的将领王璠、黄揆攻打华州，并占领了它，王遇逃离。

起初，光州刺史李罕之受到秦宗权的攻打，李罕之抛弃光州逃往项城，率领残余部众归附诸葛爽，诸葛爽让他担任怀州刺史。韩简进攻郓州，攻打了半年，还没有攻克。诸葛爽又袭击并攻取了河阳，朱瑄请求和谈，韩简于是放弃攻打郓州，率军返回进攻河阳。诸葛爽派遣李罕之在武陟迎战，结果魏州军队大败撤退，大将澶州刺史乐行达先行返回，占据了魏州，军营上下人等便共同拥立乐行达为魏州留后，韩简被部下杀死。己未日（二十二日），唐僖宗李儇任命乐行达为魏博留后。

甲子日（二十七日），李克用进兵围攻华州，黄思邺、黄揆环绕华州顽强死守；李克用分派部分骑兵在渭北驻守。

以王镕为成德留后。

以郑绍业为太子宾客、分司，以陈儒为荆南留后。

峡路招讨指挥使庄梦蝶为韩秀升、屈行从所败，退保忠州，应援使胡弘略战亦不利。江、淮贡赋皆为贼所阻，百官无俸。云安、渰井路不通，民间乏盐。陈敬瑄奏以眉州防御使高仁厚为西川行军司马，将三千兵讨之。

加凤翔节度使李昌言同平章事。

黄巢兵数败，食复尽，阴为遁计，发兵三万扼蓝田道。三月，壬申，遣尚让将兵救华州。李克用、王重荣引兵逆战于零口，破之。克用进军渭桥，骑军在渭北，克用每夜令其将薛志勤、康君立潜入长安，燔积聚，斩虏而还，贼中大惊。

【译文】朝廷任命王镕为成德留后。

唐僖宗李儇任命郑绍业为太子宾客、分司，任命陈儒为荆南留后。

峡路招讨指挥使庄梦蝶被韩秀升、屈行从打败后，退兵驻守忠州，应援使胡弘略作战也不顺利。这样，江、淮一带的贡赋都被贼军拦截，朝廷百官没有俸禄可以享用。云安、渰井一带道路不畅通，民间食盐又很匮乏。陈敬瑄奏请僖宗，任命眉州防御使高仁厚为西川行军司马，率领三千士兵前往征讨韩秀升、屈行从。

唐僖宗李儇加封凤翔节度使李昌言为同平章事。

黄巢军多次战败，食物又要吃光，于是私下做逃跑打算，发动三万士兵控制了蓝田道。三月，壬申日（初六），黄巢派遣尚让率领军队前去援救华州，李克用、王重荣率领士兵在零口迎战，将援军打败。李克用进兵渭桥，另外在渭北部署骑兵，李克用每天夜间都命令将领薛志勤、康君立偷偷进入长安城，将黄巢积聚的财物焚烧，斩杀俘虏黄巢的兵马，然后再悄悄退回，这让贼兵特别惊慌恐惧。

以淮南押牙合肥杨行愍为庐州刺史。行愍本庐州牙将，勇敢，屡有战功，都将忌之，白刺史郎幼复遣使出戍于外。行愍过辞，都将以甘言悦之，问其所须，行愍曰："正须汝头耳！"遂起斩之，并将诸营，自称八营都知兵马使。幼复不能制，荐于高骈，请以自代。骈以行愍为淮南押牙，知庐州事，朝廷因而命之。行愍闻州人王勗贤，召，欲用之，固祥。问其子弟，曰："子潜，好学慎密，可任以事；弟子稔，有气节，可为将。"行愍召潜置门下，以稔及定远人季章为骑将。

【译文】唐僖宗李儇任命淮南押牙合肥人杨行愍为庐州刺史。杨行愍原来是庐州的牙将，作战很勇敢，屡次立下战功，都将嫉妒惧怕他，禀告刺史郎幼复，将他遣送到郊外去戍守。杨行愍前来向他辞行，都将用甜言蜜语哄骗他，问他需要什么，杨行愍说："就需要你的人头！"于是起身把都将杀死，并统领各路军营，自称八营都知兵马使。郎幼复见已无法控制杨行愍，于是向高骈推荐他，请求让杨行愍代替自己。高骈于是任命杨行愍为淮南押牙将，管理庐州军务，朝廷因此对杨行愍加以委任。杨行愍听说庐州人王勗很贤能，将他召来，打算任用他，王勗坚决推辞。杨行愍询问他的子弟中是否有可以任用之人，王勖说："我的儿子王潜特别勤奋好学，做事严谨、周密，可以委以职务；我弟弟的儿子王稔，讲义气、重操守，可以让他担任将领。"杨行愍召王潜前来，将他安置在门下，任命王稔跟定远人季章为骑将。

　　初，吕用之因左骁雄军使俞公楚得见高骈。用之横甚，或以咎公楚，公楚数戒用之少自敛，毋相累，用之衔之。右骁雄军使姚归礼气直敢言，尤疾用之所为，时面数其罪，常欲手刃之。癸未夜，用之与其党会倡家，归礼潜遣人爇其室，杀貌类者数人，用之易服得免。明旦，穷治其事，获纵火者，皆骁雄之卒。用之于是日夜谮二将于骈。未几，骈使二将将骁雄卒三千袭贼于慎县，用之密以语杨行愍云："公楚、归礼欲袭庐州。"行愍发兵掩之，二将不为备，举军尽殪，以二将谋乱告骈。骈不知用之谋，厚赏行愍。

　　【译文】起初，吕用之因为左骁雄军使俞公楚的举荐才得以拜见高骈。吕用之特别强横无礼，有时斥责俞公楚的过失，俞公楚多次告诫吕用之要稍微收敛一些，不要牵累旁人，吕用之因此心中怨恨。右骁雄军使姚归礼，性格直率，敢于直言，尤其痛恨吕用之的所作所为，时常当面数落他的罪行，多次想要亲手杀死他。癸未日（十七日）的晚上，吕用之与他的同党在娼妓家聚会，姚归礼暗中派人将吕用之的卧室焚烧，杀死好几个与他长相相似的人，吕用之因为去换衣服而免于被杀。第二天早晨，吕用之全力追查此事，抓住了纵火之人，都是骁雄军的士兵。吕用之于是日夜不断地在高骈面前诬陷俞公楚和姚归礼两位将领。没过多久，高骈派遣他们率领三千骁勇士兵到慎县去攻打贼军，吕用之偷偷告诉杨行愍说："俞公楚和姚归礼想去偷袭您的庐州。"于是杨行愍派遣士兵，偷袭他们，他们没有任何防备，全军都被杀死。杨行愍又向高骈告发俞公楚、姚归礼谋反作乱，高骈不知道这是吕用之的阴谋诡计，竟然重重赏赐杨行愍。

己丑，以河中行营招讨副使朱全忠为宣武节度使，俟克复长安，令赴镇。

癸巳，李克用等拔华州，黄揆弃城走。

刘汉宏分兵屯黄岭、岩下、贞女三镇，钱镠将八都兵自富春击之，破黄岭，擒岩下镇将史弁、贞女镇将杨元宗。汉安以精兵屯诸暨，镠又击破之，汉宏走。

【译文】己丑日（二十三日），唐僖宗李儇任命河中行营招讨副使朱全忠为宣武节度使，等到攻取长安，再让他前往宣武赴任。

癸巳日（二十七日），李克用等人攻克华州，黄揆放弃守城逃走。

刘汉宏分别派遣士兵在黄岭、岩下、贞女三镇驻扎，钱镠率领八都军队从富春前往攻打他，攻占黄岭，生擒了岩下镇的守将史弁、贞女镇的守将杨元宗。刘汉宏派遣精锐的士兵在诸暨驻扎，钱镠又打败了他的军队，刘汉宏逃走。

庄梦蝶与韩秀升、屈行从战，又败。其败兵纷纭还走，所在慰谕，不可遏。遇高仁厚于路，叱之，即止。仁厚斩都虞候一人，更令修娸部伍。乃召耆老，询以山川蹊径及贼寨所据，喜曰："贼精兵尽在舟中，使老弱守寨，资粮皆在寨中，此所谓重战轻防，其败必矣!"乃扬兵江上，为欲涉之状。贼昼夜御备，遣兵挑战，仁厚不与交兵，潜发勇士千人执兵负稿，夜，由间道攻其寨，且焚之。贼望见，分兵往救之不及，资粮荡尽，众心已摇。仁厚复募善游者凿其舟底，相继皆沉，贼往来惶惑，不能相救，仁厚遣兵于要路邀击，且招之，贼众皆降。秀升、行从见众溃，挥剑乱斫，欲止之。众愈怒，共执二人诣仁厚，仁厚诘之曰："何故反？"秀长曰："自大中皇帝晏驾，天下无复公道，纽解纲绝。今日反者，岂惟秀升！成是败非，机上之肉，惟所烹醢耳！"仁厚愀然，命善食而械之。夏，四月，庚子，献于行在，斩之。

【译文】庄梦蝶和韩秀升、屈行从交战，又战败了。庄梦蝶的败兵不断溃逃，他进行安抚劝导，也无法阻止，这些逃兵在路上与高仁厚相遇，高仁厚高声呵斥这些逃兵，逃兵马上停下脚步。高仁厚杀了一名都虞候，下令重新整顿士兵。高仁厚找来当地寿命长的老人，向他们询问这一带山川小路以及贼军营垒的情况，高兴地说："贼军的精锐兵马都在船上，而让那些年老体弱的士兵防守营寨，资财粮食都在寨中，这就是人们常说的重视打仗而轻视防守的做法，他们必然会战败的！"于是在江上部署军队，做出准备渡江的样子。贼军日夜防御准备，派遣士兵前来宣战，高仁厚不与他们作战，暗中却派遣千名勇士，手拿兵器，身背枯草，在晚上从小路去攻打他们的守寨，并且点火烧毁。贼寇远远望见守寨被烧毁，分派部分士兵前去救援，但是已经来不及了，所有的资财、粮食都被烧光，士兵的心志开始动摇。高仁厚又招募擅长游泳的人凿破贼军的船只，让它们陆续沉没，贼寇来回游走惶恐迷惑，互相之间又不能救援，高仁厚派遣军队在交通要道拦截贼军，并且招降他们，最后贼兵都投降了。韩秀升、屈行从看到士兵四散溃逃，就对他们挥剑乱砍，想阻止他们，这些人更加愤怒，一起把韩秀升、屈行从抓住送到高仁厚那里，高仁厚叱问他们说："是什么原因让你们作乱呢？"韩秀升说："从唐宣宗去世以来，天下已经没有了公理，朝纲败坏，法纪松弛。如今造反的，难道只有我韩秀升一人吗？成者为王败者为寇，我已是案板上的肉了，任凭你们煮杀吧！"高仁厚听后不禁感到悲怆，命令让他吃饱喝足后给他戴上刑具。夏季，四月，庚子日（初四），押送韩秀升到僖宗那里，将他斩杀了。

资治通鉴

李克用与忠武将庞从、河中将白志迁等引兵先进，与黄巢军战于渭南，一日三战，皆捷。义成、义武等诸军继之，贼众大奔。甲辰，克用等自光泰门入京师，黄巢力战不胜，焚宫室遁去。贼死及降者甚众，官军暴掠，无异于贼，长安室屋及民所存无几。巢自蓝田入商山，多遗珍宝于路。官军争取之，不急追，贼遂逸去。

杨复光遣使告捷，百官入贺。诏留忠武等军二万人，委大明宫留守王徽及京畿制置使田从异部分，守卫长安。五月，加朱玫、李克用、东方逵同平章事。升陕州为节度使，以王重盈为节度。又建延州为保塞军，以保大行军司马、延州刺史李孝恭为节度使。克用时年二十八，于诸将最少，而破黄巢，复长安，功第一，兵势最强，诸将皆畏之。克用一目微眇，时人谓之"独眼龙"。

诏以崔璆家贵身显，为黄巢相首尾三载，不逃不隐，于所在斩之。

【译文】李克用与忠武的将领庞从、河中的将领白志迁等人带领军队先去攻打贼军，在渭南跟黄巢的军队交战，一天之内大战三次，都打胜了；义成、义武等各路军队继续进攻，寇贼惨败，溃散逃亡。甲辰日（初八），李克用等人从光泰门进入长安，黄巢拼尽力气抵抗也没能取得胜利，焚烧宫殿后逃跑。战死和投降的贼军很多，但是官军也残暴劫掠，与贼军没有区别，长安城内的房屋和百姓没剩下多少。黄巢从蓝田逃入商山，在路上扔了很多珍宝，官军争先恐后地抢夺这些东西，却不着急追击贼军，于是贼寇就逃脱了。

　　杨复光派遣使者向僖宗报告打了胜仗的消息，百官都入朝祝贺。唐僖宗李儇诏命留下忠武等路军队两万人，委任大明宫留守王徽和京畿制置使田从异分派部署，守卫长安。五月，唐僖宗李儇加封朱玫、李克用、东方逵为同平章事。将陕州升为节度，任命王重盈为节度使。又将延州的军队设置为保塞军，任命保大行军司马、延州刺史李孝恭为节度使。李克用当时只有二十八岁，在各位将领中是年纪最小的，可是打败黄巢，收复长安，李克用的功劳居于第一位，他的军队战斗力也最强，各位将领都很惧怕他。李克用有一只眼稍微小些，当时的人们都管他叫"独眼龙"。

　　唐僖宗李儇下诏斥责崔璆家族富贵又有显赫出身，却在黄巢手下担任同平章事长达三年，既没有逃跑也没有藏匿，于是在其居所将他斩杀。

　　黄巢使其骁将孟楷将万人为前锋，击蔡州，节度使秦宗权逆战而败。贼进攻其城，宗权遂称臣于巢，与之连兵。

　　初，巢在长安，陈州刺史宛丘赵犨谓将佐曰："巢不死长安，必东走，陈其冲也。且巢素与忠武为仇，不可不为之备。"乃完城堑，缮甲兵，积刍粟；六十里之内，民有资粮者，悉徙之入城。多募勇士，使其弟昶珝、子麓林分将之。孟楷既下蔡州，移兵击陈，军于项城。犨先示之弱，伺其无备，袭击之，杀获殆尽，生擒楷，斩之。巢闻楷死，惊怒，悉众屯溵水。六月，与秦宗权合兵围陈州，掘堑五重，百道攻之。陈人大恐，犨谕之曰：“忠武素著义勇，陈州号为劲兵，况吾家久食陈禄，誓与此州存亡。男子当求生于死中，且徇国而死，不愈于臣贼而生乎！有异议者斩！”数引锐兵开门出击贼。破之。巢益怒，营于州北，立宫室百司，为持久之计。时民间无积聚，贼掠人为粮，生投于碓磑，并骨食之，号给粮之处曰“舂磨寨”。纵兵四掠，自河南、许、汝、唐、邓、孟、郑、汴、曹、濮、徐、兖等数十州，咸被其毒。

【译文】黄巢派遣他的猛将孟楷率领万名士兵作为前锋，去攻打蔡州，节度使秦宗权出来迎战，不幸战败。贼寇军又攻打他的守城，秦宗权于是向黄巢俯首投降，把他的军队与黄巢的兵马合为一处。

起初，黄巢留驻长安的时候，陈州刺史宛丘人赵犨告诉将士们：“黄巢若不在长安被杀死，必定会向东逃窜，陈州会首先遭受灾难。而且黄巢一向和忠武军有仇怨，不能不及早做防范。”于是赵犨把护卫陈州城的堑壕挖整好，修治盔甲兵器，储备足够的草料粮食；在六十里之内，家有资财粮食的百姓，都迁入陈州城内。赵犨还招募了许多勇猛的士兵，让他的弟弟赵昶琊、儿子赵麓林分别率领。黄巢的骁将孟楷攻克了蔡州后，便调集军队前去攻打陈州，率军在项城屯驻；赵犨首先向孟楷展现兵力薄弱的样子，趁他不加防备之时，突然袭击他，孟楷兵马几乎全被斩杀、捉住，孟楷也被活捉斩杀了。黄巢听说孟楷被杀，非常惊恐，命令所有贼兵在溵水驻扎。六月，黄巢和秦宗权联合军队围攻陈州，挖了五重的沟堑，分兵百路，攻打陈州。陈州民众特别恐慌，赵犨对他们说：“忠武军素来以忠义勇敢著称，陈州的军队又有劲兵的称号，况且我食陈州俸禄很长时间了，我发誓与陈州共存亡。男子汉大丈夫应当在绝境中求生存，并且要敢于殉国而死，这不比向贼兵屈服苟且偷生更好吗？再有异议的话，立即斩首勿论。"赵犨多次带领精锐的军队，打开城门出去攻打贼军，打退了他们的进攻。黄巢更加愤怒，在陈州的北面建立行营，修筑宫殿设置百官，做深远的打算。当时民间没有积聚的钱粮，贼军就抓去百姓当作粮食，把活人扔到石磨中去磨，连同骨头一块吃了，称供给粮食之地为"舂磨寨"。黄巢放纵士兵四处抢掠，从河南起，许、汝、唐、邓、孟、郑、汴、曹、濮、徐、兖等几十个州都受到黄巢部队的侵害。

初，上蔡人刘谦为岭南小校，节度使韦宙奇其器，以兄女妻之。谦击群盗，屡有功，辛丑，以谦为封州刺史。

加东川节度使杨师立同平章事。

宣武节度使朱全忠帅所部数百人赴镇，秋，七月，丁卯，至汴州。时汴、宋荐饥，公私穷竭，内外骄军难制，外为大敌所攻，无日不战，众心危惧，而全忠勇气益振。诏以黄巢未平，加全忠东北面都招讨使。

南诏遣布燮杨奇肱来迎公主。诏陈敬瑄与书，辞以"銮舆巡幸，仪物未备，俟还京邑，然后出降。"奇肱不从，直前至成都。

李克用自长安引兵还雁门，寻有诏，以克用为河东节度使，召郑从谠诣行在。克用乃自东道过榆次，诣雁门省其父。克用寻榜河东，安慰军民曰："勿为旧念，各安家业。"

【译文】起初，上蔡人刘谦担任岭南小校，节度使韦宙赏识他的才能，就把哥哥的女儿嫁给他为妻。刘谦攻打各地贼军，连续立下战功，辛丑日（初七），朝廷任命刘谦为封州刺史。

唐僖宗李儇加封东川节度使杨师立为同平章事。

宣武节度使朱全忠率领其部下几百人赶赴宣武任所，秋季，七月，丁卯日（初三），朱全忠到达汴州。当时汴、宋一带连续闹饥荒，国库财物缺乏，百姓贫困不堪，内部有骄横的士兵很难掌控，外面又有强大的贼军进攻，没有一天停止战斗，很多人对此担忧恐惧，可是朱全忠却勇气倍增。唐僖宗李俨诏命："因为黄巢贼军还未平定，加封朱全忠为东北面都招讨使。"

南诏国派遣布燮（宰相）杨奇肱来迎娶公主。唐僖宗李俨诏命陈敬瑄给他们写信，用这样的言辞来婉拒："皇帝出外多时，公主婚嫁的礼仪物品还没有置办齐全，等唐天子返回长安后再操持公主婚事！"杨奇肱不肯答应，直接前往成都去拜见僖宗。

李克用从长安率领军队回到雁门，不久便收到诏命，任用李克用为河东节度使，并叫郑从谠前去面见僖宗。李克用向东经过榆次，到雁门去探视自己的父亲。不久之后，李克用便在河东张贴告示，安抚河东军民说："不要再考虑过去的事情，应该各自把家口安置好，操持旧业！"

左骁卫上将军杨复光卒于河中。复光慷慨喜忠义，善抚士卒，军中恸哭累日，八都将鹿晏弘等各以其众散去。田令孜素畏忌之，闻其卒，甚喜，因摈斥其兄枢密使复恭为飞龙使。令孜专权，人莫与之抗，惟复恭数与之争得失，故令孜恶之，复恭因称疾归蓝田。

以成德留后王镕、魏博留后乐行达、天平留后朱瑄为本道节度使。

司徒、门下侍郎、同平章事郑畋，虽当播越，犹谨法度。田令孜为判官吴圆求郎官，畋不许；陈敬瑄欲立于宰相之上，畋以故事，使相品秩虽高，皆居真相之下，固争之；二人乃令凤翔节度使李昌言上言："军情猜忌，不可令畋扈从过此。"畋亦累表辞位，乃罢为太子太保，又以其子兵部侍郎凝绩为彭州刺史，使之就养。以兵部尚书判度支裴澈为中书侍郎、同平章事。

【译文】左骁卫上将军杨复光在河中病逝。杨复光为人慷慨仗义，喜欢结交忠义之人，擅长安抚士兵，军中士兵因为他去世而恸哭了好几天，八都将鹿晏弘等人各自率领部众离开。田令孜向来惧怕嫉妒杨复光，如今，听说他死去，特别高兴，趁机斥逐杨复光的哥哥枢密使杨复恭，任命他为飞龙使。田令孜大权独掌，没有人能和他抗衡，只有杨复恭多次与他争论政事之得失，因此田令孜怨恨他，杨复恭借口患病回到蓝田。

唐僖宗李儇下诏，命成德留后王镕、魏博留后乐行达、天平留后朱瑄各自担任他们本道的节度使。

司徒、门下侍郎、同平章事郑畋，虽然遭遇国家动乱，在外流亡，但是仍能严格遵守国家的法令制度。田令孜请求为判官吴圆加封郎官，郑畋没有答应。陈敬瑄想把自己的官职提到宰相之上，郑畋认为在过去的惯例中，使相的官位品秩虽然很高，但都处在真正的宰相之下，因而坚决与陈敬瑄辩论。田令孜和陈敬瑄两人于是命令凤翔节度使李昌言向僖宗报告："军中将士相互猜疑妒忌，不可以让郑畋太过跋扈、骄横啊！"郑畋也多次上表推辞宰相的职位，于是僖宗罢免了他的相职，任命他为太子太保，又任命他的儿子兵部侍郎郑凝绩为彭州刺史，以便他能就近奉养父亲。任命兵部尚书判度支裴澈为中书侍郎、同平章事。

八月，甲辰，李克用至晋阳，诏以前振武节度使李国昌为代北节度使，镇代州。

升湖南为钦化军，以观察使闵勖为节度使。

九月，如陈敬瑄兼中书令，进爵颍川郡王。

感化节度使时溥营于溵水；加溥东面兵马都统。

以荆南留后陈儒为节度使。

昭义节度使孟方立，以潞州地险人劲，屡篡主帅，欲渐弱之，及迁治所于邢州，大将家及富室皆徙山东，潞人不悦。监军祁审诲因人心不安，使武乡镇使安居受潜以蜡丸乞师于李克用，请复军府于潞州。冬，十月，克用遣其将贺公雅等赴之，为方立所败；又遣李克修击之，辛亥，取潞州，杀其刺史李殷锐。是后克用每岁出兵争山东，三州之人半为俘馘，野无稼穑矣。

【译文】 八月，甲辰日(十一日)，李克用抵达晋阳，唐僖宗李儇下诏任命前振武节度使李国昌为代北节度使，镇守代州。

朝廷升格湖南节度为钦化军，任命观察使闵勖为节度使。

九月，唐僖宗李儇加封陈敬瑄兼中书令，进爵位为颍川郡王。

感化节度使时溥在溵水扎营。唐僖宗李儇加封时溥为东面兵马都统。

唐僖宗李儇任命荆南留后陈儒为节度使。

昭义节度使孟方立因潞州地势险峻，百姓剽悍，屡次改换他们的节度使，打算逐渐削弱他们的力量，又把治所迁到邢州，大将与富豪的家室都迁到山东，这让潞人很不高兴。监军祁审诲因为民心不定，派遣武乡镇使安居受暗中通过蜡丸传递消息请求李克用派军，希望重新在潞州设置军府。冬季，十月，李克用派遣他的将领贺公雅等人奔赴潞州，结果被孟方立打败，李克用又派李克修前去攻打。辛亥日(十八日)，李克修攻占潞州，杀死刺史李殷锐。从此以后，李克用每年派出军队去劫掠山东，山东邢、洺、磁三州的人有一半被俘被杀，田野连农作物都见不到了。

以宗女为安化长公主，妻南诏。

刘汉宏将十馀万众出西陵，将击董昌；戊午，钱镠济江逆战，大破之，汉宏易服持鲙刀而遁。己未，汉宏收馀众四万又战，镠又破之，斩其弟汉容及将辛约。

十一月，甲子朔，秦宗权围许州。

忠武大将鹿晏弘帅所部自河中南掠襄、邓、金、洋，所过屠灭，声云西赴行在。十二月，至兴元，逐节度使牛勖，勖奔龙州西山。晏弘据兴元，自称留后。

【译文】唐僖宗李俨诏令将宗室的女儿作为安化长公主，嫁给南诏王。

刘汉宏率领部下十几万人离开西陵，准备攻打董昌。戊午日（二十五日），钱镠渡江迎战，大破刘汉宏的军队，刘汉宏换了衣服，手拿鱼刀扮成厨师才得以逃走。己未日（二十六日），刘汉宏聚集剩下的四万士兵，再次作战，钱镠又将他打败，杀死他的弟弟刘汉容和部将辛约。

十一月，甲子朔日（初一），秦宗权围攻许州。

忠武大将鹿晏弘率领部下从河中向南劫掠襄、邓、金、洋等州，所过之处都遭到杀戮残害，鹿晏弘扬言说要向西进军，一直打到成都僖宗的行在。十二月，鹿晏弘抵达兴元，驱逐了节度使牛勖，牛勖逃到龙州的西山。鹿晏弘便据守兴元，自称为留后。

武化节度使时溥因食中毒，疑判官李凝古而杀之。凝古父损，为右散骑常侍，在成都，溥奏凝古与父同谋。田令孜受溥赂，令御史台鞫之。侍卸史王华为损论冤，令孜矫诏移损下神策狱，华拒而不遣。萧遘奏："李凝古行毒，事出暧昧，已为溥所杀，父损相别数年，声问不通，安得诬以同谋！溥恃功乱法，陵蔑朝廷，欲杀天子侍臣；若徇其欲，行及臣辈，朝廷何以自立！"由是损得免死，归田里。时令孜专权，群臣莫敢连视，惟遘屡与争辩，朝廷倚之。

升浙东为义胜军，以刘汉宏为节度使。

赵犨遣人间道求救于邻道，于是周岌、时溥、朱全忠皆引兵救之。全忠与黄巢之党战于鹿邑，败之，斩首二千馀级，遂引兵入亳州而据之。

【译文】武宁节度使时溥（"武宁"当作"感化"）因为食物中毒，怀疑是判官李凝古下的毒，就把他杀了。李凝古的父亲李损此时担任右散骑常侍，身在成都。时溥奏告僖宗李凝古和其父合谋要害死他。田令孜收受时溥贿赂的财物，命令御史台对李损进行讯问。侍御史王华替李损喊冤，田令孜假借僖宗的诏令打算把李损转投入神策狱，王华拒不奉诏，没有遣送李损。萧遘上奏说："李凝古投毒谋害时溥案本来就事实证据不明确，可是李凝古已为时溥所杀，李凝古与父亲李损分别多年，彼此不通消息，怎么能陷害他们父子是同谋呢？时溥仰仗建立功劳，搅扰法纪，凌辱、蔑视朝廷，想要杀害侍奉天子的大臣。如果按照他的想法去做的话，将来牵连到朝中的臣僚，哪里还会有朝廷呢？"因此，李损才得以免死，返归故里。当时，田令孜独揽朝政大权，群臣中没有谁敢抬头和他对视，只有萧遘多次跟他辩论，朝廷众臣全依仗他。

朝廷升浙东为义胜军，唐僖宗李儇任命刘汉宏为节度使。

赵犨派人从小径向邻道请求援救，因此，周岌、时溥、朱全忠都带领军队援救赵犨。朱全忠跟黄巢的党羽在鹿邑交战，将他们打败，杀死两千多贼兵，率领军队进入亳州，并且占据了此地。

中和四年（甲辰，公元八八四年）春，正月，以鹿晏弘为兴元留后。

赐魏博节度使乐行达名彦祯。

东川节度使杨师立以陈敬瑄兄弟权宠之盛，心不能平。敬瑄之遣高仁厚讨韩秀升也，语之曰：“成功而还，当奏天子，以东川相赏。”师立闻之，怒曰：“彼此列籓，而遽以我疆土许人，是无天地也！”田令孜恐其为乱，因其不发兵遏，征师立为右仆射。

黄巢兵尚强，周岌、时溥、朱全忠不能支，共求救于河东节度使李克用。二月，克用将蕃、汉兵五万出天井关，河阳节度使诸葛爽辞以河桥不完，屯兵万善以拒之。克用乃还兵自陕、河中渡河而东。

【译文】中和四年（甲辰，公元 884 年）春季，正月，唐僖宗李儇任命鹿晏弘为兴元留后。

唐僖宗李儇赐魏博节度使乐行达名字为乐彦祯。

东川节度使杨师立因陈敬瑄兄弟受僖宗宠爱过盛，权力太大，心中愤愤不平。去年，陈敬瑄派高仁厚去讨伐韩秀升时，告诉高仁厚说：“你如果胜利回来，我自当上奏陛下，封你为东川节度使。”后来，杨师立知道此事后，气愤地说：“你我都列位藩镇，竟然把我管辖的疆域私自许以他人，这实在是没有天道公理了！”田令孜担心杨师立作乱，趁他还没有派出军队进行戒备，就调任杨师立为右仆射。

黄巢的军队实力还很强大，周岌、时溥、朱全忠等人都支撑不住了，共同向河东节度使李克用请求援救。二月，李克用率领蕃人、汉兵共计五万，从天井关进发；河阳节度使诸葛爽以河阳桥还没竣工为借口，在万善驻扎军队拒绝李克用从此经过。李克用只好率军返回从陕州和河中渡过黄河向东进发。

杨师立得诏书，怒，不受代，杀官告使及监军使，举兵，以讨陈敬瑄为名，大将有谏者辄杀之，进屯涪城，遣其将郝蠲袭绵州，不克。丙午，以陈敬瑄为西川、东川、山南西道都指挥、招讨、安抚、处置等使。三月，甲子，杨师立移檄行在百官及诸道将吏士庶，数陈敬瑄十罪，自言集本道将士、八州坛丁共十五万人，长驱问罪。诏削师立官爵，以眉州防御使高仁厚为东川留后，将兵五千讨之，以西川押牙杨茂言为行军副使。

朱全忠击黄巢瓦子寨，拔之；巢将陕人李唐宾、楚丘王虔裕降于全忠。

婺州人王镇执刺史黄碣，降于钱镠。刘汉宏遣其将娄贲杀镇而代之，浦阳镇将蒋环召镠兵共攻婺州，擒贲而还。碣，闽人也。

【译文】杨师立收到僖宗的诏书后，大为愤怒，不肯接受官职的调换，将官方传送诏命的使者以及东川的监军使杀死，发动士兵，嘴里嚷着讨伐陈敬瑄的口号，劝谏的大将都让他当即杀死了，派遣军队屯驻涪城，派遣他的部将郝蠲去偷袭绵州，但没有攻克。丙午日（十五日），唐僖宗李儇任命陈敬瑄为西川、东川、山南西道都指挥、招讨、安抚、处置等使。三月，甲子日（初三），杨师立向成都僖宗那里的文武百官和各道将士官民，历数陈敬瑄的十大罪状，自己陈言聚集本道将士、八州坛丁共十五万人，长驱而进前去兴师问罪。唐僖宗李儇颁发诏令，削去杨师立的官爵，任命眉州防御使高仁厚为东川留后，率领士兵五千人前去征讨他，任命西川押牙杨茂言为行军副使。

朱全忠率军攻打黄巢的瓦子寨，并占据了此地，黄巢的部将陕人李唐宾、楚丘人王虔裕向朱全忠投降。

婺州人王镇捉拿刺史黄碣，向钱镠投降。刘汉宏派遣他的将领娄赟将王镇杀掉，取而代之，镇守浦阳的将领蒋环召集钱镠的兵马一起攻打婺州，抓获娄赟返回。黄碣是福建人。

高骈从子左骁卫大将军瀎，疏吕用之罪状二十馀幅，密以呈骈，且泣曰："用之内则假神仙之说，蛊惑尊听；外则盗节制之权，残贼百姓；将佐惧死，莫之敢言。岁月浸深，羽翼将成，苟不除之，恐高氏弈代勋庸，一朝扫地矣！"因呜咽不自胜。骈曰："汝醉邪！"命扶出。明日，以瀎状示用之，用之曰："四十郎尝以空乏见告，未获遵命，故有此憾。"因出瀎手书数幅呈之。骈甚惭，遂禁瀎出入；后月馀，以瀎知舒州事。

群盗陈儒攻舒州，瀎求救于庐州。杨行愍力不能救，谋于其将李神福，神福请不用寸刃而逐之。乃多赍旗帜，间道入舒州，顷之，引舒州兵建庐州旗帜而出，指画地形，若布大陈状；贼惧，宵遁。神福，洺州人也。

【译文】高骈的侄儿左骁卫大将军高瀎列举吕用之的罪行，写了二十几张纸，秘密地呈给高骈看，并且哭着说："吕用之在内借助神仙鬼怪，迷惑您的耳目，在外则盗用节度使的权力，残酷伤害地方百姓；将领佐官都害怕大祸临头，而不敢说什么。随着时间流转，吕用之羽翼更加丰满，翅膀快要硬了，如果不诛除此人，恐怕高家世代祖先的功业，将毁于一旦了！"说完，悲泣到无法自抑。高骈说："你喝多了吧！"命人扶他出去了。第二天，高骈拿着高瀎写的状纸给吕用之看，吕用之说："四十郎

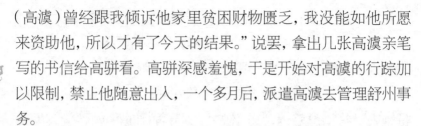
（高濮）曾经跟我倾诉他家里贫困财物匮乏，我没能如他所愿来资助他，所以才有了今天的结果。"说罢，拿出几张高濮亲笔写的书信给高骈看。高骈深感羞愧，于是开始对高濮的行踪加以限制，禁止他随意出入，一个多月后，派遣高濮去管理舒州事务。

盗贼陈儒攻打舒州，高濮向庐州的杨行愍请求援救。杨行愍估计靠自己的兵力难以救援成功，便和他的将领李神福谋划对策，李神福主动请缨，说不动刀枪就可将贼兵赶跑。于是，李神福就带着很多旗帜，从小道进入舒州，没过多久，他带领舒州的士兵撑起庐州的旗帜，浩浩荡荡派出军队，查看地形，指挥谋划，就好像在部署大的作战阵容似的。群盗远远望见这种情形，倍感惊惧，连夜就逃走了。李神福是洺州人。

久之，群盗吴迥、李本复攻舒州，濮不能守，弃城走，骈使人就杀之。杨行愍遣其将合肥陶雅、清流张训等将兵击吴迥、李本，擒斩之，以雅摄州刺史。秦宗权遣其弟将兵寇庐州，据舒城，杨行愍遣其将合肥田頵击走之。

前杭州刺史路审中客居黄州，闻鄂州刺史崔绍卒，募兵三千人入据之。武昌牙将杜洪亦逐岳州刺史而代之。

黄巢围陈州几三百日，赵犨兄弟与之大小数百战，虽兵食将尽，而众心益固。李克用会许、汴、徐、兗之军于陈州。时尚让屯太康，夏，四月，癸巳，诸军进拔太康。黄思邺屯西华，诸军复攻之。思邺走。黄巢闻之惧，退军故阳里，陈州围始解。

【译文】过了很久，群盗吴迥、李本等人又来攻打舒州，高濮没有办法防守，只好抛弃守城逃走，高骈派人就地处死了他。杨行愍派遣大将合肥人陶雅、清流人张训等人率领官军进攻吴迴、李本等贼军，将他们抓住杀死，接着任命陶雅代理舒州刺史。秦宗权派遣他的弟弟率领士兵进犯庐州，攻取了舒城，杨行愍派遣他的部将合肥人田頵去征讨他，将他赶走了。前杭州刺史路审中在黄州寄居，听说鄂州刺史崔绍死了，便招募三千士兵进攻并占据鄂州。武昌牙将杜洪也驱逐了岳州刺史，并且取而代之。

黄巢围攻陈州将近三百天，赵犨兄弟与他们交战，大小之战进行了几百次，虽然军中粮食快要吃完，但是大家抗击贼寇的决心更加坚定。李克用在陈州与许州、汴州、徐州、兖州的各路官军会合。当时，尚让在太康驻守。夏季，四月，癸巳日（初三），各路军队进兵攻打太康。黄思邺在西华屯驻，各路军队又攻打他，于是黄思邺逃跑。黄巢听到这个消息后，感到恐惧，撤军到故阳里，陈州被围的困境这才得以解除。

朱全忠闻黄巢将至，引军还大梁。五月，癸亥，大雨，平地三尺，黄巢营为水所漂，且闻李克用至，遂引兵东北趣汴州，屠尉氏。尚让以骁骑五千进逼大梁，至于繁台，宣武将丰人朱珍、南华庞师古击却之。全忠复告急于李克用。丙寅，克用与忠武都监使田从异发许州，戊辰，追及黄巢于中牟北王满渡，乘其半济，奋击，大破之，杀万馀人，贼遂溃。尚让帅其众降时溥，别将临晋李谠、曲周霍存、甄城葛从周、冤句张归霸及从弟归厚帅其众降朱全忠。巢逾汴而北，己巳，克用追击之于封丘，又破之。庚午夜，复大雨，贼惊惧东走，克用追之，过胙城、匡城。巢收馀众近千人，东奔兖州。辛未，克用追至冤句，骑能属者才数百人，昼夜行二百馀里，人马疲乏，粮尽，乃还汴州，欲裹粮复追之，获巢幼子及乘舆器服符印，得所掠男女万人，悉纵遣之。

【译文】朱全忠听说黄巢即将来到，便带领军队返回大梁。五月，癸亥日（初三），下了一场大雨，雨水淹没地面达三尺，黄巢的军营被雨水淹没，又听说李克用将要来攻，于是率领军队往东北方向的汴州逃奔，屠掠尉氏。尚让率领五千精壮骑兵进逼大梁，到达繁台，宣武将军丰州人朱珍、南华人庞师古击败了他。朱全忠又向李克用禀告军情紧急请求支援，丙寅日（初六），李克用与忠武都监使田从异从许州出发，戊辰日（初八），在中牟北方的王满渡追赶上了黄巢，趁着他们渡河到中途，奋力去攻打他们，大破黄巢军，杀死一万多人，贼军于是溃败。尚让率领他的军队投降时溥，别将临晋人李谠、曲周人霍存、甄城人葛从周、冤句人张归霸与他的（堂）弟张归厚等率领他们的军队投降了朱全忠。黄巢越过汴州，逃到北方。己巳日（初九），李克用在封丘追杀黄巢，又大破其军。庚午日（初十）晚上，天又下起大雨，贼兵惊慌恐惧，向东奔逃，李克用在后追逐，经过胙城、匡城。黄巢把剩余的兵马又聚集在一起总共近一千人，向东逃往兖州。辛未日（十一日），李克用率军追到冤句，手下的骑兵只有几百人，一天一夜行了二百余里，人马都精疲力竭，军粮也没有了，于是返回汴州，想带些粮食继续追逐黄巢。后来，李克用活捉黄巢的幼子，缴获了黄巢乘坐的车马、器具、衣服、符节和印章等物，并且解救被虏获的男女大约有一万人，将他们全部遣送回家。

癸酉，高仁厚屯德阳，杨师立遣其将郑君雄、张士安据鹿头关以拒之。

甲戌，李克用至汴州，营于城外，朱全忠固请入城，馆于上源驿。全忠就置酒、声乐，馔具皆精丰，礼貌甚恭。克用乘酒使气,语颇侵之,全忠不平,薄暮,罢酒,从者皆沾醉,宣武将杨彦洪密与全忠谋,连车树栅以塞衢路,发兵围驿而攻之,呼声动地。克用醉,不之闻;亲兵薛志勤、史敬思等十馀人格斗,侍者郭景铢灭烛,扶克用匿床下,以水沃其面,徐告以难,克用始张目援弓而起。志勤射汴人,死者数十。须臾,烟火四合,会大雨震电,天地晦冥,志勤扶克用帅左右数人,逾坦突围,乘电光而行,汴人扼桥,力战得度,史敬思为后拒,战死。克用登尉氏门,绹城得出,监军陈景思等三百馀人,皆为汴人所杀。杨彦洪谓全忠曰:"胡人急则乘马,见乘马者则射之。"是夕,彦洪乘马适在全忠前,全忠射之,殪。

【译文】癸酉日(十三日),高仁厚在德阳屯驻,杨师立派遣他的部将郑君雄、张士安据守鹿头关来抗拒他。

甲戌日(十四日),李克用抵达汴州,在城外安营扎寨。朱全忠多次邀请他入城,在上源驿为李克用建立馆舍。朱全忠为李克用安排酒宴,宴席上有歌舞音乐、丰美的菜肴,在礼节上十分恭谦。李克用趁着酒劲发牢骚,言语很是不恭,朱全忠内心不平。将近傍晚,酒宴已毕,李克用的随从都酩酊大醉,酒洒在衣服上不能自持,宣武将军杨彦洪与朱全忠商量,把马车连在一起用树木做成栅栏将主要道路堵住,然后派遣军队围攻上源驿,攻打李克用,此时呼叫打杀的声音响彻天地。李克用已经大醉,根本听不到这些,他的亲信薛志勤、史敬思等十几个人拼力厮杀,侍从官郭景铢将烛火吹灭,扶着李克用藏在床下,用冷水泼在他脸上,然后慢慢地告诉他发生的变故。李克用醉意渐消,这才睁开眼,拿起弓箭,一跃而起,竭力抗击。薛志勤用弓箭射死了几十个汴人。没过多久,火光四起,逐渐燃烧过来,适逢下起大雨,电闪雷鸣,天昏地暗,薛志勤扶着李克用率领身边几个人，翻越墙垣，向外突围，借助雷电的闪光向前奔逃。汴州军队防守渡桥，经过激烈的交战李克用才逃过去，史敬思在后面阻击掩护，最终战死。李克用登上汴州城的南门尉氏门，用绳子拴住身体向下滑，得以逃走，监军陈景思等三百余人，都被汴州士兵杀掉。杨彦洪对朱全忠说："北方胡人一旦有危急情况就骑上战马，我们见到骑马之人就射杀他。"当天晚上，正赶上杨彦洪骑着马出现在朱全忠的面前，朱全忠立刻射箭，将杨彦洪杀死。

　　克用妻刘氏，多智略，左右先脱归者以汴人为变告，刘氏神色不动，立斩之，阴召大将约束，谋保军以还。比明，克用至，欲勒兵攻全忠，刘氏曰："公比为国讨贼，救东诸侯之急，今汴人不道，乃谋害公，自当诉之朝廷。若擅举兵相攻，则天下孰能辨其曲直！且彼得以有辞矣。"克用从之，引兵去，但移书责全忠。全忠复书曰："前夕之变，仆不之知，朝廷自遣使者与杨彦洪为谋，彦洪既伏其辜，惟公谅察。"

　　克用养子嗣源，年十七，从克用自上源山，矢石之间，独无所伤。嗣源本胡人，名邈佶烈，无姓。克用择军中骁勇者，多养为子，名回鹘张政之子曰存信，振武孙重进曰存进，许州王贤曰存贤，安敬思曰存孝，皆冒姓李氏。

　　【译文】李克用的妻子刘氏，头脑聪慧，擅长筹划，李克用的亲信先逃回来禀告汴人进攻李克用的消息，刘氏神色不变，立即将这人杀了，然后暗中召集大将，部署士兵，筹划保护军队返回一事。天刚亮，李克用返回军营，打算率军攻打朱全忠，刘氏说："你正在为朝廷征讨贼军，解救东面各路官军的危急处境，如今汴州朱全忠不讲仁道，竟然要暗中谋杀您，您应当去向朝廷申诉情况。如果擅自派遣军队相互交战，那么，天下有谁能分辨这件事的是非曲直呢？而且，那样会给朱全忠留下话柄。"李克用听从了妻子之言，率军离去，只是写了一封书信斥责朱全忠。朱全忠回信说："前天晚上的变乱，我确实不清楚，是朝廷派遣的使臣和杨彦洪一起策划的，杨彦洪已经服罪被处死了，只希望您能体察谅解我了！"

李克用的养子李嗣源十七岁，在上源山开始跟随李克用在枪林箭雨、怪石嶙峋之中征战，唯独他没受过什么伤。李嗣源本来是胡人，名叫邈佶烈，没有姓。李克用挑选军营中勇猛剽悍的士兵，将他们收为义子，有回纥人张政的儿子取名叫存信，振武人孙重进取名叫存进，许州人王贤取名叫存贤，安敬思取名叫存孝，都假充作李姓。

丙子，克用至许州故寨，求粮于周岌，岌辞以粮乏，乃自陕济河还晋阳。

郑君雄、张士安坚壁不出，高仁厚曰："攻之则彼利我伤，围之则彼困我逸。"遂列十二寨围之。丁丑，夜二鼓，君雄等出劲兵掩击城北副使寨，杨茂言不能御，帅众弃寨走，其旁数寨见副使走，亦走。东川人并兵南攻中军，仁厚闻之，大开寨门，设炬火照之，自帅士卒为两翼伏道左右。贼至，见门开，不敢入，还去。仁厚发伏击之，东川兵大奔，追至城下，蹙之壕中，斩获甚众而还。

【译文】丙子日（十六日），李克用到原来的营寨，向周岌请求资助军粮，周岌以粮食缺乏为借口拒绝了他的请求，李克用于是从陕州渡河返回晋阳。

郑君雄、张士安坚守东川壁垒而不派兵作战，高仁厚说：

"如果攻打他们，他们以逸待劳，对他们是有利的，对我们却没有好处；围攻他们，那么他们会窘迫困乏，我们却能以逸待劳。"于是部署十二个守寨来围攻他们。丁丑日(十七日)，晚上二更时，郑君雄等人派出骁勇的士兵趁着官兵毫无防备突袭城北副使的营寨，杨茂言无法抵抗，率领士兵丢弃营寨纷纷逃跑，旁边几个营寨的官兵看到副使逃跑，也纷纷溃散。东川人集中兵力向南攻打官军主帅所在的中军，高仁厚听到消息，下令把营寨的大门打开，设置火炬将这里照亮，亲自率领士兵在大道两旁埋伏。寇贼到达这里，看到寨门都打开了，里面灯火明亮，不敢攻打，率军返回。高仁厚率伏军冲出，两面夹击，东川士兵溃败逃亡，高仁厚的伏兵一直将他们追赶至城下，迫使他们躲藏进沟堑中，斩杀抓获的贼兵很多，胜利而归。

仁厚念诸弃寨走者，明旦所当诛杀甚多，乃密召孔目官张韶，谕之曰："尔速遣步探子将数十人分道追走者，自以尔意谕之曰："仆射幸不出寨，皆不知，汝曹速归，来旦牙参如常，勿忧也。"韶素名长者，众信之，至四鼓，皆还寨；惟杨茂言走至张把，乃追及之。仁厚闻诸寨漏鼓如故，喜曰："悉归矣！"诘旦，诸将牙集，以为仁厚诚不知也，坐良久，仁厚谓茂言曰："昨夜闻副使身先士卒，走至张把，有诸？"对曰："昨夜闻贼攻中军，左右言仆射已去，遂策马参随，既而审其虚，复还寨中。"仁厚曰："仁厚与副使俱受命天子，将兵讨贼，若仁厚先走，副使当叱下马，行军法，代总军事，然后奏闻。今副使既先走，又为欺罔，理当如何？"茂言拱手曰："当死。"仁厚曰："然！"命左右扶下，斩之，诸将股栗。仁厚乃召昨夜所俘虏数十人，释缚纵归。君雄等闻之惧，曰："彼军法严整如是，自今兵不可复出矣！"

庚辰，时溥遣其将李师悦将兵万人追黄巢。

癸未，高仁厚陈于鹿头关城下，郑君雄等悉众出战。仁厚设伏于陈后，阳败走。君雄等追之，伏发，君雄等大败。是夕，遁归梓州。陈敬瑄发兵三千以益仁厚军，进围梓州。

【译文】高仁厚想到那些抛弃守寨逃跑的士兵，明天应该有很多被诛杀，因此偷偷叫来孔目官张韶，晓谕他说："你快快派遣军营侦探带领几十人分头追赶逃跑的官兵，只是用你自己的意思告诉他们说：'检校仆射高仁厚幸好没有走出营寨，所有事情都不知晓，你们快点返回，明天早晨你们像往常一样去参见高仁厚，不要有什么担心。'"张韶素来就有忠厚长者的名声，大家都相信他，到了四鼓时都返回到守寨里，只有副使杨茂言跑到张把（把当作杷）才被追赶上，高仁厚听到各守寨更漏击鼓的情形就如之前一般，很高兴地说："他们都回来了。"第二天早晨，各将领到营中集合，认为高仁厚真的不知晓这件事！坐了很久，高仁厚对杨茂言说："昨天夜间听说你带头溃逃，竟然都逃到张把了，可有此事吗？"杨茂言回答说："昨天夜里听到贼军攻打中军，身边士兵说您已撤退了，于是我快马加鞭想追随您，后来才知道您根本没有离去，所以又返回营寨之中。"高仁厚说："我和副使都是奉了天子的诏命，率领军队来征讨贼军的，假如我先行逃跑，您副使应当怒斥我下马，就地处决才是，然后代替我掌管军中事务，再将情况呈奏天子。现在副使先行逃走，说话又不实在，按道理应当怎么处治呢？"杨茂言拱手作揖说道："应该斩首。"高仁厚说："就该这样。"命令身边士兵把他拉下去，斩首正法，其他将领吓得两腿颤抖。高仁厚于是把昨夜俘虏来的几十个人带上来，把捆绑他们的绳子松开，放他们回去。郑君雄等听到这件事后，特别恐惧，说道："高仁厚这样严格执行军法，修整军队，从现在起，咱们的兵马不能再出动。"

庚辰日（二十日），时溥派遣他的部将李师悦率领万名士兵前去追逐黄巢军。

癸未日（二十三日），高仁厚在鹿头关城下摆开军阵，郑君雄等人发动全军与之交战。高仁厚在阵列后面埋伏士兵，假装战败而逃，郑君雄等人追赶他，结果中了埋伏，战败。这天傍晚，郑君雄逃回梓州。陈敬瑄增派三千名士兵给高仁厚，命他进兵围攻梓州。